〈2015년 개역판〉

자 본 론

－정치경제학 비판－

제Ⅲ권 자본주의적 생산의 총과정 (하)

카를 마르크스 지음

프리드리히 엥겔스 엮음

김 수 행 옮김

비봉출판사

마르크스는 틈날 때마다 가족들에게 시나 동화나 극본이나 소설 가운데서 훌륭한 부분들을 낭독해 줌으로써 그들에게 고상한 감성과 도덕심을 심어주고 이를 북돋워주려고 하였다. 그 중에서도 가족들이 가장 애독하였던 책은 셰익스피어의 작품들이다.

1883년 3월 14일 오후 2시 45분. 무산계급혁명의 영도자인 마르크스는 자신의 연구실 의자 위에서 영면하였다.

"인류는 하나의 두뇌, 그것도 이 시대의 가장 귀중한 하나의 두뇌를 잃어버렸다."(엥겔스).

마르크스의 생애와 저작

1818. 5. 5	독일 모젤 강변의 트리어에서 출생.
1841	예나대학에서 철학박사. 학위논문: “데모크리토스와 에피쿠로스의 자연철학의 차이”
1844	『정치경제학과 철학의 초고』
1845~46	『독일 이데올로기』(엥겔스와 공저)
1846~47	『철학의 빈곤』
1847	「임금노동과 자본」
1848	「공산당 선언」(엥겔스와 공저)
1850	「프랑스의 계급투쟁, 1848~1850」
1857~58	『정치경제학 비판 요강』
1859	『정치경제학 비판을 위하여』
1861~63	『자본론』 1차 초고(23권의 노트. 『잉여가치학설사』 포함)
1864~65	『자본론』 2차 초고(『자본론』 제3권의 ‘주요원고’)
1865	「임금, 가격, 이윤」
1867	『자본론』 제1권
1871	「프랑스의 내전」(파리코뮌)
1875	「고타강령 비판」
1883. 3. 14	영국 런던에서 사망
1885	『자본론』 제2권(엥겔스 편집)
1894	『자본론』 제3권(엥겔스 편집)

〈2015년의 개역에 부쳐〉

2007년부터 터지기 시작한 미국의 금융공황이 지구 전체로 퍼지면서 경제뿐 아니라 정치와 사상과 인간성을 포함한 자본주의적 문명 전체가 치명적 타격을 입고 있다. 한편에서 1930년대의 세계대공황에 버금가는 거대한 실업자와 빈민이 날마다 격증하고 있는데, 다른 한편에서 정부와 국회와 사법부는 이번 공황의 원인이기도 한 '부자를 위한, 부자에 의한, 부자의 정치'(이른바 신자유주의)를 오히려 강화하면서 국가 재정을 모두 부자를 위해 쏟아붓고 있다. 열강들은 외국을 침략하여 부를 약탈하면서 약소국의 인민 대중을 죽이는 것을 컴퓨터게임처럼 여기고 있고, 국내에서도 무자비한 경찰력과 정보사찰 등 파시즘적 국가권력이 인민 대중의 민주주의적 권리를 말할 수 없이 유린하고 있다. 이런 막다른 골목에서 세계의 모든 인민이 자본주의체제를 타도하려고 떨쳐나서는 것은 필연적이라고 말하지 않을 수 없다. "자살하는 것만이 당신이 살 길이다."고 다그치는 지배계급에게 "너희들의 재산을 모두 빼앗아 우리 모두가 잘 살 수 있는 새로운 사회를 만들겠다."고 응수하는 것이 인간의 도리가 될 수밖에 없는 전혀 상상하지 못한 특별한 상황이 지금 세계 전체에서 벌어지고 있다.

1990년대 초에 소련과 동유럽의 이른바 '공산주의체제'가 붕괴했을 때, 자본가계급에 아첨하는 여론조작꾼들은 이제 "영구 불멸할 자본주의체제가 인류를 천년왕국으로 이끌 것이다"고 희희낙락했다. 그러나 자본가계급과 그 아첨꾼들은 자본주의체제의 핵심적 진실을 전혀 몰랐을 뿐 아니라 "새로운 사회는 일당 독재의 공산주의체제 이외에도 얼마든지 있다"는 사실을 생각하지도 못한 것이다.

자본주의체제는 재산을 가진 자본가들이 가진 것이라고는 노동력뿐인 임금노동자를 착취하는 사회이고, 부자가 빈민을 억압하는 사회이기 때문에, 자본주의체제는 모두가 자유롭고 평등하며 더불어 사는 사회가 될 수가 없다. 그렇다고 이 사회의 지도층이나 부자들이 이 사회를 위해 임금노동자보다 더 큰 일을 하지도 않는다. 재산을 가진 자본가들은 주식회사의 주식을 사서 그 회사의 주인이 된다. 주주는 아무 일도 하지 않지만 그 회사의 이윤을 배당으로 받아 잘 살 수 있다. "노동하지 않으면 먹지도 말라"는 격언을 제대로 이해한다면 주주들은 "먹지도 말아야 한다." "주식을 산 돈은 내가 옛날에 열심히 일해서 모은 돈이기 때문에" 지금은 "노동하지 않더라도 먹을 수 있다"고 주장할지도 모른다. 그러나 자본가가 된 인사들은 자기의 노동으로 새로운 부를 생산하여 자기의 재산을 증가시키기보다는, 대체로 권력에 빌붙거나 토지와 아파트에 투기하거나 고리대금업을 하거나 시장을 독과점적으로 지배하거나 상공업을 운영하여 일반 대중의 주머니를 털거나 임금노동자를 착취함으로써 자기의 재산을 증가시킨 경우가 많기 때문에 "내가 열심히 일해서 모은 돈"이라고 주장한다면 모두가 비웃을 것이다. 그리고 자본가가 근검절약하여 주식을 샀다고 하더라도, 그 돈은 몇 년 동안의 배당이나 주가 상승에 의해 이미 보상받았을 것이다.

현실적으로 거대 기업을 운영하는 사람들은 월급쟁이 사장을 비롯하여 임금노동자들이다. 생산라인뿐 아니라 기획 · 자금조달 · 판매 · 기술개발 등 모든 부문에서 임금노동자들이 일하고 있다. 회사에 기생하는 주주들이 없더라도 회사의 운영에는 아무런 타격을 받지 않는다는 점이다. 임금노동자 또는 하급관리들이 모든 일을 도맡아 하고 있다는 사실은 기업뿐 아니라 정부기관이나 국회나 법원에서도 마찬가지다.

지금 자본가들이나 부자들이나 고급관리들은 이처럼 임금수준을 낮게 유지함으로써 노동자들을 착취하여 더 많은 돈을 벌자는 욕심뿐일 것이지만, 상대방인 임금노동자들은 생산의 3요소(자본 · 토지 · 노동)가 남아도는데도 우리가 굶어죽고 있는 것은 '자본주의체제 때문이라는 확신'을 굳히고 있다. 서로 다른 의견을 가진 집단들이 자기들의 주장을 관철하기 위해서는 '투쟁'하는 수밖에 없고, 사람 수와 투쟁 경력 및 새로운 사회의 비전에서 부자집단들을 능가하는 일반 대중과 노동자계급이 승리하는 것은 어쩔 수 없는 일이다.

위에서 말한 바와 같은 경제적 · 정치적 · 사상적 · 혁명적 지식을 제공하는 책이 바로 『자본론』이다. 이 책은 자본주의체제가 어떻게 탄생했는가, 다시 말해 자본가계급은 어떻게 돈을 모았으며 임금노동자들은 어떻게 모든 것을 잃고 노동력을 팔 수밖에 없는 처지가 되었는가를 알려준다. 자본가계급은 식민지 수탈, 고리대금업, 국채투기, 상공업거래, 농민수탈 등을 통해 화폐자본을 모으게 되었다는 점과, 임금노동자계급은 주로 농촌에서 토지를 빼앗겨서 도시로 나오지 않을 수 없었다는 점을 지적하고 있다. 자본주의체제의 성립(과 유지)에 필수불가결한 조건은 노동력 이외에는 아무것도 가지지 않은 대규모 무산대중(프롤레타리아트)의 탄생(과 존재)이다.

그리고 임금노동자를 고용하여 일을 시키는 생산과정에서 자본가는 노동자가 하루의 노동시간에 창조한 새로운 가치 중에서 노동자의 임금에 해당하는 가치를 넘는 잉여가치(또는 '대가를 지불하지 않는 잉여노동')를 공짜로 가져가는데, 이것이 바로 '이윤의 원천'이라는 것이다. 이리하여 잉여가치를 증가시키기 위해, 자본가들은 하루의 노동시간을 연장하는 장시간 저임금 전략을 채택하기도 하고, 노동생산성을 향상시켜 노동자들의 생활수단들을 값싸게 생산하여 임금에 해당하는 가치를 감소시킴으로써 잉여가치를 증가시키는 전략을 채택하게 된다.

그런데 노동생산성을 향상시키는 기계화 · 자동화 · 로봇화는 노동자들을 생산과정에서 자꾸 몰아내기 때문에, 실업자가 증가하는 경향이 생긴다. 물론 생산규모를 더욱 확대하면 취업자가 증가할 수도 있지만, 어쨌든 이윤을 증가시키려는 기계화는 실업자를 증가시키는 요소들 중 가장 큰 요소이다. 방금 도입한 새로운 능률적인 기계는 오직 500명의 노동자를 필요로 하기 때문에 지금의 취업노동자 1,200명 중 700명을 해고하지 않을 수 없게 된다. 이 해고된 노동자, 또는 취직하려다가 일자리를 얻지 못하는 사람이 바로 실업자가 되는 것이다. 실업자는 자본가의 이윤추구 욕심에 비해 과잉인 노동자를 가리키므로 노동자의 스펙과는 거의 아무 관련이 없다. 이 실업자가 '산업예비군'으로 대기하기 때문에, 자본가는 임금수준이나 노동시간이나 기타 노동조건의 결정에서 취업노동자들에게 독재적 권력을 행사하게 된다. 이리하여 임금노동자는 '임금노예'에 불과할 정도로 자본가의 독재에 시달리고 있다.

이 '임금노예'는, 처음부터 작은 토지나마 소유하고 있든지 수공업 사업장을 소유하고 있었다면 지금과 같이 자본가의 노예가 될 필요가 없었다는 것을 깨닫는다. 자기 자신을 위해 일하는 것이 아니라 자본가를 위해 '강제로' 일하기 때문에, 일하기도 싫고 회사에 나가기도 싫으며, 신성한 삶의 주요한 일부인 노동이 '희생'이라는 감정을 버릴 수가 없게 된다. 이런 근본적인 문제를 해결하는 방법은, 노동자들 모두가 현재 현실적으로 공동 점유하고 있는 공장 전체나 회사 전체를 자기들 모두의 공동 소유, 즉 사회적 소유로 전환시켜, 자기들의 집단적 지성에 따라 운영하게 된다면 '임금노예'의 상태에서 벗어날 뿐 아니라 '주인의식'을 가지면서 자기들의 개성과 능력을 자발적으로 헌신적으로 기분 좋게 발휘함으로써 사회를 더욱 풍부하게 할 수 있을 것이다. 이런 사회가 바로 '자유로운 개인들의 연합'이라는 새로운 사회모형인데, 소련의 공산주의와는 전혀 다른 '민주적이고 자유롭고 평등한 사회'다.

『자본론』의 이런 내용을 지금 막다른 골목으로 떠밀리고 있는 다수의 사람들에게 알려야 할 긴박한 필요성 때문에, 나는 너무 오래된 옛날 번역을 버리고 다시 번역하게 되었다. 특히 『자본론』 제1권의 출판 150주년이 되는 2017년에 앞서서 나의 정력이 남아있는 지금 미리 축하하려는 의도도 가지고 있다.

둘째로 2015년 개역판을 내게 된 것은, 내가 이오덕 선생님이 쓴 『우리 글 바로쓰기』(전5권, 2011, 한길사)를 읽으면서 크게 반성했기 때문이다. 한자나 영어를 쓰는 것이 독자들의 이해를 돕는 것이 아니라 대중들에게 책을 읽을 기회를 빼앗는다는 점을 절실히 느꼈기 때문에, 이전의 번역을 처음부터 끝까지 하나하나 알기 쉬운 우리말로 바꾸어 보자고 결심한 것이다. 그러나 알기 쉬운 말로 바꾸어 내용을 좀 더 알기 쉽게 하는 것조차 쉽지 않은 과제였다. 왜냐하면 마르크스는 자기의 경제학 '혁명'에 알맞는 '용어들'을 개발했는데, 이 용어들은 다른 경제학 교과서에서는 전혀 사용하지 않아서 모두에게 너무 낯이 설기 때문이었다. 그리고 현재 우리나라에는 반공 이데올로기가 여전히 강력한 영향력을 발휘하고 있어서 마르크스 경제학에 관심을 가지는 사람의 수가 적기 때문에 어느 수준까지 개념과 용어를 쉬운 말로 바꾸어야 하는가를 쉽게 결정할 수 없었기 때문이었다. 또한 마르크스이론은 자본주의체제의 문제점을 지적하고 해명하며 변혁하는 것이 주된 과제인데, 우리가 계속 듣는 것은 "자본주의체제가 좋다"는 선전뿐이므로, 독자들에게 자본주의체제의 문제점을 쉽게 설명하기가 매우 어렵기 때문이었다.

더욱이 기존의 '이른바 좌파지식인들'은 대체로 자본주의 이후의 새로운 사회가 '자유로운 개인들의 연합'이라는 것을 알지 못하고 소련·쿠바·북한의 '공산주의체제'로 이해하여, 소련이 패망한 1990년 전후로 모두 "마르크스주의는 죽었다"고 하면서 여러 갈래로 도망갔기 때문에, 나이가 좀 덜 먹은 정의감에 넘치는, 연애도 결혼도 포기할 수밖에 없는 활기찬 젊은 층에게 "자본주의체제는 바로 이런 것이다."라고 호소하는 것이 매우 중요하다는 생각에서 될수록 쉬운 우리글이 되도록 노력했다는 점을 다시 밝힌다.

셋째로 본문과 주에는 사람과 책의 이름을 모두 우리글로 적었는데, 이것은 외국어가 주는 스트레스를 좀 줄이기 위한 것이다. 제1 · 2 · 3권과는 달리 발간되는 '별책'이 『자본론』 전체에 나오는 〈참고문헌〉, 〈인명해설〉, 〈도량형 환산표〉, 〈찾아보기〉를 모아놓았으므로, 쉽게 원어를 알아볼 수 있다. 마르크스는 화폐 · 무게 · 길이 · 넓이 · 부피의 단위를 그 당시 국제적으로 널리 사용되는 것을 이용했기 때문에, 특히 영국의 화폐단위—£1(파운드 스털링) = 20s.(실링) = 240d.(펜스)—는 십진법(£1 = 100p.로 바꾼 것은 1971년 2월 15일이었다)이 아니어서 우리에게는 매우 불편했다. 따라서 그 당시의 경제상황을 알리는 곳에서는 영국의 화폐단위를 그대로 사용하고, 다른 곳에서는 모두 우리 돈 '원'으로 고쳤다. 왜냐하면 5파운드 6실링 6펜스와 7파운드 3실링 6펜스를 5,325원과 7,175원으로 바꾸어 놓아야 두 금액 사이의 차이를 쉽게 알 수 있기 때문이다. 특히 제3권 6편(초과이윤이 지대로 전환)에서는 우리 돈의 사용이 이론을 이해하는 데 큰 도움을 줄 것이다. 그리고 〈찾아보기〉를 더욱 친절하고 자세하게 정리하여 독자들이 이용하기 훨씬 편리하게 했다.

넷째로 이번 개역에서는 다음 두 책을 특히 많이 이용했다. 하나는 Karl Marx & Frederick Engels, *Collected Works*, Volume 35(1996), 36(1997), 37(1998)인데, 이것이 가장 최근의 영어판이다. 『자본론』에 인용된 마르크스와 엥겔스의 저작은 모두 *Collected Works*의 쪽수[예: CW 29: 269]를 새로 적어 넣어 독자들이 더 연구하기에 편리하게 했다. 다른 하나는 新日本出版社, 『資本論』, I(2003년 인쇄), II(2003년 인쇄), III(2002년 인쇄)이다. 영어판과 일본어판에는 독일어 각 판의 내용 수정이나 불어판, 스페인어판 따위가 지적한 독어판의 오류 · 탈자 · 오자가 잘 지적되어 있다. 따라서 이제는 독어판이나 영어판이나 일본어판 사이의 차이는 마르크스의 이론을 어떻게 제대로 이해하여 독자들에게 알기 쉽게 전달하는가에 있다고 본다.

번역에서 ( )는 마르크스가 사용한 것이고, [ ]는 내가 독자의 이해를 돕기 위해 문장을 나눈 것이다. 〖 〗는 내가 짧은 역자 주를 넣은 것이고, 긴 역자 주는 *를 붙이고 그 아래에서 설명했다. {엥겔스: }는 엥겔스가 추가한 것을 가리킨다.

2015년 개역판이 읽고 이해하기가 훨씬 더 쉽게 된 것은 특히 몇몇 동지의 열렬한 학문적 정열과 기여 때문이었다. 첫째로 강성윤 박사의 공헌을 지적하지 않을 수 없다. 강 박사는 서울대학교에서 마르크스이론에 관한 석사 · 박사 논문을 썼고, 『자본론』 세미나와 학교 강의를 10여년 계속하면서 항상 젊은 층과 접촉했기 때문에, 이전의 번역을 수정하는 작업에 최대의 기여를 했다. 사실상 그가 먼저 번역하면 내가 다시 고치고 내가 먼저 번역하면 그가 다시 고치는 과정을 몇 차례 거쳤으므로 공역했다고 말할 수 있을 정도다. 그리고 강 박사가 출판과정을 도맡았다. 둘째로 오랫동안 중국과 무역거래를 하다가 늦은 나이에 성공회대학교 정치경제학 석사과정에 입학한 최영열 선생께 감사하지 않을 수 없다. 내가 "이제 『자본론』을 '마지막으로' 개역해야 하겠다"고 강의시간에 선언하니까, 그는 조금도 서슴지 않고 "제가 가장 최근의 중국어판 『자본론』과 선생님의 『자본론』을 비교하여 개선할 점을 찾아보겠다"고 제의했는데, 그는 이 제의를 너무나 충실히 완수했다. 그가 지적한 것을 검토하다가 오자와 탈자를 많이 교정하게 되었고, 마르크스가 의도하는 문장의 의미를 더욱 쉽게 파악할 수 있게 되었다. 다음으로 성공회대에서 나의 '정치경제학' 강의를 수강한 학부 학생 김휘인 군에게도 고마움을 전한다. 나는 그에게 개역판의 초교를 주면서 "읽어보고 자네가 이해하기 어려운 부분과, 자네들이 흔히 사용하지 않는 단어와 문장을 지적해 달라”고 요구했는데, 그는 많은 개선점을 제시했다. 나는 모두가 이해하리라고 생각하고 그냥 넘어갔던 부분들을 다시 고칠 수 있게 되었고, 우리가 사용하는 수많은 한자 · 영어식 말을 어떻게 우리말로 바꿔야 할까를 더욱 고민하게 되었다.

끝으로 제1권의 불어판과 독어판 · 영어판을 비교하여 독어판 · 영어판의 애매함을 지적해준 박승호 박사에게도 감사한다.

수많은 어린 학생들을 죽이고도 1년동안 진실을 밝히는 노력을 거부하는 현 보수정권은 언제나 집권세력은 오로지 자본가계급과 이들의 정치적 · 사상적 대변자들의 재산 증식과 권력 확대에만 열중하고 있다. 이것이 ‘자본주의체제의 기본 특징’이다. 우리가 우리 사회의 거대한 인적 · 물적 자원을 이용하여 모두가 함께 사는 민주적이고 평등한 사회를 건설하는 과제에 이번에 개역하는 『자본론』이 조금이라도 도움이 되기를 한없이 빈다.

2015년 7월
천안시 입장면에서
김 수 행 씀

〈제1차 개역을 마치면서〉 (2004)

이제 『자본론』 세 권 모두에서 한자를 한글로 완전히 바꾸었고 번역을 더욱 알기 쉽게 했다. 그 동안 한자 때문에 『자본론』을 읽는 데 어려움을 겪었던 독자들에게 죄송하게 생각한다. 그러나 개역에서 중시한 것은 한자를 한글로 바꾸는 것보다 내용을 더욱 충실하게 번역하는 것에 있었음을 강조하고 싶다.

우리나라에서 마르크스주의는 해방공간에서 잠시 유행하다가 1948년 이래 지금까지 계속 탄압의 대상이 되었던 것이 사실이다. 그러나 2004년 4월 15일의 총선에서 민주노동당이 10명의 국회의원을 탄생시킴으로써 이제 마르크스주의는 훨씬 더 넓은 자유를 누리면서 이론과 실천의 무기가 되었다. 특히 신자유주의적 세계화가 국제적으로 그리고 국내적으로 수많은 문제점을 일으키고 있는 지금 자본주의의 비인간적이고 낭비적인 측면을 부각시키는 마르크스주의가 새로운 힘을 얻게 되었다는 것은 매우 큰 의미가 있다. 실업은 실업자의 인격을 망가뜨리는 비인간적인 현상일 뿐 아니라 귀중한 인적자원을 낭비하는 자본주의적 폐해다. 자본가의 이윤추구가 경제를 지배하지 않고 주민의 필요와 욕구를 충족시키는 것이 경제를 지배한다면 실업이 생길 수가 없다. 사회 전체의 인적 물적 자원으로 주민의 욕구를 충족시키려 한다면, 오히려 공장과 노동자의 부족이 더욱 큰 문제로 등장할 것이다. 마르크스 경제학이 자본주의체제를 비판하는 근본이유가 바로 여기에 있다.

마르크스의 경제사상은 『자본론』에서 가장 체계적으로 전개되었다.

그러나 이 책은 자본주의 이후의 새로운 사회(예: 사회주의 · 공산주의)를 어떻게 건설하고 운영해야 하는가를 설명하는 책이 아니다. 이 책은 자본주의 사회가 어떻게 조직되어 운영되고 있으며 왜 경제공황이 주기적으로 생기고 노동자계급은 왜 항상 자본가계급에 의해 억압되고 있으며 자본주의는 어떤 방향으로 성장 전환하고 있는가를 밝히고 있다. 따라서 자본주의를 올바로 비판적으로 이해하기 위해서는 『자본론』을 반드시 읽어야만 한다. 특히 지금과 같이 대다수의 주민을 못살게 구는 자본주의체제를 개혁하거나 타도하려는 사람들은 자본주의의 내부 구조와 운동법칙을 완전히 이해해야만 하기 때문이다.

나의 연구업적 중 가장 중요한 것이 『자본론』의 완역이었고, 이제 한글로 세 권을 모두 개역하고 나니 감개무량하다. 앞으로 3년 뒤에는 정년퇴임하는 마당에 개역을 마친 것이 더욱 다행스럽다. 마르크스 경제학을 연구하는 모든 선배 · 후배들과 학생들이 이 책에 보여준 애정에 다시 감사하면서 이 번역에 잘못이 있다면 다시 고칠 것을 다짐하는 바이다.

2004년 6월 8일
산본동 을지아파트 616동에서
김 수 행

〈한글 초판 번역을 끝내면서〉(1990)

이제 마지막 부분의 번역이 끝났다. 여름방학 동안 소련, 중국, 폴란드, 동독을 여행하느라고 계획보다 조금 늦어졌다. 그리고 앞뒤가 잘 연결되지 않는 단락과 이해하기 어려운 문장이 많아 시간이 더 걸렸다. 역자의 주석이 이전의 책에 비해 더 많은 이유가 여기에 있다.

5년 전에는 번역이 출판될 수 있을까를 걱정하였지만 지금은 번역이 마르크스의 뜻을 제대로 살리고 있는가가 걱정이다. 그러나 역자는 최선을 다하였다. 펭귄판 · 프로그레스판 · 대월서점판 · 북한판을 항상 참조하였고 그래도 납득이 가지 않는 경우에는 디츠판을 찾아 보았다. 이리하여 번역이 일단 완성된다. 인쇄된 제1교는 서울대 대학원 정치경제학 전공자들에 의하여 원문과 대조되고 역자에 의하여 교정된다. 제2교는 역자에 의하여 최종적으로 교정되는데 이때에는 문장들이 읽고 이해하기 편리한가가 검토된다. 이런 과정을 거쳤기 때문에 역자로서는 모든 능력을 쏟은 셈이다.

몇 년 동안 계속된 번역으로 주위의 사람들에게 부담을 준 것에 대하여 미안하게 생각한다. 서울대 대학원생들의 도움이 없었더라면 이처럼 깔끔한 문장을 얻지 못하였을 것이다. 나의 조교인 김계환 군과 신현호 군은 나의 시간이 번역 이외에 낭비되는 것을 막아 주었고 특히 색인작업을 맡아 주었다.

『자본론』은 자본주의경제에 대한 기존의 경제학을 비판하면서 마르크스 자신의 이론을 밝힌 책이다. 그러므로 지금 우리가 이 책으로부터 배울 수 있는 것은 자본주의 일반에 관한 지식뿐 아니라 현실을 올바르게 파악하는 방법이다. 독점 · 국가 · 제국주의 · 사회주의 따위는 『자본론』의 연구대상이 아니기 때문에 『자본론』의 연구 방법에 입각하여 우리가 새롭게 창조적으로 이론을 개발해야만 한다. 현실을 올바르게 파악하는 이론만이 실천의 성공에 기여하게 될 것이다.

1990년 10월 22일
서울대학교 연구실에서
김 수 행

제Ⅲ권 자본주의적 생산의 총과정 (하)

차 례

〈2015년의 개역에 부쳐〉 / v
〈제1차 개역을 마치면서〉 (2004) / xiii
〈한글 초판 번역을 끝내면서〉 (1990) / xv

제5편 이윤이 이자와 기업가이득으로 분할. 이자낳는 자본(계속)

제29장 은행자본의 구성부분 / 595
제30장 화폐적 자본과 현실적 자본 (Ⅰ) / 611
제31장 화폐적 자본과 현실적 자본 (Ⅱ) / 634
제1절 화폐가 대부자본으로 전환 / 634
제2절 자본 또는 수입이 대부자본으로 전환되는 화폐로 전환한다 / 644
제32장 화폐적 자본과 현실적 자본 (Ⅲ) / 648
제33장 신용제도 아래의 유통수단 / 668
제34장 통화주의와 영국의 1844년 은행법 / 702
제35장 귀금속과 환율 / 726
제1절 금준비의 변동 / 726
제2절 환 율 / 737
아시아에 대한 환율 / 740
영국의 무역수지 / 758
제36장 자본주의 이전의 관계 / 761
중세의 이자 / 783
이자 금지가 교회에 준 이익 / 786

제6편 초과이윤이 지대로 전환 / 787

제37장 서　론 / 789
제38장 차액지대. 개설 / 821
제39장 차액지대의 제1형태(차액지대 I) / 832
제40장 차액지대의 제2형태(차액지대 II) / 861
제41장 차액지대 II: 첫째 예. 생산가격이 불변인 경우 / 875
제42장 차액지대 II: 둘째 예. 생산가격이 하락하는 경우 / 885
제1절 추가자본의 생산성이 불변인 경우 / 885
제2절 추가자본의 생산성이 저하하는 경우 / 894
제3절 추가자본의 생산성이 상승하는 경우 / 896
제43장 차액지대 II: 셋째 예. 생산가격이 상승하는 경우. 결론 / 905
제44장 최열등지에서도 생기는 차액지대 / 937
제45장 절대지대 / 949
제46장 건축지지대. 광산지대. 토지가격 / 980
제47장 자본주의적 지대의 기원 / 991
제1절 서 론 / 991
제2절 노동지대 / 1000
제3절 생산물지대 / 1006
제4절 화폐지대 / 1009
제5절 분익소작과 소농민적 분할지 소유 / 1016

제7편 수입들과 그들의 원천

제48장 삼위일체의 공식 / 1033
제49장 생산과정의 분석을 위하여 / 1056
제50장 경쟁이 창조하는 환상 / 1081
제51장 분배관계와 생산관계 / 1111

제52장 계급들 / 1120

엥겔스:『자본론』제3권에 대한 보충설명

Ⅰ. 가치법칙과 이윤율 / 1127
Ⅱ. 증권거래소 / 1148

자 본 론

—정치경제학 비판—

제Ⅲ권 자본주의적 생산의 총과정 (하)

제5편
이윤이 이자와 기업가이득으로 분할. 이자낳는 자본(계속)

제 29 장 은행자본의 구성부분
제 30 장 화폐적 자본과 현실적 자본 (Ⅰ)
제 31 장 화폐적 자본과 현실적 자본 (Ⅱ)
제 32 장 화폐적 자본과 현실적 자본 (Ⅲ)
제 33 장 신용제도 아래의 유통수단
제 34 장 통화주의와 영국의 1844년 은행법
제 35 장 귀금속과 환율
제 36 장 자본주의 이전의 관계

제 21 장 이자낳는 자본
제 22 장 이윤의 분할. 이자율. '자연적' 이자율
제 23 장 이자와 기업가이득
제 24 장 이자낳는 자본에서는 자본관계가 피상적인 형태로 나타난다
제 25 장 신용과 가공자본
제 26 장 화폐자본의 축적. 이자율에 미치는 영향
제 27 장 자본주의적 생산에서 신용의 역할
제 28 장 유통수단과 자본. 투크와 풀라턴의 견해
– 이상 (상)권 –

제29장

은행자본의 구성부분

이제 우리는 은행자본이 무엇으로 구성되어 있는가를 좀 더 자세히 살펴보아야 한다.

방금 본 바와 같이 풀라턴 등은 유통수단으로서 화폐와 지불수단으로서 화폐(또한 금의 유출이 관련되는 경우에는 세계화폐로서 화폐) 사이의 구별을 유통수단('통화')과 자본 사이의 구별로 전환시키고 있다.

계몽적인 경제학이 화폐는 자본이 아니라고 열렬히 주장한 것과는 반대로, 이 은행업자의 경제학은 화폐가 실제로 가장 뛰어난 자본이라는 것을 열렬히 주장하고 있는데, 이것은 자본이 수행하는 색다른 기능 때문이다.

그리고 더욱 깊이 분석함으로써, 우리는 그들의 맥락 『은행업자의 경제학』에서는 화폐자본이 이자낳는 자본을 의미하는 화폐적 자본moneyed capital과 혼동되고 있음을 밝힐 것이다. 그런데 사실상 화폐자본은 『산업』 자본의 기타 형태들—상품자본과 생산자본—과 마찬가지로 하나의 통과형태에 지나지 않는다.

은행자본은 (1) [금이나 은행권 형태의] 현금과 (2) 유가증권으로 구성되어 있다. 또한 유가증권은 다시 두 가지로 구분될 수 있다. 상업증권인 환어음[이것은 단기이고 특정일에 만기가 되며, 이것의 할인은 은행업자의 독특한 업무이다]과 공적 유가증권[국채 · 국고증권 · 주식 등 이자 낳는 증권으로서 환어음과는 본질적으로 다른데, 저당증서도 여기에 포함될 수 있다]이 그것이다. 이런 물적 구성부분들로 이루어지는 은행자본은 은행업자 자신의 투하자본과 [그의 차입자본, 즉 은행영업자본 banking capital을 이루는] 예금으로 구분될 수 있는데, 발권은행인 경우에는 은행권도 은행자본에 포함되어야 한다 『왜냐하면 발권은행은 은행권—일람불 자기앞 어음—을 발행하여 대출할 수 있기 때문이다』. 당분간 우리는 예금과 은행권을 도외시할 것이다. 그런데 은행자본의 현실적 구성부분들—화폐 · 환어음 · 이자낳는 증권—은 그것들이 은행업자 자신의 자본을 대표하는가 아니면 예금[타인의 자본]을 대표하는가에 의해서는 전혀 영향을 받지 않는다는 것은 명확하다. 은행업자가 자기 자신의 자본으로 사업을 하든 자기에게 예금된 자본으로 사업을 하든 은행자본의 물적 구성부분들은 불변이다.

이자낳는 자본의 형태 때문에, 모든 일정액의 규칙적인 화폐수입—이것이 현실적으로 자본에서 생기든 아니든—은 자본에 대한 이자로서 나타나게 된다. 화폐수입이 먼저 이자로 전환되고 그 다음에 이 이자로 말미암아 이자의 원천인 자본이 결정되는 것이다. 이리하여 이자낳는 자본 때문에, 모든 가치액은—수입으로서 지출되지 않는 한—자본으로 나타나게 된다. 즉 모든 가치액은 자기가 낳을 수 있는 잠재적 또는 현실적 이자에 대비되는 '원금'으로서 나타나게 된다.

사정은 단순하다. 평균이자율이 연 5%라고 하면, 500원의 금액은—이자낳는 자본으로 전환된다면—연간 25원을 낳을 것이다. 이리하여 모든 고정적인 연간수입 25원은 500원이라는 자본에 대한 이자로 여겨진다. 그러나 이런 관념은, 25원을 낳는 원천이 [오직 소유권 · 청구권에 불과하든, 한 조각의 토지와 같은 현실적인 생산요소이든] 직접적으로 양도가능하거나 양도가능한 형태를 취하고 있는 경우를 제외한다면, 순전히 환상적인 관념이다. 국채와 임금을 예로 들어 보자.

국가는 차입자본에 대해 매년 일정한 이자를 자기의 채권자에게 지불해야 한다. 그러나 채권자는 채무자 『국가』로부터 자기의 자본을 상환받을 수 없으며 자기의 청구권[또는 소유권]을 매각할 수 있을 뿐이다. 그 자본 자체는 국가의 지출을 통해 소비되었으며, 이미 존재하지 않는다. 국가에 대한 채권자는 (1) 예컨대 100원이라는 국가의 채무증서 『국채』를 가지고 있으며, (2) 이 채무증서에 의해 국가의 세입[연간 조세수입]에서 일정액[예컨대 5원 또는 5%]을 청구할 수 있으며, (3) 이 채무증서를 누구에게나 자유로이 팔 수 있다. 『시장』 이자율이 5%이고 국가의 지불능력이 확실하다면, 국채소유자 A는 그 국채를 일반적으로 100원에 B에게 팔 수 있다. B로서는 연 5%로 100원을 대부하거나 100원을 지불하고 국가로부터 연간 5원을 확보하거나 마찬가지이기 때문이다. 그러나 이런 모든 경우 국가의 이자지불액의 토대라고 여겨지는 자본은 상상적으로 꾸며낸 것이다. 왜냐하면 국가에 대부된 금액은 이미 존재하지 않을 뿐 아니라 그 금액은 결코 자본으로 지출[투하]하기로 예정되었던 것이 아니기 때문이다. 그 금액이 자본으로 투하되었더라면 자기를 유지하는 가치로 전환되었을 것이다. 최초의 채권자 A에 대해 말한다면, 국가의 연간 조세수입 중 자기가 받는 몫은 자기의 자본에 대한 이자를 표현한다. 이것은 마치 고리대금업자에게는 낭비자의 재산 중 자기에게 돌아오는 부분이 자기의 자본에 대한 이자를 표시하는 것과 마찬가지다. 그러나 어느 경우에나 대부된 화폐액은 자본으로 지출된 것은 아니다. 국채를 매각할 수 있는 것은 A에 대해서는 원금의 환류 가능성을 표현한다. B에 대해 말한다면, 그의 개인적 관점에서는 그의 자본은 이자낳는 자본으로 투하된 것이다. 사실상 B는 A를 대신하였을 뿐이고 국가에 대한 A의 청구권을 구매하였을 뿐이지만. 이런 거래가 몇 번 되풀이되더라도 국채가

자본이라는 것은 변함없이 순전히 상상적인 것이며, 국채가 매각될 수 없게 되자마자 자본이라는 환상은 사라져 버린다. 그럼에도 곧 보게 되는 바와 같이, 국채와 같은 가공자본은 자기의 독특한 운동을 가지고 있다. 『이자율이 변동하면 국채가격이 변동한다는 것을 의미한다.』

이자낳는 자본 일반은 모든 불합리한 형태의 원천이고, 그리하여 예컨대 은행업자의 머리 속에는 채무 『예: 예금』가 상품으로 나타날 수 있듯이, 국채라는 자본에서는 음(−)의 숫자 『국가의 채무』가 자본으로 나타난다. 이제 국채를 떠나 노동력을 고찰하자. 여기에서는 임금이 이자로 여겨지고, 따라서 노동력은 이 이자를 낳는 자본으로 여겨지고 있다. 연간 임금이 예컨대 50원이고 이자율이 5%라면, 연간의 노동력은 1,000원의 자본과 동등하다고 말한다. 사물을 파악하는 자본가적 방식의 미치광이 같은 성격은 여기에서 그 절정에 도달한다. 왜냐하면 그들은 자본의 가치증식을 노동력의 착취로부터 도출하는 것이 아니라 오히려 그 반대로 노동력의 생산성을 노동력 자체가 가진 이자낳는 자본이라는 신비한 속성에서 설명하기 때문이다. 17세기 후반에는 [예컨대 윌리엄 페티의 경우] 이것은 인기있는 관념이었는데, 오늘날까지도 속류경제학자들과 특히 독일통계학자들은 이를 매우 진지하게 이용하고 있다.1) 그러나 불행하게도 두 가지 곤란한 사정이 이 엉터리 관념을 반박하게 된다. 첫째로 노동자는 이 이자 『임금』를 받기 위해 노동해야만 한다는 점이고, 둘째로 그는 자기의 노동력을 타인에게 양도함으로써 그것의 자본가치를 화폐로 전환시키는 것이 불가능하다는 점이다. 오히려 그의 노동력의 연간

---

1) "노동자는 자본가치를 가지는데, 이 자본가치는 그의 연간 서비스의 화폐가치를 이자수입으로 여김으로써 산출된다…하루의 평균임금을 4%로 자본화하면 나오는 남성 농업노동자 1명의 평균가치는 독일령 오스트리아에서는 1,500탈러이고, 프러시아에서는 750탈러, 영국에서는 3,750탈러, 프랑스에서는 2,000탈러, 그리고 러시아 내지에서는 750탈러이다."(레덴, 1848: 434)

가치는 그의 평균 연간임금이며, 그는 노동력의 구매자를 위해 이 가치와 [이것의 증식분인] 잉여가치를 자기의 노동에 의해 보상해야 한다는 것이다. 노예제도에서는 노동자『노예』는 자본가치, 즉 구매가격을 가지며, 그가 임대되는 경우에는 임차인은 이 구매가격에 대한 이자를 지불해야 할 뿐 아니라 이 자본『노예』의 연간 마멸분을 보상해야 했다.

가공자본『또는 의제자본』의 형성을 자본화라고 부른다. 모든 규칙적인 주기적 수입은, 평균이자율로 대출된 자본이 낳는 수입이라고 여김으로써, 평균이자율을 기초로 자본화할 수 있다. 예컨대 연간수입이 100원이고 이자율이 5%라면, 100원은 2,000원에 대한 연간이자이며, 따라서 이 2,000원은 연간 100원의 법적 소유권의 자본가치로 여겨진다. 이 소유권을 구매한 사람에게는 연간수입 100원은 사실상 자기의 투하자본에 대한 5%의 이자를 대표한다. 이리하여 자본이 자기의 현실적인 가치증식 과정과 맺고 있는 모든 관련은 그 최후의 흔적까지 없어지고, 자본은 이제 자기 자신의 힘에 의해 저절로 증식된다는 관념이 확고하게 된다.

채무증서[유가증권]가 국채처럼 순전히 환상적인 자본을 표현하지 않는 경우에도, 이 유가증권의 자본가치『가격』는 여전히 순전히 환상적인 것이다. 이미 본 바와 같이, 신용제도는 주식자본을 낳으며 주식은 그 자본에 대한 소유권을 표현하게 된다. 철도회사 · 채굴회사 · 해운회사의 주식은 현실의 자본(즉 이들 사업에 투하되어 기능하는 자본)을 표현하거나 [주주들이 이런 사업에 자본으로 지출되게끔] 투하한 화폐액을 표현한다. [물론 이런 주식들이 단순히 사기일 수도 있다.] 그렇다고 이 자본이 이중으로—한 번은 소유권증서인 주식의 자본가치로서, 그리고 또한 번은 그 사업에 실제로 투하되었거나 투하될 자본으로서—존재하는 것은 아니다. 이 자본은 오직 후자의 형태로만 존재하며, 주식은 이 자본에 의해 실현될 잉여가치에 대한 소유권증서[주식소유의 크기에 따라 잉여가치를 분배받는다]에 불과하다. A는 이 소유권증서를 B에게 매각할 수 있고 B는 C에게 매각할 수 있다. 그러나 이런 거래는 사태의 본질에 어떤 변화도 일으키지 않는다. A나 B는 자기의 소유권증서를 자본[먼저 화폐자본]으로 전환시켰고, C는 자기의 자본을 [이 주식자본으로부터 기대되는] 잉여가치에 대한 단순한 소유권증서로 전환시킨 것이다.

이런 소유권증서[국채나 주식]의 가치 『시장가격』가 독립적으로 운동하기 때문에, 이들 소유권증서는 [자기의 것이라고 주장할 수도 있는] 자본이나 청구권과 나란히 현실적 자본을 구성하고 있다는 환상이 강화된다. 왜냐하면 이들 소유권증서는 상품이 되며 이 상품의 가격은 특수한 운동을 하면서 독특하게 결정되기 때문이다. 소유권증서 『주식』의 시장가치는, 현실적 자본의 가치에 변화가 없더라도(비록 그 자본의 가치증식이 변하기는 하지만), 그 증서의 명목가치 『액면가격』와 다를 수 있다. 한편으로, 소유권증서의 시장가치는 그 증서에 의해 받는 수입의 수준과 확실성에 따라 변동한다. 주식의 액면가치[즉 이 주식이 시초로 대표하는 불입금액]가 100원인데, 이 회사가 5% 『5원』가 아니라 10% 『10원』를 배당하게 된다면, 주식의 시장가치는 기타의 사정들이 불변이라면 상승하게 될 것이다. 왜냐하면 이 배당 10원을 현재의 시장이자율 5%로 자본화하면, 이 주식은 이제 200원의 가공자본을 대표하기 때문이다. 이 주식을 200원에 구매하는 사람은 자기의 자본투하에 대해 5%의 수입을 얻게 된다. 회사로부터 받는 수입 『배당수입』이 감소되는 경우에는 그 반대가 된다. 이런 증권의 시장가치는 부분적으로 투기적이다. 왜냐하면 그 시장가치가 현실의 수입에 의해서뿐 아니라 미리 계산되는 예상수입에 의해서도 결정되기 때문이다. 다른 한편으로 현실적 자본의 가치증식이 불변이라고 가정하면, 또는 국채처럼 이런 자본이 존재하지 않는 경우, 연간수입이 법률에 의해 확정되어 충분히 보증되고 있다고 가정하면, 증권의 가격은 이자율과 반비례하여 등락하게 된다. 이자율이 5%에서 10%로 상승하면 5원의 수입을 보장하는 증권은 지금 50원의 자본을 대표할 뿐이다. 이자율이 $2\frac{1}{2}$%로 하락한다면 동일한 증권은 200원의 자본을 대표하게 된다. 증권의 가격은 항상 수입의 자본화[수입을 현재의 이자율로 나눈 환상적인 자본]에 불과하다. 그러므로 화폐시장이 핍박한 시기에는 이런 증권들의 가격은 두 가지 이유 때문에 하락한다. 첫째는 이자율이 상승하기 때문이며, 둘째는 증권들을 화폐로 전환시키기 위해 증권들이 대량으로 시장에 방출되기 때문이다. 이런 가격하락은, 이 증권들이 그 소유자에게 보증하는 수입이 불변인 경우(예: 국채)에도 일어나며, 이 증권들이 대표하는 현실적 자본의 가치증식이 재생산과정의 교란에 의해 영향을 받는 경우(예: 사업체의 주식)에도 일어난다. 후자의 경우에는 이미 언급한 이유에 의한 가치감소 이외에 추가적인 가치감소가 일어날 뿐이다. 폭풍이 지나가면 이 증권들은 [자기가 대표하는 사업들이 파산하지도 않고 사기도 아닌 한] 다시 종전의 가격수준을 회복하게 된다. 공황 중에 일어나는 증권들의 가치감소는 화폐재산을 집중시키는 강력한 수단으로 작용한다.2)

이런 증권들의 가격등락이 [증권들이 대표하는] 현실적 자본의 가치운동과 무관하다면, 한 나라의 부는 가격변동 이전과 이후에 전혀 차이가 없다.

"공채 · 운하주식 · 철도주식은 1847년 10월 23일까지 이미 총액 £1억 1,475만2,225만큼 감가되었다."(『상업불황, 1847~1848』에 있는 잉글랜드은행 총재 모리스의 증언)

---

2) {엥겔스: 2월혁명〚1848년〛 직후 파리에서 상품과 증권이 크게 감가되고 전혀 판매되지 않았을 때, 리버풀의 스위스 상인 츠빌헨바르드(그가 이 이야기를 나의 부친에게 한 것이다)는 모든 것을 팔아 화폐를 가지고 파리에 가서 로스차일드를 만나 공동사업을 하자고 제안하였다. 로스차일드는 그를 뚫어지게 쳐다보더니 다가가서 그의 어깨를 잡으면서 말하였다. "주머니에 화폐를 가지고 있는가?"—"예, 남작님."—"그렇다면 됐어." 이리하여 그들은 큰 이익을 올렸다.}

공채 · 운하주식 · 철도주식의 가치감소가 생산이나 철도 · 운하교통의 중단, 또는 착수한 사업의 포기, 또는 전적으로 무익한 사업에 자본을 낭비한 것을 표현하는 것이 아닌 한, 명목적인 화폐자본의 이런 거품이 터진다고 하더라도 국민은 조금도 더 가난해지지 않는다.

이런 모든 증권들은 사실상 미래의 생산에 대한 축적된 청구권[법률적 권리]을 대표할 뿐이다. 그들의 화폐가치 또는 자본가치는 국채의 경우처럼 자본을 전혀 대표하지 않거나 또는 그들이 대표하는 현실적 자본의 가치와는 무관하게 결정된다.

자본주의적 생산이 지배하는 모든 나라에서는 거액의 이른바 이자낳는 자본(또는 화폐적 자본)은 이런 형태로 존재한다. 그리고 화폐자본의 축적은 그 대부분이 생산에 대한 이런 청구권의 축적, 이런 청구권의 시장가격(환상적인 자본가치)의 축적을 의미할 뿐이다.

은행자본의 일부는 이런 이른바 이자낳는 증권에 투하되고 있다. 이 증권 자체는 현실의 은행업무에서는 기능하지 않는 준비자본의 일부다. 이 증권의 가장 중요한 부분은 환어음[즉 산업자본가나 상인이 발행한 지불약속]으로 구성되고 있다. 화폐대부자에게는 이 환어음은 이자낳는 증권이다. 왜냐하면 그가 환어음을 구매할 때 만기까지의 이자를 떼기 때문이다. 이를 할인이라고 부른다. 따라서 환어음의 액면금액에서 떼는 것의 크기는 그 당시의 이자율에 달려 있다.

은행자본의 마지막 부분은 금이나 은행권이라는 화폐준비로 구성되고 있다. 예금은, 계약에 의해 비교적 장기간 묶여 있지 않다면, 언제나 예금자가 인출할 수 있다. 예금은 끊임없이 유출 · 유입한다. 어떤 예금자가 예금을 인출하면 다른 사람이 그것을 보충하므로, 사업이 정상적인 시기에는 예금의 평균액은 거의 변동하지 않는다.

자본주의적 생산이 발달한 나라들에서는 은행의 준비금reserve fund은 평균적으로 퇴장화폐로 존재하는 화폐량을 언제나 표현하는데, 이 퇴장

화폐의 일부는 그 자체 증권[금에 대한 단순한 청구권으로서 자기 자신의 가치를 가지지 않는 증권]으로 이루어지고 있다. 그러므로 은행자본의 대부분은 순전히 가공적인 것이며 채권(환어음) · 국채(지출해 버린 자본을 대표한다) · 주식(미래의 수입에 대한 청구권)으로 구성되고 있다. 여기에서 다음과 같은 사실을 잊어서는 안 된다. 은행금고에 있는 증권들이 대표하는 이 은행자본의 화폐가치는, 그 증권이 확실한 수입에 대한 청구권(예: 국채)이거나 현실적 자본에 대한 소유권(예: 주식)인 경우에까지도, 전적으로 가공적이라는 점이고[왜냐하면 이 증권들의 화폐가치는 그 증권들이 적어도 부분적으로 대표하고 있는 현실적 자본의 가치와는 다르게 결정되기 때문이다], 또는 그 증권들이 자본을 전혀 대표하지 않고 수입에 대한 청구권만을 대표하는 경우 동일한 수입에 대한 청구권이 끊임없이 변동하는 가공적인 화폐자본으로 표현된다는 점이다. 더욱이 이 가공적인 은행자본의 대부분은 자기 자신의 자본이 아니라 [이자를 받거나 받지 않고 은행에 예금하고 있는] 대중의 자본이라는 점이 추가되어야 한다.

예금은 항상 화폐[금이나 은행권]나 화폐청구권으로 행해진다. 이 예금은, 현실의 유통 필요에 따라 증감하는 준비금을 제외하고는, 산업자본가 · 상인의 환어음 할인이나 그들에 대한 대출에 사용되어 사실상 항상 그들의 수중에 있거나 유가증권 거래업자(증권중개인), 증권을 판매한 개인들, 그리고 정부(재무성 증권과 신규 국채의 경우)의 수중에 있다. 예금 그 자체는 이중의 역할을 한다. 한편에서는 이미 언급한 바와 같이 예금은 이자낳는 자본으로 대출되어 은행금고에는 존재하지 않고 다만 은행장부에서 예금자계좌의 대변에 기재되어 있을 뿐이다. 다른 한편에서는 예금자들의 상호신용이 그들의 예금에 대한 수표에 의해 결제되고 서로 상쇄되는 한, 예금은 위와 같은 종류의 장부상의 기입으로서 기능한다. 이 경우 예금자들의 예금이 동일한 은행에 있어 그 은행이 각자의 계좌를 상쇄시키는가, 또는 예금자들의 예금이 다른 은행들에 있어 그 은행들이 서로 수표를 교환하고 그 차액을 지불하는가 하는 것은 전혀 중요하지 않다.

이자낳는 자본과 신용제도의 발달에 따라, 동일한 자본이나 심지어 동일한 청구권이 각종 형태로 여러 사람들의 수중에서 나타나기 때문에 모든 자본은 두 배 또는 어떤 경우에는 세 배로 되는 것처럼 보인다.[3] 이 '화폐자본'의 대부분은 순전히 가공적인 것이다. 예금은 준비금을 제외하고는 은행업자의 채무에 불과하며, 결코 은행금고에 예탁현금으로 존재하지는 않는다. 예금이 어음교환소의 거래에 이용되는 한, 예금은 [은행업자가 모두 대출한 뒤] 은행업자를 위해 자본으로서 기능한다. 은행업자들은 상호간의 지불차액을 [존재하지 않는] 예금에 대한 청구권으로 지불한다.

애덤 스미스는 자본이 화폐의 대부에서 하는 역할에 관해 다음과 같이

---

3) {엥겔스: 이런 자본의 두 배 증가와 세 배 증가는 최근 예컨대 금융트러스트들[이들은 이미 런던증권거래소 보고서에 자기 자신의 고정란을 얻고 있다]에 의해 훨씬 더 진전하였다. 일정한 종류의 이자낳는 증권[예컨대 외국의 국채 · 영국의 도시채권 · 미국의 공채 · 철도주식]을 매입할 목적으로 회사가 설립된다. 자본[예컨대 £2백만]은 주식발행을 통해 조달된다. 회사의 이사들은 증권들을 매입하거나 다소 적극적으로 증권에 투기하며, 연간 수입이자에서 비용을 뺀 뒤 주주들에게 배당으로 분배한다. 더욱이 일부 주식회사에서는 일반주를 '우선주'와 '후배주'의 두 종류로 구분하는 관습이 생겼다. 우선주는 회사의 총이윤이 허용하는 것을 전제로 고정이자[예컨대 5%]를 받게 되며, 그 뒤에 남는 것이 있으면 후배주가 이것을 받게 된다. 이리하여 우선주에 대한 더 '건실한' 자본투하는 후배주에 대한 본래의 투기와는 어느 정도 분리된다. 일부 대기업들은 이런 새로운 방법을 이용하기를 원하지 않기 때문에, 새로운 회사를 세워 종전의 회사들의 주식을 백만 또는 몇 백만 파운드 스털링어치 매입하고 그 뒤 이 매입주식의 명목가치에 상당하는 새로운 주식[반은 우선주, 반은 후배주]을 발행하고 있다. 위와 같은 경우들에서 최초의 주식들은 새로운 주식발행의 토대로 기능함으로써 두 배로 증가되고 있다.}

말하고 있다.

"화폐소유의 이익에서조차도, 화폐는 자본소유자가 스스로 사용하고 싶어하지 않는 자본을 다른 사람의 수중으로 옮겨주는 양도증서에 불과하다. 이런 자본은 그것을 이전시키기 위한 도구로 사용되는 화폐량에 비해 얼마든지 클 수 있다. 왜냐하면, 동일한 화폐조각이 다수의 상이한 구매에 계속 사용되듯이, 다수의 상이한 대부에도 계속 사용될 수 있기 때문이다. 예를 들어 A가 W에게 £1,000를 빌려주고, W는 이것으로 B로부터 £1,000의 재화를 구매한다고 하자. B는 화폐를 지니고 있을 필요가 없어서 그 화폐조각을 X에게 빌려주고, X는 이것으로 즉시 C로부터 £1,000어치의 다른 재화를 구입한다. C는 같은 방식으로 그리고 같은 이유로 그것을 Y에게 빌려주면, Y는 다시 D의 재화를 그 화폐로 구입한다. 이와 같은 방식으로 동일한 화폐조각[주화든 지폐든]이 며칠 사이에 세 개의 각기 다른 대부와 세 개의 각기 다른 구매의 수단으로 사용될 수 있으며, 그 각각은 가치상으로는 이 화폐조각의 금액과 같다. 돈을 가진 세 사람 A, B, C가 세 명의 차입자 W, X, Y에게 양도하는 것은 구매할 수 있는 능력이다. 이 구매력에 대부의 가치·용도가 있는 것이다. 세 명의 화폐 소유자가 대부한 자본은 그것으로 구매할 수 있는 재화의 가치와 같고, 이런 구매에 사용된 화폐의 가치의 세 배다. 그러나 이런 대부는 완벽하게 상환이 보증되고 있다. 왜냐하면 각기 다른 채무자들이 구매한 재화는 적당한 시기가 되면 동일한 가치[주화든 지폐든]를 이윤과 함께 회수하도록 사용되기 때문이다. 동일한 화폐조각이 이와 같이 자기 가치의 세 배 또는 30배나 되는 대부의 수단으로 이용될 수 있으므로, 상환의 수단으로도 잇따라 사용될 수 있다"(『국부론』 제2편 제4장: 431~432).

동일한 화폐조각이 [그 유통속도에 따라] 다수의 다른 구매를 수행할 수 있으므로, 동일한 화폐조각은 또한 각종 다른 대부에도 사용될 수 있다. 왜냐하면 구매는 화폐조각을 한 사람의 수중에서 다른 사람의 수중으로 이동시키는데, 대부는 어떤 구매에 의해 매개되지 않는 화폐조각의 이전이기 때문이다. 각각의 판매자에게 화폐는 자기 상품의 전환된 형태를 나타낸다. 모든 상품이 자본가치로서 표현되는 오늘날에는 화폐는 다른 대부들에서 차례차례로 다른 자본을 대표하게 되는데, 이것은 화폐가 차례차례로 다른 상품가치를 실현할 수 있다는 앞의 명제를 다르게 표현한 것에 불과하다. 화폐는 또한 유통수단으로서 소재적 자본을 한 사람의 수중에서 다른 사람의 수중으로 이전시키는 역할을 한다. 대부에서는 화폐가 유통수단으로서 한 사람에게서 다른 사람에게로 이전되는 것은 아니다. 화폐가 대부자의 수중에 머물고 있는 동안은 화폐는 유통수단이 아니라 그의 자본의 가치존재다. 그리고 이 형태로 그는 화폐를 대부에 의해 타인에게 이전시킨다. 화폐를 A가 B에게, B가 C에게 아무런 구매의 매개 없이 대부하였다면, 이 동일한 화폐는 세 개의 자본을 대표하는 것이 아니라 오직 하나의 자본가치를 대표할 뿐이다. 이 동일한 화폐가 실제로 몇 개의 자본을 대표하는가는 그 화폐가 각종 다른 상품자본의 가치형태로서 몇 번이나 기능하는가에 달려 있다.

애덤 스미스가 대부 일반에 대해 말한 것은 예금에 대해서도 그대로 적용된다. 왜냐하면 예금은 대중이 은행업자에게 행한 대부의 특수한 명칭에 불과하기 때문이다. 동일한 화폐조각은 어떤 금액의 예금을 위한 수단으로도 기능할 수 있다.

"오늘 어떤 사람이 A에 예금하는 1,000원은 내일 재발행되어 B의 예금을 형성한다는 것은 의심할 여지가 없다. 모레는 B에서 재발행되어 C의 예금을 형성할 것이다…이리하여 무한히 계속될 수 있다. 그러므로 동일한 화폐 1,000원은 계속적인 이전을 통해 절대로 확정할 수 없는 예금액으로 증대될 수 있다. 따라서 영국 총예금의 $\frac{9}{10}$는 은행업자들[이들은 예금에 대해 책임을 진다]의 장부기록 이외에는 존재하지 않을 수도 있다…예컨대 스코틀랜드에서는 통화가 £3백만을 초과한 적이 없는데 은행예금은 £2천7백만으로 추산되고 있다. 은행에 대한 지불청구 쇄도가 일어나지 않는다면, 그 동일한 1,000원은 위와 반대의 경로를 거쳐 마찬가지로 확정될 수 없는 금액을 마찬가지로 쉽게 결제할 수 있을 것이다. 오늘 어떤 사람이 소매상에 대한 채무를 결제하는 1,000원이 내일 도매상에 대한 소매상의 채무를 결제하고, 모레 은행에 대한 도매상의 채무를 결제하며…따위로 끝없이 진행할 수 있다. 이리하여 동일한 1,000원이 이 손에서 저 손으로, 이 은행에서 저 은행으로 이전되면서 어떤 거액의 예금도 결제할 수 있을 것이다"(『통화이론 검토』: 62~63).

이런 신용제도에서는 모든 것이 두 배 세 배로 되어 나타나 단순한 환상의 산물로 전환되는데, 이런 것은 [사람들이 어떤 건실한 것을 드디어 잡았다고 기대하는] 은행의 '준비금'에서도 발생하고 있다.

잉글랜드은행 총재 모리스의 증언을 다시 한 번 들어보자.

"개인은행의 준비금은 잉글랜드은행에 대한 예금의 형태로 있다…금의 수출은 먼저 잉글랜드은행의 준비금에만 영향을 미치지만, 그것은 기타 은행들의 준비금에도 영향을 미칠 것이다. 금 수출이 기타 은행들이 잉글랜드은행에 가지고 있는 준비금의 일부가 인출된 경우에는 그러하다. 금 수출은 전국의 모든 은행들의 준비금에 영향을 미칠 것이다."(『상업불황, 1847~1848』, 제3639호, 제3642호)

결국 모든 준비금은 실제로 잉글랜드은행의 준비금으로 돌아온다.[4] 그러나 잉글랜드은행의 준비금은 이중의 존재를 가지고 있다. 잉글랜드은행 은행부의 준비금은 잉글랜드은행권 발행의 법정 최고한도액에서 잉글랜드은행권의 현실적인 유통액을 뺀 것과 같다. 법정 최고한도액은,

4) {엥겔스: 이 경향이 마르크스 이후 어느 정도까지 진전하였는가는 다음과 같은 [1892년 12월 15일자 『데일리 뉴스』로부터 얻은] 공식통계, 즉 1892년 11월 중 15대 런던은행들의 준비금에서 잘 나타나고 있다.

£1천4백만(이것에 대해서는 귀금속 준비가 필요하지 않으며 이것은 잉글랜드은행에 대한 정부의 채무액과 거의 같다)+잉글랜드은행의 귀금속 보유액이다. 후자가 역시 £1천4백만이라면 잉글랜드은행은 £2천8백만의 은행권을 발행할 수 있으며, 만약 이 중 £2천만이 이미 유통되고 있다면 은행부의 준비금은 £8백만이다. 이 £8백만의 은행권은 잉글랜드은행이 마음대로 처분할 수 있는 법률상의 은행영업자본임과 동시에 잉글랜드은행에 예치된 예금에 대한 준비금이다. 금 유출이 일어나 귀금속 준비를 £6백만만큼 감소시킨다면, 동일한 금액의 은행권이 폐기되어야 하므로 은행부의 준비금은 £8백만에서 £2백만으로 감소한다. 이렇게 되면 한편에서 잉글랜드은행은 자기의 이자율을 크게 인상시킬 것이며,

---

은 행 명	부채(£천) (A)	현금준비(£천) (B)	B/A (%)
시티	9,318	747	8.01
캐피탈 앤드 카운티즈	11,393	1,307	11.47
임페리얼	3,987	447	11.22
로이드	23,801	2,967	12.46
런던 앤드 웨스트민스터	24,672	3,819	15.50
런던 앤드 사우스 웨스턴	5,570	812	14.58
런던 조인트 스톡	12,128	1,289	10.62
런던 앤드 미들랜드	8,814	1,127	12.79
런던 앤드 카운티	37,111	3,600	9.70
내셔널	11,164	1,426	12.77
내셔널 프로빈셜	41,907	4,615	11.01
파스 앤드 얼라이언스	12,794	1,533	11.98
프레스코트 앤드 컴퍼니	4,041	539	13.07
유니온 오브 런던	15,503	2,300	14.84
윌리엄즈, 디콘 앤드 맨체스터 앤드 컴퍼니	10,452	1,318	12.60
총 계	232,656	27,846	11.97

이와 같은 약 £2천8백만의 준비금 중 적어도 £2천5백만는 잉글랜드은행에 예금되어 있으며 기껏해야 £3백만이 15개 은행 자신의 금고 속에 남아 있다. 그러나 잉글랜드은행 은행부의 현금준비는 1892년 11월에 £1천6백만에도 도달한 적이 없다!}

다른 한편에서 잉글랜드은행에 예금한 은행들과 기타 예금주들은 자기들의 예금에 대한 잉글랜드은행 준비금이 크게 감소하는 것을 알게 된다. 1857년 런던의 4대 주식은행들은, 만약 잉글랜드은행이 1844년 은행법을 정지시키는 '정부각서'를 얻어내지 못한다면[5] 자기들의 예금을 모두 인출하여 은행부를 파산시키겠다고 위협했다. 그러므로 발권부에는 유통하고 있는 은행권의 태환보증으로서 몇 백만 파운드 스털링(예: 1847년에는 £8백만)이 아직 있는데도 불구하고 은행부는 1847년처럼 파산에 직면할 수도 있는 것이다. 물론 태환보증이라는 것도 환상에 불과하다.

"은행업자가 받은 예수금 중 자기 스스로 당장 쓸데가 없는 대부분은 어음중개인의 수중으로 들어가는데, 어음중개인은 그 대신 자기가 런던이나 지방의 사람들을 위해 이미 할인한 상업어음들을 은행업자의 선대에 대한 담보로 제공한다. 어음중개인은 은행업자에게 이 콜자금〖요구가 있으면 즉시 상환해야 할 자금〗의 상환의무를 지고 있다. 그런데 이런 거래가 얼마나 큰 규모에 달하고 있는가에 대해서는 잉글랜드은행의 현재 총재 니브의 증언을 들어보면 알 수 있다. '우리는 한 어음중개인이 £5백만을 가지고 있는 것을 알고 있으며, 다른 어음중개인은 £8백만~1천만을 가지고 있다고 믿고 있다. 또한 어떤 사람은 £4백만, 다른 사람은 £3백5십만, 또 다른 사람은 £8백만 이상을 가지고 있었다. 내가 이야기하고 있는 것은 어음중개인의 수중에 있는 예금을 말한다'."(『은행법 1857~1858』: 5, 제8항)

"런던의 어음중개인들은 어떤 현금준비도 없이 거대한 거래를 수행하고 있었는데, 그들은 차례차례로 만기가 되는 어음에서 오는 입금에 의존하거

---

5) {엥겔스: 1844년 은행법의 정지는 잉글랜드은행으로 하여금 자기의 금 보유액을 고려하지 않고 무제한으로 은행권을 발행할 수 있게 한다. 즉 지폐의 형태로 무제한의 가공적인 화폐자본을 창출하여 이것을 은행과 어음중개인에게 선대advance하고, 이리하여 그들을 통해 상업세계에 선대할 수 있게 한다.}

나 긴급한 경우에는 할인한 어음을 담보로 잉글랜드은행에서 선대를 받는 것에 의존하고 있었다. 1847년 런던의 두 어음중개상사는 지불을 정지하였다가 그 뒤 사업을 재개하였는데, 1857년 그들은 다시 지불을 정지하였다. 한 상사는 1847년에 ￡18만의 자본에 부채는 ￡268만3천이었고, 1857년에는 자본이 1847년의 $\frac{1}{4}$에 불과하였는데 부채는 ￡5백3십만이었다. 다른 상사는 각각의 지불정지 때 자본은 ￡4만5천를 넘지 않았는데 부채는 ￡3~4백만이었다."(같은 보고서: xxi, 제52항)

제30장
화폐적 자본과 현실적 자본 (Ⅰ)

신용제도와 관련하여 우리가 취급하려고 하는 어려운 문제들은 다음과 같다.

첫째 화폐적 자본 그 자체의 축적. 이것이 어느 정도로 현실적 자본축적—즉 확대재생산—의 지표인가? 이자낳는 자본[즉 화폐적 자본]에 대해서만 사용되는 표현인 자본의 '과다plethora'은 단순히 산업의 과잉생산의 특수한 표현인가, 아니면 그것과는 전혀 다른 현상인가? 화폐적 자본의 과다 또는 화폐적 자본의 과잉공급은 대량의 화폐[금 · 금주화 · 은행권]가 쌓여있는 것과 일치하는가? 따라서 이런 현실적 화폐의 과잉은 대부자본의 과다라는 현상의 표현이고 형태인가?

둘째 화폐의 핍박—대부자본의 부족—은 어느 정도로 현실적 자본(상품자본과 생산자본)의 부족을 표현하는가? 아니면 화폐의 핍박은 어느 정도로 화폐 그 자체의 부족, 유통수단의 부족과 일치하는가?

우리가 지금까지 고찰한 화폐적 자본[화폐재산 일반] 축적의 특수형태는 결국 노동에 대한 청구권의 축적이다. 국채형태의 자본축적은 우리가 밝힌 바와 같이 조세총액에서 일정액을 취득할 권리를 가진 채권자계급의 [국가에 대한] 성장을 의미할 뿐이다.[6] 채무의 축적조차도 자본의 축적으로 나타날 수 있다는 사실 『예금의 증가는 은행자본의 축척이다』에서 우리는 신용제도에 의한 왜곡의 최고형태를 보게 된다. 차입하여 이미 오래 전에 지출된 자본에 대해 발행된 이 채무증서 『국채』[이미 소멸한 자본의 종이 사본]는, 팔 수 있는 상품이고 따라서 자본으로 재전환될 수 있는 한, 자신의 소유자를 위해 자본으로서 기능한다.

이미 본 바와 같이, 주식회사 형태의 회사 · 철도 · 광산에 대한 소유권증서 『주식』는 사실상 현실적 자본에 대한 권리증서다. 그러나 소유권증서는 현실적 자본에 대한 처분권을 주지 않으며 그 자본을 끌어낼 수 없다. 이 소유권증서는 그 자본이 생산할 잉여가치의 일부에 대한 법적 청구권을 줄 뿐이다. 그런데 이 소유권증서는 현실적 자본의 종이 사본이 되는데, 이것은 마치 선하증권이 화물과 나란히 가치를 얻게 되는 것과 마찬가지다. 이 소유권증서는 존재하지 않는 자본을 명목상으로 대표하고 있다. 왜냐하면 현실적 자본이 따로 존재하므로 이 종이 사본의 매매에 의해서는 그 소유자 『법인인 주식회사』가 변경되지 않기 때문이다. 소유권증서는 이자낳는 자본의 형태를 취한다. 왜냐하면 소유권증서는 일정한 수입을 보장할 뿐 아니라 그것에 투하된 자본가치는 그 증서의 매각에 의해 상환될 수 있기 때문이다. 이런 주식의 축적이 철도 · 광산 ·

6) "국채증권은 세입 중에서 채무의 상환에 예정되어 있는 부분을 표시하는 환상적인 자본에 불과하다. 그것과 동등한 크기의 자본이 낭비되었으므로 국채증권에게 자본이라는 명칭을 주지만, 국채증권이 대표하는 것은 그 자본이 아니다. 왜냐하면 그 자본은 이미 존재하지 않기 때문이다. 새로운 부는 산업의 노동에서 생기는 것이 틀림없지만, 매년 이 부의 일부는 [낭비된 부를] 대부한 사람에게 미리 할당되고 있다. 이 부분은 부의 생산자로부터 조세로 징수되어 국가의 채권자에게 주어진다. 그 나라에서 자본과 이자 사이의 관례적인 비율 『이자율』에 따라 환상적인 자본[이것의 크기는 채권자의 연간 이자취득액을 낳는 데 충분해야 한다]이 있다고 가정되고 있다."(시스몽디, 『신경제학원리』, 제2권: 229, 230)

기선 등의 축적을 표현하는 한, 주식의 축적은 현실적 재생산과정의 확대를 표현한다. 이것은 마치 동산에 대한 과세액의 증가가 동산 그 자체의 확대를 가리키는 것과 마찬가지다. 그러나 주식이 상품으로 매매될 수 있으며 따라서 자본가치로 유통할 수 있는 사본인 한, 주식의 자본가치는 가공적이고 현실적 자본의 가치운동과는 전혀 무관하게 오르내릴 수 있다. 주식의 가치[즉 증권거래소의 주가]는 이자율의 하락[이것이 화폐적 자본의 독특한 운동과는 무관하며 이윤율 저하경향의 단순한 결과인 한]에 따라 필연적으로 상승하는 경향을 가지므로, 이 상상적인 부[이것을 구성하는 각각의 주식은 일정한 최초의 명목가치를 가지고 있다]는 자본주의적 생산이 발달함에 따라 증대하는 경향을 가진다.7)

이런 소유권증서의 가격변동에 의한 이득과 손실, 그리고 철도 거부들 수중으로 주식의 집중은 그 성격상 점점 더 투기의 결과로 되며, 투기는 이제 노동과 직접적 폭력을 대신하여 자본을 획득하는 독창적인 방법이 되고 있다. 이런 종류의 환상적인 화폐재산은 개인의 화폐재산의 매우 큰 부분을 차지하고 있을 뿐 아니라 은행자본의 매우 큰 부분을 차지하고 있다.

여기에서 문제를 빨리 끝내기 위해 언급하지만, 화폐자본의 축적은 은행업자(직업적인 화폐대부자)—한편의 사적 화폐자본가들과 다른 한편의 국가 · 지방정부 · 재생산과정에 종사하는 차입자들 사이의 매개자—의 수중에 부가 축적되는 것을 의미할 수도 있다는 점이다. 왜냐하면 신

7) 축적된 대부가능 화폐자본의 일부는 사실상 산업자본을 표현할 뿐이다. 예컨대 영국은 1857년 미국철도와 기타 사업에 £8천만을 투자하였는데, 이 투자는 거의 대부분 영국상품의 수출에 의해 수행되었고, 미국사람들은 이 상품들에 대해 전혀 대가를 지불할 필요가 없었다. 왜냐하면 영국의 수출업자가 이 상품들에 대해 미국 앞 어음을 발행하면, 영국의 주식 응모자들이 이 어음을 구매해 미국철도주식의 불입금으로 미국에 송부하였기 때문이다.

용제도의 거대한 팽창과 신용 전체가 은행업자들에 의해 그들의 사적 자본으로 이용되기 때문이다. 은행업자들은 자본과 수입을 항상 화폐형태 또는 화폐에 대한 직접적 청구권의 형태로 가지고 있다. 이 계급에 의한 부의 축적은 현실적 축적과는 매우 다르게 진행될 수 있지만, 그들은 어쨌든 현실적 축적의 상당한 부분을 집어삼키고 있다.

여기의 문제를 더 좁은 범위로 한정하자. 국채 · 주식이나 모든 종류의 유가증권은 대부자본—이자낳는 자본으로 예정되고 있는 자본—의 투자대상이며, 대부자본을 대부하는 형태다. 그러나 그것들 자체가 대부자본(그것들에 투하되는 자본)은 아니다. 다른 한편으로 신용이 재생산과정에서 직접적인 기능을 하는 한, 산업가나 상인이 어음을 할인받거나 대부를 받으려고 할 때 그에게 필요한 것은 주식이나 국채가 아니라 화폐다. 그러므로 그는 다른 방법으로는 화폐를 얻을 수 없을 때 이런 유가증권을 매각하거나 담보로 제공하게 된다. 우리가 여기에서 다루어야 하는 것은 이런 대부자본의 축적이며 특히 대부할 수 있는 화폐자본의 축적이다. 여기에서 문제가 되는 것은 가옥 · 기계 · 기타 고정자본의 대부가 아니며, 또한 산업가들과 상인들이 재생산과정의 순환 중에 서로 상품의 형태로 제공하는 대부[이것에 대해서는 좀 더 자세히 연구해야 할 것이다]도 아니다. 여기에서는 오직 중개자로서 은행업자가 산업가와 상인에게 행하는 화폐대부만을 문제로 삼는다.

* * *

그러므로 우리는 상업신용—즉 재생산과정에 종사하고 있는 자본가들이 상호간에 주는 신용—의 분석에서 시작하자. 상업신용은 신용제도의 토대를 이룬다. 이 신용을 대표하는 것은 환어음[확정지불일을 가진 채무증서 또는 '후불증서']이다. 각자는 한편에서는 신용을 주고 다른 편에서는 신용을 받는다. 먼저 은행업자의 신용[이것은 상업신용과는 전혀 별개의, 본질적으로 다른 요소다]은 완전히 무시한다. 이 환어음이 상인들 사이에서 이서에 의해 [어떤 할인도 개입하지 않고] 지불수단으로 유통되는 한, 채권은 A에서 B로 이전될 뿐이며 사태의 본질은 조금도 변하지 않는다. 한 사람이 다른 사람의 자리에 들어설 따름인데, 이 경우에도 결제는 화폐의 개입 없이 행해질 수 있다. 예컨대 방적업자 A는 면화중개인 B에게, 그리고 B는 수입업자 C에게 어음대금을 지불해야 한다고 하자. 만약 C가 면사를 수출하기도 한다면(이런 일은 자주 있다) C는 면사를 A로부터 어음으로 구매할 수 있으며, 이리하여 A는 C로부터 받은 B 자신의 어음으로 B에 대한 자기의 채무를 결제할 수 있다. 이 경우 기껏해야 차액만이 화폐로 지불될 뿐이다. 거래 전체는 면화와 면사 사이의 교환을 매개할 따름이며, 수출업자는 방적업자를 대리하며 면화중개인은 면화재배자를 대리하고 있을 따름이다.

이 순수한 상업신용의 순환에 대해서는 두 가지를 지적할 필요가 있다.

첫째로 이런 상호간 채권의 결제는 자본의 환류[즉 연기되고 있을 뿐인 C－M]에 달려 있다는 점이다. 만약 방적업자가 면제품 제조업자로부터 어음을 받았다면, 면제품 제조업자가 그 어음대금을 지불할 수 있는 것은 그가 시장에 내놓은 제품들이 지불기일 이전에 판매되는 경우다. 곡물 투기업자가 자기의 위탁판매업자 앞으로 환어음을 발행한다면, 이 위탁판매업자는 곡물이 기대한 가격대로 팔려야만 화폐를 지불할 수 있게 된다. 그러므로 이런 상환은 재생산—생산 · 소비과정—의 원활성에 달려 있다. 그러나 신용은 상호간에 주고받기 때문에 각자의 지불능력은 동시에 타인의 지불능력에 달려 있다. 왜냐하면 각자는 어음을 발행할 때 자기 자신의 사업에서 자본환류를 고려하였거나 아니면 [그에게 지불하기로 되어 있는] 제3자의 사업에서 자본환류를 고려하였을 것이기 때문이다. 예상되는 자본환류를 제외하면, 지불은 준비자본—환류가 지체되는 경우 자기의 채무를 이행하기 위해 어음발행인이 자기 수중에 가지고 있다—에 의해서만 가능하다.

둘째로 이 신용제도〖상업신용〗는 현금지불의 필요성을 제거하지 않는다는 점이다. 먼저 대부분의 비용들[임금 · 세금 등]은 항상 현금으로 지불되어야 한다. 또한 예컨대 C로부터 어음으로 지불받은 B가 이 어음이 만기가 되기 전에 D에게 만기어음을 지불해야 한다면, B는 현금을 가져야만 한다. 위에서 가정한 바와 같은 재생산의 완전한 순환—면화 재배자로부터 방적업자까지 그리고 그 거꾸로의 방향—은 오직 예외일 뿐이고 항상 여러 곳에서 중단되기 마련이다. 재생산과정을 고찰할 때(제2권 제3편 제20장 6절) 본 바와 같이, 불변자본의 생산자들은 그들의 불변자본 일부를 상호 교환하는데, 이 경우에는 어음들은 다소 서로 상쇄될 수 있다. 이와 같은 상쇄는 생산의 상향연쇄의 경우—즉 면화중개인은 방적업자 앞으로 어음을 발행하며, 방적업자는 면제품제조업자 앞으로, 그리고 면제품제조업자는 수출업자 앞으로, 수출업자는 수입업자(아마도 면화수입업자) 앞으로 어음을 발행하는 경우—에도 일어날 수 있다. 그러나 거래의 순환과 이에 따른 채권시리즈의 상쇄는 항상 일어나는 것이 아니다. 예컨대 직포업자에 대한 방적업자의 채권은 기계제조업자에 대한 석탄공급자의 채권에 의해 결제되지는 않는다. 방적업자는 자기의 사업에서는 기계제조업자에 대해 어떤 채권도 가지지 않는다. 왜냐하면 자기의 생산물인 면사는 결코 기계제조업자의 재생산과정의 한 요소로 되지 않기 때문이다. 그러므로 이런 종류의 채권은 화폐로 결제되어야 한다.

이 상업신용의 한계들—그 자체만 고찰하면—은 (1) 산업가나 상인들의 부, 즉 환류가 지체되는 경우 사용할 수 있는 그들의 준비자본, (2) 자본의 환류 그 자체다. 환류가 시간상 지체될 수도 있고, 상품가격이 그 사이 하락할 수도 있으며, 상품이 시장의 공급과잉으로 일시적으로 판매되지 않을 수도 있다. 어음기간이 길면 길수록 준비자본 필요액은 그만큼 더 커지며, 가격하락이나 시장의 공급과잉 때문에 환류가 감소 또는 지연될 가능성도 그만큼 더 커진다. 더욱이 최초의 거래가 상품가격의 등락을 노리는 투기에 의해 촉발되면 될수록 환류는 그만큼 더 불확실하게 된다. 그러나 노동생산성과 대규모 생산이 발달함에 따라 (1) 시장은 확대되고 생산지로부터 점점 더 멀어지며, (2) 따라서 신용이 장기화되지 않을 수 없으며, (3) 그 결과로 투기적 요소가 거래를 점점 더 지배하지 않을 수 없다는 점은 명백하다. 멀리 떨어진 시장을 위한 대규모 생산은 생산물 전체를 상업의 수중에 맡긴다. 그러나 국민의 자본이 두 배가 되어 상업이 자기 자신의 자본으로 국민의 총생산물을 구매하여 그것을 다시 판매하는 것은 불가능하다. 따라서 신용은 필수적이며, 신용의 규모는 생산의 가치량 증대에 따라 증대하고, 신용의 기간은 판매시장이 멀어짐에 따라 연장된다. 여기에서 상호작용이 생긴다. 즉 생산과정의 발달은 신용을 확대하고, 신용은 또한 산업활동과 상업활동을 확대시키게 된다.

상업신용을 은행업자의 신용 『은행신용』과 분리해 고찰한다면, 상업신용이 산업자본 그 자체의 규모와 함께 증대한다는 것은 명확하다. 여기에서 대부자본과 산업자본은 동일하다. 왜냐하면 대부되는 자본은 상품자본—최종적인 개인적 소비에 들어가거나 생산자본의 불변적 요소를 보충하는 데 사용되는 상품자본—이기 때문이다. 여기에서 대부된 자본으로 나타나는 것은 언제나 재생산과정의 일정한 단계에 있는 자본이며, 이 자본이 매매에 의해 한 사람의 수중에서 다른 사람의 수중으로 이전되고, 그것의 등가는 약정한 기간 뒤에 구매자에 의해 지불된다. 예컨대 면화는 어음과 교환으로 방적업자에게 이전되고, 면사는 어음과 교환으로 직포업자에게 이전되며, 직포는 어음과 교환으로 상인에게 이전되고, 이것은 또한 어음과 교환으로 상인으로부터 수출업자에게 이전되고, 수출업자로부터 어음과 교환으로 인도의 상인에게 이전되며, 이 인도의 상인은 그 직포를 판매하여 염료를 구매하게 된다. 이처럼 한 사람의 수중에서 다른 사람의 수중으로 이전되는 동안 면화는 완제품으로 전환되고, 이 완제품은 결국 인도로 수송되어 염료와 교환되며, 이 염료는 유럽에 수송되어 재생산과정에 또다시 들어가게 된다. 재생산의 서로 다른 단계들이 여기에서는 신용에 의해 매개되고 있다. 방적업자는 면화에 대해 지불하지 않았으며, 직포업자는 면사에 대해, 상인은 직포에 대해 지불하지 않았다. 이 과정의 첫째 행위들에서 상품[면화]은 생산의 각종 단계들을 통과하는데, 이 통과는 신용에 의해 매개되고 있다. 그러나 일단 면화가 생산과정에서 상품으로서 최종형태『직포』를 얻게 되자, 이 동일한 상품자본은 이제 각종 상인들의 수중을 통과할 뿐인데, 이 상인들이 그 상품을 먼 시장에까지 수송하며, 그들 중 최후의 상인이 최종적으로 그 상품을 소비자에게 팔고 그 대신 다른 상품[소비에 들어가거나 재생산과정에 들어가는 다른 상품]을 구매하게 된다. 그러므로 여기에서는 두 부분을 구별할 필요가 있다. 첫째 부분에서 신용은 해당상품 생산의 현실적인 순차적 단계들을 매개하고 있는데, 둘째 부분에서는 단순히 한 상인의 수중에서 다른 상인의 수중으로 이전(수송도 포함), 즉 C－M 행위를 매개할 뿐이다. 물론 둘째 부분에서도 상품은 적어도 끊임없이 유통행위 — 재생산과정의 한 단계 — 에 놓여 있다.

그러므로 여기에서 대부되는 것은 결코 유휴자본이 아니라, 그 소유자의 수중에서 자기의 형태를 변경시켜야 하는 자본(그 소유자에게는 단순히 상품자본이라는 형태로 존재하며, 따라서 재전환되어 먼저 적어도 화폐로 전환되어야만 하는 자본)이다. 여기에서 신용이 매개하는 것은 상품의 탈바꿈[C－M뿐 아니라 M－C]과 현실의 생산과정이다. 재생산순환에서 신용(은행신용은 제외)이 많다는 것은, 유휴자본(대부에 제공되며 유리한 투자처를 찾고 있는 유휴자본)이 많다는 것을 의미하는 것이 아니라, 재생산과정에서 자본이 크게 사용되고 있다는 것을 의미한다.

그러므로 여기에서 신용이 매개하는 것은, (1) 산업자본가들에 대해 말한다면 산업자본을 한 단계에서 다른 단계로 이전시키는 것, 생산의 여러 영역들(서로 접합하여 하나를 이룬다)을 연결시키는 것이며, (2) 상인들에 대해 말한다면 상품을 한 상인으로부터 다른 상인들에게로 수송하고 이전시켜 화폐와 교환으로 최종적으로 판매되게 하든가 다른 상품과 교환되게 하는 것이다.

신용의 최대한도는 이 경우 산업자본의 가장 완전한 운용—즉 소비의 한계를 무시한 채 산업자본의 재생산력을 극도로 발휘하는 것—과 동등하다. 소비의 한계는 재생산과정 그 자체의 발휘에 의해 확대된다. 왜냐하면 이 발휘는 한편에서는 노동자와 자본가에 의한 수입의 소비를 증대시키며, 다른 한편에서는 이 발휘 그 자체가 생산적 소비의 확대와 동일하기 때문이다.

재생산과정이 원활하여 환류가 보장되는 한 상업신용은 지속되고 확장되는데, 이런 상업신용의 증가는 재생산과정 그 자체의 확장에 바탕을 두고 있다. 그러나 환류의 지체, 시장의 포화상태나 가격의 하락에 의해 정체가 나타나자마자, 산업자본의 과잉—이것도 산업자본이 자기의 기능을 수행할 수 없는 형태로 과잉이 된다—이 드러난다. 대량의 상품자본이 있지만 팔리지 않는다. 대량의 고정자본이 있지만 재생산의 정체 때문에 대부분 가동되지 않고 있다. 상업신용은 수축된다. 왜냐하면 (1) 산업자본이 유휴하고 있기 때문이다. 즉 이 자본이 자기의 탈바꿈을 완성하지 못하고 재생산의 한 단계에 정체하고 있기 때문이며, (2) 원활한 재생산과정에 대한 신뢰가 무너지기 때문이며, (3) 이 상업신용에 대한 수요가 감퇴하기 때문이다. 방직업자는 자기의 생산을 제한하고 판매되지 않은 대량의 면사재고를 가지고 있으므로, 신용에 의해 면화를 구입할 필요가 없다. 상인도 이미 너무 많은 상품을 가지고 있으므로 신용에 의해 상품을 구입할 필요가 없다.

재생산과정의 확대 또는 심지어 재생산과정의 정상적인 발휘에 교란이 생기는 경우에도 신용의 부족이 나타나며 신용으로 상품을 얻기가 더욱 어려워진다. 신용판매를 꺼리고 현금지불을 고집하는 현상은 산업순환 중 파국crash 뒤의 국면에서 특히 특징적이다. 파국 직전의 공황crisis 그 자체에서는 누구나 판매할 상품을 가지고 있지만 판매할 수 없고 더욱이 채무를 상환하기 위해 판매해야 하기 때문에, 재생산과정에 묶여 있는 자본량[이것은 투자처를 구하는 유휴자본이 아니다]은 신용부족이 가장 심각한 바로 그 시기에(따라서 은행신용의 경우에는 할인율이 최고 수준에 도달하는 시기에) 최대의 규모에 도달한다. 이미 투하된 자본은 재생산과정의 정체 때문에 사실상 대규모로 유휴하고 있다. 공장은 멈추고 원료는 쌓이며 완제품은 상품으로 시장에 넘쳐흐른다. 그러므로 이런 사태가 생산자본의 부족 때문에 일어난다고 이야기하는 것보다 더 틀린 생각은 없다. 바로 이 시기에 생산자본의 과잉—부분적으로는 재생산의 정상적인 [일시적으로 축소된] 규모에 비해 과잉이며, 부분적으로는 축소된 소비에 비해 과잉이다—이 존재한다.

사회 전체가 오직 산업자본가와 임금노동자로 구성되어 있다고 가정하자. 그리고 총자본의 대부분이 그 평균적인 크기로 보충되는 것을 방해하는 가격변동, 그리고 특히 신용에 의해 발전하는 재생산과정 전체의 일반적인 상호의존 때문에 일반적인 정체를 일시적으로 일으킬 수밖에 없는 가격변동도 무시하자. 또한 신용제도가 조장하는 사기적인 사업과 투기적인 거래도 무시하자. 이렇게 되면 공황은 오직 각종 생산분야들 사이의 생산의 불비례에 의해, 그리고 자본가들 자신의 소비와 축적 사이의 불균형에 의해 설명될 수밖에 없을 것이다. 그러나 실제로는 생산에 투하된 자본의 보충은 생산하지 않는 계급 〚예: 금리생활자〛의 소비능력에 크게 의존하고 있다. 그런데 노동자들의 소비능력은, 부분적으로는 임금을 규제하는 법칙들에 의해 제한되고 있으며, 부분적으로는 그들은 자본가계급을 위해 이윤을 낳는 한에서만 고용될 수 있다는 사실에 의해 제한되고 있다. 언제나 모든 현실적 공황의 궁극적인 원인은, 생산력을 발달시키려는 자본주의적 생산의 충동[마치 사회의 절대적 소비능력만이 생산력 발달의 한계를 설정하는 것처럼 생산력을 발달시키려고 한다]에 대비한 대중의 궁핍과 제한된 소비에 있다.

적어도 자본주의적으로 발달한 나라들에서 생산자본의 진정한 부족을 이야기할 수 있는 유일한 경우는 식량이나 주요 공업원료를 부족하게 하는 일반적인 흉작 때뿐이다.

그런데 이 상업신용에 추가하여 진정한 화폐신용이 있다. 산업가들과 상인들 사이의 대부는 그들에 대한 은행업자와 화폐대부자의 화폐대부와 혼합되어 있다. 어음할인에서 대부는 순전히 명목적이다. 제조업자는 자기 생산물을 어음과 교환하여 판매하고 그 어음을 어음중개인에게서 할인받는다. 그러나 실제로는, 어음중개인은 자기 거래은행업자의 신용을 대부할 뿐이며, 또한 그 은행업자는 자기의 예금자들[이들은 산업가들과 상인들 자신, 그리고 노동자들(저축은행을 통해)이나 지주 및 기타의 비생산적 계급들로 구성되고 있다]의 화폐자본을 어음중개인에게 대부한 것이다. 이리하여 각 개별제조업자나 상인은 큰 금액의 준비자본을 보유해야 할 필요성과 현실적 환류에 의존해야 할 필요성을 피하고 있다. 그러나 다른 한편으로는 단순히 융통어음을 사용하거나, 단순히 어음제조를 목적으로 하는 상품거래에 의해 과정 전체가 매우 복잡해지기 때문에, 환류가 사실상 오래 전부터 사기당한 화폐대부자와 사기당한 생산자의 희생에 의해 행해지고 있는 경우에도, 사업이 매우 건실하고 환류가 원활한 듯한 겉모습이 평온하게 지속될 수 있다. 그렇기 때문에 사업은 언제나 바로 붕괴 직전에 거의 지나칠 정도로 건전하게 보인다. 이것에 대한 가장 좋은 증거는 예컨대 『은행법, 1857』과 『은행법, 1858』에서 볼 수 있는데, 거기에서는 은행이사들과 상인들[한 마디로 말해 오브스톤을 선두로 증언에 소환된 모든 전문가들]이 1857년 8월에 폭발한 공황 바로 한 달 전에 사업의 번영과 건전한 상태에 대해 서로 축하하고 있었다. 모든 이런 공황들에 관한 역사가인 투크가 『물가와 통화상태의 역사』 〔1848: 329~348; 뉴마치와 공저, 1857: 218~229〕에서 또다시 이런 환상에 사로잡힌 것은 매우 놀라운 일이다. 갑자기 붕괴할 때까지 사업은 항상 매우 건전하며 극도로 번영하는 법이다.

* * *

이제 화폐자본의 축적으로 되돌아가자.

대부를 위한 화폐자본의 증가가 모두 진정한 자본축적 또는 재생산과정 확대의 지표는 아니다. 이것은 공황 직후의 산업순환 국면—이때 대부자본은 대규모로 유휴하고 있다—에서 가장 분명히 나타난다. 생산과정이 축소하고(1847년 공황 이후 영국공업지대의 생산은 $\frac{1}{3}$만큼 축소하였다) 상품가격이 최저수준에 이르며 기업정신이 마비되는 이런 순간에는 이자율이 저하하는데, 이것은 오직 산업자본의 축소와 마비 때문에 대부가능 자본이 증가한 것을 가리킬 뿐이다. 상품가격이 하락하고 거래가 감소하며 임금에 투하되는 자본이 수축함에 따라 유통수단이 더 적게 필요하다는 것, 금 유출이나 파산에 의해 대외부채가 청산된 이후에는 세계화폐의 기능을 수행하기 위한 추가화폐가 필요하지 않다는 것, 그리고 끝으로 할인될 어음의 수와 금액이 감소함에 따라 할인업무의 규모도 축소된다는 것 따위는 매우 명백하다. 이리하여 대부가능 화폐자본에 대한 수요—유통수단이나 지불수단을 위한 수요이며 새로운 자본투자는 아직 나타나지 않는다—는 감퇴하며 따라서 대부가능 화폐자본은 상대적으로 풍부해진다. 그뿐 아니라, 뒤에서 볼 것이지만, 이런 상황에서는 대부가능 화폐자본의 공급도 적극적으로 증가하게 된다.

예컨대 1847년 공황 이후 '거래의 감소와 화폐의 거대한 과잉'(『상업 불황, 1847~1848』, 증언 제1664호)이 있었다. '상업의 거의 완전한 파괴와 화폐 사용처의 거의 완전한 부족'(같은 책: 45. 로얄 뱅크 오브 리버풀의 이사 호지슨의 증언) 때문에 이자율은 매우 낮았다. 이런 상황을 설명하기 위해 사람들(호지슨은 그 대표자이다)이 꾸며낸 엉터리 이야기를 다음의 문장에서 볼 수 있다.

(1847년의) "화폐 핍박은 이 나라의 화폐자본〖대부자본〗의 현실적인 감소에서 발생하였는데, 이는 부분적으로는 세계 각국으로부터 수입에 대한 금 지불의 필요성에 의해, 그리고 부분적으로는 유동자본을 고정자본에 흡수하는 것에 의해 야기되었다."

유동자본을 고정자본에 흡수하는 것이 어떻게 일국의 화폐자본을 감소시키게 되는가는 설명하고 있지 않다. 예컨대 그 당시 자본의 주된 투자영역이었던 철도의 경우, 다리 · 레일을 만드는 데 금이나 종이〖은행권〗가 사용되는 것이 아니며, 철도주식에 투하된 화폐는 [단순히 불입자본금으로 예탁되는 한] 은행에 예금되어 있는 모든 다른 화폐와 마찬가지로 기능하며 [우리가 이미 본 바와 같이] 심지어 대부가능 화폐자본을 일시적으로 증가시킨다. 또 그 화폐가 실제로 철도건설에 지출되는 한, 그 화폐는 국내에서 구매수단과 지불수단으로 유통한다. 만약 그 고정자본이 수출될 수 없어 [그것의 수출이 실제로 불가능하여] 수출품의 대금 [현금이나 금덩이 따위]으로 들어오는 자본이 없다면, 화폐자본은 영향을 받을 수 있을 것이다. 그런데 그 당시 영국의 수출품은 해외시장에서 팔리지 않아 대규모로 창고에 쌓여 있었다. 맨체스터 등의 상인들과 제조업자들 중에서 자기의 평상시의 영업자본의 일부를 철도주식에 고정시키고 그리하여 자기의 사업운영에서는 차입자본에 의존하고 있었던 사람들에 대해 말한다면, 그들의 유동자본은 실제로 고정되었으며, 그들은 이것의 결과에 책임져야만 하였다. 그러나 이것은 그들이 자기의 본업에 투하된 자본을 끌어내어 예컨대 철도 대신에 광산—광산의 생산물인 철 · 석탄 · 구리 등은 유동자본에 속한다—에 투자했더라도 마찬가지였을 것이다. 흉작 · 곡물수입 · 금 유출로 말미암은 사용할 수 있는 화폐자본의 현실적 감소는 철도투기와는 전혀 상관없는 사건들이었다.

"거의 모든 상사들은 자기의 상업자본의 일부를 철도에 투하함으로써 자기의 본업을 다소 굶겨죽이기 시작하였다…상사들은 너무나 큰 규모로 철도에 투자하였기 때문에, 자기의 상업활동을 유지하려고 어음의 할인을 통해 은행에 지나치게 의존할 수밖에 없었다."(같은 책: 67에 있는 호지슨의 증언) "맨체스터에서는 철도투기 때문에 막대한 손실을 입었다."(같은 책: 가드너의 증언, 제4884호)

1847년 공황의 주요한 원인 중 하나는 동인도 시장에 대한 거대한 공급과잉과 동인도무역거래의 거대한 사기사건 때문이었다. 기타의 요인들도 또한 동인도무역에 종사하는 매우 부유한 상사들의 몰락에 기여하였다.

"그들은 대규모 재산을 가지고 있었지만 화폐로 전환할 수 있는 것은 아니었다. 그들의 자본 전부는 모리셔스의 농장이나 염료공장이나 설탕공장에 묶여 있었다. 그 뒤 그들이 £5십만~6십만 규모의 부채를 지게 되었을 때 그들은 자기의 어음을 상환할 가용자산을 가지고 있지 않았으며, 그리하여 자기의 어음을 상환하기 위해 그들은 전적으로 자기의 신용에 의존하고 있다는 것이 결국 판명되었다."(같은 책: 리버풀의 거대 동인도상인 터너의 증언, 제730호)

가드너의 증언.(같은 책: 제4872호)

"중국과의 조약체결 『아편전쟁의 결과로 1842년 8월에 맺은 난징조약』 직후 중국과의 거래가 크게 확장되리라는 전망이 널리 퍼져 주로 중국시장에서 팔 면직물을 제조하기 위해 많은 대공장들이 건설되어 기존의 공장들에 추가되었다." "제4874호. 그 거래는 어떻게 되었는가?—말할 수 없을 정도로 파멸적이었다. 1844년과 1845년에 중국으로 가는 선적된 총액 중 $\frac{2}{3}$ 이상이 회수되지 못하였다고 생각한다. 차茶는 중국의 주요 대금상환 품목이고 우리가 큰 기대를 걸고 있었으므로 우리 제조업자들은 차에 대한 관세가 크게 인하될 것으로 계산하고 있었다."(그 다음에 우리는 소박하게 표현된 영국제조업자들의 특징적인 신념을 듣게 된다.)"해외시장과의 우리 무역은 그들의 상품구매능력에 의해 제약되는 것이 아니라, 우리의 제조품 대신으로 받게 되는 물품에 대한 우리나라의 소비능력에 의해 제약되고 있다."(영국이 무역하는 상대적으로 빈곤한 나라들은 영국제품의 어떤 양에 대해서도 지불할 수 있고 소비할 수 있지만, 유감스럽게도 부유한 영국이 자기의 수출품의 대가로 받는 생산물을 소화할 수 없다는 것이다.)

"제4876호. 처음 나는 약간의 상품을 수출하여 약 15%의 손실을 보면서 판매하였지만, 그 금액으로도 나의 대리상이 차를 구매하여 이 나라에 보내면 그 손실을 보상하고도 큰 이윤을 얻으리라고 확신하였다 …그러나 이윤은커녕 어떤 경우에는 25~50%까지 손실을 보았다." "제4877호. 제조업자들은 일반적으로 자기 자신의 계산으로 수출하였는가?—주로 그렇게 하였다. 그러나 상인들은 그래서는 안 되겠다는 것을 곧 알아차리고 제조업자들에게 스스로 직접 수출하기보다는 위탁판매하라고 격려하였다."

그런데 1857년에 손실과 파산은 주로 상인의 부담으로 되었다. 왜냐하면 이번에는 제조업자들이 상인으로 하여금 '상인 자신의 계산으로' 해외시장을 넘쳐 흐르게 하였기 때문이다.

* * *

은행제도의 보급에 따라, 종전에는 개인의 퇴장화폐 또는 주화준비이었던 것이 일정한 기간 대부자본으로 항상 전환된다는 사실 때문에 증가한 화폐자본(뒤에서 볼 입스위치은행의 경우 1857년 직전 몇 년 동안 차지농업가의 예금은 4배 이상 증가하였다)은 결코 생산적 자본의 증대를 표현하는 것은 아닌데, 이것은 런던주식은행들이 예금에 대해 이자를 지불하기 시작한 이후 그 은행들의 예금 증가가 생산적 자본의 증대를 표현하지 않는 것과 마찬가지다. 생산규모가 불변이라면 이런 화폐자본의 증대는 단순히 생산적 자본에 비해 대부가능 화폐자본을 풍부하게 할 뿐이며 따라서 이자율이 낮아진다.

재생산과정의 과도한 확장 이전의 번영기에는 상업신용은 매우 크게 팽창하는데, 이것은 또한 원활한 환류와 생산확대를 위한 '건전한' 바탕을 실제로 구성한다. 이런 상황에서 이자율은 그 최저수준 이상이긴 하지만 아직도 낮다. 사실상 이 시기는 낮은 이자율[따라서 대부자본의 상대적 풍부함]이 산업자본의 현실적인 확대와 일치하는 유일한 시점이다. 환류의 쉬움과 규칙성이 상업신용의 확대와 결합하여, 대부자본의 공급을 [그 수요증대에도 불구하고] 보장하며 이자율의 상승을 저지한다. 또한 이 시기는 준비자본을 가지지 않거나 심지어 자본을 전혀 가지지 않고 화폐신용에만 의존하여 사업하는 모험자들이 대규모로 등장하는 최초의 시기다. 여기에 또한 모든 형태의 고정자본의 대확장, 그리고 새로운 대규모 사업들의 대량설립이 추가된다. 이자율이 이제 평균수준까지 상승한다. 새로운 공황이 다가오자마자 이자율이 그 최고수준에 다시 도달한다. 이때 신용이 갑자기 부족하게 되고 지불이 정체되며 재생산과정이 마비되고 유휴산업자본의 과잉과 함께 대부자본의 거의 절대적인 부족이 나타난다.

그러므로 이자율에 표현되는 대부자본의 운동은 대체로 산업자본의 운동과는 반대의 방향으로 나아간다. 최저수준 이상이지만 아직은 낮은 수준의 이자율이 공황 뒤의 '호전'과 신뢰의 증대와 함께 나타나는 국면,

그리고 특히 이자율이 평균수준—최저수준과 최고수준 사이의 중간수준—에 도달하는 국면, 오직 이 두 개의 국면이 풍부한 대부자본과 산업자본의 큰 팽창이 공존하는 국면이다. 산업순환의 최초국면에서는 낮은 이자율과 산업자본의 수축이 함께 나타나며, 산업순환의 최종국면에서는 높은 이자율과 산업자본의 과잉이 함께 나타난다. '호전' 국면의 낮은 이자율은 상업신용이 아직까지 자기 스스로 감당할 수 있어 소액의 은행신용만을 필요로 한다는 사실을 표현한다.

이 산업순환은 일단 최초의 충격이 가해지면 동일한 순환을 주기적으로 반복하게 되어 있다.[8] 불황국면에서 생산은 이전의 순환에서 도달하

---

8) {엥겔스: 내가 이미 다른 곳 『『자본론』 제1권 영어판 서문』에서 지적한 바와 같이, 지난번 『1867년』의 일반적 대공황은 전환점이었다. 이전 10년 주기의 급격한 형태의 순환은, 상대적으로 짧고 약한 경기회복과 상대적으로 길고 격렬하지 않은 불황 사이의 교체 [더 만성적이고 장기적인 성격을 가진다]—이리하여 각각의 공업국에게 서로 다른 시기에 영향을 미친다—로 전환한 것 같다. 아마도 단순히 순환의 주기가 연장된 것 같다. 세계무역이 초창기였던 1815~1847년에는 약 5년 주기의 순환이 나타났고, 1847~1867년에는 순환은 분명히 10년의 주기를 가졌다. 지금 우리는 들어보지도 못한 정도로 격렬한 새로운 세계공황의 준비기에 있는가? 많은 점에서 그런 것 같다. 지난 1867년의 일반적 공황 이래 큰 변화가 일어났다. 교통수단의 거대한 팽창—대양기선 · 철도 · 전신 · 수에즈운하—은 비로소 세계시장을 현실적으로 확립하였다. 이전에 산업을 독점하였던 영국 이외에 일련의 공업국들이 경쟁자로 나타났다. 유럽의 과잉자본을 위해 무제한의 각종 투자영역이 세계 각지에 열려 있으며, 이리하여 그 과잉자본은 더 광범히 분산되며, 국지적인 과잉투기는 더 쉽게 극복된다. 이런 모든 것들에 의해 공황 발생의 이전의 온상이나 계기가 대부분 제거되었거나 매우 약화되었다. 이와 함께 국내시장의 경쟁은 카르텔과 트러스트의 출현에 의해 후퇴하고 있으며, 해외시장의 경쟁은 보호관세[영국 이외의 모든 주요 공업국들은 보호관세 장벽을 치고 있다]에 의해 제한되고 있다. 그러나 이 보호관세 자체는 세계시장의 지배권을 결정할 최후의 일반적 산업전쟁을 위한 무기일 따름이다. 그러므로 옛날의 공황이 반복되는 것을 저지하는 요인들 각각은 훨씬 더 격렬한 장래 공황의 싹을 내포하고 있다.}

였던 수준 이하로, 그리하여 지금의 기술적 토대가 달성할 수 있는 수준 이하로, 감소한다. 번영국면—중간단계—에서 생산은 그 기술적 토대 위에서 더욱 발전한다. 과잉생산과 투기의 국면에서 생산은 생산력을 그 최대한도로 발휘하며 드디어 생산과정의 자본주의적 한계들을 넘어서게 된다.

공황시기에 지불수단이 부족하게 되는 것은 자명하다. 어음이 현금으로 전환될 수 있느냐 없느냐가 상품 그 자체의 탈바꿈보다 더욱 중요하게 되고, 또한 이 시기에는 일부의 기업들이 순전히 신용에 의거해 영업하는 경우가 더욱 많아지기 때문이다. 1844~1845년의 은행법과 같은 무지하고 불합리한 은행법이 화폐공황을 격화시킬 수 있다. 물론 어떤 종류의 은행입법도 공황 그 자체를 제거할 수는 없다.

재생산과정의 상호관련 전체가 신용에 바탕을 두고 있는 생산체제에서는, 신용이 갑자기 정지되고 현금지불만이 통용된다면, 지불수단을 얻으려는 격렬한 쇄도의 형태로 공황이 발발할 수밖에 없다는 것은 분명하다. 그리하여 첫눈에는 모든 공황은 단순히 신용·화폐공황인 것처럼 보인다. 사실상 이 신용·화폐공황은 어음을 화폐로 전환시키는 문제일 따름이다. 그런데 이 어음들의 대부분은 현실의 매매를 대표하고 있으므로, 이 매매가 사회적 필요를 훨씬 초과하여 팽창하는 것이 결국 모든 공황의 바탕을 이루고 있다. 더욱이 많은 어음들은 순수한 사기거래[이제 탄로나서 붕괴한다]를 대표하거나, 차입한 자본으로 행하여 실패한 투기, 또는 감가되거나 판매할 수 없는 상품자본, 또는 결코 회수할 수 없는 자본의 환류를 대표하고 있다. 그런데 여기에서 분명한 것은, 재생산과정의 확장을 강요하는 이런 인위적인 제도 전체가 어느 한 은행[예컨대 잉글랜드은행]에게 자기의 은행권으로 모든 투기꾼들의 부족자본을 공급하도록 하며, 그리고 모든 감가된 상품을 종래의 명목가치로 구매하도록 하는 것에 의해, 구제되지는 않는다는 점이다. 어쨌든 여기에서는 모든 것이 왜곡되어 나타난다. 왜냐하면 이 종이세계에서는 진정한 가격과 이것의 진정한 요소들은 어디에서도 보이지 않고 오직 금덩이 · 금속주화 · 은행권 · 어음 · 유가증권이 보일 뿐이기 때문이다. 이런 왜곡은 특히 한 나라 전체의 화폐거래가 집중하는 중심지[예: 런던]에서 심하며, 여기에서는 공황의 과정 전체를 이해할 수 없게 된다. 생산의 중심지에서는 그 왜곡이 약간 덜하다.

공황기에 나타나는 산업자본의 과잉에 대해 지적하고 싶은 것은, 상품자본은 내재적으로 이미 화폐자본[즉 상품가격으로 표현되고 있는 일정한 가치액]이라는 점이다. 상품자본은 사용가치로서는 특수한 유용품의 일정량인데, 공황기에는 이 유용품이 과잉이다. 그러나 상품자본은 내재적 화폐자본[잠재적 화폐자본]으로서는 끊임없는 확대와 축소를 겪는다. 공황 직전과 공황 중 상품자본은 잠재적 화폐자본이라는 자격에서는 축소된다. 상품자본은 그것의 소유자나 그의 채권자에 대해 (또한 어음과 대부의 담보로서도) 그것의 구매시에 비해 그리고 그것을 담보로 할인이나 대부가 행해졌을 때에 비해 더 적은 화폐자본을 대표하게 된다. 만약 이것이 화폐 핍박기에는 한 나라의 화폐자본이 감소한다는 주장의 의미라면, 그것은 상품가격이 하락하였다고 말하는 것과 동일하다. 그런데 이런 가격하락은 다만 이전의 가격등귀를 상쇄할 뿐이다.

비생산적 계급과 고정수입으로 살아가는 사람들의 수입은 과잉생산 · 과잉투기와 병행하는 가격등귀의 시기에도 대부분 불변이다. 그러므로 그들의 소비능력은 상대적으로 감퇴하며, 이와 함께 총재생산물 중 평상시에 그들의 소비로 들어가는 부분을 보충할 그들의 능력도 감퇴한다. 그들의 수요가 명목상으로는 동일하다 할지라도 실질적으로는 감소한다.

수출과 수입에 대해 지적하고 싶은 것은 모든 나라들이 차례차례로 공황에 휩쓸리게 된다는 것, 그리고 거의 예외없이 모든 나라들이 지나치게 많이 수출하고 수입하였다는 것, 이에 따라 모든 나라의 지불차액은 적자로 된다는 것, 따라서 사실상 문제는 지불차액에 있지 않다는 것이 분명해진다는 점이다. 예컨대 영국은 금 유출 때문에 피해를 입는다. 영국은 지나치게 많이 수입한 것이다. 그러나 동시에 다른 모든 나라들이 영국 상품으로 꽉 차 있다. 그들도 지나치게 많이 수입하였거나 수입하도록 강요된 것이다. (신용으로 수출하는 나라 [예 : 영국]와 그렇게 하지 않는 나라들 사이에는 구별이 있다. 후자는 신용으로 수입하는데, 상품이 위탁판매로 후자에게 수출되는 경우에는 그렇지 않다.) 공황은 맨 먼저 영국[신용을 가장 많이 제공하며 가장 적게 받는 나라]에서 발발할 수 있다. 왜냐하면 영국의 무역차액은 흑자인데도, 즉시 결제되어야 할 만기된 지불들의 차액은 적자이기 때문이다. 이런 사실은 부분적으로는 영국이 제공하는 신용에 의해, 또 부분적으로는 자본이 외국에 대량 대부되어, 상품형태로 영국에 환류하는 것에 의해 설명된다. (때로는 공황은 영국으로부터 무역신용과 자본신용을 가장 많이 받는 나라인 미국에서 맨 먼저 발발하기도 하였다.) 금유출에 의해 개시되고 금유출과 함께 하는 영국의 공황은 영국의 지불차액을 청산하게 되는데, 이것은 부분적으로는 영국 수입업자의 파산(뒤에서 좀 더 이야기할 것이다)에 의해, 부분적으로는 영국 상품자본의 일부를 해외시장에서 낮은 가격으로 투매하는 것에 의해, 그리고 부분적으로는 외국 유가증권의 매각, 영국 유가증권의 매입 등에 의해 청산된다. 이제 다른 나라의 차례가 온다. 지불차액은 일시적으로 흑자이었지만, 이제 무역차액과 지불차액 사이의 평상시 간격이 공황에 의해 없어지거나 적어도 단축되어 모든 지불이 당장 결제되어야만 한다. 이리하여 동일한 상황이 이 나라에서 반복된다. 영국에서는 이제 금이 유입되고 다른 나라에서는 금이 유출된다. 한 나라에서 과잉수입으로 나타나는 것이 다른 나라에서는 과잉수출로 나타나며, 그 반대의 경우에는 반대로 된다. 그런데 사실은 모든 나라에서 과잉수입과 과잉수출이 일어났다(여기에서 이야기하고 있는 것은 흉작 등이 아니라 일반적 공황이다). 이것은 신용과 이에 따른 일반적인 가격등귀에 의해 촉진된 과잉생산이다.

1857년에 미국에서 공황이 발발하였으며, 이에 따라 금이 영국에서 미국으로 유출하였다. 그러나 미국의 거품이 터지자마자 그 공황은 영국에 도달하였으며, 금이 미국에서 영국으로 유출하였다. 영국과 유럽대륙 사이에서도 동일한 일이 생겼다. 일반적 공황의 시기에는 모든 나라의 지불차액[적어도 상업이 발달한 모든 나라의 지불차액]이 적자인데, 그러나 항상 각각의 나라가 차례차례 자기의 지불순서가 될 때—마치 일제사격과 같이—지불차액 적자에 빠지게 된다. 일단 공황이, 예컨대 영국에서, 발발하였다고 하면, 각국의 지불순서는 매우 짧은 기간으로 압축된다. 그러므로 모든 나라들이 동시적으로 과잉수출(과잉생산)하고 과잉수입(과잉무역)하였다는 것, 그리고 모든 나라들에서 가격이 등귀하고 신용이 과도하게 팽창하였다는 것이 명백해진다. 각국에서 동일한 붕괴가 일어난다. 금 유출 현상은 각국을 차례차례로 엄습하는데 그것의 일반성에 의해 다음을 보여준다. (1) 금유출은 공황의 단순한 현상이며 원인은 아니라는 점, (2) 이 금유출이 각국을 습격하는 순서는 다만 총결산의 시리즈가 언제 각국에 오게 되는가, 공황의 시기가 언제 오게 되며 그리고 공황의 잠재적 요소들이 각국에서 언제 폭발하게 되는가를 가리킬 뿐이라는 점.

영국의 경제학 저술가들—그런데 1830년 이래 언급할 가치가 있는 경제학 문헌들은 주로 통화 · 신용 · 공황에 관한 것이다—은 다음과 같은 특징을 나타내고 있다. 즉 그들은 공황기에 일어나는 귀금속의 수출을 [환율의 변동이 일어나는데도] 오직 영국의 관점에서 순수히 일국의 현상으로 고찰하고 있다는 점, 그리하여 그들은 잉글랜드은행이 공황기에 이자율을 인상한다면 기타의 모든 유럽은행들도 마찬가지로 이자율을 인상한다는 사실과, 오늘 영국에서 금 유출에 관한 비상경보가 울리면 내일은 미국에서 그리고 모레는 독일과 프랑스에서 그 비상경보가 울리게 된다는 사실에 대해서는 완전히 눈을 감고 있다는 점이다.

1847년 "영국의 채무"(주로 곡물 때문)"는 상환되어야만 하였다. 불행하게도 그 대부분은 파산에 의해 청산되었다."(부유한 영국이 유럽대륙과 미국에 대한 채무를 불이행함으로써 숨을 돌린 것이다.)"그러나 그 채무가 파산에 의해 청산되지 않은 나머지는 금덩이의 수출에 의해 청산되었다."(『은행법, 1857』)

그러므로 영국의 공황이 은행법에 의해 격화되는 한에서는, 이 은행법은 기근의 시기에 곡물수출국들로부터 처음에는 그들의 곡물을 사취하고, 그 다음에는 그 곡물대금을 사취하는 수단이기도 하다. 그러므로 이런 시기에 곡물수출국들[물가 등귀로 다소 고통을 받고 있는 곡물수출국들]이 곡물수출을 금지하는 것은 곡물수입에 의해 발생한 '채무를 파산에 의해 청산하려는' 잉글랜드은행의 계획에 대한 매우 합리적인 대응이다. 곡물수출국의 곡물생산자들과 곡물투기꾼들로서는 영국을 위해 자기들의 자본을 잃어버리는 것보다 자기 자신의 나라를 위해 자기들의 이윤의 일부를 잃어버리는 것이 훨씬 좋은 것이다.

여기에서 논의한 것으로부터 알 수 있듯이, 상품자본은 공황기나 일반적으로 불황기에는 잠재적 화폐자본을 대표하는 자기의 능력을 크게 상실하게 된다. 이것은 가공자본인 이자낳는 증권—이것이 증권거래소에서 화폐자본으로 유통하는 한—에 대해서도 마찬가지다. 이자율이 상승하면 이자낳는 증권의 가격은 하락한다. 이 가격하락은 일반적인 신용부족으로 말미암아 증권소유자들이 화폐를 얻기 위해 증권을 대량으로 시장에 방출해야만 하는 경우에는 더욱 커진다. 또한 주식의 경우 그 가격하락은 주식에 의해 얻는 수입의 감소 때문이거나 주식이 대표하는 기업의 사기적인 성격 때문이다. 이런 가공적인 화폐자본은 공황 중에 크게 감축되며, 이리하여 그것의 소유자가 그것을 담보로 시장에서 화폐를 차입하는 힘도 크게 감축된다. 증권시세표에서 이들 증권들의 화폐가치가 하락하는 것은 그 증권들이 대표하는 현실적 자본과는 아무런 관련도 없지만 그 소유자들의 지불능력에는 큰 영향을 미친다.

제31장
화폐적 자본과 현실적 자본 (Ⅱ)

대부가능한 화폐자본의 형태로 자본이 축적되는 것이 어느 정도로 현실적 축적—재생산과정의 확대—과 일치하는가 하는 문제는 아직 결말이 나지 않았다.

화폐가 대부가능한 화폐자본으로 전환하는 것은 화폐가 생산자본으로 전환하는 것보다 훨씬 단순한 일이다. 그러나 우리는 여기에서 다음의 두 가지를 구별해야만 한다.

(1) 화폐가 대부자본으로 단순히 전환하는 것.

(2) 자본 또는 수입이 대부자본으로 전환되는 화폐로 전환하는 것.

이 후자만이 산업자본의 현실적 축적과 관련을 가지는 대부자본의 적극적 축적을 내포할 수 있다.

제1절 화폐가 대부자본으로 전환

생산적 축적과 반비례관계에 있는 대부자본의 퇴적 또는 과잉이 어떻게 생길 수 있는가에 대해서는 이미 살펴보았다. 이것은 산업순환의 두 국면에서 생길 수 있는데, 첫째는 산업자본이 생산자본과 상품자본의 두 형태에서 수축하고 있는 시기, 즉 공황 뒤 순환의 개시기며, 둘째는 회복이 시작되고 있지만 상업신용이 아직은 은행신용을 거의 요구하지 않는 시기다. 첫째의 시기에는 이전에 생산과 상업에 사용되었던 화폐자본이 유휴대부자본으로 등장하고 있으며, 둘째의 시기에는 화폐자본이 점점 더 많이 사용되지만 아직은 산업자본가와 상업자본가가 화폐자본가에 대해 조건들을 지정하기 때문에 이자율은 매우 낮다. 대부자본의 과잉은, 첫째의 시기에서는 산업자본의 침체를 표현하며, 둘째의 시기에서는 상업신용이 은행신용에서 상대적으로 독립하고 있다는 것—이것은 환류가 원활하고 신용기간이 짧으며 영업이 주로 자기자신의 자본에 의해 수행되는 것에 바탕을 두고 있다—을 표현한다. 타인의 신용자본에 의존하는 투기꾼들은 아직 등장하지 않았으며, 자기자신의 자본으로 영업하는 사람들은 순수한 신용조작과 같은 것들에는 아직 손대지 않는다. 첫째의 시기에서 대부자본의 과잉은 현실적 축적의 정반대를 표현하며, 둘째의 시기에서 그것은 재생산과정의 새로운 확대와 일치한다[즉 확대를 일으키는 것은 아니지만 그 확대와 함께 하고 있다]. 대부자본의 과잉은 이미 감소하고 있으며 수요에 대해서만 과잉일 뿐이다. 두 시기 모두에서 현실적 축적과정의 확대가 촉진된다. 왜냐하면 낮은 이자율[첫째 시기에서는 낮은 가격과 함께, 둘째 시기에서는 천천히 등귀하는 가격과 함께 나타난다]은 이윤 중 기업가이득으로 전환되는 부분을 증가시키기 때문이다. 이것은 최고의 번영기에 이자가 그 평균수준으로 상승하는 경우 더욱 그러한데, 그 이유는 이자가 상승하지만 이윤에 비해서는 상승하지 않기 때문이다.

다른 한편으로 우리가 이미 본 바와 같이, 대부자본의 축적은 어떤 현실적 축적이 없더라도 순수히 기술적인 수단들—예컨대 은행제도의 확장과 집중, 유통준비금이나 개인의 지불수단준비금[이것들은 짧은 기간 대부자본으로 전환될 수 있다]의 절약—에 의해 달성될 수 있다. 이런 대부자본[또는 부동자본floating capital 〚이리저리 떠돌아다니는 자본〛이라고도 불린다]은 단기대부자본의 형태만을 띠게 되지만 (그리하여 단기할인에만 사용될 수 있지만) 끊임없이 유입 · 유출하고 있다. 한 사람이 그것을 인출하면 다른 사람은 그것을 예금한다. 그러므로 대부가능한 화폐자본량(여기에서 이야기하는 것은 몇 년에 걸치는 대부가 아니라 어음과 예금을 담보로 하는 단기대부뿐이다)은 현실적 축적과는 전혀 무관하게 증대한다.

『은행법, 1857』. 질문 제501호. "'부동자본'이란 무엇인가?"-(잉글랜드은행 총재 웨겔린의 대답) "단기화폐대부에 사용될 수 있는 자본이다… (제502호) 잉글랜드은행권…지방은행권과 국내의 주화량이다." (질문) "부동자본을 현실의"{엥겔스: 잉글랜드은행권}"유통액이라고 말한다면, 위원회에 제출된 보고서에는 현실의 유통액에 큰 변동이 일어나지 않는 것 같은데?"{엥겔스: 현실의 유통액을 대부하는 사람이 누구인가, 즉 화폐대부자인가 재생산에 종사하는 자본가 자신인가에 따라 큰 구별이 있다. 웨겔린의 대답} "나는 부동자본에 은행업자의 준비금을 포함시키는데, 이 준비금은 크게 변동하고 있다."

즉 큰 변동이 일어나는 것은 예금 중 은행업자에 의해 다시 대부되지 않고 그의 준비금으로 되는 부분[이 부분은 대체로 잉글랜드은행에 예치되므로 잉글랜드은행의 준비금으로도 나타난다]이다. 끝으로 웨겔린은 말하기를 부동자본은 금속화폐를 포함하는 금덩이일 수 있다고.(제503호) 진실로 놀라운 일은 화폐시장의 신용관계 용어법에서는 경제학의 모든 범주들이 새로운 의미와 형태를 가지게 된다는 점이다. 여기에서 부동자본은 유동자본 〚원료나 임금에 투하되는 자본〛[부동자본과는 전혀 다른 것이다]을 표현하며, 화폐는 자본이고 금덩이가 자본이며 은행권은 통화 〚유통수단〛이고 자본은 상품이며 채무들도 상품이고 고정자본은 [매각되기 어려운] 증권에 투하된 화폐다.

"런던주식은행들의 예금은…1847년의 £885만774에서 1857년에는 £4,310만724로 증가하였다…위원회에 제공된 증언에서 추론할 수 있는 것은, 이 거대한 금액의 대부분은 지금까지는 이 목적에 이용될 수 없었던 원천으로부터 나왔다는 것, 그리고 은행에 계좌를 개설하여 예금하는 습관이 [이전에는 이런 방법으로 자기의 자본(!)을 이용하지 않았던] 많은 계급들에게 보급되었다는 것이다. 지방개인은행"(주식은행과 구별된다)"협회의 회장이며 그 협회를 대표하여 위원회에 증언하고 있는 로드웰에 따르면, 입스위치지방에서는 이 습관이 차지농업가와 소매상 사이에 4배나 증가하였고 거의 모든 차지농업가, 심지어 연간 £50의 지대만을 지불하는 차지농업가까지도 지금은 은행에 예금하고 있다. 이런 예금 총액은 물론 사업에 사용되는데, 특히 상업활동의 중심지인 런던에 모여들어 거기에서 어음할인이나 런던은행업자의 고객들에 대한 대부에 사용된다. 그런데 은행업자 자신들이 당장에는 필요로 하지 않는 대부분은 어음중개인의 수중으로 들어가며, 어음중개인은 이런 은행업자의 대부액에 대한 담보로서 자기가 런던이나 지방의 사람들을 위해 이미 할인한 상업어음을 제공한다."(『은행법, 1858』: v, 제8항)

은행업자는 [어음중개인이 이미 한번 할인한] 어음에 대해 어음중개인에게 대부하기 때문에 그는 사실상 그 어음을 재할인하는 것이다. 그런데 실제로 그 어음들의 다수는 어음중개인에 의해 이미 재할인된 것들이며, 은행업자가 어음중개인의 어음을 재할인하는 데 사용하는 바로 그 화폐로 어음중개인은 새로운 어음을 재할인하게 된다. 이리하여 다음과 같은 결과가 초래된다.

"거대한 가공신용이 융통어음과 무담보신용에 의해 창출되었는데, 이것을 더욱 쉽게 한 것은 지방주식은행이 이런 어음을 할인하고 그 어음들을 런던시장의 어음중개인에게 재할인받는 관행—어음의 질에는 상관

하지 않고 은행의 신용에만 의거해 행해진다 — 때문이었다."(같은 책: xxi, 제54항)

이런 재할인에 관해 그리고 대부화폐자본의 이런 순수기술적인 증가가 신용투기를 조장하는 것에 관해서는 다음과 같은 『이코노미스트』의 지적이 흥미롭다.

"지난 몇 년 동안 자본"(즉 대부가능한 화폐자본)"은 이 나라의 어떤 지방에서는 사용될 수 있는 것보다 더욱 급속하게 축적되었고, 다른 지방에서는 자본 그것보다 자본을 사용하는 수단이 더욱 급속히 증대하였다. 순수농업지방의 은행업자들은 자기들의 지방에서 예금을 유리하고 안전하게 사용할 수단을 충분히 발견하지 못한 반면, 대상업도시와 광공업지방의 은행업자들은 자기들이 공급할 수 있는 것보다 더 큰 자본수요에 직면하였다. 이처럼 지방마다 사정이 달랐기 때문에 최근 몇 년 동안 자본의 분배에 종사하는 새로운 부류의 상사들이 설립되고 급속히 확장되었다. 이 상사들은 보통 어음중개인billbroker이라고 불리고 있지만 사실상 거대규모의 은행업자다. 이 상사들의 업무는 [잉여자본의 사용처가 없는] 지방은행업자의 잉여자본 그리고 주식회사 · 거대상인의 일시적 유휴화폐를 약정한 기간과 이자율로 차입하여, 그것을 자본수요가 큰 지방은행업자들에게 더 높은 이자율로 대부하는 것, 일반적으로 자기의 고객들로부터 받은 어음들을 재할인하는 것이다…이런 방식으로 롬바드 스트리트 [런던시티의 금융중심가] 는 유휴자본을 유리하게 사용할 수 없는 지방으로부터 유휴자본에 대한 수요가 존재하는 다른 지방으로—그리고 그런 개인들 사이에도—유휴자본을 이전시키는 큰 중심지가 되었다. 처음 이런 거래는 거의 전적으로 은행보유 담보에 의거한 차입과 대부에만 국한되고 있었다. 그러나 이 나라의 자본이 급속히 축적되고 은행의 설립에 의해 더욱 절약됨에 따라 이런 '할인상사'들이 마음대로 이용할 수 있는 자금이 거대하게 되어, 그들은 처음에는 부두보관상품증권"(부두의 상품들을 담보로 하는 창고증권)"에 대해 그리고 그 다음에는 아직 이 나라에 도착하지도 않은 생산물을 대표하는 선하증권에 대해 대부하게 되었는데, 이런 증권에는 때때로 [일반적인 것은 아니지만] 상인이 자기의 상품브로커 앞으로 발행한 어음이 붙어있기도 하였다. 이런 관행은 영국 상업의 성격 전체를 곧 변경시켰다. 롬바드 스트리트에서 이처럼 제공되는 신용편의는 민싱 레인 〖식민지생산물 도매상이 집중하고 있는 런던거리〗의 상품브로커에게 큰 힘을 주었고, 상품브로커는 또한…수입상인에게 큰 신용편의를 제공하였다. 수입상인은 이 신용편의를 크게 이용하였으므로 [25년 전에는 상인이 자기의 선하증권에 의해 대부를 받거나, 심지어 부두보관상품증권에 의해 대부를 받았더라도 신용이 치명적으로 추락했을 것이지만] 최근 몇 년간에는 이 관행이 너무나 보편화되어 지금은 25년 전처럼 드문 예외가 아니라 통례로 되고 있다. 그뿐 아니라 이 제도는 더욱 확장되어 롬바드 스트리트에서는 원격지 식민지의 다음 해의 작물에 대해 발행된 어음으로 거액이 차입되고 있다. 이처럼 수입상인에게 신용편의가 제공되기 때문에, 수입상인들은 대외거래를 확대하였으며 그들의 부동자본[지금까지 사업운영에 사용한 부동자본]을 가장 기피해야 할 투자대상인 해외농장[이것을 그들은 거의 또는 전혀 통제할 수 없다]에 투하하게 한 것이다. 이리하여 우리는 다음과 같은 직접적인 신용사슬을 보게 된다. 즉 이 나라의 자본은 농촌지방에서 수집되어 지방은행에 소액으로 예금되고 롬바드 스트리트에 집중되어 사용되는데, 이 자본은 먼저 우리의 광공업지방의 사업확장을 위해 그 지방의 은행들이 어음을 재할인하는 데 사용되었고, 그 다음으로 부두보관상품증권과 선하증권에 대한 대부를 통해 외국생산물의 수입에 매우 큰 신용을 제공하는 데 사용되었다. 이리하여 대외무역과 식민지무역에 종사하는 상사들이 '꼭 가져야 할' 상인자본을 풀어서 가장 기피해야 할 해외농장 투자를 하게 한 것이다."(『이코노미스트』, 1847: 1334)

이것이 신용들이 연결된 '세련된' 방식이다. 농촌예금자는 자기의 거래은행에 예금한다고 단순히 생각하며, 자기가 알고 있는 개인에게 그 거래은행이 대부한다고 생각한다. 그는 자기의 거래은행이 자기의 예금을 런던의 어음중개인[이들의 활동에 대해 그와 그의 거래은행은 어떤 통제력도 가지고 있지 않다]에게 맡긴다고는 꿈에도 생각하지 않는다.

우리가 이미 본 바와 같이 철도건설과 같은 대규모 공공사업들은 일시적으로 대부자본을 증가시킬 수 있다. 왜냐하면 항상 자본불입금액은 실제로 지출될 때까지 일정한 기간 은행 수중에 남아 은행의 처분에 맡겨지기 때문이다.

* * *

그런데 대부자본량은 유통화폐량과는 전혀 다르다. 여기에서 우리가 말하는 유통화폐량은 한 나라에서 유통하는 모든 은행권과 모든 금속화폐[금덩이형태의 귀금속을 포함]의 총액을 가리킨다. 이 유통화폐량의 일부는 은행의 준비금을 이루며 그 크기는 끊임없이 변동한다.

"1857년 11월 12일"(1844년의 은행법이 정지되던 날)"잉글랜드은행(모든 지점을 포함)의 준비금총액은 ￡58만751에 불과하였는데 예금총액은 ￡2천2백5십만[이 중 약 ￡6백5십만은 런던은행업자의 것이었다]에 달하였다."(『은행법, 1858』: lvii)

이자율의 변동(여기에서는 더 장기에 걸쳐 발생하는 변동이나 각국 사이의 이자율 차이는 무시한다. 전자는 일반적 이윤율의 변동에 의해, 후자는 이윤율과 신용발전의 차이에 의해 규정된다)은 대부자본의 공급(신뢰 상태 등 기타의 모든 요인들이 불변이라면)에 달려 있다. 이 대부자본은 화폐형태[금속이든 은행권이든]로 대부되는 자본이며, 재생산담당자들 상호간에 상업신용에 의해 상품형태로, 산업자본으로, 대부되는 자본과는 구별된다.

그렇지만 이 대부가능한 화폐자본량은 유통화폐량과는 다르며 또 무관하다.

예컨대 20원이 하루에 다섯 번 대부된다면 100원의 화폐자본이 대부되는 셈이며, 이것은 또한 이 20원이 적어도 네 번 구매수단 또는 지불수단으로 기능한 것을 의미할 것이다. 왜냐하면 만약 구매나 지불의 매개가 없어서 그 20원이 적어도 네 번 자본의 전환형태(노동력을 포함하는 상품들)를 대표하지 않았다면, 그 20원은 100원의 자본을 구성하지 않고 다만 각각 20원씩의 다섯 개의 채권을 구성할 것이기 때문이다. 〖A가 B에게 20원을 대부하고 B가 C에게, C가 D에게, D가 E에게, E가 F에게 그 화폐를 대부하면 A · B · C · D · E는 각각 20원의 채권을 가진다. 그러나 A가 B에게 20원을 대부하고 B는 그 화폐로 C로부터 상품을 구매하며, C는 D에게 그 화폐를 대부하고 D는 그 화폐로 E로부터 상품을 구매하며, E는 F에게 그 화폐를 대부하고 F는 그 화폐로 G로부터 상품을 구매하며, G는 H에게 그 화폐를 대부하고 H는 그 화폐로 I로부터 상품을 구매하며, I는 J에게 그 화폐를 대부한다면, 그 20원은 다섯 번의 대부와 네 번의 구매에 사용된 것이다.〗

신용이 고도로 발달한 나라에서는 대부에 이용될 수 있는 모든 화폐자본은 예금의 형태로 은행이나 화폐대부업자의 수중에 있다고 가정할 수 있다. 적어도 이것은 사업전체로 볼 때 그러하다. 더욱이 진정한 투기가 시작되기 이전의 호황기에는 유통기능의 대부분은 [신용이 쉽고 신뢰가 증가하기 때문에] 금속화폐나 지폐의 개입 없이 단순한 신용이체에 의해 수행된다.

유통수단이 비교적 소량인데도 예금액이 증대될 수 있는 가능성은 전적으로 다음에 달려 있다.

(1) 동일한 화폐조각이 수행하는 구매와 지불의 횟수.

(2) 동일한 화폐조각이 예금으로 은행에 복귀하는 환류의 횟수. 동일

한 화폐조각이 예금으로 반복하여 전환되는 것에 의해 구매수단과 지불수단으로서 그것의 기능이 반복된다. 예컨대 소매상이 매주 100원의 화폐를 은행에 예금한다고 하자. 은행은 제조업자의 예금 일부를 지불하는 데 그 화폐를 사용하며, 제조업자는 그 화폐를 자기의 노동자에게 지불하고 노동자는 소매상에게 지불하기 위해 그 화폐를 사용하며 소매상은 그 화폐를 다시 은행에 예금한다. 그리하여 소매상이 예금한 100원은 첫째로 제조업자의 예금 지불에, 둘째로 노동자에 대한 지불에, 셋째로 소매상 자신에 대한 지불에, 그리고 넷째로 동일한 소매상의 화폐자본의 또다른 부분을 예금하는 것에 기능한 것이다. 따라서 20주 말에는 [이 소매상 자신이 그 화폐를 인출할 필요가 없었다면] 그는 동일한 100원을 사용하여 2,000원을 은행에 예금하게 되었을 것이다.

이 화폐자본이 어느 정도로 유휴하고 있는가는 은행의 준비금 변동에 의해서만 나타난다. 그렇기 때문에 잉글랜드은행 총재 웨겔린은 1857년에 잉글랜드은행의 금이 '유일한' 준비자본이라고 결론짓고 있다.

"제1258호. 사실상 할인율은 이 나라에 있는 유휴자본액에 의해 결정된다고 생각한다. 유휴자본액은 잉글랜드은행의 준비금[이것은 사실상 금준비다]에 의해 대표된다. 따라서 금이 유출하면 이 나라의 유휴자본액은 감소하고 그 때문에 아직 남아있는 부분의 가치는 상승한다." "제1364호. 잉글랜드은행의 금준비는 사실상 [이 나라의 모든 거래의 바탕을 이루는] 중앙집중의 준비금 또는 부의 퇴장이다…그리고 이 퇴장 또는 저수지에 대해 환율은 항상 영향을 미친다."(『은행법, 1857』: 119)

* * *

현실적 자본[즉 생산자본과 상품자본]의 축적에 대한 하나의 척도는 수출입통계에 의해 제공된다. 그리고 이 통계에서 분명히 나타나는 것은

10년 주기로 순환한 영국산업의 발전기(1815~1870년)에는 공황 전 최후 번영기의 최고수준은 그 다음 번영기의 최저수준으로 다시 나타나며 그리하여 새롭고 훨씬 높은 최고수준으로 상승하게 된다는 점이다.

번영의 해였던 1824년 영국과 아일랜드의 수출상품의 현실가치 또는 신고가치는 £4,039만6,300이었다. 1825년의 공황과 더불어 수출총액은 이 금액 이하로 감소하고 연간 £3천5백만~3천9백만 사이를 동요하였다. 1834년에 다시 번영이 오자 수출총액은 이전의 최고수준을 능가하여 £4,164만9,191로 증대하였고, 1836년에는 새로운 최고수준인 £5,336만8,571에 달하였다. 1837년에는 다시 £4천2백만으로 감소하였지만 이 새로운 최저수준은 이미 이전 주기의 최고수준보다 높았으며 수출총액은 그 뒤 £5천만~5천3백만 사이를 동요하였다. 번영이 다시 오자 1844년의 수출총액은 £5천8백5십만으로 증대하여 1836년의 최고수준을 이미 크게 능가하였다. 1845년에는 £6,011만1,082에 달하였고 그 뒤 감소하여 1846년 £5천7백만, 1847년 £5천9백만, 1848년 £5천3백만으로 되었지만, 1849년에는 £6천3백5십만으로 증대하고 1853년 £9천9백만, 1854년 £9천7백만, 1855년 £9천4백5십만, 1856년 £1억1천6백만 그리고 1857년에는 £1억2천2백만이라는 최고수준에 달하였다. 1858년에는 수출총액이 £1억1천6백만으로 감소하였지만, 1859년에는 이미 £1억3천만으로, 1860년에는 £1억3천6백만으로 증대하고, 1861년에만 오직 £1억2천5백만(여기에서도 새로운 최저수준이 이전 주기의 최고수준보다 높다)이다가 1863년에는 £1억4천6백5십만에 달하였다.

시장의 확대를 나타내는 수입에 대해서도 같은 것을 지적할 수 있다. 여기에서 우리는 생산의 규모에만 관심을 가진다. {엥겔스: 이것은 영국에 대해서는 오직 사실상의 공업독점기에만 타당하다. 그러나 세계시장이 여전히 확대되고 있는 동안은 근대적 대공업국 전체에 대해서도 일반적으로 타당하다.}

제2절 자본 또는 수입이 대부자본으로 전환되는 화폐로 전환한다

우리는 여기에서 화폐자본의 축적—이것이 상업신용의 흐름이 정지된 것을 표현하는 것도 아니며, 현실의 유통수단이 절약된 것을 표현하는 것도 아니며, 재생산담당자의 준비자본이 절약된 것을 표현하는 것도 아닌 한—을 고찰하고자 한다.

위의 경우들을 제외하면, 화폐자본의 축적은 예외적인 금 유입[오스트레일리아와 캘리포니아의 새로운 금광에 의해 1852년과 1853년에 일어난 바 있다]에 의해 발생할 수 있다. 이 금이 잉글랜드은행에 예금되고, 예금자는 그 대신 잉글랜드은행권을 받고 이것을 곧바로 은행에 다시 예금하지 않았다. 이리하여 유통수단은 크게 증가하였다(웨겔린의 증언, 『은행법 1857』, 제1329호). 잉글랜드은행은 할인율을 2%로 인하하여 이 예금을 이용하려고 하였다. 1853년의 6개월 동안 잉글랜드은행에 쌓인 금량은 £2천2백만~2천3백만으로 증대하였다.

모든 화폐대부자본가들은 직접적으로 화폐형태로 축적하며, 산업자본가에 의한 현실적 축적은 대체로 재생산자본의 요소들 자체의 증대를 통해 이루어진다. 그러므로 신용제도의 발달이나 화폐대부업무가 큰 은행의 수중으로 크게 집중하는 것 그 자체에 의해 이미 대부가능자본의 축적—현실적 축적과는 구별되는 형태—은 촉진될 수밖에 없다. 그런데 대부자본의 이런 급속한 증대는 현실적 축적의 결과다. 왜냐하면 전자는 재생산과정의 발전이 일으킨 하나의 결과며, 그리고 화폐자본가의 축적 원천인 이윤은 재생산담당자가 착취한 잉여가치의 공제분(그리고 타인의 저축에 대한 이자의 일부를 취득한 것)에 불과하기 때문이다. 대부자본은 산업자본가와 상업자본가를 희생시키면서 축적된다. 우리가 본 바와 같이 산업순환의 불경기 국면들에서는 이자율이 너무 상승하여 약간의 사업부문들[특히 불리한 처지에 있는 사업부문들]에서는 일시적으로 이윤 전부를 삼키기도 한다. 동시에 국채와 기타 유가증권의 가격은 하락한다. 이 시기에 화폐자본가들은 하락한 유가증권들을 대량으로 매입한다. 왜냐하면 그 유가증권들의 가격은 그 다음 국면들에서는 또다시 상승하고 심지어 정상적인 수준 이상으로 등귀하기 때문이다. 이때 그들은 그 증권들을 매각하여 대중의 화폐자본의 일부를 취득한다. 매각되지 않은 유가증권들은 그 액면가격 이하에서 매입되었기 때문에 더 높은 이자를 낳게 된다. 그러나 화폐자본가는 모든 이윤[그가 얻어 자본으로 재전환시키는 모든 이윤]을 먼저 대부가능한 화폐자본으로 전환시킨다. 이리하여 우리는 이미 화폐자본의 축적—현실적 축적에서 파생된 것이지만 그것과는 구별되는 축적—을 보게 되며, 그것은 특수한 부류의 자본가들[화폐자본가·은행업자 따위]의 축적으로 나타나게 된다. 그리고 화폐자본의 축적은 [재생산과정의 현실적 확대에 수반하는] 신용제도의 확장에 따라 증대할 수밖에 없다.

이자율이 저하하면, 이에 따른 화폐자본의 감가는 주로 예금자의 부담이 되며 은행의 부담이 되지는 않는다. 주식은행이 발달하기 이전에는 영국에서 모든 은행예금의 $\frac{3}{4}$은 무이자였다. 그리고 지금처럼 이자가 지불되는 경우에도 예금이자율은 시장이자율보다 적어도 1%포인트 낮다.

기타 자본가들에 의한 화폐축적에 대해서는, 이자낳는 증권에 투하되어 이 형태로 축적되는 부분은 여기에서는 무시되며 오직 대부용 화폐자본으로서 시장에 투입되는 부분만을 고찰할 것이다.

먼저 우리의 관심대상은 이윤 중 수입으로 지출되지 않고 축적에 사용되기로 예정되어 있지만, 당분간 산업자본가가 자신의 사업에 사용하지 않는 부분이다. 이 이윤부분은 먼저 상품자본으로 존재하여 그 가치의 일부를 이루고 있고, 상품자본의 가치와 함께 화폐로 실현된다. 이 이윤부분이 상품자본의 생산요소로 재전환되지 않는다면[여기에서 당분간 상인을 무시할 것인데, 상인에 대해서는 나중에 취급한다], 그것은 일정기간 화폐형태로 존재하게 된다. 이 이윤부분의 크기는 이윤율이 저하하더라도 자본량의 증대와 함께 증가한다. 이윤 중 수입으로서 지출되는 부분은 점차적으로 소비되므로 소비될 때까지 은행업자에게 예금되어 대부자본을 형성한다. 그러므로 이윤 중 수입으로서 지출되는 부분의 증대까지도 대부자본의 점차적으로 끊임없이 반복되는 축적을 일으킨다. 또한 이윤 중 축적에 사용되기로 예정되어 있는 부분도 마찬가지의 결과를 가져온다. 그러므로 신용제도와 그 조직의 발달에 따라 수입의 증대—즉 산업자본가와 상업자본가에 의한 소비의 증대—까지도 대부자본의 축적을 일으키게 된다. 그리고 이것은 점차적으로 소비되는 모든 수입[즉 지대 · 높은 수준의 봉급 · 비생산계급의 수입 등]에도 타당하다. 이 모든 수입들은 일정기간 화폐수입의 형태를 취하며, 따라서 예금으로 그리고 대부자본으로 전환될 수 있다. 모든 수입—그것이 소비에 예정되어 있든 축적에 예정되어 있든—은 [어쨌든 화폐형태로 존재하는 한] 화폐로 전환된 상품자본 가치의 일부이며, 따라서 현실적 축적의 표현이고 결과라는 것[비록 생산자본 그것은 아니지만]은 사실이다. 방적업자가 자기의 면사 중 수입을 이루는 부분은 화폐와 교환하고 나머지 부분은 면화와 교환하였다면, 자기의 산업자본의 현실적 존재형태는 면사[이것은 직포업자 또는 개인적 소비자의 수중에 들어가 있다]이며, 더욱이 이 면사[재생산에 사용되든 소비에 사용되든]는 그것에 포함되어 있는 자본가치와 잉여가치의 존재형태다. 화폐로 전환되는 잉여가치의 크기는 면사에 포함되어 있는 잉여가치의 크기에 달려있다. 그러나 이 잉여가치가 화폐로 전환되자마자 이 화폐는 단순히 그 잉여가치의 가치존재일 따름이다. 그리고 이런 것으로서 그 화폐는 대부자본의 요소로 된다. 이렇게 되기 위해서는 [그 화폐가 그 소유자에 의해 이미 대부되지 않았다면] 그 화폐가 예금으로 전환되기만 하면 된다. 이와는 반대로 그 화폐가 생산자본으로 재전환되기 위해서는 그 화폐는 이미 어떤 최소한도에 도달해야만 한다.

제32장
화폐적 자본과 현실적 자본 (Ⅲ)

산업자본으로 재전환되어야 할 화폐의 규모는 거대한 재생산과정에 의해 결정되지만, 대부가능한 화폐자본으로 전환된다면 그 화폐의 규모는 재생산과정을 위한 자본의 규모일 필요는 없다.

지금까지 우리의 서술에서 가장 중요한 점은 수입 중 소비되는 부분의 증대(이 경우 노동자는 무시한다. 왜냐하면 그의 수입은 가변자본과 동등하기 때문이다)가 먼저 화폐자본의 축적으로 나타난다는 것이다. 이리하여 화폐자본의 축적에는 산업자본의 현실적 축적과는 본질적으로 구별되는 하나의 요소가 들어간다. 왜냐하면 연간생산물 중 소비에 들어갈 부분은 결코 자본으로 되지는 않기 때문이다. 수입 중 소비되는 부분의 일부는 자본—소비수단 생산자의 불변자본—을 보충하지만, 그 일부가 실제로 자본으로 전환되는 한, 그 자본은 이 불변자본 생산자의 수입의 현물형태로 존재한다 〖제2부문은 소비된 생산수단을 보충하기 위해 제1부문의 s로부터 생산수단을 구매한다는 것을 가리킨다〗. 수입을 대표하며 단순히 소비를 촉진하는 바로 그 화폐가 규칙적으로 일정기간 대부화폐자본으로 전환한다. 이 화폐가 임금을 대표하는 한 그 화폐는 동시에 가변자본의 화폐형태이다. 그리고 화폐가 소비수단 생산자의 불변자본을 보충하는 한,

그 화폐는 그 불변자본이 일시적으로 취하는 화폐형태[이것은 현물로 보충되어야 할 그 불변자본요소들을 구매하게 된다]이다. 이런 화폐는 [비록 그 규모가 재생산과정의 규모에 따라 증대한다 할지라도] 그 자체로서는 축적을 표현하지 않는다. 그러나 이 화폐는 일시적으로 대부를 위한 화폐[즉 화폐자본]의 기능을 수행한다. 그러므로 이 측면에서 보면, 화폐자본의 축적은 언제나 실제로 진행되고 있는 것보다 큰 자본축적을 반영할 수밖에 없다. 왜냐하면 개인적 소비의 증대는, 화폐에 의해 매개된다는 이유로, 화폐자본의 축적으로 나타나기 때문이다. 그리고 개인적 소비의 증대는 현실적 축적을 위한 화폐형태[새로운 자본투자를 개시하는 화폐]를 제공하기 때문이다.

그러므로 대부가능한 화폐자본의 축적은 부분적으로는 다음과 같은 사실을 표현하는 것에 불과하다. 즉 [산업자본이 그 순환과정에서 전환되는] 모든 화폐는 재생산담당자들이 투하하는 화폐의 형태를 취하는 것이 아니라 그들이 차입하는 화폐의 형태를 취하며, 그리하여 재생산과정에서 일어날 수밖에 없는 화폐의 투하가 실제로는 차입화폐의 투하로서 나타난다는 것이다. 상업신용에서 한 사람이 다른 사람에게 대부하는 것은 자기가 재생산과정에서 필요로 하는 화폐다. 그런데 『은행신용에서』 그 형태는 다음과 같이 된다. 즉 은행업자가 재생산담당자들의 한 계층으로부터 화폐를 차입하여 다른 계층에 대부함으로써 은행업자 자신이 은인으로 나타나게 되며, 또한 동시에 이 자본의 처분권은 전적으로 중개자인 은행업자에게 속한다는 것이다.

화폐자본 축적의 특수한 형태들의 몇몇에 관해 설명하여 보자. 『첫째로』 예컨대 자본은 생산요소들인 원료 따위의 가격하락 때문에 풀려날 수 있다. 산업가가 자기의 재생산과정을 직접적으로 확대할 수 없다면 그의 화폐자본의 일부는 불필요하기 때문에 순환에서 축출되어 대부화폐자본으로 전환된다. 둘째로 사업에 중단이 생기면 [특히 상인의 경우] 자본은 화폐형태로 풀려난다. 상인이 일련의 거래를 청산하였으며 이런 중단 때문에 새로운 거래는 오직 뒤에 가서 시작할 수밖에 없다면, 실현된 화폐는 그에게는 단순히 퇴장화폐 또는 과잉자본을 표현할 따름이다. 그러나 동시에 그것은 대부가능한 화폐자본의 축적을 직접적으로 표현한다. 첫째의 경우 화폐자본의 축적은, 재생산과정이 더 유리한 조건에서 반복될 수 있어 지금까지 묶여 있던 자본의 일부가 실제로 풀려나며, 따라서 동일한 화폐자금으로 재생산과정의 확장이 가능해진 것을 표현한다. 그러나 둘째의 경우 화폐자본의 축적은 거래들의 흐름이 중단된 것을 표현하고 있을 따름이다. 그렇지만 두 경우 모두에서 화폐는 대부가능한 화폐자본으로 전환되어 그것의 축적을 표현하며, 이리하여 화폐시장과 이자율에 동일한 영향을 미친다. 비록 첫째의 경우는 현실적 축적과정의 촉진을 표현하고 둘째의 경우는 그것의 저지를 표현하지만. 끝으로 화폐자본의 축적은 돈을 많이 벌어 재생산과정에서 은퇴하는 각종 사람들에 의해 수행된다. 산업순환의 과정에서 얻는 이윤이 크면 클수록 이런 사람들의 수는 그만큼 더 증가한다. 이 경우 대부가능한 화폐자본의 축적은 한편으로는 현실적 축적(이것의 상대적 크기에서 볼 때)을 표현하며, 다른 한편으로는 산업자본가가 단순한 화폐자본가로 전환되는 정도를 표현할 뿐이다.

이윤 중 수입으로서 소비되는 것이 아닌 부분『축적분』에 대해 말한다면, 이 부분이 화폐자본으로 전환되는 것은 오직 그것을 낳은 생산분야에서 그것이 사업의 확장에 직접적으로 사용될 수 없는 경우뿐이다. 이런 경우는 두 가지 이유로 발생할 수 있다. 즉 이 생산분야가 자본의 포화상태이거나, 또는 자본으로서 기능하기 위해서는 먼저 그 축적분이 [이 특수사업에 대한 새로운 자본투자에 적합한] 일정한 크기에 도달해야 하기 때문이다. 그리하여 그 축적분은 당분간 대부가능한 화폐자본으로 전환되어 다른 분야의 생산확대에 봉사한다. 기타의 모든 사정들이 불변이라면, 자본으로 재전환되는 이윤량은 취득이윤량 그리고 재생산 과정 그것의 확대에 의존할 것이다. 그런데 이 새로운 축적이 사용상의 곤란[즉 투자영역의 부족]에 부닥친다면, 다시 말해 생산분야들이 포화상태이고 대부자본이 과잉공급된다면, 대부가능한 화폐자본의 이런 과잉은 자본주의적 생산의 한계를 증명할 따름이다. 그 뒤에 나타나는 신용투기는 이 과잉자본의 사용에 대한 어떤 적극적인 장애물도 존재하지 않는다는 것을 실증하고 있다. 그렇지만 자본의 가치증식법칙—자본이 그 안에서 자본으로서 가치증식할 수 있는 한계—에 의해 부과된 장애물은 존재한다. 화폐자본의 과잉은 반드시 과잉생산을 의미하는 것도 아니며 심지어 자본의 투자영역의 부족을 의미하는 것도 아니다 『대중 모두를 위한 생산에서는 과잉이 존재하지 않는다는 의미다』.

대부자본의 축적은 화폐가 대부가능화폐로서 가라앉는 것을 의미할 뿐이다. 이 과정은 화폐가 자본으로 현실적으로 전환하는 것과는 매우 다르며, 자본으로 전환될 수 있는 형태로 화폐가 축적하는 것에 불과하다. 그러나 우리가 이미 밝힌 바와 같이 대부자본의 축적은 현실적 축적과는 매우 다른 요소들을 표현할 수 있다. 현실적 축적이 끊임없이 확대되는 경우, 화폐자본의 축적 증대는 부분적으로는 현실적 축적의 확대의 결과일 수 있고 부분적으로는 [현실적 축적의 확대에 수반하지만] 그것과는 전혀 다른 요소들의 결과일 수 있으며 『예: 신용제도의 발달』, 그리고 또 부분적으로는 현실적 축적의 정체의 결과일 수도 있다. 대부자본의 축적이 현실적 축적과는 무관한 요소들[비록 이 요소들이 현실적 축적과 함께 나타난다 하더라도]에 의해 증대된다는 사실을 보더라도, 산업순환이 일정국면에서는 화폐자본의 과잉이 규칙적으로 발생할 수밖에 없다는 것과 신용제도의 발달에 따라 이 과잉이 증대할 수밖에 없다는 것을 알 수 있다. 이런 화폐자본의 과잉과 더불어 생산과정을 그 자본주의적 한계를 넘어 확대시킬 필연성—과잉거래 · 과잉생산 · 과잉신용—이 전개되지 않을 수 없고, 이것은 언제나 퇴보를 일으키는 형태 〖예:공황〗로 전개되기 마련이다.

지대 · 임금 등에 의한 화폐자본의 축적에 관해서는 여기에서 설명할 필요가 없다. 다만 다음과 같은 점은 강조되어야 한다. 즉 자본주의적 생산의 발달에 따른 분업에 의해, (화폐퇴장자에 의한) 현실적 저축과 절제의 업무는 [이것이 축적의 요소들을 제공하는 한] 이런 요소들을 최저한도로 얻고 있고 흔히 자기의 저축분마저 잃어버리는 사람들[예컨대 은행이 도산할 때의 노동자처럼]에게 맡겨진다는 점이다. 한편으로 산업자본가는 자기의 자본을 '저축'하는 것이 아니라 자기의 자본 크기에 비례해 타인의 저축을 처분하고 있기 때문이다. 다른 한편으로 화폐자본가는 타인의 저축을 자기의 자본으로 만들고, 또 재생산적 자본가들이 상호간에 제공하는 신용과, 대중이 자기에게 제공하는 신용을 자기의 개인적 치부원천으로 만들고 있기 때문이다. 이리하여 자본주의체제의 최후의 환상 ― 자본은 개인 자신의 노동과 저축의 산물이다 ― 은 깨어진다. 이윤이 타인노동의 사유화일 뿐 아니라, 타인노동을 운동시켜 착취하는 자본도 타인의 재산인데, 이 타인의 재산을 화폐자본가가 산업자본가의 처분에 맡기고 그 대신 화폐자본가가 산업자본가를 수탈한다.

신용자본credit capital에 대해서는 약간 더 이야기할 것이 있다.

동일한 화폐조각이 몇 번이나 대부자본으로 기능할 수 있는가는 이미 본 바와 같이 전적으로 다음과 같은 것에 달려 있다.

(1) 동일한 화폐조각이 몇 번이나 상품가치를 판매나 지불에서 실현하는가, 그리하여 몇 번이나 자본을 이전시키는가. 그리고 또 그것이 몇 번이나 수입을 실현하는가에 달려있다. 따라서 동일한 화폐조각이 실현된 가치 ― 자본이 실현된 가치이든 수입이 실현된 가치이든 ― 로서 몇 번이나 타인의 수중에 들어가는가는 명백히 현실적인 거래의 규모와 수에 달려있다.

(2) 그것은 지불의 절약과 신용제도의 발달 · 조직에 달려있다.

(3) 끝으로 그것은 신용들의 연쇄와 활동속도—즉 화폐가 한 지점에서 예금으로 가라앉을 때 얼마나 빨리 다른 지점에서 대부로서 다시 나가는가—에 달려있다.

대부자본의 존재형태가 오직 진정한 화폐인 금 또는 은—그것의 소재가 가치척도로서 기능하는 상품—이라고 가정하더라도, 이 화폐자본의 대부분은 필연적으로 항상 가공적일 뿐이다. 즉 가치상징 〖예: 보조주화〗과 마찬가지로 가치증서일 뿐이다. 화폐가 자본의 순환에서 기능하는 한 그것은 확실히 어느 지점에서 화폐자본이 되지만 대부화폐자본으로 전환되는 것은 아니다. 그 화폐는 생산자본의 요소들과 교환되거나 또는 수입의 실현[수입의 소비지출]에서 유통수단으로 지출되며, 따라서 그 소유자를 위해 대부자본으로 전환될 수 없다. 그런데 화폐가 대부자본으로 전환되고 동일한 화폐가 반복하여 대부자본을 대표하는 한, 그 화폐는 하나의 지점에서만 금속화폐로 존재하며 다른 모든 지점들에서는 오직 자본에 대한 청구권의 형태로 존재할 뿐이라는 것은 명백하다. 이런 청구권의 축적은 우리의 가정에 따르면 현실적 축적—상품자본 따위의 가치가 화폐로 전환되는 것—에서 생기는 것이지만, 이런 청구권 또는 증서 그것의 축적은 [자기의 원천인] 현실적 축적과도 다를 뿐 아니라 [화폐의 대부에 의해 매개되는] 장래의 축적(새로운 생산과정)과도 다르다.

사실상 대부자본은 항상 화폐형태로 존재하며[9] 그 다음에는 화폐청구

---

9) 『은행법, 1857』에 있는 은행업자 트웰즈의 증언. "제4516호. 은행업자로서 당신은 자본을 취급하는가 화폐를 취급하는가? — 우리는 화폐를 취급한다." "제4517호. 예금은 당신의 은행에 어떻게 불입되는가? — 화폐로 불입된다." "제4518호. 예금은 어떻게 지불되는가? — 화폐로 지불된다." "제4519호. 그렇다면 예금은 화폐와는 다른 어떤 것이라고 말할 수 있는가? — 그럴 수 없다."

오브스톤은 '자본'과 '화폐'를 끊임없이 혼동하고 있다(제26장을 보라). 그는 이자가 화폐량에 의해 결정되는 한 이자를 '화폐의 가치'라고 부르고, 이자가

권으로 존재한다. 왜냐하면 대부자본의 최초의 존재형태인 화폐는 지금 차입자의 수중에 현실적 화폐형태로 존재하며, 대부자에게는 그 대부자본은 화폐청구권 또는 소유권증서로 전환되었기 때문이다. 그리하여 동일한 양의 현실적 화폐는 매우 다른 양의 화폐자본을 대표할 수 있게 된다. 단순한 화폐—이것이 실현된 자본을 대표하든 실현된 수입을 대표하든—가 단순한 대부행위에 의해 [또는 발달한 신용제도의 일반형태를 고찰하는 경우에는 단순한 화폐가 예금으로 전환되는 것에 의해] 대부자본으로 된다. 예금은 예금자에 대해서는 화폐자본이지만, 은행업자의 수중에서는 잠재적 화폐자본[예금자의 금고에서 유휴하지 않고 은행업자의 금고에서 유휴하고 있는]에 불과할 수도 있다.[10)]

생산자본에 대한 수요와 생산자본이 낳는 이윤에 의해 결정되는 한 이자를 '자본의 가치'라고 부르고 있다. 그는 말한다. "제4140호. '자본'이라는 단어의 사용은 매우 위험하다…제4148호. 이 나라로부터 금수출은 이 나라의 화폐량의 감소이고 이 나라의 화폐량의 감소는 당연히 일반적으로 화폐시장"(자본시장은 제외되고 있다)"에 핍박을 야기할 수밖에 없다…제4112호. 화폐가 국외로 유출됨에 따라 국내의 화폐량은 감소하며 이리하여 국내에 남은 화폐의 가치는 상승하게 된다."(오브스톤의 이론에서 위의 주장의 최초의 의미는 유통수단의 수축 때문에 상품가치에 비해 화폐로서 화폐의 가치가 상승한다는 것이다. 즉 그에 따르면 화폐가치의 상승은 상품가치의 하락과 동등하다. 그러나 유통화폐량이 가격을 결정하지 않는다는 것이 그 사이에 그에게까지도 반박할 수 없게 논증되었으므로, 이제 유통수단으로서 화폐의 감소가 이자낳는 자본으로서 화폐의 가치를 상승시키고 이리하여 이자율을 상승시킨다고 주장하게 된 것이다.) "그리고 국내에 남은 화폐의 가치상승은 화폐의 유출을 중단시키며 [균형을 회복시키는데 필요한] 화폐량을 끌어올 때까지 지속된다." 오브스톤의 혼동에 관해서는 뒤에서 더 지적할 것이다.

10) 여기에서 은행업자에 대한 지불청구권으로서 예금과 은행업자의 수중에 있는 예금된 화폐 모두가 '화폐'라는 혼란이 발생한다. 은행업자 트웰즈는 1857년의 은행법위원회에서 다음과 같은 예를 들고 있다. "제4528호. 내가 10,000원을 가지고 사업을 시작하여 5,000원으로 상품을 구매하여 창고에 넣고 나머지 5,000원을 은행에 예금하여 필요할 때마다 인출한다고 하자. 비록 5,000원

물질적 부가 증대함에 따라 화폐자본가 계급이 성장한다. 한편에서는 은퇴한 자본가들[즉 금리생활자들]의 수와 부가 증대하며, 다른 한편에서는 신용제도가 더욱 발달하여 은행업자 · 화폐대부자 · 금융업자 등의 수가 증가한다. 가용화폐자본의 증대와 함께 이미 설명한 바와 같이 이자낳는 증권[예: 국채 · 주식]의 양도 증가한다. 그러나 동시에 가용화폐자본에 대한 수요도 증가한다. 왜냐하면 이런 이자낳는 증권에 투기하는 증권중개인들이 화폐시장에게 큰 역할을 하기 때문이다. 만약 이런 증권의 매매가 오직 모두 현실적 자본투하의 표현이라면, 이런 매매는 대부

이 예금 또는 화폐의 형태로 있지만 나는 여전히 나의 자본이 10,000원이라고 생각한다."(여기에서 다음과 같은 흥미있는 논쟁이 벌어진다.) "제4531호. 당신은 5,000원의 은행권을 타인 『은행』 에게 주었는가?—그렇다." "제4532호. 그러면 그는 5,000원의 예금을 가지고 있는가?—그렇다." "제4533호. 그런데 당신이 5,000원의 예금을 한 것이 아닌가?—그렇다." "제4534호. 그도 5,000원의 화폐를 가지고 있고 당신도 5,000원의 화폐를 가지고 있는가? — 그렇다." "제4535호. 그러면 예금이란 화폐 이외의 아무것도 아니란 말인가?—그렇다." 이 혼란은 부분적으로는 다음과 같은 것에서 생기고 있다. 5,000원을 예금한 A는 그 화폐를 인출할 수 있고 마치 그 화폐를 아직도 가지고 있는 것처럼 그것을 처분할 수 있다. 이런 한 그 화폐는 A에게 잠재적 화폐로서 기능한다. 그러나 그가 그 화폐를 인출할 때마다 그만큼 그의 예금액은 감소한다. 그가 진정한 화폐를 인출하려고 하는데 자기의 화폐가 이미 대부되어 버렸다면, 그는 이전의 자기자신의 화폐로 지불되는 것이 아니라 타인이 예금한 화폐로 지불된다. A가 자기 거래은행 앞 수표로 B에게 채무를 갚고 B는 이 수표를 자기 거래은행에 예금하며, 그리고 A의 거래은행도 또한 B의 거래은행 앞 수표를 가지고 있어 두 은행이 단순히 수표를 교환한다면, A가 예금한 화폐는 화폐기능을 두 번 수행한 셈이다. 첫째는 A가 예금한 화폐를 수취하는 사람의 수중에서, 그리고 둘째는 A자신의 수중에서. 그런데 A가 자기 거래은행에 대해 가진 채권과 A의 거래은행이 B의 거래은행에 대해 가진 채권 사이의 상쇄는 화폐의 개입 없이 행해진다. 여기에서는 예금이 두 번 화폐로서 작용한다. 첫째는 진정한 화폐로서, 그리고 둘째는 화폐에 대한 채권으로서. 화폐에 대한 단순한 채권은 채권들이 상쇄되는 경우에만 화폐를 대체할 수 있다.

자본의 수요에 어떤 영향도 미칠 수 없다고 말할 수 있을 것이다. 왜냐하면 A가 자기의 증권을 매각한다면 A는 B가 그 증권에 투하하는 것과 똑같은 금액의 화폐를 끌어내기 때문이다. 그렇다하더라도, 그 증권은 분명히 존재하지만 그 증권이 최초에 대표한 자본은 (적어도 화폐자본으로서는) 존재하지 않기 때문에, 그런 한도까지는 화폐자본에 대한 새로운 수요가 항상 발생하게 된다. 어쨌든 이전에는 B가 처분할 수 있었고 지금은 A가 처분할 수 있는 것은 화폐자본이다.

『은행법, 1857』 "제4886호. 할인율이 [다른 종류의 유가증권과는 구별되는 상업어음의 할인에만 이용될 수 있는] 시장의 자본량에 의해 결정된다고 말하는 것은 할인율 결정요인에 대한 올바른 지적이라고 생각하는가?―[챕만의 대답] 아니다. 이자율은 화폐로 전환될 수 있는 모든 유가증권에 의해 영향을 받는다고 생각한다. 이자율의 문제를 어음할인에만 국한시키는 것은 옳지 않을 것이다. 왜냐하면 최근 성행하고 있듯이 콘솔Consol 〚1751년 각종 공채를 연리 3%로 정리해서 만든 연금형태의 영구공채〛이나 재무부증권을 담보로 화폐를 수요하는 것이 증대하여 이자율이 상업이자율보다 훨씬 높아질 때, 이것에 의해 우리의 상업계가 영향을 받지 않는다고 말하는 것은 불합리하기 때문이다. 우리의 상업계는 그것에 의해 매우 큰 영향을 받고있다." "제4890호. 은행업자가 인정하는 우수하고 매각하기 쉬운 증권이 시장에 나와 있고 그 소유자가 그것으로 화폐를 차입하려고 한다면, 상업어음은 확실히 영향을 받는다. 예컨대 콘솔이나 기타 증권에 대해 6%로 대부할 수 있는 경우 상업어음에 대해 5%로 대부해 주기를 기대할 수는 없다. 또한 내가 6%로 나의 화폐를 대부할 수 있는 경우 아무도 나에게 자기의 어음을 $5\frac{1}{2}$%로 할인하라고 요구할 수 없다." "제4892호. 우리는 £2,000 · £5,000 · £10,000어치의 유가증권을 구매하는 투자자들이 화폐시장에 중대한 영향을 미친다고 이야기하는 것은 아니다. 당신이 콘솔을 담보로 하는 대부의 이자율에 대해 질문한다면, 내가 염두에 두고 있는 사람들은 다음과 같은 사람들이다. 즉 £수십만를 거래하는 증권중개인들인데, 그들은 거액의 공채에 공모하거나 시장에서 공채를 매입하며 그 공채가 유리하게 매각될 수 있을 때까지 보유해야 하기 때문에 화폐를 필요로 한다."

신용제도의 발달과 함께 런던과 같은 대규모의 집중된 화폐시장이 형성되며, 이런 화폐시장은 동시에 유가증권 거래의 중심지로 된다. 은행업자는 대중의 화폐자본을 이런 증권거래업자들에게 대규모로 맡기며 그리하여 투기꾼들이 증가한다.

"증권거래소에서는 일반적으로 말해 다른 곳에서보다 화폐가 값싸다"고 당시의 잉글랜드은행 총재가 상원특별위원회에서 말하였다.(『상업불황, 1848~1857』, 제219호)

이자낳는 자본을 취급할 때 이미 밝힌 바와 같이, 몇 년 동안에 걸친 평균이자〚율〛는 다른 사정들이 불변이라면 평균이윤율에 의해 결정되는 것이지 기업가이득[=이윤-이자]에 의해 결정되는 것은 아니다.

상업이자[상업계에서 화폐대부자가 할인이나 대부에 부과하는 이자]의 변동을 보면, 산업순환의 한 국면에서는 이자율이 그 최저수준을 넘어 평균적 중간수준에 달하는데(그 뒤에는 이 수준을 초과하게 된다), 이 운동이 이윤증대의 결과라는 것은 이미 언급되었으며 아래에서 더욱 조사될 것이다.

그러나 여기에서는 다음과 같은 두 가지를 지적하고자 한다.

첫째로, 이자율이 장기간에 걸쳐 높은 수준이라면(여기에서는 영국과 같은 특정국의 이자율에 대해 언급하고 있는데, 영국에서는 중간 수준의 이자율이 비교적 장기에 걸쳐 주어져 있고 또한 장기대부에 대한 이자[사적 이자라고 부를 수 있다]에 반영되고 있다), 이것은 이 기간의 이윤율도 높다는 것의 명백한 증거이지만 이것이 반드시 기업가이득률〚=이윤율-이자율〛이 높다는 것을 증명하는 것은 아니다. 이 구별은 주로 자기 자신의 자본으로 사업을 하는 자본가에게는 다소 의미가 없다. 그는 자기 자신에게 이자를 지불하는 셈이므로 높은 이윤율을 『그대로』 실현한다. 높은 이자율이 비교적 장기간 계속될 가능성—여기에서는 화폐시장의 특수한 핍박국면에 대해 언급하는 것이 아니다—은 높은 이윤율에 의해 주어진다. 그러나 이 높은 이윤율은 높은 이자율을 뺀 뒤에는 낮은 기업가이득률을 남길 수도 있다. 높은 이윤율은 계속되지만 기업가이득률은 감소할 수 있다. 왜냐하면 일단 착수한 기업은 계속 운영되어야만 하기 때문이다. 이 국면에서는 활동이 주로 신용자본(타인자본)에 의해 수행되며 높은 이윤율은 때로는 투기적이고 희망사항일 수도 있다. 높은 이자율은 높은 이윤율에 의해 지불될 수 있지만 기업가이득은 감소하게 된다. 높은 이자율은 이윤에 의해 지불되는 것이 아니라 차입자본 그것에 의해 지불될 수도 있는데[이것은 투기의 시기에 부분적으로 생긴다], 이런 상황은 제법 오랫동안 지속될 수 있다.

둘째로, 이윤율이 높기 때문에 화폐자본에 대한 수요가 증가하고 따라서 이자율이 상승한다고 말하는 것은, 산업자본에 대한 수요가 증가하고 따라서 이자율이 상승한다고 말하는 것과는 같지 않다.

공황시에는 대부자본에 대한 수요 그리고 또 이자율은 최고수준에 도달하지만, 이윤율 그리고 또 산업자본에 대한 수요는 거의 사라진다. 이런 시기에는 모든 사람들이 단순히 지불하기 위해 그리고 이미 짊어지고 있는 부채를 청산하기 위해 차입한다. 이와는 반대로, 공황 뒤에 경기가 회복될 때는 대부자본은 구매하기 위해 그리고 화폐자본을 생산자본 또는 상업자본으로 전환시키기 위해 요구된다. 이때 대부자본은 산업자본가나 상인에 의해 수요되며 산업자본가는 그 대부자본을 생산수단과 노동력에 투하한다.

이자율이 이윤율에 의해 결정되는 한, 노동력에 대한 수요증대는 그 자체로는 결코 이자율 상승의 원인이 될 수 없다. 임금상승은 [비록 산업순환의 특정 국면에서는 이윤상승의 결과이기는 하지만] 결코 이윤상승의 원인은 아니다.

노동력에 대한 수요는 [노동착취가 특별히 유리한 사정에서 진행되기 때문에] 증가할 수 있지만, 노동력에 대한 수요증대 그리하여 가변자본에 대한 수요증대는 그 자체로는 이윤을 증대시키지 않으며 오히려 이윤을 그만큼 감소시킨다. 그렇지만 가변자본에 대한 수요 그리하여 화폐자본에 대한 수요가 증대하며, 따라서 이자율은 상승한다. 이 경우 노동력의 시장가격은 그 평균수준을 초과하며 평균 수 이상의 노동자들이 고용되는데, 이런 상황에서는 화폐자본에 대한 수요가 증대하기 때문에 이자율이 상승한다. 노동력에 대한 수요증대는 [다른 모든 상품의 경우와 마찬가지로] 이 상품의 가격을 상승시키지만 이윤을 증대시키지는 못하는데, 그 이유는 이윤은 주로 이 특수한 상품『노동력』의 상대적 저렴성에 달려 있기 때문이다. 그러나 동시에 [우리가 가정한 조건에서는] 노동력에 대한 수요증대는 화폐자본에 대한 수요를 증대시킴으로써 이자율을 인상시킨다. 화폐자본가가 화폐를 대부하는 것을 멈추고 스스로 산업자본가가 된다면, 노동에 대해 더 많이 지불해야 한다는 사실은 그 자체로는 이윤을 증대시키는 것이 아니라 그만큼 이윤을 감소시킨다는 것을 알게 될 것이다. 물론 각종 사정들이 결합되어 아직도 그의 이윤이 증대할 수도 있을 것이지만 이것은 결코 그가 노동에 대해 더 많이 지불하기 때문에 생긴 것은 아니다. 그러나 노동에 대해 더 많이 지불하는 것이 화폐자본에 대한 수요를 증대시키는 한, 그것은 이자율을 상승시키는 데 충분하다. 그렇지 않아도 불리한 사정에서 임금이 어떤 이유에서든 상승한다면, 임금상승은 한편에서는 이윤율을 저하시키고 다른 한편에서는 [임금상승이 화폐자본에 대한 수요를 증대시키는 정도에 따라] 이자율을 상승시키게 된다.

노동을 무시한다면 오브스톤이 말하는 '자본에 대한 수요'는 상품에 대한 수요일 따름이다. 상품에 대한 수요—이 수요가 평균 이상으로 증가하든 공급이 평균 이하로 감소하든—는 상품의 가격을 상승시킨다. 산업자본가 또는 상인이 이전에는 100원을 지불한 동일한 상품량에 대해 지금은 예컨대 150원을 지불해야만 한다면, 그는 100원이 아니라 150원을 차입해야 할 것이고 따라서 5% 이자율에서는 5원이 아니라 7.5원을 지불해야 할 것이다. 그가 지불해야 하는 이자액은 차입자본액의 증가 때문에 증대하게 된다.

오브스톤은 대부자본과 산업자본의 이해관계가 동일하다는 것을 설득하려고 온갖 이야기를 하지만, 그의 은행법은 분명히 이 이해관계의 차이를 이용해 화폐자본에게 이익을 주게끔 되어 있다.

상품의 공급이 평균 이하로 감소하더라도 상품에 대한 수요가 이전보다 큰 화폐자본을 흡수하지 않을 수도 있다. 이 경우 상품의 총가치에 대해 동일한 금액 또는 더 적은 금액이 지출되어야만 하는데, 이런 금액으로는 더 적은 양의 사용가치를 구매하게 된다. 이리하여 대부가능한 화폐자본에 대한 수요는 불변이고 이자율은 상승하지 않을 것이다. 비록 상품에 대한 수요는 공급에 비해 상승하였고 그리하여 상품가격도 등귀하였을 것이지만. 이자율은 대부자본에 대한 총수요가 증대하는 경우에만 영향을 받을 수 있는데, 위의 가정에서는 총수요가 증대하지 않는다.

그러나 곡물·면화 등의 흉작에서처럼 어떤 상품의 공급은 평균 이하로 감소하지만 대부자본에 대한 수요는 증대할 수도 있다. 왜냐하면 가격이 더욱 상승할 것을 예상하여 투기하기 때문이며, 그리고 가격을 상승시키는 가장 직접적인 수단은 상품의 일부를 일시적으로 시장에서 끌어내는 것이기 때문이다. 그런데 구입한 상품을 판매하지 않고 그 대가를 지불하기 위해서는 상업적인 '환어음 조작'을 통해 화폐가 조달된다. 이리하여 대부자본에 대한 수요는 증대하고, 이자율은 시장에 대한 상품공급을 인위적으로 저지시키려는 시도〚상품을 판매하지 않고 그 대가를 지불하는 경우』 때문에 상승하게 될 것이다. 이 경우 이자율의 상승은 상품자본 공급의 인위적인 삭감을 표현한다.

다른 한편, 상품공급이 증가하고 그 가격이 평균 이하로 하락하기 때문에 그 상품에 대한 수요가 증대할 수 있다.

이 경우 대부자본의 수요는 불변이거나 심지어 감퇴할 수 있다. 왜냐하면 동일한 화폐액으로 더 많은 상품을 구매할 수 있기 때문이다. 그러나 이 경우 투기적인 재고형성도 행해질 수 있는데, 그것은 부분적으로는 유리한 순간에 생산용 재고를 확보하기 위해서이고, 부분적으로는 장래의 가격상승을 예상하기 때문이다. 이 경우 대부자본의 수요는 증가할 수 있으므로, 이자율의 상승은 생산자본 요소들의 과잉 재고형성에 대한 자본투자를 표현하게 된다. 우리가 여기에서 고찰하는 것은 [상품자본의 수요와 공급에 의해 영향을 받는] 대부자본의 수요뿐이다. 이미 이전에 설명한 바와 같이, 산업순환의 각 국면에서 재생산과정의 조건변화는 대부자본의 공급에 영향을 미친다. 시장이자율은 (대부)자본의 수요와 공급에 의해 결정된다는 평범한 명제를 오브스톤은 대부자본은 자본일반과 동일하다는 자기 자신의 가정과 교활하게 혼합시키고 있으며, 이리하여 그는 화폐대부자를 유일한 자본가로 그리고 대부자본을 유일한 자본으로 묘사하려고 노력하고 있다.

화폐핍박기에 대부자본에 대한 수요는 지불수단에 대한 수요 이외에 아무것도 아니며, 결코 구매수단으로서 화폐에 대한 수요는 아니다. 이 경우 이자율은 현실적 자본—생산자본과 상품자본—이 풍부한가 부족한가에 관계없이 매우 높게 상승할 수 있다. 지불수단에 대한 수요는 상인과 생산자가 건실한 담보를 제공할 수 있는 한, 단순히 담보를 화폐로 전환시키는 것에 대한 요구에 불과하다. 그러나 이런 담보를 제공할 수 없는 경우—즉 지불수단의 대부가 그들에게 화폐형태를 줄 뿐 아니라 지불에 필요한 등가물[그 형태는 어떻든]도 제공하는 한—지불수단에 대한 수요는 화폐자본에 대한 수요다. 바로 이 점에서 공황론의 현재 논쟁의 두 쪽이 동시에 옳기도 하고 틀리기도 하다. 지불수단이 부족할 따름이라고 말하는 사람들은 '확실한' 담보의 소유자들만을 염두에 두고 있는 사람들이든지, 또는 파산한 모든 투기꾼들을 종이조각 『지폐』에 의해 지불능력 있는 자본가로 전환시키는 것이 은행의 의무이며 은행이 할 수 있다고 믿는 바보들이다. 반면에 자본이 부족할 따름이라고 말하는 사람들은 단순히 말장난을 하는 사람들이든지[왜냐하면 이런 시기에는 과잉수입과 과잉생산의 결과 화폐로 전환될 수 없는 자본이 대규모로 존재하기 때문이다], 또는 다음과 같은 신용투기꾼들—즉 그들은 활동에 필요한 타인자본을 더이상 얻을 수 없는 처지에 실제로 빠져 은행에 대해 자기들의 잃어버린 자본을 보상하는 데 도와줄 뿐 아니라 투기를 계속할 수 있도록 해 달라고 요구하고 있다—을 염두에 두고 있는 사람들이다.

자본주의적 생산의 기본원리는, 화폐가 가치의 자립형태로 상품과 대립한다는 것, 즉 교환가치가 화폐에서 자립형태를 얻어야만 한다는 것이고, 그리고 이것이 가능하게 되는 것은 하나의 특정상품이 재료가 되어 이 상품의 가치로 모든 기타 상품들이 측정되며, 이리하여 이 상품이 일반적 상품으로 되고 모든 기타 상품들과 대립하는 특히 뛰어난 상품으로 되어야 한다는 것이다. 이런 기본원리는 신용조작이나 신용화폐에 의해 화폐가 대규모로 대체되고 있는 발달한 자본주의국에서는 다음과 같은 두 가지 방식으로 자신을 드러낼 수밖에 없다. 신용이 수축하거나 완전히 고갈하는 핍박기에 화폐는 갑자기 유일한 지불수단과 가치의 진정한 존재형태로서 모든 상품과 절대적으로 대립하게 된다. 이로 말미암아 상품의 일반적인 감가가 일어나며 상품을 화폐[즉 상품자신의 순전히 환상적인 형태]로 전환시키는 것이 곤란해지거나 심지어 불가능하게 된다. 그러나 둘째로 신용화폐 그것이 화폐일 수 있는 것은 오직 그것이 그 명목가치액만큼 진정한 화폐『금속화폐』를 절대적으로 대표하는 한에서다.

금 유출과 더불어 신용화폐가 화폐로 전환될 수 있는 가능성[즉 신용화폐와 현실의 금과의 동일성]이 의문시된다. 이 때문에 이 태환조건을 보증하기 위해 이자율의 인상 등 강제조치를 취하게 된다. 이런 조치들은 [그릇된 화폐이론에 바탕을 두고 오브스톤 일파와 같은 화폐대부자의 이익을 위해 대중에게 강요된] 잘못된 은행입법에 의해 다소 극단으로까지 추진될 수 있다. 그러나 이런 것의 바탕은 생산양식 그것의 토대에 의해 제공되고 있다. 신용화폐의 감가는(신용화폐가 순전히 상상적인 『금속』 화폐적 속성을 완전히 상실하는 경우는 말할 것도 없고) 모든 기존의 관계들을 동요시킬 것이다. 그리하여 상품들의 가치는 이 가치의 환상적 · 자립적 존재형태인 화폐를 보호하기 위해 희생된다. 어쨌든 『상품의』 화폐가치는 화폐 그것이 보증되는 동안에만 보증되는 것이다. 이 때문에 몇 천만 원어치의 상품들이 몇 백만 원의 화폐를 위해 희생될 수밖에 없다. 이것은 자본주의적 생산에서는 불가피하며 그리고 그것의 매력의 하나이기도 하다. 이전의 생산양식에서는 이런 것은 생기지 않는다. 왜냐하면 그 생산양식들이 운동하는 좁은 토대 위에서는 신용이나 신용화폐가 발달할 수 없기 때문이다. 노동의 사회적 성질이 상품의 화폐적 존재로서, 그리하여 현실적 생산 밖에 있는 하나의 사물 『즉 화폐』로서 나타나는 한, 화폐공황―진정한 공황 『산업공황』과는 무관하거나 진정한 공황을 격화시키는 것―은 피할 수 없다. 다른 한편에서 은행에 대한 공신력이 동요되지 않는 한, 은행은 이런 경우 자기의 신용화폐를 증가시킴으로써 화폐공황을 완화시킬 수 있고, 신용화폐를 회수함으로써 화폐공황을 격화시킬 수 있다는 것은 분명하다. 근대산업의 역사 전체가 증명하는 바와 같이 만약 국내의 생산이 조직화되어 있다면, 금속은 국제무역에 일시적인 불균형이 발생할 때 그것의 결제를 위해 필요할 뿐이다. 국내에서는 이제 금속화폐가 필요없다는 사실은, 이른바 국립은행들의 태환정지(비록 모든 비상시에 유일한 긴급대책으로 채택되긴 하지만)에 의해 증명되고 있다.

두 개인의 경우 상호간의 거래에서 두 사람 모두가 지불차액에 적자를 가진다고 말하는 것은 엉터리같은 이야기일 것이다. 두 사람이 상호간에 채권자이고 채무자라면 그들의 채권이 상쇄되지 않는 경우에는 어느 한 사람이 그 차액만큼 상대방에 대해 채무자라는 것은 분명하다. 그러나 나라와 나라 사이에서는 그렇지 않다. 이 사실은 모든 경제학자들에 의해 다음과 같은 명제—즉 한 나라의 무역차액은 결국 균형을 이루어야 하지만 지불차액은 흑자 또는 적자를 나타낼 수 있다—로 인정되고 있다. 지불차액은 특정기일에 결제되어야 하는 무역차액이라는 점에서, 지불차액과 무역차액은 구별된다. 그런데 공황의 영향은 지불차액과 무역차액 사이의 『기한의』 차이를 단기간으로 압축시킨다. 공황이 습격하고 따라서 닥쳐오는 지불기일에 시달리고 있는 나라에서 전개되고 있는 특수한 상황들은 이미 이런 결제기간의 단축을 수반하고 있다. 먼저 귀금속의 해외수출, 그 다음 위탁상품의 투매, 상품의 투매를 위한 수출, 또는 국내에서 화폐선대를 받기 위한 상품수출, 이자율의 상승, 신용의 회수, 유가증권 가격의 하락, 외국유가증권의 투매, 이 가치하락한 유가증권에 투자하도록 해외자본을 유치하는 것, 그리고 끝으로 대량의 채무를 청산하는 파산. 이 경우 공황이 발발한 나라로 귀금속이 수송되는 일도 가끔 있는데, 그것은 이 나라 앞 어음은 불확실하고 금속에 의한 지불이 더 확실하기 때문이다. 이 밖에 아시아에 대해서는 모든 자본주의국들이 직접 또는 간접으로 동시에 채무국이라는 사정이 추가된다. 이런 각종 요인들이 기타의 관련국들에 대해서도 영향을 완전히 미치게 되면, 그들도 또한 금이나 은의 유출을 겪게 되며, 요컨대 지불기일이 닥쳐오고 동일한 현상이 반복된다.

상업신용의 경우 신용가격과 현금가격 사이의 차액으로서 이자는, 어음기한이 보통보다 긴 경우에만 상품가격에 포함되며 다른 경우에는 그렇지 않다. 이것은 각자가 한편으로는 신용을 받고 다른 한편으로는 신용을 주고 있다는 사실에 의해 설명된다. {엥겔스 : 이것은 나의 경험과는 일치하지 않는다.} 그러나 할인료가 이 형태〖이자의 형태〗로 상품가격에 포함되는 한, 그것은 이 상업신용에 의해 규제되는 것이 아니라 화폐시장에 의해 규제된다.

만약 이자율을 결정하는 화폐자본의 수요 · 공급이 오브스톤이 주장하듯이 현실적 자본의 수요 · 공급과 동일하다면, 고찰하는 상품이 다르거나 동일한 상품이라도 고찰하는 단계(원료 · 반제품 · 완제품)가 다르면 이자율은 동시에 낮기도 하고 높기도 해야 할 것이다. 1844년에 잉글랜드은행 이자율은 4%(1월~9월)와 $2\frac{1}{2}$~3%(11월~연말) 사이에서 변동하였다. 1845년에 이자율은 1월~10월은 $2\frac{1}{2}$ · $2\frac{3}{4}$ · 3%였고 나머지 달에는 3~5%였다. 페어 올리언즈 면화의 평균가격은 1844년에는 $6\frac{1}{4}$펜스였고 1845년에는 $4\frac{7}{8}$펜스였다. 리버풀의 면화재고는 1844년 3월 3일에는 62만7,042꾸러미bale였고 1845년 3월 3일에는 77만3,800꾸러미였다. 면화의 낮은 가격으로 미루어 보면 이자율은 1845년에 낮았어야 하는데 실제로 그 해의 대부분을 통해 낮았다. 그러나 면사로부터 미루어 보면 이자율은 높았어야 하였다. 왜냐하면 면사의 가격은 상대적으로 높았고 이윤은 절대적으로 높았기 때문이다. 1845년에는 파운드lb.당 4펜스의 면화로부터 4펜스의 방적비용을 들여 면사[40번수의 우량2호 뮬연사]를 방적할 수 있었고, 이리하여 이 면사에 방적업자는 8펜스를 들였는데 1845년 9월과 10월에는 이것을 파운드당 $10\frac{1}{2}$펜스 또는 $11\frac{1}{2}$펜스로 판매할 수 있었다[뒤에 나오는 와일리의 증언을 보라].

문제 전체는 다음과 같이 해결될 수 있다.

만약 화폐의 대부자들이 존재하지 않고 그 대신 대부하는 자본가들이 기계 · 원료 등을 소유하여 그것을 산업자본가[이 사람도 이런 것들을 일부 소유하고 있다]에게 대부하거나 임대한다면[가옥을 임대하듯이], 대부자본의 수요 · 공급은 자본일반의 수요 · 공급과 동일하게 될 것이다(그렇지만 자본일반의 수요 · 공급이라는 문구는 불합리하다. 산업가나 상인에게 상품은 그의 자본의 한 형태이지만, 그는 결코 자본 그것을 수요하는 것이 아니라 항상 특수한 상품 그것을 수요하는 것이며, 그 상품이 자본순환에서 수행해야 할 기능과는 관계없이 상품[예컨대 곡물 · 면화]으로서 그것을 구매하고 그 대가를 지불하는 것이다). 이런 조건에서는 대부자본의 공급이 산업자본가에 대해서는 생산요소들의 공급과 동일하며 상인에 대해서는 상품의 공급과 동일할 것이다. 그러나 대부자와 차입자 사이의 이윤 분할은 먼저 전적으로 이 자본 중 어느 만큼이 대부된 것이고 어느 만큼이 그 사용자의 소유인가의 비율에 달려있을 것이라는 점은 명백하다.

웨겔린(『은행법, 1857』)에 따르면, 이자율은 '유휴자본량'(제252호)에 의해 결정되며 이자율은 "투자처를 구하는 대량의 자본을 표현하는 하나의 지표에 불과하다."(제271호) 그 뒤 그는 이 유휴자본을 '부동자본floating capital'(제485호)이라고 부르며 다음을 가리키고 있다. "잉글랜드은행권과 국내에 있는 기타 통화, 예컨대 지방은행권과 국내에 있는 주화… 나는 부동자본에 은행들의 준비금도 포함시킨다."(제503호) 그 뒤 금덩이도 포함시킨다.(제503호) 이리하여 잉글랜드은행이 '유휴자본의 대부분을 보유하고 있는'(제1198호) 시기에는 이자율에 큰 영향을 미친다고 웨겔린은 말하고 있다. 그런데 오브스톤의 증언에 따르면 잉글랜드은행은 "자본을 위한 장소는 아니다." 웨겔린은 또 다음과 같이 말한다.

"할인율은 이 나라에 있는 유휴자본액에 의해 규제된다고 생각한다. 유휴자본액은 잉글랜드은행의 준비금에 의해 대표되며 후자는 사실상 금준비다. 그러므로 금이 인출되면 이 나라의 유휴자본액이 감소하고 이에 따라 남아있는 유휴자본의 가치가 상승한다."(제1258호)

존 스튜어트 밀은 말한다.(제2102호)

"잉글랜드은행은 은행부의 지불능력을 유지하기 위해 은행부의 준비금 확보에 전력을 다해야 한다. 그러므로 잉글랜드은행은 준비금의 유출이 진행되는 것을 보자마자 그 준비금을 확보하기 위해 할인을 축소하거나 증권을 매각하기 시작해야 한다."

은행부 그 자체만을 고찰하는 경우 준비금은 예금에 대한 준비금일 따름이다. 오브스톤 일파에 따르면, 은행부는 '자동적인' 은행권 발행을 고려하지 않고 오직 은행업자로서 행동해야 한다. 그러나 진정한 화폐핍박기에 잉글랜드은행은 은행부의 준비금[이것은 오직 은행권으로 구성되고 있다]에는 관심을 두지 않고 오직 금속준비를 주시하는데, 잉글랜드은행이 지불불능에 빠지지 않으려면 그렇게 할 수밖에 없다는 것이다. 왜냐하면 금속준비가 소멸하는 것과 동일한 정도로 은행권 준비금도 소멸하기 때문이다. 바로 이런 장치를 매우 교활하게 1844년의 은행법에 설치한 오브스톤보다 이것을 더욱 잘 알고 있는 사람은 없을 것이다.

제33장
신용제도 아래의 유통수단

"통화의 유통속도를 크게 규정하는 것은 신용이다. 이 때문에 화폐시장의 심각한 핍박은 일반적으로 급속한 유통과 동시에 일어난다."(『통화이론 검토』: 65)

이 문장은 두 가지 의미로 해석되어야 한다. 한편으로는 유통수단〚통화〛을 절약하는 모든 방법은 신용에 의거하고 있다는 것이다. 그러나 다른 한편으로는 5,000원짜리 은행권을 예로 들어보자. A가 오늘 이것을 어음대금 지불로 B에게 주며, B는 오늘 이것을 은행에 예금하고, 은행은 오늘 C를 위한 어음할인에 이것을 사용하며, C는 이것을 은행에 지불하고, 은행은 이것을 어음중개업자에게 대부한다 따위. 이 경우 은행권이 유통하는 속도[구매나 지불에 봉사하는 속도]는 그 은행권이 반복하여 예금형태로 누군가의 수중에 들어가고 다시 대부의 형태로 누군가의 수중으로 이전되는 속도에 달려있다. 유통수단의 순수한 절약이 가장 발달한 형태로 나타나는 곳은 어음교환소인데, 여기에서는 만기어음이 단순히 교환될 뿐이며 화폐는 주로 차액을 결제하기 위한 지불수단으로서만 기능한다. 그러나 이런 어음의 존재 그것은 산업가들과 상인들이 상호간에 제공하는 신용에 근거하고 있다. 이 신용이 감소하면 어음들[특히 장기어음들]의 수도 감소하며 따라서 이런 결제방식의 효과도 감소한다. 이런 절약은 거래에서 화폐를 제거하는 것이며 전적으로 지불수단으로서 화폐의 기능[이 화폐기능은 또한 신용에 의거하고 있다]에 의거하고 있는데, 이런 절약에는 두 가지 방식이 있을 수 있다(여기에서는 이런 지불들을 집중시키는 기술의 발달 정도는 무시한다). 즉 한 가지 방식은 동일한 은행이 [어음이나 수표로 대표되는] 상호간의 채권들을 단순히 한 사람의 계좌에서 다른 사람의 계좌로 이전시킴으로써 결제하는 것이고, 다른 한 가지 방식은 각종 은행들이 상호간에 결제하는 것이다.[11] 하나의 어음중개업자[예컨대 오브렌드 거니상사]의 수중으로 £8백만~1천만의 어음들을 집중시키는 것이 지방수준에서 이런 상호결제의 규모를 확대시키는 주요 수단의 하나였다. 이런 절약에 의해 [단순한 차액결제를 위해 더 적은 양의 유통수단이 요구되는 한] 유통수단의 효율성은 증가한다. 다른 한편에서는, 유통수단으로서 화폐의 유통속도[이것에 의해서도 유통수단이 절약된다]는 전적으로 매매의 원활한 흐름 또는 지불연쇄[지불들이 연달아 화폐로 행해지는 경우]에 달려 있다. 그러나 여기에서도 신용은 유통속도를 매개하고 증가시킨다. 만약 A[한 개의 화폐조각의 최초의 소유자]가 B로부터 구매하고, B는 C로부터, C는 D로부터, D는 E로부터 그리고 E는 F로부터 구매한다면 [따라서 한 사람으로부터 다른 사

11) 한 장의 은행권이 유통 안에 머무르고 있는 평균일수는 다음과 같다.

연 도	£5권	£10권	£20권~100권	£200권~500권	£1,000권
1792	–	236	209	31	22
1818	148	137	121	18	13
1846	79	71	34	12	8
1856	70	58	27	9	7

자료: 『은행법 1857』, 제2부, 부록: 300, 301.
잉글랜드은행 출납담당자 마샬이 작성.

람에게 화폐조각의 이전이 현실적인 매매에 의해서만 매개된다면], 이 화폐조각은 오직 5개의 거래를 성사시킬 뿐이며 개개인의 수중에서 [신용의 개입없이 단순한 유통수단으로서] 비교적 장기간 남아있게 된다. 그러나 만약 B가 A로부터 지불받은 화폐를 자기의 거래은행에 예금하고, 이 은행이 어음할인에 의해 그 화폐를 C에게 이전하고, C는 D로부터 구매하며, D는 이 화폐를 자기의 거래은행에 예금하고, 이 은행은 E에게 대부하며, E는 F로부터 구매한다면, 단순한 유통수단(구매수단)으로서 화폐의 유통속도까지도 몇 번의 신용활동에 의해 매개되고 있다. 즉 B가 자기의 거래은행에 예금하는 것과 이 은행이 C를 위해 할인하는 것, D가 자기의 거래은행에 예금하는 것과 이 은행이 E를 위해 할인하는 것 등 4개의 신용활동이 그것이다. 이 경우 이런 신용활동이 없었더라면 동일한 화폐조각은 주어진 시간에 5개의 구매를 연달아 성사시키지 못하였을 것이다. 동일한 화폐조각이 현실적인 매매의 매개없이—예금과 할인에 의해—그 소유자를 바꾸었다는 사실 때문에 일련의 실물거래에서 화폐조각의 소유자 변경이 촉진된 것이다.

우리가 이미 밝힌 바와 같이 동일한 은행권이 다른 은행들의 예금을 형성할 수 있으며, 이와 마찬가지로 동일한 은행권은 동일한 은행의 다른 예금들을 형성할 수 있다. 예컨대 은행이 A가 예금한 은행권으로 B의 어음을 할인하고, B는 그 은행권으로 C에게 지불하며, C는 그 은행권을 동일한 은행에 예금하면 그렇게 된다.

* * *

이미 단순한 화폐유통을 고찰할 때(제1권 제3장 2절) 밝힌 바와 같이, 현실적으로 유통하는 화폐량은, 유통속도와 지불절약[지불들에서 화폐사용을 절약하는 것]이 주어져 있다면, 상품들의 가격과 거래량에 의해 결정된다. 동일한 법칙이 은행권 유통의 경우에도 지배한다.

다음 표는 대중〚개인과 은행을 모두 포함하고 있다〛이 보유하고 있는 잉글랜드은행권의 연평균액을 각 은행권별로 나타낸 것으로 총유통액 중의 구성비도 첨가하고 있다(단위는 £천이며 천 단위 이하는 끊어버린 것이다).

연 도	£5권~ 10권	%	£20~ 100권	%	£200~ 1,000권	%	총유통액 (£)
1844	9,263	45.7	5,735	28.3	5,253	26.0	20,241
1845	9,698	46.9	6,082	29.3	4,942	23.8	20,722
1846	9,918	48.9	5,778	28.5	4,590	22.6	20,286
1847	9,591	50.1	5,498	28.7	4,066	21.2	19,155
1848	8,732	48.3	5,046	27.9	4,307	23.8	18,085
1849	8,692	47.2	5,234	28.5	4,477	24.3	18,403
1850	9,164	47.2	5,587	28.8	4,646	24.0	19,398
1851	9,362	48.1	5,554	28.5	4,557	23.4	19,473
1852	9,839	45.0	6,161	28.2	5,856	26.8	21,856
1853	10,699	47.3	6,393	28.2	5,541	24.5	22,653
1854	10,565	51.0	5,910	28.5	4,234	20.5	20,709
1855	10,628	53.6	5,706	28.9	3,459	17.5	19,793
1856	10,680	54.4	5,645	28.7	3,323	16.9	19,648
1857	10,659	54.7	5,567	28.6	3,241	16.7	19,467

자료: 『은행법, 1858』: xxvi.

1844~1857년에 수출입 거래액은 두 배 이상 증대하였지만 은행권의 총유통액은 절대적으로 감소하였다. £5와 £10의 소액권은 1844년의 £926만3천에서 1857년에는 £1,065만9천으로 증대하였는데, 이것은 그 당시의 금 유통의 격증과 때를 같이 하고 있다. 반면에 고액권(£200~£1,000)은 1852년의 £585만6천에서 1857년에는 £324만1천로 감소하여 £2백5십만 이상의 감소를 나타내었다. 그 이유는 다음과 같이 설명되고 있다.

"1854년 6월 8일 런던의 개인은행업자들은 주식은행들을 어음교환소에 참가시켰으며, 그 뒤 곧 최종결제는 잉글랜드은행에서 행해졌다. 매일의 결제는 이제 각 은행이 잉글랜드은행에 가지고 있는 계좌상의 이체에 의해 행해진다. 이 제도의 채택 때문에 은행업자들이 종래 그들 상호간의 결제를 위해 사용하였던 고액은행권은 불필요하게 된 것이다."(『은행법, 1858』: v)

도매상업에서 화폐의 사용이 최저수준으로 감소한 것은 제1권 제3장 주54에 있는 표를 보면 알 수 있다. 그 표는 런던의 최대도매상[소매상은 여기서 온갖 종류의 상품을 모두 구입할 수 있다] 중 하나인 모리슨 딜론 상사가 은행법위원회에 제출한 것이다.

뉴마치의 증언(『은행법, 1857』 제1741호)에 따르면, 기타의 요인들—예컨대 1페니 우편제, 철도, 전신, 간단히 말해 교통통신수단의 개선—도 유통수단의 절약에 공헌하였으며, 이리하여 이제 잉글랜드은행은 이전과 동일한 은행권유통액으로 거의 5~6배의 거래를 수행할 수 있다는 것이다. 그러나 이것은 기본적으로 £10 이상의 은행권이 유통에서 제거된 결과라는 것이다. 그러므로 그에 따르면, £1짜리 은행권도 유통하고 있는 스코틀랜드와 아일랜드에서 은행권유통액이 거의 31%나 증대한 것은 당연하다는 것이다.(제1747호) 영국 전체의 은행권 총유통액은 £1권을 포함하여 £3천7백만이고(제1749호), 금유통액은 £7천만이다(제1750호). 스코틀랜드에서는 은행권유통액은 1834년에는 £312만, 1844년에는 £302만, 1854년에는 £405만이었다(제1752호).

이런 숫자만을 보아도 분명하듯이 [은행권이 어느 때나 금속화폐와 교환될 수 있는 한] 은행권유통량을 증가시키는 것은 결코 발권은행이 마음대로 할 수 있는 것은 아니다. {엥겔스: 여기에서 마르크스가 염두에 두고 있는 것은 결코 불환지폐가 아니다. 불환은행권이 일반적 유통수단으로 될 수 있는 것은 오직 불환은행권이 사실상 국가의 공신력에 의해 지탱되고 있는 경우[예컨대 오늘날의 러시아]뿐이며, 따라서 그것은 이미 전개된[제1권 제3장 2절 c '주화. 가치의 상징'] 불환 국가지폐의 법칙에 따른다.}

은행권유통량은 거래상의 필요에 순응하며 불필요한 은행권은 모두 곧 그 발행자에게로 되돌아온다. 영국에서는 잉글랜드은행권만이 법정통화로서 일반적으로 유통하고 있으므로, 우리는 여기에서 지방은행권의 사소한 국지적인 유통을 무시하고자 한다.

1858년의 은행법위원회 앞에서 잉글랜드은행 총재 니브는 다음과 같이 증언하였다.

"제947호. (질문) 어떤 조치를 취하더라도 대중이 보유하는 은행권의 양은 동일하다고 당신은 말하고 있다. 그 양은 약 £2천만인가? — 보통의 시기에는 대중들의 사용에 약 £2천만이 필요한 것 같다. 일년 중 주기적으로 반복되는 특수한 순간에는 그것은 £1백만~£1백5십만 만큼 더 많아진다. 대중들이 더 많은 것을 원한다면 그들은 언제나 잉글랜드은행에서 얻을 수 있다고 말한 바 있다." "제948호. 당신은 화폐 핍박기에는 대중이 은행권량을 축소시키는 것을 허락하지 않을 것이라고 말하였는데, 그 이유를 설명해 주시오. — 화폐 핍박기에는 대중들은 은행권을 입수하려고 온갖 노력을 한다고 생각한다. 물론 잉글랜드은행이 채무를 지고 있는 한, 대중은 이 채무에 의거해 잉글랜드은행에서 은행권을 인출할 수 있다." "제949호. 그렇다면 약 £2천만의 법화가 항상 필요하다고 생각하는가? — 대중이 보유하는 £2천만. 물론 그것은 £1천8백5십만, £1천9백만, £2천1백만 등등으로 변동하지만 평균하여 £1천9백만~2천만이라고 말할 수 있다."

상업불황에 관한 상원위원회에서 투크의 증언(『상업불황, 1848~1857』, 제3094호).

"잉글랜드은행은 대중의 수중에 있는 잉글랜드은행권량을 자기의 마음대로 증가시킬 수 있는 힘이 없다. 그러나 잉글랜드은행은 대중의 수중에 있는 잉글랜드은행권량을 축소시킬 수 있는 힘을 가지고 있지만 매우 강력한 조치에 의거하지 않으면 안된다."

30년 동안 노팅엄에서 은행업을 해온 라이트는 대중이 필요로 하고 원하는 것보다 많은 은행권을 지방은행이 유통시키는 것은 불가능하다는 것을 자세히 설명한 뒤, 잉글랜드은행권에 대해 다음과 같이 말한다(『상업불황, 1848~1857』, 제2844호).

"잉글랜드은행권 발행에 관해 어떤 제한이 있다는 것을 나는 알지 못하지만, 유통에 필요한 것 이상은 모두 예금으로 들어가 다른 형태를 취할 것이다."

이것은 스코틀랜드에도 타당하다. 거기에서는 아일랜드와 마찬가지로 £1권도 허용되어 있고, "스코틀랜드 사람은 금을 싫어하기" 때문에 거의 전적으로 지폐〖은행권〗만이 유통하고 있다. 어떤 스코틀랜드은행의 이사인 케네디는 은행들은 결코 자기 은행권의 유통을 감축시킬 수 없다고 언명하면서 다음과 같이 말하고 있다.

"은행권이나 금을 필요로 하는 국내거래가 있는 한, 은행업자들은 예금자들의 요구에 의해서든 기타의 방법에 의해서든 그 거래에 필요한 만큼의 통화를 공급해야 한다…스코틀랜드의 은행들은 자기의 업무를 축소할 수는 있지만 자기의 통화를 통제할 수는 없다."(같은 책, 제3446호, 제3448호)

마찬가지로 유니언 뱅크 오브 스코틀랜드의 이사인 앤더슨은 다음과 같이 증언한다(같은 책, 제3578호).

"(질문) 스코틀랜드 은행들 사이의 은행권 상호교환제도가 어느 한 은행의 과잉발행을 방지하는가? ― 그렇다."(사실상 아무 관련도 없다. 은행권 상호교환제도는 각 은행의 은행권이 스코틀랜드 전체에 걸쳐 통용되는 것을 보증하는 것이다.) "그러나 은행권 상호교환제도보다 더욱 강력한 과잉발행 방지수단이 있는데, 그것은 스코틀랜드에서는 은행계좌를 가지는 것이 일반적 관습이라는 사실이다. 화폐를 조금이라도 가진 사람은 은행계좌를 가지고 있어 당장 필요하지 않는 화폐를 매일 예금한다. 따라서 매 영업일의 끝에는 사람들이 주머니에 가지고 있는 것 이외에는 모든 화폐가 은행에 있게 된다."

아일랜드에서도 마찬가지다. 같은 위원회에서 말한 아일랜드은행 총재 맥도널과 프로빈셜 뱅크 오브 아일랜드의 이사 머리의 증언을 참조하라.

은행권유통은 잉글랜드은행의 의지와 무관할 뿐 아니라 잉글랜드은행 금고의 금준비[이것은 은행권의 태환을 보증하는 것이다]와도 무관하다. "1846년 9월 18일 잉글랜드은행권 유통액은 £2,090만이었는데 금준비는 £1,627만3천이었고, 1847년 4월 5일 잉글랜드은행권 유통액은 £2,081만5천이었는데 금준비는 £1,024만6천이었다…이 나라의 통화량에는 아무런 감축도 일으키지 않고 £6백만의 금이 수출된 것은 분명하다."(키니어, 1847: 5)

물론 이것은 영국의 현재 상황에서만 타당하며, 그리고 입법이 은행권 발행액과 금속준비 사이의 비율을 변경시키지 않는 한에서만 타당하다.

유통화폐—은행권과 금—의 양에 영향을 미치는 것은 사업 자체의 요구뿐이다. 여기에서 먼저 고찰해야 하는 것은 [일반적 경기가 어떻든] 매년 반복되는 주기적인 유통화폐량 변동이다. 즉 지난 20년 동안 "유통화폐량이 어느 달에는 크고 다른 달에는 작고 또 어떤 달에는 평균수준이다."(『은행법, 1857』, 제1650호의 뉴마치 증언)

그리하여 매년 8월에는 몇 백만 파운드 스털링[대부분이 금]이 수확비용을 지불하기 위해 잉글랜드은행으로부터 국내유통에 들어간다. 이것은 주로 임금지불을 위한 것이므로, 잉글랜드에서는 이 화폐가 거의 사용되지 않는다. 이 화폐는 연말까지 잉글랜드은행으로 다시 환류한다. 스코틀랜드에서는 소브린〖1파운드 스털링의 금화〗 대신에 £1 은행권이 거의 예외 없이 유통되기 때문에, 여기에서는 사실상 일 년에 두 번 즉 5월과 11월에는 은행권유통액이 약£3~4백만만큼 증가한다. 14일 뒤에는 이미 환류가 시작되고 1개월 안에 그 환류가 끝난다.(『상업불황, 1848~1857』, 제3595~3600호. 앤더슨의 증언)

잉글랜드은행권 유통은 또한 매분기마다 국채이자 지불 때문에 일시적으로 변동하는데, 처음에는 은행권이 유통에서 〖세금으로〗 회수되고 그 다음에는 대중에게 풀려나지만 곧 매우 빨리 환류한다. 웨겔린은 이로 말미암은 은행권유통의 변동액을 £2백5십만이라고 보고 있다.(『은행법, 1857』, 제38호) 그런데 악명높은 오브렌드 거니 할인상사의 챕만은 그로 말미암아 생기는 화폐시장의 교란을 훨씬 크게 계산하고 있다.

"국채이자를 지불하기 위해 유통으로부터 £6~8백만을 조세로 거두어들인다면, 그 사이에 〖국채이자 지불시까지〗 그만한 금액을 공급하는 사람이 있어야만 한다."(『은행법, 1857』, 제5196호)

더욱 중요하고 지속적인 변동은 산업순환의 각 국면에 따라 발생하는 유통화폐량의 변동이다. 이것에 관해서는 오브렌드 거니 할인상사의 동업자인 존경스러운 퀘이커교도 사뮤엘 거니의 이야기를 들어보자.(『상업불황, 1848~1857』, 제2645호)

"1847년 10월말 국민보유 은행권은 £2,080만이었다. 그 당시 화폐시장에서 은행권을 입수하기는 매우 어려웠다. 이것은 1844년의 은행법에 의한 제한으로 말미암아 은행권을 입수할 수 없을 것이라는 공포 때문이었다. 지금(1848년 3월) 국민보유 은행권은…£1,770만이지만, 상업계의 공포가 전혀 없으므로 이 금액도 필요 이상의 것이다. 런던의 은행업자나 화폐거래업자는 누구나 자기가 이용할 수 있는 것보다 많은 은행권을 가지고 있다." "제2650호. 잉글랜드은행 밖에 있는 은행권의 금액은, 상업계의 상태나 신용의 상태를 동시에 고려하지 않는다면, 현실적인 유통상태의 지표로서는 전혀 불충분하다." "제2651호. 현재의 국민보유 화폐액이 너무 많다고 느끼는 것은 상당한 정도 현재의 심한 침체상태 때문이다. 물가가 높고 거래가 활발하다면 £1,770만로는 부족하다고 느낄 것이다."

{엥겔스: 경기가 좋아 대부의 환류가 규칙적으로 행해지며 신뢰에 동요가 없는 동안은, 유통수단의 팽창과 수축은 단순히 산업가와 상인의 필요에 따라 좌우된다. 적어도 영국에서는 도매상업에 금화가 등장하지 않으며 또 금화유통액은 [계절적 변동을 제외하고는] 장기간에 걸쳐 거의 불변의 크기라고 여길 수 있으므로, 잉글랜드은행권 유통액은 이런 변동의 매우 정확한 지표가 된다. 공황 이후의 침체기에는 은행권유통액은 최저수준이며, 경기의 회복과 더불어 유통수단에 대한 수요도 증가하는데 이것은 번영의 진전과 함께 증대한다. 유통수단량은 과잉팽창과 과잉투기의 시기에 최고수준에 달하며, 이때 공황이 터져 그 전날까지만 해도 그렇게 풍부하던 은행권이 하룻밤 사이에 시장에서 사라지며 이와 함께 어음할인자 · 유가증권담보대부자 · 상품구매자도 모두 사라진다. 잉글랜드은행이 지원하기로 되어 있지만 그의 힘도 곧 잃게 된다. 온 세상이 은행권을 구하려고 절규하며, 상품소유자들은 상품은 팔리지 않지만 지불해야 하며, 이렇기 때문에 은행권만 입수할 수 있다면 어떤 희생도 감수하려고 하는 이런 순간에, 1844년의 은행법은 잉글랜드은행으로 하여금 그 은행권 유통액을 감축시킬 것을 강제하고 있다. 앞에서 본 은행업자 라이트는 다음과 같이 말한다.(『상업불황, 1848~1857』, 제2930호)

"공포에 휩싸인 시기에는 보통의 시기보다 두 배나 많은 유통수단이 필요하다. 왜냐하면 은행업자와 기타 사람들이 유통수단을 퇴장시키기 때문이다."

공황이 터지면 이제는 지불수단만이 문제로 된다. 그런데 지불수단의 입수에서 각자는 타인에 의존하며 그 타인이 만기일에 지불할 수 있을지 없을지를 알 수 없기 때문에, 시장에 있는 지불수단[즉 은행권]을 구하기 위한 진정한 장애물경주가 시작된다. 각자는 입수할 수 있는 대로 많은 은행권을 퇴장하며, 따라서 은행권은 그것이 가장 필요한 바로 그 날에 유통에서 사라진다. 사뮤엘 거니는 1847년 10월의 공황상태panic에서 금고 속으로 퇴장한 은행권이 £4~5백만이라고 추산하고 있다.}

이와 관련하여 1857년의 은행법위원회에서 행한 챕만[거니의 동업자]의 증언은 매우 흥미있다. 나는 여기에서 그 증언의 주요 내용을 서술할 것인데, 그 중 약간의 점들은 뒤에서 비로소 연구될 것이다. 챕만은 다음과 같이 말한다.

"제4963호. 내가 서슴지 않고 말할 수 있는 것은, 유통수단이 매우 적을 때, 격심한 화폐부족과 화폐핍박을 일으킬 수 있는 개별자본가가 화폐시장을 지배하는 것(런던에서 지금 그러하다)은 정당하지 않다는 점이다… 유통에서 £1백만 또는 £2백만의 은행권을 끌어낼 수 있는 자본가가 한 사람 이상 있다."

제4965호. 거대한 투기꾼은 £1백만 또는 £2백만 어치의 콘솔을 매각하여 화폐를 시장에서 끌어낼 수 있다. 이런 종류의 일이 매우 최근에 일어났는데 "그것은 매우 심각한 화폐핍박을 일으켰다."

제4967호. 은행권은 확실히 비생산적이다. "그러나 투기꾼의 큰 목적이 달성된다면 그것은 아무것도 아니다. 그의 큰 목적은 증권가격을 폭락시키고 화폐부족을 일으키는 것인데, 그는 그렇게 할 수 있는 힘을 확실히 가지고 있다."

하나의 예를 들어보자. 어느날 아침 증권거래소로부터 큰 화폐수요가 있었다. 아무도 그 이유를 몰랐다. 어떤 사람이 챕만에게 7%로 £5만를 대부해 줄 것을 요구하였다. 챕만은 자기의 이자율은 훨씬 낮았으므로 크게 놀랐지만 응락하였다. 그 뒤 곧 그 사람이 다시 와서 7.5%로 £5만를, 그 다음에는 8%로 £1십만를 빌려갔고 그리고 8.5%로 더 빌리기를 희망하였다. 그때 챕만은 불안을 느꼈다. 뒤에 알게 되었지만, 거액의 화폐가 갑자기 시장에서 끌려나갔던 것이다. 그런데 챕만은 다음과 같이 말하고 있다. "나는 8%로 거액을 대출하였다. 그 이상 대출하는 것은 두려웠다. 어떻게 될지 알 수 없었기 때문이다."

잊지 말아야 할 것은, £1천9백만~2천만의 은행권이 거의 변함없이 대중의 수중에 있다고 하더라도, 이 은행권 중 실제로 유통하고 있는 부분과 은행들에서 준비금으로 유휴하고 있는 부분 사이의 비율은 끊임없이 크게 변동하고 있다는 점이다. 준비금이 크고 현실의 유통액이 작다면, 화폐시장의 입장에서는 화폐는 풍부하고 유통액은 충분하다고 한다. 준비금이 작고 현실의 유통액이 최대수준이라면, 화폐시장은 화폐가 부족하고 유통액이 작다고 말한다. 즉 유휴대부자본을 대표하는 부분이 소액이라는 것이다. 산업순환의 국면들과 무관한 유통화폐액의 현실적인 팽창 또는 수축—대중들이 필요로 하는 금액은 불변이다—은 오직 기술적인 이유들[예: 세금의 납부일 · 국채이자의 지불일]에 의해 생긴다. 세금 납부시에는 은행권과 금이 평상시보다 많이 잉글랜드은행으로 들어가며 사실상 유통화폐액에 대한 필요와는 무관하게 유통수단을 수축시킨다. 국채이자가 지불될 때는 그 반대의 현상이 일어난다. 전자의 경우에는 유통수단을 입수하기 위해 은행에서 차입한다. 후자의 경우에는 개인은행의 이자율은 일시적인 준비금 증대 때문에 하락한다. 이것은 유통수단의 절대적 총량과는 아무런 관련도 없고 [이 유통수단을 유통에 투입하는] 은행업자와 관련이 있을 뿐인데, 은행업자에게는 이 과정은 대부자본의 양도로서 나타나고 그것에 의해 은행업자는 이윤을 얻는 것이다.

어떤 경우에는 단순히 유통수단의 일시적인 위치이동이 일어나는데, 잉글랜드은행은 이것을 조절하기 위해 3개월마다의 납세일과 국채이자 지불일 직전에 낮은 이자율로 단기대부를 행한다. 이렇게 발행된 추가은행권은 먼저 세금지불이 일으키는 부족분을 메우며, 그것이 그 뒤 곧 잉글랜드은행으로 상환되는 것에 의해 [국채이자 지불이 대중의 수중에 투입한] 과잉은행권이 회수된다.

다른 경우에는 현실의 유통액이 부족한가 풍부한가는 동일한 유통수단량[통화량]이 능동적 유통과 예금[즉 대부수단] 사이로 분배되는 비율의 변화에 불과하다.

다른 한편으로 예컨대 금유입이 잉글랜드은행권의 발행을 증가시킨다면, 이 은행권은 잉글랜드은행 이외의 신용기관의 할인업무를 도와주고 대부의 상환을 위해 잉글랜드은행으로 환류하게 되며, 따라서 유통은행권의 절대량은 오직 일시적으로만 증가한다.

사업의 확장 때문에 현실의 유통액이 증가한다면(이것은 물가가 비교적 낮더라도 생길 수 있다), 이윤의 증대나 새로운 투자의 증대에 의한 대부자본 수요 때문에 이자율은 비교적 높을 수 있다. 사업의 수축이나 신용획득의 쉬움 때문에 현실의 유통액이 적어진다면 이자율은 물가가 높더라도 낮을 수 있다[허바드, 1843을 참조하라].

유통수단의 절대량이 이자율에 결정적인 영향을 미치는 것은 오직 화폐 핍박기다. 이 경우 충분한 유통수단에 대한 요구는 (여기에서는 화폐의 유통속도나 동일한 화폐조각이 끊임없이 대부자본으로 전환되는 속도가 저하하는 것은 무시한다) 신용의 부족 때문에 생기는 퇴장수단에 대한 요구에 불과할 수 있다. 예컨대 1847년에 은행법의 정지는 유통수단의 팽창을 일으키지는 않았지만 퇴장된 은행권을 다시 끌어내어 능동적으로 유통시키는 데는 충분하였다. 또는 충분한 유통수단에 대한 요구는 더 많은 유통수단이 실제로 필요한 것을 가리킬 수도 있다. 예컨대 1857년에 은행법의 정지 뒤 얼마동안 유통수단이 실제로 증가하였다.

기타의 경우에는 유통수단의 절대량은 이자율에 영향을 미치지 않는다. 왜냐하면 첫째로 [유통수단의 절약과 유통속도가 불변이라면] 그 절대량은 상품가격과 상품거래총량에 의해 결정되기 때문이고(이 두 개는 일반적으로 반비례의 관계에 있으므로 유통수단의 절대량에 미치는 효과는 상쇄된다), 그리고 궁극적으로 신용상태에 의해 결정되는데, 그 절대량이 거꾸로 신용상태를 결정할 수는 없기 때문이다. 그리고 둘째로 상품가격과 이자는 어떤 필연적인 관련이 없기 때문이다.

은행제한법(1797~1820년)〖나폴레옹과의 전쟁필요 때문에 잉글랜드은행권의 금태환을 금지한 법률〗 아래에서는, '통화'의 과잉이 있었지만 이자율은 금태환의 재개〖1821년〗 이후에 비해 항상 훨씬 높았다. 그 뒤 이자율은 은행권발행의 제한이나 환율의 상승에 따라 급격히 하락하였다. 1822년, 1823년 그리고 1832년에는 통화량은 적었고 이자율은 낮았다. 1824년, 1825년 그리고 1836년에는 통화량은 많았고 이자율은 상승하였다. 1830년 여름 통화량은 많았고 이자율은 낮았다. 금광 발견 이래 화폐유통액은 유럽 전체에서 팽창하였고 이자율은 상승하였다. 이처럼 이자율은 유통화폐액에 의존하지 않는다.

유통수단의 지출과 자본의 대부 사이의 구별은 현실의 재생산과정에서 가장 잘 나타난다. 제2권 제3편에서 우리는 생산물의 각 구성부분들이 어떻게 상호 교환되는가를 보았다. 예컨대 가변자본은 소재적으로는 노동자의 생활수단이며 노동자 자신의 생산물의 일부다. 그러나 가변자본은 화폐로 노동자에게 조금씩 지불된다. 이 화폐를 자본가는 투하해야만 하는데, 그가 지난주에 지불한 동일한 화폐로 그 다음 주에 다시 새로운 가변자본을 지불할 수 있는가 없는가는 신용제도의 조직에 크게 달려 있다. 사회적 총자본의 각종 구성부분들 사이의 교환행위[예컨대 소비수단과 그것의 생산수단 사이의 교환행위]에서도 마찬가지다. 우리가 이미 본 바와 같이, 그들의 유통을 위한 화폐는 교환당사자들의 하나 또는 모두에 의해 투하되어야 한다. 그 화폐는 유통에 남아 교환을 완수한 뒤에는 그것을 투하한 사람에게로 반드시 복귀한다. 왜냐하면 그 화폐는 그가 실제로 사용하는 산업자본 이상으로 그에 의해 투하되었기 때문이다(제2권 제20장〖특히 3절〗을 참조하라). 신용제도가 발달하여 화폐가 은행의 수중에 집중되면, 화폐를 선대하는 사람은 적어도 명목상으로는 은행이다. 그런데 이 선대는 유통 중의 화폐와 관련을 가질 뿐이다. 이 선대〚어음할인〛는 유통수단의 선대이며 [이것이 유통시키는] 자본의 선대는 아니다.

챕만의 증언:〚은행법, 1857〛"제5062호. 은행권이 대중의 수중에 거액으로 있더라도 입수할 수 없는 시기가 있을 수 있다." 화폐는 공황시에도 존재한다. 그러나 모든 사람이 그 화폐를 대부가능자본 · 대부가능화폐로 전환시키지 않으려고 하며, 현실적 지불 필요 때문에 붙잡고 있다.

"제5099호. 농촌지방의 지방은행들은 그들의 유휴과잉자금을 당신이나 기타의 할인업자들에게 보내는가?—그렇다." "제5100호. 반면에 랭커셔와 요커셔의 공업지방은 그들의 사업을 위해 당신에게 할인을 요구하는가?—그렇다." "제5101호. 그런 방법에 의해 이 나라의 한 지방의 과잉화폐가 다른 지방의 수요를 충족시키기 위해 이용되는가?—바로 그렇다."

챕만에 따르면, 은행이 자기의 과잉화폐자본을 콘솔이나 재무부증권에 단기간 투자하는 관습은 최근 '콜대출'(하루마다 어느 때나 상환을 요구할 수 있는 대출)의 성행으로 크게 감소하였다고 한다. 그 자신도 이런 단기증권 매입이 자기의 사업에 매우 부적합하다고 생각한다. 그러므로 그는 우량어음들에 투자하는데, 그 일부가 매일 만기가 되므로 그는 매일 얼마만큼의 유휴화폐를 갖게 되는가를 언제나 알고 있다(제5101~5105호).

수출의 증대까지도 대체로 모든 나라에서 [특히 신용을 제공하는 나라에서는] 국내화폐시장의 수요 증대로 나타나는데, 그러나 이것이 그렇게 느껴지는 것은 화폐 핍박기뿐이다. 수출이 증가하는 시기에는, 일반적으로 제조업자가 영국제품의 해외 위탁판매와 관련하여 수출상 앞으로 장기환어음을 발행한다(제5126호).

"제5127호. 이런 어음들을 때때로 갱신하기로 합의하는 것이 흔히 있는 일이 아닌가?—〖챕만〗그들은 이 사실을 우리에게는 비밀로 하는데, 우리는 그런 어음을 인수하지 않을 것이다…그런 일은 확실히 있을 수 있지만 나는 그런 일에 대해 말할 수 있는 입장이 아니다.”(순진한 챕만) “第5129호. 지난해처럼 수출이 £2천만만큼 거액으로 증가하면, 이 수출을 표현하는 어음들의 할인을 위해 자본에 대한 큰 수요가 당연히 생길 것이 아닌가?—물론이다.” “第5130호. 일반적으로 영국은 모든 수출에 대해 외국에 신용을 제공하고 있으므로 그에 따른 추가자본이 당분간 필요한 것이 아닌가?—영국은 거대한 신용을 제공한다. 그러나 다른 한편 원료에 대해서는 신용을 받고 있다. 항상 미국은 우리 앞으로 60일짜리 환어음을 발행하며 기타 지역은 90일짜리 환어음을 발행한다. 그런데 우리가 상품을 독일에 보낼 때는 2~3개월의 신용을 준다.”

윌슨〖1843년 주간경제잡지 『이코노미스트』를 창간함〗은 챕만에게 질문한다(第5131호). 수입되는 원료나 식민지 상품에 대해서는 선적과 동시에 영국 앞으로 어음이 발행되는 것이 아닌가? 이 상품들은 선하증권과 동시에 도착하는 것이 아닌가? 챕만은 그럴 것이라고 생각하지만 이런 ‘상거래’에 대해서는 아는 바가 없으며 전문가에게 물어보라고 말한다. 또 챕만은 말하기를 미국에 대한 수출에서는 “상품이 수송 중에 상징화된다 symbolised”(第5133호)는 것이다. 이 알 수 없는 문장의 의미는, 영국의 수출상이 수출상품에 대해 런던에 있는 주요 미국은행 중의 하나 앞으로 4개월짜리 어음을 발행하고 그 미국은행이 미국으로부터 지불을 받는다는 것이다.

“第5136호. 멀리 떨어진 나라들과의 거래는 일반적으로 그 상품이 판매될 때까지 자기 자본의 회수를 기다리는 상인에 의해 행해지는 것이 아닌가?—그 상품에 대해 선대를 받지 않고 자기 자신의 자본을 투하할 수 있는 부유한 상인들도 있지만, 대부분의 경우 그 상품은 유명한 할인업자들의 인수에 의해 선대로 전환된다.” “第5137호. 그런 할인업자들은…런던 · 리버풀 따위에 있다." "제5138호. 그러므로 제조업자가 자기의 화폐를 지출하든 아니면 런던이나 리버풀에서 그 화폐를 선대해 줄 할인업자를 발견하든 아무런 차이도 없다. 어쨌든 영국에서 행해지는 자본투하가 아닌가?—확실히 그렇다. 제조업자가 선대를 우려하는 경우는 거의 없다"(그러나 1847년에는 거의 모든 경우가 그러하였다). "예컨대 맨체스터에서 공산품을 거래하는 상인은 상품을 구입하여 런던의 유명한 상사를 통해 해외로 수출한다. 그 런던상사가 모든 것이 합의한 대로 되었음을 확인하면 맨체스터의 상인은 인도 · 중국 · 기타의 나라로 가는 상품에 대해 그 런던상사 앞으로 6개월짜리 어음을 발행한다. 그 다음은 은행업자가 등장하여 그 어음을 할인하여 준다. 그러므로 맨체스터상인이 그 상품의 대금을 지불해야 할 무렵에는 그는 그 어음의 할인에 의해 이미 화폐를 가지고 있다." "제5139호. 상인이 화폐를 가지고 있다 하더라도 은행업자가 그 화폐를 선대한 것이 아닌가?—은행업자는 어음을 가지고 있다. 은행업자는 어음을 구입하였다. 그는 자기의 은행자본을 이런 형태로 [즉 상업어음의 할인에] 이용하는 것이다." {엥겔스: 챕만 역시 어음의 할인을 선대라고 보지 않고 상품의 구입처럼 생각한다.}

"제5140호. 그러나 할인은 런던화폐시장에 대한 수요의 일부를 구성하지 않는가?—물론이다. 할인은 화폐시장과 잉글랜드은행의 주요업무이다. 잉글랜드은행도 우리와 마찬가지로 이런 어음들을 입수하는 것을 좋아한다. 왜냐하면 그것이 좋은 투자라는 것을 알고 있기 때문이다." "제5141호. 그리하여 수출이 증가하면 화폐시장에 대한 수요도 증대하는가?—이 나라의 번영이 증대함에 따라 우리"(챕만일파)"도 그것의 일부를 나누어 가진다." "제5142호. 이런 각종 자본사용처가 갑자기 증가한다면 이자율이 상승하는 것은 당연한 결과가 아닌가?—의심할 여지가 없다."

제5143호에서 챕만은 "우리의 수출이 거대한 상황에서 이처럼 많은 금이 필요한 이유를 도저히 이해할" 수 없다고 말한다.

제5144호에서 존경할만한 윌슨은 질문한다. "우리가 수출에 대해 주는 신용이 수입에서 받는 신용보다 크지 않는가? — 나 자신은 그 점에 대해 의문을 가지고 있다. 만약 인도로 발송한 맨체스터상품을 담보로 어음을 인수하는 경우 당신은 10개월 이내의 것을 발견할 수가 없다. 인도가 우리에게 지불하기 조금 전에 우리가 미국에 대해 면화대금을 지불해야 한다"(이것은 완전히 옳은 이야기다). "그러나 이것이 어떻게 작용하는가를 해명하는 것은 어렵다." "제5145호. 지난해처럼 우리의 공산품 수출이 £2천만만큼 증가하였다면, 우리는 공산품의 생산증대를 위해 그 전에 대량의 원료를 수입하였을 것이 아닌가?"(이처럼 과잉수출은 이미 과잉수입과 동일시되고 있으며 과잉생산은 과잉거래와 동일시되고 있다). "— 물론이다." "제5146호. 그 기간에 우리는 막대한 차액을 지불해야만 할 것이다. 즉 차액은 의심할 여지없이 적자일 것이다. 그러나 장기적으로 볼 때 미국과의…환율은 우리에게 유리하며, 과거 오랫동안 미국에서 상당한 양의 금을 우리가 수취하고 있다."

제5148호에서 윌슨은 큰 고리대금업자인 챕만에게 그의 높은 이자가 큰 번영과 높은 이윤의 한 표현이라고 보지 않느냐고 물었다. 챕만은 이 아첨꾼의 소박성에 분명히 놀라면서 물론 그렇다고 대답하지만, 정직하게도 다음과 같은 유보조건을 붙이고 있다. "자기 스스로 어찌할 수 없는 사람들이 있다. 그들은 청산해야 할 채무를 지고 있으며 유리하든 불리하든 그 채무를 이행하여야 한다. 그러나"(높은 이자율의)"지속은 번영을 의미하는 것이다."

그런데 두 사람은 높은 이자율이 [1857년의 경우처럼] 신용사기꾼들이 이 나라를 불안하게 만들고 있는 것을 의미할 수도 있다는 것을 잊어버리고 있다. 이 경우 신용사기꾼들은 타인의 호주머니에서 이자를 지불하기 때문에 높은 이자율을 지불할 수 있으며(이리하여 모든 사람들로 하여금 높은 이자율을 지불하게 한다), 그리고 예상이윤에 의거해 그 동안 호화롭게 산다. 동시에 바로 이것은 또한 제조업자 따위에게 매우 유리한 사업을 제공할 수 있다. 환류는 선대제도 때문에 전혀 믿을 것이 못된다. 이것은 또한 뒤에 있는 『챕만의』 이야기『이자율이 높을 때 할인액이 증대하는 것』를 설명해주는데, 이것은 잉글랜드은행에 관한 설명은 아니다. 왜냐하면 이자율이 높을 때 잉글랜드은행은 다른 은행업자들보다 낮은 이자율로 할인해 주기 때문이다.

챕만은 말한다. "제5156호. 우리의 할인액은, 오랫동안 높게 이자율을 유지했던 현재 이 순간에 그 최대수준이라고 말할 수밖에 없다."(이렇게 말한 것은 공황이 발발하기 몇 달 전인 1857년 7월 21일이었다.) "제5157호. 1852년에는"(이자율이 낮았는데도)"할인액이 이처럼 크지 않았다."(왜냐하면 그 당시에는 사업이 훨씬 더 건전하였기 때문이다.)

"제5159호. 만약 시장에 화폐가 충만하고…잉글랜드은행 이자율이 낮으면, 우리는 어음의 감소에 직면할 것이다…1852년에는 우리는 전혀 다른 상황에 있었다. 수출과 수입은 현재에 비하면 아무것도 아니었다." "제5161호. 이처럼 높은 할인율에서도 우리의 할인액은 1854년만큼 크다."(1854년에는 이자율이 5~5.5%였다.)

챕만의 증언에서 특히 재미있는 것은, 이들이 사실상 대중의 화폐를 자기 자신의 소유물로 여기고 있다는 점과, 그들에 의해 할인된 어음을 항상 화폐로 전환시킬 권리를 자기들이 가지고 있다고 믿는 점이다. 질문과 대답의 소박성은 놀랄만하다. 주요 할인업자들이 인수한 어음을 언제나 화폐로 전환시켜 주는 것과, 잉글랜드은행이 어떤 상황에서도 이 어음중개업자들을 위해 어음을 재할인하는 것을 보장하는 것이 입법의 의무로 되어 버린다. 그런데 1857년에 이런 어음중개업자 3인이 파산하였는데, 그들의 부채는 약 £8백만이었지만 그들의 자기자본은 지극히 보잘 것 없었다.

"제5177호. 그러면 당신의 생각으로는 잉글랜드은행권이 지금 법적으로 금과 태환될 수 있는 것과 마찬가지로 그것들"[베어링상사나 로이드상사가 인수한 어음들]"이 법적으로 할인될 수 있어야 한다는 것인가? ― 그것들이 할인될 수 없다는 것은 매우 통탄할만한 일이라고 생각한다. 스미스 페인상사나 존스 로이드상사가 인수한 어음들을 가진 사람이 그 어음들을 할인받을 수 없기 때문에 지불을 정지하여야 한다는 것은 매우 이상한 상태일 것이다." "제5178호. 베어링상사에 의한 인수는 그 어음이 만기가 될 때 일정한 금액을 지불하겠다는 채무가 아닌가? ― 물론 그렇다. 그러나 베어링상사가 이런 채무를 인수할 때 [이런 종류의 채무를 인수하는 모든 상인과 마찬가지로] 그 채무를 소브린〖£1짜리 금화〗으로 지불해야 할 것이라고는 꿈에도 생각하지 않는다. 그 상사는 어음교환소를 통해 지불하면 될 것으로 생각한다." "제5180호. 어음의 만기 전에 누구에게 그것을 할인하도록 함으로써 대중이 미리 화폐를 청구할 수 있는 제도를 고안해야 한다고 생각하는가? ― 아니다. 어음인수자 측으로부터는 그것을 기대할 수 없다. 만약 우리가 상업어음을 할인받을 가능성을 가지지 못한다면, 우리는 모든 조직을 변경시켜야만 한다." "제5182호. 그러면 당신의 생각으로는 잉글랜드은행권이 금으로 전환될 수 있는 것과 마찬가지로 상업어음이 화폐로 전환될 수 있어야 한다고 생각하는가? ― 일정한 조건에서는 분명히 그렇게 되어야 한다." "제5184호. 건실한 어음은 언제나 은행권과 마찬가지로 즉시 화폐〖금속화폐〗로 전환될 수 있도록 통화규정을 변경시켜야 한다는 말인가? ― 그렇다." "제5185호. 잉글랜드은행이나 모든 개인은 법에 의해 어음을 화폐와 교환하도록 강제되어야 한다는 말인가? ― 통화에 관한 법안을 만들 때 [국내의 어음이 건전하고 정당한 것인 한] 그 어음이 화폐로 전환될 수 없는 가능성이 일어나는 것을 방지할 규정을 넣어야 한다는 것이다."

이것은 은행권의 태환성과 비교될 수 있는 상업어음의 태환성이다.

“제5190호. 이 나라의 화폐거래업자들은 사실상 대중을 대표할 뿐이다.” 챕만은 그 뒤 〚1858년 11월〛 데이비슨 사기사건의 순회재판에서도 이렇게 말했다. 런던금융시장 대사기사건 〚랑, 1869〛을 참조하라.

“제5196호. 3개월마다” (국채이자가 지불될 때) “우리가 잉글랜드은행에 의지하는 것은…절대적으로 필요하다. 국채이자를 지불하기 위해 세금으로 £6백만 또는 £7백만을 유통에서 끌어낸다면, 그 사이에 그만한 금액을 공급하는 사람이 있어야만 한다.” {엥겔스: 이 경우 문제가 되는 것은 화폐의 공급이며 자본 또는 대부자본의 공급은 아니다}

“제5169호. 상업세계를 알고 있는 사람은 누구나 알고 있을 것이지만, 재무부증권을 매각하기가 불가능하고 동인도회사의 채권이 완전히 무용지물로 되며 우량상업어음을 할인할 수 없는 사태가 발생하면, 〚대중의〛 요구에 응해 곧 법정 유통수단을 지불하는 것이 자기의 사업인 사람들[은행업자는 모두 여기에 속한다]은 큰 불안을 느끼게 된다. 이 결과로 모든 사람은 자기의 준비금을 두 배로 증가시키게 된다. 모든 지방은행업자들[약 500명이다]이 각각 £5,000의 은행권을 송금해 달라고 런던의 거래은행에 요구한다면, 이것이 전국에 어떤 영향을 미칠 것인가를 생각해 보라. 이 적은 금액을 평균이라고 삼는다면(이 평균은 너무나 적지만), £2백5십만이 유통에서 회수되는 것이다. 그 금액을 어떻게 보충할 것인가?”

그런데 화폐를 가진 개인자본가 따위는 어떤 높은 이자율에서도 화폐를 내놓으려 하지 않는다. 챕만이 지적하고 있듯이, 그들은 다음과 같이 말한다. “제5195호. 우리가 필요할 때 화폐를 얻을 수 있는가 없는가를 걱정하기보다는 오히려 아무런 이자도 받지 않는 것 〚화폐를 퇴장하는 것〛이 낫다.”

“제5173호. 우리의 제도는 다음과 같다. 우리는 £3억의 부채를 가지고 있는데, 이것은 어느 한 순간에 법정주화로 지불해 줄 것을 요구할 수 있다. 그런데 법정주화는 모두를 끌어들여도 £2천3백만 정도밖에 되지 않는다. 이런 상태는 항상 우리를 전율시킬 수 있는 것이 아닌가?" 그러므로 공황기에는 신용제도가 갑자기 화폐제도로 전환하는 것이다.

공황기의 국내의 공황상태panic를 제외하면, 화폐량의 문제는 오직 금속 즉 세계화폐에 관한 것이다. 그런데 챕만은 바로 이 세계화폐를 제외하고 오직 £2천3백만의 은행권만을 문제로 삼고 있다.

챕만은 말한다. "제5218호." (1847년 4월과 10월의) "화폐시장 교란의 제1차적 원인은 의심할 여지없이 이 해의 엄청난 수입의 결과 환율을 조절하기 위해 필요하게 된 화폐량에 있었다."

첫째, 세계시장 화폐 『귀금속』의 준비는 그 당시 최소한도로 감소하고 있었다. 둘째, 그 귀금속준비는 동시에 신용화폐[즉 은행권]의 태환보증으로 기능하고 있었다. 그리하여 귀금속준비는 두 가지의 전혀 다른 기능들을 겸하고 있었다. 그렇지만 이 두 기능들은 화폐의 성질에서 나오는 것이다. 왜냐하면 진정한 화폐는 항상 세계시장 화폐이며, 신용화폐는 항상 세계시장 화폐에 입각하고 있기 때문이다.

1847년에 1844년의 은행법을 정지시키지 않았더라면 "어음교환소는 결제할 수 없었을 것이다"(제5221호).

그러나 챕만은 닥쳐올 공황을 예감하고 있었다.

"제5236호. 화폐를 얻기가 매우 어려워 잉글랜드은행에 의존해야만 하는 상황이 화폐시장에서는 벌어질 수 있다(그런데 현재의 상황은 그런 상황과 크게 다르지 않다)."

"제5239호. 우리가 1847년 10월 19일(화요일), 20일(수요일) 및 22일(금요일)에 잉글랜드은행에서 인출한 금액에 관해 말한다면, 그 다음 수요일에 그 어음들을 회수하기만 하여도 매우 감사하다고 생각하고 있었다. 그런데 공황상태가 지나자마자 곧 화폐가 우리에게로 환류하였던 것이다." 왜냐하면 10월 23일(토요일)에 은행법이 정지되어 공황이 타개되었기 때문이다.

챕만의 생각에 따르면(제5274호), 런던에서 유통하고 있는 어음들은 언제나 약 ￡1억~2억에 달하며, 이것에는 지방도시 앞 지방어음들은 포함되어 있지 않다.

"제5287호. 1856년 10월 대중보유 은행권은 ￡2,115만5천에 달하였지만 화폐를 획득하기가 매우 어려웠다. 대중이 그렇게 많이 가지고 있는데도 우리는 그것을 만질 수조차 없었다." 이것은 이스턴 뱅크가 잠시(1856년 3월) 빠진 금융곤란으로 말미암아 생긴 불안 때문이었다.

제5290호. 화폐공황이 지나가자마자 "이자에서 자기의 이윤을 얻는 모든 은행업자들은 화폐를 이용하기 시작한다." 제5302호. 챕만은 은행준비금이 감소할 때의 불안을 예금〚지불불능〛에 대한 걱정에서 설명하지 않고 다음과 같은 것에서 설명하고 있다. 즉 거액의 화폐를 갑자기 지불해야만 하는 모든 사람들은 화폐시장의 핍박시에는 최후의 수단으로 잉글랜드은행에 의존할 수밖에 없다는 것을 매우 잘 알고 있기 때문에, "은행들은 매우 적은 준비금을 가지고 있는 경우 우리〚어음중개업자〛를 환영하지 않는다"는 것에서 설명하고 있다.

준비금이 실제로 어떻게 사라져 버리는가를 관찰하는 것은 흥미있는 일이다. 은행은 일상 업무를 위해서는 최소한도의 준비금을 보유하는데, 일부는 자기 수중에 보유하고 일부는 잉글랜드은행에 예치한다. 어음중개업자들은〚은행과는 달리〛'이 나라의 유휴은행자금을' 준비금 없이 보유한다. 그리고 잉글랜드은행은 예금채무에 대한 준비금으로 은행업자 등의 예치금이나 정부예금 등을 가지고 있을 뿐이며, 이 준비금이 최저수준[예컨대 약 ￡2백만]에까지 저하하도록 방치한다. 그러므로 이 ￡2백만의 은행권을 제외한다면, 이 전체의 사기제도는 핍박기에는 금속준비 이외의 어떤 준비도 가지지 않는다(그런데 핍박기에는 은행권준비가 감소한다. 왜냐하면 잉글랜드은행은 금속유출 대신에 들어오는 은행권은 폐기해야 하기 때문이다). 따라서 금유출에 의한 금속준비의 감소는 공황을 격화시키게 된다.

"제5306호. 어음교환소의 차액결제에 필요한 화폐가 없다면 우리가 모여 일류어음[예컨대 재무부 앞 어음이나 스미스 페인상사 앞 어음 등]으로 결제하는 수밖에 없다고 생각한다." "제5307호. 정부가 유통수단을 공급하지 않는다면 당신들 스스로가 하나의 유통수단을 창조한다는 말인가?—우리에게 어떤 다른 방법이 있는가? 대중이 우리의 수중에서 유통수단을 인출해 가기 때문에 우리의 수중에는 유통수단이 없다." "제5308호. 그렇다면 당신은 맨체스터에서 매일 행해지고 있는 것을 런던에서도 행하려고 하는 것이 아닌가?—그렇다."

오브스톤의 자본개념에 대해 캐일리(애트우드학파*의 버밍엄사람)가 제기한 질문에 대해 챕만은 훌륭하게 답하였다. "제5315호. 1847년과 같은 핍박기에는 사람들이 찾는 것은 화폐가 아니라 자본이라고 누군가가 증언한 바 있다. 당신의 견해는 어떠한가?—나는 그것을 이해할 수 없다. 우리는 오직 화폐를 거래할 뿐이다. 당신이 무엇을 이야기하려고 하는지 알 수가 없다." "제5316호. 어떤 사람이 자기의 사업에 사용하고 있는 자기 자신의 화폐량을 당신이 자본이라고 부른다면, 자본은 대부분의 경우 대중이 그에게 주는 신용에 의해"(챕만 등과 같은 은행업자들의 매개를 통해) "그가 자기의 사업에서 사용하고 있는 화폐의 매우 작은 부분일 뿐이다."

"제5339호. 우리가 은행권의 태환을 정지시키는 것은 부의 부족 때문인가?—결코 그렇지 않다…부가 부족하기 때문이 아니라 우리가 매우 인위적인 제도 아래에서 행동하고 있기 때문이다. 통화에 대한 기대한

---

* 토마스 애트우드T. Attwood가 대표하는 '소실링론자들little shilling men'로서, 그들은 화폐를 단순히 관념적인 계산단위로 생각하며, 나폴레옹전쟁 뒤 거액의 공채를 상환하기 위해 영국화폐단위의 금량을 감소시킬 것을 주장하였다.

절박한 수요가 발생하면, 그 통화의 획득을 방해하는 상황이 전개될 수 있다. 그렇다고 하여 이 나라의 전체 상업활동이 마비되어서야 되겠는가? 사업의 온갖 통로를 막아버려서야 되겠는가?" "제5338호. 은행권의 태환을 유지해야 하는가, 아니면 이 나라의 산업을 유지해야 하는가에 관해 묻는다면, 나는 서슴없이 대답할 수 있다."

"화폐핍박을 악화시켜 그 결과로 이익을 얻으려는"(제5358호) 은행권 퇴장에 관해 챕만은 그것이 매우 쉽게 생길 수 있다고 한다. 세 개의 큰 은행이면 충분할 것이다. "제5383호. 이 수도의 거대한 거래들에 정통한 당신은 자본가들이 공황을 이용하여 희생자들의 파멸에서 막대한 이윤을 얻고 있다고 생각하지 않는가? — 그것은 의심할 여지가 없다."

우리는 챕만을 믿고 싶다. 비록 그는 "희생자들의 파멸에서 막대한 이윤을" 얻으려고 시도하다가 결국 상업적으로 실패하기는 하였지만. 왜냐하면 그의 동업자 거니가 사업상의 모든 변화는 사정에 정통한 사람에게는 유리하다고 말할 때 챕만은 다음과 같이 말하고 있기 때문이다. "사회의 한 부분은 사회의 다른 부분에 대해 아무것도 모른다. 예컨대 유럽대륙에 수출하거나 자기의 원료를 수입하는 제조업자는 금덩이를 거래하는 사람의 일을 알지 못한다"(제5046호). 이리하여 어느 날 거니와 챕만 자신도 '정통하지' 못하여 불명예스러운 파산을 맞은 것이다.

이미 본 바와 같이, 은행권의 발행은 반드시 자본의 선대를 의미하지는 않는다. 상업불황에 관한 1848년의 상원위원회 앞에서 한 투크의 증언[뒤에 곧 나온다]은, 자본의 선대가 비록 새로운 은행권의 발행에 의해 행해진다 하더라도 그 자체로서는 은행권유통량의 증대를 의미하는 것은 아니라는 것을 증명하고 있다.

"제3099호. 예컨대 잉글랜드은행은 자기의 대부를 크게 증대시키면서도 은행권을 추가로 발행하지 않을 수 있다고 생각하는가? — 그것을 증명하는 사실들은 충분하다. 가장 적절한 예들 중의 하나는 1835년이었는데, 그 때 잉글랜드은행은 대중에 대한 대부를 확대하기 위해 서인도의 예금과 동인도회사의 차입을 사용하였다. 그 당시 대중보유 은행권의 금액은 오히려 실제로 감소하였다. 이와 비슷한 현상이 1846년 철도예금이 잉글랜드은행에 들어올 때도 나타났다. 유가증권"(할인과 예탁으로)"이 약 £3천만으로 증대하였지만 대중보유 은행권의 금액에는 눈에 띌만한 영향은 없었다."

그러나 도매상업은 은행권 이외에 제2의 훨씬 더 중요한 유통수단 즉 어음을 가지고 있다. 우량어음이 항상 어떤 사정에서도 지불로서 받아들여진다는 것이 사업의 규칙적인 진행에 얼마나 필수적인 것인가를 챕만은 밝힌 바 있다. "만약 타우스페스 욘토프〚유태의 율법Talmud에 대한 중세의 해설서〛가 도움이 되지 않는다면 무엇이 도움이 될 것인가? 제발 도와주소서!"〚하이네, 『종교논쟁』〛 그러면 이 두 가지 유통수단은 어떻게 상호 관련되어 있는가?

길바트(1840: 31)는 다음과 같이 말한다.

"은행권유통액의 감소는 한결같이 어음유통액을 증가시킨다. 이런 어음들에는 두 가지 종류, 즉 상업어음과 은행업자의 어음이 있다…화폐가 부족할 때 화폐대부자들은 '우리 앞으로 어음을 발행하면 그것을 인수하겠다'고 말한다. 그리고 지방은행업자가 자기 고객을 위해 어음을 할인할 때, 그는 고객에게 현금을 주지 않고 런던 대리자 앞으로 발행하는 21일짜리 어음을 준다. 이런 어음들은 유통수단의 역할을 한다."

약간 수정된 형태로, 이것은 뉴마치에 의해 확인되고 있다.(『은행법, 1857』, 제1426호)

"어음유통액의 변동과 은행권유통액의 변동 사이에는 아무런 관련도 없다…다만 상당히 규칙적으로 나타나는 현상은…화폐시장의 핍박이 나타날 때마다[이것은 할인율의 상승에 의해 표시된다] 어음유통량이 현저하게 증가하며 반대의 경우에는 그 반대라는 것이다."

그러나 이 시기에 발행되는 어음들은 길바트가 말하는 단기은행어음이 결코 아니다. 오히려 그 어음들은 대부분 융통어음으로서 어떤 진정한 거래를 전혀 대표하지 않거나 오직 어음을 발행하기 위해 시작된 거래를 대표할 뿐이다. 우리는 이미 두 종류의 어음에 대해 충분한 실례를 제시한 바 있다. 그러므로 『이코노미스트』(윌슨)는 이런 어음의 확실성과 은행권의 그것을 비교하면서 다음과 같이 말한다.

"일람불 은행권은 결코 은행 밖에서 과잉으로 보유될 수 없다. 왜냐하면 그 과잉분은 태환을 요구하여 항상 은행으로 환류할 것이기 때문이다. 그러나 2개월짜리 어음은 크게 과잉으로 발행될 수 있다. 왜냐하면 그것의 만기까지는 발행을 통제할 수단이 없고, 만기에는 다른 어음에 의해 대체되었을 것이기 때문이다. 사람들이 먼 뒷날에 지불될 뿐인 어음들의 유통의 안정성을 인정하면서도 일람불 은행권 유통의 안전성을 의심하는 것은 전혀 이해할 수 없는 일이다."(『이코노미스트』, 1847: 575)

그러므로 어음유통액은 은행권유통액과 마찬가지로 오로지 거래상의 필요에 의해 결정된다. 1850년대에 영국에서는 평상시에는 £3천9백만의 은행권 이외에 약 £3억의 어음[이 중 £1억~1억2천만은 런던 앞 어음이었다]이 유통하였다. 어음의 유통량은 은행권유통액에 영향을 미치지 않지만, 화폐핍박시[이때는 어음량이 증가하면서 그 질이 악화된다]에만 어음의 유통량이 영향을 받는다. 끝으로 공황기에는 어음유통은 완전히 중단된다. 모두가 현금지불만을 받으려 하기 때문에 지불약속은 아무런 소용이 없다. 은행권만이 적어도 현재까지는 영국에서 유통능력을 유지하고 있는데, 그것은 대중이 그 나라의 부 전체를 가지고 잉글랜드 은행을 뒷받침하고 있기 때문이다.

* * *

우리가 본 바와 같이 챕만[그 자신이 1857년에는 화폐시장의 거물이었다]까지도 런던에는 몇 명의 거대한 화폐자본가들이 있어, 어느 순간에 화폐시장 전체를 혼란에 빠뜨리며, 그리하여 소규모의 화폐거래업자들을 매우 파렴치하게 수탈할 수 있다는 사실에 대해 크게 불평하였다. 이런 대규모 화폐자본가들이 몇 명 있는데, 그들은 £1~2백만의 콘솔을 매각하고 동일한 금액의 은행권(그리고 따라서 이용가능한 대부자본)을 시장에서 끌어냄으로써 화폐핍박사태를 더욱 악화시킬 수 있다. 이런 조작에 세 개의 큰 은행들이 협력한다면 화폐핍박을 화폐공황으로 전환시킬 수 있다.

물론 런던의 최대 자본력은 잉글랜드은행이지만 잉글랜드은행은 반半국가기관이기 때문에 그런 잔인한 방식으로 자기의 지배권을 행사할 수 없다. 그렇지만 잉글랜드은행도 특히 1844년의 은행법 이래 자기 이익을 수호할 수 있는 충분한 수단을 가지고 있다.

잉글랜드은행은 £1,455만3천의 자본금을 가지고 있으며, 그 밖에 약 £3백만의 '잉여금'[즉 배당하지 않은 이윤]과, 조세 등으로 정부에 들어가지만 사용될 때까지는 이 은행에 예금되어야만 하는 모든 화폐를 마음대로 이용하고 있다. 이 금액에 기타 예금액(평상시에는 약 £3천만)과 준비금 없이 발행되는 은행권을 추가한다면, 뉴마치의 다음과 같은 평가(『은행법, 1857』, 제1889호)는 매우 낮은 것 같다.

"내가 확신하는 바에 따르면, 런던화폐시장에 항상 투하되어 있는 자금총액은 약 £1억2천만이며, 이 금액 중 상당한 부분—약 15~20%—은 잉글랜드은행이 지배하고 있다."

잉글랜드은행이 [금속준비에 의해 보증되지 않는] 은행권을 발행하는 한, 이 은행은 가치상징을 창조하는 셈인데, 이 가치상징은 유통수단일 뿐 아니라 그 은행권의 명목가치에 해당하는 금액만큼의 추가자본—비록 가공적인 것이기는 하지만—을 그 은행에게 제공한다. 그리고 이 추가자본은 그 은행에게 추가이윤을 가져온다. 『은행법, 1857』에서 윌슨은 뉴마치에게 질문한다.

"제1563호. 은행이 발행한 은행권 유통액[평균적으로 국민이 보유하고 있는 금액]은 그 은행의 유효자본에 대한 추가분이 아닌가?—그렇다." "제1564호. 그렇다면 은행이 그 유통액에서 얻는 이윤은 모두 신용에서 얻는 이윤이고, 은행이 현실적으로 소유하고 있는 자본에서 얻는 이윤이 아닌 것인가?—바로 그렇다."

이것은 물론 은행권을 발행하는 사립은행의 경우에도 그렇다. 뉴마치는 답변 제1866~1868호에서 사립은행의 은행권 발행액의 $\frac{2}{3}$를 "그만큼의 자본창조"라고 보고 있는데, 그 이유는 사립은행은 은행권 발행액의 $\frac{1}{3}$에 대해서만 금속준비를 보유하여야 하며 나머지에 해당하는 금속화폐는 절약되기 때문이다. 그렇다고 은행업자의 이윤이 기타 자본가들의 이윤보다 반드시 큰 것은 아니다. 그러나 은행업자가 금속화폐의 국민적 절약에서 이윤을 얻고 있다는 것은 사실이다. 그런데 국민적 절약이 사적 이윤으로 나타난다는 사실은 결코 부르주아 경제학자를 놀라게 하지 않는다. 왜냐하면 이윤 일반이 국민 노동의 사유화이기 때문이다. 예컨대 1797~1817년에 잉글랜드은행[이 은행의 은행권은 오직 국가의 덕택으로 신뢰를 얻었다]은 국가가 부여한 권한[그 은행권을 종이에서 화폐로 전환시키며 그것을 『국채의 형태로』 국가에 대부하는 권한]에 대해 국채이자라는 형태로 국가[즉 국민]로부터 보상을 받았는데, 이것보다 더욱 괴상한 일이 있을 수 있겠는가?

더욱이 은행은 자본을 창조하는 다른 수단들을 가지고 있다. 뉴마치에 따르면, 지방은행들은 (이미 위에서 언급한 바와 같이) 런던의 어음중개업자들에게 자기들의 과잉자금(즉 잉글랜드은행권)을 보내고 그 대신 그들로부터 할인된 어음을 받는다. 지방은행들은 이 할인어음으로 자기의 고객들에게 봉사한다. 왜냐하면 지방고객들의 사업활동이 그 지방에서 알려지는 것을 피하기 위해 지방은행들은 지방고객들로부터 받는 어음을 다시 내놓지 않는 것이 일반적 원칙이기 때문이다. 런던으로부터 받은 어음은 [런던에서 직접 지불해야 하는] 고객에게 발행될 수 있으며[이 고객이 런던 앞으로 발행된 지방은행 자신의 어음을 좋아하지 않는 경우], 또한 지방에서의 지불 결제에도 사용된다[왜냐하면 지방은행의 이서가 그 어음에게 지방의 신뢰를 보증하기 때문이다]. 이리하여 예컨대 랭커셔에서는 이 어음들이 지방은행권의 모두와 잉글랜드은행권의 대부분을 유통에서 몰아냈다.(『은행법, 1857』, 제1568~1574호)

여기서 우리는 은행이 어떻게 신용과 자본을 창조하는가를 보게 된다. (1) 자기 자신의 은행권을 발행한다. (2) 현금을 받고 21일짜리 런던 앞 어음을 발행한다. (3) 이미 할인된 어음을 다시 사용한다[이 경우 이 어음에 대한 신뢰는 적어도 그 해당지방에서는 무엇보다도 지방은행의 이서에 의해 보증된다].

잉글랜드은행의 힘은 시장이자율을 규제한다는 점에서 나타난다. 사업이 정상적으로 진행되는 시기에는, 잉글랜드은행은 금속준비에서 중간 크기의 금유출이 생기는 것을 할인율 인상에 의해 방지할 수 없을 수도 있다.[12] 왜냐하면 지불수단에 대한 수요가 사립주식은행들과 어음중개업자들[이들은 최근 30년 동안 거대한 자본력을 가지게 되었다]에 의

12) {엥겔스: 1894년 1월 17일 유니언 뱅크 오브 런던의 주주총회에서 사장 리치가 말한 바에 따르면, 잉글랜드은행은 할인율을 7월의 $2\frac{1}{2}$%에서 8월에는 3%와 4%로 인상하였는데, 그럼에도 £4백5십만의 금이 4주 동안 유출하였으므로 5%로 인상하게 되었으며, 이리하여 금이 환류하고 할인율을 9월에는 4%로 10월에는 3%로 인하하게 되었다는 것이다. 그러나 이 할인율은 시장에서는 인정받지 못하였다. "잉글랜드은행 기준이자율 『할인율』이 5%였을 때 『시장』할

해 충족되고 있기 때문이다. 그러므로 잉글랜드은행은 다른 수단을 이용해야만 한다. 그러나 공황의 상황에서는 은행업자 글린[글린, 밀즈, 커리 상사의]이 『상업불황, 1848~1857』에서 증언한 것이 여전히 타당하다.

"제1709호. 국내의 금융핍박이 심한 상황에서는 잉글랜드은행이 이자율을 좌우한다." "제1710호. 격심한 핍박기에는…사립은행들이나 어음중개업자의 할인업무가 상대적으로 제한되는 시기에는 언제나 할인업무는 잉글랜드은행에 속하며 따라서 잉글랜드은행이 시장이자율을 좌우하는 힘을 가지게 된다."

그러나 잉글랜드은행은 정부로부터 보호와 특권을 받고 있는 공공기관이므로 이 힘을 사기업처럼 무자비하게 사용할 수는 없다. 그러므로 허바드가 『은행법, 1857』에서 다음과 같이 대답한 것이다.

"제2844호. (질문) 할인율이 최고수준일 때는 잉글랜드은행에 가는 것이 가장 싸고, 할인율이 최저수준일 때는 어음중개업자에게 가는 것이 가장 싼 것이 아닌가?—(허바드) 항상 그러할 것이다. 왜냐하면 잉글랜드은행은 결코 그 경쟁자들과 같은 정도로 인하하지도 않으며, 또 이자율이 최고수준일 때 그 경쟁자들과 같은 정도로 인상하지도 않는다."

그러나 잉글랜드은행이 핍박시에 [보통 하는 말로] 나사못을 죄기 시작한다면[즉 이미 평균 이상인 이자율을 인상하기 시작한다면], 사업계에서는 심각한 문제로 된다.

"잉글랜드은행이 나사못을 죄기 시작하자마자 해외수출을 위한 모든 구매는 곧 중지한다…수출업자들은 〖상품의〗 가격이 최저수준에 도달하기까지 기다리며 그 때에 가서 비로소 구매한다. 그러나 그때는 이미

인율은 $2\frac{1}{2}$%였으며, 잉글랜드은행 기준이자율이 4%로 인하되었을 때 〖시장〗 할인율은 $2\frac{3}{8}$%였고 콜이자율은 $1\frac{3}{4}$%였으며, 잉글랜드은행 기준이자율이 3%였을 때 〖시장〗 할인율은 $1\frac{1}{2}$%로 인하되었고 콜이자율은 그 이하로 하락하였다."(『데일리 뉴스』, 1894년 1월 18일자)}

환율이 재조정되어 있다. 왜냐하면 가격이 최저수준에 도달하기 전에 금의 수출이 중지하기 때문이다. 수출을 위한 상품구매는 [해외로 유출된] 금의 일부를 회수하는 효과를 가질지는 모르지만 금의 유출을 방지하기에는 너무나 늦게 나타난다."(길바트, 1840: 35) "환율에 의한 유통수단 규제의 또 하나의 효과는 그것이 핍박시에는 이자율을 크게 인상시킨다는 것이다."(같은 책: 40) "환율의 조정에 따르는 비용은 국내의 생산업이 부담하게 되며, 이 과정에서 잉글랜드은행은 더 적은 귀금속으로 업무를 수행하기 때문에 이윤은 실제로 증가하게 된다."(같은 책: 52)

그런데 사뮤엘 거니는 다음과 같이 말한다.

"이자율의 큰 변동은 은행업자와 화폐거래업자에게 유리하다. 사업상의 모든 변동은 사정에 정통한 사람들에게는 유리하다."

그리하여 거니일당들이 상업공황을 철저하게 이용하여 단물을 빨아먹고 있을 때, 잉글랜드은행은 마찬가지로 자유롭게 그런 짓은 못한다 할지라도 큰 이윤을 얻는다[잉글랜드은행의 중역들이 전반적인 사업상황을 알 수 있는 특별한 기회를 이용하여 얻는 개인적 이윤은 무시하더라도]. 태환을 재개한 1817년의 상원위원회에 제출된 자료에 의하면, 1797~1817년의 잉글랜드은행 총이윤은 다음과 같았다.

상여금과 배당	£7,451,136
주주들 사이에 분배된 신주新株	£7,276,500
자본가치 증가	£14,553,000
합계	£29,280,636

이 이윤총액은 £1,164만2,400의 자본에 대한 19년 동안의 것이다(하드카슬, 1843: 120). 1797년에 역시 태환을 정지한 아일랜드은행의 총이윤을 동일한 원칙에 따라 계산하면 다음과 같은 결과를 얻는다.

배당[1821년까지의 보고서에 의거]	£4,736,085
공표된 상여금	£1,255,000
자산증가액	£1,214,800
자본가치 증가	£4,185,000
합계	£11,360,885

이것은 자본금 £3백만에 대한 것이다(같은 책: 363~364).

집중에 대해서도 이야기해야 한다! 이른바 국립은행들과 [이들을 둘러싸고 있는] 대규모 화폐대부업자들 · 고리대금업자들을 중심으로 하는 신용제도는 하나의 거대한 집중이며, 이 기생계급에게 놀랄만한 권력—산업자본가들을 주기적으로 죽일 뿐 아니라 가장 위험한 방식으로 현실의 생산에 간섭하는 권력—을 주고 있다. 그런데 이 기생계급들은 생산에 관해서는 아무것도 모르며 생산과는 아무런 관련도 없다. 1844년과 1845년의 법령들은 이런 도둑들[여기에 금융업자들과 주식투기꾼들이 추가된다]의 권력이 증가하고 있다는 증거다.

만약 이 존경할만한 도둑들이 국내와 국외의 생산을 수탈하고 있는 것은 오직 생산과 피착취자 자신들을 위한 것이라는 사실을 아직도 의심한다면, 그 사람은 은행업자의 높은 도덕성에 관한 다음과 같은 설교로부터 확실히 많은 것을 배울 것이다.

"은행은…도덕적이며 종교적인 기관이다…자기가 거래하는 은행업자의 경계하고 질책하는 눈초리에 걸리지 않기 위해, 젊은 상인들이 소란스럽고 방탕한 친구들과 어울리는 것을 얼마나 자주 포기하고 있는가?…은행업자로부터 좋은 평가를 받으려고 얼마나 애를 쓰고 있는가?…자기 친구들의 야유와 만류보다 은행업자의 언짢은 얼굴이 훨씬 더 효과적이지 않은가? 의심을 받아 자금융통이 제한되거나 중단되지 않도록 하기 위해 조그마한 기만이나 실수에도 얼마나 전전긍긍하고 있는가?…은행업자의 충고가 목사의 충고보다 그에게는 더욱 가치있는 것이 아닌가?"(벨[스코틀랜드의 어느 은행이사], 1840: 46, 47)

제34장
통화주의와 영국의 1844년 은행법

{엥겔스: 이전의 저서[13]에서 상품가격과 관련하여 리카도의 화폐가치론을 검토한 바 있다. 따라서 여기에서는 가장 필요한 것만을 다루어도 된다. 리카도에 따르면, (금속)화폐의 가치는 그것에 대상화되어 있는 노동시간에 의해 결정되지만, 이것은 화폐량이 [교환될] 상품들의 양과 가격에 대해 올바른 비율을 유지하는 한에서만 그렇다는 것이다. [기타의 사정들이 불변이라면] 화폐량이 이 비율 이상으로 증가하면 화폐의 가치는 저하하고 상품가격은 상승하며, 화폐량이 이 비율 이하로 감소하면 화폐의 가치는 상승하고 상품가격은 하락한다. 전자의 경우 과잉의 금을 가진 나라는 [자기의 가치 이하로 하락한] 금을 수출하여 상품을 수입할 것이며, 후자의 경우 금은 자기의 가치 이상으로 평가되는 나라로 유입할 것이고 과소평가된 상품들은 [정상적인 가격을 얻을 수 있는] 다른 시장으로 흘러갈 것이다. 이런 전제 아래에서는,

"주화나 금덩이의 형태로 있는 금까지도 자기 자신의 가치보다 크거나 작은 가치를 표현하는 가치상징이 될 수 있기 때문에, 유통하는 태환은

---

13) 『정치경제학 비판을 위하여』(1859) 〖CW 29: 404~415〗

행권도 동일한 운명을 가질 것은 분명하다. 비록 은행권은 태환가능하고 따라서 그것의 실질가치가 명목가치와 일치한다 하더라도, '금속과 태환 은행권으로 구성되는 총통화'는—만약 위에서 언급한 것처럼, 그 총량이 유통상품량의 교환가치와 금의 금속가치에 의해 결정되는 크기 이상 또는 이하로 된다면—그 가치가 감소 또는 증가할 수 있다. 이런 가치감소—금에 대한 은행권의 가치감소가 아니라 금과 은행권 모두의 가치감소, 즉 한 나라의 유통수단 총량의 가치감소—는 리카도의 주요 발견들 중의 하나인데, 이것을 오브스톤 일파가 이용하여 1844년과 1845년의 필Sir Robert Peel의 은행입법의 기본원칙으로 삼은 것이다."(『정치경제학 비판을 위하여』. 〖CW 29: 404〗)

우리는 여기에서 리카도의 이 이론의 불합리성을 다시 증명할 필요는 없다. 왜냐하면 위의 저서에서 했기 때문이다. 우리가 지금 관심을 가지는 것은 필의 은행법들을 제정한 은행이론가들이 어떻게 리카도의 이론을 가공하였는가 하는 것이다. 〖『정치경제학 비판을 위하여』에서 마르크스는 다음과 같이 말했다.〗

"19세기의 상업공황 특히 1825년과 1836년의 대공황은 리카도의 통화이론을 더이상 발전시키지는 않았지만 그 이론의 새로운 실천적 적용을 개척하게 했다. 그런데 이제 문제는 옛날과 같은 개별적인 경제현상—예컨대 흄을 괴롭힌 16세기와 17세기의 귀금속의 가치감소, 또는 리카도를 괴롭힌 18세기와 19세기 초의 지폐의 가치감소—이 아니라 부르주아 생산과정의 모든 요소들의 충돌이 폭발하는 세계시장의 큰 폭풍이었다. 그리하여 이 폭풍들의 원인과 대책을 통화분야[이 공황과정의 가장 표면적이고 추상적인 분야]에서 찾게 되었다. 이 경제예측학파의 출발점이 되고 있는 이론적 전제는, 리카도가 순수금속유통의 법칙을 발견하였다는 신념이다. 그리하여 그들에게 남은 일은 신용화폐 또는 은행권의 유통을 그 법칙에 집어넣는 것뿐이었다.

상업공황의 가장 일반적이고 가장 괄목할만한 현상은, 상품가격의 지속적이고 일반적인 상승 이후에 갑자기 상품가격의 일반수준이 하락한다는 것이다. 상품가격의 일반적 하락은 모든 상품들에 대한 화폐의 상대적 가치의 상승으로 표현될 수 있으며, 상품가격의 일반적 상승은 화폐의 상대적 가치의 하락으로 정의될 수 있다. 그러나 이런 명제들은 어느 것이나 현상을 묘사하기는 하지만 설명하지는 않는다…용어를 변경시키더라도 문제해결에는 아무런 도움을 주지 못하는데, 이것은 용어를 독일어에서 영어로 번역하더라도 문제해결에 도움을 주지 못하는 것과 마찬가지다. 리카도의 화폐이론은 매우 정당한 것같이 보였다. 왜냐하면 그것은 동어반복에 인과관계의 겉모습을 주었기 때문이다. 주기적으로 발생하는 상품가격의 일반적 하락은 무엇 때문인가? 화폐의 상대적 가치가 주기적으로 상승하기 때문이다. 상품가격의 주기적 일반적 상승의 원인은 무엇인가? 화폐의 상대적 가치의 주기적 하락 때문이다. 그렇다면 가격의 주기적 상승과 하락은 가격의 주기적 상승과 하락 때문이라고 말하여도 옳을 것이다…동어반복을 인과관계로 전환시키는 것을 전혀 이상하게 생각하지 않는다면, 다른 모든 것은 쉽게 뒤따라 나온다. 상품가격의 상승은 화폐가치의 하락 때문이다. 그러나 화폐가치의 하락은 [리카도가 말하는 바와 같이] 통화의 과잉—즉 유통화폐량이 화폐의 내재적 가치와 상품의 내재적 가치에 의해 결정되는 크기 이상으로 증가한 것—때문이다. 마찬가지로 그 반대의 경우인 상품가격의 일반적 하락은 통화량의 부족으로 말미암아 화폐가치가 그 내재적 가치 이상으로 상승하기 때문이다. 따라서 유통화폐량이 주기적으로 너무 많거나 너무 적기 때문에 물가가 주기적으로 등락하는 것이다. 그런데 예컨대 물가의 상승이 유통화폐량의 감소와 함께 나타나고 물가의 하락이 유통화폐량의 증가와 함께 나타나는 것이 증명된다 하더라도, 유통상품량의 감소 또는 증가—이것은 통계적으로 전혀 확인될 수 없지만—때문에 유통화폐량이 [절대적으로는 아니라 하더라도] 상대적으로 증가 또는 감소하였다고 주장할 수 있다. 우리가 본 바와 같이, 리카도에 따르면 이런 물가변동은 순수금속유통에서도 생기지만 그 변동들이 교대로 생기기 때문에 서로 상쇄된다. 예컨대 통화량의 부족은 상품가격의 하락을 일으키며 후자는 타국에 대한 상품수출을 자극하는데, 이 수출은 국내로 화폐를 유입시키며 이리하여 다시 상품가격의 상승을 일으킨다. 통화량이 과잉인 경우에는 그 반대가 생기며 상품은 수입되고 화폐는 수출된다. [리카도가 말하는 금속유통 그것의 성질로부터 생기는] 이런 일반적인 가격변동에도 불구하고, 가격변동의 심각하고 격렬한 형태[즉 공황형태]는 신용제도가 발달한 시대에 속하는 것이므로, 은행권의 발행이 정확하게 금속유통의 법칙에 따라 규제되지 않는 것은 명백하다. 금속유통에 적용되는 구제책은 귀금속의 수출과 수입인데, 귀금속은 곧 주화로서 유통에 들어가며 따라서 귀금속의 유입 또는 유출은 상품가격을 상승 또는 하락시키게 된다. 이제 은행들은 금속유통의 법칙을 모방하여 인위적으로 상품가격에 대해 동일한 영향력을 미쳐야 한다. 만약 금이 해외로부터 유입한다면, 이것은 유통화폐량이 부족하다는 것, 화폐가치가 너무 높고 상품가격이 너무 낮다는 것을 증명하는 것이며, 따라서 은행권은 새로 수입된 금에 비례해 유통에 투입되어야만 한다. 다른 한편 금이 국내로부터 유출되는 것에 비례해, 은행권을 유통으로부터 끌어내어야만 한다. 바꾸어 말해 은행권의 발행은 귀금속의 수출입 또는 환율에 따라 조절되어야만 한다. 리카도의 가정[금은 단순히 주화라는 것, 따라서 수입된 금 전체는 유통화폐량을 증가시키는 데 사용되어 물가를 인상시킨다는 것, 그리고 수출되는 금 전체는 주화량의 감소를 표현하며 따라서 물가를 하락시킨다는 것]은 잘못된 것인데도, 이 이론적 가정이 이제는 국내의 그때그때의 금량과 동일한 양의 주화를 유통시키려는 현실적 실험으로 전환된 것이다. 오브스톤[은행업자 존스 로이드], 토렌즈 대령, 노먼, 클래이, 아버스노트,

따위—영국에서는 '통화주의currency school'로 알려져 있다—는 이 교리를 설교하였을 뿐 아니라 1844년과 1845년의 필의 은행법에 의해 이 교리를 잉글랜드와 스코틀랜드의 은행입법의 근거로 삼았다. 이 은행법이 최대의 국민적 규모의 실험 뒤에 이론적으로도 실천적으로도 수치스러운 실패로 끝나버린 것에 대해서는 신용론에서 비로소 분석될 수 있다." (1859. 〖CW 29: 412~414〗)

이 통화주의에 대한 비판은 투크, 윌슨(1844~1847년의 『이코노미스트』에서), 풀라턴에 의해 행해졌다. 우리가 이미 여러 번 [특히 제28장에서] 본 바와 같이, 이 비판가들도 금의 성질을 매우 불충분하게 이해하였으며 화폐와 자본 사이의 관계를 제대로 파악하지 못하였다. 여기에서는 필 은행법에 관한 1857년의 하원위원회 회의록(『은행법, 1857』)에서 몇 개의 자료를 인용하려고 한다.}

잉글랜드은행의 이전 총재 허바드의 증언.

"제2400호. 금수출의 영향은…상품가격과는 아무런 관련도 없다. 금수출은 이자낳는 증권의 가격에 매우 중요한 영향을 미친다. 왜냐하면 이자율의 변동에 따라 이 이자를 내포하고 있는 상품의 가치는 필연적으로 큰 영향을 받기 때문이다." 그는 1834~43년과 1845~56년에 관한 두 개의 표[다음의 〈표1〉과 〈표2〉]를 제출했는데, 이 표들은 가장 중요한 상품들 중 15개 품목의 가격변동이 금의 유출입이나 이자율과 전혀 관계가 없었음을 보여준다. 그러나 그 표들은 금[이것은 사실상 '투자처를 구하고 있는 우리나라 자본의 대표자'이다]의 유출입과 이자율 사이의 밀접한 관련을 나타내고 있다.

"1847년 거액의 미국증권들이 미국으로, 그리고 러시아증권들이 러시아로 반송되었고, 기타의 유럽증권들은 우리가 곡물을 공급받는 나라들로 이전되었다."

허바드가 말하는 15개 종목은 면화 · 면사 · 면직물 · 양모 · 모직물 ·

아마 · 아마포 · 인디고 · 선철 · 주석 · 구리 · 짐승기름 · 설탕 · 커피 · 생사다.

허바드는 이 표에 관해 다음과 같이 논평하고 있다.

"1834~1843년과 마찬가지로 1844~1853년에도 잉글랜드은행의 금보유고의 증가와 감소는 할인으로 선대되는 화폐금액의 감소와 증가를 동반하였다. 그러나 전기와 마찬가지로 후기에도 상품가격의 변동은 잉글랜드은행의 금보유고 변동에 표현되는 유통화폐량과는 전혀 무관하다." (『은행법 1857』, 제2부: 290~291)

〈표 1〉 1834~1843년

	잉글랜드은행 금속준비 (£천)	시장 할인율 (%)	15개 품목 중		
			가격상승	가격하락	가격불변
1834. 3. 01	9,104	$2\frac{3}{4}$	—	—	—
1835. 3. 01	6,274	$3\frac{3}{4}$	7	7	1
1836. 3. 01	7,918	$3\frac{1}{4}$	11	3	1
1837. 3. 01	4,077	5	5	9	1
1938. 3. 01	10,471	$2\frac{3}{4}$	4	11	—
1839. 9. 01	2,684	6	8	5	2
1840. 6. 01	4,571	$4\frac{3}{4}$	5	9	1
1841. 12. 01	3,642	$5\frac{3}{4}$	7	6	2
1842. 12. 01	4,873	5	3	12	—
1843. 12. 01	10,603	$2\frac{1}{2}$	2	13	—
1841. 6. 01	1,566	$2\frac{1}{4}$	1	14	—

〈표 2〉 1844~1853년

	잉글랜드은행 금속준비 (£천)	시장 할인율 (%)	15개 품목 중		
			가격상승	가격하락	가격불변
1844. 3. 01	16,162	$2\frac{1}{4}$	—	—	—
1845. 12. 01	13,237	$4\frac{1}{2}$	11	4	—
1846. 9. 01	16,366	3	7	8	—
1847. 9. 01	9,140	6	6	6	3
1950. 3. 01	17,126	$2\frac{1}{2}$	5	9	1
1851. 6. 01	13,705	3	2	11	2
1852. 9. 01	21,853	$1\frac{3}{4}$	9	5	1
1853. 12. 01	15,093	5	14	—	1

상품에 대한 수요 · 공급이 상품의 시장가격을 규제하므로, 오브스톤이 [할인율에 표현되는] 대부가능한 화폐자본에 대한 수요(또는 수요와 공급 사이의 차이)를 현실적 '자본'에 대한 수요와 동일시하는 것은 분명히 매우 잘못된 것이다. 상품가격이 '통화'량의 변동에 의해 규제된다는 주장은, 이제 할인율의 변동은 [화폐적 자본과 구별되는] 현실적 자본에 대한 수요변동을 표현한다는 문구 아래로 숨어 버린다. 우리가 이미 본 바와 같이, 노먼과 오브스톤은 모두 은행법위원회 앞에서 실제로 이것을 주장하였으며, 이들[특히 오브스톤]은 말도 되지 않는 속임수를 떠벌렸지만 결국 궁지에 빠질 수밖에 없었다(제26장). 금량의 변동은 국내의 유통화폐량을 증감시키기 때문에 필연적으로 상품가격을 등락시킨다는 것은 사실상 낡아빠진 거짓말이다. 금이 수출되는 경우, 통화주의에 따르면 금이 들어가는 나라의 상품가격은 등귀하지 않을 수 없으며, 이리하

여 금수출국의 수출품가치도 금수입국시장에서 등귀하지 않을 수 없다. 반대로 금수입국의 수출품가치는 금수출국시장에서는 하락할 것이지만 [금이 들어가는] 본국에서는 등귀할 것이다. 그러나 사실상 금량의 감소는 단순히 이자율을 상승시키며 금량의 증대는 이자율을 저하시킬 뿐이다. 따라서 이자율의 이런 변동이 상품의 비용가격의 확정이나 수요 · 공급의 결정에 영향을 미치지 않는다면, 상품가격은 전혀 영향을 받지 않을 것이다.

동일한 보고서에서 알렉산더[인도와 무역하는 큰 회사의 대표]는 1850년대 중엽에 일어난 인도와 중국으로 은의 대량 유출에 관해 다음과 같이 말하고 있다. [이 은유출은 부분적으로는 중국의 내란 〖1850~1864년의 태평천국운동〗이 중국에 대한 영국직물의 수출을 정지시켰기 때문이며, 부분적으로는 유럽의 누에병이 이탈리아와 프랑스의 생사생산을 격감시켰기 때문이다.]

"제4337호. 은유출은 중국으로 가는가 인도로 가는가?—은을 인도에 보내 그것의 대부분으로 아편을 구매하며, 이 아편 모두는 중국에 들어가 생사를 구매하는 자금으로 된다. 인도의 시장상황 때문에 상인은 직물이나 기타 제품을 보내는 것보다 은을 보내는 것이 (거기에 은이 축적되어 있지만) 더욱 유리하다." "제4338호. 우리가 은을 얻은 것은 프랑스로부터의 대규모 유출 때문이 아니었는가?—그렇다." "제4344호. 우리는 프랑스와 이탈리아에서 생사를 가져오는 것이 아니라 벵골과 중국에서 가져온 생사를 대량으로 거기에 보내고 있다."

이처럼 상품 대신에 은을 아시아[여기에서는 은이 화폐금속이다]에 보낸 것인데, 그 이유는 상품가격이 그 생산국(영국)에서 등귀하였기 때문이 아니라 그 수입국에서—수입과잉으로 말미암아—하락하였기 때문이다.[비록 이 은을 영국은 프랑스로부터 얻어야만 하였고, 그리하여 그 일부는 금으로써 지불해야만 하였지만]. 통화주의에 따른다면, 영국의 물가는 은유출의 결과로 하락해야 하였을 것이고 인도와 중국의 물가는 은유입의 결과로 등귀해야 하였을 것이다.

또 하나의 예. 와일리[리버풀의 일류상인의 한 사람]는 상원위원회에서의 증언(『상업불황, 1848~1857』)에서 다음과 같이 말한다.

"제1994호. 1845년 말에는 면방적업보다 더욱 유리하고 그만큼 큰 이윤을 올리는 사업은 없었다. 면화재고는 풍부하였고 양질의 면화는 파운드당 4펜스로 구입할 수 있었다. 이 면화로부터 우등2호 뮬연사 제40번수가 4펜스로 방적될 수 있었고, 이리하여 방적업자의 총비용은 8펜스였다. 이 실이 1845년 9월과 10월에 파운드당 $10\frac{1}{2}$펜스와 $11\frac{1}{2}$펜스로 판매되었으며, 일부의 경우 방적업자는 면화의 구입가격과 동등한 이윤을 얻었다." "제1996호. 방적업은 1846년 초까지 계속 유리하였다." "제2000호. 1844년 3월 3일 면화의 재고"(627,042상자)"는 오늘날의 재고"(1848년 3월 7일 301,070상자)"의 두 배 이상이었지만 그 가격은 그 당시가 파운드당 $1\frac{1}{4}$펜스"(현재의 5펜스에 대해 그 당시에는 $6\frac{1}{4}$펜스)"만큼 더 비쌌다." 동시에 우등2호 뮬연사 제40번수는 파운드당 $11\frac{1}{2}$~12펜스로부터 1847년 10월에는 $9\frac{1}{2}$펜스로 12월 말에는 $7\frac{3}{4}$펜스로 하락하였으며, 면사는 그 원료인 면화의 구입가격으로 판매되었다(같은 책, 제2021호와 제2022호).

이 사실은 자본이 '부족'하기 때문에 화폐는 '비싸야' 한다는 오브스톤 교리의 이기주의를 폭로한다. 잉글랜드은행 이자율은 1844년 3월 3일 3%이었는데, 1847년 10월과 11월에는 8%와 9%로 상승하였고, 1848년 3월 7일에는 다시 4%로 하락하였다. 면화가격은, 판매의 완전한 정체와 금융핍박 [그리고 그에 따른 높은 이자율] 때문에, 공급규모에 상응하는 가격보다 훨씬 낮게 하락하였다. 이 결과로 한편에서는 1848년에 수입이 격감하였고 다른 한편에서는 미국에서 생산이 감소하였다. 이리하여 1849년에는 면화가격이 새로 등귀하였다. 오브스톤에 따르면, 국내에 화폐가 너무 많았기 때문에 상품들이 지나치게 비쌌다는 것이다.

"제2002호. 최근 면공업상태의 악화는 원료부족 때문은 아니다. 왜냐하면 비록 원료재고는 매우 감소했지만 그 가격은 낮은 수준이었기 때문이다."

그런데 오브스톤은 상품의 가격[또는 가치]과 화폐의 가치[즉 이자율]를 편리하게 혼동하고 있다. 와일리는 질문 제2026호에 대한 답변에서 통화주의 — 이것을 토대로 1847년 5월 카드웰과 〖재무부장관〗 우드는 "1844년의 은행법을 그 내용 전체에 걸쳐 실시할 필요성을 주장한" 바 있다 — 에 대해 자기의 총괄적인 판단을 다음과 같이 내리고 있다.

"이 통화주의는 화폐에게는 인위적인 높은 가치를 주고 모든 상품에게는 인위적인 파멸적으로 낮은 가치를 주는 성질을 가지고 있는 것 같다." (그는 계속하여 이 은행법이 일반적인 사업상태에 준 영향에 대해 말하고 있다.) "4개월짜리 어음[이것은 미국에 수출할 상품을 구매하기 위해 공업도시가 상인과 은행업자 앞으로 발행하는 보통의 어음이다]이 큰 손해를 보지 않고서는 할인받을 수 없었기 때문에, 〖1847년〗 10월 25일의 정부편지"(은행법의 정지) "이후 4개월짜리 어음이 다시 할인받을 수 있게 되기까지 주문의 이행은 크게 제한되었다."(제2097호)

은행법의 정지는 지방도 구제하였다.

"제2102호. 지난 〖1847년〗 10월 여기에서 상품을 구입하는 미국인 구매자들 모두는 그들의 주문을 될 수 있는 한 축소하였다. 그리고 화폐가 비싸다는 보도가 미국에 도달하였을 때 모든 새로운 주문을 중단하였다." "제2134호. 밀과 설탕은 특수했다. 밀시장은 수확예상에 의해 영향받았으며 설탕은 거대한 재고와 수입에 의해 영향받았다." "제2163호. 미국에 대한 우리의 채무 중에서…위탁상품의 강제매각에 의해 결제된 것도 많았고, 여기에서의 파산에 의해 청산된 것도 많았다고 생각한다." "제2196호. 내 기억이 틀림없다면 1847년 10월 우리나라 증권거래소에서는 이자율이 70%였다."

{엥겔스: 긴 후유증을 가졌던 1837년의 공황, 그 뒤 1842년의 보통 공황, 그리고 과잉생산[속류경제학자들은 이것은 말도 되지 않으며 불가능하다고 말했다!]에 대해서는 전혀 주목하지 않은 상공업자들의 이기주의적 맹목성. 이런 모든 것이 결국 정신착란을 일으켰고 이 때문에 통화주의학파는 자기의 교리를 국민적 규모에서 실천에 옮길 수 있게 된 것이다. 이리하여 1844~1845년의 은행법이 통과되었다.

1844년의 은행법은 잉글랜드은행을 발권부와 은행부로 나눈다. 발권부는 £1천4백만의 보증준비(그 대부분은 국채)와 총금속준비(이 중 최고 $\frac{1}{4}$까지는 은이라도 된다)를 보유하며, 두 가지의 총액에 해당하는 은행권을 발행한다. 이 은행권은 국민의 수중에 있지 않는 한 은행부에 남아 있어 [매일매일의 사용에 필요한 소액의 주화(약 £1백만)와 함께] 은행부의 현금준비금을 이룬다. 발권부는 국민에게 은행권과의 교환으로 금을 주고 금과의 교환으로 은행권을 준다. 국민과의 기타의 모든 거래는 은행부의 담당이다. 1844년에 자기 자신의 은행권을 발행할 수 있게 된 잉글랜드와 웨일즈의 사립은행들은 그 권리를 보유하지만 그 발행액은 할당액에 따라 정해진다. 만약 이들 은행 중 하나가 그 자신의 은행권 발행을 중지한다면, 잉글랜드은행은 그 할당액의 $\frac{2}{3}$만큼 무보증 잉글랜드은행권을 추가로 발행할 수 있다. 이 방법에 의해 무보증 잉글랜드은행권은 1892년까지 £1천4백만로부터 £1천6$\frac{1}{2}$백만(정확하게는 £1천6백4십5만)으로 증가하였다.

이리하여 잉글랜드은행 금준비로부터 £5의 금이 유출할 때마다 £5의 은행권이 발권부로 복귀하여 폐기되며, 5개의 소브린금화가 금준비에 추가될 때마다 새로운 £5은행권이 유통에 들어간다. 이것이 오브스톤의 이상적인 은행권유통[정확히 금속유통의 법칙에 따른다]이 실제로 행해지는 방법이며, 이리하여 통화주의자의 주장에 따르면 공황은 영원히 불가능하게 된 것이다.

그러나 현실적으로는, 잉글랜드은행을 두 개의 독립적인 부서로 분할한 것 때문에 이사회는 결정적인 순간에 이 은행의 가용 총자금을 자유롭게 처분할 권한을 잃게 되었고, 그리하여 발권부는 수백만 파운드 스털링의 금과 £14백만의 유가증권을 그대로 가지고 있으면서도 은행부는 파산에 직면하는 사태가 발생할 수 있게 된 것이다. 그리고 이런 사태는 더욱더 쉽게 발생할 수 있었다. 왜냐하면 거의 모든 공황에서는 해외로 격심하게 금유출이 일어나는 시기가 있으며, 이 금유출은 주로 잉글랜드은행의 금준비에 의해 메워져야 하기 때문이었다. 그런데 해외로 £5의 금이 유출할 때마다 국내의 유통으로부터 £5의 은행권이 회수되며, 이리하여 유통수단의 양은 그것이 가장 많이 가장 절실하게 필요한 바로 그 순간에 감소되는 것이다. 따라서 1844년의 은행법은 공황의 발발시에 사업계 전체로 하여금 은행권의 퇴장을 직접적으로 자극함으로써 공황을 촉진하고 강화하게 된다. 이 은행법은 화폐의 공급이 감소하는 시기에 화폐융통에 대한 수요[즉 지불수단에 대한 수요]를 인위적으로 강화함으로써 공황시의 이자율을 미증유의 수준으로 인상시킨다. 이처럼 이 은행법은 공황을 제거하기는커녕 오히려 격화시켜 사업계 전체 또는 은행법 중 하나가 파멸할 수밖에 없는 점까지 도달하게 한다. 지금까지 두 번 즉 1847년 10월 25일과 1857년 11월 12일에 공황은 이런 절정에 도달하였으며, 정부는 1844년의 은행법을 정지시킴으로써 잉글랜드은행을 은행권발행의 제한으로부터 해방시켰는데, 두 번 모두 이것으로 공황을 타개할 수 있었다. 1847년에는 일류 유가증권을 담보로 은행권을 다시 얻을 수 있다는 확신 하나에 의해서도 £4~5백만의 퇴장은행권이 시장에 나와 유통하게 되었다. 1857년에는 법정한도를 초과한 은행권 발행액은 £1백만 미만이었으며 또한 매우 짧은 기간에 불과하였다.

또한 여기에서 언급하고 싶은 것은, 1844년의 은행법의 일부는 19세기의 첫 20년[즉 잉글랜드은행의 태환정지와 은행권의 가치감소의 시기]의 기억을 반영하였다는 점이다. 은행권이 신뢰를 상실하지는 않을까 하는 우려가 아직도 이 법에는 매우 크다. 그러나 그것은 너무 지나친 우려다. 왜냐하면 이미 1825년에도 [통용이 정지된] 낡은 £1 은행권의 퇴장분이 다시 발행됨으로써 공황이 타개되었으며, 이리하여 이미 그 당시에도 은행권에 대한 신뢰는 [매우 전반적이고 격심한 불신의 시기에까지도] 동요되지 않는다는 것이 증명되었기 때문이다. 이것은 쉽게 이해할 수 있다. 왜냐하면 사실상 국민 전체의 신뢰가 이 가치상징 〖잉글랜드은행권〗을 지지하고 있기 때문이다.}

이제 은행법의 영향에 관한 몇 개의 증언들을 들어보자. 존 스튜어트 밀은 1844년의 은행법이 과잉투기를 억제하였다고 믿고 있다. 이 현명한 사람이 증언한 것은 다행히도 1857년 6월 12일이었다. 그 뒤 4개월만에 공황이 터졌다. 그는 "은행이사들과 상인일반"에게 그들이 "상업공황의 성질과 [과잉투기의 지지가 그들 자신과 국민에게 미치는] 큰 손해를 이전보다 훨씬 잘 이해하고 있다"는 사실에 대해 진실로 축하하였다.(『은행법, 1857』, 제2031호)

이 현명한 밀의 생각에 따르면, 만약 £1 은행권들이 "임금을 지불하는 제조업자 따위에 대한 대부로써" 발행된다면, "그 은행권들은 소비에 지출할 타인들의 수중에 들어갈 것이며, 이 경우 그 은행권들은 그 자체로써 상품수요를 형성하게 되며 일시적으로 가격을 인상시키는 경향을 가질 것이다."(제2066호)

그러면 밀은 제조업자들이 임금을 금 대신 지폐로 지불한다면 더 높은 임금을 지불할 것이라고 가정하는가? 또는 그는 제조업자가 대부를 £100 은행권으로 받아 그것을 금과 교환한다면, 이 임금 〖금으로 지불된 임금〗은 £1 은행권으로 지불되는 경우보다 적은 수요를 형성한다고 믿는가? 그는 예컨대 어떤 광산지방에서는 임금이 실제로 지방은행의 은행권으로 지불되며, 따라서 몇 사람의 노동자들이 함께 한 장의 £5 은행권을 받는다는 것을 모르고 있는가? 이것이 그들의 수요를 증대시키는가? 또는 은행업자가 제조업자에게 소액권으로 대부하면 고액권으로 대부할 때보다 더욱 쉽게 더욱 많이 대부한다는 것인가?

{엥겔스: £1 은행권에 대해 밀이 가지고 있는 이 이상한 우려는, 그의 경제학저서 모두가 [어떤 모순도 두려워하지 않는] 절충주의라는 사실을 우리가 이해해야만 설명될 수 있을 것이다. 한편으로 그는 많은 점에서 오브스톤보다는 투크를 지지하며, 다른 한편으로 그는 상품가격은 현존 화폐량에 의해 결정된다고 믿고 있다. 그리하여 그는 £1 은행권이 발행될 때마다—기타 사정이 불변이라면—£1짜리 소브린금화가 잉글랜드은행의 금준비로 들어간다는 것을 결코 믿지 않고 있다. 이 때문에 그는 유통수단의 양이 증가하여 유통수단이 감가되고 그리하여 상품가격이 등귀하리라고 우려하는 것이다. 앞에서 본 그의 우려의 배후에 있는 것은 바로 이것뿐이다.}

잉글랜드은행이 두 개의 부서로 분할된 것과, 은행권의 태환을 보증하기 위해 지나친 사전조치를 취한 것에 대해 투크는 『상업불황, 1848~1857』에서 다음과 같이 진술하고 있다.

1837년과 1839년에 비해 1847년에는 이자율의 변동이 매우 컸는데, 이것은 오로지 잉글랜드은행이 두 개의 부서로 분할된 것에 기인한다(제3010호). 은행권의 안전성은 1825년에도 1837년과 1839년에도 영향을 받지 않았다(제3015호). 1825년의 금수요는 지방은행의 £1 은행권에 대한 완전한 불신 때문에 생긴 빈 자리를 메운다는 목적을 가졌을 따름이며, 이 빈 자리는 잉글랜드은행이 £1 은행권을 발행하기까지는 〖£1 은행권은 1797년 발행되고 1821년 중지되었다가 1825년 후반에 유통수단 부족 때문에 다시 발행되었다〗 금에 의해 메워질 수밖에 없었다(제3022호). 1825년 11월과 12월에는 수출을 위한 금수요는 조금도 없었다(제3023호).

"잉글랜드은행에 대한 국내외의 불신에 관해 말한다면, 국채이자나 예금의 지불정지가 은행권의 태환정지보다 훨씬 더 중요할 것이다."(제3028호) "제3035호. 은행권의 태환성을 궁극적으로 위협하게 될 모든 사정들은 상업공황의 시기에 새로운 심각한 곤란을 일으키게 될 것이라고 당신은 말하는가? — 전혀 그렇지 않다."

"제3058호. 1847년 중에…발권부의 은행권 발행증대는 1825년에 그러하였던 것과 마찬가지로 잉글랜드은행의 금준비를 보충하는 데 기여하였을 것이다."

『은행법, 1857』의 위원회 앞에서 뉴마치는 다음과 같이 증언한다.

"제1357호. 잉글랜드은행의 두 부서로 분할과…그 필연적 결과인 준비금의 두 부분으로 분할의…첫째의 나쁜 영향은 잉글랜드은행의 은행업무[즉, 잉글랜드은행의 업무 중 이 나라의 상업과 더 직접적으로 연관을 맺는 부분 전체]가 이전의 준비금의 불과 반액으로 수행되었다는 점이다. 준비금의 이런 분할 때문에, 은행부의 준비금이 조금이라도 감소할 때마다 잉글랜드은행은 할인율을 인상하지 않을 수 없었던 것이다. 따라서 이 준비금의 감소가 할인율의 빈번한 변동과 발작적 변동의 원인이었다." "제1358호. 1844년 이래"(1857년 6월까지)"할인율의 변동은 약 60회였는데, 1844년 이전의 같은 기간에는 12회 정도에 불과하였다."

상원위원회(『상업불황, 1848~1857』)에서 파머[그는 1811년 이래 잉글랜드은행의 이사이며 한때는 총재이기도 하였다]의 증언도 역시 매우 흥미있다.

"제828호. 1825년 12월 잉글랜드은행에는 약 £1백1십만의 금준비가 남아 있었다. 그 당시 이런 법"(1844년의 은행법)"이 있었더라면 잉글랜드은행은 틀림없이 완전히 파산하였을 것이다. 12월에는 매주 £5~6백만의 은행권을 발행하였다고 생각하는데, 이것이 그 당시의 공황을 완화시켰다."

"제825호. 만약 잉글랜드은행이 일단 착수한 거래를 완수하려고 하였다면 현재의 법이 붕괴될 수밖에 없었을 첫번째의 시기"(1825년 7월 1일 이래)"는 1837년 2월 28일이었다. 그 당시 잉글랜드은행의 금보유액은 £3백9십만~4백만이었는데, 따라서 은행권 준비액은 £6십5만에 불과하였을 것이다. 그 다음 시기는 1839년이며 7월 9일부터 12월 5일까지 계속되었다." "제826호. 그 당시의 은행권 준비액은 얼마이었는가?—9월 5일 은행권 준비액은 합계 £2십만이 부족하였다. 11월 5일에는 그 부족액은 약 £1백만~1백5십만으로 증가하였다." "제830호. 1844년의 은행법은 1837년에 잉글랜드은행이 미국과의 거래를 지원하는 것을 방해하였을 것이다." "제831호. 미국과 거래하던 가장 주요한 상사 셋이 파산하였다…미국과 거래하던 거의 모든 상사들은 신뢰를 상실하였으며, 잉글랜드은행이 그 당시 구제하지 않았더라도 존속할 수 있었던 상사는 하나 둘에 불과하였을 것이다." "제836호. 1837년의 화폐핍박은 1847년의 핍박과 비교될 수 없다. 전자의 경우는 주로 미국과의 거래에 국한되어 있었다." 제838호. (1837년 6월초 잉글랜드은행 이사회는 핍박을 타개하는 문제를 토의하였다.) "일부 사람들은… 올바른 원칙은 이자율을 인상하여 상품가격을 인하하는 것이라는 의견을 옹호하였다. 즉, 화폐를 비싸게 하고 상품을 싸게 하며 그렇게 함으로써 해외에 대한 지불을 이행한다는 것이었다." "제906호. 잉글랜드은행의 권한에 대한 옛부터의 자연적인 한계[즉 잉글랜드은행의 현실적인 금보유액] 대신에 1844년의 은행법에 의해 그 권한을 인위적으로 제한한 것은, 인위적인 곤란을 일으키며 상품가격에 대해 [그 법규정이 없었더라면 피할 수 있었을] 영향을 미치는 경향이 있다." "제968호. 1844년의 은행법 아래에서는 잉글랜드은행의 금준비액을 £9백5십만 이하로 감축할 수가 없다. 이것은 물가와 신용에 압박을 가할 것이며, 이 압박은 환율을 인상시켜 금수입을 증대시키며 그만큼 발권부의 금보유액을 증가시킬 것이다." "제996호. 잉글랜드은행이 지금 직면하고 있는 이런 제한 아래에서는 잉글랜드은행은 환율조절에 은이 필요할 경우 그 필요 은량을 조달할 수 없다." "제999호. 잉글랜드은행의 은준비를 그 금속준비의 $\frac{1}{5}$로 제한하는 규정의 목적은 무엇인가? — 나는 모른다."

그 목적은 화폐를 비싸게 하는 것이었다. 통화주의와는 별개로, 잉글랜드은행을 두 개의 부서로 분할한 것이나, 스코틀랜드의 은행들과 아일랜드의 은행들에게 일정한 금액 이상의 은행권발행에 대해 금보유를 강제한 것은 마찬가지의 목적을 가지고 있다. 이리하여 이 나라의 금속준비가 분산되어, 불리한 환율을 조정할 수 있는 잉글랜드은행의 능력이 약화되었다. 다음과 같은 모든 규정은 이자율의 인상을 일으킨다. 즉 잉글랜드은행은 금준비 없이는 £1천4백만 이상의 은행권을 발행할 수 없다는 규정, 은행부는 보통의 은행처럼 운영되어야 하며 화폐 과잉기에는 이자율을 인하하고 화폐 부족기에는 이자율을 인상해야 한다는 규정, 유럽대륙이나 아시아와의 환율을 조정하는 주요수단인 은준비액을 제한하는 규정, 수출을 위한 금을 전혀 필요로 하지 않는 스코틀랜드의 은행들과 아일랜드의 은행들이 지금 그들의 은행권의 태환성[이것은 사실상 순수한 환상이다]을 유지한다는 구실 아래 금을 보유해야 한다는 규정 등이 그러하다. 사실상 1844년의 은행법은 1857년 스코틀랜드의 은행들에 대한 최초의 금인출소동을 일으켰다. 새로운 은행법도 해외로의 금유출과 국내로의 금유출을 [비록 두 개의 영향이 전혀 다른데도] 구별하지 않고 있다. 따라서 시장이자율의 끊임없는 격심한 변동이 일어나고 있다. 은에 관해 파머는 두 번(제992호와 제994호)에 걸쳐, 잉글랜드은행이 은행권으로 은을 구매할 수 있는 것은 오직 환율이 영국에 유리하고 따라서 은의 과잉이 존재하는 경우뿐이라고 말한다. 그 이유는 다음과 같다.

"제1003호. 금속준비의 상당히 큰 부분을 은으로 보유하는 유일한 목적은 환율이 영국에 불리한 시기에 대외지불을 쉽게 하기 위한 것이다." "제1004호. 은은…나머지 세계 전체에서 화폐이므로"(대외지불에)"가장 적합한 상품이다. 미국은 최근 금만을 채택하였다."

그의 의견에 따르면, 불리한 환율로 말미암아 금이 해외로 유출되지 않는 한, 잉글랜드은행은 핍박기에도 이자율을 5%라는 종전의 수준 이상으로 인상시킬 필요가 없었다는 것이다. 1844년의 은행법이 없다면 모든 일류어음들은 여전히 종전의 이자율로 아무런 곤란 없이 할인될 수 있을 것이다.(제1018~1020호) 그러나 1844년의 은행법과 1847년 10월의 잉글랜드은행 상황에서는 "잉글랜드은행이 신용있는 상사들에게 어떤 이자율을 요구하더라도 그 상사들은 자기의 채무를 이행하기 위해 그 이자율의 지불을 거절할 수 없었을 것이다."〔제1022호〕

그리고 이 높은 이자율이야말로 이 법의 목적이었다. 제1029호에서 그는 말한다. "나는"(귀금속에 대한)"해외수요에 미치는 이자율의 영향과, 국내의 불신 시기에 잉글랜드은행에 대한 금인출소동을 방지하기 위해 이자율을 인상하는 것을 엄격히 구분하고 싶다." "제1023호. 1844년의 은행법이 있기 이전에는…환율이 유리하고 공황의 징조가 있을 때는 은행권을 무제한으로 발행하였고 이것에 의해서만 핍박상태가 완화될 수 있었다."

이상의 증언이 39년 동안 잉글랜드은행의 이사였던 사람의 말이다. 이제 사립은행업자 트웰즈[1801년 이래 스푸너 애트우드상사의 공동출자자]의 증언을 들어보자. 그는 『은행법, 1857』 위원회의 증인들 중에서 국내의 현실상황에 대한 통찰력을 제공하며 공황의 발생을 예견한 유일한 사람이다. 그러나 기타의 측면에서는 그도 버밍엄의 '소실링론자'에 속하며 그의 동업자 애트우드형제들[이 학파의 창시자이다]과 마찬가지다.(『정치경제학 비판을 위하여』〔CW 29: 319〕를 참조하라.) 그는 말한다.

"제4488호. 당신은 1844년의 은행법이 어떻게 작용하였다고 보는가?

—내가 은행업자로서 말한다면 그 법은 아주 훌륭하게 작용하였다고 말하고 싶다. 왜냐하면 그 법은 모든 종류의 은행업자와" (화폐)"자본가에게 큰 이득을 주었기 때문이다. 그러나 그 법은 성실근면한 사업가에게는 매우 나쁘게 작용하였다. 왜냐하면 그들은 자기 사업을 확신을 가지고 운영하기 위해서는 할인율의 안정이 필요하였기 때문이다…그 법은 화폐대부를 매우 유리한 사업으로 만들었다." "제4489호. 은행법은 런던의 주식은행들로 하여금 주주들에게 20~22%의 배당을 가능하게 하는가?—어제 한 주식은행은 18%를 배당하였고 다른 한 은행은 20%를 배당한 것 같다. 그들은 1844년의 은행법을 매우 강력하게 지지하지 않을 수 없다." "제4490호. 대자본을 가지지 않는 소규모 사업가나 존경할 만한 상인들에게…그 법은 매우 심한 고통을 주고 있다…이것을 내가 알 수 있는 유일한 수단은 그들의 인수어음 중 결제되지 않는 것이 매우 많다는 사실이다. 그 인수어음들은 언제나 £20~100의 소액이며, 그들 중 다수가 지불되지 않고 부도로 국내의 모든 지방으로 반환되고 있는데, 이것은 언제나…소상인들의 고통을 나타내는 지표다."

제4494호에서 그는 사업이 현재 손해보고 있다고 설명한다. 그의 다음과 같은 증언은 중요하다. 왜냐하면 그는 다른 사람들이 전혀 느끼지 못한 공황의 잠재성을 보고 있기 때문이다.

"제4494호. 민싱 레인에서는 상품의 가격이 유지되고 있으나 아무것도 팔리지 않는다. 어떤 가격으로도 팔 수가 없으며 명목가격이 유지되고 있을 뿐이다."

제4495호. 그는 다음과 같은 예를 이야기한다. 어느 프랑스사람이 민싱 레인의 브로커에게 £3,000의 상품을 일정한 가격에 팔아달라고 보낸다. 그 브로커는 그 지정가격을 받을 수 없으며, 그 프랑스사람은 그 가격 이하로는 판매할 수 없다. 상품은 팔리지 않고 있는데 프랑스사람은 화폐가 필요하다. 따라서 브로커는, 프랑스사람이 상품을 담보로 브로커 앞으로 3개월짜리 환어음을 발행하는 방식으로 그에게 £1,000를 선대한다. 3개월 뒤 어음은 만기가 되었지만 상품은 아직도 팔리지 않고 있다. 브로커는 이 어음을 지불해야 한다. 그가 비록 £3,000의 담보를 가지고 있다 할지라도 그것을 현금화할 수 없으며 따라서 곤란에 빠진다. 이와 같이 한 사람이 다른 사람을 끌고 낭떠러지로 떨어진다.

"제4496호. 대규모 수출에 관해 말한다면…국내의 경기가 침체에 빠질 때 대규모 수출이 나타나기 마련이다." "제4497호. 국내의 소비가 감소하였다고 생각하는가?—매우 크게…거대하게…이 점은 소매상이 가장 잘 알고 있다." "제4498호. 그러나 수입도 매우 크다. 이것은 왕성한 소비를 가리키는 것이 아닌가?—만약 판매할 수만 있다면 그렇다. 그러나 많은 창고들은 상품들로 꽉 차 있다. 내가 방금 인용한 예에서는 £3,000의 상품이 수입되었지만 판매되지 않고 있는 것이다."

"제4514호. 화폐가 비쌀 때 자본은 싸진다고 이야기하는가?—그렇다."

이 친구는 높은 이자율과 비싼 자본을 동일시하는 오브스톤의 견해에 결코 찬성하지 않고 있다.

그러면 사업은 지금 어떻게 운영되고 있는가?

"제4616호. 다른 사람들은 자기의 자본이 허용하는 범위를 훨씬 넘어 거액의 수출입거래를 하고 있다. 이것은 의심할 여지가 없다. 이 사람들이 성공할 수도 있다. 어떤 운수좋은 거래에 의해 큰 수익을 얻어 모든 채무를 청산할 수도 있다. 이런 방식으로 대부분의 거래가 지금 진행되고 있다. 이런 사람들은 한번의 선적에서 20%나 30%나 40%의 손해를 보더라도 다음번의 선적에서는 그 모든 손실을 만회할 수 있다고 생각한다. 그런데 계속 실패한다면 그들은 파산한다. 이런 경우를 우리는 최근 자주 보게 된다. 상사들은 한푼의 재산도 남기지 않고 파산하고 있다."

"제4791호. 낮은 이자율"(최근 10년 동안의)"은 은행업자에게 불리하다. 그러나 당신들에게 장부를 보여주지 않고서는" (그 자신의) "이윤이 이전에 비해 지금 얼마나 많은가를 설명하기가 매우 어렵다. 은행권의 과잉발행으로 이자가 낮으면 우리는 예금을 많이 가지게 되며, 이자가 높으면 우리에게는 직접적인 이익이 생긴다." "제4794호. 이자율이 낮을 때에는 화폐에 대한 수요가 더 많아 우리는 더 많이 대출하여 이익을 얻는다. 이자율이 높을 때는 대출이자율과 예금이자율의 차이가 더 커지며, 또 우리는 당연히 받아야 하는 것 이상으로 받는다."

우리가 이미 본 바와 같이, 모든 전문가들은 잉글랜드은행권에 대한 신뢰가 확고부동하다고 생각하고 있다. 그럼에도 은행법은 약 £9백만~1천만의 금을 잉글랜드은행권의 태환을 위해 절대적으로 묶어두고 있다. 이리하여 금준비에 대한 신성불가침은 옛날의 화폐퇴장자들보다 더욱 심화되고 있다. 리버풀의 브라운은 다음과 같이 증언하고 있다.(『상업불황, 1848~1857』, 제2311호)

"그 당시 이 화폐"(발권부의 금속준비)"는 은행법을 어기지 않고서는 조금이라도 사용될 수 없었으므로 마치 바다로 내버린 것이나 마찬가지였다."

건축업자 캡스[그의 증언에서 런던의 근대적 건축업을 우리가 묘사한 바 있다(제2권 제12장)]는 1844년의 은행법에 대한 자기의 의견을 다음과 같이 진술하고 있다.

"제5508호. 그렇다면 전체로 보아…현재의 제도"(은행입법)"는 산업의 이윤을 주기적으로 고리대금업자의 주머니로 옮겨놓기 위한 매우 교묘한 제도라고 당신은 생각하는가?—그렇게 생각한다. 건축업에서는 그렇게 작용하였다는 것을 나는 알고 있다."

이미 언급한 바와 같이, 1845년의 은행법은 스코틀랜드의 은행들을 잉글랜드의 제도와 비슷한 제도로 몰아 넣었다. 그들은 지금 각 은행에게 할당된 일정한 한도를 넘는 은행권발행에 대해 금을 보유하여야 한다.

이것의 영향은 『상업불황, 1848~1857』의 증인들에 의해 밝혀졌다.

어느 스코틀랜드은행의 이사인 케네디의 증언.

"제3375호. 1845년의 은행법 이전에 금의 유통이라고 부를 수 있는 것이 스코틀랜드에 있었는가?—전혀 없었다." "제3376호. 그 뒤 금의 유통이 증가되었는가?—전혀 그렇지 않다. 사람들은 금을 싫어한다." 제3450호. 1845년 이래 스코틀랜드의 은행들이 보유해야하는 약 £9십만의 금은 [케네디의 의견에 따르면] 해로울 뿐이며, "스코틀랜드의 자본의 많은 부분을 무익하게 흡수하고 있다."

유니언 뱅크 오브 스코틀랜드의 이사 앤더슨의 증언.

"제3588호. 스코틀랜드의 은행들이 잉글랜드은행에 대해 금을 요구한 유일한 이유는 외환부족 때문이었는가?—그렇다. 이것은 에딘버러에 금을 보유하는 것에 의해 완화되는 것이 아니다." "제3590호. 우리는 잉글랜드은행"(또는 잉글랜드의 사립은행들)"에 이전과 동일한 금액의 유가증권을 보유하고 있으므로, 잉글랜드은행에게 금을 유출하게 하는 것에 대해서도 이전과 동일한 힘을 가지고 있다."

끝으로 『이코노미스트』의 논설(윌슨)을 하나 더 인용하자.

"스코틀랜드의 은행들은 유휴현금을 런던의 대리점에 예탁하며, 후자는 그것을 잉글랜드은행에 예탁한다. 이 때문에 스코틀랜드의 은행들은 이 금액의 한도 안에서 잉글랜드은행의 금속준비를 이용할 수 있다. 따라서 대외지불을 하는 경우 금은 필요한 바로 그 장소에 항상 존재한다."

이 제도는 1845년의 법에 의해 파괴되었다. "1845년의 은행법이 스코틀랜드에 미친 영향 때문에, 최근 잉글랜드은행에서 대규모의 금화유출이 있었는데, 이것은 [결코 발생하지도 않을] 스코틀랜드에서의 우발적인 수요에 대처하기 위한 것이었다…그때 이래 대규모의 금이 스코틀랜드에 묶여 있고 또 다른 대규모의 금이 런던과 스코틀랜드 사이를 끊임없이 여행하고 있다. 스코틀랜드의 은행이 자기의 은행권에 대한 수요증가를 예상하는 시기에는 금을 담은 상자를 런던에서 수송하여 오며, 이 시기가 지나면 동일한 상자를 [일반적으로 열어 보지도 않은 채] 다시 런던으로 보낸다."(『이코노미스트』, 1847년 10월 23일)

{엥겔스: 은행법의 아버지인 은행업자 사뮤엘 존스 로이드(별명 로드 오브스톤)는 이 모든 것에 대해 무엇이라고 말하는가?

그는 상업불황에 관한 1848년의 상원위원회 앞에서 반복하여 "충분한 자본의 부족 때문에 일어나는 화폐핍박과 높은 이자율은 은행권의 추가발행에 의해 완화될 수는 없다"(제1514호)고 말하였다. 1847년 10월 25일의 정부편지에 의해 은행권발행의 증액이 허가된 것만으로도 공황의 격렬함을 진정시키는 데 충분하였음에도 말이다.

그는 여전히 주장한다. "높은 이자율과 제조업의 불황은 제조업과 상업에 이용될 수 있는 물적 자본의 감소에 따른 필연적 결과였다."(제1604호)

그러나 몇 개월 동안의 제조업의 불황이 보여주는 것은, 실물적 상품자본이 창고에 꽉차있으며 전혀 판매될 수 없었다는 것, 그리고 그 때문에 소재적 생산자본이 [판매되지 않는 상품자본을 더욱 많이 생산하지 않기 위해] 완전히 또는 부분적으로 유휴하고 있었다는 것이다.

그리고 1857년의 은행법위원회에서 그는 다음과 같이 말한다. "1844년의 은행법의 원칙을 엄격히 즉각적으로 준수함으로써, 모든 것은 질서정연하게 쉽게 지나갔으며, 화폐제도는 안전하고 확고부동하며, 이 나라의 번영은 누구도 의심할 수 없으며, 1844년의 은행법의 현명함에 대한 국민의 신뢰는 매일 증대하고 있다. 만약 위원회가 은행법의 원칙들의 건전함과 그 법이 보장한 유익한 결과들에 대해 더 이상의 실례를 요구한다면, 진정으로 충분한 대답은 이렇다. 당신의 주위를 살펴보라. 이 나라 사업의 현재상태를 돌아보며... 국민들의 만족을 보며 이 사회의 모든 계급들의 부와 번영을 보라. 이렇게 한 다음에 위원회는 이런 결과들을 가져온 법의 존속을 방해해야 할 것인가 아닌가를 결정할 수 있을 것이다."(『은행법, 1857』, 제4189호)

1857년 7월 14일 위원회에서 행한 오브스톤의 열렬한 찬사에 대한 응답이 같은 해 11월 12일 잉글랜드은행이사회에 대한 정부의 편지 형태로 나타났는데, 그 편지에서 정부는 아직도 건져낼 수 있는 것을 건져내기 위해 1844년의 [기적을 행하는] 법을 정지시킨 것이다.}

제35장 귀금속과 환율

제1절 금준비의 변동

화폐핍박기에 은행권을 퇴장시키는 것은 가장 원시적인 사회의 혼란기에 나타났던 귀금속의 퇴장과 동일하다는 점에 주목해야 한다. 1844년의 은행법은 국내의 모든 귀금속을 유통수단으로 전환시키려고 한다는 점에서 그 효과가 흥미를 끌게 된다. 다시 말해 그 법은 금유출을 유통수단의 감축으로 대응하며, 금유입을 유통수단의 확대로 대응하려고 한다. 그러나 현실에서는 그 반대가 증명된 것이다. 유일한 예외[이것에 대해 곧 언급하려고 한다]는 있었지만, 1844년 이래 잉글랜드은행권 유통량은 그 법정 최고발행한도에 도달한 적이 없다. 다른 한편으로 1857년의 공황은 일정한 상황에서는 그 최고발행한도가 불충분하다는 것을 증명하였다. 1857년 11월 13일과 30일 사이에 〖1844년의 은행법 정지 뒤〗 이 법정 최고한도를 매일 평균 £48만8,830 초과한 금액이 유통하고 있었다(『은행법, 1858』: xi). 그 당시 법정 최고발행한도는 £1,447만5천에 잉글랜드은행의 금속준비를 더한 것이었다.

귀금속의 유입과 유출에 관해 다음과 같은 점을 지적할 필요가 있다.

(1) 금 또는 은을 생산하지 않는 나라들 사이의 금속이동은, 금은 생산지로부터 각국으로 금속이동과 이 추가금속의 각국 사이의 분배와 구별되어야 한다.

러시아, 캘리포니아, 오스트레일리아의 금광의 영향이 나타나기 이전에는, 19세기 초 이래 『금은의』 공급량은 마멸된 주화의 보충, 사치품 재료로서 일반적인 사용, 아시아로 은수출에 충분할 정도였다.

그러나 그 이후 미국과 유럽의 아시아무역이 증대함에 따라, 아시아에 대한 은수출은 크게 증대하였다. 유럽에서 수출된 은은 대체로 추가적인 금 공급에 의해 보충되었다. 그리고 새로 수입된 금의 일부는 국내화폐유통에 흡수되었다. 1857년까지 약 £3천만의 금이 영국의 국내유통에 추가된 것으로 추산되고 있다.[14] 더욱이 1844년 이래 유럽과 미국의 모든 중앙은행의 금속준비의 평균규모는 증가하였다. 국내화폐유통의 증대는 동시에 다음과 같은 것을 일으켰다. 즉 공황 이후의 침체기에 은행의 준비금은, 대량의 금화가 국내유통에서 밀려나와 유통하지 않기 때문에, 훨씬 빨리 증대한다는 것이다. 끝으로, 사치품을 위한 귀금속 소비는 부의 증대에 따라 새로운 금 발견 이래 계속 증가하였다.

---

14) 이것이 화폐시장에 미친 영향은 뉴마치의 다음과 같은 진술(『은행법, 1857』)에서 알 수 있다. "제1509호. 1853년 말 대중은 큰 불안을 느끼고 있었다. 그 해 9월 잉글랜드은행은 세 번에 걸쳐 할인율을 인상하였다…10월 초에는 대중이 큰 불안과 공포를 느끼고 있었는데, 이것은 11월 말까지는 크게 완화되었고 오스트레일리아로부터 약 £5백만의 귀금속이 도착하여 거의 완전히 사라졌다…1854년 가을에도 10월과 11월에 약 £6백만의 귀금속이 도착함으로써 동일한 현상이 나타났다. 1855년 가을[모두가 아는 바와 같이 흥분과 불안의 시기였다]에도 9월, 10월, 11월 세 달에 거의 £8백만의 귀금속 도착에 의해 동일한 현상이 일어났으며, 작년[1856년] 말에도 똑같은 것을 보았다. 이리하여 우리들은 금융상의 핍박이 있을 때마다 금을 실은 배의 도착에서 그 자연적 결정적인 해결책을 구하는 습관을 가지게 된 것이 아닌가라는 점에 대해서는 위원 여러분들의 관찰에 호소하는 바다."

(2) 귀금속은 금과 은을 생산하지 않는 나라들 사이에서 끊임없이 이동하고 있으며, 동일한 나라가 금을 끊임없이 수입하면서 동시에 끊임없이 수출하고 있다. 궁극적으로 금이 유출되는가 유입되는가를 결정하는 것은 어느 방향으로의 운동이 우세한가에 달려 있다. 왜냐하면 진동하거나 평행하는 운동들은 대부분 서로 상쇄하기 때문이다. 그런데 바로 이 때문에 그 결과만을 보아, 두 개의 운동〖유출과 유입〗이 끊임없이 일어나고 있다는 사실과 두 개의 운동이 대체로 평행하여 움직인다는 사실을 보지 않게 된다. 일반적으로 귀금속의 과잉수입 또는 과잉수출은 단순히 상품의 수출입관계의 결과이고 표현인 것처럼 생각되지만, 그것은 또한 [상품무역과는 관계없는] 귀금속의 수출입관계를 표현하고 있다.

(3)〖귀금속의〗 수출과 수입 중 어느 것이 우세한가는 대체로 중앙은행의 금속준비의 증감에 의해 측정될 수 있다. 이 측정의 정확성은 물론 먼저 은행제도가 얼마나 집중되어 있는가에 달려있다. 왜냐하면 이른바 국립은행에 저장되고 있는 귀금속이 어느 정도 나라전체의 귀금속을 대표하는가는 이 은행제도의 집중 정도에 달려있기 때문이다. 그러나 그렇다고 하더라도 그 측정은 정확하지는 않다. 왜냐하면 어떤 상황에서는 귀금속의 추가수입이 국내유통이나 금은의 사치적 사용 증대에 흡수될 수 있기 때문이다. 더욱이 귀금속의 어떤 추가수입이 없더라도 국내유통을 위한 금화의 인출이 일어날 수 있으며, 따라서 금속준비의 감소는 귀금속 수출의 동시적인 증가 없이도 발생할 수 있기 때문이다.

(4) 금속수출이 '유출'의 형태를 취하는 것은 다음과 같은 경우다. 즉 감소운동이 장기간 계속되어 감소가 일반적 경향으로 나타나며, 국립은행의 금속준비가 그 평균수준 훨씬 이하로 감소하여 그 평균적인 최저한도에 도달하는 경우다. 이 평균적인 최저한도는 다소 임의로 확정된다. 왜냐하면 그것은 은행권의 태환보증 따위에 관한 법률에 의해 각각의 경우 다르게 결정되기 때문이다. 이런 금유출이 영국에서 도달할 수 있는

양적인 한계에 대해 뉴마치는 『은행법, 1857』 제1494호에서 다음과 같이 말한다. "경험에 의해 판단하면, 대외거래의 어떤 변동에서 생기는 귀금속 유출이 £3백만 또는 £4백만를 초과하는 일은 거의 없다." 1847년 잉글랜드은행의 금준비는 10월 23일에 최저수준에 달하였는데, 이것은 1846년 12월 26일에 비해 £519만8,156 감소한 것이었으며 그 해의 최고수준(8월 29일)에 비하면 £645만3,748 감소한 것이었다.

(5) 이른바 국립은행의 금속준비의 기능—이 기능은 금속준비의 크기를 결정하는 유일한 요인은 아닌데, 그 이유는 금속준비가 국내사업과 대외거래의 마비에 의해서도 증가할 수 있기 때문이다—은 세 가지다. (i) 국제적 지불을 위한 준비금, 즉 세계화폐의 준비금, (ii) 팽창하거나 축소하는 국내금속유통을 위한 준비금, (iii) (이것은 은행기능과 관련된 것이며 단순한 화폐로서 화폐의 기능과는 아무런 관계도 없는데) 예금의 지불과 은행권의 태환을 위한 준비금. 그러므로 금속준비는 이 세 가지 기능 중 어느 하나에 의해서도 영향을 받을 수 있다. 예컨대 국제적 준비금으로서 금속준비는 지불차액에 의해 영향을 받는다[지불차액이 어떤 원인에 의한 것이든, 무역수지와 어떤 관계를 맺든]. 국내금속유통을 위한 준비금으로서 금속준비는 국내금속유통의 팽창 또는 수축에 의해 영향을 받는다. 보증준비금으로서의 세 번째 기능은 금속준비의 독립적인 운동을 결정하지는 않지만, 금속준비에 이중의 영향을 미친다. 만약 은행권이 국내유통에서 금속화폐(그리고 은이 가치의 척도인 나라에서는 은화)를 대체하기 위해 발행된다면, 금속준비의 두 번째 기능 〖국내금속유통을 위한 준비금으로서의 기능〗은 사라진다. 그리하여 이 목적에 봉사하였던 귀금속의 일부는 영구히 외국으로 나갈 것이다. 이 경우 국내유통을 위한 금속주화의 인출은 없으며, 유통하는 금속주화의 일부를 비화폐화하여 금속준비를 일시적으로 증가시키는 것도 없어진다. 더욱이 예금의 지불이나 은행권의 태환을 위해 어떤 사정에서도 최소한도의 금속준비를

보유하여야 한다면, 이것은 독특한 방식으로 금의 유출이나 유입의 결과에 영향을 미친다. 이것은 금속준비 중 은행이 어떤 사정에서도 보유하여야 할 부분을 결정하거나, 또는 은행이 어느 시점에서 불필요하기 때문에 제거하려고 하는 부분을 결정한다. 순수금속유통과 집중화된 은행제도에서는 은행은 금속준비를 예금의 지불을 위한 보증으로도 여겨야 할 것이며, 금속유출은 1857년 함부르크에서 일어난 것과 같은 공황을 야기할 수 있다.

(6) 1837년을 예외로 한다면, 항상 현실의 공황은 환율이 호전된 뒤에, 즉 귀금속의 수입이 다시 그 수출보다 우세하게 되었을 때, 비로소 터졌다.

1825년 현실의 공황은 금유출이 중단된 이후 터졌다. 1839년 금유출은 일어났지만 공황을 일으키지는 않았다. 1847년 금유출은 4월에 멈추고 공황은 10월에 나타났다. 1857년 국외로 금유출은 11월초 이래 중단되었고 11월 후반에 가서 비로소 공황이 왔다.

이 경향은 1847년의 공황에서 매우 분명히 나타났다. 즉 금유출은 상대적으로 약한 예비적 공황을 일으킨 뒤 4월에는 이미 멈추었고, 10월에 가서야 비로소 진정한 상업공황이 터졌던 것이다.

다음과 같은 진술들이 상업공황에 관한 1848년의 상원특별위원회에서 나왔다.(『상업불황, 1848~1857』)

투크의 증언.

"1847년 4월 금융핍박이 일어났는데, 이것은 엄격히 말해 금융공황과 같은 것이었지만 비교적 짧은 기간 계속되었고 어떤 중요한 상업상의 파산을 수반하지 않았다. 10월에는 금융핍박이 4월의 어느 때보다 훨씬 더 심각하였고 거의 들어보지 못한 수의 상업상 파산이 발생하였다(제2996호). 4월에는 환율[특히 대미환율] 때문에, 우리는 비정상적으로 큰 수입대금을 지불하기 위해 거액의 금을 수출해야 하였다. 잉글랜드은행은 비상한 노력으로 금유출을 중단시키고 환율을 인상하였다(제2997호). 10월에 환율은 영국에 유리하였다(제2998호). 환율의 전환은 4월의 셋째 주에 시작하였다(제3000호). 환율은 7월과 8월에 변동하였으며 8월초 이래 항상 영국에 유리하였다(제3001호). 8월의 금유출은 국내유통을 위한 수요에 기인하였다(제3003호)."

잉글랜드은행 총재 모리스의 증언. 1847년 8월 이후 환율은 영국에 유리하고 따라서 금 유입이 일어났는데도, 잉글랜드은행의 금속준비는 여전히 감소하였다. "£2백2십만이 국내수요 때문에 국내로 들어갔다"(제137호). 그 이유는 한편으로는 철도건설에 노동자의 고용이 증가했기 때문이며, 다른 한편으로는 "은행업자들이 공황에 대비하여 자기 자신의 금 준비를 확보하려고 하였기"(제147호) 때문이다.

잉글랜드은행의 이전 총재이며 1811년 이래의 이사인 파머의 증언. "제684호. 1847년 4월 중순부터 1844년의 은행법이 정지된 그날 〖1847년 10월 25일〗까지의 기간 전체를 통해 환율은 영국에 유리하였다."

1847년 4월에 진정한 화폐공황을 일으킨 금속유출은 언제나 그렇듯이 공황의 전조였으며, 공황의 발발 이전에 이미 방향을 바꾸고 있었다. 1839년 사업의 심각한 불황에서 상당한 금속유출이 [곡물 따위의 대금지불을 위해] 일어났지만, 공황이나 화폐공황은 일어나지 않았다.

(7) 일반적 공황이 종식되어 다시 균형상태를 회복하자마자, 금과 은(생산국으로부터 새로 유입되는 것은 제외)은 각국의 이전의 금준비 보유비율에 따라 다시 분배된다. 기타의 사정이 불변이라면, 각국 금준비의 상대적 크기는 세계시장에서 각국의 기능에 의해 결정된다. 귀금속은 정상적인 분배몫 이상을 가진 나라로부터 흘러나와 다른 나라로 가며, 이런 유출입운동은 단순히 각국 금준비 사이의 최초의 분배를 회복시킨다. 그러나 이 재분배는 각종의 다른 사정들[환율을 다룰 때 언급할 것이다]의 영향을 받는다. 정상적인 분배가 다시 확립되면, 이 순간부터 먼저

증대가 나타나고 그 다음에는 다시 유출이 나타난다. {엥겔스: 이 마지막 문장은 세계화폐시장의 중심인 영국에만 타당한 것은 분명하다.}

(8) 금속유출은 일반적으로 대외무역상태의 변화의 징조며, 이 변화는 상황이 다시 공황에 접근하고 있다는 것을 미리 경고하는 것이다.[15)]

(9) 지불차액은 아시아와는 흑자이지만, 유럽과 미국과는 적자일 수 있다.[16)]

* * *

귀금속의 수입은 주로 두 시기에 일어난다.

(1) 낮은 이자율의 첫 국면[이 국면은 공황의 뒤를 잇는 국면이며 생산 축소를 반영하고 있다], 그리고 그 둘째 국면[이자율은 상승하지만 아직 그 평균수준에는 도달하지 않은 국면]에서 귀금속의 수입이 일어난다. 낮은 이자율의 둘째 국면에서는 환류가 활발하며 상업신용이 풍부하기 때문에 대부자본에 대한 수요는 생산확대에 비례하여 증가하지는 않는다. 대부자본이 비교적 풍부한 이 두 국면에서는, 금은 형태[즉 주로 대부자본으로서만 기능할 수 있는 형태]로 존재하는 자본의 과잉유입은 이

15) 뉴마치에 따르면, 해외로 금유출은 다음과 같은 세 가지 원인에 의해 발생할 수 있다. (1) 순수한 무역상의 원인, 즉 수입이 수출을 초과하는 경우. 예컨대 1836년과 1844년 사이의 경우, 그리고 또 1847년의 경우인데, 특히 대규모의 곡물수입 때문이었다. (2) 영국자본의 해외투자를 위한 자금조달. 예컨대 1857년 인도의 철도에 대한 투자를 위한 자금조달. (3) 해외에서의 최종지출. 예컨대 1853년과 1854년 동양에서 전쟁목적을 위한 최종지출.

16) (『은행법, 1857』, 제1918호) 뉴마치의 증언. "인도와 중국을 합쳐 계산하고, 인도와 오스트레일리아 사이의 무역, 그리고 그보다 더욱 중요한 중국과 미국 사이의 무역을 계산에 넣는다면, 이 무역들은 삼각무역이고 그 차액결제가 우리를 통해 실시되기 때문에…무역수지가 우리나라에 대해 적자였을 뿐 아니라 프랑스와 미국에 대해서도 적자였다는 것은 옳다."

자율에 [따라서 또 사업 전체의 분위기에] 중요한 영향을 미친다.

(2) 환류가 이미 어려워지고 시장은 공급과잉이며 신용에 의해 겉모습의 번영이 유지될 때, 즉 대부자본에 대한 매우 강력한 수요가 이미 존재하며 따라서 이자율이 적어도 평균수준에 도달하였을 때, 귀금속의 유출[계속적인 심한 수출]이 나타난다. 이런 상황[이것은 바로 귀금속의 유출에 반영되고 있다]에서는, 직접적으로 대부자본으로서 존재하는 형태의 자본을 계속 유출시키는 것은 매우 큰 영향을 미치게 된다. 이것은 이자율에 직접적인 영향을 미치지 않을 수 없다. 그러나 이자율의 상승은 신용거래를 축소시키기는커녕 확대하며 신용의 모든 재원들을 과도하게 이용하도록 한다. 그러므로 이 시기는 공황 또는 파국에 선행한다.

뉴마치의 증언(『은행법, 1857』).

"제1520호. 그러면 유통하는 어음의 금액은 할인율의 상승과 함께 증가하는가?—그런 것 같다." "제1522호. 조용한 평상시에는 은행계좌가 교환의 현실적인 수단이다. 그러나 어떤 곤란이 생기면, 예컨대 내가 언급한 사정에서 잉글랜드은행의 할인율이 인상되면…거래는 자연히 어음의 발행에 의존하게 된다. 이 어음은 성립된 거래의 법적 증거로서 더 편리할 뿐 아니라 다른 곳에서 구매하는 데도 더 편리하며 더욱이 자본을 차입하기 위한 신용수단으로서 특히 편리하다."

더욱이 어느 정도 위험한 상황에서 잉글랜드은행이 할인율을 인상하자마자—동시에 잉글랜드은행은 할인할 어음의 유통기간을 단축할 가능성이 있다—이 할인율 인상이 점점 더 심화되리라는 일반적인 우려가 나타난다는 사실을 추가해야 한다. 그리하여 모든 사람들[특히 신용투기꾼들]은 선물先物future을 할인받아 주어진 순간에 될 수 있는 한 많은 신용수단을 확보하려고 한다. 이상에서 제시한 이유들이 의미하는 것은 다음과 같다. 즉 단순히 귀금속의 수입량 또는 수출량 그 자체가 영향을 미치는 것은 아니다. 그것이 영향을 미치는 것은, 첫째로 화폐형태의 자본이라는 귀금속의 독특한 성격 때문이며, 둘째로 귀금속의 수출량 또는 수입량은, 어느 한쪽이 조금이라도 초과하면 균형을 파괴시킬 수 있는 그런 상황에서 개입하기 때문이다[이것은 마치 저울 위의 무게에 깃털이 추가되자마자 어느 한쪽으로 저울이 기우는 것과 마찬가지인데, 이 깃털의 기능을 귀금속의 수출량 또는 수입량이 수행하는 것이다]. 이런 이유들이 없다면, 어떻게 £5~8백만의 금유출[이것이 지금까지의 경험상 최대규모다]이 중대한 영향을 미칠 수 있는가를 이해할 수 없을 것이다. 이 소규모의 자본증감은 영국에서 평균적으로 유통하고 있는 £7천만의 금에 비하여도 큰 것이 아니며 영국의 총생산액에 비하면 무한히 적다.[17] 그러나 바로 신용제도와 은행제도의 발달 그것이, 한편에서는 모든 화폐자본을 생산에 봉사하도록 강제하며(또는 같은 이야기지만 모든 화폐수입을 자본으로 전환시키며), 다른 한편에서는 산업순환의 어느 국면에서 금속준비를 [그것이 수행해야 할 기능을 더이상 수행할 수 없게 하는] 최소한도로 축소시킨다. 결국 이 발달한 신용제도와 은행제도가 전체의 유기체를 지나치게 민감하게 만든다. 생산발전의 더 낮은 단계에서는 금준비가 평균크기보다 증가하거나 감소하는 것은 다른 것에 비하면 문제도 되지 않는다. 마찬가지로 매우 심각한 금유출까지도 [산업순환의 결정적인 시기에 발생하지 않는 한] 상대적으로 영향을 미치지 않는다.

이상의 설명에서는 흉작 따위로 말미암아 일어나는 금속유출의 경우는 무시하였다. 이 경우 생산의 균형에 주요한 갑작스러운 교란이 나타

17) 예컨대 웨겔린의 우스운 답변을 보라. 그는 £5백만의 금유출을 동액의 자본감소라고 말하고 있으며, 이것에 의해 [현실적 산업자본의 무한히 거대한 가격등귀나 가치감소, 팽창이나 축소의 경우에도 생기지 않는] 현상들 『예: 할인율의 인상』을 설명하려고 한다. 다른 한편으로, 이런 현상들 『금의 유출과 유입』을 현실적 자본(소재적 요소의 관점에서 본 자본)의 양적 팽창이나 축소의 직접적 징조로 설명하려는 시도도 마찬가지로 우습다.

나며 이것의 표현이 금유출인데, 이 유출의 영향을 더이상 설명할 필요는 없다. 이 교란이 생산이 과도하게 팽창하는 시기에 발생하면 할수록, 그 유출의 영향은 그만큼 더 커진다.

또한 우리는 금속준비가 가진 은행권의 태환보증으로서의 기능과 신용제도 전체의 회전축으로서의 기능을 무시하였다. 중앙은행은 신용제도의 회전축이며, 금속준비는 이번에는 중앙은행의 회전축이다.[18] 신용제도가 화폐제도로 전환하는 것이 불가피한 것은 이미 제1권 제3장 [3절 b] 에서 지불수단을 논의하면서 밝힌 바 있다. 투크나 오브스톤이나 모두 결정적인 순간에 금속토대를 유지하기 위해 물질적 부의 최대한 희생이 필요하다는 것을 인정하고 있다. 논쟁은 다만 그것이 플러스의 효과를 가지는가 마이너스의 효과를 가지는가에 관한 것과, 불가피한 것을 극복하는 방법으로 어느 것이 더 합리적인가에 관한 것뿐이다.[19] 생산전체에 비하면 무시할 만한 양의 금속이 이 제도의 회전축으로 공인되고 있다. 이리하여 이 회전축으로서의 성격이 공황에서 전율할 정도로 발현될 뿐 아니라, 매우 훌륭한 이론적 이원론이 생기고 있다. 즉 계몽된 경제학은 '자본'을 취급하는 한 금은을 전혀 중요하지 않고 가장 소용없는 자본형태라고 최대로 경멸하고 있는데, 금융을 다루자마자 이 태도는 완전히 역전되어 금은은 특히 뛰어난 자본으로 되며, 이것을 유지하기 위

---

18) 뉴마치의 증언(『은행법, 1857년』). "제1364호. 잉글랜드은행의 금속준비는 사실상 귀금속의 중앙준비 또는 중앙퇴장이며, 이것을 회전축으로 하여 이 나라의 모든 거래가 진행된다. 국내의 모든 기타 은행들은 잉글랜드은행을 자기들의 금속준비를 인출하는 중앙저수지로 여긴다. 그리고 외환시세의 작용은 항상 이 저수지에 영향을 미친다."

19) "따라서 실제로 투크나 로이드 [오브스톤] 모두 금에 대한 추가수요에 대처하기 위해…이자율의 인상과 자본대부의 제한에 의해 신용을 미리 축소시킨다는 것이다…그러나 로이드의 원칙은 가장 심각한 불편을 일으킬…"(법적)"제한과 규정을 만들게 한다."(『이코노미스트』, 1847: 1418)

해 모든 기타의 자본형태와 노동은 희생되어야만 한다는 것이다. 그러면 금은은 어떻게 기타 형태의 부와 구별되는가? 가치의 크기에 의해서는 아니다. 왜냐하면 가치의 크기는 금은에 대상화되어있는 노동량에 의해 결정되기 때문이다. 오히려 금은은 부의 사회적 성격의 자립적인 화신 · 표현이라는 점에서 구별된다. {엥겔스: 사회의 부는 오직 그것의 사적 소유자인 개인들의 부로서 구성된다. 부는 이런 개인들이 자기들의 욕구를 충족시키기 위해 질적으로 서로 다른 사용가치들을 상호교환한다는 사실에 의해 사회적인 부로 나타날 뿐이다. 자본주의적 생산에서는 개인들은 오직 화폐를 매개로 교환을 행할 수 있다. 따라서 화폐를 매개로 개인의 부는 사회적 부로 실현된다. 이 부의 사회적 성격은 화폐라는 이 사물에 체현된다.} 부의 이 사회적 존재 『화폐 또는 금은』는 저 세상의 것으로서 [즉 사회적 부의 실물적 요소들과 나란히 그리고 그 밖에서 존재하는 사물 · 대상 · 상품으로서] 나타난다. 생산이 원활히 진행되는 동안은 이런 것은 잊게 된다. 신용은 마찬가지로 부의 사회적 형태인데, 화폐를 축출하고 그 지위를 빼앗는다. 생산의 사회적 성격에 대한 신뢰 그것이 생산물의 화폐형태를 단순히 일시적이고 관념적인 것, 단순한 관념으로서 나타나게 한다. 그러나 신뢰가 동요하자마자[그런데 이것은 근대산업의 순환에서는 규칙적이고 필연적으로 나타나는 국면이다], 모든 실물적 부는 현실적으로 그리고 즉시 화폐[즉 금은]로 전환되어야만 한다. 이것은 말도 되지 않는 요구이지만 체제 그 자체로부터 필연적으로 발생하는 요구다. 그런데 이런 거대한 요구를 충족시켜야 할 금과 은은 기껏해야 잉글랜드은행의 금고에 있는 수백만 파운드 스털링에 불과하다.[20] 그러므로

---

20) "금에 대한 수요를 완화시키기 위해서는 이자율의 인상 이외에는 다른 방법이 없다는 것에 당신은 전적으로 동의하는가?—챕만(거대한 어음중개업자 오브렌드 거니상사의 동업자): 그렇다…우리의 금이 일정한 수준으로 감소할 때 우리는 곧 경종을 울리고 다음과 같이 말하는 수밖에 없다. 즉 우리는 몰락하

금유출은 그 영향을 통해 다음과 같은 사실을 선명하게 밝혀주고 있다. 즉, 생산이 사회적 생산이면서도 사회적 통제를 실제로 받고 있지 않다는 것, 그리고 부의 사회적 형태『화폐』가 부 그 자체와 나란히 하나의 사물로서 존재한다는 것이다. 물론 위의 사실은 자본주의체제뿐 아니라 이전의 생산체제들—이들 체제가 상품거래와 사적 교환을 토대로 하고 있는 한 —에도 타당하다. 그러나 자본주의체제에서만 이 불합리한 모순과 역설이 가장 명확하고 괴상한 형태로 나타난다. 왜냐하면, (1) 자본주의체제에서는 직접적인 사용가치를 위한 생산[생산자 자신의 사용을 위한 생산]은 거의 완전히 폐지되고 있으며, 따라서 부는 [생산과 유통의 얽힘으로써 나타나는] 사회적 과정으로서만 존재하기 때문이다. (2) 신용제도의 발달에 따라 자본주의적 생산은 끊임없이 이 금속『금은』에 의한 한계—이것은 부와 그 운동에 대한 물적인 한계일 뿐 아니라 관념적인 한계이기도 하다—을 극복하려고 노력하지만 또한 끊임없이 반복하여 이 한계에 부닥치기 때문이다.

공황에서는 모든 어음 · 유가증권 · 상품이 한꺼번에 동시에 은행화폐로 전환될 수 있어야 하며, 그리고 모든 은행화폐는 또한 금으로 전환될 수 있어야 한다는 요구가 나온다.

제2절 환 율

{엥겔스: 화폐금속의 국제적 이동의 지표는 물론 환율이다. 만약 독일이 영국에 지불해야 할 것보다 영국이 독일에 지불해야 할 것이 많다면,

---

고 있으며 금을 해외로 보내는 사람은 자기 자신의 위험을 각오하고 보내지 않으면 안 된다고."(『은행법, 1857』, 증언 제5057호)

런던에서는 스털링으로 표현된 마르크의 가격은 상승하고, 함부르크나 베를린에서는 마르크로 표현된 스털링의 가격은 하락한다. 독일에 대한 이런 영국의 지불채무 초과가 예컨대 독일의 영국에서의 구매초과에 의해 다시 상쇄되지 않는다면, 독일 앞으로 발행된 마르크표시 어음의 스털링가격은 영국에서 독일로 어음 대신 금속(금화 또는 금덩이)을 보내는 것이 유리하게 되는 점까지, 상승하게 된다. 이것이 전형적인 과정이다.

이 귀금속 수출이 더 대규모화하고 더 장기간 계속된다면, 영국의 은행준비금은 감소하고 영국화폐시장은 잉글랜드은행을 선두로 보호조치를 취해야 할 것이다. 이 보호조치는 이미 본 바와 같이 주로 이자율을 인상하는 것이다. 금유출이 거대한 경우 화폐시장은 대체로 여유가 없어진다. 즉 화폐형태의 대부자본에 대한 수요가 공급을 크게 초과하여 이자율의 상승이 자연히 일어난다. 잉글랜드은행이 결정하는 할인율은 이 사태에 대응하여 시장에 실시된다. 그러나 경우에 따라서는 금속유출이 보통의 상거래관계 이외의 사정들(예: 외국정부에 대한 대부, 해외자본투자) 때문에 일어나며, 따라서 런던화폐시장 그 자체가 이자율의 실질적 인상을 정당화하지 못하는 경우도 있다. 이 때에는 잉글랜드은행이 먼저 '공개시장'에서 대규모 차입에 의해 '화폐를 부족하게' 만들어야 하며, 그리하여 이자율 인상을 정당화하는 [또는 이자율 인상을 필요하게 하는] 상태를 인위적으로 조성해야 한다. 이런 조작은 매년 점점 더 어려워지고 있다.}

이자율 인상이 환율에 어떤 영향을 미치는가는 『은행법, 1857』의 증언에서 볼 수 있다.

존 스튜어트 밀의 증언.

"제2176호. 사업이 어려워지면 언제나…유가증권의 가격은 크게 떨어진다… 외국인들은 이 나라에서 철도주식을 구매하려고 하거나 외국철도주식을 소유한 영국인들은 그것을 해외에서 판다…이리하여 금의 이전은 그만큼 저지된다." "제2182호. 거대하고 자금이 풍부한 은행업자와 증권업자들[이들을 통해 각국 사이의 이자율과 상업상의 핍박이 평준화되고 있다]은…가격이 상승할 것 같은 증권들을 구매하려고 항상 주시하고 있다…그들이 증권을 구매하는 장소는 금을 해외로 내보내는 나라다." "제2184호. 이런 자본투자는 1847년 거대한 규모로 행해졌으며, 금유출을 크게 완화시킬 만한 규모였다."

잉글랜드은행의 이전 총재이며 1838년 이래 이사인 허바드의 증언. "제2545호. 유럽 각국의 화폐시장에서 유통하는…대량의 유럽증권들이 있는데, 이 증권들은 한 시장에서 그 가격이 1~2% 하락하면 곧 구매되어 [그 가격이 아직도 유지되고 있는] 다른 시장으로 보내진다." "제2565호. 외국은 영국상인들에게 큰 채무를 지고 있지 않는가?—매우 큰 채무를 지고 있다." "제2566호. 그러면 이런 채무의 회수 그것만으로도 영국에서 거대한 자본이 축적되는 것을 설명할 수 있는 것이 아닌가?—1847년 미국과 러시아가 이전에 우리에게 빌려갔던 수백만 파운드 스털링을 우리가 포기함으로써 우리의 지불수지가 궁극적으로 회복된 것이다." {엥겔스: 동시에 영국은 바로 이 나라들에게 곡물대금으로 '수백만 파운드 스털링'의 빚을 지고 있었는데, 영국채무자들의 파산에 의해 그 대부분을 지불하지 않았던 것이다. 제30장 끝부분에 인용된 『은행법, 1857』을 참조하라.}

"제2572호. 1847년 러시아의 상트 페테르부르크에 대한 영국의 환율은 매우 높았다. 잉글랜드은행으로 하여금 [금속준비를 초과하여 ￡1천4백만까지 은행권을 발행할 수 있다는] 법적 구속을 받지 않고 은행권의 발행을 허용한 정부 편지가 공개되었을 때, 그 조건은 할인율을 8%로 유지해야 한다는 것이었다. 그 당시 그리고 이 할인율에서는, 상트 페테르부르크에서 런던으로 금을 보내게 하고 이 금이 도착하면 [금구매를 위해 발행된] 3개월짜리 어음의 만기까지 금을 8%로 대부하는 것이 오히려 유리한 거래였다." "제2573호. 모든 금거래에서는 고려할 점이 많다. 환율도 고려해야 하고, 금에 대해 발행된 어음의 만기까지 화폐의 대부에 적용되는 이자율도 고려해야 한다."

아시아에 대한 환율

아래의 논점들이 중요한 것은 다음과 같은 이유 때문이다. 첫째, 아시아에 대한 영국의 환율이 불리할 때 영국은 어떻게 그 손실을 기타의 나라들[이들은 아시아로부터의 수입에 대한 지불을 영국상인을 통해 행한다]로부터 보상받으려 하는가를 밝혀주기 때문이다. 둘째, 윌슨은 여기에서도 귀금속의 수출이 환율에 미치는 영향과 자본일반의 수출이 환율에 미치는 영향을 동일시하는 어리석은 시도를 하기 때문이다[여기에서 말하는 수출은 어느 것이나 구매수단이나 지불수단으로서의 수출이 아니라 자본투하를 위한 수출이다]. 먼저 자명한 것은, 인도의 철도건설에 투자하기 위해 수백만 파운드 스털링을 보낼 때 귀금속으로 보내느냐 철도레일로 보내느냐는 단순히 형태상의 차이에 불과하며, 어느 경우에나 동일한 금액의 자본이 한 나라에서 다른 나라로 이전된다는 점이다. 더욱이 이 이전은 보통의 상업거래에 속하지 않으며, 수출국은 이 철도에 대한 투자에서 장래에 받을 매년의 수입 이외에는 아무것도 기대하지 않는다. 이 수출이 귀금속의 형태로 행해진다면, 귀금속 그것이 직접적으로 대부가능한 화폐자본이고 화폐제도 전체의 토대이기 때문에, 이 수출은 [반드시 그런 것은 아니지만 위에서 말한 사정에서는] 수출국의 화폐시장 따라서 이자율에 직접적인 영향을 미친다. 또 이 귀금속의 수출은 환율에도 직접적인 영향을 미친다. 런던화폐시장에 공급되는 인도 앞 어음만으로는 이 특별송금을 충족시키지 못하여 귀금속을 현물로 보내는 경우에 특히 그러하다. 이 경우 인도 앞 어음에 대한 수요는 그 공급을 초과하며 따라서 환율은 일시적으로 영국에 불리해진다. 이것은 영국이 인도에게 채무를 지고 있기 때문이 아니라 영국이 인도로 큰 금액을 송부해야 하기 때문이다. 장기적으로 보면, 인도에 대한 이런 귀금속 수출은 영국상품에 대한 인도의 수요를 증가시킬 것임에 틀림없다. 왜냐하면 그것은 유럽상품에 대한 인도의 소비능력을 간접적으로 증대시키기 때문이다. 그러나 자본이 철도레일 따위의 형태로 수출된다면, 그것은 환율에 어떤 영향도 미칠 수 없다. 왜냐하면 인도는 이것에 대해 어떤 지불을 『지금 당장』 할 필요가 없기 때문이다. 이 때문에 그것은 또한 화폐시장에 어떤 영향도 미치지 않는다. 윌슨은 이런 특별투자가 화폐융통에 대한 추가적인 수요를 야기하여 이자율에 영향을 미치게 될 것이라고 생각한다. 물론 이것은 있을 수 있는 일이지만, 어떤 상황에서도 그렇게 되지 않을 수 없다고 주장하는 것은 전적으로 잘못이다. 철도레일이 영국이나 인도 어디로 보내져 깔리든 그것은 그 특정분야의 영국생산이 확대한 것을 표시할 따름이다. 생산의 증대[매우 거대한 증대까지도]가 이자율을 인상시키지 않고서는 이루어 질 수 없다고 주장하는 것은 전적으로 어리석은 주장이다. 화폐융통[즉 신용조작에 관련된 거래금액]은 증가할 것이지만 이자율은 불변일 수 있다. 이것은 1840년대 영국의 철도열광시기에 사실상 그러하였다. 이자율은 상승하지 않았다. 현실적 자본[이 경우 상품들]이 문제로 되는 한, 이 상품들이 해외수출용이든 국내용이든 화폐시장에 대한 영향은 마찬가지라는 것은 명백하다. 구별이 생길 수 있는 경우는, 영국의 대외자본투자가 영국의 상업적 수출—지불을 받아야 하며 따라서 『화폐의』 환류를 일으키는 수출—을 제한하는 효과를 가지거나, 또는 이 자본투자가 일반적으로 이미 신용의 과도한 팽창이나 투기적 조작의 개시를 알리는 징조인 경우뿐이다.

아래의 발췌에서는 윌슨이 질문하고 뉴마치가 대답한다.

"제1786호. 동양으로 보낼 은에 대한 수요에 관해 며칠 전에 당신은 말하기를 동양으로 끊임없이 거액의 금속이 송부되었음에도, 인도와의 환율은 영국에 유리하였다고 하였다. 이것에 대한 어떤 근거가 있는가? —물론이다…내가 아는 바에 의하면 1851년 인도에 대한 영국수출의 현실가치는 £7백42만이었다. 여기에 추가되어야 할 것은 런던에 있는 인도 하우스India House 〚런던에 있는 동인도회사의 본사〛가 발행하는 어음금액 [즉 동인도회사가 자기 자신의 경비를 지출하기 위해 인도로부터 인출하는 금액]이다. 그 해에 이 어음금액은 £3백2십만이었으므로 인도에 대한 영국의 총수출은 £1천62만이었다. 1855년…인도에 대한 영국의 상품수출의 현실가치는 £1천35만으로 증대하였고 인도 하우스의 어음금액은 £3백7십만이었으므로 총수출액은 £1천4백5만이었다. 인도의 영국 상품수입의 현실가치는 1851년에 관한 것은 없지만 1854년과 1855년에 관한 것은 있다. 1855년 인도의 영국 상품수입의 총현실가치는 £1천2백67만이었으므로 총수출액 £1천4백5만에 비교하면 영국은 직접무역에서 £1백38만의 흑자를 본 셈이었다."

이런 진술에 대해 윌슨은 환율은 또한 간접적인 무역에 의해 영향을 받는다고 논평한다. 예컨대 인도에서 오스트레일리아 · 북아메리카로의 수출은 런던 앞 어음에 의해 지불되며, 따라서 이것이 환율에 미치는 영향은 인도에서 직접적으로 영국에 상품이 수출되는 경우와 마찬가지다. 더욱이 인도와 중국을 합쳐본다면 영국은 무역수지의 적자를 나타낼 것이다. 왜냐하면 중국은 항상 인도에 대해 거액의 아편대금을 지불해야 하며, 영국은 중국에 대해 각종 대금을 지불해야 하므로, 그 금액이 이런 우회로를 거쳐 인도로 가기 때문이다(제1787호, 제1788호).

제1791호에서 윌슨은 자본이 "철도레일과 기관차의 형태로 수출되든 금속화폐의 형태로 수출되든" 환율에 대한 영향은 동일한 것이 아닌가 질문한다. 이에 대한 뉴마치의 다음과 같은 대답은 매우 옳다. 즉, 최근 인도의 철도건설을 위해 송부된 £1천2백만은 [인도가 영국에게 일정한 기간마다 지불해야만 하는] 연금증권을 구매한 것과 같은 기능을 한다. "그러나 귀금속시장에 대한 직접적인 영향에 관해 말한다면, 이 £1천2백만의 투자는 현실적인 화폐지출을 위해 귀금속이 수출되어야 하는 경우에만 영향을 미칠 수 있다."

제1797호. (웨겔린의 질문) "이 철도레일에 대한 대금지불이 행해지지 않는다면 그것이 어떻게 환율에 영향을 미칠 수 있는가?—투자 중 상품형태로 보낸 부분은 환율에 영향을 미친다고 생각하지 않는다…두 나라 사이의 환율은 오직 한 나라에서 제시되는 채무액[또는 어음액]과 이에 대해 다른 나라에서 제시되는 그것과의 비교에 의해 영향을 받는데, 이것이 환율의 합리적 핵심이다. 이제 £1천2백만의 수출에 관하여 말한다면, 그 화폐는 먼저 이 나라에서 응모된다…만약 이 £1천2백만 전부가 귀금속으로 캘커타, 봄베이 『지금은 뭄바이』, 마드라스 『지금은 첸나이』에 투하되어야 한다면…이 갑작스런 수요는 은가격과 환율에 큰 영향을 미칠 것이다. 이것은 마치 동인도회사가 어음을 £3백만에서 £1천2백만으로 증액시키겠다고 내일이라도 통고하는 경우와 마찬가지다. 그런데 이 £1천2백만의 절반은…영국에서 상품들[예컨대 철도레일 · 목재 · 기타 재료]의 구입에 지출된다…이것은 인도로 보낼 특정 상품의 구매를 위해 영국자본을 영국 안에서 지출하는 것이며 이것이 그 전부다." 제1798호. (웨겔린) "그러나 철도에 필요한 철이나 목재 등을 생산하기 위해서는 외국원자재의 대량소비가 요구되며, 따라서 환율이 영향받지 않을까?—확실히 그렇다."

그 뒤 윌슨은 철은 주로 노동에 의해 생산되며 이 노동에 대해 지불되는 임금은 그 대부분이 수입상품에 지출된다는 의견을 제시하며(제1799호), 이어서 다음과 같이 질문한다.

"제1801호. 그러나 일반적으로 말해, 수입원자재의 소비에 의해 생산된 상품들을 생산물이나 기타 형태로 대가를 받지 않고 수출한다면, 환율이 이 나라에 불리하게 될 것이 아닌가?—그 원리가 이 나라에서 큰 철도투자시기"(1845년)"에 나타났다. 3 · 4 · 5년 동안 철도에 £3천만이 투하되었고, 그것의 거의 전부가 임금에 지출되었다. 3년 동안 철도 · 기관차 · 차량 · 역의 건설에 고용된 노동자가 전체 공장지역의 노동자보다 더욱 컸다. 이 노동자들은…그들의 임금을 차 · 설탕 · 술 · 기타의 외국상품에 지출하였고 이 상품들은 수입되었다. 그러나 이런 큰 지출이 행해지는 동안 환율은 실질적으로 변동하지 않았다는 것은 사실이다. 귀금속의 유출은 없었고 오히려 유입이 있었다."

제1802호. 윌슨은 주장하기를 영국과 인도 사이에 무역수지가 균형을 이루고 환율이 화폐의 금속평가par value인 경우 철도레일과 기관차의 특별수출은 "인도와의 환율에 영향을 미칠 것"이라고 말한다. 그러나 뉴마치는 만약 철도레일이 자본투자로 수출되며 인도가 그것에 대해 어떤 형태로든 『당장』 지불할 필요가 없는 경우 그 견해를 받아들일 수 없다고 말하면서, 다음과 같이 추가한다. "나는 한 나라가 모든 무역상대국들과 불리한 환율을 오랫동안 유지할 수 없다는 원리에 동의한다. 어느 한 나라와의 불리한 환율은 반드시 다른 나라와의 유리한 환율을 낳게 된다."

이에 대해 윌슨은 다음과 같은 평범한 반론을 제기한다.

"제1803호. 그러나 자본이 어떤 형태로 수출되든 자본의 이전은 동일한 것이 아닌가?—채무가 문제로 되는 한 그렇다." "제1804호. 그렇다면 귀금속을 수출하든 원자재를 수출하든 인도의 철도건설이 이 나라의 화폐시장에 미치는 영향도 동일한 것이 아닌가? 마치 그 금액전체가 귀금속으로 수출된 것과 마찬가지로 자본의 가치를 증대시킬 것이 아닌가?"

만약 철도레일의 가격이 상승하지 않았다면, 이것은 적어도 레일에 들어있는 '자본'의 '가치'가 증가하지 않았다는 증거다. 그러나 지금 문제로 되고 있는 것은 화폐자본의 가치 즉 이자율이다. 윌슨은 화폐자본과 자본일반을 동일시하려고 노력하고 있다. 단순한 사실은 첫째 £1천2백만이 인도의 철도를 위해 영국에서 공개로 모집되었다는 점이다. 이것은 환율과 직접적인 관련이 없는 사실이며, £1천2백만의 용도도 화폐시장에 관한 한 중요하지 않다. 화폐시장이 순조로운 상태라면, 1844년과 1845년의 영국철도주 공모가 화폐시장에 아무런 영향을 미치지 않은 것과 마찬가지로 그 공모는 화폐시장에 아무런 영향을 미치지 않을 것이다. 화폐시장이 이미 어느 정도 핍박하다면 이자율은 영향을 받을 수 있지만 그것은 오직 인상될 뿐이며, 따라서 윌슨의 이론에 따르면 이것은 필연적으로 환율을 영국에 유리하게 만들 것이다. 즉 귀금속의 수출경향 — 인도에 대한 수출이 아니더라도 적어도 다른 나라들에 대한 수출 — 은 저지될 것이다. 윌슨은 하나로부터 다른 하나로 비약하고 있다. 제1802호에서는 영향을 받는 것은 환율이라고 말하고 제1804호에서는 '자본의 가치'라고 말하고 있는데, 두 개는 전혀 다른 것이다. 이자율은 환율에 영향을 미칠 수 있고 환율은 이자율에 영향을 미칠 수 있다. 그러나 이자율은 환율이 변동하더라도 불변일 수 있으며, 또한 환율도 이자율이 변동하더라도 불변일 수 있다. 윌슨은, 자본이 해외로 수출될 때 그 자본의 단순한 형태가 이런 다른 영향을 미친다는 것 — 즉 자본의 형태상의 차이[바로 그 화폐형태]가 이런 중요한 의의를 가지고 있다는 것 — 에 동의하지 않는다. 이것은 계몽된 경제학의 모든 경향과 모순되는 태도다. 뉴마치는 윌슨의 질문에 일면적으로만 대답하며, 윌슨이 갑자기 아무런 이유없이 환율로부터 이자율로 비약한 것에 대해 아무런 주의도 환기시키지 않고 있다. 앞에 인용한 질문 제1804호에 대한 뉴마치의 답변은 불확실하며 동요하고 있다.

"£1천2백만이 조달되어야 할 필요가 있는 경우, 그 £1천2백만을 귀금속으로 보낼 것인가 원자재로 보낼 것인가는 일반적 이자율에 관한 한 중요하지 않다는 것은 틀림없다. 그러나"(이 '그러나'를 전혀 반대의 것을 말하기 위한 접속사로 사용하고 있다) "이것이 전혀 중요하지 않은 것은 아니다."(이것은 중요하지 않다. 그러나 이것은 중요하지 않은 것은 아니다. 도대체 이런 이야기가 어디 있는가!) "왜냐하면 하나의 경우에는 £6백만이 곧 환류하지만 다른 하나의 경우에는 그것이 그렇게 빨리 환류하지 않을 것이기 때문이다. 따라서 £6백만이 이 나라에서 지출되는가 또는 모두 국외로 수출되는가는 약간의"(도대체 이런 규정이 어디 있는가!) "차이가 있을 것이다."

£6백만이 곧 환류한다는 것은 무엇을 의미하는가? 이 £6백만이 영국에서 지출되었다면 그것은 레일 · 기관차 등으로 존재하며 이것들이 인도로 송부되어 거기로부터 환류하지 않고 다만 그 가치만이 감가상각에 의해 매우 천천히 환류할 것이다. 반면에 £6백만이 귀금속으로 인도에 송부되었다면, 그 귀금속은 아마도 매우 빨리 영국으로 환류할 것이다. £6백만이 임금에 지출되었다면 그것은 소비되어버린다. 그러나 투하된 그 화폐는 이전과 마찬가지로 국내에서 유통하거나 준비금을 형성한다. 레일생산자들의 이윤이나 £6백만 중 그들의 불변자본을 보충하는 부분도 마찬가지다. 따라서 뉴마치가 '환류'라는 애매한 단어를 사용하는 것은 다음과 같은 것을 직접적으로 말하지 않기 위한 것일 뿐이다. 즉 화폐는 국내에 남아 있으며, 그리고 그것이 대부가능 화폐자본으로 기능하는 한, 화폐시장에 대한 차이는 (더 많은 금속화폐가 유통에 흡수되었을지도 모른다는 사실 이외에는) 오직 그 화폐가 B의 계좌에서 지출되는 것이 아니라 A의 계좌에서 지출된다는 것뿐이다. [자본이 귀금속으로서가 아니라 상품으로서 타국에 이전되는] 이런 종류의 투자가 환율(투자를 받는 나라와의 환율이 아니다)에 영향을 미치는 것은, 수출상품의 생산에 타국상품의 수입이 추가적으로 필요한 경우뿐이다. 그러나 이 생산은 추가적인 수입을 상쇄하기 위한 것은 아니다. 동일한 것은 신용에 의한 수출—자본투자이든 보통의 상업상 목적이든—에도 적용된다. 그러

나 이 추가적인 수입은 반작용하여 영국상품에 대한 추가적인 수요[예컨대 식민지나 미국으로부터]를 일으킬 수 있다.

* * *

뉴마치는 앞 『제1786호』에서 인도에 대한 영국수출은 동인도회사의 어음 때문에 인도로부터의 수입보다 크다고 말하였다. 우드는 이 점에 관해 그를 심문한다. 인도로부터의 수입보다 인도에 대한 영국수출이 초과한다는 것은 사실상 영국이 등가를 지불하지 않고 인도로부터 수입하는 것에 의해 생긴 것이다. 즉 동인도회사(지금은 인도정부)의 어음은 결국 인도로부터 수탈한 공물에 불과하다. 예컨대 1855년 인도로부터의 영국수입은 £1천2백67만이고 인도에 대한 영국수출은 £1천35만이었으며, 인도는 영국에 대해 £2$\frac{1}{4}$백만의 흑자를 나타내었다.

"만약 이것이 전부라면 £2백25만은 어떤 형태로든 인도로 송부되어야 한다. 그런데 이때 인도 하우스로부터 다음과 같은 공고가 나온다. 즉, 인도 하우스는 인도의 각 행정구역 앞으로 £3백25만까지 어음을 발행하겠다는 것이다."({엥겔스: 이 금액은 동인도회사의 런던경비와 주주들에게 지불할 배당을 위해 징수된 것이다.}) "그리하여 이 금액은 무역에서 발생한 £2백25만의 영국 적자를 청산할 뿐 아니라 £1백만의 흑자를 낳게 한다."(제1917호)

제1922호. ({엥겔스: 우드}) "그렇다면 이 인도 하우스의 어음은 인도에 대한 수출을 증가시키는 것이 아니라 그만큼 감소시키는 효과를 가진다는 것인가?" {엥겔스: 오히려 그는 이렇게 말해야 한다. 즉 인도로부터의 수입을 수출에 의해 지불해야 할 필요성을 그 금액만큼 감소시키느냐고.} 뉴마치는 이것에 대해 영국이 '좋은 정부good government'『총독부』를 인도에 수출한 대가로 이 £3백7십만을 얻는다고 설명한다(제1925호).

인도담당장관인 우드는 영국이 수출한 '좋은 정부'가 어떤 것인가를 너무나 잘 알고 있으므로 정당하게 그리고 풍자적으로 다음과 같이 말한다(제1926호). "그렇다면 동인도회사의 어음들에 의해 생긴다는 수출은 생산물의 수출이 아니라 좋은 정부의 수출이다."

영국은 다수의 '좋은 정부'를 이처럼 수출할 뿐 아니라 거액의 대외자본투자를 수출하기 때문에, 보통의 무역거래와는 관계없는 수입을 행할 수 있다. 즉 이 수입은 부분적으로는 수출된 '좋은 정부'에 대한 공납이고 부분적으로는 식민지나 기타에 투자한 자본의 수익이므로, 이 수입에 대해서는 어떤 등가를 지불할 필요가 없다. 그러므로 영국이 이 공납을 이에 대응하는 수출 없이 소비하더라도 환율은 영향을 받지 않는 것은 명확하다. 또한 명백한 것은, 영국이 이 공물을 영국에 재투자하지 않고 해외에 생산적 또는 비생산적으로 재투자하더라도—예컨대 크리미아 〖전쟁기간은 1853~1856〗에 군수품을 보내는데 사용하더라도—환율은 여전히 영향을 받지 않는다는 점이다. 더욱이, 해외로부터의 수입품이 영국의 수입收入revenue에 들어오는 한—물론 이 수입품은 [등가를 지불할 필요없는] 공물이거나, 또는 이 무상의 공물과의 교환에 의해 지불되든가, 또는 보통의 무역거래에 의해 지불되어야만 한다—영국은 이 수입품을 소비하든지 아니면 자본으로서 다시 투자할 수 있다. 이렇든 저렇든 환율은 영향을 받지 않는데, 이 점을 현명한 윌슨은 못보고 있다. 수입收入의 일부가 국내생산물로 구성되든 외국생산물로 구성되든[후자의 경우는 다만 국내생산물과 외국생산물 사이에 교환이 필요하다], 이 수입의 소비[생산적이든 비생산적이든]는 생산규모에는 영향을 미친다 하더라도 환율에는 아무런 영향도 미치지 않는다. 아래의 발췌는 이런 점을 염두에 두면서 평가해야 한다.

제1934호. 우드는 크리미아에 대한 군수품 송부가 어떻게 터키와의 환율에 영향을 미치는가를 질문한다. 뉴마치의 대답. "군수품의 단순한 이전이 반드시 환율에 영향을 미치리라고는 생각하지 않는다. 물론 귀금속의 이전은 환율에 영향을 미칠 것이다."(여기에서 그는 화폐형태의 자본과 기타의 자본을 구별하고 있다.) 그런데 이제 윌슨이 묻는다.

"제1935호. 만약 당신이 어떤 상품을 대량 수출하면서 그것에 대응하는 수입을 행하지 않는다면,"{엥겔스: 윌슨이 잊고 있는 것은 영국은 대규모 수입을 행하고 있으면서도 그것에 대응하는 수출['좋은 정부'의 형태나 이전에 행한 자본투자의 형태를 제외하면]을 행하지 않고 있다는 점이다. 어쨌든 이 수입은 보통의 무역거래가 아니다. 그러나 이 수입품 『예컨대 인도로부터의 수입품』은 미국생산물과 교환될 수 있다. 그리고 이 미국생산물이 그것에 대응하는 수입 없이 『타국에』 수출된다고 하더라도, 『미국으로부터의』 수입품의 가치가 등가의 해외유출 없이 소비될 수 있다는 사실에는 아무런 변함이 없다. 이 수입품은 수출에 의해 취득한 것이 아니며, 따라서 무역수지에 들어가지 않고 소비될 수 있다.} "당신은 『미국으로부터의』 수입에 의해 짊어진 대외채무를 지불하지 못하게 될 것이다."{엥겔스: 그런데 만약 당신이 이 수입에 대해 이미 이전에 [예컨대 해외에 준 신용에 의해] 지불하였다면, 이 수입 때문에 채무를 지지 않으며, 따라서 이 문제는 국제적 수지와는 아무런 관련도 없게 된다. 문제는 [이렇게 소비된 생산물이 국내생산물인가 외국생산물인가에 관계없이] 그 지출이 생산적인가 비생산적인가로 되어 버린다.} "그리고 당신은 이 거래에 의해 환율에 영향을 미칠 수밖에 없는 것이 아닌가? 왜냐하면 당신은 대응하는 수입 없이 수출을 행함으로써 『군수품을 크리미아에 보냄으로써』 『미국에 대한』 대외채무를 지불하지 않기 때문이다. ―그것은 각국에 대해 일반적으로 타당한 것이다."

윌슨의 강의는 결국 다음과 같은 것으로 된다. 즉 대응하는 수입을 동반하지 않는 수출은 동시에 대응하는 수출을 동반하지 않는 수입이며, 그 이유는 외국상품 즉 수입상품이 수출상품의 생산에 들어가기 때문이라는 것이다. 또한 모든 수출은 대외채무에 의거한 수입에 의거하거나 대외채무를 일으킨다고 가정되고 있다. 그러나 이런 가정은 다음과 같은 두 가지 상황을 제외하더라도 옳지 않다. (1) 영국은 일정한 수입품—예컨대 인도로부터의 수입품의 일부—을 무상으로 얻으며 그 수입품에 대해 어떤 등가도 지불하지 않는다. 영국은 이 수입품을 미국으로부터의 수입품과 교환하여, 후자를 그 대응하는 수입 없이 수출할 수 있다. 어쨌든 가치에 관해 말한다면 영국은 아무 비용도 들이지 않은 것을 수출한 셈이다. (2) 영국은 추가자본을 형성하는 수입품[예컨대 미국으로부터의 수입품]에 대해 이미 지불하였을 수도 있다 〖이전의 대 인도 투자로부터 취득한 이윤에 의해 수입하는 경우〗. 이 수입품이 비생산적으로 [예컨대 군수품으로] 소비된다고 하더라도, 이것에 의해 미국에 대한 부채가 생기는 것도 아니며, 미국과의 환율이 영향을 받는 것도 아니다. 뉴마치는 제1934호와 제1935호에서 자기모순에 빠지고 있으며 우드는 질문 제1938호에서 이 점을 지적하고 있다. "대가를 받지 않고 수출하는 물품들"(군수품)"의 제조에 사용되는 상품이 조금도 그 물품들의 수취국으로부터 나오지 않는다면, 그 나라와의 환율이 어떻게 영향을 받겠는가? 터키와의 무역이 보통의 균형상태에 있다고 가정하면, 크리미아에 대한 군수품 수출에 의해 어떻게 영국과 터키 사이의 환율이 영향을 받겠는가?"

여기에서 뉴마치는 침착성을 잃어버린다. 그가 이 간단한 질문에 대해 이미 제1934호에서 올바르게 대답한 것을 잊어버리고 다음과 같이 말한다. "나의 생각으로는, 우리는 이미 현실적인 문제를 모두 끝내고 형이상학적 논의로 들어가는 것 같다."

* * *

{엥겔스: 윌슨은 한 나라로부터 다른 나라로 어떤 자본[귀금속의 형태

든 상품의 형태든]의 이전도 환율에 영향을 미친다는 자기의 주장을 또 다르게 표현한다. 윌슨은 환율이 이자율에 의해 [특히 환율이 문제가 되고 있는 두 나라의 이자율 사이의 관계에 의해] 영향을 받는 것을 물론 알고 있다. 따라서 자본일반의 과잉[따라서 먼저 귀금속을 포함하는 모든 종류의 상품의 과잉]이 이자율의 결정에 영향을 미친다는 것을 증명한다면, 그는 자기의 주장을 정당화하는 데 이미 일보 접근하게 된다. 즉, 이 자본의 상당한 부분을 타국으로 이전시키는 것은 두 나라의 이자율을 반대되는 방향으로 변경시킬 것이며, 이리하여 두 나라 사이의 환율도 변경시킬 것이라는 것이다.}

윌슨은 『이코노미스트』[당시 그가 편집인이었다]에서 다음과 같이 말한다(1847: 574).

“귀금속을 포함하는 각종 상품의 대규모 재고로 표현되는 자본과잉은, 필연적으로 상품일반의 가격하락을 일으킬 뿐 아니라 자본의 사용에 대한 이자율의 하락도 일으킨다는 것은 의심의 여지가 없다”(제1명제). “앞으로 2년 동안 이 나라에 봉사하는 데 충분한 상품재고를 우리가 가지고 있다면, 이들 상품에 대한 일정기간의 처분권은 2개월 상당의 재고만 있는 경우에 비해 훨씬 낮은 이자율로 얻을 수 있을 것이다”(제2명제). “모든 화폐대부는 그 형태가 어떻든 단순히 상품에 대한 처분권을 한 사람으로부터 다른 사람에게 이전시키는 것이다. 그러므로 상품이 풍부할 때는 언제나 이자율이 낮지 않을 수 없고, 상품이 부족할 때는 이자율이 높지 않을 수 없다”(제3명제). “상품이 풍부해짐에 따라 판매자의 수는 구매자의 수에 비해 증가하며, 상품량이 직접적 소비에 필요한 것을 초과함에 따라 더 큰 부분이 장래의 사용을 위해 저장될 수밖에 없다. 이런 상황에서 상품소유자는 자기의 재고 전체가 몇 주 이내에 판매되리라고 확신하는 경우보다 불리한 조건으로 외상 또는 신용으로 판매할 것이다”(제4명제).

제1명제에 관해 지적해야 할 것은, 귀금속의 대규모 유입이 생산의 축소와 동시에 발생할 수 있으며, 이것은 공황 직후의 국면에서 항상 그러하다는 점이다. 그 다음 국면에서 귀금속은 주로 귀금속 생산국에서 유입할 수 있다. 이 시기에는 기타 상품의 수입은 대체로 수출에 의해 상쇄된다. 이 두 국면에서는 이미 논의한 바 있는 이유들 때문에 〖제22장 참조〗 이자율은 낮고 천천히 상승할 뿐이다. 이 낮은 이자율은 '각종 상품의 대규모 재고'의 영향을 전혀 도입하지 않고서도 설명될 수 있다. 그런데 그 대규모 재고가 어떻게 이자율을 저하시키는가? 예컨대 면화의 낮은 가격은 방적업자 따위의 이윤을 증대시킬 것이다. 그런데 왜 이자율은 낮은가? 차입자본으로 얻을 수 있는 이윤이 크기 때문에 그런 것은 결코 아니다. 그 이유는 단순히 현재의 상황에서는 대부자본에 대한 수요가 그 이윤에 비례해 증대하지 않기 때문이다. 다시 말해 대부자본의 운동은 산업자본의 운동과 다르기 때문이다. 그런데『이코노미스트』는 그 정반대의 것—즉 대부자본의 운동은 산업자본의 운동과 동일하다는 것—을 증명하려고 노력하고 있다.

제2명제는 [만약 우리가 2년 분 상당의 재고라는 불합리한 가정을 어떤 의미를 가질 수 있게 축소시켜 본다면] 상품시장의 공급과잉을 전제하고 있다. 이 경우 상품가격은 하락하고 면화 한 상자에 대해 더 적게 지불해도 좋을 것이다. 그러나 이것은 면화 한 상자의 구매에 필요한 화폐를 더 싸게 차입할 수 있다는 것을 결코 의미하지는 않는다. 이 문제는 화폐시장의 상황에 달려 있다. 화폐를 더 싸게 차입할 수 있다면, 그것은 오로지 상업신용의 상태로 말미암아 은행신용에 대한 의존이 보통보다 적기 때문이다. 시장을 범람시키는 상품들은 생활수단이거나 생산수단이며, 따라서 이것들의 낮은 가격은 산업자본가의 이윤을 증대시킨다. 만약 산업자본의 풍부함과 화폐융통에 대한 수요가 동일한 것이 아니라 반대의 현상이라고 보지 않는다면, 어떻게 낮은 가격[또는 높은 이윤]이 이자를 저하시킬 수 있겠는가? 상인이나 산업가들이 서로 쉽게 신용을 줄 수 있는 상황이고, 이런 상업신용이 풍부하기 때문에 상인이나 산업가들은 은행신용을 더 적게 필요로 하며 따라서 이자율이 낮아질 수 있다. 이 낮은 이자율은 귀금속의 유입과 전혀 무관하다. 비록 이 두 가지가 병행할 수 있으며, 그리고 수입품의 가격을 저하시키는 원인들이 또한 귀금속의 과잉유입을 일으킬 수도 있지만. 수입품시장이 현실적으로 공급과잉이라면 이것은 수입품에 대한 수요의 감소를 표시할 것이다. 그런데 낮은 가격에서 수요감소는 국내의 산업생산의 축소 때문이라고 설명할 수밖에 없을 것이다. 그러나 이 생산축소는 이번에는 낮은 가격에 의한 수입과잉이라는 조건에서는 설명될 수 없을 것이다. 온갖 불합리한 주장이 나타나게 되는데, 이것은 가격의 하락이 이자율의 하락과 동일하다는 것을 증명하려고 하기 때문이다. 이 두 개가 서로 나란히 동시에 발생할 수도 있다. 그러나 그것은 산업자본의 운동과 대부가능 화폐자본의 운동 사이의 동일성을 표현하는 것이 아니라 그 차별성을 표현하는 것이다.

제3명제에 관해 말한다면, 상품의 과잉이 존재할 때 왜 화폐이자가 낮아져야 하는지는 이상의 긴 설명에서도 밝혀지지 않고 있다. 상품이 싸다면, 나는 일정한 상품량을 구매하기 위해 종전처럼 예컨대 2,000원이 필요한 것이 아니라 1,000원이 필요할 것이다. 그러나 나는 여전히 2,000원을 투자하여 이전의 두 배의 상품량을 구입하고 그 동일한 자본[내가 차입해야 한다고 가정하자]으로 사업을 확장할 수 있다. 지금 나는 이전과 마찬가지로 2,000원을 지출하며 따라서 화폐시장에서 나의 수요는 동일하다[비록 상품시장에서 나의 수요는 상품가격의 하락으로 증대하고 있지만]. 그러나 만약 상품시장에서 나의 수요가 감소한다면, 즉 상품가격의 하락에 따라 생산이 확대되지 않는다면 — 이것은 『이코노미스트』의 모든 법칙과 모순되는 것이다 — 대부가능 화폐자본에 대한 수요는 이윤이 증가하더라도 감소할 것이다. 그러나 이 증가하는 이윤은 대부자본에 대한 수요를 일으킬 것이다. 그런데 저렴한 상품가격은 다음과 같은 세 가지 이유로 생길 수 있다. 첫째 수요의 부족. 이 경우 이자율은 낮은데, 그 이유는 상품이 싸기 때문이 아니라 생산이 마비되어 있기 때문이다. 상품이 싼 것은 단순히 이 마비의 표현에 지나지 않는다. 둘째 공급이 수요에 비해 너무 크기 때문이다. 이것은 공황을 일으키는 시장의 범람 따위의 결과일 수 있으며, 공황 그것의 시기에는 높은 이자율과 병존할 수 있다. 셋째 상품의 가치가 저하하여 동일한 수요가 더 낮은 가격에 의해 충족될 수 있기 때문이다. 이 셋째 경우에 이자율은 왜 저하해야 하는가? 이윤이 증대하기 때문인가? 만약 동일한 생산자본 또는 상품자본을 구입하는 데 필요한 화폐자본이 감소되기 때문에 그렇다면, 이것은 이윤과 이자가 서로 반비례 관계에 있다는 것을 증명할 뿐이다. 어쨌든 『이코노미스트』의 일반적 명제는 틀린 것이다. 상품의 낮은 화폐가격과 낮은 이자율은 반드시 병존하는 것은 아니다. 만약 반드시 병존한다면, 생산물의 화폐가격이 가장 낮은 가장 가난한 나라에서 이자율이 가장 낮을 것이고, 농산물의 화폐가격이 가장 높은 가장 부유한 나라에서 이자율이 가장 높을 것이다. 일반적으로 [『이코노미스트』도 인정하고 있는 바와 같이] 화폐의 가치가 하락하더라도 이것은 이자율에는 어떤 영향도 미치지 않는다. 100원은 여전히 105원을 낳는데, 100원의 가치가 더 적어진다면 5원의 가치도 더 적어진다. 이 비율 〖이자율〗은 원금의 가치 증감에 의해 영향받지 않는다. 가치로서 보면, 일정한 상품량은 일정한 금액의 화폐와 동등하다. 상품량의 가치가 증대하면 이 상품량은 더 큰 화폐액과 동등하고, 상품량의 가치가 감소하면 그 거꾸로다. 상품량의 가치가 2,000원이면 그 5%는 100원이고, 그것이 1,000원이면 그 5%는 50원이다. 그러나 이것은 이자율을 결코 변경시키지는 않는다. 이 모든 것 중 옳은 부분은, 동일한 상품량을 구매하는데 필요한 화폐가 2,000원일 때에는 1,000원일 때보다 큰 화폐융통이 요구된다는 것뿐이다. 그러나 이것이 여기에서 밝혀주는 것은 이윤과 이자 사이의 반비례 관계뿐이다. 왜냐하면 불변자본과 가변자본의 요소들이 싸짐에 따라 이윤은 증대하고 이자는 감소하기 때문이다. 그러나 그 반대의 경우도 있을 수 있으며 또 가끔 그러하다. 예컨대 면화는 면사와 직물에 대한 수요가 없기 때문에 저렴할 수 있고, 또 그와 반대로 면화는 면공업의 큰 이윤이 큰 수요를 일으키기 때문에 비교적 고가일 수 있다. 왜냐하면 바로 면화가격이 낮으므로 산업가의 이윤은 높아질 수 있기 때문이다. 허바드의 표 〖제34장: 707~708〗에 의하면, 이자율과 상품가격은 완전히 독립적인 운동을 하며, 이자율의 운동은 금속준비와 환율의 운동에 정확히 일치하고 있다.

『이코노미스트』는 "그러므로 상품이 풍부할 때는 언제나 이자율이 낮지 않을 수 없다"고 말한다. 바로 그 반대가 공황기의 상황이다. 상품은 과잉이고 화폐로 전환될 수 없으며, 따라서 이자율은 높다. 순환의 다른 국면에서는 상품에 대한 수요가 크고 따라서 환류는 쉽지만 동시에 상품가격은 상승하고, 그리고 환류가 쉽기 때문에 이자율은 낮다. "상품이 부족할 때는 이자율은 높지 않을 수 없다"고 말하지만, 공황 이후의 침체기에는 그 반대다. 상품은 수요에 비해 부족한 것이 아니라 절대적으로 부족하지만, 이자율은 낮다.

제4명제에 관해 말한다면, 시장이 범람할 때 상품소유자는 재고가 급속히 매진될 전망이 있을 때보다는 싸게 팔 것—판매할 수 있다면—이라는 것은 명백하다. 그러나 이 때문에 왜 이자율이 하락하는가는 그렇게 명백하지는 않다.

시장이 수입상품으로 범람하는 경우, 이 상품의 소유자는 지금 당장 상품을 시장에 투입하지 않으려고 대부자본을 더 크게 수요하기 때문에 이자율이 상승할 수 있다. 또는 상업신용을 얻기가 쉬워 아직 은행신용에 대한 수요가 비교적 적기 때문에 이자율은 하락할 수도 있다.

* * *

『이코노미스트』는 이자율의 상승과 화폐시장에 대한 기타의 압력이 1847년 환율에 미친 급속한 영향에 관해 언급하고 있다. 그러나 잊어서는 안 될 것은, 환율이 상승방향으로 전환했음에도 금은 4월 말까지 계속 유출하였으며 오직 5월 초에야 유입으로 전환했다는 사실이다.

1847년 1월 1일 잉글랜드은행의 금속준비는 £1,506만6,691이었고, 이자율은 $3\frac{1}{2}$%이었으며, 3개월짜리 환율은 파리 앞 25.75, 함부르크 앞 13.10, 암스테르담 앞 12.325이었다. 3월 5일에 금속준비는 £1,159만5,535로 감소하였고, 이자율은 4%로 인상되었으며, 환율은 파리 앞 25.665, 함부르크 앞 13.0925, 암스테르담 앞 12.25로 하락하였다. 금유출은 계속되었다. 다음 표를 보라.

1847년	잉글랜드은행 금속준비(£)	화폐시장	3개월짜리 환율의 최고수준		
			파 리	함부르크	암스테르담
3월 20일	11,231,630	잉글랜드은행 할인율 4%	25.675	13.0975	12.25
4월 3일	10,246,410	잉글랜드은행 할인율 5%	25.80	13.10	12.35
4월 10일	9,867,053	심한 화폐부족	25.90	13.103	12.45
4월 17일	9,329,841	잉글랜드은행 할인율 5.5%	26.025	13.1075	12.55
4월 24일	9,213,890	화폐핍박	26.05	13.12	12.6
5월 1일	9,337,716	핍박증대	26.15	13.1275	12.65
5월 8일	9,588,759	핍박최대	26.275	13.155	12.775

1847년 영국의 귀금속 총수출은 £860만2,597이었는데, 그것의 행선지는 다음과 같다.

미국	£ 3,226,411
프랑스	£ 2,479,892
독일의 한자도시들	£ 958,781
네덜란드	£ 247,743

3월말에 환율의 방향은 전환되었지만, 금유출은 그 뒤 한 달 동안 계속 되었으며, 아마도 그 행선지는 미국이었을 것이다. 『이코노미스트』(1847: 954)는 다음과 같이 말한다.

"우리는 여기에서 불리한 환율을 바로잡고 귀금속의 흐름을 다시 영국으로 향하게 하는 것에 이자율의 인상과 그 뒤의 화폐핍박이 얼마나 신속하고 적절한 영향을 미쳤는가를 알 수 있다. 이 효과는 무역수지와는 전혀 무관하게 일어났다. 이자율의 인상은 영국과 외국의 유가증권의 시세를 하락시켰고, 대규모의 유가증권 구매를 외국인의 계좌로 행하게 하여 영국에서 발행되는 어음규모를 증대시켰다. 반면에 이자율이 높고 화폐의 입수가 곤란하였으므로 이들 어음규모는 증대하였지만 그것에 대한 수요는 감퇴하였다…동일한 원인 때문에 수입품에 대한 주문은 취소되었고, 영국의 해외투자는 화폐로 전환되어 국내투자를 위해 돌아왔다. 그리하여 예컨대 『리오 데 자네이로 프라이스 커런트』(5월 10일)는 말하기를 '영국과의 환율은 더욱 저하하였다. 그 이유는 주로 영국인의 계좌에서 대규모의 브라질국채 판매가 일어나고 그 대금을 〚영국에〛 송금하기 위해 〚브라질〛 외환시장에 압박을 가하였기 때문이다.' 영국의 이자율이 낮았을 때 외국의 각종 유가증권에 투자되었던 영국자본이 이자율이 상승함에 따라 다시 영국으로 돌아온 것이다."

영국의 무역수지

인도 하나만으로도 '좋은 정부'에 대한 공물, 영국자본에 대한 이자와 배당 따위로 매년 영국에 대해 £5백만을 지불해야 한다. 이 금액에는 영국에 투자하기 위해 매년 영국에 송금되는 금액—이것은 부분적으로는 관리들의 봉급 중의 저축액이고 부분적으로는 상인들의 이윤의 일부이다—은 포함되어 있지 않다. 이와 같은 송금들은 모든 영국 식민지에서 동일한 이유로 끊임없이 영국에 들어오고 있다. 오스트레일리아, 서인도와 캐나다의 대부분의 은행들은 영국자본으로 창립되었고, 그 배당들은 영국에 지불되고 있다. 영국은 또한 외국정부—유럽·북아메리카·남아메리카의 정부—가 발행한 채무증서들을 다수 가지고 있으며 이것에 대해 이자를 받는다. 그밖에 외국의 철도·운하·광산 따위에 출자하고 있으며 따라서 배당을 받는다. 이 모든 항목의 송금은 거의 전적으로 영국의 총수출액을 초과하는 생산물로 들어온다. 반면에 영국 유가증권의 외국소유자나 해외거주 영국인의 소비를 위해 해외로 송금되는 금액은 매우 적다.

이것이 어떻게 무역수지와 환율에 영향을 미치는가는 "어느 특정한 순간에는 시간의 문제다." "현실적으로 말하면…영국은 장기신용으로 수출하고 현금으로 수입한다. 특정한 순간에는 이 차이가 환율에 큰 영향을 미친다. 우리의 수출이 1850년처럼 매우 크게 증대하고 있을 시기에는 영국자본의 『해외』 투자가 끊임없이 증가하고 있음에 틀림없다…그리하여 1849년의 수출상품에 대한 대가를 1850년에 송금받게 되는 것이다. 만약 1850년의 수출이 1849년의 수출을 £6백만 초과한다면, 그 현실적인 효과는 1850년에 환류한 것보다 £6백만만큼 많은 화폐가 해외로 나간 것이다. 그리하여 환율과 이자율이 영향을 받게 된다. 그 반대로 우리의 사업이 상업공황 이후 침체하고 우리의 수출이 크게 축소할 때는, 그 이전의 몇 해 동안의 대규모 수출에 대해 지불하는 『해외로부터의』 송금이 우리들의 수입액을 크게 초과한다. 그리하여 환율은 우리에게 유리해지며 자본은 국내에서 급속히 축적되고 이자율은 저하한다."(『이코노미스트』, 1851년 1월 11일)

환율은 다음과 같은 사정에 의해 변동할 수 있다.

(1) 당면의 지불차액에 의해. 이것이 어떤 원인에 의해 생기든 상관없다. 즉 순수한 무역상의 원인이든, 해외자본수출이든, 전쟁 따위에 대한 국가지출[이것이 해외에 대한 현금지불을 포함하고 있는 한]이든.

(2) 한 나라 화폐[금속화폐든 지폐든]의 가치감소에 의해. 이 경우의 환율변동은 순수히 명목적이다. 만약 £1가 이전의 화폐의 절반을 대표한다면, £1는 25프랑으로 환산되는 것이 아니라 $12\frac{1}{2}$프랑으로 환산된다.

(3) 은을 '화폐'로 사용하는 나라와 금을 화폐로 사용하는 나라 사이의 환율은 이 두 금속의 상대적 가치의 변동에 달려있다. 왜냐하면 이런 변동은 명백히 두 금속 사이의 교환비율을 변경시키기 때문이다. 이것의 예는 1850년에 있었다. 영국의 수출은 크게 증대하였는데도 환율은 영국에 불리하였다. 그러나 금유출은 일어나지 않았다. 이것은 금에 대한 은의 가치가 일시적으로 상승한 결과였다(『이코노미스트』, 1850년 11월 30일 참조).

£1에 대한 환율의 금평가exchange rate parity는 파리에서는 25프랑 20상팀, 함부르크에서는 13마르크 방코 $10\frac{1}{2}$실링, 암스테르담에서는 11플로린 97센트이다. 파리 앞 환율이 25.20 이상으로 상승함에 따라 프랑스에 대한 영국채무자나 프랑스상품의 구매자는 더 유리하게 된다. 왜냐하면 더 적은 파운드 스털링이 필요하기 때문이다. 귀금속을 얻기가 쉽지 않은 먼 나라들에서는, 영국에 대한 송금 필요액에 비해 환어음이 부족할 때는 영국으로 항상 수출되는 생산물들의 가격이 인상되기 마련이다. 왜

냐하면 환어음 대신 그 생산물들을 영국으로 보내기 위해 그 생산물들에 대한 수요가 증대하기 때문이다. 이것은 인도에서 가끔 일어난다.

영국에서 화폐가 대규모로 과잉이며 이자율이 낮고 유가증권의 가격이 높은 경우, 영국의 환율은 불리해지며 금유출까지도 일어날 수 있다.

1848년 중 영국은 인도로부터 대량의 은을 받았다. 왜냐하면 1847년의 공황과 인도무역에 대한 신뢰 상실로 말미암아, 우량어음이 적었고 보통의 어음은 잘 인수되지 않았기 때문이다. 이 은은 영국에 도착하자마자 전부 유럽대륙[거기에서는 혁명이 모든 사람들의 화폐퇴장을 일으켰다]으로 흘러갔다. 이 동일한 은은 대부분 1850년에는 인도로 돌아갔다. 왜냐하면 환율이 이제 이렇게 하는 것을 유리하게 만들었기 때문이다.

* * *

화폐제도 〖금속제도〗는 기본적으로 가톨릭적이고 신용제도는 기본적으로 프로테스탄트적이다. "〖프로테스탄트인〗 스코틀랜드 사람은 금을 싫어한다." 지폐로서 상품들의 화폐적 존재는 순전히 사회적 존재일 뿐이다. 구원을 받는 것은 믿음에 달려 있다. 〖신약성서. 마가복음: 16-16〗 상품에 내재하는 영혼으로서 화폐가치에 대한 믿음, 생산양식과 그것의 예정된 질서에 대한 믿음, 자기증식적인 자본의 단순한 인격화로서 개별 생산담당자에 대한 믿음. 그러나 프로테스탄트교가 가톨릭교의 토대로부터 해방되지 못하는 것과 마찬가지로, 신용제도도 화폐제도의 토대로부터 해방되지 못한다.

제36장
자본주의 이전의 관계

이자낳는 자본(또는 그 낡은 형태인 고리대자본)은 그 쌍둥이 형제인 상인자본과 함께 자본의 노아의 대홍수 이전의 형태들이다. 즉 자본주의적 생산양식 훨씬 이전부터 존재하였고 매우 다양한 경제적 사회구성체에서 볼 수 있는 자본형태들이다. 고리대자본의 존재를 위해 필요한 것은 생산물들의 적어도 일부가 상품으로 전환되는 것과, 상품거래와 동시에 화폐의 각종 기능들이 발전하는 것뿐이다.

고리대자본의 발달은 상인자본 〖상품거래자본과 화폐거래자본을 포괄하고 있다〗의 발달, 특히 화폐거래자본의 발달과 결부되어 있다. 고대로마에서는 공화정 후기 이래 비록 수공업은 고대세계의 평균보다 훨씬 낮은 수준에 있었지만 상인자본 · 화폐거래자본 · 고리대자본은 — 그 고대적 형태의 한계 안에서는 — 최고의 수준까지 발달하였다.

화폐퇴장이 어떻게 화폐와 함께 생기는가는 우리가 이미 본 바와 같다. 그러나 직업적 화폐퇴장자는 화폐대부자로 전환되어야 비로소 중요한 존재가 된다.

상인이 화폐를 차입하는 것은 그것으로 이윤을 얻기 위해서며, 그 화폐를 자본으로 사용 또는 투하하기 위해서다. 그러므로 이 초기 형태에서도 화폐대부자는 그가 현대자본가를 대하는 것과 마찬가지로 상인을 대한다. 이 특수한 관계는 가톨릭대학들에 의해서도 인정되었다.

"알칼라, 살라만카, 인골슈타트, 프라이부르크 임 브라이스가우, 마인츠, 쾰른 및 트리어의 대학들은 차례차례로 상업대부에 대한 이자의 합법성을 승인하였다. 이 7개의 승인 중 최초의 5개는 리옹시의 영사 기록에 보존되어 있으며 브류이제-폰투스의 『고리와 이자에 관한 논문』(리옹)의 부록에 인쇄되어 있다."(오지에 1842: 206)

노예경제(가부장적 노예제가 아니라 그리스·로마시대의 노예제)가 치부수단으로 봉사하고, 따라서 화폐가 노예·토지 따위의 구입에 의해 타인의 노동을 사유화하는 수단이 되는 모든 사회형태에서는, 화폐는 [그렇게 투자될 수 있다는 바로 그 이유 때문에] 자본으로서 증식될 수 있으며 이자를 낳게 된다.

자본주의적 생산양식 이전의 시대에 고리대가 취하는 특징적인 존재형태는 두 가지다. 나는 '특징적'이라는 단어를 일부러 사용한다. 왜냐하면 동일한 형태들이 자본주의적 생산의 토대 위에서도 다시 나타나지만, 오직 종속적인 형태일 뿐이며 이자낳는 자본의 성격을 결정하는 형태들은 이미 아니기 때문이다. 이 두 형태란, 첫째 낭비적인 귀족(주로 토지소유자)에 대한 고리대, 둘째 자기 자신의 노동조건을 가지고 있는 소생산자에 대한 고리대다. 이 소생산자에는 수공업자도 포함되어 있지만 현저하고 독특하게 빈농peasant이 포함되어 있다. 왜냐하면 자본주의 이전의 조건들이 소규모의 자립적인 개별생산자들을 허용하는 곳에서는 어디에서나 빈농계급이 그 대다수를 구성할 수밖에 없기 때문이다.

고리대가 부유한 토지소유자들을 파멸시키고 소생산자들을 빈곤하게 하는 것은 거대한 화폐자본의 형성과 집적을 초래한다. 그러나 이 과정이 어느 정도까지 낡은 생산양식을 철폐하는가[근대유럽에서처럼], 그리고 이 과정이 낡은 생산양식 대신 자본주의적 생산양식을 확립시키는가 아닌가 하는 것은 전적으로 역사적 발전수준과 이 발전수준이 제공하는 조건들에 달려 있다.

이자낳는 자본의 특징적 형태인 고리대자본은 소농과 소규모 수공업 장인이 다수를 차지하는 소규모 생산에 대응하는 것이다. 발달한 자본주의적 생산양식에서처럼 생산조건들과 노동생산물이 자본으로서 노동자와 상대하고 있는 곳에서는 노동자가 생산자의 자격으로 화폐를 빌릴 필요가 전혀 없다. 그가 화폐를 빌린다면, 이것은 전당포에서처럼 개인적 필요를 위한 것이다. 이와는 반대로 노동자가 자기의 노동조건과 생산물의 현실적 또는 명목적 소유자인 경우, 그는 생산자로서 화폐대부자의 자본과 관련을 맺으며 그 자본은 고리대자본으로서 노동자와 상대하게 된다. F. 뉴먼이 은행업자는 부자에게 대부하고 고리대금업자는 빈자에게 대부하기 때문에 전자는 존경을 받고 후자는 증오와 멸시를 받는다고 말할 때, 그는 이 문제를 오히려 무의미한 형태로 제기한 것이다.(1851: 44) 그가 보지 못한 사실은, 이 문제에는 두 개의 사회적 생산양식들과 그것에 대응하는 사회적 질서들 사이의 차이가 내포되어 있다는 점과, 이 문제는 부자와 빈자 사이의 대비로 돌아갈 수 없다는 점이다. 사실상, 가난한 소생산자를 빈곤하게 만드는 고리대는 부유한 토지소유자를 파멸시키는 고리대와 손을 맞잡고 진행된다. 로마귀족에 의한 고리대가 로마 평민[즉 소농민]을 완전히 파멸시키자마자, 이 착취형태는 종말을 고하였고 순수 노예경제가 소농민경제를 대체하였다.

여기에서는 고리대금업자는 생산자의 필요불가결한 생존수단(나중에 임금으로 나타나는 부분)을 초과하는 모든 것(나중에 이윤과 지대로 나타나는 부분)을 이자의 형태로 집어삼킬 수 있다. 그러므로 이 이자의 수준[국가에 속하는 부분을 제외한 모든 잉여가치가 이자로 취득된다]과 근대적 이자율의 수준[이자는 적어도 정상적으로는 잉여가치의 일부를 구성할 뿐이다]을 비교하는 것은 전적으로 불합리하다. 이런 비교는, 임금노동자가 그를 고용한 자본가에게 이윤 · 이자 · 지대 즉 잉여가치 전체를 생산하여 넘겨준다는 것을 놓치고 있다. 캐리는 이런 불합리한 비교를 함으로써 자본의 발달과 그것에 따른 이자율의 저하가 노동자에게 얼마나 큰 이익을 가져다주는가를 증명하려고 한다. 만약 고리대금업자가 자기 희생자의 잉여노동을 수탈하는 것에 만족하지 않고, 점차로 그 희생자의 노동조건들 자체—토지 · 가옥 따위—에 대한 소유권을 취득하며, 이리하여 그 희생자의 노동조건들을 끊임없이 수탈하기 시작한다고 하더라도, 노동자로부터 그의 노동조건을 완전히 수탈하는 것은 자본주의적 생산양식이 달성하려고 하는 결과가 아니라 오히려 그것의 출발점을 이루는 주어진 전제조건이라는 점을 잊어서는 안 된다. 임금노예는 [진정한 노예가 채무노예가 될 수 없는 것과 마찬가지로] 그의 지위로 말미암아 적어도 생산자의 자격으로서는 채무노예가 될 수 없다. 임금노예는 소비자의 자격으로서만 채무노예가 될 수 있을 뿐이다. 고리대자본은 생산방식을 변경시키지 않으면서 직접적 생산자의 모든 잉여노동을 실제로 취득하며, 생산자에 의한 노동조건의 소유 또는 점유(그리고 그것에 대응하는 분산적인 소규모 생산)가 본질적인 전제이며, 그리하여 고리대자본은 노동을 직접적으로 종속시키지 않으며 따라서 산업자본으로서 노동과 대립하지 않는다. 이런 형태의 고리대자본은 생산양식을 궁핍하게 만들며, 생산력을 발전시키지 않고 마비시키며, 동시에 [자본주의적 생산에서와는 달리 노동자 자신의 희생에도 불구하고 노동의 사회적 생산성이 발달하지 않는] 비참한 상태를 영구화시킨다.

이처럼 고리대는 한편에서는 고대적 · 봉건적 부와 소유를 약화시키고 파괴하는 작용을 하며, 다른 한편에서는 소농민적 · 소부르주아적 생산—간단히 말해 생산자가 아직도 자기의 생산수단의 소유자로 나타나는 모든 형태들—을 약화시키며 파멸시킨다. 발달한 자본주의적 생산양식에서는 노동자는 자기의 생산조건들—그가 경작하는 토지, 그가 가공하는 원료 따위 — 의 소유자가 아니다. 그러나 여기에서는 생산자로부터 생산조건의 소외alienation 〖분리〗는 생산방식 그것의 진정한 변혁에 대응하는 것이다. 분산된 노동자들이 큰 작업장에 모여 분업과 협업을 하며 도구는 기계로 대체된다. 생산방식 그것이 이미 생산도구의 분산[이것은 소규모 소유와 결부되어 있다]을 허용하지 않으며, 이와 마찬가지로 노동자들 자신의 고립도 허용하지 않는다. 자본주의적 생산에서 고리대는 더 이상 생산조건들을 노동자로부터 분리시킬 수가 없다. 왜냐하면 이미 분리되어 있기 때문이다.

생산수단이 분산되어 있는 곳에서 고리대는 화폐재산을 집중시킨다. 고리대는 생산방식을 변경시키지 않고 기생충처럼 그것에 붙어 그것을 빈곤하게 만든다. 고리대는 생산방식의 피를 빨아먹어 그것을 쇠약하게 하며 재생산이 점점 더 비참한 조건 아래에서 진행되게끔 강제한다. 그렇기 때문에 고리대에 대한 대중의 증오는 고대세계에서 그 절정에 달하였다. 왜냐하면 거기에서는 생산자가 자기의 생산조건을 소유하는 것이 동시에 정치적 관계와 시민의 자립성의 토대였기 때문이다.

노예제가 지배하는 한, 또는 잉여생산물이 봉건영주와 그 가신단에 의해 소비되는 한, 노예소유주나 봉건영주가 고리대에 희생된다 하더라도, 생산방식은 전혀 변하지 않으며 다만 노동자들에게 더욱 가혹해질 뿐이다. 채무를 진 노예소유주나 봉건영주는 자기 자신이 더 많이 빼앗기기 때문에 노동자로부터 더 많이 빼앗는다. 결국 고리대금업자가 노예소유주나 봉건영주의 자리를 빼앗아, 고대로마의 기사처럼, 스스로 후자가 된다. 옛날의 착취자[그의 착취는 대체로 가부장적이었다. 왜냐하면 그 착취가 주로 정치적 권력의 수단이었기 때문이다] 대신 혹독하고 돈만 아는 벼락부자가 나타난다. 그러나 생산방식 그것은 변경되지 않는다.

고리대가 자본주의 이전의 생산양식에 혁명적인 영향을 미치는 것은, 오직 고리대가 소유형태[이것은 정치제도의 확고한 토대를 제공하며, 이 소유형태를 끊임없이 동일한 형태로 재생산하는 것이 정치에서는 필요불가결한 일이다]를 파괴하고 분해시키는 한에서다. 아시아적 〖소유〗형태에서는 고리대는 경제적 쇠퇴와 정치적 부패 이외에는 아무것도 일으키지 않고 오랫동안 존속할 수 있다. 자본주의적 생산양식의 기타 조건들이 존재하는 곳에서, 그리고 존재하는 시기에, 비로소 고리대는 [한편에서는 봉건영주와 소생산을 파멸시키고 다른 한편에서는 노동조건을 집중시키는 것에 의해] 자본주의적 생산양식을 형성하는 수단의 하나로 등장한다.

중세에는 일반적으로 통용되는 이자율이 어느 나라에도 없었다. 교회가 처음부터 모든 이자낳는 거래를 금지하였다. 법과 법정은 대부를 거의 보장하여 주지 않았다. 그 때문에, 개개의 경우의 이자율은 그만큼 더 높았다. 화폐유통은 보잘것없었지만 대부분의 지불을 현금으로 하여야 하였기 때문에 대중들은 화폐를 차입하지 않으면 안 되었고, 어음제도가 발달하지 않았을수록 더욱 그러하였다. 이자율에서나 고리대의 개념에서나 〖때와 장소에 따라〗 큰 차이가 있었다. 칼 대제〖카롤링거 왕조의 프랑크 왕〗시대〖768~814년〗에는 100% 이자율은 고리대로 여겼다. 1344년 린다우 암 보덴제에서는 시민들은 $216\frac{2}{3}$%를 받았다. 취리히에서는 시의회가 $43\frac{1}{3}$%를 법정이자율로 결정하였다. 이탈리아에서는 12~14세기에 이자율이 보통 20%를 초과하지 않았지만 때로는 40%가 되는 수도 있었다. 베로나는 $12\frac{1}{2}$%를 법정이자율로 결정하였다. 황제 프리드리히 2세는 10%라고 정했지만 이것은 오직 유태인에 대한 것이었으며 기독교도에 대해서는 정하려고 하지 않았다. 13세기 독일의 라인지방에서는 10%가 이미 보통이었다.(휠만, 『중세의 도시제도』 제2권: 55~57)

고리대자본은 자본의 생산방식을 가지지 않으면서 자본의 착취방식은 가지고 있다. 이런 사실은 또한 부르주아 경제 안에서도 낙후한 산업분야들에서 또는 근대적 생산방식으로의 이행에 반항하고 있는 산업분야들에서 다시 나타난다. 영국의 이자율을 예컨대 인도의 이자율과 비교할 때는, 잉글랜드은행 이자율을 채택할 것이 아니라 가내공업의 소생산자에게 작은 기계를 임대하는 사람들이 요구하는 이자율을 채택해야 할 것이다.

고리대는, 소비하는 부와는 달리, 그 자신 자본을 발생시키는 하나의 과정이기 때문에 역사적으로 중요하다. 고리대자본과 상인재산은 토지소유로부터 독립한 화폐재산의 형성을 촉진한다. 생산물의 상품으로서의 성격이 미발달하면 할수록, 그리고 생산이 그 넓이와 깊이에서 교환가치에 의해 지배되지 않으면 않을수록, 그만큼 더욱 화폐는 부 그 자체, 진정한 부, 부 일반으로서 [부가 사용가치들로 나타나는 제한적인 형태에 대립하여] 나타난다. 화폐퇴장은 이것에 근거하고 있다. 세계화폐 · 퇴장화폐로서의 화폐를 무시한다면, 화폐는 특히 지불수단의 형태에서 상품의 절대적 형태로 등장한다. 그리고 특히 지불수단으로서 화폐의 기능이 이자 그리고 이와 함께 화폐자본을 발달시킨다. 사치와 퇴폐가 요구하는 화폐는 화폐로서의 화폐, 모든 것을 구매하기 위한 (또한 채무를 지불하기 위한) 수단으로서의 화폐다. 소규모 생산자가 화폐를 필요로 하는 것은 무엇보다도 지불을 위해서다. (영주와 국가에 대한 부역과 현물납부가 화폐지대와 화폐조세로 전환된 것은 이 점에서 큰 기능을 한다.) 두 경우 모두 화폐는 화폐로서 필요하다. 다른 한편 퇴장화폐는 고리대에서 비로소 현실성을 획득하며 그의 꿈을 실현한다. 퇴장화폐의 소유자가 찾고 있는 것은 자본이 아니라 화폐로서의 화폐다. 그러나 그는 이자를 통해 이 퇴장화폐를 그대로 자본으로 전환시킨다. 즉 그가 잉여노동의 전부 또는 일부를 사유화하며, 그리하여 또 생산조건 그것의 일부—비록 이것이 명목상으로는 아직 타인의 소유로서 자기와 대립하고 있다고 할지라도—를 지배하는 수단으로 전환시킨다. 고리대는 [세계와 세계 사이의 공간에 살고 있는 에피쿠로스의 신처럼] 생산의 틈틈에 살고 있는 것 같다. 상품형태가 생산물의 일반적 형태로 되는 일이 적으면 적을수록, 화폐를 손에 넣기가 그만큼 더 어려워진다. 그러므로 고리대금업자는 화폐를 필요로 하는 사람들의 지불능력 또는 저항능력 이외에는 어떤 제한도 알지 못한다. 소농민적 생산과 소부르주아적 생산에서 화폐가 구매수단으로서 필요하게 되는 것은, 주로 노동자(그는 이런 생산방식 아래에서는 일반적으로 아직 자기의 생산조건의 소유자다)가 자기의 생산조건을 우연한 사건이나 비상한 재해 때문에 잃어버리거나, 적어도 자기의 생산조건이 보통의 재생산과정에서 보충되지 않는 경우다. 생활수단과 원료는 이 생산조건의 필수적인 부분을 이룬다. 이것들의 가격등귀 때문에 생산물의 판매대금으로 그것들을 보충할 수 없을 수도 있으며, 단순한 흉작 때문에 농민들이 종자용 곡물을 현물로 보충할 수 없을 수도 있다. 로마의 귀족은 전쟁을 통해 평민들을 몰락시켰다. 즉 귀족은 평민들에게 군복무를 강제하여 그들로 하여금 자기의 노동조건을 재생산할 수 없게 하였으며 그리하여 그들을 빈곤하게 만들었다(즉 평민들에게는 빈곤화, 재생산조건의 위축 또는 상실이 지배적인 형태이었다). 그런데 바로 그 전쟁이 귀족의 창고와 금고를 전리품인 구리(그 당시의 화폐)로 꽉 채웠다. 귀족은 평민들에게 그들이 필요로 하는 상품들(곡물 · 말 · 가축 등)을 직접적으로 제공하지 않고 그 대신 구리(귀족 자신에게는 아무 소용이 없었다)를 평민들에게 대부하였으며, 이 상황을 이용하여 거대한 높은 이자를 짜냄으로써 평민들을 채무노예로 전환시켰다. 칼대제 아래에서 프랑스농민들도 전쟁에 의해 몰락하였으며, 그리하여 채무자의 지위로부터 농노의 지위로 되는 수밖에 없었다. 로마제국에서는, 잘 알려진 바와 같이, 기근 때문에 자유민이 아이들과 자기 자신을 부자에게 노예로 파는 일이 흔히 있었다. 위의 이야기는 일반적인 전환점에 관해 말한 것이다. 그러나 자세히 관찰하면, 소생산자의 생산조건의 유지 또는 상실은 온갖 우연적인 상황에 달려 있으며, 그리고 이 우연 또는 상실은 빈곤화를 의미하며 고리대라는 기생충이 들러붙을 수 있는 계기로 된다. 농민으로서는 그의 소 한 마리만 죽더라도 재생산을 종전의 규모로 반복할 수 없게 된다. 그는 고리대의 희생물로 되며 일단 그렇게 되면 자유를 결코 회복할 수 없다.

그러나 고리대의 진정한 주된 독특한 활동기반은 역시 지불수단으로서 화폐의 기능에 있다. 일정한 기일에 지불해야 하는 모든 화폐적 채무 — 지대 · 이자 · 공납 · 조세 따위 — 는 화폐지불의 필요성을 수반한다. 그렇기 때문에 고리대는 고대 로마로부터 근대에 이르기까지 대체로 징세청부업자tax farmer의 기능에 붙어 있다. 상업의 발달과 상품생산의 일반화에 따라 구매와 지불 사이의 시간상 분리가 발전한다. 화폐는 특정 기일에 인도되어야만 한다. 이 때문에 심지어 오늘날에도 화폐자본가와 고리대금업자가 하나로 통합되는 상황이 발생할 수 있다는 것을 근대의 화폐공황은 보여주고 있다. 그러나 고리대 그 자체가 또한 지불수단으로서 화폐에 대한 필요를 더욱 확대시키는 주요 수단이 된다. 왜냐하면 고리대가 생산자를 더욱더 깊게 채무로 얽어매기 때문이며, 그리고 또 이자부담 그 자체가 정상적인 재생산을 불가능하게 하여 생산자는 일상적 지불수단을 보유할 수 없기 때문이다. 이와 같이 고리대는 지불수단으로서의 화폐로부터 발생하여 화폐의 이 기능[고리대의 가장 독특한 활동기반]을 확대하게 된다.

신용제도는 고리대에 대한 반발로서 발전한다. 그러나 이 말을 오해해서는 안 되며, 결코 고대의 저술가, 교회의 교부, 루터나 초기 사회주의자가 생각하는 의미 〖이자 그 자체를 반대한다는 의미〗로 받아들여서는 안 된다. 이 말이 의미하는 것은, 이자낳는 자본이 자본주의적 생산양식의 조건과 요구에 종속하게 된다는 것 이상도 이하도 아니다.

근대의 신용제도에서는 이자낳는 자본은 대체로 자본주의적 생산의 조건에 적응하게 된다. 고리대 그것은 존속할 뿐 아니라 발달한 자본주의적 생산의 나라들에서는 [종전의 입법이 항상 고리대에 부과한] 제한들로부터 해방된다. 이자낳는 자본은 [자본주의적 생산양식에 적합한 차입이 행해지지도 않으며 행해질 수도 없는] 개인·계급에 대해서 또는 그런 조건에서는, 고리대자본의 형태를 유지한다. 예컨대 전당포에서 개인적 필요 때문에 차입하는 경우, 부유한 낭비자가 사치적 소비를 위해 차입하는 경우, 생산자가 비자본주의적 생산자[소농민·수공업자 등]이며 따라서 직접적 생산자로서 아직도 자기 자신의 생산조건의 소유자인 경우, 끝으로 자본주의적 생산자 자신이 너무나 작은 규모로 사업을 하여 스스로 노동하는 생산자와 비슷한 경우에, 이자낳는 자본은 고리대자본의 형태를 취한다.

[자본주의적 생산양식의 본질적 요소를 이루고 있는 한에서] 이자낳는 자본을 고리대자본으로부터 구별하는 것은, 결코 이자낳는 자본 그것의 성격이나 성질이 아니다. 그것은 이자낳는 자본이 기능하는 조건들이 변화하였다는 것과, 그리하여 또 화폐대부자에 대립하는 차입자의 모습이 전적으로 변화하였다는 것뿐이다. 재산도 없는 사람이 산업가 또는 상인으로서 신용을 얻는 경우, 그에게 신용이 제공되는 것은 그가 자본가로서 기능하며 차입자본을 사용해 불불노동을 취득하리라고 예상되기 때문이다. 그는 잠재적 자본가로서 신용을 받는 것이다. 재산은 없지만 정력·결단력·능력·사업수완을 가진 사람은 이처럼 자본가로 될 수 있다는 사실—그런데 자본주의적 생산양식에서는 각 개인의 상업가치가 대체로 정확하게 평가되고 있다—은 경제학적 변호론자들에 의해 크게 칭송되고 있다. 또한 그 사실은 기존의 각종 개별자본가로서는 반갑지 않은 일련의 새로운 모험가들을 끊임없이 각 분야에 출현시키지만, 그 사실은 실제로는 자본의 지배 그것을 강화하며 자본의 토대를 확대하고 자본으로 하여금 사회의 하층에서 새로운 역량을 끊임없이 보충할 수 있게 해준다. 이것은 마치 중세의 가톨릭교회가 신분·출신·재산에 관계

없이 대중의 최우수 두뇌로부터 자기의 위계제도를 형성하였다는 사실이 성직자의 지배를 강화하고 세속인을 억압하는 주요 수단이었던 것과 마찬가지다. 지배계급이 피지배계급의 최우수 인물들을 흡수하는 능력이 크면 클수록, 그 지배는 그만큼 더 안정적이고 그만큼 더 위험한 것으로 된다.

근대적 신용제도의 창시자들은 이자낳는 자본 일반에 대한 저주로부터 출발하는 것이 아니라 공공연한 승인으로부터 출발한다.

우리는 여기에서 고리대에 대한 반발, 즉 빈민을 고리대로부터 보호하려고 한 것—예컨대 몽 드 피에테와 같은 자선전당포[1350년 프랑쉬-콩테백작의 사랑Sarlins에 설치되었고, 1400년과 1479년에는 이탈리아의 페루지아와 사보나에 설치되었다]—에 대해서는 언급하지 않겠다. 이런 것이 주목받을 수 있는 이유는, 그 기관들이 경건한 소망을 그 정반대의 것으로 전환시킨다는 역사의 아이러니〚빈민을 고리대로부터 보호한다는 기관들이 오히려 빈민에게 고리대금업을 하게 된 것〛를 보여주기 때문일 뿐이다. 영국의 노동자계급은 적게 잡아도 100%를 이자로 전당포[자선전당포의 후손]에 지불하고 있다.[21] 또한 여기에서는 챔블랜이나 브리스코 따위의 신용환상—그들은 17세기 90년대에 토지재산을 근거로 지폐를 발행하는 토지은행에 의해 영국의 귀족을 고리대로부터 해방시키려고 하였다—에 대해서도 언급하지 않겠다.[22]

21) "전당포의 이자가 그렇게 높은 것은 작은 금액을 얻기 위해 같은 한 달 동안 자주 잡혔다 찾아냈다 하기 때문이며 또 어떤 물건을 찾아내려고 다른 물건을 잡히기 때문이다. 런던에는 공인전당포가 240개 있으며 지방에는 거의 1,450개가 있다. 투하자본은 약 £1백만으로 추산되며 연간 3회전하고 1회전마다 평균 약 $33\frac{1}{2}$%의 수익을 올린다. 그러므로 영국의 하층계급은 [잡힌 물건을 못 찾는 것에서 생기는 손실은 제외하더라도] 매년 일시적인 차입에 대해 약 £1백만을 지불하는 셈이다."(터케트, 1846, 제1권: 114)

22) 그들은 저서들의 제목에까지 다음과 같은 것을 주요 목적으로 들고 있다. '토

12세기와 14세기에 베네치아와 제노아에 설립된 신용조합은 해상무역과 이에 따른 도매상업이 케케묵은 고리대의 지배와 화폐거래의 독점에서 자기 자신을 해방시키기 위한 필요에서 생긴 것이다. 이런 도시공화국에 설립된 진정한 은행이 동시에 공공신용을 위한 기관[이 기관으로부터 국가는 징수될 조세를 담보로 대부를 받았다]이었다면, 다음과 같은 사실을 잊어서는 안 된다. 즉 이 신용조합을 설립한 상인들 자신이 그 나라의 일류급 인사들이었고, 그들은 자기의 정부와 자기 자신을 고리대로부터 해방시킴과[23] 동시에 국가를 더 확실히 자기들에게 종속시키는 것에 관심을 가졌다는 사실이다. 그렇기 때문에 잉글랜드은행을 〖1694년〗 설립하려고 하였을 때 토리당도 다음과 같이 반대했다. 즉 은행들은 공화주의적 기관이며, 번영하는 은행들이 베네치아, 제노바, 암스테르담, 함부르크에 존재하지만, 프랑스은행 또는 스페인은행이라는 말을 들어본 적이 있는가라고.

암스테르담은행(1609년 설립)이나 함부르크은행(1619년 설립)은 근대

지소유자의 일반적 복지, 토지가격의 큰 증대, 귀족 · 신사계급 등에 대한 조세면제, 그들의 연간소득의 증대 등등.' 그들에 따르면, 이것으로부터 손해를 볼 사람은 고리대금업자뿐인데, 고리대금업자는 프랑스 침략군이 입힐 수 있었을 것보다 큰 손실을 귀족과 자유농민yeomanry에게 입힌 국민의 최악의 적이라는 것이다.

23) 예컨대 부유한 금세공업자(은행업자의 선조)는 찰스2세에 대한 대부에서 20~30%의 이자를 받았다. "사업이 이처럼 수익이 컸으므로 금세공업자는 점점 더 국왕에게 대부하게 되었고, 모든 세입을 미리 예상하며 의회의 화폐지출 결의를 담보로 삼고 또한 서로 경쟁적으로 어음 · 지불명령서 · 세금고지서를 구입해 담보를 삼았기 때문에, 사실상 모든 세입이 금세공업자들의 손을 거치게 되었다."(프란시스, 1848: 31) "은행의 설립은 그 이전에도 몇 차례 제안된 바 있으나, 드디어 이제는 필요하게 된 것이다."(같은 책: 38) "이 은행은 고리대금업자에게 피를 빨리고 있던 정부 자신이 의회의 화폐지출 결의를 담보로 값싼 이자율로 화폐를 얻기 위해 필요하였던 것이다."(같은 책: 59~60)

적 신용제도의 발달에서 새로운 기원을 연 것은 아니었다. 그들은 단순히 예금은행이었다. 은행이 발행한 수표는 실제로는 예탁된 [주조되거나 주조되지 않은] 귀금속의 영수증에 불과하였고, 그 수표는 수취자의 이서에 의해서만 유통하였다. 그러나 네덜란드에서는 상업과 제조업의 발달과 더불어 상업신용과 화폐거래가 발달하였으며, 발달과정 그것에 의해 이자낳는 자본은 산업자본과 상업자본에 종속하게 되었다. 이것은 이미 이자율의 낮은 수준에서 명확히 드러났다. 17세기의 네덜란드는 오늘날의 영국처럼 경제발전의 모범국으로 여겨졌으며, 거기에서는 빈곤에 근거를 두는 낡은 고리대의 독점은 자동적으로 붕괴되었다.

18세기 전체를 통해 〖영국에서는〗 네덜란드를 예로 들면서 이자율의 강제인하를 요구하는 목소리가 들렸으며 입법은 그 방향으로 나아갔다. 그런데 그 목적은 이자낳는 자본을 산업자본과 상업자본에 종속시키는 것이었다. 그 주창자는 영국의 보통의 개인은행업의 시조인 차일드Josiah Child*였다. 그는 기성복 제조업자 모제즈 앤드 선 회사가 '개인봉제업자들'의 독점을 비난하는 것과 마찬가지로, 고리대금업자의 독점을 맹렬히 비난한다. 차일드는 또한 영국 증권매매업의 시조다. 그런데 그는 동인도회사의 독재자로서 무역의 자유라는 이름 아래 그 회사의 독점을 옹호한다. 만리의 『오해 받는 화폐 이자』(1668)를 비판하면서 차일드는 다음과 같이 말한다.

"비겁하고 전전긍긍하는 고리대금업자들의 투사로서 그는 자기의 주된 대포를 [내가 가장 약한 곳이라고 말한] 그 지점에 세워놓고 있다…그는 낮은 이자율이 부의 원인이라는 것을 정면으로 부정하고 단순히 부의

---

* 新日本出版社의 일본어판 『資本論』은 '개인은행업의 시조'는 Josiah Child(1630~1699)가 아니라 Francis Child(1642~1713)라고 주장하고 있다. (제3권: 1055~1056, 주2)

결과라고 단언하고 있다."(『상업에 관한 연구』(1669), 번역판, 암스테르담과 베를린, 1754: 120) "한 나라를 부유하게 하는 것이 상업이고 이자의 인하가 상업을 증진시킨다면, 이자의 인하 또는 고리대의 제한은 나라의 부를 풍요롭게 하는 주요 원인임에 틀림없다. 동일한 것이 동시에 어떤 상황에서는 원인이고 다른 상황에서는 결과라고 말하는 것은 결코 불합리하지 않다."(같은 책: 155) "달걀은 암탉의 원인이고 암탉은 달걀의 원인이다. 이자의 인하는 부의 증대를 일으키며 부의 증대는 이자를 한층 더 저하시킬 것이다."(같은 책: 156) "나는 근면의 옹호자이며 나의 반대자는 나태를 옹호한다."(같은 책: 179)

고리대에 대한 이런 격렬한 투쟁, 즉 이자낳는 자본을 산업자본에 종속시키라는 이 요구는 [자본주의적 생산의 이런 전제조건을 근대적 은행제도의 형태로 만들어내려는] 유기적 창조활동의 전주곡에 불과하다. 근대적 은행제도는 한편에서는 모든 유휴화폐준비금을 수집하여 화폐시장에 투입함으로써 고리대자본의 독점력을 빼앗고, 다른 한편에서는 신용화폐를 창조함으로써 귀금속 그것의 독점적 지위를 제한한다.

차일드의 경우와 마찬가지로, 17세기의 마지막 $\frac{1}{3}$기와 18세기초 은행제도에 관한 영국의 모든 저서들에서 고리대에 대한 반대, 고리대로부터 상업 · 산업 · 국가를 해방시키라는 요구를 볼 수 있다. 또한 신용의 기적 같은 효과나, 귀금속의 독점적 지위의 제거와 지폐에 의한 귀금속의 대체가 가져오는 기적 같은 효과에 관한 거대한 환상들도 볼 수 있다. 잉글랜드은행과 스코틀랜드은행의 창립자인 스코틀랜드 사람 패터슨William Paterson 〖1658~1719〗은 모든 면에서 로 1세 〖존 로(1671~1729)의 아버지〗라고 불릴 만하다.

잉글랜드은행에 반대해,

"모든 금세공업자들과 전당포주인들은 격분의 함성을 올렸다."(매콜리, 1855: 499) "첫 10년 동안 잉글랜드은행은 큰 곤란을 겪어야만 하였다. 외부로부터 큰 적대가 있었고 잉글랜드은행권은 명목가치보다 훨씬 낮게만 인수되었다…금세공업자들"(이들의 수중에서 귀금속거래가 원시적인 은행업무의 토대로 기능하였다)"은 잉글랜드은행을 질투하였다. 왜냐하면 그들의 사업이 축소되었고 할인율이 저하되었으며 그리고 정부와의 거래가 자기의 적에게 넘어갔기 때문이다."(프란시스, 1848: 73)

잉글랜드은행의 설립 이전에도 1683년 국립신용은행의 계획이 이미 작성된 바 있었는데, 이것의 목적은 특히 다음과 같은 것이었다.

"사업가들이 대량의 상품을 가지고 있는 경우, 이 상품들을 손해를 보면서 팔지 않고 유리한 시장상황이 올 때까지, 이 은행의 도움에 의해 그들의 상품을 예탁할 수 있고 이 재고상품들을 담보로 신용을 얻어 그들의 노동자들을 고용하며 그들의 사업을 확장할 수 있게 한다."(같은 책: 39~40)

많은 노력 끝에, 이 신용은행이 『런던의』 비숍스게이트 스트리트의 데본셔 하우스에 설립되었다. 이 은행은 산업가들과 상인들에게 예탁된 상품을 담보로 그 상품가치의 $\frac{3}{4}$까지를 어음으로 대부하였다. 이 어음들의 유통을 보장하기 위해 각 사업분야에서 많은 사람들이 모여 조합을 결성하였으며, 이 은행의 어음을 소유한 사람은 누구나 이 조합에서 현금지불과 마찬가지로 그 어음으로 상품을 구매할 수 있었다. 그러나 이 은행은 번창하지 못하였다. 제도가 너무나 복잡하였고 상품의 가치감소에 의한 위험이 너무나 컸기 때문이다.

이런 저서들[이것들은 영국의 근대적 신용제도 형성의 이론적 동반자이며 이것을 촉진하였다]의 진정한 내용에 주목한다면, 우리가 발견하는 것은 오직 이자낳는 자본과 대부가능한 생산수단 일반을 [자본주의적 생산양식의 전제조건의 하나로서] 자본주의적 생산양식에 종속시켜야 한다는 요구뿐이다. 그 사용된 문구들을 본다면 [단어 하나하나까지] 상시몽주의자들의 은행·신용환상과 일치하고 있다는 것은 놀라울 뿐이다.

중농주의자에게는 경작자가 토지를 실제로 경작하는 사람이 아니라 큰 차지농업가farmer를 의미하고 있는 것과 마찬가지로, 상시몽의 근로자 travailleur는 노동자가 아니라 산업자본가와 상업자본가이며, 이 용어법은 아직도 그의 제자들 사이에서 통용되고 있다.

"근로자는 조수 · 보조자 · 육체노동자를 필요로 한다. 그는 영리하고 능숙하며 성실한 사람을 구한다. 그는 그들을 일시키며 그들의 노동은 생산적이다."(앙팡탕, 『상시몽파의 종교』, 1831: 104)

결코 잊어서는 안 될 것은, 상시몽은 그의 최후의 저서 『신기독교』(1825)에서 비로소 직접적으로 노동자계급의 대변인으로 등장하며 노동자계급의 해방을 자기 노력의 최종목표라고 선언하고 있다는 점이다. 그의 이전의 모든 저서들은 사실상 봉건사회에 대비한 근대부르주아 사회의 찬미에 불과하거나, 나폴레옹 시대의 장군과 입법자에 대비한 산업가와 은행가의 찬미에 불과하다. 같은 시대의 오언Robert Owen의 저서들과 얼마나 다른가![24] 상시몽의 제자들에게도 [위의 인용문이 보여주는 바와 같이] 산업자본가는 여전히 아주 뛰어난 근로자다. 상시몽의 저서를 비

---

24) {엥겔스: 마르크스가 원고에 다시 손을 대었다면 틀림없이 이 부분을 크게 수정하였을 것이다. 이 부분은 프랑스 제2제정 아래에서 이전의 상시몽주의자들이 한 기능에 의해 자극받았는데, 마르크스가 이 부분을 쓰고 있을 그 당시, 상시몽주의자들이 말하는 세계를 구제한다는 신용환상이 역사의 아이러니에 의해 전대미문의 큰 사기로 실현되었던 것이다. 그 이후 마르크스는 오직 상시몽의 천재성과 백과사전적 두뇌에 대해서만 찬미하고 있다. 상시몽이 초기의 저서들에서 부르주아지와 프롤레타리아트 사이의 대립[이것은 프랑스에서는 그 당시 발생하고 있을 뿐이었다]을 무시하였다 하더라도, 그리고 그가 부르주아지 중 생산에 종사하는 부분을 근로자에 포함시켰다 하더라도, 이것은 자본과 노동을 화해시키려고 한 푸리에Fourier의 견해와 같은 것이며, 그 당시 프랑스의 경제적 · 정치적 상태에 의해 설명된다. 오언이 이 점에서 훨씬 멀리 볼 수 있었던 이유는 그가 다른 환경에서, 즉 산업혁명과 [이미 첨예화되고 있던] 계급적대 가운데서 살았기 때문이다.}

판적으로 읽는다면, 신용과 은행에 관한 그의 몽상의 실현이 [이전의 상시몽주의자 페레르에 의해 1852년에 설립된] 크레디 모빌리에Crédit Mobilier였다는 것에 놀라지 않을 것이다. 그런데 이런 신용은행은 [신용제도나 대규모 산업이 근대적 수준으로 발달하지 않은] 프랑스와 같은 나라에서만 큰 세력을 가질 수 있는 형태였다. 영국과 미국에서는 이런 일이 불가능하였을 것이다. 크레디 모빌리에의 싹은 이미 『상시몽의 학설』(1831)의 다음 문맥들에서 볼 수 있다. 은행업자가 자본가와 개인 고리대금업자보다 싸게 대부하는 것은 이해하기 쉽다. 그리고 이 은행업자는 "지주나 자본가들보다 더 값싸게 즉 더 낮은 이자율로 산업가에게 도구를 공급할 수 있다. 왜냐하면 지주나 자본가들은 차입자의 선택에서 더 쉽게 실수를 범할 수 있기 때문이다."(202)

그러나 저자 자신이 주에서 다음과 같이 덧붙이고 있다.

"놀고먹는 부자와 근로자 〚산업자본가〛 사이를 은행업자가 매개하는 것에서 생기는 이익은, 우리의 무질서한 사회가 이기주의[각종 형태의 사기 · 기만으로 자기를 드러낸다]에 제공하는 기회에 의해 상쇄되거나 심지어 소멸되기도 한다. 은행업자는 근로자 〚산업자본가〛와 놀고먹는 부자 사이에 개입하여, 때때로 두 쪽을 모두 착취함으로써 사회에 해를 미친다."

근로자는 여기에서는 '산업자본가'를 가리킨다. 그런데 근대적 은행제도의 수중에 있는 자금을 단순히 놀고먹는 부자의 자금이라고 보는 것은 잘못이다. 첫째로, 그 자금에는 산업가와 상인이 일시적인 유휴화폐 형태로 보유하고 있는 자본부분[예: 화폐준비금 또는 앞으로 투자할 자본]이 포함되어 있다. 이것은 유휴자본이지만 놀고 먹는 사람의 자본은 아니다. 둘째로, 그 자금에는 모든 사람의 수입과 저축 중 영구적으로 또는 일시적으로 축적에 예정되고 있는 부분이 포함되어 있다. 그리고 이 두 요소가 은행제도의 성격에 본질적인 것이다.

그러나 결코 잊어서는 안 될 것은, 첫째 귀금속형태의 화폐가 여전히 토대이고, 이 토대로부터 신용제도는 본질적으로 결코 벗어날 수 없다는 점이다. 둘째 신용제도는 사회적 생산수단의 사적 개인에 의한 독점적 소유(자본과 토지재산의 형태로)를 전제하고 있다는 점, 그리고 신용제도 그것은 한편으로는 자본주의적 생산양식의 내재적 형태이면서 다른 한편으로는 이 생산양식을 그 가능한 최고 · 최후의 형태로 발달시키는 추진력이라는 점이다.

『영국의 이자에 관한 약간의 고찰』(저자 미상, 1697)에서 이미 지적된 바와 같이, 은행제도는 그 조직과 집중에서 보면 자본주의적 생산양식이 만들어낸 가장 인위적이고 정교한 산물이다. 그 때문에 잉글랜드은행과 같은 기관이 상업과 산업에 거대한 권력을 행사하는 것이다 [비록 상업과 산업의 현실적 운동은 완전히 은행 궤도 밖에 있으며 은행은 그 운동에 대해 전적으로 수동적이긴 하지만]. 그러나 은행은 사회적 규모에서 생산수단의 일반적 부기와 분배의 형태[비록 형태뿐이기는 하지만]를 제공한다. 이미 본 바와 같이, 개별자본가[또는 어떤 개별자본]의 평균이윤은 이 자본이 직접적으로 착취하는 잉여노동에 의해 결정되는 것이 아니라 총자본이 착취하는 총잉여노동에 의해 결정되며, 이 총잉여노동에서 각 개별자본은 단순히 총자본에서 차지하는 비율에 따라 자기의 배당을 받을 뿐이다. 자본의 이런 사회적 성격은 신용 · 은행제도의 충분한 발달에 의해 비로소 매개되고 완전히 실현된다. 다른 한편으로 이 신용 · 은행제도는 더 멀리 전진한다. 그 제도는 사회의 모든 이용가능한 자본 그리고 아직 적극적으로 기능하지 않는 잠재적 자본까지도 산업자본가와 상업자본가의 처분에 맡기며, 따라서 이 자본의 대부자나 사용자도 이 자본의 소유자 또는 생산자가 아니다. 그리하여 신용 · 은행제도는 자본의 사적 성격을 철폐하며 따라서 자기 자신 안에 자본 그것의 철폐를 내재적으로 포함하고 있다. 은행제도는 자본의 분배를 사적 자본가와 고리대금업자의 수중에서 빼앗아 하나의 특수한 업무, 사회적 기능으로 만든다. 그러나 이렇기 때문에 은행과 신용은 또한 자본주의적 생산을 그 자신의 한계를 넘어 추진시키는 가장 강력한 수단으로 되며 공황과 사기의 가장 유효한 추진력의 하나로 된다.

더욱이 은행제도는 화폐를 각종 형태의 유통신용으로 대체함으로써, 화폐는 사실상 노동과 노동생산물의 사회적 성격을 특수하게 표현한 것에 지나지 않는다는 것을 밝혀준다. 그러나 그 사회적 성격은 사적 생산의 토대와 대립하므로 결국 어쩔 수 없이 하나의 사물—기타 상품들과 나란히 존재하는 하나의 특수한 상품—로서 자기 자신을 표현할 수밖에 없다는 것을 밝혀준다.

끝으로, 자본주의적 생산양식에서 연합한 노동associated labour의 생산양식으로 이행하는 과정에서 신용제도가 강력한 지렛대로 기능하리라는 것은 의심의 여지가 없다. 그러나 신용제도는 생산양식 그것의 기타의 대규모 유기적 변혁들과 관련하여 오직 하나의 요소로서 기능할 뿐이다. 이와는 반대로, 사회주의적 의미에서 신용 · 은행제도의 기적적인 힘에 관한 환상은, 자본주의적 생산양식과 이 생산양식의 형태들의 하나로서의 신용제도에 대한 완전한 무지에서 나온다. 생산수단이 자본으로 전환되기를 중단하자마자(여기에는 사적 토지재산의 폐지도 포함되어 있다), 신용 그것은 이제 아무런 의미도 지니지 못하는데, 이것은 이미 상시몽주의자들도 인식하고 있었다. 그러나 자본주의적 생산양식이 존속하는 한, 이자낳는 자본은 그 생산양식의 형태들의 하나로 존속하며, 사실상 그 생산양식의 신용제도의 토대를 이룬다. 상품생산을 존속시키면서 화폐를 폐지하기를 원하였던 선동적인 지술가 프루동만이 소부르주아 신분의 경건한 소원을 표면상 실현하는 '이자없는 신용'이라는 괴물을 몽상할 수 있었다.25)

『상시몽파의 종교』(45)에는 다음과 같이 쓰여 있다.

"신용의 목적은, 한 쪽의 사람들은 산업의 도구를 가지고 있으면서 그것을 사용할 능력이나 의지가 없고 다른 쪽의 근면한 사람들은 노동도구를 가지지 않는 사회에서, 이 도구들을 될 수 있는 한 쉬운 방법으로 그것들의 소유자로부터 그것들의 사용방법을 알고 있는 사람에게로 이동시키는 데 있다. 이 정의에 따른다면, 신용은 소유를 구성하는 방식의 결과라는 것에 주목해야 한다."

그러므로 신용은 소유의 이런 구성과 함께 사라진다. 더욱이 98쪽에는 다음과 같이 쓰여 있다. 오늘날의 은행들은 "자기 자신의 영역 밖의 거래들에 의해 추진되는 운동을 뒤따라가야 하며 이 거래들에 자극을 주어서는 안 된다고 생각하고 있다. 바꾸어 말해 은행은 자기가 자본을 대부하는 근로자travailleur에 대해 자본가의 기능을 수행하는 것이 임무라고 생각하고 있다."

그러나 은행들은 이 지휘권을 접수하여야 하며 "자기가 융자하는 기업과 자기가 추진하는 사업의 수와 유용성에서"(101) 두각을 나타내야 한다는 사상 속에, 이미 크레디 모빌리에의 싹이 있다. 마찬가지로 페케르도 은행(상시몽주의자들이 말하는 '일반적 은행제도')이 '생산을 지배할' 것을 요구한다. 페케르는 본질적으로 상시몽주의자—비록 훨씬 더 급진적이긴 하지만—이다.

페케르는 "신용기관이…국민적 생산의 운동 전체를 통제하는 것"을 원한다. "국민적 신용기관을 창설하여 재능과 능력이 있는 무산자에게 자금을 대부하면서, 그 차입자들을 생산과 소비에서 긴밀한 연대성을 가지도록 강제로 결합시키지 않고 그들이 스스로 무엇을 교환하고 생산할까를 결정하게끔 내버려 두어 보라. 이것에 의해 당신이 달성할 수 있는 것은, 개인은행이 이미 달성하고 있는 것—즉 무정부상태, 생산과 소비

---

25) 마르크스, 『철학의 빈곤』 〚CW 6: 105~212〛; 『정치경제학 비판을 위하여』. 〚CW 29: 323〛

사이의 불균형, 한 쪽의 갑작스런 몰락과 다른 쪽의 갑작스런 치부—일 뿐이며, 따라서 당신의 신용기관은 한쪽이 입는 불행을 상쇄할 뿐인 행복을 생산해 내는 것 이상은 결코 할 수 없을 것이다…결국 당신은 당신이 도와주는 임금노동자들에게 서로 경쟁하는—그들의 자본가적 고용주들이 지금 행하고 있는 경쟁처럼—수단을 제공한 것에 지나지 않을 것이다."(페케르, 1842: 433, 434)

우리가 본 바와 같이, 상인자본과 이자낳는 자본은 자본의 가장 오래된 형태들이다. 그러나 이자낳는 자본이 일반인의 생각에는 특히 뛰어난 자본의 형태로 나타나는 것은 당연하다. 상인자본의 경우에는 어떤 매개적인 활동—이것을 사기라고 여기든 노동이라고 여기든 또는 그 어떤 것으로 여기든—이 행해진다. 이와는 반대로, 이자낳는 자본의 경우 자본의 자기재생산적인 성격[즉 자기증식적인 가치, 잉여가치의 생산]은 순전히 신비한 속성으로서 나타난다. 이리하여 산업자본이 아직 완전히 발달하지 못한 나라들[예: 프랑스]에서는 심지어 일부의 경제학자들도 이자낳는 자본을 자본의 기본형태라고 고집하며, 그리고 예컨대 지대를 이자낳는 자본의 다른 형태에 불과하다고 보게 된다[여기에서도 대부형태가 우세하기 때문에]. 이로 말미암아 자본주의적 생산양식의 내부구성은 완전히 오해되며, 토지는 자본과 마찬가지로 자본가에게만 대부된다는 점을 보지 못한다. 화폐 대신에 현물의 생산수단이 기계 · 업무용 건물 따위의 형태로 물론 대부될 수 있다. 그러나 이 경우 그 생산수단들은 일정한 화폐액을 대표한다. 이자 이외에 얼마가 마멸분에 대해 지불되는 것은 이 자본요소들의 사용가치—그 독특한 현물형태—에 기인한다. 여기에서도 구별해야 하는 것은, 그 생산수단들이 직접적 생산자들에게 대부되는가[이 경우 적어도 이 대부가 실시되는 분야에서는 자본주의적 생산양식이 존재하지 않는 것이 전제되고 있다] 또는 산업자본가에게 대부되는가[이 경우 그 토대가 자본주의적 생산양식인 것을 전제하고 있다] 하는 것이다. 개인적 소비를 위한 가옥 따위의 대부를 여기에 끌어들이는 것은 더욱더 부적절하고 무의미하다. 노동자계급이 이 형태에서도 크게 기만을 당한다는 것은 명백한 사실이지만, 이런 것은 노동자계급에게 생활수단을 공급하는 소매상들에 의해서도 행해진다. 이런 것은 [생산과정 그것 내부에서 직접적으로 행해지는] 제1차적 착취와 나란히 진행되는 제2차적 착취다. 여기에서는 판매와 대부 사이의 구별은 전혀 중요하지 않은 형식적인 것인데, 이 구별이 현실의 관련을 전혀 모르는 사람에게는 본질적인 것으로 나타난다.

* * *

고리대는 [상업과 마찬가지로] 주어진 생산방식을 이용하지만 생산방식을 창조하지 않으며, 외부로부터 생산방식과 관련을 맺는다. 고리대는 끊임없이 반복하여 그 생산방식을 이용하기 위해 그것을 직접적으로 유지하려고 한다. 그러므로 고리대는 보수적이며, 그 생산방식을 더욱 비참하게 만들 뿐이다. 생산요소들이 상품으로서 생산과정에 들어가며 상품으로서 생산과정에서 나오는 일이 적으면 적을수록, 화폐에 의해 생산요소를 만들어 내는 것은 더욱더 특수한 행위로 나타난다. 사회적 재생산에서 유통의 기능이 중요하지 않으면 않을수록, 고리대는 더욱더 번창한다.

화폐재산이 특수한 종류의 재산으로 발전한다는 말은 [고리대자본에 관한 한] 고리대자본이 그의 모든 청구권을 화폐청구권의 형태로 가진다는 것을 의미한다. 생산의 대부분이 현물지급[사용가치]에 국한되어 있으면 있을수록, 그 나라에서는 고리대자본이 더욱 더 발달한다.

고리대는 이중의 효과를 통해 산업자본의 전제조건을 형성하는 강력한 지렛대가 된다. 첫째 고리대는 상인자본과 나란히 독립적인 화폐재산을 형성하며, 둘째 고리대는 옛날부터의 노동조건의 소유자를 몰락시킴으로써 노동조건을 빼앗는다.

중세의 이자

"중세에는 주민은 순수히 농업에 종사하였다. 봉건제도와 같은 통치체제 아래에서는 교역은 거의 있을 수 없으며 따라서 이윤도 거의 있을 수 없다. 그러므로 고리대 금지법은 중세에서는 정당한 것이었다. 더욱이 농업국에서는 빈곤 또는 위급한 상황에 빠지는 경우를 제외하고는 화폐를 차입하려는 사람은 거의 없다…헨리 8세 〖재위: 1509~1547〗는 이자를 10%로 제한하였고, 제임스 1세 〖재위: 1557~1625〗는 8%로…찰스 2세 〖재위: 1625~1649〗는 6%로, 앤 여왕 〖재위: 1702~1714〗은 5%로 제한하였다…그 당시에는 대부자들은…법률상의 독점자는 아니었지만 사실상의 독점자였고, 따라서 기타의 독점자들과 마찬가지로 그들에게도 제한을 가할 필요가 있었다. 지금은 이윤율이 이자율을 규제하지만 그 당시에는 이자율이 이윤율을 규제하였다. 화폐대부자가 상인에게 높은 이자율을 부과하면 상인은 자기 상품에 높은 이윤율을 붙일 수밖에 없었다. 그리하여 큰 금액의 화폐가 구매자의 호주머니에서 나와서 화폐대부자의 호주머니로 들어갔다."(길바트, 『은행업의 역사와 원리』: 163, 164, 165)

"내가 들은 바에 의하면, 〖100굴덴gulden을 대부하고〗 라이프치히 장날[일년에 3번 열린다]마다 10굴덴을 받으며 따라서 일년에 100굴덴에 대해 30굴덴을 받는다. 어떤 사람은 노이엔부르크 장날을 추가하여 100에 대해 40을 받아낸다고 한다. 이것이 사실인지 아닌지 나는 모른다. 그러나 이렇게 되면 어떤 일이 벌어질 것인가?…라이프치히에서 100플로린florins을 가진 사람은 매년 40을 받아 한 사람의 농민이나 시민의 몫을 삼켜 버리게 되며, 1,000플로린을 가진 사람은 매년 400을 받아 한 사람의 기사나 부유한 귀족의 몫을 삼켜 버리며, 10,000플로린을 가진 사람은 매년 4,000플로린을 받아 한 사람의 부유한 백작의 몫을 삼키게 되고, 100,000플로린을 가진 사람(대규모의 고리대금업자)은 매년 40,000을 받아 한 사람의 부유한 위대한 왕자의 몫을 삼키게 되며, 1,000,000플로린을 가진 사람은 매년 400,000을 받아 한 사람의 위대한 왕의 몫을 삼키게 된다. 그렇다고 하여 고리대금업자의 신체나 상품이 위험에 부닥치는 것도 아니며 그는 일하지 않고 난로 앞에 앉아서 사과를 구워 먹는다. 이렇게 되면 이 비열한 강도는 집에 앉아서 10년 안에 세계 전체를 집어삼킬 것이다."(루터, 『목사들에게, 고리대에 반대해 설교할 것』(1540년), 『루터 저작집』, 비텐베르크, 1589, 제6부: 312)

"15년 전에 나는 고리대를 반대해 글을 썼는데, 그 때 이미 고리대는 매우 광범하게 퍼져서 어떤 개선도 바랄 수 없었다. 그때 이래 고리대는 더욱 거만해져서 이제는 죄악 · 악행 · 수치로 여겨지지 않으려고 할 뿐 아니라 오히려 [마치 사람들에게 큰 사랑과 기독교적 봉사를 베푸는 것처럼] 순수한 덕행과 명예라고 자찬하게 되었다. 수치가 명예로 되고 악행이 덕행으로 되었으니 어떻게 하면 좋을까?"(같은 책)

"유태인들, 롬바드거리의 사람들, 고리대금업자들 그리고 흡혈귀들이 우리의 최초의 은행업자, 최초의 화폐거래업자였으며 그들의 성격은 악명 높았다…런던 금세공업자도 한패였다. 전체로 보아…우리의 최초의 은행업자들은…악한들이었으며 탐욕스러운 고리대금업자, 냉혹한 흡혈귀이었다."(하드카슬, 『은행과 은행업자』: 19, 20)

"베네치아가 제공한 실례"(은행의 설립)"를 곧 빠르게 모방하였다. 모든 해안도시들과 [독립과 상업으로 유명해진] 모든 도시들은 자기들의 최초의 은행을 설립하였다. 이들 도시의 배가 돌아오는 것이 때때로 오랫동안 연기되었으므로 어쩔 수 없이 신용을 제공하는 관습이 생겼으며, 이 관습은 아메리카의 발견과 아메리카와의 무역에 따라 더욱 강화되었다."(이것은 중요한 지적이다.) "배를 전세내는 것에는 거액의 대부가 필요하였는데, 이것은 이미 고대의 아테네와 그리스에서도 그러하였다. 1308년 한자도시 브뤼즈에는 하나의 보험회사가 있었다."(오지에, 1842: 202, 203)

토지소유자에 대한 대부, 따라서 부자 일반의 소비를 위한 대부가 영국에서조차 17세기 최후의 $\frac{1}{3}$기까지 [근대적 신용제도가 발달하기 이전에] 얼마나 우세하였는가에 대해서는 특히 노스의 저서로부터 알 수 있다. 그는 영국의 일류상인이었을 뿐 아니라 당시의 가장 중요한 이론경제학자의 한 사람이었다. 그는 말한다.

"이 나라에서 이자를 받고 대부되는 화폐 중 사업가들에게 사업운영을 위해 대부되는 것은 $\frac{1}{10}$도 되지 않는다. 그 대부분은 사치품의 구입에 대부되며 그리고 대토지 소유자이지만 자기의 토지에서 받아들이는 것보다 더욱 빨리 지출하며 자기의 토지를 매각하지 않고 오히려 저당잡히는 사람들의 지출을 뒷받침하기 위해 대부된다."(1691: 6~7)

18세기의 폴란드는 다음과 같았다.

"바르샤바에서는 어음거래가 컸지만, 그것은 주로 은행업자의 고리대에 근거하고 있었으며 또한 고리대의 이익에 봉사하기 위한 것이었다. 은행업자들은 낭비적인 귀족들에게 8%나 그 이상으로 대부할 수 있는 화폐를 조달하기 위해 해외로부터 백지 어음신용—이것은 상품거래를 그 근거로 하지 않지만 외국의 어음인수인은 이 어음대금의 환류가 계속되는 한 그 어음을 인수한다—을 입수하였다. 그러나 외국의 어음인수인은 테퍼나 기타의 일류 바르샤바 은행업자들의 파산 때문에 큰 손해를 보았다."(뷔슈, 1808: 232, 233)

이자 금지가 교회에 준 이익

"이자를 받는 것은 교회에 의해 금지되었지만, 빈곤을 면하기 위해 재산을 판매하는 것은 금지되지 않았다. 더욱이 화폐대부자에게 재산을 일정한 기간[즉 대부의 상환까지] 이전시키는 것도 금지되지 않았다. 따라서 화폐대부자는 재산을 담보로 삼았을 뿐 아니라 그 재산을 이용하여 화폐대부에 대한 보상을 얻을 수도 있었다…교회 자신 또는 교회에 속하는 종교단체들과 자선단체들은 이런 관행에서 큰 이익을 얻었으며, 특히 십자군시대 〚11~13세기〛에 그랬다. 이자의 금지는, 종교단체에 기부한 재산은 영구히 남에게 다시 양도할 수 없다는 규정과 함께, 국부의 큰 부분을 교회의 영구소유로 되게 하였다. 특히 유태인들은 교회에 기부한 부동산을 담보로 삼아 고리대금업을 하는 것이 불가능하게 되었기 때문이다…이자의 금지가 없었더라면 교회와 수도원은 결코 이처럼 부유하게 될 수 없었을 것이다."(같은 책: 55)

제6편
초과이윤이 지대로 전환

제 37 장 서론
제 38 장 차액지대. 개설
제 39 장 차액지대의 제1형태 (차액지대 Ⅰ)
제 40 장 차액지대의 제2형태 (차액지대 Ⅱ)
제 41 장 차액지대 Ⅱ: 첫째 예. 생산가격이 불변인 경우
제 42 장 차액지대 Ⅱ: 둘째 예. 생산가격이 하락하는 경우
제 43 장 차액지대 Ⅱ: 셋째 예. 생산가격이 상승하는 경우. 결론
제 44 장 최열등지에서도 생기는 차액지대
제 45 장 절대지대
제 46 장 건축지지대. 광산지대. 토지가격
제 47 장 자본주의적 지대의 기원

제37장
서 론

토지소유의 각종 역사적 형태를 분석하는 것은 이 책의 범위를 넘어선다. 우리는 자본이 생산하는 잉여가치의 일부가 토지소유자에게 돌아가는 한에서만 토지소유를 취급한다. 그러므로 우리는 농업이 제조업과 마찬가지로 자본주의적 생산양식에 의해 지배되고 있다는 것을 가정한다. 즉 농업생산이 자본가에 의해 추진되며, 이 자본가가 기타의 자본가와 구별되는 것은 먼저 이 자본가의 자본과 [이 자본이 운동시키는] 임금노동이 투하되는 요소〖즉 토지〗에 있을 뿐이라는 점이다. 우리에게는 차지농업가借地農業家farmer〖농업자본가〗가 밀 따위를 생산하는 것은 제조업자가 실이나 기계를 생산하는 것과 마찬가지다. 자본주의적 생산양식이 농업을 장악하였다는 가정은, 이 생산양식이 생산의 모든 분야와 부르주아 사회의 모든 분야를 지배하고 있다는 것, 그리하여 이 생산양식의 필수조건들—예컨대 자본들 사이의 자유경쟁, 한 생산분야에서 다른 생산분야로 자본의 이동, 균등한 수준의 평균이윤—이 또한 완전히 전개되어 있다는 것을 내포하고 있다. 우리가 취급하는 토지소유형태는 하나의 독특한 역사적 형태인데, 그것은 봉건적 토지소유나 생계수단으로 영위되는 소농민적 농업이 자본과 자본주의적 생산양식의 개입에 의해 전환된 형태다. 소농민적 농업에서 토지의 점유占有possession는 직접적 생산자에 대해 하나의 필수적인 생산조건을 이루며, 그가 토지를 소유하는 것은 자기의 생산방식에 가장 유리한 조건, 번영의 조건이 된다. 자본주의적 생산양식이 언제나 노동자로부터 노동조건을 빼앗는 것을 전제한다면, 농업에서는 농촌노동자로부터 토지의 수탈과 [이윤을 목적으로 농업을 경영하는] 자본가에 대한 농촌노동자의 종속을 전제한다. 그러므로 자본주의적 생산양식 이외에도 토지소유와 농업의 다른 형태들도 존재하였다거나 여전히 존재한다고 반박하더라도, 그것은 우리의 분석에 대해서는 아무런 의미도 없다. 그러나 이 반박은, 농업에서 자본주의적 생산방식과 이것에 대응하는 토지소유형태를 역사적 범주로서가 아니라 영원한 범주로서 취급하는 경제학자들에게는 타격을 줄 수 있다.

우리가 근대적 토지소유형태를 고찰해야 하는 이유는, 토지에 대한 자본투하로부터 발생하는 모든 독특한 생산 · 교환관계를 고찰하는 것이 필요하기 때문이다. 이런 고찰이 없다면 우리의 자본분석은 완전하지 못할 것이다. 따라서 우리는 진정한 농업—주민의 주식을 이루는 곡물의 생산—에 대한 자본투하에만 국한하여 고찰할 것이다. 밀을 예로 들 수 있다. 왜냐하면 밀은 근대의 자본주의적으로 발달한 국민들의 주요 식량이기 때문이다. (농업 대신 광업을 택하여도 좋다. 왜냐하면 법칙이 둘 다 똑같기 때문이다.)

기타의 농업생산물(예: 아마 · 염료식물)의 생산이나 독립된 축산업 따위에 투하된 자본에 대한 지대가 어떻게 주요 식량의 생산에 투하된 자본이 낳는 지대에 의해 결정되는가를 밝힌 것은 애덤 스미스의 큰 공적의 하나이었다. 사실상 이 점에 관해서는 스미스 이래 한걸음의 진전도 없었는데, 우리가 그 논의에 제한 또는 추가를 가할 것이 있다고 하더라도 그것은 토지소유를 독립적으로 취급하는 곳에 속하는 일이며 여기에 속하는 일은 아니다. 우리는 여기에서 밀 생산과 관련이 없는 토지소유를 일부러 취급하지 않을 것이지만, 다만 여기저기에서 예를 들어 증명하기 위해 이를 언급할 것이다.

완벽을 기하기 위해 지적하고 싶은 것은, 우리가 말하는 토지에는 물 따위도—그것이 소유자를 가지며 토지의 부속물로 되어 있는 한—포함되어 있다는 점이다.

토지소유는 어떤 사람들이 다른 모든 사람들을 배제하면서 지구의 일정한 부분을 자기 개인 의지의 배타적 영역으로서 지배할 수 있는 독점력을 가진다는 것을 전제한다.[26] 이것을 전제하면, 문제는 자본주의적

---

26) 토지의 사적 소유에 관한 헤겔의 설명보다 더욱 웃기는 것은 없다. 인격으로서 인간은 외부 자연의 영혼으로서 자기 의지에 현실성을 주어야 하며, 따라서 이 자연을 자기의 사적 소유로 점유해야 한다는 것이다. 만약 이것이 '인격이라는 것'[즉 인격으로서 인간]의 규정이라면, 인간은 자기 자신을 인격으로 실현하기 위해서는 토지소유자가 되어야 한다는 것이다. 토지의 자유로운 사적 소유—매우 최근의 산물—는, 헤겔에 따르면, 특정의 사회적 관계가 아니라, '자연'에 대한 인격으로서 인간의 관계이며 '모든 사물에 대한 인간의 절대적 취득권'이다.(헤겔, 『법철학』, 1840: 79) 먼저 분명한 것은, 개개의 인격은 자기의 '의지' 하나만으로 타인의 의지에 대항하여 자기 자신을 소유자라고 주장할 수 없다는 점이다. 왜냐하면 타인의 의지도 지구의 그 동일한 땅 조각에 자기 자신을 실현하려고 원하기 때문이다. 여기에는 좋은 의지 이외의 것이 필요하게 된다. 더욱이 '인격'이 자기 의지를 실현하는 한계를 어디에 두고 있는지—그의 의지의 존재가 한 나라 전체에서 실현되는지, 또는 '사물을 취득함으로써 사물에 대한 의지의 우위를 표명하기 위해' 몇 개의 나라들이 필요한지—결코 알 수가 없다. 여기에서 헤겔은 완전히 궁지에 몰린다. "점유는 언제나 점차적으로 행해진다. 나는 나의 몸으로 접촉할 수 있는 것보다 많은 것을 점유하지 못한다. 그러나 그 다음으로 둘째의 법칙[즉 외부 대상은 내가 잡을 수 있는 것보다 더욱 큰 넓이를 가지고 있다]이 있다. 그러므로 내가 점유하는 것은 어느 것이나 또 다른 것과 결부되어 있다. 나는 나의 손으로 사물을 점유하지만 나의 손이 미치는 영역은 확대될 수 있다."(90) 그러나 이 '또 다른 것'은 자기 차례가 오면 다시 또 다른 것과 결부되므로, 나의 의지가 영혼으로서 토지에 어느 정도까지 들어가야 하는가 하는 한계가 완전히 소멸한다. "내가 어떤 것을 점유한다면 오성悟性: the intellect은 나의 수중에 있는 직접적인 대상

생산의 토대 위에서 이 독점의 경제적 가치[즉 이 독점의 가치증식력]를 해명하는 것에 있다. 이 사람들이 지구의 일부를 사용하거나 남용할 수 있는 법률상의 힘에 의해서는 이 문제가 조금도 해결되지 않는다. 이 힘의 사용은 전적으로 경제적 조건에 달려 있으며, 이 조건은 그들의 의지와는 무관하다. 법률적 관념 그것이 의미하는 것은, 토지소유자도 모든 상품소유자가 자기의 상품에 대해 할 수 있는 것과 마찬가지로 토지에 대해 할 수 있다는 것뿐이다. 이 관념—자유로운 사적 토지소유라는 법률적 관념—은 고대세계에서는 유기적인 사회질서의 해체기에만 생기며, 근대세계에서는 자본주의적 생산의 발달과 함께 생긴다. 아시아에서는 이 관념이 유럽인들에 의해 여기저기에 수입되었을 뿐이다. '시초축적'(제1권 제8편)에서 본 바와 같이, 자본주의적 생산방식이 전제하고 있는 것은, 한편에서는 직접적 생산자가 토지의 단순한 부속물의 지위(예속농 · 농노 · 노예 따위의 형태)에서 해방되는 것이고, 다른 한편에서는 인민대중으로부터 토지를 수탈하는 것이다. 이런 정도까지 토지소유의 독점은 자본주의적 생산양식의 역사적 전제이며, 또한 어떤 형태로든 대중의 착취에 의거한 이전의 모든 생산양식에서와 마찬가지로 자본주의적 생산양식을 영속화시키는 토대다. 그러나 자본주의적 생산방식이 그 출발점에서 부닥친 토지소유형태는 이 생산방식에 적합한 것이 아니었다.

뿐 아니라 그것과 결부되어 있는 모든 것도 나의 것이라는 추론을 곧 끌어낸다. 여기에서 실정법이 규정들을 만들어 내지 않으면 안된다. 왜냐하면 개념으로부터는 그 이상의 것이 도출될 수 없기 때문이다."(91) 이것은 '개념'이 자기의 한계를 매우 소박하게 고백하는 것이며, 다음과 같은 것을 증명하고 있다. 즉 부르주아 사회에 속하는 특정의 법률적 토지소유관념을 절대적인 것으로 생각하는 오류에 처음부터 빠져있는 그 개념은 이 토지소유의 현실적 내용을 '전혀' 파악할 수 없다는 점이다. 또한 동시에 이 고백에서 헤겔은 사회적 · 경제적 발전에 따른 요구가 변함에 따라 '실정법'은 자신의 규정들을 변경시킬 수 있으며 또한 변경시켜야 한다는 사실을 인정하고 있다.

이 생산방식에 적합한 형태는, 농업을 자본에 종속시킴으로써 이 생산방식 그것에 의해 비로소 창조되었다. 그리하여 봉건적 토지소유, 씨족소유, 마르크 공동체mark commune*의 소농민적 소유는 자본주의적 생산방식에 적합한 경제적 형태―이것의 법률적 형태는 각양각색이라고 하더라도―로 전환된다. 자본주의적 생산방식의 위대한 공적의 하나는 다음과 같은 것이다. 즉 그 생산방식은 농업을 사회의 가장 미발달한 구성원들이 관습적으로 실시해 온 단순히 경험적인 생산방식에서 해방시켜 농학을 의식적·과학적으로 적용시켰으며[물론 사적 소유의 조건에서 가능한 한에서이긴 하지만][27], 또한 그 생산방식은 한편으로는 토지소유를

---

* 토지의 공유와 공동경작을 행하는 공동체.

27) 매우 보수적인 농화학자, 예컨대 존스턴(1851)도 사적 소유가 진정으로 합리적인 농업에 온갖 극복할 수 없는 제한을 가하는 것을 인정하고 있다. 이것은 땅에 대한 사적 소유의 독점을 공공연하게 변호하는 저술가들도 인정하고 있다. 예컨대 콩트는 사적 소유의 옹호를 주된 목적으로 한 두 권의 저작에서 다음과 같이 인정하고 있다. "한 국민을 부양하는 토지의 각 부분이 일반적 이익과 가장 잘 조화하는 용도로 사용되지 못한다면, 그 국민은 자연이 그들에게 허용하는 크기의 복지와 역량을 획득할 수 없다. 국민의 부를 크게 발달시키기 위해서는, 단일의 의지[가능하다면 개화된 단일의 의지]가 영토의 각 부분의 처분을 담당하여야 하며, 각 부분이 다른 모든 부분들의 번영에 기여하도록 하여야 한다. 그러나 이런 단일 의지의 존재는…토지의 사유지로 분할과 양립할 수 없을 것이며…그리고 각각의 소유자로 하여금 자기의 소유를 거의 절대적으로 마음대로 이용할 수 있게끔 보증하는 것과도 양립할 수 없을 것이다."(『소유론』, 1834: 228) 존스턴, 콩트 따위는 소유와 합리적 농업 사이의 모순을 고찰하면서, 오직 한 나라의 토지를 하나의 전체로서 경작할 필요성을 염두에 두고 있을 뿐이다. 그러나 개개의 작물의 재배가 시장가격의 변동에 의해 좌우된다는 것, 시장가격의 변동에 따라 그 재배에 끊임없는 변화가 일어난다는 것, 자본주의적 생산의 모든 정신은 가장 직접적인 눈앞의 화폐이윤을 지향하고 있다는 것―이런 것들이 연속되는 세대의 인간들이 필요로 하는 항구적인 생활조건 전체를 보장해야 하는 농업과는 모순된다는 점을 지적해야 한다. 이것의 적절한 예는 삼림인데, 삼림은 사적 소유가 아니라 국가관리 아래에 있는 드문

지배 · 예속관계와 완전히 단절시켰으며 다른 한편으로는 노동조건으로서의 토지를 토지소유와 토지소유자로부터 완전히 분리시켰다는 점이다. 이제 토지는 토지소유자에게 일정한 화폐조세[그가 토지독점에 의거해 산업자본가인 차지농업가로부터 징수하는 것]를 대표할 뿐이다. 이리하여 토지소유자는 자기의 토지재산을 스코틀랜드에 남겨 두면서 일생을 콘스탄티노플(이스탄불)에서 보낼 수 있게 된다. 이와 같이 토지소유는 이전의 모든 정치적 · 사회적 장식물과 첨가물—즉 산업자본가들과 그들의 이론적 대변인들이 토지소유에 대항해 열렬히 싸울 때(이것에 대해서는 나중에 고찰한다) 쓸모없고 불합리한 것이라고 비난한 모든 전통적 장식—을 벗어버림으로써 순수히 경제적인 형태를 얻는다. 농업을 합리화하여 처음으로 사회적 규모에서 농업을 경영할 수 있게 한 것과, 토지소유의 불합리성을 증명한 것은 자본주의적 생산양식의 위대한 공적이다. 그러나 이 생산양식은 [자기가 달성한 모든 역사적 진보가 그랬던 것과 마찬가지로] 이 공적을 직접적 생산자의 완전한 빈곤화에 의해 달성한 것이다.

우리의 주제 그것에 들어가기 전에, 오해를 피하기 위해 몇 가지의 예비적 관찰이 아직 더 필요하다.

자본주의적 생산양식을 위한 전제는 다음과 같다. 현실의 경작자는 자본가[즉 차지농업가]에게 고용된 임금노동자며, 차지농업가는 농업을 자본의 하나의 특수한 이용분야로서, 이 특수한 생산분야에 자기의 자본을 투하한 것으로서 경영할 뿐이다. 이 농업자본가는 그가 이용하는 토지의 소유자에게 이 특정의 생산분야에 자기의 자본을 이용하는 것을 허락한 대가로 일정한 기간에 [예컨대 매년] 계약상으로 확정된 화폐액을 지불한다(화폐자본의 차입자가 확정된 이자를 지불하는 것과 마찬가지로).

경우에만 공공의 이익을 위해 [비록 제한된 범위에서이긴 하지만] 관리되고 있다.

이 화폐액이 지대地代ground-rent로 불리는데, 그 화폐액이 경작지 · 건축지 · 광산 · 어장 · 삼림 따위의 어느 것에 대해 지불되더라도 지대라고 불린다. 지대는 토지소유자가 토지를 차지농업가에게 계약에 의해 임대한 기간 전체에 걸쳐 지불된다. 그러므로 지대는 토지소유가 경제적으로 실현되며 가치증식되는 형태다. 더욱이 여기에서는 근대사회의 구조를 이루는 세 계급— 임금노동자 · 산업자본가 · 토지소유자— 모두가 함께 그리고 서로 대립하면서 나타난다.

자본은 토지에 고정될 수 있고 토지와 합쳐질 수 있다. 자본은 토질의 화학적 개량이나 시비 따위의 경우처럼 비교적 일시적으로 투하될 수 있고, 배수로 · 관개시설 · 경지정리 · 농장건물 따위의 경우처럼 비교적 항구적으로 투하될 수 있다. 나는 이처럼 토지와 일체가 된 자본을 지칭하기 위해 다른 곳에서 '토지자본'이란 표현을 사용한 바 있다.[28] 이것은 고정자본이라는 범주 중 하나다. 토지에 합쳐진 자본과 이것에 의해 생산수단으로서 토지에 가해진 개량에 대한 이자가 [차지농업가가 토지소유자에게 지불하는] 지대의 일부를 구성할 수도 있지만,[29] 그것은 토지 그것— 자연상태로 있든 경작되고 있든— 의 사용에 대해 지불되는 진정한 지대는 아니다. 토지소유에 관한 체계적 연구[이것은 우리의 현재의 범위 밖에 있다]에서는 토지소유자 수입의 이 부분은 상세히 설명될 것

---

28) 『철학의 빈곤』. 〖CW 6: 205〗 나는 거기에서 '토지물질'과 '토지자본'을 구별하고 있다. "이미 생산수단으로 전환된 토지에 추가자본을 투하하는 것은 물질로서의 토지〖토지물질〗[즉 토지의 넓이]에 아무것도 추가하지 않으면서 자본으로서의 토지〖토지자본〗를 증대시킨다…자본으로서의 토지는 기타의 모든 자본과 마찬가지로 영원한 것은 아니나…자본으로서의 토지는 고정자본인데, 고정자본은 유동자본과 마찬가지로 소모된다."

29) "구성할 수도 있다"고 내가 말하는 것은, 어떤 상황에서는 이 이자는 지대의 법칙에 의해 규제되며, 따라서 예컨대 자연적 비옥도가 큰 새로운 땅으로부터 경쟁이 있는 경우 사라질 수도 있기 때문이다.

이지만, 여기에서는 몇 마디로 충분하다. 농업에서 보통의 생산과정에 함께 하는 더 일시적인 자본투자는 그 모두가 예외없이 차지농업가 자신에 의해 행해진다. 이런 투자와 단순한 경작조차도—경작이 어느 정도 합리적으로 행해지며, 따라서 예컨대 북아메리카의 이전의 노예주에서와 같이 토지의 난폭한 황폐화[토지소유자는 계약에 의해 이것을 방지한다]를 일으키지 않는다면—토지를 개량하며[30] 그 생산물을 증가시키고 토지를 단순한 물질로부터 토지자본으로 전환시킨다. 경작되는 토지는 동일한 자연적 속성을 지닌 미경작지보다 가치가 더 있다. 심지어 토지에 합쳐진 비교적 항구적이고 장기적으로 소모되는 고정자본까지도 그 대부분이 [또는 어떤 분야에서는 그 전부가] 차지농업가에 의해 투하된다. 그러나 계약에 명시된 차지기간lease이 경과하자마자, 토지에 합쳐진 개량들은 토지라는 실체의 불가분의 부속물로서 토지소유자의 소유로 된다[이것이 자본주의적 생산의 발달에 따라 토지소유자가 차지기간을 최소한도로 단축시키려고 하는 이유 중 하나다]. 새로운 차지계약이 체결될 때 토지소유자는 [토지에 합쳐진 자본에 대한] 이자를 진정한 지대에 추가한다—그가 그 개량을 행한 차지농업가에게 다시 토지를 임대하든 다른 사람에게 임대하든. 이리하여 그의 지대는 증가한다. 또는 그가 이 토지를 팔려고 한다면, 이 토지의 가치[이것이 어떻게 결정되는가는 나중에 고찰할 것이다]는 이제 상승하였다. 그는 토지를 판매할 뿐 아니라 개량된 토지, 토지에 합쳐진 자본[자기는 아무런 비용도 들이지 않은 자본]을 판매하는 것이다. 이것이 경제발전의 진행에 따라—지대 그것의 변동과는 별도로 —토지소유자들의 부가 증대하며 그들의 지대가 끊임없이 팽창하고 그들의 소유지의 화폐가치가 증가하는 비밀의 하나다. 이

---

30) 다음을 참조하라. J.앤더슨, 『영국의 현재의 곡물부족을 일으킨 사정들에 관한 냉철한 탐구』, 1801: 35~36, 38. 캐리, 『과거 · 현재 · 미래』, 1848: 129~131.

처럼 그들은 자기들의 참여 없이 달성된 사회발전의 성과를 자기 자신의 개인 주머니에 집어넣는다. 그들은 말하자면 '열매를 소비하기 위해 태어난 사람들'이다. 그런데 이것 〖차지기간의 만료와 함께 모든 개량이 토지소유자의 소유로 되는 것〗은 동시에 합리적 농업에 대한 최대의 장애 중 하나다. 왜냐하면 차지농업가는 자기의 차지기간 중에 완전한 환류를 기대할 수 없는 개량과 지출을 모두 회피하기 때문이다. 이런 장애를 일으키는 그 사정에 대한 비판이 끊임없이 행해졌다. 지난 세기에는 J.앤더슨[근대적 지대론의 진정한 발견자이며 실제로 차지농업가였고 당시의 저명한 농학자였다]에 의해 비판되었고, 오늘날에는 영국의 현재의 토지소유제도를 반대하는 사람들에 의해 비판되고 있다.

월턴의 『영국 차지제도의 역사』(1865: 96~97)는 이것에 대해 다음과 같이 말하고 있다.

"이 나라의 수많은 농업협회들의 모든 노력은 농업개량의 현실적인 진보에 매우 큰 성과 또는 참으로 주목할만한 성과를 거두지 못할 것임에 틀림없다. 이런 개량이 차지농업가나 노동자의 상태를 개선하기보다 훨씬 더 큰 정도로 지주 소유지의 가치와 지대액을 증가시키는 한, 양호한 배수시설, 풍족한 시비 및 훌륭한 경영은 [토지를 근본적으로 깨끗하게 하고 개조시키는] 노동의 증대와 결부되어, 토지의 개량과 생산의 증가에 놀랄만한 성과를 거둘 것이라는 것은 [토지소유자나 그의 관리인 또는 농업협회의 회장 못지 않게] 차지농업가들이 일반적으로 잘 알고 있다. 그러나 이것을 하기 위해서는 상당한 지출이 요구되며, 그리고 차지농업가들은 아무리 토지를 개량하고 토지의 가치를 올린다 하더라도 결국 지주가 대부분의 이익을 더 높은 지대·소유지 가치의 형태로 거두어들인다는 것을 잘 알고 있다…차지농업가들은 영리하여 연설자들"(농업축제에서 연설하는 토지소유자와 그의 토지관리인들)"이 기묘하게도 빠뜨리고 있는 사실—즉 차지농업가들이 실시하는 모든 개선의 대부분은 결국 지주의 주머니로 들어갈 수밖에 없다는 것—을 잘 알고 있다…이전의 차지인이 아무리 농장을 개량하였다 하더라도 그의 후계자가 발견하는 것은 지주가 이전의 개량으로 생긴 토지가치의 증대에 비례하여 지대를 인상시킨다는 것뿐이다."

이 과정은 진정한 농업에서보다 건물용 토지에서 더욱 명백하게 나타난다. 영국에서는 자유보유지freehold로 판매되지 않는 건물용 토지의 압도적 대부분은 토지소유자에 의해 99년 동안 또는 가능하다면 더 짧은 기간 임대되고 있다. 이 기간이 만료되면 그 건물은 토지 그것과 함께 토지소유자의 소유로 된다.

"토지임차인tenant은 임차기간이 만료할 때 [임대할 수 있는 상태에 있는] 가옥을 대토지 소유자에게 인도할 의무가 있다. 임차기간의 만료까지 굉장히 높은 지대를 지불한 이후에도. 임차기간이 만료하자마자, 부동산 소개업자나 감정인이 와서 가옥을 검사하고 당신이 모든 것을 제대로 원상복구시켰는가를 보며 그 다음 그 가옥을 점유하여 토지소유자의 재산목록에 넣는다…만약 이 제도가 앞으로 상당한 기간 자유롭게 작용하도록 내버려둔다면, 이 나라의 가옥소유의 대부분은 토지와 마찬가지로 대토지소유자의 손에 들어가고 말 것이다. 템플 바 『런던의 플리트 스트리트와 스트랜드 사이의 문』의 남과 북에 있는 웨스트 엔드 『당시 런던의 고급 주택지구』 전체가 불과 5~6명의 대토지소유자의 소유이며 높은 지대로 임대되고 임대기간이 아직 만료되지 않은 것은 곧 만료된다고 한다. 이 나라의 모든 도시에서도 사정은 대체로 동일하다. 그런데 배제와 독점이라는 이 탐욕스러운 제도는 여기에서 끝나지 않는다. 우리의 항만도시의 거의 모든 부두시설도 마찬가지의 횡령과정에 의해 거대한 토지소유자들의 수중에 있다."(같은 책: 93)

이런 조건에서는 다음과 같은 사실은 분명하다. 즉 잉글랜드와 웨일즈에 대한 1861년의 인구조사에서는 인구 20,066,224명 중 가옥소유자의 수는 36,032명이지만, 대소유자와 소소유자를 분리하여 각각에 대해 인구수와 가옥수에 대한 가옥소유자의 비율을 살펴본다면 그 비율은 크게 다를 것이다.

건물의 소유에 관한 위의 실례는 다음과 같은 이유 때문에 중요하다. (1) 그것은 진정한 지대와 [토지에 합쳐진 고정자본에 대한] 이자 사이의 차이를 명확히 밝혀 주는데, 이자는 지대에 대한 추가분을 이룰 수 있다. 건물에 대한 이자는 [농업의 경우 차지농업가가 토지에 투하한 자본에 대한 이자와 마찬가지로] 차지계약기간에는 산업자본가[건축투기업자 또는 차지농업가]에게 돌아가며 그 자체로서는 [매년 특정일에 토지의 사용대가로 지불해야 하는] 지대와는 아무런 관련도 없다. (2) 위의 실례는 토지에 합쳐진 타인의 자본이 결국 토지와 함께 토지소유자의 것으로 되며, 이 자본에 대한 이자가 지대를 증대시킨다는 것을 밝혀 준다.

약간의 저술가들[예: 캐리]은 부분적으로는 부르주아 경제학자들의 공격으로부터 토지소유를 옹호하기 위해, 그리고 부분적으로는 자본주의적 생산체제를 대립이 아닌 '조화'의 체제로 묘사하기 위해, 지대[토지소유의 특수한 경제적 표현]를 이자와 동일시하려고 하였다. 이렇게 되면 토지소유자와 자본가 사이의 대립은 해소될 것이다. 그러나 자본주의적 생산의 초기에는 이와는 정반대의 방법 『이자를 지대와 동일시하려고 한다』이 채택되었다. 그 당시 대중의 관념에서는 토지소유는 아직도 사적 소유의 시초의 존경할만한 형태로 여겨졌지만, 자본에 대한 이자는 고리대로서 비난받았다. 그러므로 노스와 로크 따위는 자본에 대한 이자를 지대와 유사한 형태로 설명하였는데, 이것은 튀르고가 지대의 존재로부터 이자의 정당성을 도출한 것과 마찬가지였다. 그런데 최근의 저술가들은, 지대는 토지에 합쳐진 자본에 대한 이자를 내포하지 않더라도 존재할 수 있으며 존재하고 있다는 사실 이외에도, 토지소유자는 자기가 아무런 비용도 들이지 않은 타인의 자본에서 이자를 얻으며 또한 그 자본 자체를 무상으로 얻는다는 사실을 잊어버리고 있다. 토지소유를 정당화시키는 근거—일정한 생산양식에 따르는 모든 소유형태를 정당화시키는 근거이기도 하다—는 그 생산양식 자체 그리고 그 생산양식에서 생기는 생산·교환관계가 일시적인 역사적 필연성을 가지고 있다는 점에 있다. 그런데 뒤에서 보는 바와 같이, 토지소유는 자본주의적 생산양식의 일정한 발전단계에서는 그 생산양식의 관점에서 보더라도 불필요하고 해로운 것으로 나타난다는 사실에 의해 기타의 소유형태와 구별된다.

지대는 또한 다른 형태로도 이자와 혼동될 수 있으며, 이리하여 지대의 특수성이 잘못 이해된다. 지대는 [토지소유자가 땅의 한 조각을 임대해 매년 얻고 있는] 일정한 화폐액으로 표시된다. 그런데 이미 본 바와 같이, 일정한 『매년의』 화폐수입은 자본화될 수 있으며 가상의 자본에 대한 이자로 여길 수 있다. 예컨대 평균이자율이 5%이라면 연간의 지대 200원은 4,000원이라는 자본에 대한 이자로 여길 수 있다. 이처럼 자본화된 지대가 토지의 구매가격 또는 가치를 형성하는데, 이것은 노동의 가격이 불합리한 것과 마찬가지로 명백히 불합리한 범주다. 왜냐하면 토지는 노동의 생산물이 아니며 따라서 가치를 가지지 않기 때문이다. 그러나 다른 한편으로 이 불합리한 형태는 진정한 생산관계를 숨기고 있다. 어떤 자본가가 [연간 200원의 지대를 낳는] 토지를 4,000원에 구입한다면 그는 4,000원에 대한 연간평균이자 5%를 얻는 셈인데, 이것은 마치 그가 이 자본을 이자낳는 유가증권에 투자하였거나 직접적으로 5%로 대부한 경우와 마찬가지다. 이것은 4,000원의 자본이 5%로 가치증식된 것이다. 이 전제에 따르면, 그는 20년이 지나면 자기 소유지의 구매가격을 거기로부터의 수입에 의해 회수하게 된다. 그러므로 영국에서는 소유지의 구매가격이 '몇 년 분의 수입'으로 계산되는데, 이것은 지대의 자본화를 나타내는 다른 표현에 불과하다. 그런데 사실은 토지의 구매가격은 토지의 가격이 아니라, 토지가 낳는 지대를 현행의 이자율에 따라 계산한 가격이다. 그러므로 지대의 이런 자본화는 지대 그것을 전제하는 것이며, 지대가 그 자신의 자본화 〖토지가격〗로부터 도출되고 설명될 수는 없다. 지대의 판매 〖토지가격〗와는 무관한 지대의 존재가 연구의 출발점이다.

위의 논의에서 알 수 있는 바와 같이, 지대가 불변의 크기라면 토지가격은 이자율에 반비례해 등락한다. 표준이자율이 5%에서 4%로 저하하면, 연간 지대 200원은 자본 4,000원의 연간 가치증식분이 아니라 자본 5,000원의 그것을 대표할 것이며, 따라서 동일한 토지조각의 가격은 4,000원[20년 분의 수입]에서 5,000원[25년 분의 수입]으로 오를 것이다. 그 반대의 경우는 그 반대다. 토지가격의 이 운동은 단순히 이자율에 의해 규제되며 지대 그것의 운동과는 무관하다. 이미 본 바와 같이, 사회의 발전에 따라 이윤율은 저하하는 경향이 있고 또한 이자율도 [이윤율에 의해 규제되는 한] 저하하는 경향이 있으므로, 그리고 이자율은 [이윤율에 의한 영향을 무시하더라도] 대부가능 화폐자본의 증가에 따라 저하하는 경향이 있으므로, 토지가격은 지대의 운동이나 토지생산물의 가격[지대는 이것의 일부를 이룬다]의 운동과는 무관하게 상승하는 경향이 있다.

지대 그것을 [지대가 토지구매자에 대해 취하는] 이자형태와 혼동하는 것 — 이것은 지대의 성질을 전혀 알지 못하기 때문에 생기는 혼동이다 — 은 가장 기묘한 그릇된 결론을 이끌어 낼 수밖에 없다. 모든 오래된 나라들에서는 토지소유가 매우 고상한 소유형태로 여겨지며 더욱이 토지구매는 매우 안전한 자본투자로 여겨지기 때문에, 지대를 구매하는 경우의 이자율 〖지대를 토지가격으로 자본화하는 데 적용되는 이자율〗은 일반적으로 장기자본투자의 경우보다 낮다. 이리하여 토지의 구매자는 동일한 자본을 다른 곳에 투하하였다면 예컨대 5%를 얻을 수 있는데도, 토지의 구매가격에 대해서는 4%만을 얻을 뿐이다. 또는 같은 이야기지만, 그는 지대에 대해 [다른 투자에서 동일한 연간화폐수입을 얻기 위해 지불하는 것보다] 많은 자본을 지불한다. 이것으로부터 티에르는 대체로 매우 형편없는 그의 책 『소유에 관하여』(이것은 1848년의 프랑스 국민의회에서 프루동을 반대해 행한 연설의 인쇄본이다)에서 지대는 낮다고 결론짓고 있는데, 그것이 밝히고 있는 모든 것은 오히려 지대의 구매가격〖토지가격〗이 높다는 것뿐이다.

자본화된 지대가 토지의 가격[또는 가치]으로 나타나며 이리하여 토지가 기타의 모든 상품과 마찬가지로 매매된다는 사실은 약간의 변호론자에게 토지소유를 정당화하는 근거가 된다. 왜냐하면 구매자는 다른 모든 상품에 대해서와 마찬가지로 토지에 대해 등가를 지불하였으며 토지소유의 대부분은 이처럼 소유자를 바꾸어 왔기 때문이라는 것이다. 그렇다면 그 정당화 근거는 노예제에도 적용될 수 있다. 왜냐하면 노예소유자는 노예에 대해 현금을 지불하였고 노예의 노동생산물은 노예들의 구매에 투하한 자본에 대한 이자를 대표할 뿐이기 때문이다. 지대의 매매〖토지가격〗로부터 지대 존재의 정당성을 도출하는 것은 지대의 존재를 지대의 존재에 의해 정당화하려는 것과 마찬가지다.

지대[즉 자본주의적 생산양식의 토대 위에서 토지소유의 자립적인 특수한 경제적 형태]의 과학적 분석을 위해서는 지대를 [모든 불순물과 혼합물을 제거하여] 순수한 형태로 고찰하는 것이 중요하지만, 다른 한편에서는 토지소유의 현실적 영향을 이해하기 위해서 그리고 [지대의 개념과 성질에 모순하면서도 지대의 존재형태로 나타나는] 수많은 사실을 이론적으로 해명하기 위해서도, 이론상의 이런 혼탁을 일으키는 요소들을 아는 것이 또한 중요하다.

실제로는 차지농업가가 토지의 경작을 허가받는 것에 대해 토지소유자에게 차지료의 형태로 지불하는 모든 것은 지대로 나타난다. 이 공물이 어떤 구성부분으로 이루어지든 그리고 어떤 원천에서 생기든, 지구의 한 조각에 대한 독점이 이른바 토지소유자로 하여금 공물을 징수하고 토지에 가격을 붙일 수 있게 한다는 점에서는 이 공물과 진정한 지대는 공통성을 가진다. 그리고 이 공물이 토지가격[이것은 위에서 밝힌 바와 같이 토지 임대에서 생기는 수입을 자본화한 것에 지나지 않는다]을 결정한다는 점에서도 진정한 지대와 공통성을 가진다.

이미 본 바와 같이, 토지에 합쳐진 자본에 대한 이자는 지대의 이런 이질적인 구성부분을 이룰 수 있으며, 이 구성부분은 경제발전에 따라 한 나라의 지대총액에 점점 더 크게 기여할 것임에 틀림없다. 그러나 이 이자를 제외하더라도, 차지료의 일부 또는 어떤 경우에는 전부가 평균이윤으로부터의 공제분 또는 정상적인 임금으로부터의 공제분 또는 이 두 개 모두로 구성될 수가 있다(이 경우 진정한 지대는 전혀 존재하지 않으며, 따라서 토지의 가치는 이론적으로 0이다). 이런 부분[이윤의 일부든 임금의 일부든]이 여기에서 지대의 형태로 나타나는 것은, 그 부분이 정상적인 경우에서처럼 산업자본가나 임금노동자에게 돌아가지 않고 차지료의 형태로 토지소유자에게 지불되기 때문이다. 경제학적으로 말한다면 이 부분은 지대를 구성하지 않지만, 실제로는 그 부분은 진정한 지대와 마찬가지로 토지소유자의 수입[그의 독점의 경제적 실현]을 형성하며 토지의 가격결정에도 동일한 영향을 미친다.

우리가 여기에서 문제로 삼지는 않지만, 자본주의적 생산양식 그것이 존재하지 않고 차지인 자신이 산업자본가가 아니며 그의 경영방식이 자본주의적이 아니라 하더라도, 자본주의적 생산양식에 대응하는 토지소유의 표현인 지대가 형식적으로 존재하는 경우도 있다. 이것은 예컨대 아일랜드의 경우다. 여기에서는 차지인이 일반적으로 소농민이다. 그가 토지소유자에게 차지료로서 지불하는 것은, 때때로 자기의 이윤[즉 자기 자신의 잉여노동] — 그는 자기 자신의 노동도구의 소유자로서 이것에 대한 취득권을 가지고 있다 — 의 일부를 흡수하고 있을 뿐 아니라 정상적인 임금[그는 다른 조건에서는 동일한 노동량에 대해 이 임금을 받았을 것이다]의 일부까지도 흡수하고 있다. 더욱이 토지의 개량을 위해서는 아무것도 하지 않는 토지소유자가 차지인으로부터 [차지인이 대부분 자기 자신의 노동에 의해 토지에 추가한] 작은 자본을 수탈하는데, 이것은 고리대금업자가 비슷한 상황에서 하는 짓이나 마찬가지다. 다만 고리대금업자는 이런 짓을 할 때 적어도 자기 자신의 자본을 위험에 내맡긴다는 점이 다르다. 이와 같은 끊임없는 약탈이 아일랜드의 토지입법의 쟁점이다. 이 경우의 요구사항은, 기본적으로 차지인에게 퇴거를 통고하는 토지소유자는 차지인이 토지에 대해 실시한 개량 또는 차지인이 토지에 투하한 자본에 대해 차지인에게 보상해야 한다는 것이다. 파머스턴은 이 요구에 대해 "하원은 토지소유자의 의회"라고 냉소적으로 대답하였다. 〚참조. CW 12: 157~162〛

우리는 여기에서 자본주의적 생산이 행해지는 나라들에서도 토지소유자가 토지생산물과는 아무런 관련도 없는 높은 차지료를 징수할 수 있는 예외적인 경우—예컨대 영국의 공장지대에서 작은 땅 조각이 공장노동자들에게 작은 정원용 또는 여가에 취미로 하는 경작용으로 임대되는 경우[『공장감독관 보고서』]—는 고찰하지 않는다.

우리가 여기에서 이야기하는 것은 자본주의적 생산이 발달한 나라의 농업지대다. 예컨대 영국의 차지농업가들 중에는 수많은 소자본가들이 있는데, 그들은 교육·훈련·전통·경쟁 및 기타의 상황 때문에 자기의 자본을 차지농업가로서 농업에 투하할 운명에 있으며 또 그렇게 할 수밖에 없다. 그들은 평균이윤보다 적은 이윤에 만족해야 하며 이것의 일부를 토지소유자에게 지대의 형태로 지불해야 한다. 이런 조건에서만 그들은 자기의 자본을 토지에, 농업에 투하하는 것이 허락된다. 어디에서나 토지소유자는 입법에 큰 영향력[영국에서는 압도적인 영향력]을 미치기 때문에 이 영향력은 차지농업가 계급 전체를 속여서 빼앗는 데 이용될 수 있다. 예컨대 1815년의 곡물법〚1846년 폐지〛—이것은 반자코뱅 전쟁

〖나폴레옹 전쟁〗 중에 크게 증가한 지대의 존속을 놀고먹는 지주들에게 보장하기 위해 국민에게 부과한 빵 세금이다—은 [약간의 예외적인 풍년을 제외하면] 농산물의 가격을 곡물의 자유수입 제도에서 있었을 수준보다 높게 유지하는 결과를 가져왔다. 그러나 이 곡물법은 입법자인 토지소유자들이 표준가격으로 지정한 높은 가격[이 가격 이상으로 곡물가격이 상승하면 외국산 곡물을 수입하게 된다]을 유지하지는 못하였다. 그럼에도 차지계약은 이런 표준가격을 염두에 두고 체결되었다. 이 〖표준가격에 대한〗 환상이 깨어지자마자 새로운 법이 새로운 표준가격을 가지고 제정되었지만, 이 표준가격도 이전의 표준가격과 마찬가지로 실현할 수 없는 토지소유자의 탐욕스러운 환상을 표현한 것에 불과했다. 이처럼 차지농업가들은 1815년부터 1830년대에 이르기까지 속은 것이다. 이리하여 이 기간 전체를 통하여 '농업상의 빈곤'이 끊임없이 문제로 되었으며, 제1세대의 차지농업가들은 수탈당하여 몰락하고 그 대신 새로운 자본가계급이 나타났다.[31)]

그러나 훨씬 더 일반적이고 중요한 사실은, 특히 농업노동자의 임금이 정상적인 평균 이하로 인하되고 이리하여 노동자 임금의 일부가 노동자로부터 빠져나와, 차지료의 한 구성부분을 이루어 지대라는 가면을 쓰고 토지소유자에게 들어간다는 것이다. 이것은 예컨대 잉글랜드와 스코틀랜드에서는 몇 개의 유리한 처지에 있던 주들을 제외하면 일반적 현상이다. 곡물법이 실시되기 이전의 영국의 임금수준을 연구한 의회조사위원회의 보고서 〖『곡물법 관계의 청원에 대한 특별조사위원회의 보고』(1814년 7월 26

31) 곡물법 반대에 관한 현상논문들 〖『농업과 곡물법에 관한 세편의 현상논문』, 1842〗을 참조하라. 그런데 곡물법은 여전히 곡물가격을 인위적인 높은 수준에 유지하였으며, 이것은 부유한 차지농업가에게 유리하였다. 이들은 [이유가 있든 없든 예외적인 평균가격을 믿고 있었던] 대다수 차지농업가들이 보호관세에 의지해 적극적으로 농업을 개량하지 않았기 때문에 이익을 얻었다.

일), 『곡물과 곡물법에 관한 보고서』(1814년 11월 23일) 』—이것은 19세기 임금의 역사에 관한 지금까지의 가장 귀중한 공헌이면서도 거의 이용되고 있지 않는데, 이밖에도 이것은 영국의 귀족과 부르주아지가 스스로 자기의 잘못을 밝힌 것이다—가 명백히 증명하고 있는 것은, 반자코뱅 전쟁 동안의 높은 지대와 이에 따른 토지가격의 상승은 부분적으로 임금의 공제와 육체적 최저수준 이하로 임금의 인하[즉 정상적인 임금의 일부를 토지소유자에게 인도한 것] 때문이었다는 사실이다. 여러가지 사정들[예컨대 화폐의 가치감소, 농업지방에서 구빈법의 운용]이 위의 조치를 가능하게 하였지만, 그 당시는 차지농업가의 수입은 크게 증대하고 토지소유자들은 놀랄 만큼 부를 축적하고 있었다. 사실상 곡물관세의 도입을 주장한 주요 논거의 하나는 [차지농업가 측에서도 토지소유자 측에서도] 농업노동자의 임금을 더 이상 인하하는 것은 물리적으로 불가능하다는 것이었다. 이런 상황은 본질적으로 변화하지 않고 있으며, 모든 유럽 나라들과 마찬가지로 영국에서도 정상적인 임금의 일부가 여전히 지대로 들어가고 있다. 박애주의적 토지귀족의 한 사람인 샤프츠베리 백작[그 당시는 애슐리 경]이 공장노동자의 상태를 너무나 불쌍히 여겨 10시간 노동일을 위한 선동에서 노동자들의 의회대변인이 되었을 때, 공업자본가의 대표들은 그 보복으로 그의 촌락에 있는 농업노동자의 임금에 관한 통계를 발표하였는데(제1권 제25장 5절 E를 참조하라), 그 통계는 이 박애주의자가 받는 지대의 일부가 단순히 그의 차지인들이 그를 위해 농업노동자의 임금에서 징수한 약탈로 구성되어 있다는 것을 명백히 보여주고 있다. 그 통계는 또한 그것에 포함되어 있는 사실들이 1814년과 1815년의 위원회가 폭로한 최악의 것에 필적한다는 점에서도 흥미롭다. 각종의 사정들이 농업노동자의 임금을 일시적으로 인상시킬 것을 강제할 때마다, 차지농업가들은 다음과 같이 부르짖는다. 즉 임금을 [다른 산업분야에서 통용하는] 정상적인 수준으로 인상하는 것은, 지대의 동시적인 감축 없이는, 불가능하며 자기를 필연적으로 몰락시킬 것이라는 것이다. 이 부르짖음 속에서 차지농업가는 지대의 명목으로 임금에서 빼내어 이것을 토지소유자에게 넘겨준다는 것을 인정하고 있다. 예컨대 1849년과 1859년 사이에 영국에서는 다음과 같은 결정적인 사정들의 결합 때문에 농업임금이 상승했다. 즉 아일랜드인들의 해외이민 때문에 농업노동자의 공급이 중단된 것, 농업인구가 제조업에 예외적으로 많이 흡수된 것, 군인에 대한 전시수요, 오스트레일리아와 미국(캘리포니아)으로 예외적인 큰 이민, 그리고 여기에서는 더 이상 논의할 수 없는 기타의 원인들. 동시에 1854~1856년의 흉년을 제외하면, 1849~1859년 사이에 평균곡물가격은 16%이상 하락하였다. 차지농업가들은 지대의 인하를 부르짖었다. 약간의 경우에는 지대를 인하시켰지만 대체로 그들의 요구는 성공하지 못하였다. 그들은 증기기관과 새로운 기계의 대규모 도입에 의해 생산비를 인하함으로써 출구를 찾았는데, 이 기계들은 부분적으로는 말을 대체하여 말을 경영에서 추방하였지만 또 부분적으로는 농업 일용노동자를 추방하여 인위적 과잉인구와 새로운 임금인하를 초래하였다. 그리고 이런 것은 이 10년 동안 농업인구가 총인구의 증가에 비해 상대적으로 감소하였는데도, 또한 약간의 순수농업지방에서는 농업인구가 절대적으로 감소하였는데도, 일어난 것이다.[32] 그 당시 케임브리지의 정치경제학 교수였던 포세트{엥겔스: 그는 체신부장관이었던 1884년에 죽었다}도 1865년 10월 12일 사회과학대회에서 똑같이 말하였다. "노동자들은 국외로 이주하기 시작하였고, 차지농업가들은 국외이주로 말미암아 노동이 등귀하기 때문에 지금까지 지불해온 바와 같은 높은 지대를 지불할 수 없다고 하소연하기 시작하였다." 여기에서는 토지의 높은 지대가 낮

32) J. C. 모턴, 「농업에서 사용되는 힘들」. 12개의 스코틀랜드 주들과 35개의 잉글랜드 주들의 수백 명의 차지농업가들로부터 수집한 믿을만한 자료에 의거하여 1859년 런던 기능협회London Society of Arts에서 한 연설.

은 임금과 직접적으로 동일시되고 있다. 그리고 토지가격의 높은 수준이 지대를 증가시키는 이 요인 『낮은 임금』에 의해 규정되는 한, 토지가치의 상승은 노동의 가치감소와 동일하며 토지가격이 높은 것은 노동가격이 낮은 것과 동일하다.

프랑스에서도 사정은 마찬가지다.

"한편에서는 빵 · 포도주 · 고기 · 채소 · 과일의 가격이 상승하면서 다른 한편에서는 노동의 가격이 불변이기 때문에 차지료는 증가한다. 노인들이 그들의 부친들의 계산서를 조사한다면[이렇게 되면 우리는 약 100년 전으로 되돌아가는 것이 된다], 그들은 그 당시 프랑스농촌에서 하루 노동일의 가격이 오늘의 그것과 똑같았다는 것을 발견할 것이다. 그러나 고기의 가격은 그 동안 3배로 되었다…이 큰 변화의 희생자는 누구인가? 토지를 소유하는 부자인가 아니면 그것을 경작하는 빈민인가?…지대의 증대는 대중의 불행의 증거다."(뤼비숑, 1837: 101)

한편에서는 평균이윤에서 다른 한편에서는 평균임금에서 빼낸 것의 결과인 지대의 실례.

토지관리인이고 농업기사인 J. L. 모턴은 다음과 같이 말하고 있다. 큰 임차지의 지대가 작은 임차지의 지대보다 낮은 것이 많은 지방에서 관찰되었다. 왜냐하면 "경쟁은 보통 큰 임차지보다 작은 임차지에서 더욱 심하기 때문이며, 소규모 차지인들은 농업경영 이외의 사업에 주의를 돌릴 수 없으므로 적합한 토지를 얻어야 한다는 강박관념으로 말미암아 그들은 많은 경우 그들의 판단이 승인하는 것보다 높은 지대를 지불하게 되기 때문이다."(1858: 116)

그러나 모턴에 따르면 이런 차이는 영국에서는 점차로 감소하고 있는데 그 이유는 바로 이 소규모 차지농업가들의 이민과 큰 관련이 있다. 모턴은 지대가 명백히 차지농업가 자신의 임금에서의 공제, 따라서 훨씬 더 확실히 자기가 고용하는 사람들의 임금에서의 공제를 포함하고 있는 실례를 들고 있다. 이것은 말 두마리가 끄는 쟁기를 보유할 수 없는 70~80에이커 〖30~40ha〗 미만 임차지의 경우다. "차지인이 노동자와 마찬가지로 열심히 자기 자신의 손으로 노동하지 않는다면 그의 임차지는 그를 먹여 살리지 못할 것이다. 만약 그가 작업수행을 노동자들에게 맡기고 자기는 그들을 감독하기만 한다면, 머지않아 그는 지대를 지불할 수 없음을 알게 될 것이다."(같은 책: 118)

그것으로부터 내린 모턴의 결론은, 차지농업가들이 극빈자가 되지 않으려면 임차지는 70에이커 미만이어서는 안 되며, 이리하여 차지농업가는 2~3마리의 말을 보유할 수 있어야 한다는 것이다.

프랑스 학사원과 농업중앙회의 회원인 라베르뉴의 비범한 지혜: 그는 『영국의 농촌경제』(1855)에서 소로부터 나오는 연간수입을 다음과 같이 비교하고 있다[소는 프랑스에서는 노동하나 영국에서는 말에 의해 대체되어 노동하지 않는다].(42)

프랑스		영국
£ 4백만	우유	£1천6백만
£1천6백만	고기	£2천만
£ 8백만	노동	—
£2천8백만		£3천6백만

그러나 영국의 생산액이 더 높은 이유는, 그 자신이 지적하듯이 우유가 영국에서는 프랑스보다 2배나 비싸기 때문이며 또한 고기값이 두 나라에서 동일하다고 가정하고 있기 때문이다.(35) 따라서 영국의 우유 생산액을 £8백만으로 축소시키면 총생산액은 프랑스와 같이 £2천8백만으로 될 것이다. 그런데 라베르뉴가 생산량과 가격차이를 동시에 고려해 영국이 어떤 물품 〖예: 우유〗을 프랑스보다 큰 비용으로 생산하고 있다는 것

[이것은 기껏해야 차지농업가와 토지소유자의 이득이 더 크다는 것을 가리킬 따름이다]을 영국농업의 우월성으로 나타낸 것은 너무나 지나치다.

라베르뉴는 48쪽에서 영국농업의 경제적 성과를 잘 알고 있을 뿐 아니라 영국의 차지농업가와 토지소유자의 편견을 믿고 있다는 것을 보여 주고 있다. "곡물생산에는 일반적으로 하나의 큰 결점이 있다 …곡물은 토지를 메마르게 한다."

라베르뉴는 기타의 작물들은 이렇게 하지 않을 뿐 아니라 사료식물과 뿌리채소 작물은 토지를 비옥하게 한다고 믿고 있다. "사료식물은 성장의 주요요소를 공기로부터 섭취하며, 토지로부터 섭취하는 것보다 토지에 주는 것이 많다. 그리하여 사료식물은 직접적으로 그리고 그것들이 동물의 똥으로 전환되는 것에 의해 곡물과 기타의 토지소모적 작물이 끼친 손해를 보상한다. 그러므로 사료식물은 적어도 이들 작물들과 교대로 재배되어야 하는 것이 원칙이고 노포크식 돌려짓기는 바로 이것이다."(50, 51)

영국의 농촌상태에 관한 이런 동화를 믿고 있는 라베르뉴가 영국 농업노동자의 임금이 곡물법의 철폐 이래 이전과 같은 비정상적인 성격을 잃어버렸다고 믿는 것은 전혀 이상하지 않다. 이 주제에 관해 이미 제1권 제25장 5절 E에서 말한 것을 참조하라. 그러나 여기에서는 1865년 12월 13일 버밍엄에서 브라이트가 행한 연설을 들어보자. 그는 의회에 대표자를 보내지 않는 5백만 가족 〖선거권이 없다〗에 대해 언급한 뒤 다음과 같이 계속한다.

"이 5백만 가족 중 1백만 또는 그 이상이 불행한 구빈 대상자의 명단에 있다. 또 1백만은 구빈 대상자보다는 조금 낫지만 항상 구빈 대상자로 될 위험에 있으며 이들의 상태와 전망은 구빈 대상자보다 나을 것이 거의 없다. 사회의 이 부분의 무지한 하층을 한번 보라. 그들의 비참한 상태 · 빈곤 · 고통 · 절망을 보라. 미국에서 노예제가 지배하였던 남부 주들에서도 흑인들은 해방의 날이 오리라는 신념을 가지고 있었다. 그러나 이 나라의 최하층계급에게는 어떤 개선에 대한 신념도 없으며 개선에 대한 갈망도 없다. 최근 신문에 난 도셋셔의 농업노동자 존 크로스의 이야기를 읽었는가? 그는 주 6일간 일하며 그의 고용주로부터 훌륭한 신원증명서를 받고 있는데 그는 이 고용주를 위해 주 8실링을 받고 24년 동안 일하였다. 그는 이 임금으로 오두막집에서 7명의 자녀를 포함한 가족(병약한 아내와 갓난아기 1명)을 먹여 살린다. 그는 6펜스 어치의 나무 울타리를 뜯어 썼다—법률적으로는 훔친 것이 된다. 이 죄 때문에 그는 치안판사 앞에서 재판을 받고 14일 또는 20일의 금고형을 선고받았다…나는 단언하지만 존 크로스와 같은 사건은 이 나라 전체 특히 남부에서는 수천이나 있으며 그들의 상태는 너무나 비참하여 가장 성실한 연구자까지도 그들이 어떻게 심신을 유지하는가를 지금까지 해명하지 못하였던 것이다. 이 나라 전체를 돌아보며 이 5백만의 가족과 그들의 절망적인 상태를 살펴보라. 선거권이 없는 국민들은 쉬지 않고 끊임없이 일하고 있는 것이 사실이 아닌가? 이들과 지배계급을 비교하여 보라—그런데 내가 이 비교를 한다면 나는 공산주의자로 비난받을 것이지만…그러나 일에 시달리고 있는 선거권이 없는 이 다수의 국민을 지배계급으로 여겨지는 부분과 비교하여 보라. 지배계급의 부 · 화려한 장식 · 사치를 보라. 그리고 지배계급의 무기력을 보라. 그들에게도 무기력은 있지만 그것은 꽉찬 만족감에서 오는 무기력이다. 또한 그들이 새로운 쾌락을 찾아 이곳저곳으로 돌아다니는 것을 보라."(『모닝 스타』, 1865년 12월 14일)

다음으로 잉여노동 일반[따라서 또 잉여생산물 일반]이 어떻게 지대와 혼동되고 있는가를 밝힐 것이다. 지대는 적어도 자본주의적 생산양식의 토대 위에서는 잉여생산물 중 양적으로도 질적으로도 독특한 일부다. 잉여노동 일반의 자연발생적 토대[즉 그것 없이는 잉여노동이 불가능한 자연조건]는, 자연이 필요생활수단—동물성 또는 식물성 토지생산물이든 어업의 수산물이든—을 노동일 전체를 삼키지 않는 노동시간에 제공한다는 것이다. 농업노동(여기에는 단순한 채취 · 사냥 · 어업 · 사육도 포함된다)의 이런 자연발생적 생산성은 모든 잉여노동의 토대다. 왜냐하면 모든 노동은 시초에는 먼저 식량의 취득 · 생산에 향해지기 때문이다. (동물은 또한 찬 기후에서는 방한용 모피를 제공한다. 그 밖에 동굴에서의 거주 따위.)

잉여생산물과 지대에 관한 동일한 혼동이 더브 『1854』의 경우에는 다르게 표현되고 있다. 최초에는 농업노동과 공업노동은 분리되어 있지 않았고 공업노동은 농업노동에 부속되어 있었다. 농경부족, 가옥공동체 또는 가족의 잉여노동과 잉여생산물은 농업노동과 공업노동 모두를 포괄하고 있으며, 두 가지 노동은 함께 진행된다. 사냥 · 어업 · 농업은 적당한 도구 없이는 불가능하다. 직조 · 방적 따위는 먼저 농업의 부업으로 수행된다.

우리가 이미 밝힌 바와 같이, 개별노동자의 노동이 필요노동과 잉여노동으로 분할되는 것과 마찬가지로, 노동자계급의 총노동도 이와 같이 분할될 수 있으며, 따라서 노동자계급이 필요로 하는 모든 생활수단(이것에 필요한 생산수단도 포함)을 생산하는 부분은 사회전체를 위한 필요노동을 수행한다. 그리고 노동자계급의 나머지 부분이 수행하는 노동은 잉여노동으로 여길 수 있다. 그러나 필요노동은 결코 농업노동만을 포함하는 것은 아니며 [노동자의 평균적 소비에 반드시 들어가는] 기타의 모든 생산물을 생산하는 노동도 포함한다. 더욱이 사회의 관점에서 보면, 한 쪽의 노동자들이 필요노동만을 수행하는 것은 다른 쪽의 노동자들이 잉여노동만을 수행하기 때문이며, 또 그 반대이기도 하다. 이것은 그들 사이의 분업에 불과하다. 농업노동자 일반과 공업노동자 일반 사이의 분업도 마찬가지다. 한 쪽의 노동의 순純공업적 성격이 다른 쪽의 노동의 순농업적 성격과 대응하고 있다. 이 순농업적 노동은 결코 자연발생적인 것이 아니라 오히려 사회발전의 산물[결코 어디에서나 달성될 수 있는 것이 아닌 매우 최근의 산물]이며 특정의 생산단계에 대응하는 것이다. 농업노동의 일부가 사치에 봉사할 뿐인 생산물에, 또는 공업원료를 이루지만 결코 식량[적어도 대중을 위한 식량]으로는 될 수 없는 생산물에 대상화되는 것과 마찬가지로, 공업노동의 일부도 농업노동자와 비농업노동자 모두를 위한 필요소비수단으로 봉사하는 생산물에 대상화되고 있다. 이 공업노동을 사회의 관점에서 잉여노동으로 여기는 것은 잘못이다. 이 공업노동은 부분적으로는 농업노동의 필요노동부분과 마찬가지로 필요노동이다. 또한 이 공업노동은 이전에 농업노동과 자연발생적으로 결부되고 있었던 공업노동의 일부가 독립한 형태에 불과하며, 그것은 이제 순농업노동에 대한 필연적인 상호 보완물이다. (소재적 측면만을 본다면, 예컨대 500명의 기계직조공은 이전보다 훨씬 큰 규모의 잉여직물—즉 그들 자신의 의류에 필요한 것을 능가하는 것—을 생산한다.)

끝으로, 지대의 현상형태[즉 생산목적을 위해서든 소비목적을 위해서든 토지사용에 대해 지대라는 명목으로 토지소유자에게 지불되는 차지료]를 고찰할 때 우리는 다음의 사실을 명심할 필요가 있다. 즉 그 자체로서는 아무런 가치도 가지지 않는 사물들—토지처럼 노동생산물이 아니든지, 골동품이나 위대한 거장에 의한 예술품처럼 적어도 노동에 의해 재생산될 수 없는 물건들—의 가격은 전혀 우연한 사정들의 결합에 의해 결정될 수 있다는 점이다. 어떤 물건이 판매되기 위해서는 그 물건이 독점될 수 있고 양도될 수 있다는 것 이외에는 아무것도 필요하지 않다.

* * *

지대의 분석을 모호하게 하기 때문에 지대를 취급할 때 피해야 하는 3개의 주요한 오류는 다음과 같다.

(1) 사회적 생산과정의 다른 발전단계에 대응하는 각종의 지대형태를

혼동하는 것.

지대의 독특한 형태가 어떻든, 모든 형태의 지대에 공통적인 것은, 지대의 취득은 토지소유가 자신을 실현하는 경제적 형태라는 점, 그리고 지대는 토지소유[지구의 일정한 부분을 특정의 개인들이 소유한다는 것]를 전제하고 있다는 점이다. 이 경우 그 소유자가 아시아 · 이집트 따위에서와 같이 공동체를 대표하는 인물이든, 또는 이 토지소유가 노예제나 농노제에서와 같이 직접적 생산자들의 인격에 대해 특정한 사람들이 가진 지배의 우연적 부속물에 불과하든, 또는 이 토지소유가 비생산자들이 자연에 대해 가진 순수한 사적 소유[토지에 대한 단순한 소유권]이든, 또는 끝으로 이 토지소유가 식민지 이주민이나 소농민적 토지소유자의 경우처럼 그들의 노동이 분산되고 사회적으로 발달하지 않았기 때문에 직접적 생산자들이 일정한 토지조각에서 생산물을 생산하고 취득하는 데 직접적으로 맺게 되는 토지에 대한 관계이든, 상관이 없다.

서로 다른 지대형태들의 이런 공통성—즉 각종의 개인들로 하여금 지구의 특정부분들을 배타적으로 점유하게 하는 법률적 허구인 토지소유의 경제적 실현이 지대라는 공통성—은 사람들로 하여금 지대형태들을 구별하지 못하게 한다.

(2) 모든 지대는 잉여가치며 잉여노동의 생산물이다. 지대의 비교적 미발달한 형태인 현물지대에서는 지대는 직접적인 잉여생산물이다. 여기로부터 다음과 같은 오류가 생긴다. 즉 자본주의적 생산양식에 대응하는 지대는 항상 이윤을 넘는 초과분—상품가치 중 잉여가치(잉여노동)의 일부인 이윤을 넘는 초과분—이어야 하는데도 〖왜냐하면 농산물의 가치가 농업자본가의 이윤을 낳을 뿐 아니라 지주의 지대도 낳아야 하기 때문이다〗, 잉여가치의 이 특수한 독자적인 구성부분〖지대〗이 잉여가치와 이윤의 일반적인 존재조건을 설명함으로써 설명될 수 있다고 잘못 생각하는 것이다. 이 일반적인 존재조건이란, 먼저 직접적 생산자가 자기 자신의 노동

력을 재생산하는 데 [즉 자기 자신을 재생산하는 데] 필요한 시간보다 긴 시간을 노동해야 한다는 것이다. 그는 어떤 종류의 잉여노동을 수행해야 한다. 이것은 주체적 조건이다. 그러나 객관적 조건은 그가 잉여노동을 행할 수 있어야 한다는 것이다. 즉 자연조건이 그의 노동가능시간의 일부에 의해 생산자로서의 자기 자신을 재생산하고 유지할 수 있게끔 하여야 하고 자기의 필요생활수단의 생산에 자기의 노동시간 전체를 소비하지 않게끔 하여야 한다는 것이다. 여기에서는 자연의 비옥도가 출발점 또는 토대로서 하나의 한계를 설정하고 있으며, 직접적 생산자들의 사회적 노동생산성의 발달이 다른 한계를 설정한다. 좀더 자세히 관찰하면, 식량의 생산은 어쨌든 직접적 생산자들의 생활과 모든 생산의 첫 번째 조건이므로, 이 생산에 종사하는 노동[가장 광의의 경제적 의미에서 농업노동]은 매우 생산적이어서 직접적 생산자들을 위한 식량생산에 노동가능시간 전부가 흡수되지 않도록 하여야 하며 그리하여 농업잉여노동[따라서 농업잉여생산물]이 존재할 수 있도록 하여야 한다. 좀더 나아가 이야기한다면, 사회의 일부를 구성하는 총농업노동(필요노동과 잉여노동)이 사회전체(비농업노동자도 포함)의 필요한 식량을 생산하는 데 충분하여야 하며, 이리하여 농업종사자와 공업종사자 사이의 큰 분업이 가능하여야 하며 또 마찬가지로 농업종사자 중에서 식량을 생산하는 사람들과 원료를 생산하는 사람들 사이의 분업도 가능하여야 한다. 식량의 직접적 생산자들의 노동이 그들 자신에 대해서는 필요노동과 잉여노동으로 분할된다 하더라도, 그것은 사회에 대해서는 식량의 생산에 요구되는 필요노동을 대표한다. 이런 것은 개별 작업장 안의 분업과 구별되는 사회 전체 안의 모든 분업에 해당한다. 예컨대 어떤 노동도 특정 물품을 생산하는 데 필요한 노동이며 특정 물품에 대한 사회의 욕구를 충족시키는 데 필요한 노동이다. 만약 이 노동의 분할이 사회의 욕구에 적합한 비율로 유지된다면, 각종의 생산물들은 그들의 가치대로 (더욱 전개된 단계에서는 그들의 생산가격으로) 판매되든지 또는 적어도 [이 가치 또는 생산가격이 일반법칙들에 의해 수정된] 가격으로 판매될 것이다. 이것은 사실상 개별상품이나 물품에 대해서가 아니라 [분업에 의해 독립한 각각의 사회적 생산분야의 그때그때의] 총생산물에 대해 그 효력을 발휘하는 가치법칙이다. 이리하여 각 개별상품에 오직 필요한 노동시간만이 지출될 뿐 아니라, 각 상품종류에 사회의 총노동시간 중 오직 필요한 비례적 분량만이 지출되어야 한다. 이렇게 될 수밖에 없는 것은 상품이 사용가치를 대표하기 때문이다. 개별상품의 경우에는 그 사용가치는 사회적 욕구를 충족시키느냐 않느냐에 달려 있지만, 사회적 생산물 전체의 경우에는 그 사용가치는 그것이 각종의 생산물에 대한 양적으로 규정된 사회적 욕구에 충분한가 아닌가에 달려 있으며, 이리하여 [양적으로 규정된] 사회적 욕구에 일치하게끔 노동이 각종의 생산분야에 분배되고 있는가 아닌가에 달려 있다. (이 점은 각종의 생산분야로 자본을 분배하는 것과 관련하여 고찰되어야 한다.) 여기에서 사회적 욕망[즉 사회의 수준에서의 사용가치]은 사회의 총노동시간 중 각각의 생산분야에 할당되는 몫을 결정하는 것으로 나타난다. 그러나 이것은 이미 개별상품의 경우에도 나타난바 있는 법칙—즉 상품의 사용가치는 그것의 교환가치 그리고 가치의 전제다—에 불과하다. 이 점이 필요노동과 잉여노동 사이의 관계에 관련을 가지는 것은, 이 비율〚사회적 욕구와 사회적 노동분배 사이의 비율〛에 불균형이 생기면 상품의 가치 그리하여 또 상품에 포함되어 있는 잉여가치가 실현될 수 없기 때문이다. 예컨대 면제품의 생산량은 [비록 이 총생산물에 지출된 노동시간이 주어진 조건에서 필요한 것에 불과하다고 하더라도] 너무 클 수가 있다. 즉 사회의 총노동 중 너무 큰 부분이 이 특정분야에 지출되었고 그리하여 생산물의 일부가 소용없게 된 것이다. 따라서 총생산물은 마치 필요한 양만이 생산된 것처럼 판매된다. 사회의 노동시간 중 각종의 특수한 생산분야에 지출되는 몫에 대한 이런 양적 제한은 가치법칙 일반의 더 전개된 표현에 불과하다 —비록 여기에서는 필요노동시간이 다른 의미를 지니고 있지만. 사회의 노동시간 중 어떤 분량만이 『어느 특수한』 사회적 욕구를 충족시키는 데 필요하다. 여기에서 그 제한은 사용가치를 통해 나타난다. 주어진 생산조건에서 사회는 총노동시간 중 일정한 분량만을 어느 한 종류의 생산물에 지출할 수 있을 뿐이다. 그러나 잉여노동 일반과 잉여가치 일반의 주체적 · 객관적 조건들은 그것의 특수한 형태[이윤이든 지대이든]와는 아무 관련도 없으며 잉여가치 그것[이 잉여가치가 어떤 특수한 형태를 취하든]에만 타당하다. 따라서 그 조건들은 지대를 설명할 수 없다.

(3) 토지소유의 경제적 실현[또는 지대의 발달]에서 나타나는 독특한 특수성은, 지대액이 결코 지대수취자의 행동에 의해 결정되는 것이 아니라 [그와는 무관하며 그는 어떤 기능도 하지 않는] 사회적 노동의 발전에 의해 결정된다는 점이다. 이 때문에 상품생산의 토대 위에서 그리고 특히 자본주의적 생산[이것은 그 전체가 상품생산이다]의 토대 위에서 모든 생산분야들과 그들의 생산물에 공통적인 것이 지대(와 농산물 일반)의 특수성으로 여겨지기 쉽다.

지대수준(과 이와 함께 토지가치)은 사회의 발전과정에서 사회적 총노동의 결과로 증가한다. 농산물의 시장과 수요가 성장할 뿐 아니라 토지 그것에 대한 수요도 직접적으로 증대한다. 왜냐하면 토지는 [비농업분야를 포함한] 모든 사업분야가 경쟁적으로 획득하려고 하는 생산조건이기 때문이다. 더욱이 지대 그리고 이와 함께 토지의 가치는 [진정한 농업지대에 국한시켜 말한다면] 토지생산물에 대한 시장 따라서 또 비농업인구의 증가와 함께 증가한다. 즉 그것은 식량과 원료에 대한 비농업인구의 욕구와 수요에 따라 증가한다. 비농업인구에 비해 농업인구가 끊임없이 감소하는 것은 자본주의적 생산양식의 속성에 속한다. 왜냐하면 공업에서는 가변자본에 대한 불변자본의 증대는 가변자본의 절대적 증대(비록 불변자본에 대한 상대적 감소이긴 하지만)와 결부되어 있지만, 농업에서는 일정한 면적의 경작에 필요한 가변자본은 절대적으로 감소하며 따라서 새로운 토지가 경작되는 한에서만 [그런데 이것은 비농업인구의 더 큰 증대를 전제로 한다] 증대할 수 있기 때문이다.

사실상 우리가 여기에서 보는 것은 농업과 농산물에만 특유한 현상은 아니다. 동일한 현상은 상품생산과 [이것의 절대적 형태인] 자본주의적 생산의 토대 위에서는 모든 생산분야와 생산물에도 타당하다.

이들 생산물이 상품[즉 교환가치, 특히 실현되어 화폐로 전환될 수 있는 교환가치를 가지는 사용가치]인 것은, 오직 다른 상품들이 그것에 대한 등가물을 이루고 그것에 대해 상품과 가치로 상대하는 한에서다. 즉 그 생산물이 생산자 자신을 위한 직접적인 생활수단으로 생산되는 것이 아니라 상품[즉 교환가치(화폐)로 전환되는 것에 의해서만, 양도되는 것에 의해서만 사용가치가 되는 생산물]으로 생산되는 한에서다. 이런 상품의 시장은 사회적 분업에 의해 발달한다. 각종 생산적 노동들의 분리는 그 각각의 노동생산물을 상호간에 상품으로 전환시키며 서로서로를 위한 등가물로 전환시키며 이리하여 서로서로를 위한 시장으로 역할하게 한다. 이것은 결코 농산물에만 특유한 것은 아니다.

지대는 상품생산 그리고 특히 자본주의적 생산의 토대 위에서만 화폐지대로 발달할 수 있다. 그리고 화폐지대는 농업생산이 상품생산으로 되는 것과 동일한 정도로, 따라서 비농업생산이 농업생산에서 독립하여 발달하는 것과 동일한 정도로 발달한다. 왜냐하면 이것과 동일한 정도로, 농산물이 상품 · 교환가치 · 가치로 되기 때문이다. 상품생산 그리고 따라서 가치생산이 자본주의적 생산과 함께 발달하는 것과 동일한 정도로, 잉여가치와 잉여생산물의 생산도 발달한다. 그러나 잉여가치와 잉여생산물의 생산이 발달하는 것과 동일한 정도로, 토지소유는 토지의 독점을 통해 이 잉여가치의 점점 증가하는 부분을 탈취하고 이에 따라 지대의 가치와 토지 그것의 가격을 인상시키는 능력을 발달시키게 된다. 이 잉여가치와 잉여생산물의 발전에 적극적으로 기능하는 사람은 여전히 자본가다. 토지소유자는 스스로 아무런 노력도 하지 않고 증가하는 잉여생산물과 잉여가치의 일부를 탈취하기만 하면 된다. 토지소유자의 지위의 특수성은 바로 이 점에 있다. 그러나 토지생산물의 가치 그리고 토지 그것의 가치가, 그것들의 시장이 확대되고 수요가 증가하며, 이것과 함께 토지생산물에 대립하는 상품세계[바꾸어 말하면 비농업 상품생산자의 수와 비농업 상품생산의 규모]가 확대됨에 따라, 끊임없이 증대한다는 사실은 토지 소유자의 지위의 특수성은 아니다. 그러나 이것이 토지소유자의 도움 없이 이루어지기 때문에, 가치량 · 잉여가치량 그리고 이 잉여가치의 일부가 지대로 전환되는 것이 사회적 생산과정과 상품생산 일반의 발전에 달려 있다는 사실이 토지소유자에게는 무엇인가 불가사의한 것으로 보인다. 예컨대 더브는 이것에 근거하여 지대 일반을 설명하려고 한다. 그는 지대는 농산물의 크기에 달려 있는 것이 아니라 농산물의 가치에 달려 있지만, 이 가치는 비농업인구의 크기와 생산성에 달려 있다고 말한다. 그러나 생산물은 그것의 등가물을 이루는 일련의 기타 상품들의 양과 다양성의 발전과 함께 상품으로 발전한다는 것은 모든 상품에 적용되는 것이다. 이것은 이미 가치의 일반적 서술에서 명확히 된 것이다.〖CW 29: 280~281〗 한편으로는 어떤 생산물의 교환능력은 그 생산물 이외의 상품들의 다양성에 전적으로 달려 있으며, 다른 한편으로는 그 생산물이 상품으로서 생산될 수 있는 양은 특히 이 교환능력에 달려 있다.

어떤 생산자도 [공업생산자이든 농업생산자이든] 고립시켜 고찰하면 가치도 상품도 생산하지 못한다. 그의 생산물이 가치와 상품으로 되는 것은 오직 특수한 사회적 맥락 속에서다. 첫째, 이 생산물이 사회적 노동의 표현으로서 나타나고 따라서 그 자신의 노동시간이 사회적 노동시간 일반의 부분으로서 나타나는 한에서 그렇게 된다. 둘째, 그의 노동의 이런 사회적 성격이 그의 생산물에 각인된 사회적 성격—즉 그 생산물의 화폐성격과 [그것의 가격에 의해 결정된] 교환능력—으로 나타나는 곳에서만 그렇게 된다.

그리하여 한편에서는 지대를 설명하지 않고 그 대신 잉여가치 또는 더 좁게 잉여생산물 일반을 설명하는가 하면, 다른 한편에서는 상품과 가치로서의 모든 생산물에 속하는 성격을 오직 농산물에만 돌리는 오류를 범하고 있다. 이 오류는 가치의 일반적 결정에서 특정한 상품가치의 실현으로 넘어가는 경우에 한층 더 천박한 것으로 된다. 왜냐하면 모든 상품은 유통과정에서만 그것의 가치를 실현할 수 있으며, 그 가치가 실현될 것인가 아닌가 그리고 어느 정도까지 실현될 것인가는 그 당시의 시장상황에 달려 있기 때문이다.

농산물이 발전하여 가치로 되며 그리고 가치로서 발전한다는 점, 즉 농산물이 상품으로서 다른 상품과 대립하며 또 비농산물이 상품으로서 농산물과 대립한다는 점, 또는 농산물이 사회적 노동의 특수한 표현으로서 발전한다는 점은 지대에 특유한 것이 아니다. 지대에 특유한 것은, 농산물이 가치(상품)로서 발전하는 조건들과 함께 그리고 농산물 가치의 실현조건들과 함께, 토지소유가 자기의 도움 없이 창조된 이들 가치의 점점 증대하는 부분을 취득하는 힘도 발전한다는 점, 그리고 잉여가치의 점점 증대하는 부분이 지대로 전환된다는 점이다.

제38장
차액지대. 개설

지대의 분석에서 우리는 먼저 다음과 같은 가정에서 출발하려고 한다. 즉 지대를 지불하는 생산물—이것의 잉여가치의 일부 따라서 그것의 총가격의 일부가 지대로 전환되는 생산물—은 다른 모든 상품과 마찬가지로 이것의 생산가격〖=비용가격+평균이윤〗으로 판매된다는 것이다. 우리의 목적을 위해서는 농산물만을 고찰하면 되지만 광산물도 마찬가지다. 따라서 이 생산물의 판매가격은 이것의 비용요소(소비된 불변자본과 가변자본의 가치)와 이윤[총투하자본—소비되었든 되지 않았든—에 대해 계산되는 일반적 이윤율에 의해 결정되는 이윤]을 합한 것과 같다. 결국 이 생산물의 평균판매가격은 생산가격과 일치한다고 우리는 가정한다. 이런 가정 아래 지대가 어떻게 발생하는가, 즉 이윤의 일부가 어떻게 지대로 전환될 수 있으며 어떻게 상품가격의 일부가 토지소유자에게 돌아갈 수 있는가가 문제로 된다.

이런 형태의 지대의 일반적 성격을 밝히기 위해, 우리는 한나라의 압도적 다수의 공장들이 증기기관을 사용하고 있으며 오직 일정한 소수의 공장들만 자연적 폭포를 사용하고 있다고 가정한다. 전자의 생산가격은 [자본 100이 소비된] 일정한 상품량에 대해 115라고 가정한다. 이 15%의 이윤은 소비된 자본 100에 대해서 뿐 아니라 이 상품가치의 생산에 투하된 총자본에 대해서 계산된 것이다. 이 생산가격은 [위에서 설명한 바와 같이] 어느 한 산업가의 개별비용가격에 의해 결정되는 것이 아니라 그 생산분야 전체에 걸쳐 자본의 평균조건에서 그 상품에 평균적으로 드는 비용가격에 의해 결정된다. 이 생산가격은 사실상 시장생산가격이며 시장가격의 진동들과 구별되는 평균시장가격이다. 상품가치의 본성은, 그 가치가 일정한 상품량[또는 일정한 수의 개별상품들]을 생산하는 데 개별생산자들이 필요로 하는 노동시간에 의해 결정되는 것이 아니라 사회적으로 필요한 노동시간—즉 시장에 있는 상품종류의 사회적으로 요구되는 총량을 생산하는 데 주어진 평균적인 사회적 생산조건에서 필요한 노동시간—에 의해 결정된다는 것인데, 이 상품가치의 본성〖과 그 결정방식〗은 항상 시장가격의 형태로 그리고 더 나아가서는 지배적인 시장가격 또는 시장생산가격의 형태로 자신을 표현한다.

비록 여기에서는 숫자 그것은 전혀 중요하지 않지만, 수력으로 운영되는 공장의 비용가격은 100이 아니라 90이라고 가정하자. 시장을 지배하는 대량의 상품의 생산가격이 [15%의 이윤을 포함하여] 115이므로, 수력을 사용하는 공장도 115[평균가격에 의해 지배되는 시장가격]에 판매할 것이며 이 공장의 이윤은 15가 아니라 25로 될 것이다. 지배적인 생산가격이 이들로 하여금 초과이윤 10을 얻게 한 것인데, 이것은 이들이 상품을 생산가격보다 높게 판매하기 때문이 아니라 생산가격으로 판매하기 때문이며, 그리고 이들이 예외적으로 유리한 조건[이 분야에서 지배적인 평균수준보다 나은 조건]에서 상품을 생산하며 자본을 기능시키기 때문이다.

여기에서 두 가지 사실이 곧 명백해진다.

첫째, 자연의 수력을 동력으로 사용하는 생산자들의 초과이윤은 먼저 [유통과정에서 거래의 뜻밖의 결과이거나 시장가격 변동에 의한 우연한 결과가 아닌] 모든 초과이윤(이 범주는 이미 생산가격을 설명할 때 전개된 바 있다)과 동일한 성격을 가진다는 점이다. 따라서 이 초과이윤은 유리한 생산자의 개별생산가격과 그 생산분야 전체의 일반적인 사회적 생산가격[이것이 시장을 지배한다] 사이의 차액과 동등하다. 이 차액은 상품의 일반적 생산가격이 개별생산가격을 넘는 초과분과 동등하다. 따라서 이 초과분[또는 초과이윤]을 규정하는 두 개의 한계는, 한편에서는 개별비용가격과 개별생산가격이고 다른 한편에서는 일반적 생산가격이다. 수력에 의해 생산되는 상품의 가치가 더 낮은 것은 그것의 생산에 더 적은 노동량이 필요하기 때문이다. 즉 불변자본의 일부로 들어가는 대상화된 노동이 더 적기 때문이다. 이 공장의 노동이 대다수 공장의 노동보다 더욱 생산적이고 생산성이 더 높다는 것은, 이 노동은 동일한 상품량을 생산하는 데 더 적은 양의 불변자본[대상화된 노동]을 필요로 하며 또한 더 적은 양의 살아있는 노동[왜냐하면 수차는 열을 가할 필요가 없기 때문이다]을 필요로 한다는 점에서 나타난다. 이런 더 높은 개별적 노동생산성은 상품의 가치, 상품의 비용가격 그리고 상품의 생산가격을 저하시킨다. 이것은 그 산업자본가에게는 상품의 비용가격이 더 낮은 것으로 나타난다. 왜냐하면 그는 더 적은 대상화된 노동에 대해 지불하며 또한 더 적은 살아있는 노동에 대해 임금을 지불하기 때문이다. 그의 상품의 비용가격이 더 낮기 때문에 그의 개별생산가격도 또한 더 낮다. 그의 비용가격이 100이 아니라 90이기 때문에, 그의 개별생산가격은 115가 아니라 $103\frac{1}{2}$에 불과하다($100 : 115 = 90 : 103\frac{1}{2}$). 〚이렇게 계산하면 초과이윤은 10이 아니라 $11\frac{1}{2}$이다.〛 그의 개별생산가격과 일반적 생산가격 사이의 차이는 그의 개별비용가격과 일반적 비용가격 사이의 차이에 의해 결정된다. 이것이 그의 초과이윤의 한계를 설정하는 하나의 요소다. 다른 하나의 요소는 [일반적 이윤율이 하나의 규정적 요소로 들어가는] 일반적 생산가격이다. 석탄의 가격이 하락하면, 그의 개별비용가격과 일반적 비용가격 사이의 차액은 감소하고 따라서 그의 초과이윤도 감소한다. 만약 그가 자기 상품을 개별가치 또는 [이 개별가치에 의해 결정되는] 생산가격으로 판매할 수밖에 없다면 그 차액 『초과이윤』은 사라질 것이다. 초과이윤은, 한편에서는 상품이 일반적 시장가격[경쟁에 의해 개별가격들이 평준화되는 가격]으로 판매된다는 사실의 결과고, 다른 한편에서는 그가 운동시키는 노동의 더 높은 개별적 생산성이 노동자들의 이익으로 되지 않고 [노동의 모든 생산력과 마찬가지로] 그들의 고용주의 이익으로 된다는 사실—즉 더 높은 개별적 생산성이 자본의 생산성으로 나타난다는 사실—의 결과다.

이 초과이윤의 하나의 한계는 일반적 생산가격의 수준이고 일반적 이윤율은 이것의 한 요소이기 때문에, 초과이윤은 일반적 생산가격과 개별적 생산가격 사이의 차이, 그리고 또 개별적 이윤율과 일반적 이윤율 사이의 차이에서만 발생할 수 있다. 이 차이를 넘는 초과분은 생산물이 [시장에 의해 규제되는] 생산가격으로 판매되는 것이 아니라 그 이상에서 판매되는 것을 전제한다.

둘째, 이상에서는 증기 대신 수력을 동력으로 사용하는 제조업자의 초과이윤이 기타의 모든 초과이윤과 조금도 구별되지 않았다. 모든 정상적인 초과이윤[즉 부수적인 사업상의 거래나 시장가격의 변동에 의한 초과이윤을 제외한 것]은 이 특수자본에 의해 생산되는 상품의 개별생산가격과, 이 생산분야 전체의 자본에 대해, 이 생산분야에 투하된 총자본에 대해 상품의 시장가격을 규제하는 일반적 생산가격 사이의 차이에 의해 결정된다.

그런데 지금부터 그 구별이 나타난다.

수력을 사용하는 제조업자는 어떤 사정 때문에 초과이윤[일반적 이윤율에 의해 결정되는 생산가격이 그에게 개인적으로 제공하는 초과분]을 얻게 되는가?

첫째로 자연력인 수력 때문이다. [물을 증기로 전환시키는 석탄과는 달리] 수력은 자연 그것에 의해 제공되며 노동의 생산물이 아니며 따라서 가치를 가지지 않고 등가물을 지불할 필요가 없으며 비용이 들지 않는다. 수력은 자연적 생산요소이며 그것의 창조에는 아무런 노동도 들어가지 않는다.

그러나 이것이 전부는 아니다. 증기기관을 사용하는 제조업자도 또한 [자기에게는 아무런 비용이 들지 않지만 노동을 더 생산적인 것으로 만드는] 자연력을 이용한다. 즉 이 제조업자는 석탄에 대해서는 지불하지만, 물이 자기의 상태를 변경시켜 증기로 전환되는 능력이나 증기의 탄력성 따위에 대해서는 지불하지 않는다. 이런 자연력이 노동자들의 필요생활수단의 생산을 저렴하게 하는 한, 잉여가치[와 이윤]를 증가시키며, 이 자연력은 협업 · 분업 따위에서 발생하는 노동의 사회적 자연력과 마찬가지로 자본에 의해 독점되고 있다. 이런 자연력의 독점 — 자연력이 일으키는 노동생산성 향상의 독점 — 은 증기기관을 사용하는 모든 자본에 공통적이다. 이 독점은 노동생산물 중 임금으로 전환되는 부분에 비해 잉여가치를 대표하는 부분을 증가시킬 수 있다. 이 독점이 위와 같은 일을 하는 한, 일반적 이윤율을 상승시킬 수 있다. 그렇지만 초과이윤을 창조하지는 못한다. 왜냐하면 초과이윤은 평균이윤을 넘는 개별이윤의 초과분이기 때문이다. 따라서 수력이라는 자연력의 사용이 초과이윤을 창조한다는 것은 단순히 자연력의 사용 때문에 노동생산성이 증가한다는 사실로부터 오는 것은 아니다. 그 이외의 추가적인 요소들이 개입해야 한다.

이와는 반대로, 자연력을 산업에 적용하는 것만으로도 [필요생활수단의 생산에 소요되는 노동량에 영향을 미침으로써] 일반적 이윤율의 수준이 변동할 수 있다. 그러나 이것은 그 자체로서는 일반적 이윤율과의 차이를 만들어내는 것은 아닌데, 우리가 지금 문제로 삼고 있는 것은 바로 이 차이다. 더욱이 어느 생산분야의 개별자본이 실현하는 초과이윤은, 우연한 차이를 제외한다면[각 생산분야 사이의 이윤율 차이는 끊임없이 균등화되어 평균이윤율을 낳고 있다], 비용가격[즉 생산비용]의 감축에서 생기며, 이 감축은 다음과 같은 사정 중 어느 하나에 의거한 것이다. 즉 자본이 평균규모보다 크게 사용되며 그리하여 생산상의 공비가 감소됨과 동시에 노동생산성을 향상시키는 일반적 원인들(협업 · 분업 따위)이 더 큰 활동무대에서 더 넓게 그리고 더 높은 강도로 작용할 수 있게 되기 때문이거나, 또는 기능자본의 규모와는 별도로 더 나은 작업방법 · 새로운 발명 · 개량된 기계 · 화학상의 비법 따위—즉 새로운 · 개량된 · 평균수준 이상의 생산수단과 생산방법—가 도입되기 때문이다. 비용가격의 감축과 거기로부터 생기는 초과이윤은 기능자본의 투하방식에서 생긴다. 한편에서는 예외적으로 거대한 자본이 한 사람의 수중에 집적하고 있기 때문인데, 이 사정은 동등한 대규모 자본이 평균적으로 사용된다면 작용할 수 없게 되며, 다른 한편에서는 일정한 크기의 자본이 특별히 생산적으로 기능하기 때문인데, 이 사정은 예외적인 생산방식이 일반화되거나 더 발달한 생산방식에 의해 추월당하면 작용할 수 없게 된다.

결국, 이 경우 초과이윤의 원인은 자본 그것(이 자본이 움직이는 노동도 포함)에 내재하는 것—자본사용량의 차이든 자본의 더 능률적인 사용이든—이며, 따라서 동일한 생산분야의 모든 자본들이 동일한 방식으로 투하되는 것을 방해하는 것은 결코 아니다. 실제로 자본들의 경쟁은 이런 차이를 점점 더 없애는 경향을 가지며, 사회적으로 필요한 노동시간에 의한 가치의 결정은 똑같이 유리한 조건에서 생산하는 것을 강제하며 상품들의 저렴화를 일으킨다. 그러나 폭포를 사용하는 제조업자의 초과이윤의 경우에는 사정이 다르다. 그가 고용하는 노동의 높은 생산성은 자본과 노동 그것에서 생기는 것도 아니며 [자본과 노동과는 구별되지만 자본에 합쳐진] 자연력의 단순한 사용에서 생기는 것도 아니다. 높은 생산성은 자연력의 이용과 결부된, 노동의 더 큰 자연발생적 생산성에서 생긴다. 그런데 이 자연력은 동일한 생산분야의 모든 자본들이 이용할 수 있는 자연력[예: 증기의 탄력]이 아니며, 따라서 자본이 이 생산분야에 투하된다고 하여 자동적으로 이용할 수 있는 그런 자연력은 아니다. 오히려 이 자연력은 [폭포와 같이] 특수한 장소와 이것의 부속물을 자유로이 이용할 수 있는 사람들만 독점할 수 있는 자연력이다. 더 큰 노동생산성을 낳는 이 자연조건은, 모든 자본이 물을 증기로 전환시킬 수 있는 것과는 달리 자본에 의해 생겨나는 것은 결코 아니다. 이 자연조건은 일정한 장소에만 자연적으로 있는 것이며, 그것이 없는 곳에서 일정한 자본지출에 의해 생산될 수는 없다. 이 자연조건은 노동이 생산할 수 있는 생산물[예: 기계 · 석탄 따위]과 결부되어 있는 것이 아니라, 특정한 토지조각의 특정한 자연조건과 결부되어 있다. 폭포를 점유한 제조업자는 다른 제조업자들에 의한 이 자연력 이용을 배제한다. 왜냐하면 토지는 제한되어 있으며 수력을 포함하는 토지는 더욱 제한되어 있기 때문이다. 그러나 한 나라의 자연적 폭포의 수가 제한되어 있다 할지라도 산업이 이용할 수 있는 수력의 양은 더 증가할 수 있다. 폭포의 동력을 완전히 이용하기 위해 폭포의 수로를 인공적으로 변경시킬 수 있으며, 이 수력을 될 수 있는대로 많이 이용하기 위해 물레방아를 개량할 수 있으며, 보통의 물레방아가 물의 공급에 적합하지 않으면 모터를 사용할 수 있을 것이다. 이 자연력의 점유는 그 점유자의 수중에서 하나의 독점—투하자본의 높은 생산성의 조건[자본 그것의 생산과정에 의해서는 만들어 질 수 없는 조건]—을 형성하는데,[33] 이처럼 독점될 수 있는 자연력은 언제나 토지와 결부되어 있다. 이런 종류의 자연력은 이 생산분야의 일반적 조건에 속하는 것도 아니며 재생산될 수 있는 조건에 속하는 것도 아니

33) 초과이윤에 관해서는 『수요의 성질과 소비의 필요성에 관한 맬더스이론의 연구』(런던, 1821)를 보라.

다.

이 폭포가 [그것이 위치한 토지와 함께] 그 지역의 토지소유자로 여겨지는 사람의 수중에 있다고 가정하면, 토지소유자는 폭포에 자본을 투하하여 폭포를 이용하는 것을 배제할 수 있는 지위에 있다. 그는 폭포의 이용을 허락하든지 거절할 수 있다. 그런데 자본은 자기 자신의 힘으로써는 폭포를 창조할 수 없다. 따라서 이 폭포의 이용에서 생기는 초과이윤은, 자본으로부터 생기는 것이 아니라, 독점할 수 있으며 독점되어 있는 자연력을 자본이 이용하는 것으로부터 생긴다. 이런 상황에서 초과이윤은 지대로 전환한다. 즉 초과이윤은 폭포의 소유자에게로 들어간다. 폭포의 소유자에게 제조업자가 폭포의 사용대가로 매년 10원 『$11\frac{1}{2}$원』을 지불한다면, 제조업자의 이윤은 이제 15원 『$13\frac{1}{2}$원』으로 되는데, 그것은 그의 지금의 생산비용 100원 『90원』에 대한 15%이다. 그는 증기를 사용하는 다른 자본가들과 동등한 처지[나은 처지는 아니더라도]에 있다. 자본가 자신이 폭포를 소유하는 경우에도 마찬가지다. 그는 여전히 10원 『$11\frac{1}{2}$원』의 초과이윤을 자본가로서가 아니라 폭포의 소유자로서 얻게 된다. 그리고 이 초과이윤이 그의 자본 그것에서 생기는 것이 아니라, [그의 자본에서 분리될 수 있고 독점될 수 있으며 그 수량이 제한되어 있는] 자연력에 대한 그의 처분권에서 생긴다는 사실 바로 그것 때문에, 이 초과이윤은 지대로 전환한다.

첫째로 이 지대가 항상 차액지대differential rent라는 것은 명백하다. 왜냐하면 이 지대는 상품의 일반적 생산가격의 결정에 기여하는 것이 아니라 그것을 주어진 것으로 전제하기 때문이다. 이 지대는 독점적 자연력을 자유롭게 이용할 수 있는 특수자본의 개별생산가격과 해당 생산분야 일반에 투하된 자본의 일반적 생산가격 사이의 차액으로부터 언제나 생기는 것이다.

둘째로 이 지대는 투하자본[또는 이 자본에 의해 취득되는 노동]의 생산성의 절대적 상승—이것은 상품가치를 감소시킬 뿐이다—에서 생기는 것이 아니라, 이 생산분야의 특수한 개별자본의 생산성이 이 예외적이고 유리한 자연조건으로부터 배제된 자본투자에 비해 상대적으로 더 높다는 사실에서 생긴다. 만약 예컨대 증기의 사용이 수력의 사용보다 결정적으로 유리하며 이 점이 석탄은 가치를 가지지만 수력은 가치를 가지지 않는다는 사실을 보상하고도 남는다면, 수력은 사용되지 않을 것이고 어떤 초과이윤도 생산하지 못할 것이며 따라서 어떤 지대도 생산하지 못할 것이다.

셋째로 자연력은 초과이윤의 원천이 아니라 단순히 그것의 자연적 토대이다. 왜냐하면 자연력은 그 예외적으로 높은 노동생산성의 자연적 토대이기 때문이다. 사용가치는 교환가치의 담당자이지만 교환가치의 원인은 아니다. 만약 동일한 사용가치가 노동 없이 획득될 수 있다면, 그 사용가치는 교환가치를 가지지 않을 것이다. 반면에 어떤 사용가치도 가지지 않는 물건은 교환가치를 가질 수 없다. 만약 각종의 다른 가치들이 생산가격으로 균등화되지 않으며 그리고 각종의 개별생산가격들이 [시장을 지배하는] 일반적 생산가격으로 균등화되지 않는다면, 폭포의 이용으로부터 생기는 노동생산성의 상승은 단순히 폭포에 의해 생산되는 상품들의 가격을 저하시킬 뿐이며, 상품들에 포함되어 있는 이윤부분을 증가시키지 않을 것이다. 이것은 자본이 고용된 노동의 자연적 · 사회적 생산력을 자기의 것으로 취득하지 못한다면 상승된 노동생산성 일반이 잉여가치로 전환되지 못하는 것과 마찬가지다.

넷째로 폭포가 있는 토지의 소유는 잉여가치(이윤) 중 폭포의 도움으로 생산되는 부분[따라서 또 상품가격의 그 부분]과는 아무 상관도 없다. 이 초과이윤은 토지소유가 없는 경우—예컨대 폭포가 위치한 토지를 제조업자가 주인 없는 토지로 이용할 수 있는 경우—에도 존재한다. 따라서 토지소유는, 초과이윤으로 전환되는 가치부분을 창조하는 것이 아니라 토지소유자[폭포소유자]로 하여금 이 초과이윤을 제조업자의 주머니로부터 자기의 주머니로 옮겨 놓게 할 따름이다. 토지소유는 이 초과이윤 창조의 원인이 아니라, 이 초과이윤을 지대형태로 전환시키는 것—이윤[또는 상품가격]의 이 부분이 토지소유자 또는 폭포소유자에 의해 취득되는 것—의 원인일 따름이다.

다섯째로 폭포의 가격[토지소유자가 폭포를 제3자나 제조업자 자신에게 판매하는 경우 받게 될 가격]은 비록 제조업자의 개별가격에는 들어간다 할지라도 해당상품의 생산가격에 직접적으로 들어가지는 않는다는 것은 명백하다. 왜냐하면 여기에서는 지대가 증기기관에 의해 생산되는 같은 종류의 상품들의 생산가격[이것은 폭포와는 무관하게 결정된다]에서 생기기 때문이다. 더욱이 폭포의 가격은 진정한 경제적 관계를 숨기는 불합리한 표현이다. 폭포는 토지 일반이나 모든 자연력과 마찬가지로 대상화된 노동을 대표하지 않기 때문에 가치를 가지지 않으며, 따라서 가격[이것은 정상적인 경우에는 화폐로 표현된 가치에 불과하다]을 가지지 않는다. 가치가 없으면 화폐로 표현되어야 할 것도 당연히 없다. 폭포의 가격은 자본화된 지대에 지나지 않는다. 토지소유는 토지소유자로 하여금 개별이윤과 평균이윤 사이의 차액을 획득하게 해준다. 매년 반복하여 이렇게 획득되는 이윤은 자본화될 수 있으며, 그리하여 자연력 그것의 가격이 나타나게 된다. 폭포의 이용이 매년 10원씩 제조업자에게 초과이윤을 낳고 평균이자율이 5%이라면, 이 10원은 자본 200원의 연간이자를 대표하게 된다. 폭포가 그 소유자로 하여금 제조업자로부터 징수할 수 있게 해주는 연간 10원의 이런 자본화 〖여기에서는 200원〗가 폭포 그것의 자본가치로 나타난다. 폭포 그것이 가치를 가지지 않는다는 것, 그리고 폭포의 가격은 징수한 초과이윤이 자본주의적 계산방식에 반영된 것에 불과하다는 사실은 다음과 같은 점에서 곧 분명히 드러난다. 즉 가격 200원은 초과이윤 10원에 20년을 곱한 것을 표시하지만, 이 폭포는 [기타의 사정들이 불변이라면] 그 소유자로 하여금 매년 10원씩 30년 또는 100년 등 불특정기간에 걸쳐 징수하게 해주며, 반대로 수력에는 적용될 수 없는 새로운 생산방법이 증기에 의해 생산되는 상품들의 비용가격을 100원에서 90원으로 저하시킨다면 초과이윤이나 지대나 폭포의 가격이 사라져 버린다는 점이다.

이제 우리는 이처럼 차액지대의 일반적 개념을 확립하였으므로 진정한 농업에서 차액지대를 고찰하여 보자. 농업에 관해 말할 수 있는 것은 대체로 광업에도 타당하다.

제39장
차액지대의 제1형태(차액지대 I)

리카도의 다음과 같은 명제는 완전히 옳다.

"지대"(차액지대를 가리키는데, 그는 이 이외에는 다른 지대가 존재하지 않는다고 가정한다)"란 언제나 두 균등한 양의 자본과 노동의 사용에 의해 얻어지는 생산물 사이의 차이다."(『정치경제학 및 과세의 원리』: 139)

초과이윤 일반이 아니라 지대를 취급하는 한, 그는 "동등한 면적의 토지에"라는 말을 추가했어야만 했다.

바꾸어 말해 초과이윤은 [유통과정에서 우연한 상황에 의해 생긴 것이 아니라 정상적인 조건에서 생긴 것이라면] 언제나 두 개의 동등한 양의 자본 · 노동의 생산물 사이의 차액으로서 생산되며, 이 초과이윤은 [두 개의 동등한 양의 자본과 노동이 동등한 면적의 토지에 투하되어 동일하지 않은 결과를 낳는 경우에는] 지대로 전환된다. 그러나 이 초과이윤이 반드시 동등한 자본투하량에 의한 동일하지 않은 결과에서 생겨야 한다는 것은 결코 아니다. 다른 크기의 자본이 다른 투자에 사용될 수 있으며, 이것이 일반적인 가정이기도 하다. 그러나 각 자본의 동등한 부분[예: 각 자본의 100원]은 동일하지 않은 결과를 낳아야 한다. 즉 이윤율은 달라야 한다. 이것은 모든 자본투자분야에서 초과이윤이 존재할 수 있는 일반적 전제다. 다음으로 이 초과이윤이 지대형태(이윤과 구별되는 형태로서의 지대 일반)로 전환되어야 하는데, 우리는 이 전환이 언제, 어떻게, 그리고 어떤 상황에서 일어나는가를 연구하여야 한다.

리카도의 다음과 같은 명제도 차액지대에 관한 한 옳다.

"동일한 토지 또는 새로운 토지에 연속적으로 사용되는 자본부분들로부터 획득되는 생산물의 불균등성을 감소시키는 것은 무엇이든 지대를 인하하는 경향이 있으며, 또 그 불균등성을 증가시키는 것은 무엇이든 필연적으로 반대의 효과를 낳아 지대를 인상하는 경향이 있다."(같은 책: 150)

그러나 이런 원인들 중에는 비옥도와 위치와 같은 일반적인 것들뿐 아니라 다음과 같은 것들도 있다. (1) 조세의 부과가 균일한가 그렇지 않은가. 영국에서처럼 과세가 중앙집권화되지 않고, 조세가 지대에 대해 부과되는 것이 아니라 토지에 대해 부과되는 경우에는 언제나 조세의 부과가 균일하지 않다. (2) 지방에 따라 농업의 발달이 다르기 때문에 생기는 불균등. 농업은 그 전통적 성격 때문에 제조업에 비해 평준화되기가 더 어렵다. (3) 차지농업가들 사이에 자본이 불균등하게 분배되고 있는 것. 자본주의적 생산양식이 농업을 장악하는 것[자영농민이 임금노동자로 전환하는 것]은 사실상 이 생산양식의 최후의 성과이기 때문에 위와 같은 불균등은 다른 산업부문에서보다 농업에서 더욱 크다.

이상과 같은 예비적인 언급 다음으로, 리카도 따위의 연구와 비교할 때 나의 연구의 특징이 무엇인가를 매우 간단히 요약하려고 한다.

* * *

우리는 먼저 동일한 면적의 각종 토지에 투하되는 같은 양의 자본이 생산하는 불균등한 생산물[또는 토지의 면적이 다른 경우에는 동등한 크기의 토지에 대해 계산된 것]을 고찰해 보자.

이와 같은 생산물의 불균등을 야기하는 두 개의 일반적인 원인[자본과는 무관한 것]은, (1)토지의 비옥도(토지의 자연적 비옥도란 무엇이며 그것은 어떤 것들과 관련을 맺고 있는가에 대해 논의해야 한다)와 (2)토지의 위치다. 이 위치는 식민지에서는 결정적으로 중요하며, 또한 일반적으로 토지의 계속적인 경작순서를 결정하는 데도 중요하다. 물론 차액지대의 이 두 개의 다른 원인들—비옥도와 위치—은 서로 반대의 방향으로 작용할 수가 있다. 어떤 토지가 위치는 매우 좋지만 비옥도는 매우 낮을 수가 있으며, 그 반대의 경우도 있다. 이것은 중요한 사실이다. 왜냐하면 이것은 어느 나라의 토지가 처음으로 개간될 때, 비옥한 토지로부터 나쁜 토지로 진행될 수도 있고 그 반대로 진행될 수도 있는 이유를 설명해주기 때문이다. 또한 사회적 생산 일반의 발달은, 한편에서는 지방의 시장들을 조성하고 운수통신수단의 건설에 의해 위치를 개선하기 때문에 [차액지대의 원인으로서의] 위치를 균등화시키는 효과를 가지며, 다른 한편에서는 농업을 제조업에서 분리시키고, 큰 생산중심지를 만들어 농촌을 상대적으로 고립시키기 때문에, 지리적 위치의 차이를 증대시킨다는 것은 명백하다.

그러나 우리는 먼저 이 위치라는 원인을 무시하고 자연적 비옥도만을 고찰하자. 자연적 비옥도의 차이는 [기후 따위의 계기들을 제외하면] 토양의 화학적 구성의 차이—토양이 함유하고 있는 식물의 영양소의 차이—이다. 그러나 두 개의 토양의 화학적 구성 따라서 자연적 비옥도가 동일하다고 가정하더라도, 그 현실적인 유효한 비옥도는 이 영양소들이 식물의 영양으로서 얼마나 잘 흡수되며 직접적으로 이용될 수 있는가에 따라 다를 것이다. 따라서 자연적 비옥도가 동등한 토지들로부터 그 비옥도를 어느 정도 현실적으로 이용할 수 있는가는, 부분적으로는 농업상의 화학적 발전 그리고 부분적으로는 기계의 발전에 달려 있다. 그러므로 비록 비옥도가 토양의 객체적 속성이기는 하지만 『현실적인』 비옥도는 항상 경제적 관계[즉 농업상의 화학과 기계의 주어진 발전수준과의 관계]를 내포하고 있으며 이 발전수준에 따라 변화한다. 화학적 수단[예: 고착된 점토성 토양에 대한 액체비료의 시비나 경질 점토성 토양을 태우는 것]과 기계의 사용(예: 경질 토양을 위한 특별한 쟁기의 사용)에 의해, 똑같이 비옥한 토지를 현실적으로 불균등하게 만든 장애물들을 제거할 수가 있다(배수도 이런 역할을 한다). 이 때문에 다른 종류의 토양이 경작되는 순서도 변경될 수 있는데, 예컨대 영국의 농업발전의 어느 시기에서는 가벼운 모래토양과 경질 점토성 토양 사이에서 그것이 일어났다. 이것은 또한 역사적으로—경작의 순서에서—더 비옥한 토지로부터 덜 비옥한 토지로 진행할 수도 있고 그 반대로 진행할 수 있다는 것을 밝혀준다. 동일한 결과는 토양의 구성을 인공적으로 개량하거나 경작방법의 단순한 변경에 의해서도 생길 수 있다. 마지막으로, 동일한 결과가 각종의 하층토양이 작용하도록 토양의 층별 구성을 변경시키는 것에 의해서도 생길 수 있다. 이것은 부분적으로는 새로운 영농방법의 적용(예: 사료식물의 재배)에 의해 그리고 부분적으로는 [하층토를 상층토로 만들거나 하층토와 상층토를 혼합시키거나 하층토를 파 올리지 않고 경작하는] 기계적 방법에 의해 달성된다.

각종 토양의 비옥도 차이에 미치는 이런 모든 영향은 결국 다음과 같은 사실을 가리킨다. 즉 경제적 비옥도에 관한 한, 노동생산성의 수준[이 경우 노동생산성은 토지의 자연적 비옥도를 직접적으로 개발할 수 있는 농업의 능력을 가리키며 이 능력은 발전단계에 따라 다르다]은 토양의 화학적 구성과 기타의 자연적 속성과 마찬가지로 이른바 토지의 자연적 비옥도의 한 계기를 이룬다는 점이다.

그러므로 우리는 농업의 발전수준이 주어져 있다고 가정한다. 또한 토양종류의 등급이 [각종 토지들에 관한 동시적인 자본투하에서 볼 수 있듯이] 이 발전수준에 따라 결정된다고 가정한다. 그렇다면 차액지대는 상승하는 또는 저하하는 순서로 나타낼 수 있다. 왜냐하면 이 순서는 실제로 경작되고 있는 토지의 총체에 대해서는 이미 주어져 있다고 하더라도, 항상 순차적인 운동에 의해 형성되었기 때문이다.

네 가지 종류의 토양 A · B · C · D가 있다고 가정하며, 밀의 가격이 한 가마당 60원이라고 가정하자. 여기에서 지대는 오직 차액지대뿐이므로 이 가격 60원은 최열등지 〖가장 나쁜 경작지〗의 생산비 〖'생산가격'의 의미〗— 즉 자본+평균이윤 —와 동등하다.

A가 이런 최열등지이며 50원의 자본투하로 한 가마 60원을 생산하며, 따라서 10원의 이윤 또는 20%의 이윤율이라고 가정하자.

B는 동등한 자본투하로 2가마[=120원]를 낳는다고 가정하자. 이윤은 70원이고 초과이윤은 60원이다.

C는 동등한 투하로 3가마(=180원)를 낳는다면, 총이윤은 130원이고 초과이윤은 120원이다.

D가 4가마(=240원)를 낳는다면 초과이윤은 180원이다.

이리하여 다음과 같은 〈표 1〉을 얻게 된다.

각 토양의 지대를 보면, D의 지대는 D와 A 사이의 차액(=190−10)이며, C의 지대는 C와 A 사이의 차액(=130−10)이며, B의 지대는 B와 A 사이의 차액(=70−10)인데, B · C · D의 지대총액은 D와 A, C와 A, B와 A 사이의 차액들을 합계한 것[즉 6가마=360원]이다.

〈표 1〉

토지종류	생산물		자본투하액 (원)	이 윤		지 대	
	가마	원		가마	원	가마	원
A	1	60	50	$\frac{1}{6}$	10	—	—
B	2	120	50	$1\frac{1}{6}$	70	1	60
C	3	180	50	$2\frac{1}{6}$	130	2	120
D	4	240	50	$3\frac{1}{6}$	190	3	180
합 계	10	600				6	360

[주어진 상태에서 주어진 생산물을 표현하는] 이 순서는 [추상적으로 고찰하면] 하강하는 순서(더 비옥한 D로부터 점차적으로 덜 비옥한 A로 하강한다)일 수도 있고 상승하는 순서(상대적으로 열등한 A로부터 점차적으로 더 비옥한 D로 상승한다)일 수도 있다[이런 경우들이 현실적으로 생길 수 있는 이유에 대해서는 이미 밝힌 바 있다]. 또한 이 순서는 예컨대 D로부터 C로, C로부터 A로, 그리고 A로부터 B로 때로는 하강하고 때로는 상승할 수도 있다.

하강하는 순서가 내포하는 과정은 다음과 같다. 밀 한 가마의 가격이 예컨대 15원〚D에서의 생산가격으로서 (50원+이윤 10원)÷4가마〛으로부터 60원으로 점차로 등귀한다고 생각하면 된다. D가 생산하는 4가마(단위를 4백만 가마로 생각해도 좋다)로 더이상 충분하지 못하게 되면, 밀가격은 그 공급부족분이 C로부터 공급될 수 있는 수준까지 등귀하게 된다. 즉 밀가격은 한 가마당 20원〚(50원+10원)÷3〛으로 등귀하게 된다. 밀가격이 한 가마당 30원으로 등귀하면 B가 경작될 수 있게 되며, 밀가격이 한 가마당 60원으로 등귀하면 A가 경작될 수 있게 되는데, 모든 경우에 투하자본〚50원〛은 20% 이하의 이윤율을 감수할 필요는 없다. 이리하여 D에 대한 지대는 처음 〚C가 경작되는 경우〛 한 가마당 5원[즉 4가마에 대해 20원]인데, 그 다음에는 한 가마당 15원[즉 4가마에 대해 60원]이 되고, 최후에는 한 가마당 45원[즉 4가마에 대해 180원]이 된다.

D의 이윤율이 처음 20%이었다면 4가마에 대한 총이윤은 10원에 불과하였을 것이지만, 이 10원은 밀가격이 한 가마당 15원일 때는 60원일 때보다 더욱 많은 밀을 대표하였을 것이다. 밀은 노동력을 재생산하는 데 들어가며, 그리고 각 가마의 일부는 노동력을 보충하고 다른 일부는 불변자본을 보충해야 하기 때문에, 위의 가정 아래에서는 [사회 전체의] 잉여가치가 더 컸을 것이며 따라서 [기타의 사정들이 불변이라면] 이윤율〚평균이윤율〛도 더 높았을 것이다. (이윤율의 문제는 더 상세히 연구되

어야 할 것이다.)

만약 그 순서가 반대이어서 과정이 A로부터 시작한다면, 새로운 경작지가 경작되도록 하기 위해서는 한 가마당 가격이 60원 이상으로 등귀하여야 했을 것이다. 그러나 공급부족분 2가마가 B로부터 공급되기 때문에 밀가격은 60원으로 다시 저하한다. B는 한 가마를 30원에 생산하지만 60원에 판매하는데, 그 이유는 B의 공급이 수요를 충족시킬 만한 것에 불과하기 때문이다. 이리하여 B에 대해 60원의 지대가 형성되며, 마찬가지로 C와 D에 대해서도 지대가 형성된다. 비록 C와 D가 밀 한 가마를 각각 20원과 15원에 공급할 수 있음에도 불구하고 시장가격은 여전히 60원인데, 그 이유는 총수요를 충족시키기 위해서는 A가 공급하는 한 가마의 밀이 필요하기 때문이다. 이 경우 공급을 초과하는 수요의 증대[처음에는 A에 의해 충족되고 그 다음에는 A와 B에 의해 충족된다는 식]는 B · C · D가 순차적으로 경작될 수 있다는 것을 가리키는 것이 아니라, 단순히 총경작면적이 확대되어야 한다는 것을 가리키며, 더 비옥한 토지가 나중에야 비로소 경작되는 경우도 있을 수 있다는 것을 가리킬 뿐이다.

첫째의 순서 〚하강순서〛에서는 밀가격의 상승에 따라 지대가 증대하고 이윤율은 저하한다. 이 저하는 상쇄요인들에 의해 완전히 또는 부분적으로 저지될 수 있는데, 이 점에 대해서는 나중에 상세히 논의할 것이다. 잊지 말아야 할 것은, 일반적 이윤율은 모든 생산분야의 잉여가치에 의해 균일하게 결정되는 것은 아니라는 점이다. 농업이윤〚율〛이 공업이윤〚율〛을 결정하는 것이 아니라 그 반대다. 그러나 이것에 관해서도 나중에 언급하겠다.

둘째의 순서〚상승순서〛에서는 투자자본에 대한 이윤율은 불변이다. 이윤량은 더 적은〚'많은'이 옳은 것 같다〛 밀로 표시되지만 기타의 상품들과 비교한 밀의 상대가격은 등귀하였을 것이다. 다만 이윤의 증가분—이런 증가분이 있는 경우—은 차지농업가의 주머니에 들어가지 않고 지대의 형태로 이윤으로부터 분리될 뿐이다. 그러나 밀가격은 여기의 가정에서는 불변이다.

차액지대의 발달과 증대는 밀가격이 불변인 경우나 상승하는 경우나 모두 마찬가지며, 그리고 열등지로부터 우등지로 꾸준히 전진하는 경우나 우등지로부터 열등지로 꾸준히 후퇴하는 경우나 모두 마찬가지다.

지금까지 우리가 가정한 것은, (1) 밀가격이 하나의 순서에서는 상승하고 다른 순서에서는 불변이라는 것, 그리고 (2) 경작이 우등지로부터 열등지로 또는 그 반대로 열등지로부터 우등지로 꾸준히 진행하여 간다는 것이었다.

그러나 이제 다음과 같이 가정하여 보자. 밀수요가 최초의 10가마로부터 17가마로 증가하며, 최열등지 A는 60원의 생산비[50원의 비용+이윤율 20%를 나타내는 10원]로 $1\frac{1}{3}$가마를 생산하는 다른 토지[이것의 한 가마당 생산가격은 45원이다]에 의해 대체되었다고 가정하든지, 또는 옛날의 토지 A가 합리적인 경작에 의해 개량되거나 클로버 따위의 도입에 의해 비용은 변하지 않은 채 더 생산적으로 경작되어 이제 이전과 동등한 자본투자로 $1\frac{1}{3}$가마를 생산하게 된다고 가정하자. 또한 토지종류 B · C · D는 이전과 마찬가지의 생산량을 공급하며, 새로운 종류의 토지들—A와 B 사이의 비옥도를 가진 A′, 그리고 B와 C 사이의 비옥도를 가진 B′과 B″—이 경작된다고 가정하자. 이 경우 『〈표 2〉에서 보는 바와 같이』 다음과 같은 현상이 일어날 것이다.

첫째, 밀 한 가마의 생산가격[또는 지배적인 시장가격]은 60원에서 45원으로 25% 하락할 것이다.

둘째, 우등지로부터 열등지로의 진행과 열등지로부터 우등지로의 진행이 동시에 발생할 것이다. 토지 A′은 A보다는 더욱 비옥하지만 이전에 경작된 B · C · D보다는 덜 비옥하며, B′ · B″은 A · A′ · B보다는 더욱 비옥하지만 C · D보다는 덜 비옥하다. 따라서 진행의 순서는 교차적이다. 경작은 A 따위에 비교해 비옥도가 절대적으로 낮은 토지로 진행하지는 않지만 이전의 가장 비옥한 토지 C와 D에 비교해 상대적으로 비옥도가 낮은 토지로 진행한다. 다른 한편에서는 경작은 절대적으로 비옥도가 높은 토지로 진행하지는 않지만 이전의 가장 열등한 토지인 A[또는 A와 B]에 비교해 상대적으로 비옥도가 높은 토지로 진행한다.

셋째, B의 지대는 감소할 것이며 마찬가지로 C와 D의 지대도 감소할 것이지만 밀로 표시된 지대총계는 6가마에서 $7\frac{2}{3}$가마로 증대하였을 것이다. 지대를 낳는 경작지의 규모가 증대하였을 것이고 총생산량도 10가마에서 17가마로 증가할 것이다. A의 이윤은 동일한 금액이지만 밀로 표시된 것은 증대하였을 것이다. 그리고 이윤율 그것은 상대적 잉여가치의 증대 때문에 상승하였을 것이다. 이 경우 생활수단이 저렴해짐에 따라 임금이 저하하고 따라서 가변자본의 투하가 감소하게 될 것이며, 또한 총자본투자액도 감소하게 될 것이다. 화폐로 표시된 지대총계는 360원에

〈표 2〉

토지종류	생산물		자본투하액 (원)	이 윤		지 대		가마당 생산가격
	가마	원		가마	원	가마	원	
A	$1\frac{1}{3}$	60	50	$\frac{2}{9}$	10	—	—	45
A′	$1\frac{2}{3}$	75	50	$\frac{5}{9}$	25	$\frac{1}{3}$	15	36
B	2	90	50	$\frac{8}{9}$	40	$\frac{2}{3}$	30	30
B′	$2\frac{1}{3}$	105	50	$1\frac{2}{9}$	55	1	45	$25\frac{5}{7}$
B″	$2\frac{2}{3}$	120	50	$1\frac{5}{9}$	70	$1\frac{1}{3}$	60	$22\frac{1}{2}$
C	3	135	50	$1\frac{8}{9}$	85	$1\frac{2}{3}$	75	20
D	4	180	50	$2\frac{8}{9}$	130	$2\frac{2}{3}$	120	15
합 계	17					$7\frac{2}{3}$	345	

서 345원으로 감소하였을 것이다.

이 새로운 순서를 나타내 보인 것이 〈표 2〉이다.

끝으로, A · B · C · D라는 토지만이 이전과 마찬가지로 경작되고 있지만 그것들의 생산성이 향상되어 A는 1가마가 아니라 2가마를, B는 2가마가 아니라 4가마를, C는 3가마가 아니라 7가마를, D는 4가마가 아니라 10가마를 생산한다면—즉 동일한 원인들이 다른 토지종류에 다른 영향을 미쳤다면—총생산량은 10가마로부터 23가마로 증대하였을 것이다. 인구의 증가와 가격의 하락 때문에 이 23가마가 수요에 의해 흡수되었다고 가정한다면 〈표 3〉과 같은 결과를 얻게 된다.

표에 있는 수량관계는 다른 표에서와 마찬가지로 자의적인 것이지만 가정들은 전적으로 합리적인 것이다.

첫째의 그리고 주요한 가정은, 농업의 개량은 다른 종류의 토지에 다른 영향을 미치며 여기에서는 A와 B에 대해서보다 우등지 C와 D에 대해 더욱 큰 영향을 미친다는 것이다. 경험에 따르면, 이것이 일반적인데 물론 그 반대의 경우도 있을 수 있다. 만약 개량이 우량지보다 열등지에 더욱 큰 영향을 미친다면, 우등지의 지대는 증대하지 않고 감소할 것이다. 그런데 이 표는 모든 종류의 토지의 비옥도의 절대적 향상과 함께 우등지

〈표 3〉

토지종류	생산물		자본투하액 (원)	가마당 생산가격	이 윤		지 대	
	가마	원			가마	원	가마	원
A	2	60	50	30	$\frac{1}{3}$	10	—	—
B	4	120	50	15	$2\frac{1}{3}$	70	2	60
C	7	210	50	$8\frac{4}{7}$	$5\frac{1}{3}$	160	5	150
D	10	300	50	6	$8\frac{1}{3}$	250	8	240
합 계	23						15	450

C와 D의 상대적 비옥도의 증대를 가정하고 있으므로, 동일한 자본투하액의 생산물에 더욱 큰 차이가 생기고 차액지대가 증대하게 된 것이다.

둘째의 가정은 총생산물의 증대에 총수요가 보조를 맞추고 있다는 것이다. 첫째로 총생산물의 증대가 갑작스럽게 발생한다고 생각할 필요가 없으며 〈표 3〉의 순서가 점차적으로 발생한다고 생각할 수 있다. 둘째로 필요생활수단의 저렴화에도 불구하고 그것의 소비는 증가하지 않는다고 생각하는 것은 잘못이다. 영국의 곡물법 철폐는 밀가격의 하락이 밀소비를 증대시킨다는 것을 증명하였다(뉴먼의 『정치경제학 강의』: 158을 참조하라). 그런데 그 반대의 견해〘밀가격의 하락에도 불구하고 밀소비는 증가하지 않는다〙는 오직 기후에 의한 수확상의 갑작스러운 큰 변화가 밀가격에 갑작스러운 대규모의 등락을 일으킨다는 사실 때문에 생긴 것이다. 이 경우 밀의 저렴화가 갑작스럽고 단기간이어서 소비의 확대에 충분한 영향을 줄 수 없었지만, 가격의 하락이 지배적인 생산가격 그것의 하락으로부터 생기며 따라서 더 장기적인 경우에는 소비의 확대를 야기할 수 있다. 셋째로 밀의 일부는 맥주 또는 위스키를 위해 소비될 수 있으며 이 두 품목의 소비 증대는 결코 좁은 범위에 국한되어 있지 않다. 넷째로 문제는 부분적으로 인구증가에 달려 있으며, 또한 그 나라가 밀수출국[예: 18세기 중엽까지의 영국]인 경우에는 수요가 국민의 소비규모에만 의존하는 것도 아니다. 끝으로 밀의 생산증대와 저렴화는 밀을 호밀 또는 귀밀 대신에 국민대중의 주식으로 되게 하며 이에 따라 밀시장이 확대한다. 밀의 생산축소와 가격상승은 그 반대를 일으킬 것이다. 〈표 3〉은 위와 같은 가정들에 의거하며 주어진 숫자에 의해 다음과 같은 결과를 제시하고 있다. 즉 〈표 1〉과 비교해 밀 가마당 가격은 60원에서 30원으로 50% 하락하며, 생산량은 10가마에서 23가마로 130% 증가하고, B의 지대는 불변이지만 C와 D의 지대는 각각 25%와 $33\frac{1}{3}$% 증대해 지대총액은 360원에서 450원으로 25% 증가하고 있다.

위의 세 개의 표[그 중 〈표 1〉은 A로부터 D로 상승하는 경우와 D로부터 A로 하강하는 경우의 두 가지로 이해되어야 한다]는 주어진 사회상태 안에서의 구별(또는 다른 세 나라 사이의 구별)을 표현하고 있다고 해석할 수도 있고, 한 나라의 발전에서 선후관계를 표현하고 있다고 해석할 수도 있는데, 이 표들을 비교하면 다음과 같은 결과를 얻는다.

(1) 각각의 순서는 [그것의 형성과정이 어떠하였든] 완성된 상태에서는 언제나 하강하는 순서로 나타난다. 왜냐하면 지대를 고찰하는 경우 사람들은 언제나 먼저 최대한도의 지대를 낳는 토지로부터 시작하여 마지막으로 지대를 낳지 않는 토지에 도달할 것이기 때문이다.

(2) 지대를 낳지 않는 최열등지의 생산가격이 항상 지배적인 시장가격이다. 물론 〈표 1〉의 상향순서에서는 점점 더 좋은 토지가 경작되는 경우에만 생산가격이 불변일 수 있다. 토지 A가 어느 정도까지 가격을 지배하는 토지인가 하는 것이 최우등지의 생산량에 달려있는 한, 최우등지의 생산물 가격이 지배적인 영향을 미친다. B · C · D가 수요를 초과하여 생산한다면 A는 가격을 지배할 수 없게 된다. 슈토르히는 최우등지를 지배적인 토지라고 말하였을 때 이것을 희미하게 알고 있었다. 이리하여 미국의 밀가격이 영국의 밀가격을 지배한다.

(3) 차액지대는 (위치를 무시하면) 토지종류의 자연적 비옥도[이것은 그때 그때의 농업발달수준에 따라 주어져 있다]의 차이에서 생긴다. 즉 차액지대의 발생은 최우등지의 규모가 제한되어 있다는 사실과, 불균등한 토지에 동등한 자본이 투하되어 불균등한 생산물을 낳는다는 사실에 근거하고 있다.

(4) 차액지대와 등급별 차액지대의 존재는 [우등지에서 열등지로 진행하는] 하강순서에 의거할 수도 있고, [열등지에서 우등지로 진행하는] 상향순서에 의거할 수도 있으며, 또는 하강과 상향이 교차되는 것에 의거할 수도 있다. (〈표 1〉은 D로부터 A로 진행하는 것에 의해서도 A로부터

D로 진행하는 것에 의해서도 형성될 수 있으며, 〈표 2〉는 두 종류의 진행을 모두 포괄하고 있다.)

(5) 차액지대는 그 형성방식에 따라 농산물 가격의 불변 · 등귀 · 하락 모두를 동반할 수 있다. 가격이 하락하는 경우 [최열등지 A가 우등지에 의해 대체되거나 스스로 개량된다고 하더라도, 그리고 기타의 우등지의 지대와 심지어 최우등지의 지대가 감소한다고 하더라도] 총생산물과 총지대는 증가할 수 있으며 그리고 이전에는 지대를 낳지 않던 토지가 지대를 낳게 될 수도 있다(〈표 2〉). 이 과정은 또한 화폐로 표시된 총지대의 감소와 결부될 수도 있다. 끝으로, 경작의 일반적 개량에 의해 가격이 하락하고 그리하여 최열등지의 생산량과 그 가격이 하락하는 경우, 지대는 우등지의 일부에서는 불변이든지 감소할 수 있지만 최우등지에서는 증가한다. [최열등지와 비교한] 각종 토지의 차액지대는 생산량의 차이가 주어져 있다면 밀의 가격[예컨대 가마당 가격]에 달려 있다. 그러나 가격이 주어져 있다면 차액지대는 생산량의 차이에 달려 있는데, 모든 토지의 절대적 비옥도가 향상되면서 우등지의 비옥도가 열등지의 비옥도보다 상대적으로 더욱 높게 향상되는 경우에는 이 생산량의 차이는 확대한다. 〈표 1〉에서는 D의 지대는 주어진 가격 60원에서 A와 비교한 생산량의 차이[즉 3가마]에 의해 결정되어 60원×3=180원이다. 그리고 가격이 30원인 〈표 3〉에서는 D의 지대는 A와 비교한 초과생산량 8가마에 의해 결정되어 30원×8=240원이다.

이리하여 우리는 차액지대에 관한 잘못된 관념—이것은 아직 웨스트, 맬더스, 리카도에서 일반적으로 보이는 것으로써 차액지대는 점점 더 열등한 토지로의 진행 또는 점점 저하하는 농업비옥도를 반드시 가정해야 한다는 것이다—을 버릴 수 있게 된다. 우리가 본 바와 같이 차액지대는 점점 더 비옥한 토지로의 진행에서도 생길 수 있으며, 우등지가 이전의 최열등지를 대신하여 최하위를 차지하는 경우에도 발생할 수 있으며, 농업이 꾸준히 진보하는 경우에도 발생할 수 있다. 차액지대의 유일한 전제조건은 각종 토지들의 불균등성이다. 생산성의 발달이 고려되는 경우, 차액지대가 가정하고 있는 것은 총경작지의 절대적 비옥도의 향상이 이 불균등성을 철폐하지 않고 그것을 확대하든지 축소하든지 또는 그대로 둔다는 것이다.

영국에서는 18세기 초부터 중엽까지 금과 은의 가격하락에도 불구하고 밀가격은 계속 하락하였으며 동시에 지대(기간 전체를 보면) · 지대총액 · 경작지면적 · 농업생산 · 인구는 증가하였다. 이것은 〈표 1〉과 상향순서의 〈표 2〉가 결합한 것에 대응하는데, 이 경우 최열등지 A는 개량되든지 아니면 곡물경작으로부터 배제되지만 기타의 농업용 또는 공업용으로 사용되지 않는다는 것을 가리키지는 않는다.

19세기 초(시기를 더 정확하게 지적할 것)부터 1815년까지는 곡물가격이 계속적으로 상승하면서 동시에 지대 · 지대총액 · 경작지면적 · 농업생산 · 인구도 증가하였다. 이것은 하강순서의 〈표 1〉에 대응한다. (여기에 당시의 열등지의 경작에 관한 인용문을 넣을 것.)

페티(1623~1689)와 다비넌트(1656~1714)의 시대에는 공유지의 개량과 개간에 관해 농촌주민과 토지소유자의 불평이 있었고, 우등지의 지대는 감소하였으며, 지대 낳는 토지의 확대에 의해 지대총액은 증가하였다. (이 세 가지 점에 대해서도 인용문을 넣을 것. 또한 한 나라의 각종 경작지부분들 사이의 비옥도 차이에 관해서도 인용문을 넣을 것.)

차액지대 일반에 관해 지적하고 싶은 것은 시장가치가 항상 총생산량의 총생산가격을 초과한다는 점이다. 〈표 1〉을 예로 들어 보자. 총생산량 10가마는 600원으로 판매된다. 왜냐하면 시장가격은 A의 생산가격[가마당 60원]에 의해 결정되기 때문이다. 그러나 진정한 생산가격은 다음 표와 같다.

토지종류	생산량 (가마)	생산가격 (원)	가마당 생산가격 (원)
A	1	60	60
B	2	60	30
C	3	60	20
D	4	60	15
합 계	10	240	24 (평균)

10가마의 진정한 생산가격은 240원인데 600원으로 250%나 높게 판매되며, 한 가마의 진정한 평균가격은 24원인데 시장가격은 60원이므로 250%나 높다.

이것은 자본주의적 생산양식의 토대 위에서 경쟁을 통해 실현되는 시장가치에 의한 규정이다. 하나의 허위의 사회적 가치false social value 〖=시장가치-진정한 생산가격〗를 생산하는 것은 경쟁이다. 이 허위의 사회적 가치는 농산물이 따라야 하는 시장가치의 법칙으로부터 생긴다. 생산물[그리고 토지생산물]의 시장가치의 결정은 사회적 행위[비록 사회에 의해 의식적으로 의도적으로 수행되는 행위는 아니지만]이며, 따라서 그 결정은 토지나 그 비옥도의 차이에 의거하는 것이 아니라 필연적으로 그 생산물의 교환가치에 의거하게 된다. 사회의 자본주의적 형태가 철폐되고 사회가 계획에 따라 일하는 의식적인 연합conscious association으로 조직된다고 생각하면, 10가마의 밀은 240원에 포함되어 있는 것과 동등한 양의 독립적인 노동시간을 대표할 것이다. 그러므로 사회는 밀을 그것에 포함된 진정한 노동시간의 $2\frac{1}{2}$배로 구매하지 않을 것이며, 이에 따라 토지소유자계급의 토대 〖지대〗는 사라질 것이다. 이것은 외국에서 온 수입에 의해 생산물이 동등한 금액만큼 저렴하게 된 것과 동일한 효과를 가질 것이다. 현재의 생산양식을 유지하면서 차액지대가 국가로 귀속되는 경우에는 토지생산물의 가격은 [기타의 사정들이 불변이라면] 불변일 것이라고 주장하는 것은 옳지만, 자본주의적 생산이 연합에 의해 대체되는 경우에도 토지생산물의 가치는 불변일 것이라고 주장하는 것은 옳지 못하다. 동일한 종류의 상품들이 동일한 시장가격을 가진다는 사실은, 가치의 사회적 성격이 자본주의적 생산양식의 토대 위에서 [그리고 일반적으로 개인들 사이의 상품교환에 입각하고 있는 생산의 토대 위에서] 실현되는 방식이다. 소비자로서의 사회가 농산물에 대해 너무나 많이 지불하는 것은 [농산물의 가격을 통해 농업생산에 분배되는 사회의 노동시간이 그것에 상당하는 생산물을 생산하지 못하는 것을 가리키지만] 사회의 일부인 토지소유자에게는 이익이 된다.

다음과 같은 사정[이것은 다음 장의 차액지대의 제2형태에서 중요하게 될 것이다]도 고찰해야 한다.

여기에서 문제로 되는 것은 에이커당 또는 헥타르당 지대, 또는 일반적으로 에이커당 생산가격과 시장가격 사이의 차액 또는 개별생산가격과 일반적 생산가격 사이의 차액뿐 아니라 각종의 토지가 몇 에이커씩 경작되고 있는가도 문제로 된다. 후자의 중요성은 여기에서는 총경작면적의 총지대에만 직접적인 관련을 가지지만, 그것은 동시에 [가격이 등귀하지 않는 경우에도, 또는 가격이 하락하면서 토지종류의 상대적 비옥도의 차이가 확대되지 않는 경우에도] 지대율rate of rent이 상승하는 것을 설명하기 위한 징검다리가 된다. 이전의 〈표 1〉은 다음과 같았다.

〈표 1〉

토지종류	경작면적 (에이커)	생산가격 (원)	생산량 (가마)	곡물지대 (가마)	화폐지대 (원)
A	1	60	1	—	—
B	1	60	2	1	60
C	1	60	3	2	120
D	1	60	4	3	180
합　계	4		10	6	360

〈표 1a〉

토지종류	경작면적 (에이커	생산가격 (원)	생산량 (가마)	곡물지대 (가마)	화폐지대 (원)
A	2	120	2	—	—
B	2	120	4	2	120
C	2	120	6	4	240
D	2	120	8	6	360
합 계	8		20	12	720

이제 각 등급의 경작면적이 두 배로 확장된다면 〈표 1a〉와 같이 된다.

그리고 두 개의 경우를 더 가정하여, 생산이 두 개의 열등지에서 증가하는 경우가 〈표 1b〉이고, 네 등급의 토지에서 생산과 경작면적이 불균등하게 확대되는 경우가 〈표 1c〉이다.

먼저 1 · 1a · 1b · 1c의 각각의 경우에 에이커당 지대는 불변이다. 왜냐하면 각 토지 한 에이커에서 동일한 양의 자본이 생산하는 생산량이 불변이기 때문이다. 우리가 여기에서 가정하고 있는 것은, 어느 나라에서나 특정의 시점에서 볼 수 있는 것[각종의 토지들이 일정한 비율로 총경작면적을 구성하고 있다는 것]과 두 나라의 비교에서나 동일한 나라의 다른 시점에서 볼 수 있는 것[총경작면적이 각종의 토지들로 구성되는 비율은 변동한다는 것]이다.

〈표 1〉과 〈표 1a〉를 비교해 보면, 네 등급의 경작면적이 모두 동일한 비율로 확대될 때 경작면적의 두 배 확대는 총생산을 두 배로 증가시키며 곡물지대와 화폐지대도 두 배로 증가시킨다.

우리가 〈표 1b〉와 〈표 1c〉를 〈표 1〉과 비교해 보면, 두 경우 모두 경작면적은 4에이커로부터 12에이커로 세 배로 증대하고 있다. 그러나 〈표 1b〉에서는 A와 B[A는 지대를 낳지 않으며 B는 최소의 차액지대를 낳는다]가 가장 크게 확대되어 새로운 경작면적 8에이커 중 6에이커[A와 B가 각각 3에이커씩]를 차지하고 있으며, C와 D는 각각 1에이커씩 확대되고 있을 뿐이다. 다시 말해 경작면적 확대분의 $\frac{3}{4}$은 A와 B에서 생기며 오직 $\frac{1}{4}$만이 C와 D에서 생긴다. 이런 가정에서는 〈표 1〉에 비해 〈표 1b〉는 세 배의 경작면적을 가지고 있으면서도 생산량은 세 배로 증가하지 않는다. 즉 10가마로부터 30가마로 증가하지 않고 26가마로 증가하고 있다. 다른 한편으로 경작면적 확대의 상당한 부분이 지대를 낳지 않는 A에서 일어나고 우등지의 확대 중 주요 부분이 B에서 일어나기 때문에, 곡물지대는 6가마에서 14가마로 증가할 뿐이며 화폐지대도 360원에서 840원으로 증가할 뿐이다.

〈표 1b〉

토지종류	경작면적(에이커)	생산가격(원)		생산량(가마)	곡물지대(가마)	화폐지대(원)
		에이커당	합계			
A	4	60	240	4	—	—
B	4	60	240	8	4	240
C	2	60	120	6	4	240
D	2	60	120	8	6	360
합 계	12		720	26	14	840

〈표 1c〉

토지종류	경작면적(에이커)	생산가격(원)		생산량(가마)	곡물지대(가마)	화폐지대(원)
		에이커당	합계			
A	1	60	60	1	—	—
B	2	60	120	4	2	120
C	5	60	300	15	10	600
D	4	60	240	16	12	720
합 계	12		720	36	24	1,440

그런데 〈표 1〉과 〈표 1c〉를 비교하면 지대를 지불하지 않는 토지는 전혀 확대되지 않고 최소한도의 지대를 낳는 토지는 조금 확대될 뿐이며 대부분의 확대는 C와 D에서 일어나고 있는데, 이리하여 경작면적의 세 배 확대에 따라 생산량은 10가마로부터 36가마로 세 배 이상 증가하였으며 곡물지대는 6가마로부터 24가마로 4배 증가하였으며 화폐지대도 마찬가지로 360원으로부터 1,440원으로 증가하였다.

이상의 모든 경우 토지생산물의 가격은 불변인데, 이것은 지대의 해명을 위해 가정한 것이다. 어느 경우에도 총지대는 경작면적의 확대에 따라 [물론 지대를 지불하지 않는 최열등지만이 확대되는 것이 아닌 한] 증대하지만 그 증대는 일률적이 아니다. 경작지의 확대가 우등지에서 일어나는 것에 비례하여, 따라서 생산량이 경작면적의 확대보다 더욱 크게 증가하는 것에 비례하여 곡물지대와 화폐지대는 증대한다〖표 1c〗. 최열등지와 그 유사한 토지종류가 확장의 주요 부분을 차지하는 것(여기에서는 최열등지는 항상 최열등지로 남아있다고 가정하고 있다)에 비례하여 총지대는 경작면적의 확장과 같은 비율로 증대하지는 않는다〖표 1b〗. 그러므로 지대를 낳지 않는 토지 A가 질적으로 동일한 두 나라를 비교해 보면, 총지대는 총경작면적 중 최열등지와 비교적 열등한 토지종류가 차지하는 비율에 반비례하며, 그리고 동일한 총면적에서 동액의 자본투하가 생산하는 생산량에 정비례〖원문에는 '반비례'라고 되어 있다〗한다.〖표 1b와 표 1c를 비교하라.〗 이리하여 한 나라의 총토지면적 중 최열등지와 우등지 사이의 비율이 총지대에 미치는 영향은, 최열등지의 토질과 우등지[와 최우등지]의 토질 사이의 차이가 에이커당 지대 그리고 [기타의 모든 사정이 불변이라면] 총지대에 미치는 영향과 정반대다. 이 두 가지 측면의 혼동이 차액지대에 대한 각종의 틀린 이론을 낳았다.

이리하여 총지대는 경작의 단순한 확장에 의해, 그리고 이것에 결부되어 행해지는 토지에 대한 자본과 노동의 더 큰 투자에 의해 증가한다.

그러나 가장 중요한 점은 다음과 같다. 비록 우리의 가정에 의해 각종 토지의 에이커당 지대 사이의 비율이 불변이고, 따라서 또 에이커당 자본투하액에 대한 지대율이 불변이라고 하더라도, 다음과 같은 현상이 나타난다는 점이다. 즉 〈표 1〉과 〈표 1a〉를 비교하면 경작면적과 자본투하액이 비례적으로 증가하고 있는데, 총생산이 경작면적의 확대에 따라 증가하는 것과 마찬가지로 총지대도 두 배로 증가한다는 점이다. 에이커가 4에서 8로 확대된 것과 꼭 마찬가지로 총지대는 360원에서 720원으로 증대한 것이다.

총면적 4에이커를 취하여 보면 총지대는 360원이며, 지대를 낳지 않는 토지도 고려한 에이커당 평균지대는 90원이다. 예컨대 이 4에이커 전부를 소유한 토지소유자는 이렇게 평균지대를 계산할 것이며, 그리고 이것이 한 나라의 평균지대를 통계적으로 계산하는 방법이다. 총지대 360원은 200원의 자본투하 〖각 에이커당 자본투하액 50원×4〗에 의해 생산된 것인데, 이 두 개의 숫자 사이의 비율이 이른바 지대율이며 여기에서는 180%이다.

〈표 1a〉에서도 동일한 지대율을 얻게 되는데, 여기에서는 4에이커 대신 8에이커가 경작되며 모든 종류의 토지가 그 확대에 동일한 비율로 참가하였다. 8에이커의 경작면적과 400원의 투하자본 그리고 총지대액이 720원이므로, 에이커당 평균지대는 90원이며 지대율은 180%이다.

다른 한편으로 경작지의 확대가 주로 두 종류의 열등지에서 일어나는 〈표 1b〉를 고찰하면, 12에이커의 토지에 지대는 840원이므로 에이커당 평균지대는 70원이다. 총투하자본은 600원 〖한 에이커당 자본투하액 50원×12〗이므로 지대율은 140%이다. 총지대액이 360원에서 840원으로 증대하였지만 평균지대는 [에이커당으로 계산하든 투하자본에 대해 계산하든] 감소하며, 마찬가지로 총생산량은 증가하였지만 〖경작면적의 확대에〗 비례하지는 않았다. 이것은 모든 종류의 토지에 대한 지대가 [에이커당으로 계산하든 투하자본에 대해 계산하든] 불변이라 하더라도 생긴다. 그 이유는 경작지 확장분의 $\frac{3}{4}$이 A[지대를 낳지 않는다]와 B[최소한도의 지대만 낳는다]에서 일어나기 때문이다.

〈표 1b〉에서 경작지 확장이 오직 A에서만 일어났다면 A는 9에이커이고 B · C · D는 각각 1에이커일 것이다. 총지대액은 이전과 마찬가지로 360원이며 따라서 에이커당 평균지대는 30원〚=360÷12〛이고, 자본투하총액 600원〚=50×12〛에 대해 지대총액이 360원이므로 지대율은 60%〚=360÷600〛이다. 평균지대는 에이커당으로 계산하든 자본투하액에 대해 계산하든 격감하며, 총지대액은 증대하지 않는다.

끝으로 〈표 1c〉를 〈표 1〉과 〈표 1b〉와 비교하여 보자. 〈표 1〉과 비교하면, 경작면적은 세 배 확대되었고 따라서 자본투하총액도 세 배 증대하였다. 총지대액은 12에이커에 1,440원이므로 평균지대는 〈표 1〉의 90원에 비해 120원이다. 자본투하액(600원)에 대한 지대율은 180% 대신 240%이다. 총생산량은 10가마에서 36가마로 증가하였다.

〈표 1b〉와 비교하면 총경작면적 · 자본투하총액 · 다른 토지종류의 질적 차이는 동일하지만 총경작면적의 등급별 구성은 다른데, 총생산량은 26가마가 아니라 36가마며 에이커당 평균지대는 70원이 아니라 120원이고 지대율은 140%가 아니라 240%이다.

〈표 la〉, 〈표 1b〉, 〈표 1c〉에 있는 다른 상황들이 다른 나라들에 동시적으로 나란히 존재하는 상황들이라고 생각하든 동일한 나라에서 순차적으로 일어나는 상황들이라고 생각하든 아무런 문제도 없다. 다만 이런 가정[즉 지대를 낳지 않는 최열등지의 생산량이 불변이므로 밀가격은 불변인 것, 각종 등급의 경작지 사이의 비옥도 차이가 불변인 것, 각 등급의 경작지 한 에이커에 동일한 양의 자본을 투하하여 얻는 생산량이 각각 불변인 것, 각종 토지의 에이커당 지대 사이의 비율이 불변인 것, 동일한 종류의 각 토지부분에 투하된 자본의 지대율이 동등한 것] 아래에서는 다음과 같은 결과가 생긴다. 첫째로 총지대는 항상 경작면적의 확대[따라서 자본투하액의 증대]에 따라 증대한다. 이 때 경작면적의 확대가 지대를 낳지 않는 토지에서만 일어나는 경우는 제외한다. 둘째로 에이커당 평균지대(총지대를 총경작 에이커로 나눈 것)와 평균지대율(총지대를 총투하자본으로 나눈 것)은 모두 매우 크게 변동할 수 있다. 그리고 두 개가 동일한 방향으로 변동한다 할지라도 그 두 개의 변동률은 다를 수 있다. 경작면적의 확장이 지대를 낳지 않는 토지에서만 일어나는 경우를 제외하면, 에이커당 평균지대와 농업에 투하된 자본에 대한 평균지대율은, 총경작면적에서 각종 등급의 토지가 차지하는 구성비[또는 같은 이야기지만 총투하자본이 비옥도가 다른 토지종류에 분배되어 있는 비율]에 달려 있다. 경작면적이 크든 작든(A에서만 확장이 일어나는 경우는 제외한다), 이리하여 총지대가 크든 작든, 에이커당 평균지대 또는 투하자본에 대한 평균지대율은 총경작면적 중 각 등급의 토지가 차지하는 비율이 불변인 한 변하지 않는다. 경작면적이 확대되고 투하자본이 증대됨에 따라 총지대가 증대[심지어 크게 증대]하는데도, 지대없는 토지와 작은 차액지대만을 낳는 토지의 확장이 큰 지대를 낳는 우등지의 확장보다 더욱 크다면, 에이커당 평균지대와 자본에 대한 평균지대율은 감소한다. 이와 반대로, 우등지가 총경작면적 중 상대적으로 더 큰 비중을 차지하게 되고 따라서 상대적으로 더 많은 자본이 우등지에 투하된다면, 에이커당 평균지대와 자본에 대한 평균지대율은 그만큼 더 증가한다.

동일한 시기의 다른 나라들을 비교하거나 동일한 나라의 다른 시기를 비교하는 경우, 통계작업에서 일반적으로 행하는 일—즉 총경작면적의 에이커당 [또는 헥타르당] 평균지대—을 고찰하면, 에이커당 평균지대의 수준[이리하여 또 총지대]은 한 나라의 농업의 상대적 비옥도가 아니라 절대적 비옥도[즉 일정한 면적이 평균적으로 공급하는 생산량]에 어느 정도까지 대응한다는 것(결코 동일한 정도는 아니지만 대응정도는 상승하는 경향이 있다)을 알 수 있다. 왜냐하면 총경작면적 중 우등지의 구성비가 크면 클수록 동일한 자본투자와 동일한 면적의 생산량이 그만큼 더욱 커지며 또한 에이커당 평균지대도 더욱 커지기 때문이다. 그 반대의 경우는 그 반대다. 이리하여 지대는 비옥도 차이의 크기에 의해서가 아니라 절대적 비옥도에 의해 결정되는 것처럼 보이며, 이리하여 차액지대의 법칙은 폐기되는 것처럼 보인다. 이 때문에 어떤 현상들이 부정되거나 또는 그 현상들을 평균곡물가격과 각종 경작지의 비옥도 차이에서는 존재하지 않는 차이에 의해 설명하려고 시도한다. 그런데 그런 현상들의 유일한 토대는 다음과 같은 사실이다. 즉 지대없는 토지의 비옥도가 불변이고 따라서 생산가격이 불변이며 그리고 각종 토지 사이의 차이가 불변인 경우, 총경작면적에 대한 [또는 토지에 투하된 총자본에 대한] 총지대의 비율은 에이커당 지대[또는 자본에 대한 지대율]에 의해 결정될 뿐 아니라 총경작면적 중 각각의 토지종류의 구성비[또는 같은 이야기지만 총투하자본의 각종 토지 사이의 분배]에 의해서도 결정된다는 사실이다. 지금까지 이 사실은 이상하게도 전혀 보지 못하고 있었다. 어쨌든 여기에서 밝혀진 것[이것은 앞으로의 우리의 연구과정에 중요하다]은 에이커당 평균지대의 상대적 수준과 평균지대율[즉 토지에 투하된 총자본에 대한 총지대의 비율]은 경작면적의 단순한 확장에 의해 증가 또는 감소할 수 있다는 점이다[비록 가격, 경작토지의 비옥도 차이, 에이커당 지대, 현실적으로 지대를 낳는 각 등급의 토지에 투하된 에이커당 자본의 지대율(또는 현실적으로 지대를 낳는 모든 자본의 지대율)이 모두 불변이라고 하더라도].

* * *

차액지대의 제1형태와 관련하여 다음과 같은 보충설명이 아직 필요한

데, 그것은 부분적으로 제2형태에도 해당하는 것이다.

첫째, 우리가 이미 본 바와 같이, 에이커당 평균지대나 자본의 평균지대율은 [가격이 불변이고 경작토지의 비옥도 차이가 불변이라면] 경작면적의 확장에 따라 증가할 수 있다. 한 나라의 모든 토지가 점유되고 토지에 대한 자본투자 · 경작 · 인구가 모두 일정한 수준에 도달하자마자[이런 사정들은 자본주의적 생산양식이 지배적으로 되고 농업까지도 정복하게 되면 당연히 전제되고 있다], 각종 질의 미경작지의 가격은 (차액지대만을 가정하면) 질과 위치에서 동등한 기경작지 〖이미 경작되고 있는 토지〗의 가격에 의해 결정된다. 이 미경작지는 어떤 지대도 낳지 않는데도 그 가격은 — 추가적인 개간비용을 제외하면 — 〖기경작지의 가격과〗 동일하다. 토지가격은 물론 자본화된 지대에 불과하다. 기경작지인 경우에도 그것의 가격으로 지불되는 것은 장래의 지대일 뿐이다. 예컨대 지배적인 이자율이 5%이라면 20년분의 지대가 한꺼번에 선불되는 것이다. 토지가 판매될 때 그것은 지대[여기에서 지대는 토지의 열매로 여겨지고 있는데 이것은 물론 외관상의 현상에 불과하다]를 낳는 것으로 판매되며, 따라서 앞으로 지대를 낳는다는 성격에서는 기경작지나 미경작지나 차이가 없다. 미경작지의 가격은 그것의 지대 — 이 지대의 자본화가 그 가격이다 — 와 마찬가지로 [이 토지가 현실적으로 이용되지 않는 한] 순수히 환상적인 것이다. 그러나 그 가격은 이처럼 선험적으로 결정되며 구매자가 발견되자마자 실현된다. 한 나라의 현실적인 평균지대가 그 나라의 현실적인 연간지대총액과 이것의 총경작면적에 대한 비율에 의해 결정된다면, 미경작지의 가격은 기경작지의 가격에 의해 결정되며 따라서 기경자지에 대한 자본투하와 그것의 결과를 반영하는 것에 불과하다. 최열등지를 제외하면, 모든 종류의 토지는 지대를 낳기 때문에(그리고 이 지대는 차액지대의 제2형태에서 보게 되는 바와 같이 자본량과 이에 대응하는 경작의 집약도에 따라 증가한다), 미경작지의 명목가격이 형성되며 이리하여 미경작지도 상품으로 되며 그 소유자에게는 부의 원천이 된다. 이것은 동시에 왜 지역 전체의 토지가격이 미경작지의 가격을 포함하여 상승하는가를 설명하여 준다.(옵다이크, 1851) 예컨대 미국에서 토지투기는 자본과 노동이 미경작지에 투사하는 위와 같은 반사reflection에 의거하고 있을 뿐이다.

둘째, 경작면적의 확대는 더 열등한 토지로 진행되든지 또는 각종의 주어진 토지종류 위에서 기회가 오는대로 다른 비율로 진행된다. 물론 더 열등한 토지로 진행하는 것은 결코 자유로운 선택에 의한 것은 아닌데, 자본주의적 생산양식을 전제로 하면 그것은 『토지생산물의』 가격상승의 결과일 수밖에 없으며, 그리고 어떤 생산양식에서도 그것은 필요의 결과일 따름이다. 그러나 이것은 절대적으로 그렇다는 것은 아니다. 열등지가 그 위치 때문에 더 좋은 토지보다 상대적으로 선호될 수 있는데, 위치는 신생국에서는 경작의 확장에 항상 결정적으로 중요하다. 또한 어떤 지역의 지질층이 대체로 비옥하다 할지라도 약간의 장소에서는 우등지와 열등지가 서로 뒤섞여 있어 열등지는 우등지와 인접하고 있다는 이유만으로 경작되어야만 하는 경우도 있다. 만약 열등지가 우등지에 의해 포위되어 있다면, 우등지는 그 열등지에 대해 위치상의 유리점—기경작지 또는 경작예정지가 아닌 더 비옥한 토지에 비하여—을 주게 된다.

예컨대 미시간주는 서부 주들 중 최초로 곡물을 수출한 주의 하나였다. 그 토지는 대체로 척박하다. 그러나 미시간주는 뉴욕주와 인접하고 5대호와 에리운하에 의한 수상교통이 편리하기 때문에, 자연적으로 더 비옥하지만 멀리 떨어진 서부 주들보다 유리하였다. 또한 이 주의 예는 뉴욕주와 비교하여 보면 우등지로부터 열등지로의 진행 순서를 보여 준다. 뉴욕주 특히 그 서부의 토지는 매우 비옥하며 특히 밀경작을 위해 그러하다. 그런데 지력을 탕진하는 경작으로 말미암아 이 비옥한 토지가 척박한 토지로 되었고, 지금 미시간의 토지가 더욱 비옥한 것으로 나타난 것이다.

"1838년에는 밀가루가 버팔로에서 서부로 수송되었고 뉴욕주의 밀지방은 위쪽 캐나다의 밀지방과 함께 밀가루 공급의 주요 원천이었다. 그런데 불과 12년 뒤인 오늘에는 거대한 양의 밀과 밀가루가 에리호를 따라 서부에서 와서 버팔로와 블랙로크에서 에리운하를 이용하여 동부로 수송되고 있다…서부로부터 이처럼 대량의 밀과 밀가루가 도착하기 때문에—이것은 유럽의 기근 〖1847〗 시에 크게 팽창하였다—서부 뉴욕에서는 밀이 저렴해 지고 밀경작의 수익성이 낮아졌으며, 따라서 뉴욕의 농업가들은 목축 · 낙농 · 과일재배 따위에 더욱 주의를 기울이게 되었는데 이 농업부문들에서는 서북부가 자기들과 직접적으로 경쟁할 수 없으리라고 그들은 생각하고 있다."(존스턴, 1851, 제1권: 220~223)

셋째, 곡물을 더 싼 가격으로 수출할 수 있는 식민지와 기타의 신생국의 토지가 반드시 그 자연적 비옥도가 더 높다고 생각하는 것은 잘못이다. 곡물은 그 가치 이하로 판매될 뿐 아니라 그 생산가격[즉 더 오래된 나라들의 평균이윤율에 의해 결정되는 생산가격] 이하로 판매된다.

존스턴(223)이 말하는 것처럼, 우리가 "버팔로 항구에 매년 대규모의 밀을 공급하고 있는 이 새로운 주들에 대해 높은 자연적 비옥도와 무한히 풍부한 토지라는 관념을 결부시키는 것에 익숙하다"고 하더라도, 이것은 무엇보다 먼저 경제적 상황에 달려 있다. 예컨대 미시간과 같은 주의 인구전체가 처음에는 거의 전적으로 농업에 종사하였고 특히 [공산품과 열대생산물과 교환할 수 있는] 대량으로 생산할 수 있는 농산물에 종사하였다. 이리하여 그들의 잉여생산물 전체는 곡물의 형태를 취하고 있다. 이것이 바로 근대적 세계시장의 토대 위에 건설된 식민지들을 그 이전의 식민지[특히 고대의 식민지]와 구별하는 것이다. 근대적 식민지들은 의류 · 도구 따위를 세계시장을 통해 완성품으로서 받고 있는데 그렇지 않다면 스스로 생산해야 할 것이다. 이런 토대 위에서 비로소 미국의 남부 주들이 면화를 자기의 주된 생산물로 삼을 수 있었다. 이것을 허용하는 것은 세계시장에서의 분업이다. 남부 주들은 설립된 지 얼마되지 않고 비교적 적은 인구를 가지고 있다는 점을 고려한다면, 매우 거대한 잉여생산물을 생산하는 것처럼 보이지만, 이것은 토지의 비옥도나 노동의 효율성 때문이 아니라 오히려 노동의 일면적 형태〚면화만을 생산한다〛, 따라서 노동을 표현하는 잉여생산물의 일면적 형태 때문이다.

더욱이 [아직까지 경작된 적이 없고 최초로 경작되는] 상대적으로 비옥도가 낮은 토지라도, 적어도 그 상층에는 쉽게 용해되는 식물영양소가 매우 많이 퇴적되어 있으므로 [기후조건이 지나치게 불리하지 않는 한] 비료를 사용하지 않고 표면만을 경작하더라고 상당한 기간 수확을 올릴 수 있다. 또한 미국의 서부 대평원prairies은 자연적으로 경작에 적합하여 개간비가 들지 않는다는 이점도 가지고 있다.33)[a] 비옥도가 상대적으로 낮은 이런 종류의 지역에서는 잉여가 토지의 높은 비옥도[즉 에이커당 수확량]에서 생기는 것이 아니라, 표면만을 경작하여도 좋을 면적이 매우 넓다는 사실에서 생기는 것이다. 왜냐하면 이런 토지는 경작자에게 아무런 비용도 들게 하지 않든지 아니면 더 오래된 나라들에 비해 매우 적은 비용만을 들게 하기 때문이다. 예컨대 뉴욕 · 미시간 · 캐나다 따위의 일부 지방에서처럼 분익소작제分益小作制share-cropping가 존재하는 곳에서는 그러하다. 한 가족이 예컨대 100에이커의 토지를 표면만 경작하는데, 에이커당 생산량은 많지 않지만 100에이커의 생산량은 거대한 판

33)[a] {엥겔스: 이런 대평원 또는 대초원의 경작이 최근 급속히 증가하였으므로, "인구가 생활수단을 압박한다"는 유명한 맬더스의 명제〚1798〛는 웃음거리가 되었고, 그 반대로 인구를 압박하는 생활수단〚미국에서 수입되는 농산물〛을 독일농민들로부터 제거하지 않는다면 독일의 농업과 독일의 모든 것이 파멸할 것이라는 농민들의 불평이 나타났다. 미국의 대평원 또는 남미의 대초원 따위의 경작은 그 초기에 불과하며, 그것이 유럽농업에 미칠 혁명적 영향은 앞으로 지금까지보다 더욱 강렬해질 것이다.}

매용 잉여를 제공한다. 더욱이 인공적인 목초지가 필요하지 않고 자연의 목장에서 거의 비용을 들이지 않고 목축을 할 수 있다. 여기에서 결정적으로 중요한 것은 토지의 질이 아니라 그 양이다. 물론 이런 표면경작의 가능성은 새로운 토지의 비옥도에 반비례하여 그리고 생산물의 수출에 정비례하여 다소 급속히 탕진되고 있다. "그러나 이런 토지는 밀을 포함하여 우수한 수확을 제공할 것이며, 그 토지로부터 첫 단물을 빨아먹는 사람들은 시장에 보낼 풍부한 잉여 밀을 얻게 될 것이다."(같은 책: 225)

오래 전부터 경작되고 있는 나라들에서는 소유관계나 기경작지의 가격에 의해 결정되는 미경작지의 가격 따위에 의해 이런 조방적 경영 extensive farming은 불가능하다.

그렇다고 하여 리카도가 생각하듯이, 이 토지가 반드시 매우 비옥하다든가 동일한 비옥도의 토지종류만이 경작되는 것이 아님은 다음과 같은 실례에서 볼 수 있다. 미시간주에서는 1848년에 밀이 465,900에이커에 경작되어 4,739,300부셸, 즉 에이커당 평균 $10\frac{1}{5}$부셸 [대체로 1평당 0.3리터에 해당한다. 환산기준은 별책 참조.] 이 생산되었는데, 이것은 종자 씨를 빼면 에이커당 9부셸보다 적다. 이 주의 29군 중 2군은 평균 7부셸, 3군은 평균 8부셸, 2군은 9부셸, 7군은 10부셸, 6군은 11부셸, 3군은 12부셸, 4군은 13부셸, 1군은 16부셸, 1군은 18부셸을 생산하였다.(같은 책: 225)

현실적인 경작에서는 토지의 비옥도가 높다는 것은 그 비옥도를 직접적으로 이용하는 비율이 크다는 것과 일치한다. 그러나 직접적인 이용은 자연적으로 비옥한 토지보다는 자연적으로 척박한 토지에서 더욱 클 수가 있다. 이런 종류의 토지가 바로 식민지 이주민이 처음 손을 대는 토지며 또한 자본이 부족한 상황에서 처음 손을 대지 않을 수 없는 토지다.

끝으로, A로부터 D까지의 각종 토지종류로 경작면적이 확장되는 것(기경작지보다 열등한 토지에 의거해야만 하는 경우를 제외한다), 그리하여 B와 C의 경작면적이 확장되는 것은 결코 곡물가격의 사전적인 상승을 전제하는 것은 아니다. 이것은 방적공장의 매년의 확장이 면사가격의 계속적인 상승을 전제하지 않는 것과 마찬가지다. 시장가격의 현저한 등락이 생산규모에 영향을 미칠 것이지만, 농업에서는 이런 점을 제외하더라도 [즉 생산을 저지하지도 않고 예외적으로 촉진하지도 않는 평균가격이 주어져 있는 경우에도] 상대적 과잉생산이 끊임없이 발생한다(이것은 자본주의적으로 경영되는 모든 다른 생산부문들과 마찬가지다). 이 상대적 과잉생산은 그 자체로서는 축적과 동일하며, 기타의 생산양식에서는 인구증가에 의해 직접적으로 일어나며, 식민지에서는 끊임없는 이민유입에 의해 일어난다. 수요가 끊임없이 증가하며 이에 따라 새로운 자본이 끊임없이 새로운 토지에 투하되는데, 이 투자는 상황에 따라 다른 작물에 행해질 수 있다. 새로운 자본의 형성에 의해 이런 것이 자동적으로 생긴다. 그러나 개별자본가에 대해 말한다면, 그는 자기의 생산규모를 자기가 이용가능한 자본규모 — 그리고 그가 스스로 그 생산을 통제할 수 있는 규모 — 에 대응시킨다. 그의 의도는 시장점유율을 될 수 있는 한 증대시키려는 것이다. 만약 과잉생산이 발생한다면 그는 자기 자신을 비난하지 않고 자기의 경쟁자들을 비난한다. 개별자본가가 자기의 생산을 확장하는 것은 주어진 시장의 더 큰 부분을 점유하는 것에 의해서도 가능하며, 또한 시장 그것을 확대하는 것에 의해서도 가능하다.

제40장
차액지대의 제2형태(차액지대 Ⅱ)

지금까지 우리는 차액지대를 비옥도가 다르지만 같은 크기의 토지면적에 투하된 같은 금액의 자본이 낳는 생산성 차이의 결과로서만 고찰하였다. 그리하여 차액지대는 지대를 낳지 않는 최열등지에 투하된 자본의 수익과 우등지에 투하된 자본의 수익 사이의 차액에 의해 결정되었다. 이 경우 자본투하는 다른 토지에서 서로 나란히 진행되며 따라서 각각의 새로운 자본투하는 경작의 확대와 경작면적의 확대를 의미하였다. 그러나 차액지대 그것은 결국 토지에 투하된 같은 금액의 자본들의 생산성 차이의 결과에 불과하였다. 그렇다면 다른 생산성을 가진 자본액들이 동일한 토지에 차례차례로 투하되는 경우와, 그 자본액들이 다른 토지들에 서로 나란히 투하되는 경우가 ― 각각의 자본의 생산량이 다르다는 것을 가정하는 한 ― 무엇이 다른가?

먼저 부정할 수 없는 것은, 초과이윤의 형성에 관한 한 다음의 두 경우는 완전히 동일하다는 점이다. (가) 토지 A에서는 에이커당 생산가격이 60원 〖투하자본 50원+평균이윤 10원〗 이고 생산량이 1가마이므로, 60원은 1가마의 생산가격이고 지배적인 시장가격이다. 토지 B의 1에이커에서는 생산가격 60원, 생산량 2가마이므로 초과이윤은 60원이며, 토지 C의 1

에이커에서는 생산가격 60원, 생산량 3가마이므로 초과이윤은 120원이며, 토지 D의 1에이커에서는 생산가격 60원, 생산량 4가마이므로 초과이윤은 180원이다. (나) 위의 총투하자본 200원〚50원×4〛을 동일한 1에이커에 위와 같은 순서로 50원씩 차례차례 투하하여 각각의 투자액이 위와 같은 생산량을 생산하게 한다면, 각각의 투자액의 초과이윤은 (가)의 경우와 동일하게 될 것이다. 어느 경우에나 200원의 자본이 50원씩 투하되는데—비옥도가 다른 토지에 서로 나란히 투하되든 동일한 1에이커에 차례차례로 투하되든—생산량의 차이 때문에 이 총자본 중 한 부분인 50원은 초과이윤을 낳지 않지만, 다른 부분들은 각각의 수익과, 지대를 낳지 않는 투자의 수익 사이의 차액에 비례하여 초과이윤을 낳게 된다.

자본가치의 다른 부분들에 대한 초과이윤과 다양한 초과이윤율은 두 경우 모두에서 균일하게 형성된다. 그리고 지대는 이 초과이윤의 한 형태에 불과하며, 이 초과이윤이 사실상 지대의 실체를 이룬다. 그럼에도 두번째의 방법에서는 초과이윤이 지대로 전환하는 것에 약간의 곤란이 생긴다. 즉 자본주의적 차지농이 토지소유자에게 초과이윤을 이전시키는 형태가 변화한다. 이 때문에 영국의 차지농업가들은 정부의 농업통계에 완강히 반항하게 되며 그들의 자본투자의 현실적 결과를 어떻게 확정하는가를 둘러싸고 토지소유자와 투쟁하게 된다.(J. L. 모턴, 1858) 왜냐하면 지대는 토지를 임차할 때 결정되며 차지계약이 존속하는 동안 계속적인 자본투하에서 나오는 초과이윤은 차지농업가에게 돌아가기 때문이다. 따라서 차지농업가들은 장기차지계약을 맺으려고 투쟁하는데, 지주들의 힘이 우세하다면 매년 갱신되는 차지계약의 수가 증가하게 된다.

그러므로 같은 금액의 자본들이 불균등한 결과를 낳는 동등한 면적에 나란히 투하되는 것과, 그들이 동일한 토지에 차례차례로 투하되는 것은, 초과이윤 형성의 법칙에 관한 한 차이가 없다고 하더라도, 초과이윤이 지대로 전환하는 것에는 현저한 차이가 있음은 처음부터 명백하다. 후자의 경우에는 이 전환의 한계는 더 좁고 불확정적이다. 따라서 경작이 집약적인 나라에서는—집약적인 경작을 경제학적으로 말하면 자본이 인접한 토지부분들로 분배되지 않고 동일한 토지부분에 집적되는 것을 가리킬 뿐이다—지대평가인의 일은 [모턴이 『소유지의 자원』에서 설명하는 바와 같이] 매우 중요하고 복잡한 어려운 직업으로 된다. 더 영구적인 토지개량의 경우, 인공적으로 향상된 토지 비옥도의 차이는 차지계약의 종료와 함께 토지의 새로운 자연적 비옥도로 되며, 따라서 지대의 평가는 토지종류 사이의 비옥도 차이 일반의 평가로 된다. 이와는 반대로, 초과이윤의 형성이 운영자본량에 의해 결정되는 한, 일정한 크기의 운영자본에 대한 지대액이 그 나라의 평균지대에 추가되며, 따라서 새로운 차지농업가는 동일한 집약적 경작을 계속하기 위해서는 충분한 자본을 가져야 한다는 규정을 토지소유자는 만든다.

* * *

차액지대 Ⅱ를 고찰하는 경우 다음과 같은 점이 강조되어야 한다.

첫째, 차액지대 Ⅱ의 토대와 출발점은 [역사적으로 뿐 아니라 어느 주어진 시점에서 그 운동을 문제로 삼는 한] 차액지대 Ⅰ—서로 다른 비옥도와 위치를 가진 토지들을 나란히 동시적으로 경작하는 것, 또는 총농업자본의 다른 구성부분들을 질적으로 다른 토지들에 나란히 동시적으로 투하하는 것—이다.

역사적으로 볼 때 이것은 설명이 필요없다. 식민지에서는 식민지 이주민들은 작은 규모의 자본을 투하하면 되고 생산의 주된 요소는 노동과 토지 그것이다. 각각의 가장은 자기 자신과 가족을 위한 독립적인 일터를 [동료 식민지 이주민들의 일터와는 별도로] 가지려고 한다. 진정한 농업의 경우 이것은 심지어 자본주의 이전의 생산양식에서도 그러하다. 그러나 독립적인 생산분야로서 목양과 목축 일반에서는 토지의 공동이용이 다소 존재하며, 이 이용은 처음부터 기본적으로 조방적extensive이다. 자본주의적 생산양식은 [생산수단이 법률상 또는 사실상 경작자 자신의 소유인] 이전의 생산양식들에서—즉 일종의 수공업적 농업경영에서—발전하여 온다. 당연한 일이지만, 이 출발점으로부터 오직 점차적으로 생산수단이 집적되며, 이 생산수단들은 [임금노동자로 전환되는] 직접적 생산자에 대립하는 자본으로 발전한다. 자본주의적 생산방식은 먼저 그 특징적 형태를 특히 목양과 목축에서 취하게 되는데, 이것은 상대적으로 작은 면적에 자본을 집적하는 것이 아니라 더 대규모의 생산이며, 이리하여 말의 유지비와 기타의 생산비가 절약되는데 이 절약은 동일한 면적에 더 많은 자본을 사용함으로써 얻어지는 것은 아니다. 더욱이 경작이 일정한 수준에 도달하고 이것에 따라 토지가 피폐해졌을 때, 자본[여기에서는 이미 생산된 생산수단을 가리킨다]이 경작에서 결정적인 요소로 되는데 이것은 경작의 자연법칙이다. 기경작지가 미경작지에 비해 상대적으로 작은 부분에 불과하며 지력이 고갈되지 않는 한[이것은 진정한 농업과 채식이 지배적으로 되기 이전 목축과 육식이 지배하던 시기에 속한다], 새로 발전하는 생산방식은, 특히 한 자본가의 계산으로 경작되는 토지의 규모, 그리고 또 더 넓은 면적에서 자본을 조방적으로 사용한다는 점에서 농민적 생산과 차이가 난다. 그러므로 차액지대 Ⅰ이 역사적 토대이며 출발점이라는 사실을 항상 염두에 두어야 한다. 다른 한편으로 어느 일정한 시점에서 차액지대 Ⅱ의 운동이 일어나는 것은 차액지대 Ⅰ의 다양한 기초를 이루던 지역에서뿐이다.

둘째, 차액지대 Ⅱ의 경우 비옥도 차이 이외에 차지농업가들 사이에 자본(과 신용 이용능력)의 분배상 차이가 추가된다. 진정한 제조업에서는 각 생산분야마다 경영규모의 최소한도 따라서 자본의 최소규모가 설정되며, 이것에 도달하지 않으면 그 사업은 성공적으로 수행될 수 없다.

또한 각 생산분야마다 이 최소한도를 초과하는 표준적인 평균자본액[대다수의 생산자들이 스스로 처분하고 있는 평균규모]이 존재하며, 이 평균 이상의 자본은 초과이윤을 획득할 수 있고 그 이하의 자본은 평균이윤조차 얻지 못한다. 자본주의적 생산양식은 농업을 오직 천천히 불균등하게 장악할 뿐인데, 이것은 농업에서 자본주의적 생산양식의 고전적인 나라인 영국에서 볼 수 있다. 곡물의 자유로운 수입이 허용되지 않거나 수입량과 그것의 영향이 제한되어 있는 한, 곡물의 시장가격은 열등지의 생산자—생산조건이 평균보다 불리한 생산자—에 의해 결정된다. 이 생산자들의 수중에 농업 투하자본총액의 한 큰 부분 그리고 농업을 위해 기능하는 자본총액의 한 큰 부분이 있다.

예컨대 농민은 자기의 작은 분할지에 대량의 노동을 투하하는 것이 사실이다. 그러나 이 노동은 생산성 향상의 객관적인 사회적 · 물질적 조건에서 고립되어 있으며 이런 조건을 빼앗겼다.

이런 사정 때문에 진정한 자본주의적 차지농업가들은 초과이윤의 일부를 취득할 수 있는데, 그러나 이 점만에 주목하는 한, 이 초과이윤은 자본주의적 생산양식이 농업에서도 제조업에서처럼 균등하게 발달하면 사라질 것이다.

여기에서는 먼저 차액지대 Ⅱ에서 초과이윤의 형성만을 고찰하고, 이 초과이윤이 지대로 전환될 수 있는 조건들에 대해서는 다음에 고찰하자.

이 경우 명백한 것은, 차액지대 Ⅱ는 차액지대 Ⅰ의 다른 표현에 불과하며 본질적으로 동일하다는 것이다. 다른 종류의 토지들의 비옥도 차이가 차액지대 Ⅰ에 영향을 미치는 것은, 비옥도의 차이 때문에 토지에 투하된 자본들이—같은 금액의 자본에 대해서든 투하자본의 동등한 부분에 대해서든—불균등한 결과[생산물]를 낳는 한에서다. 이 불균등이 동일한 토지조각에 차례차례로 투하된 각각의 자본들 사이에서 생기든, 다른 종류의 여러 토지조각들에 투하된 각각의 자본들 사이에서 생기든,

이것은 비옥도의 차이나 그 생산량의 차이에는 아무런 영향도 미치지 않으며, 따라서 더 생산적으로 투하된 자본부분들에 대한 차액지대의 형성에도 아무런 영향을 미칠 수 없다. 어느 경우에나 토지는 동액의 자본투자에 대해 비옥도의 차이를 보여주는데, 차액지대 Ⅰ에서는 다른 종류의 토지들이 그것에 투하된 동액의 다른 자본들[이 각각은 사회적 총자본의 일부이다]에게 보여주는 것을, 차액지대 Ⅱ에서는 동일한 토지가 [몇 개의 부분들로 분할되어 차례차례로 투하되는] 하나의 자본에 대해 보여주고 있을 뿐이다.

제39장의 〈표 1〉에서는 200원의 자본이 4명의 차지농업가에 의해 각각 50원의 독립적인 자본으로 네 가지 종류의 토지 A · B · C · D의 1에이커에 투하되었지만, 지금은 동액의 자본 200원이 D의 1에이커에 순차적으로 투하되어 제1투자 〖50원〗는 4가마를 낳고 제2투자는 3가마, 제3투자는 2가마 그리고 제4투자는 1가마(또는 순서를 거꾸로 하여도 상관없다)를 낳는다고 한다면, 가장 생산성이 낮은 자본부분이 공급하는 1가마의 가격 60원[투자액 50원에 평균이윤 10원을 가산한 것]은 차액지대를 낳지 않을 것이다. 비록 생산가격 60원의 밀이 공급되어야만 하는 동안은 그 밀이 생산가격을 결정할 것이지만. 그리고 우리는 자본주의적 생산을 가정하고 있으며 따라서 60원의 가격은 50원의 자본이 일반적으로 얻고 있는 평균이윤을 포함하고 있으므로, 각각 50원인 세 개의 다른 자본들은 [가장 낮은 생산성을 가진 자본부분과의] 생산물 차이에 따라 초과이윤을 얻게 된다. 왜냐하면 이 생산물은 그들 자신의 생산가격으로 판매되는 것이 아니라 가장 생산성이 낮은 자본투자 50원 — 이 투자는 지대를 낳지 않으며 이 투자의 생산가격은 생산가격의 일반법칙에 의해 결정된다 — 의 생산가격으로 판매되기 때문이다. 그러므로 초과이윤의 형성은 〈표 1〉과 마찬가지일 것이다.

여기에서 우리는 다시 한번 차액지대 Ⅱ가 차액지대 Ⅰ을 전제하고 있음을 볼 수 있다. 자본 50원이 생산하는 최소한도의 생산물[즉 그 자본이 최열등지에서 생산하는 것]은 여기에서 1가마로 가정되고 있다. 그러므로 D토지의 차지농업가가 처음의 50원—이것은 그에게 4가마의 밀을 낳으며 그리하여 그는 3가마를 차액지대로 지불한다—이외에 50원을 더 동일한 토지에 투하하며, 이 경우 제2의 투자 50원은 최열등지 A에서의 동액의 자본과 마찬가지로 1가마의 밀만 생산한다고 가정하자. 이 제2의 투자는 지대를 낳지 않는 자본투하다. 왜냐하면 평균이윤만을 낳을 뿐이어서 지대로 전환될 초과이윤이 존재하지 않기 때문이다. 그러나 다른 한편으로 D에 대한 제2 투자의 생산량 감소는 이윤율에 대해 아무런 영향도 미치지 않을 것이다. 이것은 마치 50원이 토지종류 A의 새로운 1에이커에 새로 투하된 것과 같으며, 이것은 결코 초과이윤에 영향을 미치지 않으며, 따라서 토지종류 A · B · C · D의 차액지대에도 영향을 미치지 않는다. 차지농업가 측에서 본다면 D에 대한 이 추가투자 50원은 D에 대한 최초의 투자 50원과 동등한 이익을 가져올 것이다. 비록 최초의 투자는 4가마의 밀을 생산하였지만 [차액지대를 지불하면] 동일한 이익을 가져올 뿐이기 때문이다. 이 차지농업가가 각각 50원씩 두 번의 투자를 더 실시하며, 첫 번째의 투자는 3가마의 추가생산물을 그리고 두 번째의 투자는 2가마의 추가생산물을 낳는다고 하자. D에 대한 최초의 투자 50원의 생산량[4가마로서 3가마의 초과이윤을 낳았다]에 비하면 생산량의 감소가 생겼다. 그러나 이것은 초과이윤의 크기를 감소시켰을 뿐이며 평균이윤이나 지배적인 생산가격에는 영향을 미치지 않는다. 그러나 이런 초과이윤의 감소를 낳는 추가생산이 A에서의 생산을 불필요하게 만들어 A의 경작을 중단시켜 버릴 경우에는 평균이윤이나 지배적인 생산가격은 영향을 받는다. 이 경우 D의 1에이커에 대한 추가적인 자본투자의 생산량 감소는 생산가격의 하락—예컨대 B가 시장가격을 지배하는 지대없는 토지로 된다면 60원에서 30원으로—과 결부될 것이다.

D의 생산량은 이전에는 4가마였지만 지금은 4+1+3+2=10가마일 것이다. 그러나 가마당 가격은 B에 의해 결정되기 때문에 30원으로 하락하였을 것이다. D와 B 사이의 생산량 차이는 10−2=8가마이며 가마당 30원에서는 240원이 되는데, D의 화폐지대는 이전에는 180원 ⟦60원×3가마⟧ 이었다. 이것은 주의할 필요가 있다. 에이커당으로 계산하면, 각각 50원인 두 번의 추가자본투자에 대한 초과이윤율은 감소하는데도 지대의 크기는 $33\frac{1}{2}$%만큼 증대한 것이다.

이것으로부터 우리는 차액지대 일반이 [특히 형태 Ⅱ가 형태 Ⅰ과 결부되는 경우] 일으키는 매우 복잡한 조합을 알 수 있는데, 예컨대 리카도는 이것을 매우 일면적으로 그리고 매우 단순하게 취급하고 있다. [리카도의 경우와는 달리] 우리의 경우에는 예컨대 위에서 본 바와 같이 지배적인 시장가격이 하락함과 동시에 더 비옥한 토지의 지대가 증대하고 따라서 절대적 생산량과 절대적 초과생산량 ⟦초과이윤을 표현하는 생산물⟧ 이 증가할 수 있다. (하향하는 순서의 차액지대 I의 경우 에이커당 절대적 초과생산량이 불변이거나 심지어 감소하더라도 상대적 초과생산량과 에이커당 지대는 증가할 수 있다.) 그러나 동시에 동일한 토지에 대한 순차적인 자본투자들의 생산량은 [이 투자들의 대부분이 더 비옥한 토지에서 행해진다 하더라도] 감소한다. 하나의 관점—생산량과 생산가격의 관점—에서 보면 노동생산성은 향상하였지만, 다른 하나의 관점[동일한 토지에 대한 순차적인 자본투자들의 에이커당 초과이윤율과 초과생산량의 관점]에서 보면 노동생산성은 저하하였다.

순차적인 자본투자들의 생산량이 감소하는 경우, 차액지대 Ⅱ가 필연적으로 생산가격의 상승과 생산성의 절대적 저하를 내포하게 되는 것은, 오직 이런 자본투자들이 최열등지 A에서만 일어나는 경우다. A토지 1에이커가 처음의 자본투자 50원에 대해 1가마(생산가격 60원)를 낳고 그 다음의 투자 50원을 추가하여 합계 100원으로써 $1\frac{1}{2}$가마만을 낳는다면 이

$1\frac{1}{2}$가마의 생산가격은 120원이고 1가마의 생산가격은 80원일 것이다. 자본투자의 증가에 따른 생산성 저하는 이 경우 『최열등지』에는 에이커당 생산량의 상대적 감소 『와 이에 따른 생산가격의 등귀』로 나타나는데, 더 비옥한 토지에서는 여분의 초과생산물의 감소로서만 나타날 뿐이다.

그러나 당연한 일이지만, 집약적 경작[즉 동일한 토지에 대한 순차적인 자본투자]의 발달에 따라 이런 순차적인 자본투자는 주로 [또는 적어도 현저하게] 우등지에서 행해진다. (여기에서는 지금까지 사용할 수 없었던 토지를 사용할 수 있는 토지로 전환시키는 항구적인 개량에 대해서는 언급하지 않는다.) 그러므로 순차적인 자본투자들의 생산량 감소는 주로 위에서 말한 바와 같이 작용할 수밖에 없다. 우등지가 선택되는 이유는 우등지가 비옥도의 자연적 요소들을 대량으로 포함하고 있어 그 요소들을 이용하기만 하면 투하자본이 이윤을 얻을 수 있는 전망이 가장 밝기 때문이다.

곡물법의 철폐 이후 영국농업이 더욱 집약적으로 되었을 때, 이전의 밀경작지의 큰 부분은 기타의 용도[특히 목장]로 전환되었고, 밀경작에 가장 적합한 비옥한 토지들은 배수와 기타의 방법으로 개량되었다. 이리하여 밀경작을 위한 자본은 더 좁은 면적에 집적되었다.

이 경우 [그리고 여기에서는 최우등지의 최대의 초과생산량과 지대없는 토지 A의 생산량 사이의 모든 가능한 초과 『이윤』율은 에이커당 초과생산량의 상대적 증가보다는 절대적 증가를 포함하고 있다] 새로 형성되는 초과이윤(잠재적 지대)은, 이전의 평균이윤의 일부가 지대로 전환된 것(생산물 중 이전에는 평균이윤을 대표하던 부분)이 아니라, 추가적인 초과이윤이다.

반면에, 곡물에 대한 수요가 증대해 시장가격이 A의 생산가격 이상으로 등귀하며, 그리하여 A나 B나 기타 등급의 토지에서 추가적인 생산량이 오직 60원 이상의 가격으로 공급될 수 있는 경우에만, 생산가격과 지배적인 시장가격의 상승은 A · B · C · D 중 어느 한 등급의 토지에 대한 추가적인 자본투자의 생산량 감소와 결부될 것이다. 이런 상황이 오랫동안 지속되며 추가적인 A토지(또는 적어도 A와 동질의 토지)의 경작이 일어나지 않는 한, 그리고 기타의 요소들이 더 값싼 공급을 제공하지 않는 한, 임금은 [기타의 사정들이 불변이라면] 빵의 등귀 때문에 상승할 것이며 따라서 이윤율은 저하할 것이다. 이 경우 수요증가가 A보다도 열등한 토지의 경작에 의해 충족되든, 네 종류의 토지 중 어느 하나에 대한 추가적인 자본투자에 의해 충족되든 전혀 상관이 없다. 차액지대는 이윤율의 저하와 함께 증대할 것이다.

기경작지에 추가로 투하되는 자본들의 생산량 감소가 생산가격의 인상, 이윤율의 저하, 더 큰 차액지대의 형성을 일으킬 수 있는 이 하나의 경우[이런 상황에서는 마치 A보다 열등한 토지가 시장가격을 지배하게 된 것과 마찬가지로 모든 종류의 토지에서 차액지대가 증대할 것이다]를 리카도는 유일한 경우이고 정상적인 경우라고 여겼으며, 그리하여 차액지대 Ⅱ의 형성을 단순히 이 경우로 결론내려 버렸다.

물론 오직 A종류의 토지만이 경작되고 그것에 대한 순차적인 자본투자들이 생산량의 비례적 증대를 가져오지 않는 경우에도 그러할 것이다.

그러나 이 경우에는 차액지대 Ⅱ의 고찰에서 차액지대 I이 완전히 배제되고 있다.

기경작지로부터의 공급이 불충분하여, 시장가격이 [더 열등한 토지가 새로 추가적으로 경작되기까지는, 또는 각종의 토지에 대한 추가적인 자본투자들의 총생산물이 종전에 지배적인 생산가격보다 높은 가격으로 공급될 때까지는] 계속 생산가격을 웃도는 경우를 제외한다면, 추가적인 자본들의 생산성이 비례적으로 감소하더라도 지배적인 생산가격과 이윤율은 영향을 받지 않는다.

다음과 같은 세 가지 경우가 더 있을 수 있다.

(a) 토지종류 A · B · C · D의 어느 하나에 대한 추가자본이 A의 생산가격에 의해 결정되는 이윤율만을 낳는다면, 초과이윤은 형성되지 않을 것이고 이리하여 또 잠재적 지대도 형성되지 않을 것인데, 이것은 A종류의 토지가 추가적으로 경작되는 경우와 마찬가지다.

(b) 추가자본이 더 큰 생산량을 낳는다면, 지배적인 가격이 불변인 한 새로운 초과생산량(잠재적 지대)이 분명히 형성된다. 그러나 만약 이 추가적 생산량이 토지 A의 경작을 중단시켜 토지 A를 경쟁적인 토지종류의 대열로부터 탈락시킨다면, 반드시 그렇게 되는 것은 아니다. 이것이 임금의 하락과 결부되거나 더 값싼 생산물이 불변자본의 요소라면, 이윤율은 상승할 것이다. 추가자본의 생산성 상승이 최우등지 C와 D에서 일어난다면, 더 큰 초과이윤(이리하여 또 더 큰 지대)의 형성이 어느 정도까지 가격의 하락과 이윤율의 상승과 결부될 것인가는 이 생산성 상승의 크기와 새로운 추가자본액에 전적으로 달려있을 것이다. 이윤율은 임금의 저하 없이도 불변자본요소들의 저렴화를 통해 상승할 수도 있다.

(c) 추가적인 자본투자가 초과이윤의 감소를 수반하면서도 그 생산량이 토지 A에 대한 같은 금액의 자본의 생산량을 초과한다면, 이 공급증대가 토지 A의 경작을 중단시키지 않는 경우에는 어떤 사정에서도 초과이윤의 새로운 형성이 생기며 이것은 D · C · B · A에서 동시에 생길 수 있다. 다른 한편으로 최열등지 A가 경작을 중단한다면 지배적인 생산가격은 하락하며, 화폐로 표현된 초과이윤[이리하여 또 차액지대]이 증가할 것인가 감소할 것인가는 가마당 가격의 하락과 초과이윤을 형성하는 가마수의 증가 사이의 비율에 달려있다. 그러나 어쨌든 여기에서 우리는 주목할만한 현상—즉 순차적인 자본투자들의 초과이윤이 감소함과 동시에 생산가격이 [언뜻보면 등귀해야 할 것 같지만] 하락할 수 있다는 것—을 보게 된다.

초과이윤의 감소를 동반하는 이런 추가적인 자본투자는 다음과 같은 경우와 완전히 일치한다. 즉, 비옥도가 각각 A와 B, B와 C, 그리고 C와 D의 중간에 있는 토지종류에 각각 50원씩 4개의 새로운 독립적인 자본이 투하되어 각각 $1\frac{1}{2}$가마, $2\frac{1}{3}$가마, $2\frac{2}{3}$가마 그리고 3가마를 생산하는 경우가 그것이다. 초과이윤과 잠재적 지대는 이들 토지종류 모두에서 그리고 4개의 추가자본 모두에 대해 만들어질 것이다. 비록 초과이윤율은 각각의 경우의 우등지[예컨대 A와 B 사이의 중간에 있는 토지보다는 B가 우등지이다]에 대한 동액의 자본투자의 그것보다 감소하였지만. 그리고 이런 현상은 이런 4개의 자본이 D 따위에 투하되든 D와 A 사이에 분배되든 마찬가지로 나타난다.

이제 우리는 차액지대의 두 형태 사이의 본질적인 구별에 도달하게 된다.

생산가격이 불변이고 『토지들의 비옥도』 차이가 불변이라면, 차액지대 I 의 경우에는 에이커당 평균지대와 자본의 평균지대율은 지대총액과 함께 증가할 수 있다. 그러나 평균은 하나의 추상에 불과하며, 에이커나 자본에 대해 계산된 현실적인 지대수준은 여기에서는 여전히 동일하다.

그러나 『차액지대 II 의 경우에는』 동일한 전제에서 투하자본의 지대율이 불변이라고 하더라도 에이커당 지대수준은 증대할 수 있다.

A · B · C · D의 상대적인 비옥도는 불변인데 각각의 토지에 50원이 아니라 100원을 투자하여 총자본이 200원이 아닌 400원으로써 생산이 두 배로 된다고 가정하자. 이것은 마치 각 종류의 토지가 1에이커씩이 아니라 2에이커씩 그리고 에이커당 비용은 불변인 채 경작되는 것과 똑같을 것이다. 이윤율은 불변이며 또한 초과이윤[또는 지대]에 대한 이윤율의 관계도 불변이다. 지금 A가 2가마를 낳으며 B는 4가마, C는 6가마 그리고 D는 8가마를 낳지만, 생산가격은 여전히 가마당 60원이다. 왜냐하면 이 생산량의 증가는 동일한 자본의 생산성이 두 배로 상승한 것의 결과가 아니라 두 배의 자본에 의해 생산량이 두 배로 된 것이기 때문이

다. 지금 A의 생산량 2가마는 120원일 것인데 이것은 종전에 1가마가 60원이었던 것과 마찬가지다. 이윤은 4종류의 토지 어디에서나 두 배로 되었는데, 이것은 다만 투하자본이 두 배로 되었기 때문이다. 그러나 지대도 동일한 비율로 두 배가 되었다. 즉, 지대는 B에서는 1가마 대신 2가마로, C에서는 2가마 대신 4가마로, 그리고 D에서는 3가마 대신 6가마로 되었으며, 화폐지대도 B · C · D에서 각각 120원 · 240원 · 360원으로 되었다. 에이커당 화폐지대는 에이커당 생산량과 마찬가지로 두 배가 되었으며, 따라서 [이 화폐지대가 자본화하는] 토지가격도 두 배로 되었을 것이다. 이렇게 계산하면 밀지대와 화폐지대의 크기가 증대하고 따라서 토지가격도 상승하는데, 이것은 토지가격을 계산하는 기준인 에이커가 일정한 크기의 토지면적이기 때문이다. 그러나 투하자본에 대한 지대의 상대적 크기—즉 지대율—는 아무런 변동도 없다. 투하자본 400원에 대한 총지대 720원의 비율은 투하자본 200원에 대한 총지대 360원의 비율과 마찬가지다. 각종 토지에 투하된 자본에 대한 각각의 화폐지대의 비율도 불변이다. 예컨대 C에서는 투하자본 100원에 대해 지대는 240원인데, 종전에는 투하자본 50원에 대해 지대가 120원이었다. 여기에서는 투하자본들 사이에는 새로운 차이가 생기지 않지만 새로운 초과이윤이 생기고 있는데, 그 이유는 추가자본이 지대낳는 토지종류의 하나 또는 모두에 투하되어 [자본의 증대에 비례하는] 추가생산물을 낳기 때문이다. 예컨대 C에만 두 배의 투자가 행해지더라도 자본에 대해 계산된 차액지대는 C · B · D 사이에서 여전히 동일할 것이다. 왜냐하면 C에서의 차액지대가 두 배로 되지만 투하자본도 두 배로 되기 때문이다.

위로부터 알 수 있는 것은, 생산가격 · 이윤율 · 비옥도 차이(그리고 또 자본에 대해 계산된 초과이윤율 또는 지대율)가 불변이더라도 에이커당 생산물지대와 화폐지대의 크기는 증대할 수 있으며 따라서 토지의 가격이 상승할 수 있다는 점이다.

〈표〉

토지종류	제1차 투자			제2차 투자		
	〚생산량 (가마)〛	지대 (원)	자본 (원)	〚생산량 (가마)〛	지대 (원)	자본 (원)
〚A〛	1	—	50	1	—	50
B	2	60	50	$1\frac{1}{2}$	30	50
C	3	120	50	2	60	50
D	4	180	50	3	120	50

동일한 사태가 초과이윤율과 지대율이 저하하는 경우[즉 여전히 지대를 낳는 추가적인 자본투자들의 생산성이 저하하는 경우]에도 발생할 수 있다. 각각의 토지에 대해 자본을 50원씩 추가로 투하하더라도 생산량이 두 배로 증가하지 않고 B는 오직 $3\frac{1}{2}$가마, C는 5가마, 그리고 D는 7가마를 생산한다면, 두번째의 자본 50원에 대한 차액지대는 B에서는 1가마 대신 $\frac{1}{2}$가마, C에서는 2가마 대신 1가마, 그리고 D에서는 3가마 대신 2가마일 것이다. 두 개의 순차적인 투자에 대한 지대와 자본의 비율은 다음과 같다. 이처럼 자본의 상대적 생산성의 크기 그리고 자본의 초과이윤율이 저하하는데도, 밀지대와 화폐지대는 B에서는 1가마로부터 $1\frac{1}{2}$가마로(60원으로부터 90원으로) 증대하였고 C에서는 2가마로부터 3가마로 (120원으로부터 180원으로), 그리고 D에서는 3가마로부터 5가마로(180원으로부터 300원으로) 증대하였다. 이 경우 추가자본들과 A에서의 투하자본 사이의 차이는 감소하였고 생산가격은 불변이지만 에이커당 지대와 에이커당 토지가격은 등귀하고 있다.

이제 [차액지대 Ⅰ을 그 토대로 전제하고 있는] 차액지대 Ⅱ의 조합들을 밝혀 보기로 하자.

제**41**장

차액지대Ⅱ: 첫째 예. 생산가격이 불변인 경우

이 가정 〖'생산가격이 불변'이라는 가정〗이 의미하는 것은 시장가격이 최열등지 A에 투하된 자본에 의해 여전히 지배되고 있다는 것이다.

Ⅰ. 지대를 낳는 토지종류 B · C · D의 어느 하나에 투하된 추가자본이 A에 투하된 동액의 자본과 동등하게 생산적이라면, 즉 그 추가자본이 현재의 지배적인 생산가격에서 오직 평균이윤만을 낳고 초과이윤을 낳지 않는다면, 지대는 영향을 받지 않는다. 모든 것이 이전 그대로다. 이 상태는 마치 최열등지 A와 질이 같은 다수의 에이커가 기경작지에 추가된 것과 같다.

Ⅱ. 각종의 토지에서 추가자본들은 자본의 크기에 비례하여 추가생산물을 생산한다. 즉 생산량은 각각의 토지종류의 비옥도에 따라 그리고 추가자본의 크기에 비례하여 증가한다. 제39장에서는 〈표 1〉을 우리의 출발점으로 삼았다. 〖초과이윤율(또는 지대율)=초과이윤(또는 지대)÷투하자본〗

그 표는 이제 〈표 2〉로 전환된다.

여기에서는 〈표 2〉처럼 모든 토지종류에 대한 자본투자가 두배로 될 필요는 없다. 지대를 낳는 토지종류의 하나 또는 그 이상에 대해 추가자

〈표 1〉

토지 종류	면적 (에이커)	자본 (원)	이윤 (원)	생산 가격 (원)	생산량 (가마)	가마당 판매 가격 (원)	판매 수입 (원)	지대		초과 이윤율 (%)
								가마	원	
A	1	50	10	60	1	60	60	0	0	0
B	1	50	10	60	2	60	120	1	60	120
C	1	50	10	60	3	60	180	2	120	240
D	1	50	10	60	4	60	240	3	180	360
합계	4	200	40	240	10		600	6	360	

〈표 2〉

토지 종류	면적 (에이커)	자본 (원)	이윤 (원)	생산 가격 (원)	생산량 (가마)	가마당 판매 가격 (원)	판매 수입 (원)	지대		초과 이윤율 (%)
								가마	원	
A	1	50+50=100	20	120	2	60	120	0	0	0
B	1	50+50=100	20	120	4	60	240	2	120	120
C	1	50+50=100	20	120	6	60	360	4	240	240
D	1	50+50=100	20	120	8	60	480	6	360	360
합계	4	400			20		1,200	12	720	

본이 투하된다면, 어떤 비율로 투하되든 그 법칙은 동일하다. 필요한 것은 다만 각종 토지의 생산량이 자본에 비례하여 증가해야 한다는 것뿐이다. 여기에서 지대는 오직 토지에 대한 자본투자 증대의 결과로서 그리고 이 자본증대에 비례하여 증대하고 있다. 자본투자 증대의 결과로서 그리고 그것에 비례하여 생산량과 지대가 이처럼 증가하는 것은, [생산량과 지대의 크기에 관한 한] 마치 지대를 낳는 동질의 토지들의 경작면적이 확장되고 이전과 동등한 에이커당 자본으로 경작되는 것과 마찬가지다. 예컨대 〈표 2〉에서는 에이커당 50원의 추가자본이 B · C · D의 두

번째 에이커에 투하되더라도 그 결과는 동일할 것이다.

이 표에서 전제되고 있는 것은 자본의 더 생산적인 사용이 아니라, 더 많은 자본이 이전과 동일한 면적에 이전과 동일한 결과를 낳으면서 사용되고 있다는 것이다.

이 경우 모든 비율은 여전히 동일하다. 그러나 비율의 차이가 아니라 단순한 절대치의 차이를 고찰한다면, 각종 토지의 차액지대는 변동한다. 예컨대 추가자본이 오직 B와 D에만 투하되었다고 가정하자. 그러면 D와 A 사이의 [생산량] 차이는 이전에는 3가마이었는데 이제는 7가마 〚=8−1〛로 되며, B와 A 사이의 차이는 1가마 대신 3가마 〚=4−1〛로 되며, C와 B 사이의 차이는 +1 대신에 −1 〚=3−4〛이 된다. 그러나 이 절대치의 차이[이것이 동액의 자본투자의 생산성 차이를 표현한다면 차액지대 Ⅰ에서는 결정적으로 중요하다]는 여기에서는 전혀 중요하지 않다. 왜냐하면 이 절대치의 차이는 [각종의 토지에 투하된 동액의 자본부분의 생산성 차이를 불변이라고 전제한 위에서] 서로 다른 추가적 자본투자의 결과이거나 추가적 자본투자가 행해지지 않은 것의 결과이기 때문이다.

Ⅲ. 추가자본들은 추가생산물을 가져오며 따라서 초과이윤을 형성한다. 비록 그 증가율은 저하하고 자본의 증가율에 비례하지는 않지만 〚〈표 3〉 참조〛.

이 셋째의 가정에서도 다음과 같은 것은 또한 중요하지 않다. 즉 추가적인 제2차투자가 각종의 토지에 균등하게 행해지는가 그렇지 않는가, 초과이윤 생산의 감소가 균등하게 진행되는가 불균등하게 진행되는가, 추가적 자본투자가 지대를 낳는 동일한 토지에 모두 투하되는가 그렇지 않은가, 추가적 자본투자가 지대를 낳는 서로 다른 비옥도의 토지들에 균등하게 분배되는가 그렇지 않은가 따위가 그것이다. 이런 모든 요인들은 여기에서 전개될 법칙에 대해서는 아무래도 좋다. 유일한 가정은 지대를 낳는 토지종류의 어느 것에 투하된 추가자본이 초과이윤을 낳지만 자본증가율보다 낮은 율로 낳는다는 것뿐이다. 〈표 3〉에서는 추가적 제2차투자의 생산물 감소의 한계는 4가마=240원[최우등지 D에 대한 제1차 자본투자의 생산물]과 1가마=60원[최열등지 A에 대한 동액의 자본투자의 생산물] 사이에 존재한다. 다시 말해, 초과이윤을 낳는 토지종류의 어느 것에 대한 순차적인 자본투자—자본투자가 동액이라고 가정한다—의 생산성이 저하한다면, 그 순차적인 자본투자가 낳을 생산물은 그 최고한도와 최소한도를 가지는데, 그 최고한도는 최우등지 D에 대한 제1차 투자의 생산물이고 그 최소한도는 [지대와 초과이윤을 낳지 않는] 최열등지 A의 생산물이다. 가정 Ⅱ는 우등지와 같은 질의 새로운 토지가 경작지에 추가되어 하나 또는 그 이상의 토지종류의 경작지가 확장되는 경우에 알맞는 것이라면, 가정 Ⅲ은 비옥도가 D(최우등지)와 A(최열등지) 사이에 있는 토지들이 추가적으로 경작되는 경우에 알맞는 것이다. 순차적인 자본투자들이 오직 D토지에서만 행해진다면, 이런 투자들은 D와 A 사이의 현재의 차이뿐만 아니라 D와 C 사이 그리고 D와 B 사이의 차이들도 부각시킬 수 있다〖추가투자의 생산성이 감소하기 때문이다〗. 순차적인 자본

〈표 3〉

토지 종류	면적 (에이커)	자본 (원)	이윤 (원)	생산 가격 (원)	생산량 (가마)	가마당 판매 가격 (원)	판매 수입 (원)	지대		초과 이윤율 (%)
								가마	원	
A	1	50	10	60	1	60	60	0	0	0
B	1	50+50=100	20	120	$2+1\frac{1}{2}=3\frac{1}{2}$	60	210	$1\frac{1}{2}$	90	90
C	1	50+50=100	20	120	3+ 2 =5	60	300	3	180	180
D	1	50+50=100	20	120	$4+3\frac{1}{2}=7\frac{1}{2}$	60	450	$5\frac{1}{2}$	330	330
합계	4	350	70	420	17		1,020	10	600	

투자들이 모두 C토지에서만 행해진다면 오직 C와 A 사이 그리고 C와 B 사이의 차이를 부각시킬 수 있을 것이며, 순차적인 자본투자가 B토지에서만 일어난다면 오직 B와 A 사이의 차이만을 부각시킬 수 있을 뿐이다.

그러나 법칙은 다음과 같다. 즉 지대는 모든 종류의 토지에서 [비록 추가적인 자본투자에 비례하지 않는다 하더라도] 절대적으로 증대한다는 것이다.

초과이윤율은 추가자본과 총투하자본에 대해 저하하지만 초과이윤의 절대량은 증가한다. 이것은 마치 자본 일반의 이윤율 저하가 대체로 이윤의 절대량 증가와 결부되어 있는 것과 마찬가지다. 예컨대 B에 대한 자본투자의 평균초과이윤은 지금 90%이지만 제1차투자의 그것은 120% 〖$\frac{60}{50}$〗이었다. 그러나 총초과이윤은 1가마에서 1.5가마로 그리고 60원에서 90원으로 증가하고 있다. 총지대를 그 자체로서 보면 [그리고 두 배로 된 투하자본액과 관련시키지 않으면] 절대적으로 증대하였다. 다른 토지종류의 지대들의 차이와 그들의 상호 비율은 이 경우 변할 수 있다. 그러나 이런 차이의 변화는 여기에서는 상호 대비되는 지대들의 증대의 결과이고 그 원인은 아니다.

Ⅳ. 우등지에 대한 추가적 자본투자가 최초의 투자보다 더욱 큰 생산물을 낳는 경우는 더이상의 분석이 필요없다. 이 가정에서는 [추가자본이 어떤 종류의 토지에 투하되든] 에이커당 지대는 증대하며 추가자본의 증가율보다 더욱 크게 증대한다는 것은 곧 이해할 수 있다. 이 경우 추가적 자본투자는 개량과 결부되어 있다. 소규모의 추가자본이 이전의 더 큰 자본투하와 동일하거나 더 큰 효과를 낳는 경우가 여기에 포함된다. 이 경우는 앞의 Ⅲ과 동일하지 않으며 이 구별은 모든 자본투자에 대해 중요하다. 예컨대 자본 100이 10의 이윤을 낳는데 자본 200이 특수한 형태로 사용되어 40의 이윤을 낳는다면, 이윤율은 10%로부터 20%로 상승한 것이며 이 점에서 볼 때 이것은 마치 자본 50이 더 유효하게 사용되어

5의 이윤이 아니라 10의 이윤을 낳는 것과 마찬가지다. 여기에서 우리는 이윤이 생산량의 비례적 증가와 결부되어 있다고 가정하고 있다. 그러나 그 차이는 한 경우에는 자본을 두 배로 증가시켜야 하지만 다른 경우에는 이전과 동일한 자본으로 두 배의 효과를 얻는다는 것이다. (1) 내가 이전의 절반의 살아있는 노동과 대상화된 노동으로 이전과 동일한 생산물을 얻는 것, (2) 이전과 동일한 노동으로 이전의 두 배의 생산물을 얻는 것, (3) 이전의 두 배의 노동으로 이전의 네 배의 생산물을 얻는 것—이것들은 결코 동일한 것이 아니다. (1)의 경우 노동[살아 있는 형태든 대상화된 형태든]이 풀려나서 다른 곳에 사용될 수 있으며, 더 큰 노동과 자본이 이용가능하다. 자본(과 노동)의 풀려남은 그 자체 부의 증가며, 이 추가자본이 축적에 의해 얻어진 것과 동일한 효과를 가진다[물론 축적이라는 과업은 생략되어 있긴 하지만].

자본 100이 생산물 10미터를 생산하였다고 가정하자. 이 100에는 불변자본뿐 아니라 살아있는 노동과 이윤이 포함되어 있다고 하면, 1미터의 비용은 10이다 〖여기에서는 100이 c+v를 대표하고 있는 것이 아니라 c+v+s를 대표하고 있는데, 이것을 자본 100이라고 부르는 것은 잘못이다〗. 내가 이제 동일한 자본 100으로 20미터를 생산한다면 나는 자본 50으로 10미터를 생산하는 셈이 되며, 1미터의 비용은 5이고 [이전의 공급량 10미터가 충분하다면] 자본 50은 풀려날 것이다. 내가 40미터를 생산하기 위해 자본 200을 투하해야 한다면 1미터의 비용은 역시 5이다. 이 경우 투하자본의 증대에 비례하여 생산량이 증가하였으므로 가치나 가격의 결정에는 아무런 차이도 없다. 자본 100으로 10미터를 생산하는 것과 비교하면, 첫째의 경우 〖자본 50으로 10미터를 생산하는 경우〗에는 자본이 풀려나며, 둘째의 경우 〖자본 100으로 20미터를 생산하는 경우〗에는 생산량이 종전의 두 배로 되어야 한다면 추가자본이 절약되며, 셋째의 경우 〖자본 200으로 40미터를 생산하는 경우〗에는 둘째의 경우와 비교하면 투하자본의 증대에 따라 생산량이 증대한 것에 불과하지만 종전의 생산성 『자본 100으로 10미터를 생산하는 것』에 의해 생산량을 증대시킬 때보다 투하자본이 적게 든다. (이런 것은 『이윤과 이윤율을 다루는』 제1편에 속하는 문제다.)

자본주의적 생산의 관점에서 잉여가치의 증대가 아니라 비용가격의 감소를 고찰하면[물론 잉여가치를 형성하는 요소인 노동에 대한 비용절약은 잉여가치 그것의 증대와 마찬가지의 기능을 자본가에게 수행하며, 지배적인 생산가격이 불변인 한 자본가에게 이윤을 가져다 준다], 불변자본의 사용은 가변자본의 사용보다 항상 값이 싸다. 물론 이것은 [자본주의적 생산양식에 대응하는] 신용의 발달과 대부자본의 풍부함을 전제로 한다. 가령 내가 한편에서는 100원[이것은 5명의 노동자들에 의한 1년 동안의 생산물이라고 하자]을 추가적인 불변자본으로 사용하고, 다른 한편에서는 100원을 추가적인 가변자본으로 사용한다고 하자. 잉여가치율이 100%이라면 5명의 노동자가 창조한 가치는 200원이다. 그러나 100원의 불변자본의 가치는 여전히 100원이며 [이자율이 5%라면] 그것은 자본으로서는 아마도 105원일 것이다. 이처럼 동일한 화폐액이 [불변자본으로서 생산에 투하되는가 아니면 가변자본으로서 생산에 투하되는가에 따라] 생산물의 가치에서는 매우 다른 크기를 대표한다. 더욱이 자본가의 관점에서 본 상품비용에 관한 한, 100원의 불변자본이 고정자본에 투하된다면 그 마멸분만을 상품의 가치에 이전시키지만 임금 100원은 전부 상품의 가치에 재생산되어야만 한다는 차이점도 있다.

[자본을 사용할 수 없거나 높은 이자율에 의해서만 사용할 수 있는] 식민지 이주민과 독립적인 소생산자들 일반의 경우, 생산물 중 임금을 대표하는 부분은 그들의 수입이다[그런데 자본가에게는 자본투하다]. 그러므로 그들은 노동지출을 노동생산물[이것이 그들에게는 가장 중요하다]의 필수불가결한 전제조건으로 생각한다. 그러나 필요노동을 초과하는 잉여노동은 물론 잉여생산물로 실현되지만, 그들이 이 잉여생산물을 판

매하거나 스스로 사용할 때는 언제나 그것을 아무런 비용도 들이지 않은 것으로 여긴다. 왜냐하면 그 잉여생산물에는 어떤 대상화된 노동 『노동이 체현되어 있는 어떤 가치형태로 원료나 화폐 등』도 들지 않았기 때문이다. 그들에게는 오직 대상화된 노동의 지출만이 부를 넘겨주는 것이다. 물론 그들도 될 수 있는 대로 비싸게 판매하려고 할 것이지만, 가치 이하의 판매 그리고 자본주의적 생산가격 이하의 판매까지도 그들은 이윤[이 이윤이 채무 · 저당 따위에 의해 먼저 빼앗기지 않는 한]을 낳는 것으로 여긴다. 이와는 반대로, 자본가에게는 불변자본의 지출도, 가변자본의 지출도 모두 자본의 투하다. 불변자본을 상대적으로 더 많이 투하하는 것은, 기타의 사정들이 불변이라면 비용가격을 저하시키며 또한 상품의 가치도 저하시킨다. 그러므로 이윤이 오직 잉여노동에서 생긴다고 하더라도[즉 오직 가변자본의 투하에서 생긴다고 하더라도], 개별자본가의 입장에서 보면 살아있는 노동이 그의 생산비 중 가장 비싼 요소이며 될 수 있는 한 최소한도로 축소시켜야 할 요소로 나타날 수 있다. 이것은 다음과 같은 올바른 명제—즉 살아 있는 노동에 비해 과거노동을 상대적으로 더 많이 사용하는 것은 사회적 노동생산성과 사회적 부의 증대를 의미한다—가 자본주의적으로 왜곡된 형태에 불과하다. 경쟁의 관점에서 보면 모든 것이 이처럼 사실과 다르게 나타나며 거꾸로 나타난다.

생산가격이 불변이라면 우등지[즉 B 이상의 모든 토지]에 대한 추가투자는 생산성의 불변 · 상승 · 저하 어느 것과도 결부될 수 있다. 그러나 A 그것에 관해서는, [우리의 가정에서는] 생산성이 불변이거나[이 경우에는 A는 계속 지대를 낳지 않는다], 상승하는 것[이 경우에는 A에 투하된 자본의 일부는 지대를 낳게 되고 기타의 부분은 지대를 낳지 않는다]만이 가능하다. A의 생산성이 하락하는 것은 불가능한데, 그 이유는 그렇게 되면 생산가격이 불변이 아니라 상승하게 되어 우리의 전제와 모순되기 때문이다. 어쨌든 이런 모든 사정에서도[즉 추가투자에 의한 초과

생산물이 추가투자의 크기에 비례하든 그 이상이든 그 이하이든—이리하여 자본의 초과이윤율이 자본의 증대에 따라 불변이든 상승하든 하락하든] 에이커당 초과생산과 그것에 대응하는 초과이윤이 증대하며 따라서 지대[곡물지대와 화폐지대]도 잠재적으로 증대한다. 초과이윤이나 지대의 단순한 양적 증대를 에이커당으로 계산하면, 그것[즉 불변의 단위—여기에서는 1에이커나 1헥타르와 같은 일정한 토지면적—를 기초로 계산한 양적 증대]은 비율의 증대로 표현된다. 에이커당 지대수준은 이런 사정에서는 단순히 토지에 투하된 자본의 증대 때문에 증가한다. 더욱이 이것은 생산가격이 불변인 조건에서 생기는 것이며, 추가자본의 생산성이 불변이든 상승하든 감소하든 아무런 상관도 없다. 이 후자의 사정은 에이커당 지대수준의 증가 정도를 변경시키지만 지대수준의 증가라는 사실 자체를 변경시키지는 않는다. 이것은 차액지대 Ⅱ에 특유한 현상으로서 차액지대 Ⅰ과의 차이점이다. 만약 추가자본들이 동일한 토지에서 시간상 차례차례로 투하되지 않고 동등한 토질의 새로운 추가면적에서 공간상 서로 나란히 투하된다면, 지대총액은 증대하고 총경작면적의 평균지대도 [앞에서 본 바와 같이] 증대할 것이지만 [각 토지의] 에이커당 지대수준은 증가하지 않을 것이다. 총생산과 초과생산물의 양과 가치를 고찰하는 한 그 결과는 동일하다 하더라도, 더 협소한 면적에서 자본집적은 에이커당 지대수준을 증가시키지만, 더 넓은 면적에서 자본분산은 [동일한 조건에서 기타의 조건들이 불변이라면] 에이커당 지대수준을 증가시키지 않는다. 그러나 자본주의적 생산양식이 발달하면 할수록, 동일한 면적에서 자본집적은 더욱더 증대하고 따라서 에이커당 지대도 증가한다. 그러므로 두 나라에서 생산가격이 동일하고 각종 토지들의 차이도 동일하며 투하자본량도 동일하지만, 한 나라에서는 제한된 면적에서 순차적인 자본투자가 지배적이고 다른 나라에서는 더 넓은 면적에서 병렬적인 자본투자가 지배적이라면, 비록 두 나라에서 지대총액은 동일하다고 할지라도 에이커당 지대 그리고 토지가격은 전자에서는 더 높고 후자에서는 더 낮을 것이다. 이 경우 지대수준의 차이는 각종 토지의 자연적 비옥도의 차이나 고용되는 노동량의 차이에 의해 설명될 수는 없고, 오직 자본투하방식의 차이에 의해 설명될 수 있다.

여기에서 말하는 초과생산물은 생산물 중 초과이윤을 표현하는 부분이라고 이해해야 한다. 일반적으로 초과생산물 또는 잉여생산물은 생산물 중 총잉여가치를 표현하는 부분을 가리키며, 또는 경우에 따라 평균이윤을 표현하는 부분을 가리킨다. 이 초과생산물이라는 용어가 지대를 낳는 자본의 경우에 가지게 되는 독특한 의미는 앞에서도 본 바와 같이 오해를 일으킬 수 있다.

제42장

차액지대 II: 둘째 예. 생산가격이 하락하는 경우

추가투자의 생산성이 불변 · 상승 · 저하하는 경우에도 생산가격은 하락할 수 있다.

제1절 추가자본의 생산성이 불변인 경우

이 경우는 각종 토지의 생산물이 각각의 토지에 투하된 자본에 정비례하여 증가한다는 것을 가정하고 있다. 이것은 [각종 토지 사이의 차이가 불변이라면] 자본투하량에 비례하여 초과이윤이 증대한다는 것을 의미한다. 그러므로 이 경우 토지 A에 대한 추가투자는 결코 차액지대에 영향을 미치지 않는다. 토지 A의 초과이윤율은 0이고 계속 0이다. 왜냐하면 추가투자의 생산성과 초과이윤율은 불변이라고 가정하기 때문이다.

이런 가정에서 지배적인 생산가격이 하락할 수 있는 것은, A의 생산가격 대신에 A보다 조금 나은 토지 B의 생산가격 또는 A보다 나은 기타의 토지의 생산가격이 지배적으로 되는 수밖에 없다. 다시 말해 A로부터 자본이 철수하여 [또는 토지 C의 생산가격이 지배적으로 되는 경우에는 A와 B로부터 자본이 철수하여] 모든 열등지가 밀경작지 사이의 경쟁에서 탈락해야만 한다. 이렇게 되기 위한 조건은 [주어진 가정에서는] 추가투자의 추가생산물이 수요를 충족시키며, 따라서 열등지 A 따위의 생산은 수요의 충족에 불필요하다는 것이다.

〖제41장의〗 〈표 2〉를 예로 택하면서 수요를 충족시키는 데 20가마 대신 18가마가 필요하다고 가정하자. 그러면 A는 탈락하며 가마당 생산가격이 30원인 B가 가격을 지배하는 토지로 될 것이다. 차액지대는 〈표 4〉와 같은 형태를 취한다.

〈표 2〉와 비교하면 총지대는 720원에서 180원으로 감소하였으며 밀로서는 12가마에서 6가마로 감소하였는데, 총생산은 20가마에서 18가마로 2가마만 감소하였다. 자본에 대해 계산한 초과이윤율은 180%〖$\frac{720}{400}$〗에서 60%〖$\frac{180}{300}$〗로 이전 수준의 $\frac{1}{3}$로 저하하였다. 이 경우 생산가격의 하락이 밀지대와 화폐지대의 감소를 동반하고 있다.

〈표 1〉과 비교하면 오직 화폐지대만이 감소하고 있다. 두 경우 모두 밀지대는 6가마인데 〈표 1〉에서는 360원이고 〈표 4〉에서는 180원이다.

〈표 4〉

토지 종류	면적 (에이커)	자본 (원)	이윤 (원)	생산 가격 (원)	생산량 (가마)	가마당 판매 가격 (원)	판매 수입 (원)	지대		초과 이윤율 (%)
								가마	원	
B	1	100	20	120	4	30	120	0	0	0
C	1	100	20	120	6	30	180	2	60	60
D	1	100	20	120	8	30	240	4	120	120
합계	3	300	60	360	18		540	6	180	

토지 C의 경우 밀지대는 〈표 1〉에서와 마찬가지다. 그러나 사실상 A의 생산물은 [균일하게 작용하는] 추가자본에 의한 추가생산물로 말미암아 시장에서 추방되었으며, 이리하여 토지 A는 경쟁적인 생산요소가 되지 못하며 따라서 열등지 A가 이전에 행한 기능을 이제 토지 B가 행하는 가운데 새로운 차액지대 Ⅰ이 형성된 것이다. 그러므로 한편에서는 B의 지대가 사라지고 다른 한편에는 우리의 가정에 따라 B · C · D 사이의 차이는 추가자본의 투하에 의해 조금도 변동하지 않았다. 이리하여 생산물 중 지대로 전환되는 부분은 감소한 것이다.

만약 위와 같은 결과—A를 배제하고 수요를 충족시킨 것—가 C 또는 D 또는 C · D 모두에 두 배 이상의 자본을 투자함으로써 얻어졌다면, 사태는 달라졌을 것이다. 예컨대 C에 대해 제3의 투자가 행해졌다면 〈표 4a〉와 같이 되었을 것이다. C의 생산물은 〈표 4〉의 6가마에서 9가마로 증가하였고 초과생산물은 2가마에서 3가마로 증가하였으며 화폐지대는 60원에서 90으로 증가하였다. 그러나 C의 화폐지대는 〈표 2〉의 240원과 〈표 1〉의 120원에 비하면 감소하였다. 밀지대총액 7가마는 〈표 2〉의 12가마에 비해서는 감소하였지만 〈표 1〉의 6가마에 비해서는 증가하고, 화폐지대총액 210원은 〈표 1〉의 360원과 〈표 2〉의 720원 모두에 비해 감소하였다.

〈표 4a〉

토지 종류	면적 (에이커)	자본 (원)	이윤 (원)	생산 가격 (원)	생산량 (가마)	가마당 판매 가격 (원)	판매 수입 (원)	지대		초과 이윤율 (%)
								가마	원	
B	1	100	20	120	4	30	120	0	0	0
C	1	150	30	180	9	30	270	3	90	60
D	1	100	20	120	8	30	240	4	120	120
합계	3	350	70	420	21		630	7	210	

〈표 4b〉

토지 종류	면적 (에이커)	자본 (원)	이윤 (원)	생산 가격 (원)	생산량 (가마)	가마당 판매 가격 (원)	판매 수입 (원)	지대		초과 이윤율 (%)
								가마	원	
B	1	100	20	120	4	30	120	0	0	0
C	1	100	20	120	6	30	180	2	60	60
D	1	150	30	180	12	30	360	6	180	120
합계	3	350	70	420	22		660	8	240	

만약 제3의 투자 50원이 토지 B에 투하되었다면 생산량은 변하였을 것이지만 지대는 영향을 받지 않았을 것이다. 왜냐하면 순차적인 투자들은 동일한 토지종류에서는 어떤 차이도 일으키지 않는다고 가정되고 있으며, 토지 B는 어떤 지대도 낳지 않기 때문이다.

만약 제3의 투자가 C 대신에 D에서 행해진다면 〈표 4b〉와 같은 결과를 얻게 될 것이다.

총생산량은 22가마로서 〈표 1〉의 그것보다 두 배 이상인데, 자본투하액은 350원으로서 〈표 1〉의 200원에 비해 두 배가 되지 않는다. 총생산량은 〈표 2〉에 비해서는 2가마만큼 크지만 자본투하액은 〈표 2〉의 400원이 더 크다.

토지 D에서는 밀지대는 〈표 1〉의 3가마에서 6가마로 증가하였지만 화폐지대는 여전히 180원이다. D의 밀지대는 〈표 2〉의 6가마와 마찬가지이지만 화폐지대는 360원에서 180원으로 감소하였다.

총지대를 비교하면, 〈표 4b〉의 밀지대 8가마는 〈표 1〉의 6가마와 〈표 4a〉의 7가마보다는 크고 〈표 2〉의 12가마보다는 작으며, 〈표 4b〉의 화폐지대 240원은 〈표 4a〉의 210원보다는 크고 〈표 1〉의 360원과 〈표 2〉의 720원보다는 작다.

〈표 4b〉의 조건에서 B의 지대가 사라지는데도, 지대총액이 〈표 1〉의 그것과 같기 위해서는 120원의 초과이윤—새로운 생산가격 30원에 의거

〈표4c〉

토지 종류	면적 (에이커)	자본 (원)	이윤 (원)	생산 가격 (원)	생산량 (가마)	가마당 판매 가격 (원)	판매 수입 (원)	지대		초과 이윤율 (%)
								가마	원	
B	1	100	20	120	4	30	120	0	0	0
C	1	300	60	360	18	30	540	6	180	60
D	1	150	30	180	12	30	360	6	180	120
합계	3	550	110	660	34		1,020	12	360	

〈표 4d〉

토지 종류	면적 (에이커)	자본 (원)	이윤 (원)	생산 가격 (원)	생산량 (가마)	가마당 판매 가격 (원)	판매 수입 (원)	지대		초과 이윤율 (%)
								가마	원	
B	1	100	20	120	4	30	120	0	0	0
C	1	100	20	120	6	30	180	2	60	60
D	1	250	50	300	20	30	600	10	300	120
합계	3	450	90	540	30		900	12	360	

한 4가마—을 가져야만 한다. 이래야만 〈표 1〉과 같은 지대총액 360원을 가질 수 있다. 이것에 필요한 추가투자액의 크기는 우리가 C에 투자하는가 D에 투자하는가 또는 C와 D에 분할투자하는가에 따라 달라진다.

C에서는 100원의 자본은 2가마의 초과생산물을 낳으며 따라서 200원의 추가투자는 4가마의 추가적인 초과이윤을 낳을 것이다. D에서는 4가마의 추가적인 밀지대를 낳기 위해서는 [추가투자들의 생산성이 불변이라는 전제 위에서는] 100원의 추가투자로 충분할 것이다. 이리하여 〈표 4c〉와 〈표 4d〉를 얻게 된다.

화폐지대총액은 [생산가격이 불변인 채 추가자본이 투하되었던] 〈표 2〉의 그것의 꼭 절반이다.

가장 중요한 일은 〈표 4c〉와 〈표 4d〉를 〈표 1〉과 비교하는 것이다.

여기에서 우리가 알게 되는 것은, 생산가격이 가마당 60원에서 30원으로 절반으로 하락하였음에도 화폐지대총액은 여전히 360원이라는 것과, 이에 따라 밀지대는 6가마에서 12가마로 두배 증가하였다는 것이다. B에서 지대는 사라졌으며, C에서는 화폐지대가 〈표 4c〉의 경우 50% 증가하였고〚120에서 180으로〛 〈표 4d〉의 경우 50% 감소하였으며〚120에서 60으로〛, D에서는 〈표 4c〉의 경우 여전히 180원이고 〈표 4d〉의 경우 180원에서 300원으로 증가하였다. 생산량은 〈표 4c〉에서는 10가마에서 34가마로 증가하였고 〈표 4d〉에서는 30가마로 증가하였으며, 이윤은 〈표 4c〉에서는 40원에서 110원으로 증가하였고 〈표 4d〉에서는 90원으로 증가하였다. 총자본투자액은 〈표 4c〉에서는 200원에서 550원으로 증가하였고 〈표 4d〉에서는 200원에서 450원으로 증가하였는데, 두 경우 모두 두 배 이상 증가하였다. 자본투자액에 대한 지대의 비율인 지대율은 〈표 4〉에서 〈표 4d〉에 이르기까지 모든 토지종류에 대해서도 동일한데, 이것은 각각의 토지에 대한 순차적인 투자액의 생산성이 불변이라는 가정 속에 내포되어 있다. 그러나 〈표 1〉과 비교해 보면, 지대율은 모든 토지종류에 대한 평균에서든 각각의 토지종류에 대해서든 감소하였다. 〈표 1〉에서는 지대율은 평균 180%이었는데, 〈표 4c〉에서는 $\frac{360}{550}\times100=65\frac{5}{11}\%$이고 〈표 4d〉에서는 $\frac{360}{450}\times100=80\%$이다. 에이커당 평균화폐지대는 상승하였다. 〈표 1〉의 평균화폐지대는 4에이커 전체에 걸쳐 에이커당 90원이었는데, 〈표 4c〉와 〈표 4d〉에서는 3에이커 전체에 걸쳐 에이커당 120원이다. 지대를 낳는 토지에 대한 평균화폐지대는 이전에는 에이커당 120원이었는데 지금은 180원이다. 그리하여 에이커당 지대의 화폐가치는 상승하여 이전보다 두 배의 밀생산물을 표시하고 있다. 그러나 밀지대 12가마는 지금 총생산물 34가마 또는 30가마의 절반 이하인데, 〈표 1〉에서는 밀지대 6가마는 총생산물 10가마의 $\frac{3}{5}$을 차지하였다. 즉, 지대는 총생산물의 구성부분으로서 고찰하면 감소하였고 또한 투하자본에 대해 계산하더라도 감소하였지만, 에이커당으로 계산된 지대의 화폐가치는 증대하였고 생산물로 표현된 지대의 가치는 더욱 크게 증대하였다. 〈표 4d〉의 토지 D를 고찰하면 생산가격은 300원이고 투하자본은 250원이며, 화폐지대는 300원이다. 〈표 1〉의 토지 D에서는 생산가격은 60원, 투하자본은 50원, 화폐지대는 180원이었으므로, 화폐지대는 생산가격의 3배 그리고 투하자본의 거의 4배이었다. 그러나 〈표 4d〉의 토지 D에서는 화폐지대 300원은 생산가격과 동일하며 투하자본보다 $\frac{1}{5}$만큼 더 클 뿐이다. 그러나 에이커당 화폐지대는 180원이 아니라 300원이므로 $\frac{2}{3}$만큼 더 크다. 〈표 1〉에서는 밀지대 3가마는 총생산물 4가마의 $\frac{3}{4}$이고, 〈표 4d〉에서는 밀지대 10가마는 총생산물 20가마의 절반이다. 여기에서 알 수 있는 것은, 지대가 총수입의 더 작은 구성부분을 차지하고 투하자본에 대해 더 작은 비율을 나타낸다 하더라도, 화폐와 밀로 표현된 에이커당 지대는 증가할 수 있다는 것이다.

〈표 1〉에서는 총생산물의 가치는 600원이고 지대는 그것의 절반을 넘는 360원이다. 〈표 4d〉에서는 총생산물의 가치는 900원이고 지대는 그것의 절반 이하인 360원이다.

밀가격이 가마당 30원[즉 50%]이나 감소하고 경쟁하는 토지면적이 4에이커에서 3에이커로 축소하는데도, 왜 총화폐지대는 불변이고 밀지대는 두 배로 되며 에이커당 밀지대와 화폐지대는 모두 증대하는가? 그 이유는 더 많은 가마의 초과생산물이 생산된다는 데 있다. 밀가격은 50% 하락하지만 초과생산물은 100% 증대하고 있다. 그런데 이런 결과가 나오기 위해서는 [우리가 설정한 조건에서는] 총생산이 3배 증가해야만 하며 우등지에 대한 투자가 두 배 이상 증대해야 한다. 우등지에서의 투자가 얼마나 크게 증대해야 하는가는 무엇보다도 먼저 추가자본이 우등지와 최우등지 사이에 어떻게 분배되느냐에 달려있다[여기에서는 각종 토지의 생산물은 자본의 크기에 비례한다는 것이 가정되고 있다].

생산가격의 하락이 더 적다면, 동일한 화폐지대를 생산하는 데 필요한 추가자본도 더 적을 것이다. 토지 A를 경작에서 배제하는 데 필요한 공급량[이것은 토지 A의 에이커당 생산량에 의존할 뿐 아니라 총경작면적 중 A가 차지하는 비율에도 의존한다]이 더 크다면, 그리하여 또 A보다 좋은 토지에 대한 추가적인 자본투자량이 더 많아야 한다면, 화폐지대와 밀지대는 [비록 토지 B에서는 모두 사라질지라도] 기타의 조건들이 불변이라면 더 크게 증대할 것이다.

토지 A로부터 사라지는 자본이 100원이라면, 비교해야 할 두개의 표는 〈표 2〉와 〈표 4d〉이다. 총생산량은 20가마에서 30가마로 증대할 것이고, 화폐지대는 720원이 아니라 그 절반인 360원에 불과할 것이며, 밀지대는 12가마로 동일할 것이다. 만약 D에서 44가마(=1,320원)의 총생산물이 550원의 자본—50원의 자본에 대해 4가마가 생산된다는 종전의 비율에 따라—에 의해 생산될 수 있다면, 총지대는 다시 〈표 2〉의 크기에 이를 것이며 다음 표와 같게 될 것이다.

토지종류	자본(원)	생산량(가마)	밀지대(가마)	화폐지대(원)
B	100	4	0	0
C	100	6	2	60
D	550	44	22	660
합계	750	54	24	720

총생산량은 〈표 2〉의 20가마에 비해 54가마일 것이고 화폐지대는 720원으로 동일할 것이다. 그러나 총자본은 〈표 2〉에서는 400원이었으나 이제는 750원이다. 총투하자본은 거의 2배로 증가하였지만 총생산량은 거의 3배로 증가하였으며, 밀지대는 두 배로 증가하였지만 화폐지대는 불

변이다. 따라서 추가화폐자본이 지대를 낳는 토지[즉 A를 제외한 모든 토지]에 투하된 결과—추가자본의 생산성은 불변인 채—밀가격이 하락한다면, 총자본은 생산량이나 밀지대와 동일한 비율로 증대하지 않는 경향이 있으며, 따라서 가격하락에 의한 화폐지대의 감소는 밀지대의 증가에 의해 보상될 수 있다. 동일한 법칙은, 자본이 D보다도 C에—즉 더 많은 지대를 낳는 토지보다 더 적은 지대를 낳는 토지에—더 많이 투하되는 것에 비례하여 투하자본이 그만큼 더 증대해야 한다는 것에서도 나타난다. 이것은 단순히 다음과 같은 이유 때문이다. 화폐지대가 불변이거나 증대하기 위해서는 일정한 양의 추가적인 초과생산물이 생산되어야 하는데, 초과생산물을 낳는 토지의 비옥도가 높으면 높을수록 추가자본이 더 적게 필요하다는 것이다. B와 C 사이, 그리고 C와 D 사이의 차이가 크면 클수록 추가자본은 훨씬 더 적게 필요할 것이다. 지대의 크기를 규정하는 것은, 1) 밀가격의 하락률, 즉 이제는 지대를 낳지 않는 토지인 B와 종전에 지대를 낳지 않던 토지인 A 사이의 차이, 2) B 이상 우등지들 사이의 차이의 정도, 3) 새로 투하되는 추가자본의 크기, 4) 이 추가자본이 각종의 토지종류에 분배되는 것 따위이다.

사실상 이 법칙은 이미 첫째 경우에서 전개한 법칙—즉 생산가격이 불변이라면[그 수준이 어떻든], 지대는 추가적인 자본투자의 결과로 증대할 수 있다—을 표현하는 것에 불과하다. 왜냐하면 A가 경작으로부터 배제됨에 따라 이제 B가 최열등지로 되고 새로운 생산가격이 가마당 30원으로 되면서 새로운 차액지대 Ⅰ이 나타나기 때문이다. 이것은 〈표 2〉에 대해서와 마찬가지로 〈표 4〉에 대해서도 타당하다. 법칙은 동일한데, 다만 토지 B가 A 대신, 그리고 생산가격 30원이 60원 대신 출발점으로 되고 있을 뿐이다.

이런 것이 여기에서 중요한 것은 다음과 같은 이유 때문이다. 토지 A로부터 자본을 끌어내고 토지 A의 참가 없이도 충분히 공급하기 위해 일정한 추가자본이 요구되었다면, 이에 따라 에이커당 지대는—모든 토지에서는 아니라 하더라도 약간의 토지에서는 그리고 경작지들의 평균에서는—상승하거나 하락하거나 불변일 수 있다는 것은 분명하다. 또한 이미 본 바와 같이 밀지대와 화폐지대는 동일하게 움직이는 것은 아니다. 그렇지만 밀지대가 아직까지 경제학에서 어떤 기능을 하고 있는 것은 오직 전통 때문이다. 예컨대 제조업자는 100원의 이윤으로써 이전에 200원의 이윤으로 구매할 수 있었던 것보다 더욱 많은 자기 자신의 면사를 구매할 수 있다. 물론 이것이 가리키는 바는 만약 토지소유자들이 동시에 제조공장[예컨대 제당공장 · 양조장 따위]의 소유자 또는 출자자라면, 그들은 화폐지대가 감소하더라도 자기 자신의 원료의 생산자로서 여전히 큰 이익을 올릴 수 있다는 것이다.[34)]

제2절 추가자본의 생산성이 저하하는 경우

이 경우에도 방금 고찰한 경우와 마찬가지로 생산가격이 하락할 수 있

34) {엥겔스: 위의 〈표 4a〉로부터 〈표 4d〉에 걸쳐 계산상의 착오가 있었기 때문에 그 표들을 다시 만들어야만 하였다. 물론 그렇다고 하여 표들로부터 전개된 이론적인 관점들이 영향을 받은 것은 아니었지만 에이커당 생산에서는 가끔 매우 기이한 숫자가 나타났다. 그러나 이것도 본질적인 의의가 있는 것은 아니다. 입체모형지도와 지형도에서는 수평선에 대해서보다 수직선에 대해 더 큰 축소비율을 적용하는 것이 보통이다. 만약 자기의 농업관찰에 거슬린다고 생각하는 사람은 토지면적을 마음대로 확대시켜도 마찬가지다. 더욱이 〈표 1〉에서 에이커당 1 · 2 · 3 · 4가마 대신 10 · 12 · 14 · 16가마로 바꾸어 놓을 수 있는데, 이 경우에도 이것으로부터 도출되는 다른 표들의 숫자들은 여전히 의미를 가질 것이다. 지대의 증가와 자본의 증가 사이의 관계는 여전히 동일할 것이다. 다음 장에서 편집자 『엥겔스』가 추가한 표들이 그러하다.}

는 것은, A보다 좋은 종류의 토지에 대한 추가투자가 A토지의 생산물을 불필요하게 만들어 A로부터 자본이 물러나게 하든가, 또는 A토지가 다른 작물의 생산에 사용되든가 하는 것이다. 그리고 이것에 관해서는 이미 충분히 논의되었으며, 에이커당 밀지대와 화폐지대가 증대하거나 감소하거나 불변일 수 있다는 것도 증명하였다.

비교를 위해 〈표 1〉을 다시 재생시켜 보자.

〈표 1〉

토지 종류	면적 (에이커)	자본 투하 (원)	이윤 (원)	생산량 (가마)	가마당 생산가격 (원)	밀지대 (가마)	화폐지대 (원)	초과 이윤율 (%)
A	1	50	10	1	60	0	0	0
B	1	50	10	2	30	1	60	120
C	1	50	10	3	20	2	120	240
D	1	50	10	4	15	3	180	360
합계	4	200		10		6	360	평균 180*

이제 A를 경작지로부터 배제하는데 B · C · D가 공급하는 16가마 ― 추가자본의 생산성이 저하하는 상황에서 ― 가 충분하다고 가정한다면, 〈표 3〉은 다음의 〈표 5〉로 전환된다.

추가자본의 생산성이 모든 토지종류에서 감소할 뿐 아니라 각각의 토지종류에서 그 감소율이 다르다는 조건에서, 지배적인 생산가격은 60원

* 초과이윤율이나 지대율의 '평균'을 계산하는 방법으로 두 가지가 혼용되고 있다. 하나는 마르크스가 제39장에서 정의한 대로 '초과이윤 총액 또는 화폐지대 총액을 총투하자본으로 나눈 것'이고, 다른 하나는 엥겔스가 특히 제43장의 삽입문에서 사용한 방법, 즉 '지대를 낳는 토지에 국한시켜, 화폐지대총액을 총투하자본으로 나눈 것'이다. 혼란을 피하기 위해 여기에서는 마르크스의 정의에 따라 필요한 수정을 가했다.

에서 $34\frac{2}{7}$원으로 하락하였다. 자본투자액은 200원에서 300원으로 50% 증가하였다. 화폐지대액은 360원에서 $188\frac{4}{7}$원으로 거의 반감하였지만, 밀지대는 6가마에서 $5\frac{1}{2}$가마로 오직 $\frac{1}{12}$만큼 감소하였을 뿐이다. 총생산량은 10가마에서 16가마로 60% 증가하였다. 밀지대는 이제 총생산량의 $\frac{1}{3}$을 조금 초과하고 있다. 자본투하총액과 화폐지대의 비율은 이전에는 200:360이었는데 지금은 300:$188\frac{4}{7}$이다.

〈표 5〉

토지 종류	면적 (에이커)	자본 투하 (원)	이윤 (원)	생산량 (가마)	가마당 생산가격 (원)	판매 수입 (원)	밀지대 (가마)	화폐지대 (원)	초과 이윤율 (%)
B	1	50+50	20	$2+1\frac{1}{2}=3\frac{1}{2}$	$34\frac{2}{7}$	120	0	0	0
C	1	50+50	20	3+2=5	$34\frac{2}{7}$	$171\frac{3}{7}$	$1\frac{1}{2}$	$51\frac{3}{7}$	$51\frac{3}{7}$
D	1	50+50	20	$4+3\frac{1}{2}=7\frac{1}{2}$	$34\frac{2}{7}$	$257\frac{3}{7}$	4	$137\frac{1}{7}$	$137\frac{1}{7}$
합계	3	300		16		$548\frac{4}{7}$	$5\frac{1}{2}$	$188\frac{4}{7}$	평균$62\frac{6}{7}$

제3절　추가자본의 생산성이 상승하는 경우

이 경우가 제1절의 경우—추가자본의 생산성이 불변이면서 생산가격이 하락하는 경우—와 다른 점은, 토지 A를 경작에서 배제하는 데 필요한 일정한 추가생산물이 여기에서는 더 급속히 생산된다는 것뿐이다.

추가자본투자의 생산성이 저하하거나 상승하거나 이 추가투자의 영향은 [투자가 서로 다른 종류의 토지에 어떻게 분배되는가에 따라] 매우 불균등할 수 있다. 이 추가투자가 토지들 사이의 차이를 균등화시키는가 심화시키는가에 따라 우등지의 차액지대는 감소하거나 증가할 것이며, 그리하여 총지대도 또한 감소하거나 증가할 것인데, 이것은 이미 차액지대 I에서 본 바와 같다. 더욱이 모든 것은 A와 함께 배제되는 토지면적과 자본의 크기에 달려 있고, 또한 수요를 충족시킬 추가생산물의 공급을 위해 [생산성의 상승 아래에서] 투하되어야 할 상대적인 자본규모에 달려 있다.

여기에서 연구할만한 가치가 있는 유일한 점[그리고 이것은 차액이윤이 어떻게 차액지대로 전환되는가의 분석으로 우리를 직접적으로 인도한다]은 다음과 같은 것이다.

생산가격이 불변인 경우, 토지 A에 투하된 추가자본은 차액지대 그것에는 아무런 영향을 미치지 않는다. 왜냐하면 토지 A는 이전과 마찬가지로 지대를 낳지 않으며, 그것의 생산물 가격은 불변이며 계속 시장을 지배하기 때문이다.

추가자본의 생산성이 불변이면서 생산가격이 하락하는 경우[변형 Ⅰ]에는 토지 A는 필연적으로 배제되는데, 이것은 추가자본의 생산성이 저하하면서 생산가격이 하락하는 경우[변형 Ⅱ]에서는 더욱 그러하다. 왜냐하면 그렇지 않으면 토지 A에 대한 추가투자는 필연적으로 생산가격을 상승시킬 것이기 때문이다. 그러나 지금의 경우—즉 추가자본의 생산성이 상승하기 때문에 생산가격이 하락하는 경우[변형 Ⅲ]—에는 이 추가자본은 우등지에 대해서 뿐 아니라 어떤 조건에서는 토지 A에 대해서도 투하될 수 있다.

토지 A에 대한 추가투자 50원이 1가마 대신에 $1\frac{1}{5}$가마를 생산한다고 가정하여 보자.

〈표 6〉

토지 종류	면적 (에이커)	자본 투하 (원)	이윤 (원)	생산 가격 (원)	생산량 (가마)	가마당 판매가격 (원)	판매 수입 (원)	지대		초과 이윤율 (%)
								가마	원	
A	1	50+50	20	120	$1+1\frac{1}{5}=2\frac{1}{5}$	$54\frac{6}{11}$	120	0	0	0
B	1	50+50	20	120	$2+2\frac{2}{5}=4\frac{2}{5}$	$54\frac{6}{11}$	240	$2\frac{1}{5}$	120	120
C	1	50+50	20	120	$3+3\frac{3}{5}=6\frac{3}{5}$	$54\frac{6}{11}$	360	$4\frac{2}{5}$	240	240
D	1	50+50	20	120	$4+4\frac{4}{5}=8\frac{4}{5}$	$54\frac{6}{11}$	480	$6\frac{3}{5}$	360	360
합계	4	400	80	480	22		1,200	$13\frac{1}{5}$	720	평균 180

〈표 6〉은 기본표인 〈표 1〉뿐 아니라 〈표 2〉—여기에서는 두 배의 자본투자가 추가자본의 생산성이 불변인 채 두 배의 생산량과 결부되고 있다—와도 비교되어야 한다.

우리의 가정에서 생산가격은 하락한다. 만약 생산가격이 불변이어서 60원이라면, 이전에 50원의 투자로써 지대를 낳지 않았던 최열등지 A가 더 열등한 토지를 경작에 끌어들이지 않고도 이제는 지대를 낳게 될 것이다. 그 이유는 토지 A의 생산성이 상승하였기 때문인데, 그것도 최초의 자본의 생산성이 상승하였기 때문이 아니라 추가자본의 생산성이 상승하였기 때문이다. 제1의 60원이라는 생산비는 1가마를 생산하고 제2의 60원이라는 생산비는 $1\frac{1}{5}$가마를 생산하지만, 총생산량 $2\frac{1}{5}$가마는 지금 그것의 평균가격으로 판매된다. 추가투자에 따라 생산성이 상승하기 때문에 여기에는 개량이 내포되어 있다. 이 개량은 에이커당 더 많은 자본(더 많은 비료 · 기계 따위)을 사용하는 것에 의해 생길 수도 있으며, 또는 질적으로 다른 더 생산적인 투자가 이 추가자본에 의해 비로소 가능하게 되는 것에 의해 생길 수도 있다. 어쨌든 에이커당 100원의 자본투자로 $2\frac{1}{5}$가마의 생산물이 획득되며, 그 절반인 50원의 자본투자로서는 1가마의 생산물만 획득된 것이다. 만약 A종류 토지의 상당한 면적이 아직도 에이커당 50원의 자본으로 경작되고 있다면, 토지 A의 생산물은 [일시적인 시장상황을 무시한다면] 새로운 평균가격으로 판매되지 않고 여전히 더 높은 생산가격으로 판매될 수 있을 것이다. 그러나 에이커당 100원이라는 새로운 비율이 일반화되고 그리하여 개량된 경영이 일반화되면, 지배적인 생산가격은 $54\frac{6}{11}$원으로 하락하지 않을 수 없을 것이다. 이제 자본의 두 부분들 사이의 구별은 사라지게 될 것이며, 불과 50원의 자본으로 경작되는 1에이커의 토지 A는 비정상적인 것으로 되며, 새로운 생산조건에 알맞지 않는 것으로 될 것이다. 이제 구별되는 것은, 동일한 면적에 대한 다른 자본부분들의 생산물들 사이가 아니라 에이커당 총자본투자가 충분한가 불충분한가가 될 것이다. 이것으로부터 알 수 있는 것은, 첫째로 다수의 차지농업가(다수이어야 하는 것은 소수인 경우에는 자기들의 생산가격 이하로 판매할 수밖에 없기 때문이다)가 불충분한 자본을 가지고 있는 경우, 이것은 토지종류가 하향순서로 분화되는 것과 동일한 효과를 가진다는 점이다. 열등지에서 열등한 경작방식은 우등지의 지대를 증대시키며 동일한 열등지의 더 잘 경작되는 토지에서까지도 지대를 낳게 만든다. 둘째로 알 수 있는 것은 차액지대가 동일한 면적에 대한 순차적인 자본투자에서 발생하는 한, 그 차액지대는 현실적으로 하나의 평균적인 크기로 되어 버리는데, 이 평균적인 크기에서는 다른 자본투자의 효과들은 이미 더이상 인식할 수 없으며 구별할 수 없다는 점이다. 이 추가투자는 최열등지로 하여금 지대를 낳게 하지는 않지만, 1) 예컨대 1에이커의 토지 A의 총생산물의 평균가격을 새로운 지배적인 가격으로 만들며, 2) 새로운 조건에서 토지의 만족스러운 경작을 위해 필요한 에이커당 총자본량을 변화시키는데, 이 경우 개개의 순차적인 자본투자와 그것의 각각의 효과는 구별할 수 없게 융합되어 버린다. 이것은 우등지의 각각의 차액지대에도 해당되는데, 차액지대는 [자본투자액의 증가가 이제 정상적인 것으로 된 상황에서] 해당토지의 평균생산물과 최열등지의 생산물 사이의 차이에 의해 결정된다.

어떤 토지도 자본투자 없이는 생산물을 생산하지 못한다. 이것은 단순한 차액지대 즉 차액지대 I의 경우에도 사실이다. 생산가격을 지배하는 토지 A의 1에이커가 이러저러한 생산물을 이러저러한 가격으로 낳고, 우등지 B · C · D가 이러저러한 차액생산물을 낳으며 따라서 지배적인 가격에서 이러저러한 지대를 낳는다고 말할 때, 우리는 일정한 자본―주어진 생산조건에서 표준적이라고 여겨지는 자본―이 사용되고 있다는 것을 항상 가정하고 있다. 이것은 마치 공업에서 상품을 그 생산가격으로 생산하기 위해서는 각 생산부문마다 일정한 최소한도의 자본이 필요한 것과 마찬가지다.

이 최소한도의 자본은 동일한 토지에 대한 순차적인 투자에 의한 개량 때문에 변경될 것이지만, 이것은 오직 점차적으로만 진행된다. 예컨대 토지 A의 일정한 면적이 이 추가적인 운영자본을 얻지 못한다면, 생산가격이 변동하지 않기 때문에 토지 A 중 더 잘 경작되는 부분은 지대를 낳을 것이며 우등지 B · C · D의 지대는 모두 증대할 것이다. 그러나 새로운 경작방식이 널리 보급되어 표준적인 것으로 되어버리면, 생산가격은 하락하고 우등지의 지대는 다시 감소하며, 토지 A 중 이제는 평균적인 것으로 된 운영자본을 가지지 못한 부분은 생산물을 개별생산가격보다 싸게 [즉 평균이윤을 얻지 못하고] 팔 수 밖에 없다.

이런 일은 [생산가격이 하락하는 상황에서는] 추가자본의 생산성이 저하하는 경우에도 발생한다. 즉 투자가 증가한 결과 필요한 총생산물이 우등지에 의해 공급되며, 따라서 예컨대 A의 운영자본이 철수하고 A가 더 이상 이 특정작물[예: 밀]의 생산에서 경쟁하지 못하는 경우가 그러하다. [이제 생산가격을 지배하는] 우등지 B에서 평균적으로 사용되는 자본량이 이제는 표준적인 것으로 된다. 우리가 토지의 비옥도 차이에 대해 말할 때, 우리는 에이커당 이 새로운 표준적인 자본량이 사용되고 있는 것을 가정하고 있다.

다른 한편에서는, 이 평균적인 자본투자액[예: 영국에서는 1848년 이전에는 에이커당 ￡8이었고 그 이후에는 에이커당 ￡12이었다]이 차지계약의 체결시에 기준이 된다는 것은 명백하다. 이 평균보다 많이 투자하는 차지농업가는 차지기간 동안 초과이윤을 지대로 전환시키지 않는다. 차지기간이 만료될 때 이런 전환이 일어날 것인가 아닌가는 동일한 추가자본을 투하할 수 있는 차지농업가들의 경쟁에 달려 있다. 여기에서 이야기하고 있는 것은 항구적인 토지개량[이것은 동일한 투자에 의해서도 또는 더 적은 투자에 의해서까지도 생산물의 증가를 계속적으로 보장한다]이 아니다. 이런 개량은 비록 자본의 산물이기는 하지만 토지의 자연적인 질적 차이와 마찬가지로 작용한다.

그러므로 차액지대 Ⅱ는 차액지대 Ⅰ의 경우에는 나타나지 않는 하나의 요소를 포함하고 있다는 것을 알 수 있다. 왜냐하면 차액지대 I은 에이커당 표준적인 자본투자액의 변화와는 무관하게 존속할 수 있기 때문이다. 이 요소에 의하면, 첫째로 [가격을 지배하는] 토지 A에 대한 순차적인 투자의 결과들 사이의 차이가 사라져 버리고, 그 생산물이 단순히 에이커당 표준적인 평균생산물로서 나타난다. 둘째로 에이커당 투자의 표준적인 최소규모 또는 평균규모가 변화하는데 이 변화는 토지의 속성으로서 나타난다. 끝으로 초과이윤이 지대의 형태로 전환되는 방식에 차이가 있다.

〈표 6〉을 〈표 1〉과 〈표 2〉에 비교해 볼 때, 〈표 6〉이 또한 보여 주는 바는 밀지대는 〈표 1〉에 비해 두 배 이상 증가하였고 〈표 2〉에 비해서는 $1\frac{1}{5}$가마만큼 증가하였으며, 화폐지대는 〈표 1〉의 두 배로 되었고 〈표 2〉와는 변함이 없다는 것이다. 만약 (기타의 조건들은 불변이라고 하고) 추가자본이 더 많이 우등지에 투자되었다든지, 또는 A에 대한 추가자본의 효과가 더 미약하여 A의 가마당 지배적인 평균가격이 더 높았다면, 화폐

지대는 상당히 크게 증가하였을 것이다.

추가자본에 의한 비옥도의 상승이 각각의 토지종류에 다른 영향을 미친다면 각 토지의 차액지대는 변화할 것이다.

어쨌든 증명된 것은, 추가투자의 생산성이 상승하여 생산가격이 하락한다면—생산성이 자본투자액보다 높은 비율로 상승한다면—에이커당 지대는 예컨대 투자가 두 배로 되면 두 배로 될 뿐 아니라 두 배 이상으로 될 수 있다는 것이다. 그러나 에이커당 지대는 토지 A의 생산성이 급속히 상승하여 생산가격이 훨씬 더 하락하는 경우에는 감소할 수도 있다.

추가투자가 예컨대 B와 C에서는 A에서와 동일한 비율로 생산성을 증대시키지 않고, 따라서 B와 C의 A에 대한 차이가 감소하며, 생산량의 증대가 가격의 하락을 상쇄하지 않는다고 가정하면 〈표 6a〉와 같게 된다. 〈표 2〉와 비교할 때 D의 지대는 변화하지 않지만 B와 C의 지대는 감소하고 있다.

〈표 6a〉

토지 종류	면적 (에이커)	자본 투하 (원)	이윤 (원)	에이커당 생산량 (가마)	가마당 판매가격 (원)	판매 수입 (원)	밀지대 (가마)	화폐지대 (원)
A	1	50+50	20	1+3=4	30	120	0	0
B	1	50+50	20	$2+2\frac{1}{2}=4\frac{1}{2}$	30	135	$\frac{1}{2}$	15
C	1	50+50	20	3+5=8	30	240	4	120
D	1	50+50	20	4+12=16	30	480	12	360
합계	4	400		$32\frac{1}{2}$			$16\frac{1}{2}$	495

끝으로, 비옥도가 동일한 비율로 상승하는 경우, 추가자본이 A에 대해서보다 우등지에 더 많이 투하된다면 또는 우등지에 대한 추가투자가 더 높은 생산성을 달성한다면, 화폐지대는 증가할 것이다. 왜냐하면 어느 경우에나 토지들 사이의 차이가 증대할 것이기 때문이다.

추가투자에 의한 개량이 B와 C에 대해서보다 A에 대해 큰 영향을 미쳐 토지들[모든 토지 또는 약간의 토지] 사이의 차이를 축소시킨다면 화폐지대는 감소할 것이다. 밀지대가 증가하는가 감소하는가 불변인가는 이런 효과의 불균등성에 달려 있다.

화폐지대가 증가하고 밀지대도 증가하는 것은 다음과 같은 경우다. 지대없는 토지 A에 대해서보다 지대를 낳는 토지에 대해 더욱 많은 자본이 추가되는 경우[이 때 추가자본의 생산성 차이는 불변이라고 가정한다]이거나, 추가투자가 동등하다면 A에서보다 우등지나 최우등지에서 생산성이 더욱 크게 상승하는 경우다. 후자의 경우에는 생산성의 상승이 저급지에서보다 고급지에서 더욱 크게 되는 것에 비례하여 지대가 증가한다.

그러나 생산성의 상승이 자본추가의 결과라면[즉 자본투자는 불변인 채 단순히 비옥도가 증가한 결과가 아니라면], 어떤 상황에서라도 지대는 상대적으로 증대한다. 이것은 의심의 여지가 없으며 다음의 것을 명확히 한다. 즉 이 경우에도 이전의 모든 경우와 마찬가지로 에이커당 지대 (차액지대 Ⅰ의 경우처럼 총경작면적에 대한 평균지대의 크기) 그리고 에이커당 지대의 증대는 토지에 대한 투자증대의 결과라는 것이며, 이것은 이 추가자본이 기능할 때 생산성이 불변이면서 가격이 불변이거나 하락하든, 또는 생산성이 저하하면서 가격이 불변이거나 하락하든, 또는 생산성이 상승하면서 가격이 불변이거나 하락하든 아무런 상관이 없다는 것이다. 왜냐하면 우리의 가정[즉 한편에서는 추가자본의 생산성이 불변이거나 저하하거나 상승하면서, 다른 한편에서는 가격은 불변이거나 하락한다는 가정]은 다음과 같은 가정—즉 한편에서는 가격이 불변이거나 하락하면서, 다른 한편에서는 추가자본의 생산성이 불변이거나 저하하거나 상승한다는 가정—으로 귀결될 수 있기 때문이다. 이 모든 경우에 지대가 불변이거나 감소할 수도 있지만, 기타의 조건들이 불변인 경우 자본의 추가투자가 비옥도를 상승시키지 않는다면 지대는 더욱 감소할 것이다. 이 경우 지대가 절대적으로 감소하였다 하더라도, 추가자본은 항상 지대의 상대적인 수준 〖에이커당 지대〗을 증대시키는 원인이다.

제43장

차액지대 Ⅱ: 셋째 예. 생산가격이 상승하는 경우. 결론

{엥겔스: 생산가격의 상승은 지대를 지불하지 않는 최열등지에서 생산성이 저하하는 것을 전제한다. 우리가 지배적인 것으로 여긴 생산가격이 가마당 60원을 능가할 수 있는 것은 A에 투하된 50원이 1가마보다 적게 생산하거나, A에 투하된 100원이 2가마보다 적게 생산하거나, A보다 열등한 토지가 경작되어야 하는 경우뿐이다.

제2차 투자의 생산성이 불변이거나 심지어 상승한다면, 제1차 투자 50원의 생산성이 저하한 경우에만 생산가격의 등귀가 가능할 것이다. 이런 경우는 자주 있다. 예를 들면 토지를 얕게 갈기 때문에 상층의 비옥한 토양이 척박하게 되어 수확이 감소하고 있을 때, 토지를 깊게 갈아 뒤엎음으로써 하층의 토양이 이전보다 큰 수확을 올리는 경우가 그러하다. 그러나 엄격히 말해 이 특수한 경우는 여기에서 논의할 대상이 아니다. 제1차 투자 50원의 생산성 감소는 우등지에 대해 [거기에서의 상황이 비슷하다고 가정하는 경우에도] 차액지대 Ⅰ의 감소를 야기한다. 그러나 여기에서 우리의 관심은 차액지대 Ⅱ일 뿐이다. 그렇지만 이 특수한 경우는 차액지대 Ⅱ가 이미 존재하는 것을 전제하지 않는 한 나타날 수 없으며,

또 사실상 그 경우는 차액지대 I 의 변형이 차액지대 II 에 미치는 반작용을 표시하는 것이기 때문에 다음에서 그것의 실례 [표7] 를 든다.

[표7의] 화폐지대와 화폐 [판매] 수입은 〈표 2〉와 동일하다. 따라서 생산가격의 상승은 생산량의 감소에 의해 잃은 것을 정확히 보상한다. 생산가격과 생산량은 반비례하기 때문에 그것의 곱이 불변임은 자명하다.

〈표 7〉에서는 제2차 투자의 생산성이 제1차 투자의 최초의 생산성보다 높다고 가정한다. 그러나 제2차 투자의 생산성이 제1차 투자의 최초의 생산성과 동일하다고 가정하더라도 〈표 8〉에서와 같이 그 결과는 마찬가지다.

〈표7〉

토지 종류	면적 (에이커)	자본 투하 (원)	이윤 (원)	생산 가격 (원)	생산량 (가마)	가마당 판매가격 (원)	판매 수입 (원)	밀지대 (가마)	화폐 지대 (원)	지대율 (%)
A	1	50+50	20	120	$\frac{1}{2}+1\frac{1}{4}=1\frac{3}{4}$	$68\frac{4}{7}$	120	0	0	0
B	1	50+50	20	120	$1+2\frac{1}{2}=3\frac{1}{2}$	$68\frac{4}{7}$	240	$1\frac{3}{4}$	120	120
C	1	50+50	20	120	$1\frac{1}{2}+3\frac{3}{4}=5\frac{1}{4}$	$68\frac{4}{7}$	360	$3\frac{1}{2}$	240	240
D	1	50+50	20	120	2+5=7	$68\frac{4}{7}$	480	$5\frac{1}{4}$	360	360
합계	4	400			$17\frac{1}{2}$		1,200	$10\frac{1}{2}$	720	180

〈표8〉

토지 종류	면적 (에이커)	자본 투하 (원)	이윤 (원)	생산 가격 (원)	생산량 (가마)	가마당 판매가격 (원)	판매 수입 (원)	밀지대 (가마)	화폐 지대 (원)	지대율 (%)
A	1	50+50	20	120	$\frac{1}{2}+1=1\frac{1}{2}$	80	120	0	0	0
B	1	50+50	20	120	1+2=3	80	240	$1\frac{1}{2}$	120	120
C	1	50+50	20	120	$1\frac{1}{2}+3=4\frac{1}{2}$	80	360	3	240	240
D	1	50+50	20	120	2+4=6	80	480	$4\frac{1}{2}$	360	360
합계		400			15		1,200	9	720	180

〈표 8〉에서도 생산성의 저하에 의해 잃은 것[생산량과 화폐지대]이 생산가격의 상승에 의해 완전히 보상되고 있다. 첫째 예 〖제41장〗 와 둘째 예 〖제42장〗 에서 가정한 바와 같이 제1차 투자의 생산성이 불변이라고 가정하면서 제2차 투자의 생산성이 저하하는 상황에서만 셋째 예 〖제43장〗 가 순수한 형태로 나타난다. 이 경우 차액지대 Ⅰ은 영향을 받지 않으며 차액지대 Ⅱ로부터 나오는 부분에만 변동이 생긴다. 두 개의 예를 들 것인데, 첫째의 예 〖〈표 9〉〗 에서는 제2차 투자의 생산성이 $\frac{1}{2}$로 저하하고, 둘째의 예 〖〈표 10〉〗 에서는 $\frac{1}{4}$로 저하한다.

〈표9〉

토지 종류	면적 (에이커)	자본 투하 (원)	이윤 (원)	생산 가격 (원)	생산량 (가마)	가마당 판매가격 (원)	판매 수입 (원)	밀지대 (가마)	화폐 지대 (원)	지대율 (%)
A	1	50+50	20	120	$1+\frac{1}{2}=1\frac{1}{2}$	80	120	0	0	0
B	1	50+50	20	120	1+2=3	80	240	$1\frac{1}{2}$	120	120
C	1	50+50	20	120	$3+1\frac{1}{2}=4\frac{1}{2}$	80	360	3	240	240
D	1	50+50	20	120	4+2=6	80	480	$4\frac{1}{2}$	360	360
합계		400			15		1,200	9	720	180

〈표10〉

토지 종류	면적 (에이커)	자본 투하 (원)	이윤 (원)	생산 가격 (원)	생산량 (가마)	가마당 판매가격 (원)	판매 수입 (원)	밀지대 (가마)	화폐 지대 (원)	지대율 (%)
A	1	50+50	20	120	$1+\frac{1}{4}=1\frac{1}{4}$	96	120	0	0	0
B	1	50+50	20	120	$2+\frac{1}{2}=2\frac{1}{2}$	96	240	$1\frac{1}{4}$	120	120
C	1	50+50	20	120	$3+\frac{3}{4}=3\frac{3}{4}$	96	360	$2\frac{1}{2}$	240	240
D	1	50+50	20	120	4+1=5	96	480	$3\frac{3}{4}$	360	360
합계		400			$12\frac{1}{2}$		1,200	$7\frac{1}{2}$	720	180

〈표 9〉와 〈표 8〉은 동일하지만, 생산성의 저하가 〈표 8〉에서는 제1차 투자에서 일어나는 데 반하여 〈표 9〉에서는 제2차 투자에서 일어난다는 점에서 차이가 있다.

〈표 10〉에서도 총수입 · 화폐지대 · 지대율은 〈표 2〉, 〈표 7〉, 〈표 8〉과 동일하다. 왜냐하면 생산량과 가마당 판매가격은 반비례하여 변화하고 자본투자량은 동일하기 때문이다.

생산가격이 등귀할 수 있는 다른 하나의 경우, 특히 종전에는 경작할 만한 가치가 없었던 열등지가 이제 경작되기 시작하는 경우에는 어떻게 될 것인가?

이 토지를 a라고 부르고 이것이 기타의 토지와 경쟁하게 된다고 가정하자. 종전의 지대없는 토지인 A는 이제 지대를 낳을 것이며, 위의 〈표 7〉, 〈표 8〉, 〈표 10〉은 다음의 〈표 7a〉, 〈표 8a〉, 〈표 10a〉로 될 것이다.

토지 a의 개입 때문에 새로운 차액지대 Ⅰ이 발생하며, 이 새로운 토대 위에서 차액지대 Ⅱ도 다른 형태로 전개된다. 위의 세 개의 표들에서 토지 a는 각각 다른 비옥도를 가지며, 비례적으로 상승하는 비옥도의 순서는 A에서 시작하고 이에 따라 상승하는 지대의 순서도 A에서 시작한다.

〈표 7a〉

토지 종류	면적 (에이커)	자본 투하 (원)	이윤 (원)	생산 가격 (원)	생산량 (가마)	가마당 판매가격 (원)	판매 수입 (원)	밀지대 (가마)	화폐지대 (원)	화폐지대 증가방식
a	1	100	20	120	$1\frac{1}{2}$	80	120	0	0	0
A	1	50+50	20	120	$\frac{1}{2}+1\frac{1}{4}=1\frac{3}{4}$	80	140	$\frac{1}{4}$	20	20
B	1	50+50	20	120	$1+2\frac{1}{2}=3\frac{1}{2}$	80	280	2	160	20+140
C	1	50+50	20	120	$1\frac{1}{2}+3\frac{3}{4}=5\frac{1}{4}$	80	420	$3\frac{3}{4}$	300	20+2×140
D	1	50+50	20	120	2+5=7	80	560	$5\frac{1}{2}$	440	20+3×140
합계		500		600	19		1,520	$11\frac{1}{2}$	920	

〈표 8a〉

토지종류	면적(에이커)	자본투하(원)	이윤(원)	생산가격(원)	생산량(가마)	가마당 판매가격(원)	판매수입(원)	밀지대(가마)	화폐지대	
									(원)	증가방식
a	1	100	20	120	$1\frac{1}{4}$	96	120	0	0	0
A	1	50+50	20	120	$\frac{1}{2}+1=1\frac{1}{2}$	96	144	$\frac{1}{4}$	24	24
B	1	50+50	20	120	1+2=3	96	288	$1\frac{3}{4}$	168	24+144
C	1	50+50	20	120	$1\frac{1}{2}+3=4\frac{1}{2}$	96	432	$3\frac{1}{4}$	312	24+2×144
D	1	50+50	20	120	2+4=6	96	576	$4\frac{3}{4}$	456	24+3×144
합계	5			600	$16\frac{1}{4}$		1,560	10	960	

〈표 10a〉

토지종류	면적(에이커)	자본투하(원)	이윤(원)	생산가격(원)	생산량(가마)	가마당 판매가격(원)	판매수입(원)	밀지대(가마)	화폐지대	
									(원)	증가방식
a	1	100	20	120	$1\frac{1}{8}$	$106\frac{2}{3}$	120	0	0	0
A	1	50+50	20	120	$1+1\frac{1}{4}=1\frac{1}{4}$	$106\frac{2}{3}$	$133\frac{1}{3}$	$\frac{1}{8}$	$13\frac{1}{3}$	$13\frac{1}{3}$
B	1	50+50	20	120	$2+\frac{1}{2}=2\frac{1}{2}$	$106\frac{2}{3}$	$266\frac{2}{3}$	$1\frac{3}{8}$	$146\frac{2}{3}$	$13\frac{1}{3}+133\frac{1}{3}$
C	1	50+50	20	120	$3+\frac{3}{4}=3\frac{3}{4}$	$106\frac{2}{3}$	400	$2\frac{5}{8}$	280	$13\frac{1}{3}+2\times133\frac{1}{3}$
D	1	50+50	20	120	4+1=5	$106\frac{2}{3}$	$533\frac{1}{3}$	$3\frac{7}{8}$	$413\frac{1}{3}$	$13\frac{1}{3}+3\times133\frac{1}{3}$
합계				600	$13\frac{5}{8}$		$1,453\frac{1}{3}$	8	$853\frac{1}{3}$	

종전에는 지대를 낳지 않다가 이제 지대를 낳게 된 최열등지 『가장 나쁜 토지』의 지대는 [화폐지대의 증가방식에서 보는 바와 같이] 하나의 상수常數constant를 이루면서 더 높은 모든 지대에 단순히 첨가되고 있다. 이 상수를 뺀 뒤에야 비로소 더 높은 지대들 사이의 차액들의 시리즈가 분명히 나타나며, 이 시리즈가 토지종류들의 비옥도 순서와 평행하고 있다는 것이 분명히 나타난다. 모든 표에서 A로부터 D까지의 비옥도의 비는 1:2:

3:4이며, 이에 대응하여 지대의 비는

〈표 7a〉에서는 20 : 20+140 : 20+2×140 : 20+3×140이며,

〈표 8a〉에서는 24 : 24+144 : 24+2×144 : 24+3×144이며,

〈표 10a〉에서는 $13\frac{1}{3}$: $13\frac{1}{3}+133\frac{1}{3}$: $13\frac{1}{3}+2\times133\frac{1}{3}$: $13\frac{1}{3}+3\times133\frac{1}{3}$이다.

요컨대 A의 지대가 n이고 그 다음 비옥도 토지의 지대가 n+m이라면, 수열은 n : n+m : n+2m : n+3m 따위로 된다.}

* * *

{엥겔스: 이 제43장의 경우 원고에는 오직 제목만 있고 전혀 연구되어 있지 않았기 때문에 편집자인 내가 완성시켜야만 하였다. 또한 나는 차액지대 Ⅱ의 세 개의 주요한 경우들과 9개의 부차적인 경우들에 관한 위의 연구 전체로부터 일반적인 결론을 내려야만 하였다. 그런데 이 목적을 위해서는 원고의 예들은 거의 도움을 주지 않는다. 첫째로 그 예들은 동일한 면적에서 1:2:3:4의 비율로 생산물을 낳는 토지들을 비교하고 있는데, 이런 차이는 처음부터 지나치게 과장되어 있기 때문에, 이 토대 위에서 가정들과 계산들을 전개시켜 나가면 매우 무리한 숫자가 나타나게 된다는 점이다. 둘째로 그 예들은 전혀 잘못된 인상을 주고 있다. 비옥도의 비율이 1:2:3:4 따위인 경우 지대의 비율은 0:1:2:3 따위라고 말한다면, 사람들은 비옥도의 시리즈로부터 지대의 시리즈를 곧 도출하려고 하며, 총수입이 두 배 · 세 배 따위로 되면 지대가 두 배 · 세 배 따위로 된다고 설명하려고 한다는 점이다. 그렇지만 이것은 완전히 잘못된 생각이다. 비옥도〖총수입〗의 비율이 n:(n+1):(n+2):(n+3):(n+4)인 경우에는 지대의 비율은 언제나 0:1:2:3:4이다. 지대의 비율은 비옥도의 절대수준에 의존하는 것이 아니라 [지대없는 토지를 0으로 계산한] 비옥도의 차이에 의존하는 것이다.

마르크스의 원래 표들은 본문 그것의 이해를 위해서는 제시해야만 했다. 그러나 마르크스에 의한 연구의 결과들을 더 알기 쉽게 하기 위해 나는 아래에서 새로운 표들을 만들어 낼 것이다.

첫째의 표인 〈표 11〉은 앞의 〈표 1〉에 대응하는데, 제1차 자본투자 50원[10원의 이윤과 함께 60원의 생산가격을 이룬다]에 대한 다섯 종류의 토지 A~E의 생산량과 지대를 나타내고 있다. 밀의 생산량은 에이커당 10 · 12 · 14 · 16 · 18가마다 〖본문에서는 단위를 종전의 쿼터 대신 부셸(= $\frac{1}{8}$ 쿼터)을 사용함으로써 에이커당 생산량을 더 적게 평가한다고 말하고 있지만, 우리에게는 이 단위 자체는 큰 의미가 없으므로 계속하여 가마를 사용한다〗. 이리하여 지배적인 생산가격은 가마당 6원이다.

이하의 13개의 표들은 이 장과 앞 두 장에서 취급한 차액지대Ⅱ의 세 가지 경우—동일한 토지에 50원의 추가투자가 행해지는 조건에서 생산가격이 불변 · 저하 · 등귀하는 경우—에 대응하는 것이다. 또한 이 각각의 경우 제2차 투자가 제1차 투자에 비해 그 생산성이 불변 · 저하 · 상승하는 경우에는 어떻게 되는가도 표시되고 있다. 그리고 설명을 위해 특별히 유용한 몇가지 변형도 있다.

〈표 11〉

토지종류	생산가격 (원)	생산량 (가마)	가마당 판매가격 (원)	판매수입 (원)	화폐지대 (원)	증가방식
A	60	10	6	60	0	0
B	60	12	6	72	12	12
C	60	14	6	84	24	2×12
D	60	16	6	96	36	3×12
E	60	18	6	108	48	4×12
합계					120	10×12

생산가격이 불변인 〈첫째 예〉에는 다음과 같은 변형이 나온다.

변형 1: 제2차 투자의 생산성이 불변인 경우(〈표 12〉).

변형 2: 생산성이 저하하는 경우. 이 저하는 토지 A에 제2차 투자가 행해지지 않는 경우에만 생길 수 있다. 이것에도 두 가지 경우가 있다.

(a) 토지 B도 지대를 낳지 않는 경우(〈표 13〉).

(b) 토지 B가 약간의 지대를 낳는 경우(〈표 14〉).

변형 3: 제2차 투자의 생산성이 상승하며, 토지 A에 대한 제2차 투자는 없는 경우(〈표 15〉).

생산가격이 하락하는 〈둘째 예〉에도 다음과 같은 변형이 있다.

변형 1: 제2차 투자의 생산성이 불변인 경우(〈표 16〉).

변형 2: 생산성이 저하하는 경우(〈표 17〉). 이 두 개의 변형들이 의미하는 것은 토지 A가 경쟁에서 탈락하며 토지 B가 지대를 낳지 않고 생산가격을 지배하게 된다는 것이다.

변형 3: 생산성이 상승한다(〈표 18〉). 여기에서는 토지 A가 여전히 생산가격을 지배한다.

생산가격이 등귀하는 〈셋째 예〉에는 다음과 같은 두 개의 분류가 가능하다. 첫째 분류는 토지 A가 여전히 지대없는 토지로서 생산가격을 지배하는 경우이고, 둘째 분류는 A보다 열등한 토지가 경쟁에 들어와서 생산가격을 지배하며 이리하여 A가 지대를 낳게 되는 경우이다.

첫째 분류. 토지 A가 여전히 가격을 지배하는 경우.

변형 1: 제2차 투자의 생산성이 불변인 경우(〈표 19〉). 이 경우는 우리의 가정에서는 제1차 투자의 생산성이 저하할 때에만 가능하다.

변형 2: 제2차 투자의 생산성이 저하하는 경우(〈표 20〉). 이 경우는 제1차 투자의 생산성이 불변일 가능성을 배제하지 않는다.

변형 3: 제2차 투자의 생산성이 상승하는 경우(〈표 21〉). 이 경우는 제1차 투자의 생산성의 저하를 조건으로 한다.

둘째 분류. A보다 열등한 토지(a라고 표시)가 경쟁에 들어오며 A는 지대를 낳는 경우.

변형 1: 제2차 투자의 생산성이 불변인 경우(〈표 22〉).

변형 2: 생산성이 저하하는 경우(〈표 23〉).

변형 3: 생산성이 상승하는 경우(〈표 24〉).

이 세 가지 변형들은 여기에서의 문제의 일반적 조건에 알맞기 때문에 첨언할 필요가 없다.

이제 표들을 제시하자.

동일한 토지에 제2차 투자가 행해지는 경우:

〈표 12〉

토지종류	생산가격 (원)	생산량 (가마)	가마당 판매가격 (원)	판매수입 (원)	화폐지대 (원)	증가방식
A	60+60=120	10+10=20	6	120	0	0
B	60+60=120	10+10=20	6	144	24	24
C	60+60=120	10+10=20	6	168	48	2×24
D	60+60=120	10+10=20	6	192	72	3×24
E	60+60=120	10+10=20	6	216	96	4×24
합계					240	10×24

〈표 13〉

토지종류	생산가격 (원)	생산량 (가마)	가마당 판매가격 (원)	판매수입 (원)	화폐지대 (원)	증가방식
A	60	10	6	60	0	0
B	60+60=120	12+8=20	6	120	0	0
C	60+60=120	$14+9\frac{1}{3}=23\frac{1}{3}$	6	140	20	20
D	60+60=120	$16+10\frac{2}{3}=26\frac{2}{3}$	6	160	40	2×20
E	60+60=120	18+12=30	6	180	60	3×20
합계					120	6×20

첫째 예. 생산가격이 불변인 경우.

변형 1: 제2차 투자의 생산성이 불변인 경우(〈표 12〉).

변형 2: 제2차 투자의 생산성이 저하하며 토지 A에 대한 제2차 투자가 없는 경우

(a) 토지 B가 지대를 낳지 않게 되는 경우(〈표 13〉).

(b) 토지 B가 약간의 지대를 낳는 경우(〈표 14〉).

변형 3: 제2차 투자의 생산성이 상승하며, 토지 A에 대한 제2차 투자는 없는 경우(〈표 15〉).

〈표 14〉

토지종류	생산가격 (원)	생산량 (가마)	가마당 판매가격 (원)	판매수입 (원)	화폐지대 (원)	증가방식
A	60	10	6	60	0	0
B	60+60=120	12+9=21	6	126	6	6
C	60+60=120	$14+10\frac{1}{2}=24\frac{1}{2}$	6	147	27	6+21
D	60+60=120	16+12=28	6	168	48	6+2×21
E	60+60=120	$18+13\frac{1}{2}=31\frac{1}{2}$	6	189	69	6+3×21
합계					150	4×6+6×21

〈표 15〉

토지종류	생산가격 (원)	생산량 (가마)	가마당 판매가격 (원)	판매수입 (원)	화폐지대 (원)	증가방식
A	60	10	6	60	0	0
B	60+60=120	12+15=27	6	162	42	42
C	60+60=120	$14+17\frac{1}{2}=31\frac{1}{2}$	6	189	69	42+27
D	60+60=120	16+20=36	6	216	96	42+2×27
E	60+60=120	$18+22\frac{1}{2}=40\frac{1}{2}$	6	243	123	42+3×27
합계					330	4×42+6×27

둘째 예. 생산가격이 하락하는 경우.

변형 1 : 제2차 투자의 생산성이 불변이며, 토지 A는 경쟁에서 탈락하고 토지 B가 지대를 낳지 않게 되는 경우(〈표 16〉).

변형 2 : 제2차 투자의 생산성이 저하하며, 토지 A는 경쟁에서 탈락하고 토지 B가 지대를 낳지 않게 되는 경우(〈표 17〉).

변형 3 : 제2차 투자의 생산성이 상승하고, 토지 A는 여전히 경쟁권 안에 있으며 토지 B가 지대를 낳는 경우(〈표 18〉).

셋째 예. 생산가격이 등귀하는 경우.

〈표 16〉

토지종류	생산가격 (원)	생산량 (가마)	가마당 판매가격 (원)	판매수입 (원)	화폐지대 (원)	증가방식
B	60+60=120	12+12=24	5	120	0	0
C	60+60=120	14+14=28	5	140	20	20
D	60+60=120	16+16=32	5	160	40	2×20
E	60+60=120	18+18=36	5	180	60	3×20
합계					120	6×20

〈표 17〉

토지종류	생산가격 (원)	생산량 (가마)	가마당 판매가격 (원)	판매수입 (원)	화폐지대 (원)	증가방식
B	60+60=120	12+9=21	$5\frac{5}{7}$	120	0	0
C	60+60=120	$14+10\frac{1}{2}=24\frac{1}{2}$	$5\frac{5}{7}$	140	20	20
D	60+60=120	16+12=28	$5\frac{5}{7}$	160	40	2×20
E	60+60=120	$18+13\frac{1}{2}=31\frac{1}{2}$	$5\frac{5}{7}$	180	60	3×20
합계			$5\frac{5}{7}$		120	6×20

〈표 18〉

토지종류	생산가격 (원)	생산량 (가마)	가마당 판매가격 (원)	판매수입 (원)	화폐지대 (원)	증가방식
A	60+60=120	10+15=25	$4\frac{4}{5}$	120	0	0
B	60+60=120	12+18=30	$4\frac{4}{5}$	144	24	24
C	60+60=120	14+21=35	$4\frac{4}{5}$	168	48	2×24
D	60+60=120	16+24=40	$4\frac{4}{5}$	192	72	3×24
E	60+60=120	18+27=45	$4\frac{4}{5}$	216	96	4×24
합계					240	10×24

〈표 19〉

토지종류	생산가격 (원)	생산량 (가마)	가마당 판매가격 (원)	판매수입 (원)	화폐지대 (원)	증가방식
A	60+60=120	$7\frac{1}{2}+10=17\frac{1}{2}$	$6\frac{6}{7}$	120	0	0
B	60+60=120	9+12=21	$6\frac{6}{7}$	144	24	24
C	60+60=120	$10\frac{1}{2}+14=24\frac{1}{2}$	$6\frac{6}{7}$	168	48	2×24
D	60+60=120	12+16=28	$6\frac{6}{7}$	192	72	3×24
E	60+60=120	$13\frac{1}{2}+18=31\frac{1}{2}$	$6\frac{6}{7}$	216	96	4×24
합계					240	10×24

변형 1 : 제2차 투자의 생산성이 불변인 경우인데, 이 경우에는 제1차 투자의 생산성이 저하하여야 한다(〈표 19〉).

변형 2 : 제2차 투자의 생산성이 저하하는 경우인데, 이 경우는 제1차 투자의 생산성이 불변일 가능성을 배제하지 않는다(〈표 20〉).

변형 3 : 제2차 투자의 생산성이 상승하는 경우인데, 이 경우는 우리의 가정에서는 제1차 투자의 생산성이 저하해야 한다(〈표 21〉).

〈표 20〉

토지종류	생산가격 (원)	생산량 (가마)	가마당 판매가격 (원)	판매수입 (원)	화폐지대 (원)	증가방식
A	60+60=120	10+5=15	8	120	0	0
B	60+60=120	12+6=18	8	144	24	24
C	60+60=120	14+7=21	8	168	48	2×24
D	60+60=120	16+8=24	8	192	72	3×24
E	60+60=120	18+9=27	8	216	96	4×24
합계					240	10×24

〈표 21〉

토지종류	생산가격 (원)	생산량 (가마)	가마당 판매가격 (원)	판매수입 (원)	화폐지대 (원)	증가방식
A	60+60=120	$5+12\frac{1}{2}=17\frac{1}{2}$	$6\frac{6}{7}$	120	0	0
B	60+60=120	6+15=21	$6\frac{6}{7}$	144	24	24
C	60+60=120	$7+17\frac{1}{2}=24\frac{1}{2}$	$6\frac{6}{7}$	168	48	2×24
D	60+60=120	8+20=28	$6\frac{6}{7}$	192	72	3×24
E	60+60=120	$9+22\frac{1}{2}=31\frac{1}{2}$	$6\frac{6}{7}$	216	96	4×24
합계					240	10×24

〈표 22〉

토지종류	생산가격 (원)	생산량 (가마)	가마당 판매가격 (원)	판매수입 (원)	화폐지대 (원)	증가방식
a	120	16	$7\frac{1}{2}$	120	0	0
A	60+60=120	10+10=20	$7\frac{1}{2}$	150	30	30
B	60+60=120	12+12=24	$7\frac{1}{2}$	180	60	2×30
C	60+60=120	14+14=28	$7\frac{1}{2}$	210	90	3×30
D	60+60=120	16+16=32	$7\frac{1}{2}$	240	120	4×30
E	60+60=120	18+18=36	$7\frac{1}{2}$	270	150	5×30
합계					450	15×30

둘째 분류. A보다 열등한 토지 a가 가격을 지배하게 되며 토지 A가 지대를 낳게 되는 경우. 이 경우에는 제2차 투자의 생산성이 불변이라도 관계없다.

변형 1 : 제2차 투자의 생산성이 불변인 경우(〈표 22〉).

변형 2 : 제2차 투자의 생산성이 저하하는 경우(〈표 23〉).

변형 3 : 제2차 투자의 생산성이 상승하는 경우(〈표 24〉).

〈표 23〉

토지종류	생산가격 (원)	생산량 (가마)	가마당 판매가격 (원)	판매수입 (원)	화폐지대 (원)	증가방식
a	120	15	8	120	0	0
A	60+60=120	$10+7\frac{1}{2}=17\frac{1}{2}$	8	140	20	20
B	60+60=120	12+9=21	8	168	48	20+28
C	60+60=120	$14+10\frac{1}{2}=24\frac{1}{2}$	8	196	76	20+2×28
D	60+60=120	16+12=28	8	224	104	20+3×28
E	60+60=120	$18+13\frac{1}{2}=31\frac{1}{2}$	8	252	132	20+4×28
합계					380	5×20+10×28

〈표 24〉

토지종류	생산가격 (원)	생산량 (가마)	가마당 판매가격 (원)	판매수입 (원)	화폐지대 (원)	증가방식
a	120	16	$7\frac{1}{2}$	120	0	0
A	60+60=120	$10+12\frac{1}{2}=22\frac{1}{2}$	$7\frac{1}{2}$	$168\frac{3}{4}$	$48\frac{3}{4}$	$15+33\frac{3}{4}$
B	60+60=120	12+15=27	$7\frac{1}{2}$	$202\frac{1}{2}$	$82\frac{1}{2}$	$15+2\times33\frac{3}{4}$
C	60+60=120	$14+17\frac{1}{2}=31\frac{1}{2}$	$7\frac{1}{2}$	$236\frac{1}{4}$	$116\frac{1}{4}$	$15+3\times33\frac{3}{4}$
D	60+60=120	16+20=36	$7\frac{1}{2}$	270	150	$15+4\times33\frac{3}{4}$
E	60+60=120	$18+22\frac{1}{2}=40\frac{1}{2}$	$7\frac{1}{2}$	$303\frac{3}{4}$	$183\frac{3}{4}$	$15+5\times33\frac{3}{4}$
합계					$581\frac{1}{4}$	$5\times15+15\times33\frac{3}{4}$

이상의 표들로부터 우리는 다음과 같은 결론을 얻을 수 있다.

무엇보다도 먼저 알 수 있는 것은, 지대의 시리즈는 지대없는 토지(가격을 지배하는 토지)를 0으로 한 비옥도 차이의 시리즈와 정확히 비례한다는 점이다. 지대를 결정하는 것은 절대적 수입이 아니라 단순히 수입의 차액이다. 각종의 토지가 에이커당 1 · 2 · 3 · 4 · 5가마를 낳든 11 · 12 · 13 · 14 · 15가마를 낳든 지대는 순차적으로 0 · 1 · 2 · 3 · 4가마 또는 그것의 화폐액이 된다.

그러나 이것보다 훨씬 더 중요한 것은 동일한 토지에 투자가 반복되는 경우에 지대총액에 생기는 결과다.

연구한 13개의 경우 중 다섯 개의 경우에서는 지대총액이 투자의 두 배 증가에 따라 두 배로 되고 있다. 즉 10×12원에서 10×24원으로 되고 있는데, 그 경우들은 다음과 같다.

첫째 예(생산가격이 불변)의 변형 1(생산성이 불변)(〈표 12〉).

둘째 예(생산가격이 하락)의 변형 3(생산성이 상승)(〈표 18〉).

셋째 예(생산가격이 등귀)의 첫째 분류(토지 A가 여전히 가격을 지배)의 세 가지 변형들(표 19 · 20 · 21).

네 개의 경우들에서는 지대가 두 배 이상으로 증가하는데, 그 경우들은 다음과 같다.

첫째 예의 변형 3(생산가격이 불변이면서 생산성이 상승한다)(〈표 15〉). 지대총액은 330원으로 증가하고 있다.

셋째 예의 둘째 분류(토지 A가 지대를 낳는다)의 세 가지 변형들(〈표 22〉에서는 지대는 15×30=450원이며, 〈표 23〉에서는 지대는 5×20+10×28=380원이고, 〈표 24〉에서는 지대는 $5\times15+15\times33\frac{3}{4}=581\frac{1}{4}$원이다).

한 개의 경우에는 지대가 증가하지만 제1차 투자에서 생기는 지대의 두 배로 되지는 않고 있다. 이 경우는 제1의 경우(생산가격이 불변)의 변형 2(제2차 투자의 생산성은 저하하지만 B가 약간의 지대를 낳는 경우)

이다(〈표 14〉에서 지대는 4×6+6×21=150원이다).

마지막으로 세 개의 경우에서만 두 번의 투자로부터 생기는 지대총액 [모든 종류의 토지에 대한 것]이 제1차 투자의 지대총액(〈표 11〉)과 동일하다. 이 경우들에서는 토지 A가 경쟁에서 탈락되어 토지 B가 가격을 지배하게 되면서 지대를 낳지 않게 되는데, 이 때문에 B의 지대가 사라질 뿐 아니라 지대시리즈의 각각의 항목에서 B의 지대만큼이 공제되고 있다. 이런 경우들은 다음과 같다.

첫째 예의 변형 2(〈표 13〉)(토지 A가 탈락한다). 지대총액은 6×20인데 〈표 11〉의 10×12=120원과 동일하다.

둘째 예의 변형 1과 변형 2(〈표 16〉과 〈표 17〉). 여기에서 토지 A는 우리의 가정에 따라 필연적으로 탈락하며, 지대총액은 6×20=10×12=120원이다.

요컨대 모든 있을 수 있는 경우들의 대다수에서 지대는 토지에 대한 자본투자가 증가하면 지대를 낳는 토지의 에이커당뿐 아니라 특히 지대총액에서도 증가한다는 것이다. 연구된 13개의 경우들 중 오직 세 개의 경우에서만 지대총액이 불변이다. 이 세 개의 경우는 [종전에 지대를 낳지 않고 가격을 지배하였던] 최열등지가 경쟁에서 탈락하고 그 바로 위의 토지가 그것을 대신하여 지대를 낳지 않게 된 경우이다. 그러나 이 경우들에서도 최우등지의 지대는 제1차 투자시의 지대보다 증가하고 있다. C의 지대는 24원에서 20원으로 감소하지만 D와 E의 지대는 각각 36원과 48원에서 40원과 60원으로 증가하고 있다.

지대총액이 제1차 투자시의 총액(〈표 11〉)보다 감소하는 것은, 토지 A뿐 아니라 토지 B가 경쟁에서 탈락하여, 토지 C가 지대를 낳지 않게 되고 가격을 지배하게 되는 경우뿐일 것이다.

그러므로 더 많은 자본이 토지에 투하되면 될수록, 그리고 한 나라의 농업과 문명일반의 발전수준이 높아지면 높아질수록, [일단 경작된 모든 종류의 토지가 계속 경쟁능력을 유지하고 있는 한] 에이커당 지대의 크기와 지대총액은 그만큼 더욱 커지며, 그리고 사회가 초과이윤의 형태로 토지소유자에게 지불하는 공물은 그만큼 더욱 커진다.

이 법칙은 대토지소유자계급의 놀랄만한 생명력을 설명해 준다. 이 사회계급은 어떤 계급보다 낭비적인 생활을 하고 '신분estate'을 유지하기 위해 [그 자금이 어디에서 나오는가에 대해 걱정하지 않고] 전통적인 사치에 몰두하는데도, 매우 가벼운 마음으로 빚을 지지도 않는다. 왜냐하면 토지에 투하되는 타인의 자본이 [자본가가 이 투자로부터 얻는] 이윤에 비할 바 없이 큰 지대를 이 계급에게 가져다주기 때문이다.

그러나 이 법칙은 또한 대토지소유자의 생명력이 점차로 끝장나고 있는 이유를 설명해 준다.

곡물법이 1846년에 철폐되었을 때 영국의 공장주들은 이것에 의해 토지소유귀족이 거지가 되리라고 믿고 있었다. 그런데 이 귀족들은 이전보다 더욱 부유하게 되었다. 어떻게 그렇게 되었는가? 매우 간단하다. 첫째로 귀족들은 차지농업가에게 연간 에이커당 £8가 아니라 £12를 투자할 것을 차지계약에서 요구하였고, 둘째로 지주들은 하원에서도 다수의 대표자를 가지고 있으므로 자기들의 토지의 배수시설이나 기타의 항구적인 개량을 위해 거대한 국가보조금을 받았다. 최열등지가 경작에서 완전히 탈락하지 않고 기껏해야 일시적으로만 다른 목적에 사용되었기 때문에, 지대는 자본투자의 증가에 비례하여 증대하였고 토지귀족은 이전보다 더욱 부유하게 되었다.

그러나 모든 것은 그 끝장이 있는 법이다. 대양횡단기선이나 남북아메리카와 인도의 철도는 매우 특수한 토지들을 유럽의 곡물시장에서 경쟁할 수 있게 하였다. 한편에서는 북아메리카의 대평원prairies이나 아르헨티나의 대평원pampas이 있는데, 그것은 자연 그대로 경작가능하며 비료를 사용하지 않는 유치한 경작으로도 여러 해에 걸쳐 풍부한 수확을 제공하는 처녀지〖미개간지〗다. 다른 한편에서는 러시아와 인도의 공산주의적 공동체의 토지가 있는데, 이 공동체들은 국가의 무자비한 전제정치[고문을 자주 동반한다]가 강요하는 조세용 화폐를 얻기 위해 그들 생산물의 일부[그리고 점점 증대하는 부분]를 판매해야만 하였다. 이 생산물들은 생산비와는 관계없이 상인이 제시하는 가격으로 판매되었다. 왜냐하면 농민들은 조세납부일까지는 어떻게 해서라도 화폐를 얻어야만 하기 때문이다. 유럽의 차지농업가farmer나 소농민peasant은 이런 경쟁—대평원의 처녀지와의 경쟁, 그리고 조세강요에 시달리는 러시아와 인도의 농민과의 경쟁—에 직면하여 이전의 〖높은〗 지대에서는 살아남을 수 없었다. 유럽토지의 일부는 곡물경작용으로서는 분명히 경쟁할 수 없게 되었고, 모든 곳에서 지대가 감소하였다. 우리가 연구한 '둘째 예의 변형 2'(생산가격이 하락하고 추가투자의 생산성이 저하하는 경우)가 유럽에서 일반화하였고, 이에 따라 스코틀랜드에서 이탈리아까지 그리고 남부프랑스에서 동부프러시아까지 토지소유자들의 탄식이 나오고 있다. 다행히도 아직 모든 대평원이 경작된 것이 아니며, 유럽의 대토지소유와 소토지소유를 완전히 파멸시키는 데 충분한 토지가 아직 남아 있다.}

* * *

지대는 다음과 같은 항목에서 논의되어야 한다.

A. 차액지대

1. 차액지대의 개념. 수력의 예. 진정한 농업지대로 넘어간다.

2. 차액지대 Ⅰ. 서로 다른 토지조각의 비옥도 차이에서 생긴다.

3. 차액지대Ⅱ. 동일한 토지에 대한 순차적인 자본투자에서 생긴다. 차액지대Ⅱ는 다음과 같은 경우에서 연구되어야 한다.

(a) 생산가격이 불변

(b) 생산가격이 하락

(c) 생산가격이 상승. 그리고,

(d) 초과이윤이 지대로 전환

4. 이 지대가 이윤율에 미치는 영향

B. 절대지대

C. 토지의 가격

D. 지대에 관한 결론적 고찰

* * *

차액지대 전체에 관한 고찰로부터 우리는 다음과 같은 일반적인 결론을 얻게 된다.

첫째. 초과이윤은 여러가지 경로를 거쳐 형성될 수 있다. 한편에서는 차액지대 I을 토대로 하여, 즉 비옥도가 서로 다른 토지로 구성되는 면적에 총농업자본을 투하하는 것을 토대로 하여 형성될 수 있다. 다른 한편에서는 차액지대Ⅱ를 토대로 하여, 즉 동일한 토지에 대한 순차적인 투자의 생산성이 다른 것을 토대로 형성될 수 있다. 다시 말해 [지대를 낳지 않지만 생산가격을 지배하는] 최열등지에 대한 동일한 자본투자의 생산성[예컨대 밀의 생산량으로 계산한다]보다 더욱 높은 생산성을 얻는 것을 토대로 형성될 수 있다. 그러나 이 초과이윤이 어떻게 생기든 그것의 지대로의 전환[즉 그것이 차지농업가로부터 토지소유자에게 이전되는 것]은 그 선행조건으로서 항상 다음을 전제한다. 즉 각각의 순차적인 투자들의 부분 생산물들이 가지는 각종의 현실적인 개별생산가격들(시장을 지배하는 일반적 생산가격과는 독립적이다)이 미리 하나의 개별적인 평균생산가격으로 전환되어 있다는 것이다. 1에이커 생산물의 일반적인 지배적 생산가격이 개별적인 평균생산가격보다 큰 초과분이 에이커당 지대를 형성하고 측정하기도 한다. 차액지대 Ⅰ의 경우에는 초과분들이 바로 구별될 수 있다. 왜냐하면 그 초과분들이, 서로 분리되어 나란히 존재하는 다른 토지조각에서 [에이커당 표준적인 자본투자와 표준적인 경작방법을 전제하여] 생기기 때문이다. 그러나 차액지대 Ⅱ의 경우에는 그 초과분들은 먼저 구별될 수 있도록 계산되어야 한다. 그 초과분들은 사실상 차액지대 Ⅰ로 재전환되어야만 하는데, 이것은 오직 위에서 말한 방식에 의해서만 행해질 수 있다.

예컨대 제41장의 〈표 3〉을 고찰해보자.

토지 B는 제1차 투자 50원에 대해 에이커당 2가마를 낳으며 제2차 투자 50원에 대해 $1\frac{1}{2}$가마를 낳아 동일한 1에이커에서 합계 $3\frac{1}{2}$가마를 낳고 있다. 우리는 [동일한 토지의 생산물인] 이 $3\frac{1}{2}$가마로부터 얼마만큼이 제1차 투자의 생산물이고 얼마만큼이 제2차 투자의 생산물인지 알 수가 없다. 사실상 $3\frac{1}{2}$가마는 총자본 100원의 생산물이며, 다만 50원의 자본은 2가마를 낳았는데 100원의 자본은 4가마가 아니라 $3\frac{1}{2}$가마를 낳았다는 사실뿐이다. [이것은 100원이 4가마를 낳음으로써 두 개의 자본투자의 생산물이 각각 동일한 경우나, 5가마를 낳음으로써 제2차 투자의 생산물이 1가마 더 많은 경우에도 마찬가지일 것이다.] 우리의 예에서는 첫 2가마의 생산가격은 가마당 30원이고 두 번째 $1\frac{1}{2}$가마의 생산가격은 가마당 40원이다. 그리고 총생산물 $3\frac{1}{2}$가마의 생산가격은 120원이고, 가마당 $34\frac{2}{7}$원이다. 이것이 가마당 개별적인 생산가격이다. 그런데 토지 A에 의해 결정된 일반적 생산가격이 가마당 60원이므로 초과이윤은 가마당 $25\frac{5}{7}$원이고 $3\frac{1}{2}$가마에 대해서는 합계 90원이다. 이것은 B의 평균생산가격 〚'일반적 생산가격'이 옳다〛으로는 $1\frac{1}{2}$가마다. 이리하여 B의 초과이윤은 B의 생산량 일부인 $1\frac{1}{2}$가마이고 화폐지대는 90원이다. 그러나 A의 1에이커의 생산량을 넘는 B의 1에이커의 생산량 초과분은 직접적으로 초과이윤을 표시할 수 없으며, 또한 초과생산물을 표시할 수 없다. 우리의 가정에 의하면 B의 1에이커는 $3\frac{1}{2}$가마를 낳는데 A의 1에이커는 오직 1가마만 낳는다. 이리하여 B의 생산량의 초과분은 $2\frac{1}{2}$가마이지만 초과생산물은 $1\frac{1}{2}$가마일 뿐이다. 왜냐하면 B에 대해서는 A에 대해서보다 두 배의 자본이 투하되었고 따라서 생산가격이 두 배이기 때문이다. A에 대해서도 역시 100원이 투자되고 추가자본의 생산성이 불변이라면, A의 생산량은 1가마가 아니라 2가마일 것이며, 초과생산물은 $3\frac{1}{2}$가마와 1가마를 비교하는 것에 의해서가 아니라 $3\frac{1}{2}$가마와 2가마를 비교하는 것에 의해 발견될 것이고 따라서 초과생산물은 $2\frac{1}{2}$가마가 아니라 $1\frac{1}{2}$가마로 될 것이다. 더욱이 만약 B에서 제3차 투자 50원이 행해지고 이 투자가 오직 1가마만 낳아 이 1가마의 생산가격이 A와 마찬가지로 60원이라면, 그것의 판매가격 60원은 오직 생산가격만을 보상할 것이고, 이에 따라 평균이윤만을 낳고 초과이윤을 낳지 않을 것이며, 따라서 지대로 전환될 것이 없을 것이다. 어떤 토지의 에이커당 생산량과 토지 A의 에이커당 생산량을 비교하는 것에 의해서는, 그 생산량들이 동일한 크기의 자본투자에 의한 것인지 아닌지를 알 수 없으며, 또한 그 생산량의 초과분이 단순히 생산가격을 보상하는 것에 불과한지 아닌지를 알 수 없으며 그리고 그 생산량의 초과분이 추가투자의 생산성 상승에 의한 것인지 아닌지도 알 수 없다.

둘째. 초과이윤의 새로운 형성을 문제로 삼는 한, 추가투자의 한계는 그 투자가 오직 생산가격을 보상할 만큼의 생산물만 낳는 경우다. 예를 들면 그 투자가 1가마의 밀을 토지 A에서의 생산가격[우리의 가정에서는 60원]과 동일한 가격으로 생산하는 경우다. 그런데 추가투자의 생산성이 저하하는 경우에는 추가투자의 한계는, 위의 논의로부터 다음과 같이 말할 수 있다. 즉, B의 1에이커에 대한 총투자가 지대를 낳지 않게 되는 한계는 B의 에이커당 생산물의 개별적 평균생산가격이 A의 에이커당 생산가격의 수준으로 등귀하게 되는 점까지라는 것이다.

만약 B에 대한 추가투자가 생산가격을 보상할 뿐이며 따라서 어떤 초과이윤이나 새로운 지대를 형성하지 못한다면, 이 추가투자는 가마당 개별적 평균생산가격을 인상시킬 것이지만 이전의 투자에 의해 형성된 초과이윤(그리고 지대)에는 영향을 미치지 않는다. 왜냐하면 평균생산가격은 항상 A의 생산가격보다 낮기 때문이며, 그리고 가마당 가격초과분이 감소한다 하더라도 생산량이 동일한 비율로 증가하여 가격초과분 총액은 불변이기 때문이다.

위의 예에서 B에 대한 최초의 2회의 투자(100원)는 $3\frac{1}{2}$가마를 낳고, 우리의 가정에 의하면 $1\frac{1}{2}$가마의 지대(=90원)를 낳는다. 이제 제3차 투자 50원이 추가되어 1가마의 추가분만 생산한다면, $4\frac{1}{2}$가마의 총생산가격(20%의 이윤 포함)은 180원이고 가마당 평균생산가격은 40원일 것이다. B의 가마당 평균생산가격은 $34\frac{1}{2}$원에서 40원으로 등귀하였고, A의 지배적인 가격과 비교한 가마당 초과이윤은 $25\frac{1}{2}$원에서 20원으로 감소하였다. 그러나 초과이윤총액은 20원$\times 4\frac{1}{2}$=90원으로서 이전의 $25\frac{5}{7}$원$\times 3\frac{1}{2}$=90원과 마찬가지다.

각각 50원의 제4차 투자와 제5차 투자가 B에서 행해지고 각각의 투자가 일반적 생산가격으로 1가마씩 생산한다고 가정하면, 에이커당 총생산물은 $6\frac{1}{2}$가마가 되며 총생산가격은 300원이 될 것이다. B의 가마당 평균생산가격은 40원에서 $46\frac{2}{13}$원으로 등귀하게 되고, A의 지배적인 생산가격과 비교한 가마당 초과이윤은 20원에서 $13\frac{11}{13}$원으로 감소할 것이다. 그러나 초과이윤총액은 이 $13\frac{11}{13}$원에 $4\frac{1}{2}$가마를 곱하는 것이 아니라 $6\frac{1}{2}$가마를 곱하게 될 것이며 따라서 $13\frac{11}{13}$원$\times 6\frac{1}{2}$=20원$\times 4\frac{1}{2}$=90원이 될 것이다.

이것으로부터 먼저 다음과 같은 것을 알 수 있다. 위와 같은 조건에서는, 지대를 낳는 토지에 대한 추가투자를 유인하기 위해서는, [추가투자가 초과이윤을 전혀 낳지 않고 다만 평균이윤을 낳는 수준까지는] 지배적인 생산가격의 등귀가 전혀 필요하지 않다는 점이다. 또한 알 수 있는 것은 가마당 초과이윤이 아무리 감소하더라도 이 감소는 언제나 에이커당 총생산량의 증가에 의해 상쇄되기 때문에 에이커당 총초과이윤은 불변이라는 점이다. 평균생산가격이 일반적 생산가격의 수준까지 등귀하기 위해서는 (즉 B의 평균생산가격이 가마당 60원으로 등귀하기 위해서는) 추가자본이 투하되어야하는데, 이 추가자본의 생산물은 지배적인 생산가격 60원보다 높은 생산가격을 가져야 한다. 그러나 곧 알게 될 것이지만, 이것만으로는 B의 가마당 평균생산가격을 일반적 생산가격 60원으로 끌어올리기에는 충분하지 않다.

B에서 다음과 같이 생산된다고 가정하자.

(1) $3\frac{1}{2}$가마가 생산가격 120원으로 생산된다. 따라서 50원씩 2회의 투자는 모두 초과이윤을 형성하지만 그 크기는 감소한다.

(2) 1가마가 60원으로 생산된다. 이 투자에서는 『추가생산물의』 개별적 생산가격이 지배적 생산가격과 동등하다.

(3) 1가마가 80원으로 생산된다. 이 투자에서는 개별적 생산가격이 지배적인 생산가격보다 $33\frac{1}{3}\%$ 높다.

이리하여 우리는 에이커당 $5\frac{1}{2}$가마를 가지게 되는데, 총생산가격은 260원『120+60+80』이고 총자본투자는 $216\frac{2}{3}$원이다『평균이윤율이 여전히 20%라면, 260원÷(1+0.2)=$216\frac{2}{3}$』. 총자본투자는 최초의 투자『50원』의 4배『이상』이지만 생산량은 제1차 투자의 생산량『2가마』의 3배도 되지 않는다.

260원에 $5\frac{1}{2}$가마이므로 평균생산가격은 가마당 $47\frac{3}{11}$원이며, 지배적 생산가격이 가마당 60원이므로 가마당 $12\frac{8}{11}$원의 초과분이 있어 지대로 전환될 수 있다. 지배적인 생산가격 60원으로 $5\frac{1}{2}$가마를 판매하면 330원이 되며, 여기에서 생산가격 260원을 빼면 70원의 초과이윤 또는 지대가 남는데, 이것은 B의 가마당 평균생산가격[$47\frac{3}{11}$원]으로는 $1\frac{25}{52}$가마이다.

화폐지대는 20원〖90−70〗만큼 감소하였고 곡물지대는 약 $\frac{1}{2}$가마만큼 감소하였다〖이것은 $\frac{1}{2}$가마가 아니라 $\frac{1}{3}$가마이다. 왜냐하면 일반적 생산가격은 가마당 60원이므로 20원은 60원의 $\frac{1}{3}$이기 때문이다. 또는 만약 B의 가마당 평균생산가격에 의한다면, 지대총액이 90원이었을 때는 가마당 평균생산가격이 $34\frac{2}{7}$원이었으므로 곡물지대는 $2\frac{5}{8}$가마였고, 지대총액이 70원이었을 때는 가마당 평균생산가격이 $47\frac{3}{11}$원이었으므로 곡물지대는 $1\frac{25}{52}$가마다. 따라서 그 차이는 $2\frac{5}{8}-1\frac{25}{52}=1\frac{25}{104}$가마다〗. 그러나 B에 대한 제4차 투자〖위의 3항〗가 초과이윤을 낳지 않을 뿐 아니라 평균이윤보다 적은 이윤〖사실상 (−)의 이윤이다. 왜냐하면 1가마를 80원에 판매하는 것이 아니라 60원에 판매해야 하기 때문이다〗을 낳는데도, 〖B 토지에서는〗 초과이윤과 지대는 여전히 존재한다. 만약 이 제4차 투자뿐 아니라 제3차 투자도 이처럼 지배적 생산가격보다 높은 가격〖가마당 80원〗으로 생산한다고 가정하면, 총생산은 120원에 $3\frac{1}{2}$가마와 160원에 2가마가 되어, 합계하면 생산가격 280원에 $5\frac{1}{2}$가마가 될 것이다. 가마당 평균생산가격은 $50\frac{10}{11}$원이 될 것이고 가마당 초과이윤은 $9\frac{1}{11}$원일 것이다. $5\frac{1}{2}$가마가 가마당 60원에 판매된다면 총판매수입은 330원이고, 여기에서 생산가격 280원을 빼면 50원이 지대로 남게 된다. 이것은 새로운 평균생산가격으로는 $\frac{55}{56}$가마〖$50\div50\frac{10}{11}$〗일 것이다. 지대는 이전보다 적지만 아직도 여전히 존재한다.

이상의 것이 밝히고 있는 것은, 우등지에서는 추가투자에 의한 생산물의 생산가격이 지배적 생산가격보다 높은 경우에도 [적어도 실제로 가능한 범위 안에서는] 지대는 사라지지 않으며 다만 감소할 뿐이라는 점, 그리고 이 감소는 한편에서는 이 상대적으로 낮은 생산성의 자본이 총자본투자에서 차지하는 비율에 비례하며 다른 한편에서는 이 생산성의 감소에 비례한다는 점이다. 총생산물의 평균생산가격은 아직도 지배적 생산가격보다 낮을 것이며, 이리하여 [지대로 전환될 수 있는] 초과이윤을 여전히 남길 것이다.

〈표 25〉

자본 (원)		이윤 (원)	생산량 (가마)	생산가격(원)		가마당 판매가격 (원)	판매 수입 (원)	지대로 될 초과분	
				가마당	총계			가마	원
1차	50	10	2	30	60	60	120	1	60
2차	50	10	$1\frac{1}{2}$	40	60	60	90	$\frac{1}{2}$	30
3차	100	20	$1\frac{1}{2}$	80	120	60	90	$-\frac{1}{2}$	−30
4차	100	20	1	120	120	60	60	−1	−60
합계	300	60	6				360	0	0

생산성이 저하하는 4개의 순차적인 투자(50원, 50원, 100원, 100원)의 결과 B의 가마당 평균생산가격이 일반적 생산가격과 일치하게 되었다고 가정하자 『〈표 25〉』.

이 경우 농업자본가는 각 가마의 밀을 그것의 개별적 생산가격으로 판매하며, 따라서 모든 가마들을 가마당 평균생산가격[이것은 지배적 생산가격 60원과 일치한다]으로 판매한다. 이리하여 그는 자기의 자본 300원에 대해 종전과 마찬가지로 20%의 이윤인 60원을 얻는다. 그러나 지대는 사라져 버렸다. 각 가마의 개별적 생산가격이 이처럼 일반적 생산가격과 균등화되는 과정에서 초과분은 어디로 간 것일까?

제1차 투자 50원의 초과이윤은 60원이었고 제2차 투자 50원의 초과이윤은 30원이었다. 그리하여 총투하자본 『300원』의 $\frac{1}{3}$인 위의 100원의 총초과이윤은 90원, 즉 90%였다.

제3차 투자 100원은 초과이윤을 낳지 않을 뿐 아니라 그 생산물 $1\frac{1}{2}$가마가 일반적 생산가격으로 판매되어 30원의 (−)초과이윤을 가져온다. 끝으로 제4차 투자 100원의 경우에도 생산물 1가마가 일반적 생산가격으로 판매되어 60원의 (−)초과이윤을 가져온다. 그리하여 이 제3차와 제4차의 투자는 합계 90원의 (−)초과이윤을 일으키며, 이것은 제1차와 제2차의 투자가 얻은 90원의 초과이윤과 동등하다.

초과이윤과 (−)초과이윤은 서로 상쇄된다. 이리하여 지대는 사라진다. 그러나 실제로 이렇게 되는 것은 초과이윤 또는 지대를 형성한 잉여가치의 요소들이 이제는 평균이윤의 형성에 들어가기 때문이다. 차지농업가는 300원에 대한 평균이윤 60원[20%]을 지대의 희생에 의해 얻는 것이다.

B의 개별적 평균생산가격이 [시장을 지배하는] A의 일반적 생산가격과 동등하게 되는 것은, 초기투자들 〖1차와 2차〗 에 의한 생산물의 개별가격이 지배적 가격을 밑도는 그 차액이, 후기투자들 〖3차와 4차〗 에 의한 생산물의 개별가격이 지배적 가격을 웃도는 그 차액에 의해 점점 상쇄되어 없어져 버린다는 것을 전제하고 있다. 초기투자의 생산물이 그 자체로서 판매되는 동안 초과이윤으로 나타나던 것이 점차로 평균생산가격의 일부로 되어 평균이윤의 형성에 들어가며, 드디어 오로지 평균이윤으로 흡수되어 버리는 것이다.

만약 B에 300원의 자본이 투하되지 않고 100원만이 투하되며, 〈표 25〉의 추가적인 $2\frac{1}{2}$가마가 $2\frac{1}{2}$에이커의 A를 새로이 경작하는 것[에이커당 50원을 투자한다]에 의해 생산된다면, 추가자본투자는 오직 125원 〖=50원×2.5에이커〗 일 것이며, 6가마를 생산하기 위해 A와 B에 투하한 자본총액은 300원이 아니라 225원에 불과할 것이고, 이윤 〖225×20%=45〗 을 포함한 총생산가격은 270원일 것이다. 6가마는 여전히 360원으로 판매될 것이지만, 자본투자액은 75원만큼 감소하였고 B의 지대는 에이커당 90원일 것이다. 추가적인 $2\frac{1}{2}$가마를 생산하기 위해 A보다 열등한 토지 A′과 A″에 의존해야 한다면 — A′에서는 $1\frac{1}{2}$가마의 생산가격이 가마당 80원이고 A″에서는 1가마의 생산가격이 120원이라면 — 사태는 달라질 것이다. 이렇게 되면 가마당 지배적 생산가격은 120원이 될 것이다. B로부터의 $3\frac{1}{2}$가마는 210원에 판매되는 것이 아니라 420원으로 판매될 것이며, 이리하여 화폐지대는 90원 대신 300원으로, 밀지대는 $1\frac{1}{2}$가마 대신 $2\frac{1}{2}$가마로 될 것이다. A에서도 마찬가지로 1가마가 이제 60원[$\frac{1}{2}$가마]의

지대를 낳을 것이다.

이 점에 대해 더 깊게 들어가기 전에 한 마디 한다.

B의 가마당 평균가격이 A에 의해 지배되는 일반적 생산가격[가마당 60원]과 균등화되어 일치하는 것은, 총자본 중 초과생산물 $1\frac{1}{2}$가마를 낳는 부분 〖〈표 25〉의 제1차와 제2차 투자〗이 총자본 중 (−)초과생산물 $1\frac{1}{2}$가마를 낳는 부분 〖〈표 25〉의 제3차와 제4차 투자〗에 의해 상쇄될 때다. 이 균등화가 얼마나 빨리 이루어지는가, 또는 생산성이 저하하는 B에 얼마나 많은 자본을 투하하여야만 이 균등화가 이루어질 것인가는 [초기투자들의 초과생산물 생산능력이 일정하다고 한다면] 다음과 같은 사정—B에 투하될 후기투자들의 생산성이 가격을 지배하는 최열등지 A에 대한 동액의 투자에 비해 얼마나 상대적으로 밑도는가, 또는 이 후기투자들에 의한 생산물의 개별적 생산가격이 지배적 생산가격을 얼마나 웃도는가—에 달려 있다.

* * *

이상의 논의로부터 다음과 같은 것이 나온다.

첫째, 추가자본이 동일한 토지에서 초과이윤을 가지면서—비록 이 초과이윤이 감소한다 할지라도—투하되는 동안은, 에이커당 밀지대와 화폐지대는 절대적으로 증가한다. 비록 이 지대가 투하자본에 비해 상대적으로는 감소한다 하더라도[즉 초과이윤율 또는 지대율이 감소한다 하더라도]. 이 경우의 한계는 오직 평균이윤만을 낳는 추가자본, 또는 그 생산물의 개별적 생산가격이 일반적 생산가격과 일치하게 되는 추가자본에 의해 형성된다. 이런 조건에서는 공급 증가가 열등지의 생산물을 불필요하게 하지 않는 한 생산가격은 불변이다. 가격이 하락하더라도 이 추가자본들은 일정한 한계 안에서는 여전히 초과이윤[비록 더 적어진다 하더라도]을 낳을 수 있다.

둘째, 오직 평균이윤을 낳을 뿐이며 초과이윤을 낳지 않는 추가자본의 투하는 현존하는 초과이윤 그리고 지대의 규모를 변경시키지 않는다. 그리하여 가마당 개별적 평균생산가격은 우등지에서 상승하여 가마당 초과이윤은 감소하지만, 생산량이 증가하기 때문에 총초과이윤은 불변이다.

셋째, 추가투자의 생산물의 개별적 생산가격이 지배적 생산가격보다 높아 추가투자의 초과이윤이 0이 아니라 (–)인 경우(즉 추가투자의 생산성이 가격을 지배하는 토지 A에 대한 동등한 투자의 생산성보다 낮은 경우), 추가투자는 우등지의 총생산물의 개별적 평균가격을 점점 더 일반적인 생산가격으로 접근시키며, 따라서 그 둘 사이의 차액[이것이 초과이윤 또는 지대를 형성한다]을 점점 더 축소시킨다. 초과이윤 또는 지대를 형성했던 것 중 점점 더 많은 부분이 평균이윤의 형성에 들어간다. 그럼에도 B의 1에이커에 투하된 총자본은 계속 초과이윤을 낳는다. 비록 이 초과이윤은 (–)초과이윤을 낳는 자본액이 증가함에 따라 그리고 이 (–)초과이윤의 크기에 따라 감소하지만. 이 경우 에이커당 지대는 자본의 증대와 생산의 증가에 따라 절대적으로 감소하며 앞의 경우처럼 투하자본의 증대에 비해 상대적으로만 감소하는 것은 아니다.

지대가 사라질 수 있는 것은, 우등지 B의 총생산물의 개별적 평균생산가격이 지배적 생산가격과 일치하게 되는 경우—즉 초기의 더 생산적 투자들의 초과이윤 전체가 평균이윤의 형성에 모두 사용되어 버리는 경우—뿐이다.

에이커당 지대가 감소할 수 있는 최소한도는 지대가 사라지는 점이다. 그러나 이 점에 도달하는 것은, 추가투자가 (–)초과이윤을 낳게 될 때가 아니라, (–)초과이윤을 낳는 추가투자가 너무나 커서 이것의 효과가 초기투자의 초과이윤을 상쇄하며, 그리하여 총투하자본의 생산성이 A에서의 생산성과 동등하게 되고, 따라서 B의 가마당 개별적 평균가격이 A의 가마당 개별적 평균가격과 동등하게 될 때다.

이 경우에도 지대는 사라졌지만 지배적 생산가격—가마당 60원—은 불변이다. 이 점을 넘어서야 비로소 생산가격은 [추가자본의 (−)초과이윤의 크기가 증대한 결과로, 또는 동일한 크기의 (−)초과이윤을 낳는 추가자본액이 증가한 결과로] 상승할 수밖에 없게 될 것이다. 예컨대 〈표 25〉에서 $1\frac{1}{2}$가마가 아니라 $2\frac{1}{2}$가마가 동일한 토지에서 가마당 80원으로 생산된다면, 우리는 7가마를 생산가격 440원에 얻게 될 것이며, 가마당 생산가격은 $62\frac{6}{7}$원이 될 것이고, 이것은 일반적 생산가격보다 $2\frac{6}{7}$원이 높기 때문에, 일반적 생산가격은 상승할 수밖에 없을 것이다.

그러므로 최우등지의 가마당 개별적 평균가격이 일반적 생산가격과 동등하게 될 때까지 [즉 전자에 대한 후자의 초과분이 완전히 사라지고 따라서 초과이윤과 지대가 완전히 사라질 때까지] 상당한 기간 (−)초과이윤을 낳는 추가자본, 그리고 심지어 (−)초과이윤이 점점 더 커지는 추가자본까지도 투하될 수 있을 것이다.

더욱이 이 경우에도 우등지에서 지대가 사라진다는 것은 우등지 생산물의 개별적 생산가격이 일반적인 생산가격과 일치하게 된 것을 의미할 뿐이며, 이 일반적 생산가격의 상승은 아직 필요하지 않을 것이다.

위의 예에서 우등지 B[이것은 지대를 낳는 우등지 중 가장 나쁜 토지이다]에서는 $3\frac{1}{2}$가마가 초과이윤을 낳는 자본 100원에 의해 생산되었고, $2\frac{1}{2}$가마는 (−)초과이윤을 낳는 자본 200원에 의해 생산되었다. 즉 합계 6가마 중 $\frac{5}{12}$가 (−)초과이윤을 낳는 자본에 의해 생산되었다. 그리고 이 점에서 비로소 6가마의 개별적 평균생산가격이 가마당 60원으로 상승하여 일반적 생산가격과 일치하게 된 것이다.

그러나 토지소유의 법칙 아래에서는 위의 나중의 $2\frac{1}{2}$가마는 [그것이 토지종류 A의 새로운 $2\frac{1}{2}$에이커에서 생산될 수 있는 경우를 제외하고는] 가마당 60원으로 생산될 수는 없었을 것이다. 추가투자가 일반적 생산가격으로 생산하는 경우가 하나의 한계를 형성하였을 것이다. 이 점을 넘어서면 동일한 토지에 대한 추가투자는 중단될 수밖에 없을 것이다.

만약 차지농업가가 처음 2회의 자본투자에 대해 예컨대 90원의 지대를 지불해야 한다면, 그는 계속 그것을 지불할 수밖에 없으며, 1가마를 60원보다 비싸게 생산하는 자본투자는 모두 그의 이윤을 감축시키게 될 것이다. 그러므로 (−)초과이윤의 경우에는 개별적 평균가격의 균등화는 저지된다.

이 경우를 위의 예[가마당 60원이라는 A의 생산가격이 B의 가격을 지배한다]와 관련시켜 살펴보자 〖〈표 25〉를 참조하라〗.

처음의 두 자본투자로부터 나오는 $3\frac{1}{2}$가마의 생산비는 차지농업가에게는 가마당 60원이다. 왜냐하면 그는 지대로 90원을 지불해야 하므로, 그의 개별적 생산가격과 일반적 생산가격 사이의 차액이 그의 주머니로 들어오지 않기 때문이다. 그러므로 그의 입장에서 보면 처음의 두 자본투자에 의한 생산물의 가격초과분은 제3차와 제4차의 투자에 의한 생산물 때문에 입는 손실 〖(−)초과이윤〗을 보상하는 데 작용할 수 없다.

제3차 투자의 생산물 $1\frac{1}{2}$가마는 차지농업가에게 120원[이윤을 포함]을 들게 하지만, 지배적 생산가격이 가마당 60원이므로 그는 $1\frac{1}{2}$가마를 90원으로 판매할 수 있을 뿐이다. 이리하여 그는 이윤 전체 〖20원〗를 잃을 뿐 아니라 그 위에 10원[즉 그의 투하자본 100원의 10%]을 더 잃게 된다. [그가 입는] 이윤 · 자본의 손실은 제3차 투자에서는 30원이 되며, 제4차 투자에서는 60원이 되어 합계 90원이 되는데, 이것은 더 유리한 자본투자 〖제1차와 제2차의 투자〗가 지불한 지대와 동등하게 된다. 그러나 더 유리한 투자들의 개별적 생산가격은 B의 총생산물의 개별적 평균생산가격을 균등화시키는 요소로서 작용할 수 없다. 왜냐하면 이 가격초과분 〖유리한 투자가 낳은 것〗은 지대로서 제3자에게 이미 지불되어 버렸기 때문이다.

만약 수요를 충족시키기 위해 제3차 투자가 추가적인 $1\frac{1}{2}$가마를 생산하는 것이 필요하다면, 지배적 시장가격은 가마당 80원으로 상승해야만 한다. 지배적 시장가격의 이런 상승의 결과 B에 대한 제1차와 제2차 투자의 지대는 증대할 것이고 A에서도 지대가 형성될 것이다.

비록 차액지대는 초과이윤을 지대로 전환시키는 형식에 불과하고, 토지소유는 이 경우 차지농업가의 초과이윤을 토지소유자에게로 이전시키는 것을 가능하게 할 뿐이지만, 그럼에도 우리는 다음과 같은 것을 알 수 있다. 즉 동일한 토지조각에 대한 순차적인 투자 또는 [마찬가지 이야기지만] 동일한 토지에 투하되는 자본의 증가는, [자본의 생산성이 저하하고 지배적 가격이 불변인 경우에는] 더 급속하게 그 한계에 부닥친다는 것, 다시 말해 동일한 토지에 대한 투자증대는 [토지소유 때문에 초과이윤이 지대로 단순히 형태전환하는 결과로] 다소 인위적인 제한에 부닥친다는 것이다. 이리하여 그 한계가 다른 곳에서보다 훨씬 좁은 여기에서는『농업에서는』 일반적 생산가격의 상승이 필요하게 되는데, 이 가격의 상승은 차액지대를 증대시키는 원인일 뿐 아니라, 거꾸로 지대로서의 차액지대의 존재가 [필요하게 된 생산물의 공급 증대를 확보하기 위해] 일반적 생산가격을 더 일찍 그리고 더 급속하게 등귀시키는 원인이기도 하다.

또한 다음과 같은 점에도 주의해야 한다.

만약 토지 A가 제2차 투자에 의해 추가생산물을 80원 이하로 공급한다면, 또는 A보다 열등한 새로운 토지가 경쟁에 참가해 그 생산가격이 60원보다는 높지만 80원보다는 낮았다면, 토지 B에 대한 추가투자에 의해 지배적 생산가격이 80원으로 상승할 수는 없었을 것이다. 그러므로 우리가 알 수 있는 것은 차액지대 Ⅰ과 차액지대 Ⅱ는 전자가 후자의 토대이면서도 상호간에 한계로서 역할한다는 점인데, 이 때문에 어느 경우에는 동일한 토지조각에 대해 순차적인 투자가 행해지며, 또 어느 경우에는 새로운 추가적인 토지에서 병행적인 투자가 행해지는 것이다. 이와 마찬가지로, 기타의 경우[예컨대 우등지가 추가되는 경우]에도 차액지대 Ⅰ과 차액지대 Ⅱ는 상호간에 한계로서 작용한다.

제44장
최열등지에서도 생기는 차액지대

곡물에 대한 수요가 증가하여, 그 공급이 지대를 낳는 토지에 대한 순차적인 투자[생산성은 저하한다]에 의해, 또는 토지 A에 대한 추가투자[역시 생산성은 저하한다]에 의해, 또는 A보다 열등한 새로운 토지에 대한 투자에 의해 충족될 수밖에 없다고 가정하자.

토지 B를 지대낳는 토지의 대표로 삼자.

토지 B에서 1가마(1가마를 100만 가마로 표시해도 좋고 1에이커를 100만 에이커로 표시해도 좋다)의 추가생산을 가능하게 하기 위해서는, 시장가격이 종전의 지배적 생산가격[가마당 60원]을 웃돌아야만 추가투자가 이루어질 것이다. C · D 따위 최고의 지대를 낳는 토지종류에서도 추가생산물[체감한다]이 생산될 수 있지만, 여기에서는 수요를 충족시키기 위해 B로부터의 1가마가 필요하다고 가정하고 있다. 만약 이 1가마를 생산하는 데 B에 대한 추가투자가 A에 대한 동액의 추가투자보다, 또는 A보다 열등한 A′을 경작하는 것보다 싸게 든다면[예컨대 A에 대한 추가투자는 가마당 75원으로 생산하며 A′은 가마당 80원으로 생산할 수 있을 뿐이라면] B에 대한 추가투자가 시장가격을 지배할 것이다.

A는 종전의 예에서와 같이 60원에 1가마를 생산하며, B는 합계 120원

의 개별적 생산가격으로 합계 $3\frac{1}{2}$가마를 생산한다고 하자. 추가적인 1가마를 생산하기 위해 B에서는 추가적인 80원(이윤포함)이 필요하며 A에서는 75원이 필요하다면, 그 추가적인 1가마는 당연히 B에서가 아니라 A에서 생산될 것이다. 그러므로 우리는 추가적인 1가마가 B에서 추가적인 생산가격 70원에 의해 생산된다고 가정하자. 이 경우 70원은 총생산물에 대한 지배적 가격이 될 것이다. B는 자기의 생산량[이제는 $4\frac{1}{2}$가마]을 315원에 판매할 것이다. 최초의 $3\frac{1}{2}$가마의 생산가격은 120원이고 최후의 1가마의 생산가격은 70원이어서 생산가격의 합계는 190원이므로, 지대로 남는 초과이윤은 125원 〚=315−190〛[이전에는 90원이었다]이다. 이 경우 A의 1에이커도 지대 10원을 낳을 것이다 〚왜냐하면 A의 1에이커는 생산가격 60원에 의해 1가마를 생산하기 때문이다〛. 생산가격 70원을 결정하는 것은 최열등지 A가 아니라 우등지 B다. 물론 여기에서 가정하고 있는 것은, A와 동질의 새로운 토지[그리고 이미 경작되고 있는 A와 마찬가지로 위치가 좋은 토지]를 이용하는 것이 불가능하다는 것, 그리고 이미 경작되고 있는 A에 대한 제2차투자[더 큰 생산가격을 가진다]가 필요하든가 아니면 더욱 열등한 토지 A′을 경작하는 것이 필요하다는 것이다. 차액지대Ⅱ가 순차적인 투자에 의해 작용하게 되자마자, 생산가격 상승의 한계는 우등지에 의해 규제될 수 있게 되며, [차액지대Ⅰ의 토대인] 최열등지도 지대를 낳을 수 있게 된다. 그리하여 이 경우 모든 경작지가 [차액지대만이 존재하는 조건에서도] 지대를 낳게 될 것이다. 다음의 두 표 〚〈표 26〉과 〈표 27〉〛가 이것을 나타내는데, 이 표에서 생산가격은 투하자본액에 20%의 이윤을 첨가한 것을 가리키며, 50원의 자본에 대해 이윤이 10원이 되어 생산가격은 60원으로 된다.

〈표 26〉은 B에 대한 추가투자에 의해 70원의 생산가격으로 1가마가 추가적으로 생산되기 이전의 상태를 가리킨다. 이 추가투자가 이루어진 이후의 상태는 〈표 27〉과 같다.

〈표 26〉

토지종류	면적 (에이커)	생산가격 (원)	생산량 (가마)	가마당 판매가격 (원)	판매수입 (원)	밀지대 (가마)	화폐지대 (원)
A	1	60	1	60	60	0	0
B	1	120	$3\frac{1}{2}$	60	210	$1\frac{1}{2}$	90
C	1	120	$5\frac{1}{2}$	60	330	$3\frac{1}{2}$	210
D	1	120	$7\frac{1}{2}$	60	450	$5\frac{1}{2}$	330
합계		420	$17\frac{1}{2}$		1,050	$10\frac{1}{2}$	630

〈표 27〉

토지종류	면적 (에이커)	생산가격 (원)	생산량 (가마)	가마당 판매가격 (원)	판매수입 (원)	밀지대 (가마)	화폐지대 (원)
A	1	60	1	70	70	$\frac{1}{7}$	10
B	1	190	$4\frac{1}{2}$	70	315	$1\frac{11}{14}$	125
C	1	120	$5\frac{1}{2}$	70	385	$3\frac{11}{14}$	265
D	1	120	$7\frac{1}{2}$	70	525	$5\frac{11}{14}$	405
합계		490	$18\frac{1}{2}$		1,295	$11\frac{1}{2}$	805

{엥겔스: 여기에서도 계산이 완전히 정확하지는 않다. 토지 B의 차지농업가의 측에서 본다면 $4\frac{1}{2}$가마는 생산가격으로 190원이 들고 지대로 90원 〚〈표 26〉에 있는 종전의 지대〛이 들어 합계 280원이 들기 때문에 가마당 평균가격은 $62\frac{2}{9}$원이다. 그러므로 그의 총생산물의 이 평균가격이 지배적 시장가격이 된다. 따라서 A의 지대는 10원이 아니라 $2\frac{2}{9}$원이 될 것이고, B의 지대는 종전과 같이 90원일 것이다. 즉 가마당 $62\frac{2}{9}$원으로 $4\frac{1}{2}$가마이면 280원이며, 여기에서 생산가격 190원을 빼면 90원이 초과

이윤으로 남는다. 숫자들을 변경시킬 필요가 있음에도, 위의 예는 이미 지대를 낳고 있는 우등지가 차액지대 Ⅱ의 존재 때문에 가격을 지배할 수 있게 된다는 것, 그리고 이것 때문에 [종전에는 지대를 낳지 않았던 토지를 포함하여] 모든 토지가 지대낳는 토지로 전환될 수 있다는 것을 보여준다.}

밀의 지배적 생산가격이 등귀하면[즉 가격을 지배하는 토지에서 1가마의 밀가격이 등귀하거나, 토지종류의 하나에서 가격을 지배하는 투자의 규모가 증대하면] 밀지대는 증대할 수밖에 없다. 이것은 마치 모든 종류의 토지들의 비옥도가 저하하여 모든 토지가 예컨대 50원의 새로운 투자로 1가마가 아니라 $\frac{5}{7}$가마밖에는 생산하지 못하는 경우와 마찬가지다. [토지들이 동일한 투자로 더 많이 생산하는 밀은 초과이윤[따라서 지대]을 대표하는 초과생산물로 전환한다.] 이윤율이 불변이라고 가정하면 차지농업가는 자기 이윤으로 더 적은 밀을 구입할 수 있을 뿐이다. 밀 가격의 등귀로 임금의 상승경향이 있는데도 이윤율은 불변일 수 있다. 왜냐하면 임금이 육체적 최저한도로 [즉 노동력의 정상적인 가치 이하로] 억압되기 때문이거나, 또는 제조업이 공급하는 노동자계급의 기타 소비대상이 상대적으로 값싸게 되기 때문이거나, 또는 노동일이 연장되거나 강화되어 비농업부문의 이윤율[이것이 농업이윤을 규제한다]이 비록 상승하지는 않는다 하더라도 불변이기 때문이거나, 또는 동일한 자본이 농업에 투하되지만 더 많은 불변자본과 더 적은 가변자본이 투하되기 때문이다.

우리가 지금 고찰한 것은 종전의 최열등지 A에서 [그보다 더 열등한 토지가 경작되지 않으면서] 지대가 발생할 수 있는 첫째 방식이다. 이 지대는 A의 개별적 생산가격[이것이 종전에는 지배적 가격이었다]과 새로운 더 높은 생산가격[최후의 추가자본은 우등지에서 매우 낮은 생산성을 가지고 필요한 추가생산물을 이 가격으로 공급한다] 사이의 차액에서 발생한다.

만약 추가생산물이 토지 A′[가마당 80원으로 공급할 수 있을 뿐이다]에 의해 공급되어야만 한다면, A의 지대는 에이커당 20원으로 증가할 것이다. 그러나 이 경우 A′이 A 대신 최열등지로 될 것이며, A는 지대낳는 토지종류의 순서에서 최하위 구성원으로 들어갈 것이다. 이리하여 차액지대 I 에 변동이 생길 것이다. 그러므로 이 경우는 차액지대 II [이것은 동일한 토지조각에서 순차적인 투자들의 생산성 차이에서 생긴다]의 고찰에는 들어가지 않는다.

그러나 그밖에도 아직 두 개의 다른 방식으로 차액지대가 토지 A에서 생길 수 있다.

하나의 경우는 가격이 불변이면서[어떤 주어진 가격을 말하는데 종전의 가격보다 낮은 가격이라도 상관없다] 추가투자가 초과이윤을 낳는 경우이다. 이것은 언뜻 보면 특히 최열등지에서는 어느 점까지는 항상 그러할 것임에 틀림없다.

그러나 다른 하나의 경우는 토지 A에 대한 순차적인 투자들의 생산성이 저하하는 경우다.

위 두 경우에서 가정하고 있는 것은, 수요의 상황이 이런 생산의 증가를 요구한다는 점이다.

그런데 차액지대의 관점에서 보면, 이전에 전개된 법칙 — 즉 총생산(또는 총투하자본)에 대해 계산한 가마당 개별적 평균생산가격이 언제나 결정적이라는 법칙 — 과 관련하여 여기에서는 하나의 독특한 곤란이 나타난다. 토지 A의 경우에는 우등지와는 달리 새로운 투자에 대해 개별적 생산가격과 일반적 생산가격 사이의 균등화를 제한하는 생산가격이 외부로부터 주어져 있지 않다. 왜냐하면 A의 개별적 생산가격이 바로 시장을 지배하는 일반적 생산가격이기 때문이다.

다음과 같이 가정하자.

(1) 순차적인 투자들의 생산성이 상승하는 경우. 1에이커의 A에서 100원

의 투하자본[따라서 120원의 생산가격]으로 2가마가 아니라 3가마가 생산될 수 있다. 제1차 투자 50원은 1가마를 공급하며 제2차 투자는 2가마를 공급한다. 이 경우 생산가격 120원이 3가마를 낳기 때문에 가마당 평균생산가격은 40원이다. 만약 이 3가마가 가마당 40원에 판매된다면 A는 계속하여 지대를 낳지 않을 것이며, 변한 것은 오직 차액지대 Ⅱ의 토대일 따름이다. 40원이 이제 60원 대신 지배적인 생산가격으로 되었고, 50원의 자본은 이제 최열등지에서 평균 1가마가 아니라 $1\frac{1}{2}$가마를 생산하며, 이것은 50원을 투자한 경우의 모든 우등지의 공식적인 생산량이다. 이제부터 우등지의 종전의 초과생산물의 일부는 우등지의 필요생산물 『초과생산물이 아니라는 의미뿐이다』의 형성에 참가하며, 마찬가지로 우등지의 초과이윤의 일부는 평균이윤의 형성에 참가한다.

우등지 — 여기에서는 일반적 생산가격이 투자의 한계로서 주어져 있기 때문에 평균계산은 결코 절대적 초과이윤을 변경시키지 않는다 — 에서 A의 사태를 살펴보면, 제1차 투자의 생산물 1가마는 60원이 들며 제2차 투자의 생산물 2가마는 가마당 30원이 들 뿐이므로, A에서는 1가마의 밀지대와 60원의 화폐지대가 발생하게 될 것이다. 왜냐하면 3가마는 종전의 가마당 가격 60원에 팔려 180원이 될 것이기 때문이다. 만약 제3차 투자 50원이 제2차 투자와 동일한 생산성으로 투하된다면, 합계 5가마가 180원의 생산가격으로 생산될 것이다. 만약 A의 개별적 평균생산가격이 여전히 지배적 생산가격이라면, 1가마는 이제 36원에 판매되어야 할 것이다. 평균가격이 다시 하락하였는데, 이것은 제3차 투자의 생산성이 새롭게 상승하였기 때문이 아니라, 제2차 투자와 동등한 생산성을 가진 새로운 투자가 추가되었기 때문이다. 토지 A에 대한 순차적인 투자들[이것들은 더 높은 생산성을 그대로 가진다]은 지대낳는 토지에서처럼 지대의 증가를 야기하지 않고 생산가격을 비례적으로 저하시키며, 이에 따라 [기타의 사정들이 불변이라면] 모든 기타의 토지종류에서 차액지대를 비례적으로 감소시킨다. 그러나 만약 60원의 생산가격으로 1가마를 생산하는 제1차 투자가 여전히 생산가격의 지배자라면, 5가마는 300원에 판매되어야 할 것이고, 토지 A에 대한 제2차와 제3차 투자의 차액지대는 120원이 되어야 할 것이다. 1에이커의 A에 대한 추가자본의 투
하는 [그것이 어떤 형태로 사용되든] 하나의 개량을 이룬 것이며, 최초의 자본을 더 생산적으로 만든 것이다. 자본의 $\frac{1}{3}$이 1가마를 생산하였고 자본의 $\frac{2}{3}$가 4가마를 생산하였다고 말하는 것은 불합리하다. 에이커당 180원은 항상 5가마를 생산하며 60원은 오직 1가마만을 생산할 것이다. 이 경우 지대 또는 초과이윤이 발생하는가 않는가는 전적으로 그 때의 사정 여하에 달려 있을 것이다. 정상적으로는 지배적 생산가격은 하락할 수밖에 없을 것이다. 이것은 다음과 같은 경우—즉 이처럼 개량된 [그러나 더 많은] 투자를 수반하는 경작이 A에서 행해지는 것은 이런 경작이 우등지에서도 행해지기 때문인 경우, 따라서 농업의 일반적 혁명이 일어나는 경우—에는 그러할 것이다. 그리하여 이제 토지 A의 자연적 비옥도는 60원의 생산비 『생산가격』에 의해 획득될 수 있는 것이 아니라 120원 또는 180원에 의해 획득될 수 있다고 가정하게 된다. 이것이 특히 타당하게 되는 것은 한 나라의 공급량의 큰 부분을 차지하는 토지 A의 경작면적 대부분이 이 새로운 방법으로 경작되는 경우일 것이다. 그러나 만약 개량이 당분간 A의 경작면적 중 작은 부분에만 실시되고 있다면, 이 부분은 초과이윤을 낳을 것이고 토지소유자는 이 초과이윤의 전부 또는 일부를 지대로 전환시키려고 노력하게 될 것이다. 수요가 공급의 증가와 보조를 맞춘다면, 토지 A의 면적 전체가 새로운 방법을 점차로 채택해 가는 것에 따라 A종류의 모든 토지에서 점차로 지대가 형성될 수 있을 것이며, 이 초과이윤은 시장조건들에 따라 전부 또는 부분적으로 『토지소유자에게』 빼앗길 것이다. 그러므로 A의 생산가격이 [투자가 증가한 경우의] A의 총생산량의 평균가격으로 균등화하는 것은 이 투자증가에

의한 초과이윤이 지대의 형태로 고정되는 것에 의해 방해를 받을 것이다. 이 경우도 앞에서 본 경우[추가자본의 생산성이 저하하는 조건에서 우등지에서 생긴 일]와 마찬가지로, 생산가격을 인상시키는 것은 초과이윤의 지대로의 전환[즉 토지소유의 개입]이며, 차액지대는 단순히 개별적 생산가격과 일반적 생산가격 사이의 차액 때문에 생기는 것은 아닐 것이다. 토지 A에 관해 말한다면, 토지소유의 개입은 A의 평균생산가격이 [일반적] 생산가격을 지배하는 것을 방해함으로써 두 개의 가격이 일치하는 것을 저지하며, 이에 따라 생산가격이 당연한 수준 이상에서 유지되며 지대가 창출되는 것이다. 해외로부터의 곡물수입이 자유로운 경우에도, 토지소유에 의해 동일한 결과가 생기거나 유지될 수 있을 것이다. 왜냐하면 차지농업가는 [외국의 조건에 의해 지배되는 생산가격에서는] 지대를 낳지 않으면서 곡물경작으로 경쟁할 수 있는 토지를 기타의 용도[예: 목장]에 돌려쓰도록 강요당하며, 그 결과 지대낳는 토지—즉 외국의 조건에 의해 결정되는 생산가격보다 낮은 개별적 평균생산가격으로 생산하는 토지—만이 곡물경작에 사용될 것이기 때문이다. 그러나 대체로 인정할 수 있는 것은, 이 경우 생산가격은 하락하지만 그 평균가격까지는 하락하지 않고 그보다 높을 것인데, 그러나 이 가격은 A토지 중 최열등지의 생산가격보다 낮기 때문에 A종류의 새로운 토지가 경쟁에 들어오는 것이 제한될 것이라는 점이다.

(2) 추가자본들의 생산성이 저하하는 경우. 토지 A′은 추가적인 1가마를 80원에 생산할 수 있을 뿐인데, 토지 A는 75원[이것은 A′보다는 싸지만 제1차 투자에 의해 생산된 1가마보다 15원이 비싸다]에 생산할 수 있다고 가정하자. 이 경우 A에서 생산된 2가마의 총가격은 135원이고 가마당 평균가격은 $67\frac{1}{2}$원이며, 따라서 생산가격은 $7\frac{1}{2}$원만큼 상승할 것이다. 그러나 추가자본이 새로운 토지에 투하되며 이 토지가 75원에 생산한다면, 생산가격은 $7\frac{1}{2}$원만큼 더욱 상승하여 75원에 이를 것이며, 이리하여

모든 기타의 차액지대는 비례적으로 증가할 것이다.

A의 가마당 $67\frac{1}{2}$원이라는 생산가격은 투자가 증가한 경우의 A의 평균 생산가격으로서 지배적 생산가격이 되며, 따라서 A는 초과이윤을 낳지 않으며 따라서 지대도 낳지 않는다. 그러나 만약 제2차 투자에 의해 생산된 1가마가 75원에 팔린다면, 토지 A는 이제 15원의 지대를 낳을 것이며, 더욱이 [추가투자가 행해지지 않아 계속 가마당 60원으로 생산하는] 모든 A종류의 토지에서도 지대가 생길 것이다. A종류의 미경작지가 아직 존재하는 한, 가격은 오직 일시적으로만 75원으로 상승할 것이다. A종류의 새로운 토지로부터의 경쟁은, 가마당 75원보다 싸게 생산할 수 있는 A토지 모두가 사용되어 버릴 때까지 생산가격을 60원으로 유지할 것이다. 이것이 우리가 가정하고 있는 것이다. 물론 어떤 토지의 1에이커가 지대를 낳는 경우, 토지소유자는 그 토지의 다른 에이커를 지대없이 임대하지는 않을 것이지만.

생산가격이 평균가격으로 균등화되는가 또는 제2차 투자의 개별적 생산가격 75원이 지배적인 생산가격으로 되는가는 기존의 A토지에서 제2차 투자가 얼마나 일반화되는가에 달려 있다. 75원이 지배적 생산가격으로 되는 것은, 수요가 가마당 75원으로 충족되기 전에 얻어진 초과이윤을 지대로 고정시킬 수 있는 시간을 토지소유자가 가진 경우에만 가능하다.

* * *

순차적인 투자가 행해지는 경우 토지의 생산성이 저하하는 것에 관해서는 리비히(1862)를 참조하라. 우리가 이미 본 바와 같이, 투자들의 초과이윤의 순차적인 감소는 생산가격이 불변인 경우에는 항상 에이커당 지대를 증가시키며 가격이 하락하는 경우에도 그렇게 될 수 있다.

그러나 다음과 같은 일반적인 지적에 주목해야 한다.

자본주의적 생산양식의 관점에서 보면, 동일한 생산물을 얻는 데 종전에는 필요하지 않았던 지출이 필요하게 되는 경우, 생산물의 가격은 언제나 상대적으로 상승하게 된다. 왜냐하면 생산과정에서 소비된 자본의 보충은 단순히 일정한 생산수단에 표시된 가치의 보충을 의미하지 않기 때문이다. 생산요소로서 생산에 들어가는 [비용이 들지 않는] 자연적 요소들은 [그들이 생산에서 어떤 기능을 하든] 자본의 구성부분으로서 생산에 참가하는 것이 아니라, 자본의 공짜의 자연력[사실상 노동의 공짜의 자연적 생산력이지만 자본주의적 생산의 토대 위에서는 기타의 모든 생산력과 마찬가지로 자본의 생산력으로 나타난다]으로 생산에 참가하는 것이다. 그러므로 이런 종류의 자연력[최초에는 아무런 비용도 들지 않는다]이 생산에 참가하는 경우 [그것의 도움으로 공급되는 생산물이 수요를 충족시키는 데 충분한 동안은] 그 자연력은 가격의 결정에 들어가지 않는다. 그러나 이 자연력의 도움으로 생산될 수 있는 것보다 큰 생산물이 발전과정에서 공급되어야 하며, 그리하여 이 추가생산물이 이 자연력의 도움없이 또는 인간의 조력[인간노동]에 의해 생산되어야만 한다면, 새로운 추가적인 요소가 자본에 들어간다. 이리하여 동일한 생산물을 얻기 위해 상대적으로 더 큰 투자가 필요하게 된다. 기타의 모든 사정이 불변이라면 생산은 더 비싸게 된다.

* * *

{엥겔스: '1876년 2월 중순에 집필 시작'이라는 노트로부터}

차액지대, 그리고 토지에 합쳐진 자본에 대한 단순한 이자로서의 지대

이른바 항구적인 개량—이것은 자본투자를 필요로 하는 작업들에 의해 토지의 물리적 속성[그리고 부분적으로는 그 화학적 속성]을 변경시

키는 것이며, 토지에 자본이 합쳐지는 것으로 여길 수 있다—은 거의 전부가 일정한 토지조각[어떤 제한된 장소에 있는 토지]에 대해 다른 장소에 있는 토지[때때로 매우 가까운 곳에 있는 토지]가 자연적으로 가지고 있는 속성을 부여하는 것에 지나지 않는다. 어떤 토지는 자연적으로 평평하지만 다른 토지는 일부러 평평하게 만들어야 한다. 어떤 토지는 자연적으로 배수가 잘 되지만 다른 토지는 인공적인 배수시설이 필요하다. 어떤 토지는 그 표토가 자연적으로 깊지만 다른 토지에서는 그 표토를 인공적으로 깊게 해야 한다. 어떤 진흙토양은 자연적으로 적당한 양의 모래와 섞여 있지만 다른 토양에서는 이 비율을 인공적으로 만들어내어야 한다. 어떤 목초지는 자연적으로 관개되거나 퇴적토로 덮여 있는데 다른 목초지는 노동에 의해 [또는 부르주아경제학의 용어로서는 자본에 의해] 그렇게 만들어져야만 한다.

이런 상대적인 유리성이 인공적으로 획득되는 토지에서는 지대가 이자이지만, 그것이 자연적으로 주어진 토지에서는 지대가 그렇지 않다고 주장하는 것은 매우 웃기는 이론이다. (실제로 지대와 이자가 완전히 일치하기 때문에 지대를 이자라고 부르는 경우가 있어 혼란스럽다. 그러나 그렇지 않은 경우에도 지대를 이자라고 부르고 있다.) 그러나 투자 이후에 토지가 지대를 낳게 되더라도 이것은 자본이 투하되었다는 사실 때문이 아니라 투자가 토지를 이전보다 더욱 생산적으로 만들었기 때문이다. 한 나라의 모든 토지가 이런 투자를 필요로 한다고 가정하면, 아직 투자를 받지 않은 토지는 모두 앞으로 투자를 받아야 할 것이며, 이미 투자를 받은 토지가 낳는 지대(또는 이 투자가 낳는 이자)는 [마치 이 토지는 자연적으로 이런 유리성을 가지고 있고 다른 토지는 그것을 인공적으로 획득해야 하는 경우와 마찬가지로] 차액지대다.

이자로 여길 수 있는 이 지대도 투하자본이 상각되어 버리자마자 순수한 차액지대로 된다. 그렇지 않다면 동일한 자본이 자본으로서 이중으로

〖이자를 낳는 자본과 지대를 낳는 자본으로〗 존재하는 사태를 일으킬 것이다.

* * *

가치를 오로지 노동에 의해 결정하는 것을 공격하는 리카도 반대자들은 모두, 토지의 차이에서 생기는 차액지대에 직면하여 노동이 아니라 자연이 가치를 결정한다고 주장하며 동시에 이 가치결정에는 토지의 위치 그리고 더욱이 경작을 위해 토지에 투하된 자본의 이자가 작용한다고 주장하는 것은 매우 이상한 현상이다. 동일한 노동은 어떤 주어진 시간에 만들어지는 생산물에 대해 동일한 가치를 창조해 준다. 그러나 이 생산물의 크기[또는 생산량]의 각 부분들의 가치는 [노동량이 주어져 있다면] 오로지 생산량에 달려 있으며, 이 생산량은 주어진 노동량의 생산성에 의해 결정되는 것이며 노동량의 절대적 크기에 의해 결정되는 것이 아니다. 이 생산성이 자연 때문인가 또는 사회 때문인가는 전혀 상관이 없다. 다만 이 생산성 그것이 노동[즉 자본]을 들이게 하는 경우에만 생산비가 이 새로운 요소만큼 증가하게 된다. 자연만이 작용하는 경우에는 생산비가 증가하지 않는다.

제45장
절대지대

차액지대를 분석할 때 우리는 최열등지는 지대를 지불하지 않는다는 전제에서 출발하였다. 좀더 일반적으로 말하면, 토지가 지대를 지불하는 것은 오직 그 생산물의 개별적 생산가격이 시장을 지배하는 생산가격보다 낮아 [지대로 전환되는] 초과이윤을 낳는 경우뿐이라고 전제하였다. 먼저 지적해야 할 것은 이와 같은 차액지대의 법칙은 이 전제의 진실여부와는 전혀 상관이 없다는 점이다.

시장을 지배하는 일반적 생산가격을 P로 표시하면, 최열등지 A의 생산물에 대해서는 P가 그것의 개별적 생산가격과 일치한다. 즉 그 가격은 생산과정에서 소비된 불변자본과 가변자본 그리고 평균이윤(=기업가이득+이자)을 보상한다.

이 경우 지대는 0이다. A 바로 위의 우등지 B의 개별적 생산가격을 P'이라 하면 $P>P'$이다. 즉 P는 토지등급 B의 생산물을 현실적인 생산가격보다 크게 보상한다. $P-P'=d$라고 하면, P'을 넘는 P의 초과분인 d는 토지등급 B의 차지농업가가 올리는 초과이윤이다. 이 초과이윤이 토지소유자에게 지불되어야 할 지대로 전환한다. 제3등급의 토지 C의 현실적인 생산가격이 P''이고 $P-P''=2d$라면 이 2d가 이제 지대로 전환한다. 마찬가지로 제4등급의 토지 D의 개별적인 생산가격이 P‴이고 P−P‴=3d라면 이 3d가 지대로 전환한다. 따위. 이제 최열등지 A의 지대가 0이라는 전제[즉 그것의 생산물 가격이 P+0이라는 전제]가 거짓이고 지대 r을 지불한다고 하자. 그러면 다음과 같은 두 개의 결과가 나온다.

첫째로, 최열등지 A의 생산물 가격은 그것의 생산가격에 의해 규제되지 않고 그것 이상의 어떤 초과분을 포함하여 P+r일 것이다. 정상적인 상태의 자본주의적 생산양식을 전제한다면—즉 차지농업가가 토지소유자에게 지불하는 초과분 r이 임금에서 공제한 것도 아니고 자본의 평균이윤에서 공제한 것도 아니라면—차지농업가가 이 r을 지불할 수 있는 것은 자기의 생산물을 그것의 생산가격 이상으로 파는 경우[그리하여 이 초과분을 지대의 형태로 토지소유자에게 인도할 필요가 없다면 자기가 초과이윤을 얻게 되는 경우]뿐이다. 이 경우 모든 종류의 토지에서 시장에 나온 총생산물의 지배적 시장가격은 [자본이 일반적으로 어느 생산분야에서라도 얻게 되는] 생산가격—즉 비용+평균이윤과 동등한 가격—이 아니라 이 생산가격+지대[즉 P+r]일 것이다. 왜냐하면 토지 A의 생산물가격은 항상 지배적인 일반적 시장가격의 한계[즉 총생산물이 공급될 수 있도록 하는 가격이며, 이런 의미에서 그것은 이 총생산물의 가격을 지배한다]를 표현하기 때문이다.

그러나 둘째로, 비록 이 경우 토지생산물의 일반적 가격이 근본적으로 수정된다 하더라도 차액지대의 법칙은 결코 폐기되지 않을 것이다. 왜냐하면 토지 A의 생산물가격 따라서 또 일반적 시장가격이 P+r이라면 B · C · D 등등의 생산물가격도 역시 P+r 『의 형식』 일 것이기 때문이다. B 토지의 경우 P−P′=d이므로 (P+r)−(P′+r)=d일 것이며, C 토지의 경우 P−P″=(P+r)−(P″+r)=2d일 것이고, D 토지의 경우 P−P‴=(P+r)− (P‴+r)=3d일 것이다. 따위. 이처럼 차액지대는 이전과 동일할 것이고 동일한 법칙에 의해 지배될 것이다[비록 지대가 이 법칙과는 무관한 하나의 요소를 포함하며 생산물의 가격상승과 더불어 일반적으로 증가할 것이지만]. 그러므로 최열등지의 지대가 어떻든 차액지대의 법칙은 이 지대 『절대지대』와 무관하며 차액지대 그것의 진정한 성격을 파악하기 위해서는 A 토지의 지대가 0이라고 가정해야 할 것이다. A 토지의 지대가 0인가 아닌가 하는 것은 차액지대의 고찰에서는 전혀 중요하지 않으며 고려할 필요도 없다.

그러므로 차액지대의 법칙은 이하의 『절대지대에 관한』 분석 결과에 의해 영향을 받지 않는다.

최열등지 A의 생산물은 지대를 지불하지 않는다는 전제의 근거를 좀 더 깊게 고찰하면 다음과 같은 결론을 얻는다. 생산물[예: 밀]의 시장가격이 어느 수준에 달하여 A 토지에 대한 추가투자가 정상적인 생산가격을 지불한다면[즉 정상적인 평균이윤을 낳는다면], 이것은 토지 A에 대한 추가자본의 투하를 위한 충분조건이다. 다시 말해 이 조건은 자본가로 하여금 새로운 자본을 정상적인 이윤에서 투자하며 정상적인 방법으로 가치증식하게 만드는 데 충분하다.

여기에서 주목해야 할 것은 이 경우에도 시장가격은 A의 생산가격보다 높아야 한다는 점이다. 왜냐하면 추가공급이 이루어지자마자 수요와 공급의 관계는 분명히 변동하기 때문이다. 이전에는 공급이 충분하지 않았지만 이제는 충분하게 되며, 따라서 가격은 저하하여야 한다. 저하할 수 있기 위해서는 가격이 이전에는 A의 생산가격보다 높았을 것임에 틀림없다. 그러나 새로이 경작되는 A 토지의 비옥도가 더 낮기 때문에 가격은 [B의 생산가격이 시장을 지배하였을 때와 같은] 낮은 수준으로 저하하지는 않는다. A의 생산가격은 시장가격의 상대적으로 항구적인 상승[일시적인 상승은 제외한다]에 대한 한계를 이룬다. 반면에 새로이 경작되는 토지가 [이전에 가격을 지배한] A보다 더욱 비옥하지만 추가수요를 충족시키는 데 충분할 뿐이라면 시장가격은 불변일 것이다. 그러나 이 경우에도 최하급의 토지가 지대를 지불하는가 않는가의 연구는 여기에서 행해야 할 연구와 일치한다. 왜냐하면 A 토지가 지대를 지불하지 않는다는 전제는, 시장가격이 자본주의적 차지농업가에게 투하자본과 평균이윤을 보상하는 데 충분하다는 사실[즉 시장가격이 그에게 그의 상품의 생산가격을 제공한다는 사실]에 의해 설명될 것이기 때문이다.

어쨌든 자본주의적 차지농업가가 자본가로서 행동하는 한 이런 조건에서는 A 토지를 경작할 수 있다. 이제 A에서 자본이 정상적으로 증식하기 위한 조건은 마련되어 있다. 그러나 자본의 평균적인 증식조건에서 차지농업가가 A 토지에 자본을 투하할 수 있으리라는 가정으로부터, A 토지가 곧 차지농업가의 자유처분에 맡겨진다는 것이 자동적으로 도출되지는 않는다. 차지농업가가 [지대를 지불하지 않는다면] 자기의 자본을 정상적인 이윤으로 증식시킬 수 있다는 사실 때문에, 토지소유자가 자기의 토지를 차지농업가에게 공짜로 임대할 리가 없다[또는 자기의 고객에게 무이자 신용을 줄 정도로 박애적일 리가 없다]. 이런 가정은 토지소유를 무시하는 것이며 토지소유를 폐기하는 것이나 다름없다. 그리고 토지소유의 존재 그것이 바로 토지에 대한 투자를 제한하며 토지에서 자본을 마음대로 증식시키는 것을 제한하는 것이다. 이 제한은 차지농업가가 단순히 다음과 같이 생각한다고 하여—즉 자기가 지대를 지불하지 않는다면 [다시 말해 자기가 사실상 토지소유를 존재하지 않는 것으로 취급할 수 있다면] 밀가격의 수준은 자기로 하여금 A 토지를 이용해 자기의 자본에게 정상적인 이윤을 얻게 할 수 있을텐데 라고 생각한다고 하여—없어지는 것은 결코 아니다. 차액지대는 분명히 토지소유라는 독점을 전제하고 있으며, 토지소유가 자본에 대한 제한이라는 것을 전제하고 있다. 그렇지 않다면 초과이윤은 지대로 전환되지 않을 것이며 차지농업가 대신 토지소유자에게로 돌아가지도 않을 것이다. 그런데 차액지대 형태의 지대가 사라지는 토지에서도 [즉 최열등지 A에서도] 토지소유는 여전히 이런 제한으로서 작용한다. 자본주의적 생산이 행해지는 나라에서 토지에 대한 자본투자가 지대를 지불하지 않고 행해질 수 있는 경우들을 고찰하면, 그 경우들은 모두 토지소유의 사실상의 폐지—법률상의 폐지는 아니더라도—를 포함하는 것을 알 수 있는데, 이 폐지는 오직 우연적인 성격의 매우 특수한 조건에서만 일어날 수 있다.

첫째, 토지소유자 자신이 자본가이든가 또는 자본가 자신이 토지소유자인 경우. 이 경우 현재의 토지 A로부터 생산가격을 얻을 수 있을 만큼 [즉 자본과 평균이윤을 보상할 수 있을 만큼] 시장가격이 상승한다면 그는 자기의 토지를 스스로 경작할 수 있다. 그 이유는 무엇인가? 토지소유가 그에 대해서는 자본투자를 제한하지 않기 때문이다. 그는 토지를 단순한 자연적 요소로 취급할 수 있으며 그리하여 자기 자본의 가치증식만을 고려하면 된다. 즉 [토지소유자로서의 이해관계는 고려하지 않고] 오직 자본가로서의 이해관계만 고려하면 된다. 그러나 이런 경우들은 존재하기는 하지만 오직 예외적인 경우들이다. 자본주의적 토지경작이 기능자본과 토지소유 사이의 분리를 전제하고 있는 것과 마찬가지로, 그것은 일반적으로 토지소유자 자신에 의한 경작을 배제한다. 이런 경우가 전혀 우연적이라는 것은 곧 알 수 있다. 만약 곡물에 대한 수요 증가 때문에 자영하는 토지소유자의 수중에 있는 것보다 더욱 넓은 토지 A의 경작이 필요하게 된다면[즉 경작을 위해 토지 A의 일부를 임차해야만 한다면], 토지소유가 투자에 가하는 제한이 철폐되었던 위의 가상적인 경우는 곧 의미를 상실한다. 자본주의적 생산양식에 알맞는 자본과 토지의 분리[또는 차지농업가와 토지소유자 사이의 분리]로부터 출발한 이후에 그 반대를 가정하는 것—즉 자본과는 독립적인 토지소유가 존재하지 않는다면, 토지소유자는 자본이 토지경작에서 지대를 끌어내지 못하는 한 [또는 이런 경우에는 어디에서나] 스스로 토지를 경작한다는 것—은 불합리한 모순이다(뒤에 나오는 광산지대에 관한 애덤 스미스로부터의 인용문을 보라). 토지소유의 이런 폐지는 우연적이다. 이것은 일어날 수도 있고 일어나지 않을 수도 있다.

둘째, 하나의 임차지를 구성하고 있는 여러 토지조각들 중에는 일정한 수준의 시장가격에서는 지대를 지불하지 않는 [따라서 사실상 공짜로 빌린] 특수한 토지조각도 있을 수 있다. 그러나 토지소유자는 그렇게 생각하지 않는다. 왜냐하면 그가 관심을 가지는 것은 임대지의 총지대이며 개별구성분들의 특수한 지대가 아니기 때문이다. 이 경우 차지농업가의 입장에서 보면 임차지 중 지대를 지불하지 않는 부분에 관한 한 자본투하에 대한 제한으로서의 토지소유는 사라지고 있으며 이것도 토지소유자와의 계약에 의해 사라지고 있다. 그러나 그가 이 토지조각에 대해 지대를 지불하지 않는 유일한 이유는 그가 [이 토지조각을 포함하고 있는] 토지전체에 대해 지대를 지불하기 때문이다. 이 경우에 전제되고 있는 토지의 배합은, [부족한 공급을 보충하기 위해] 열등지 A가 독립적이고 새로운 생산지로서 등장해야 하는 것이 아니라, 이 열등지 A가 우등지 사이에 분리할 수 없이 끼어있는 상황이다. 그러나 우리가 여기에서 문제로 삼고 있는 것은, 자본주의적 생산양식의 일반적인 조건에서 A 토지의 조각들이 독립적으로 경작되고 따라서 독립적으로 임대되어야만 하는 경우다.

셋째, 차지농업가는 동일한 임차지에 추가자본을 투자해 얻는 추가생산물이 현재의 시장가격에서 그에게 생산가격[즉 정상적인 이윤]만을 가져다 주며 추가지대를 지불할 수 없게 한다고 하더라도 추가자본을 투자할 수 있다. 이렇게 되면 그는 토지에 투하한 자본의 일부에 대해서는 지대를 지불하고 다른 부분에 대해서는 지대를 지불하지 않게 된다. 그러나 이것은 다음에서 보는 바와 같이 문제의 해결에 전혀 도움을 주지 못한다. 만약 시장가격(그리고 또한 토지의 비옥도)이 그로 하여금 추가자본으로 초과생산물을 얻을 수 있게 해준다면[즉 이전의 자본과 마찬가지로 생산가격뿐 아니라 초과이윤을 그에게 가져다 준다면], 그는 이 초과이윤을 차지기간 중에는 자기의 주머니에 넣는다. 그 이유는? 차지계약이 지속되는 한 토지소유가 토지에 대한 투자에 가하는 제한은 제거되기 때문이다. 그러나 이 초과이윤을 그가 얻을 수 있기 위해서는 추가적인 열등지가 독립적으로 경작되고 독립적으로 임대되어야 한다는 단순한 사실은, 종래의 토지에 대한 추가투자가 필요한 공급증가를 제공하는 데 불충분하다는 것을 의심할 여지없이 증명한다. 한편의 가정 〖이미 빌린 토지에서 추가투자를 하는 것〗은 다른 한편의 가정 〖더 열등한 토지에서 독립적으로 경작하는 것〗을 배제하게 된다. 그런데 다음과 같이 말할 수도 있을 것이다. 최열등지 A의 지대는 소유자 자신이 경작하는 (물론 이것은 우연적인 예외로서만 일어나지만) 토지와 비교하든, 또는 종래의 임차지에 대한 추가투자[지대를 낳지 않는다]와 비교하든, 그 자체가 차액지대이라고. 그러나 이 차액지대는, 1) 토지종류의 비옥도 차이에서 생기는 것이 아니며, 따라서 토지종류 A는 지대를 지불하지 않는다는 것과, 그것의 생산물은 생산가격에서 판매된다는 것을 전제하지 않는 차액지대일 것이다. 2) 동일한 임차지에 대한 추가투자가 지대를 낳는가 않는가는 새로 경작되는 A종류 토지가 지대를 지불하는가 않는가와는 전혀 상관없다. 이것은 예컨대 새로운 독립적인 공장설립에 대해 다음의 것—즉 그 생산분야의 다른 공장주가 자기의 자본의 일부를 자기 자신의 사업에서는 충분히 가치증식시킬 수 없어 이자낳는 증권에 투자한다든가, 또는 그가 [충분한 이윤을 낳지는 않지만 이자보다는 큰 이윤을 낳는] 개별적인 확장을 수행한다든가 하는 것—이 아무런 관련도 없는 것과 마찬가지다. 새로운 공장설립자에 대해서는 이런 것들은 부차적인 관심사다. 그러나 어떤 새로운 공장도 평균이윤을 낳아야만 하며 또 그것을 기대하고 설립되는 것이다. 물론 종래의 임차지에 대한 추가투자와 A종류의 새로운 토지의 추가경작은 서로 제약조건으로 작용한다. 종래의 임차지에 대한 추가투자가 더 불리한 생산조건에서 투하될 수 있는 한계는 A종류 토지에 대한 경쟁적인 신투자에 의해 주어지며, 다른 한편에서는 A종류 토지가 낳을 수 있는 지대는 종래의 임차지에 대한 경쟁적인 추가투자에 의해 제한된다.

결국 위와 같은 모든 묘안들도 이 문제를 해결하지 못하는데, 이 문제는 간단히 말하면 다음과 같다. 곡물(이것은 우리의 분석에서는 토지생산물을 대표한다)의 시장가격이 충분히 높아 A종류 토지의 일부가 경작되며, 그리고 투하자본이 이 새로운 경작지에서 생산물의 생산가격[즉 자본의 보충과 평균이윤]을 얻을 수 있다고 가정하자. 다시 말해 A종류 토지에서 자본의 정상적인 가치증식조건이 존재한다고 가정하자. 이것으로 충분한가? 이 경우 이 자본이 실제로 투자될 수 있는가? 아니면 최열등지 A에서라도 지대를 낳을 수 있을만큼 시장가격이 더욱 상승해야만 하는가? 즉 토지소유의 독점은 자본투하에 대해 하나의 장벽[순수한 자본주의적 관점에서 보면 토지소유의 독점이 없다면 이런 장벽은 존재하지 않을 것이다]인가? 문제제기 자체의 조건들로부터 알 수 있듯이, 예컨대 종래의 임차지에서는 주어진 시장가격에서 아무런 지대도 낳지 않고 평균이윤을 낳을 뿐인 추가투자가 존재한다 할지라도, 이런 사정은 [역시 평균이윤은 낳지만 지대를 낳지 않는] A종류 토지에서 자본이 실제로 투자될 수 있는가 하는 문제를 결코 해결하는 것은 아니다. 바로 이것이 문제다. 지대를 낳지 않는 추가투자가 수요를 충족시키지 못한다는 것은, A종류의 새로운 토지를 경작시킬 필요성에 의해 증명되고 있다. 토지 A가 지대를 낳고 따라서 생산가격 이상을 가져오는 경우에만 토지 A의 추가경작이 가능하다면, 다음과 같은 두 가지 경우가 있을 수 있다.

첫 번째 경우에는 종래의 임차지에 대한 최종적인 추가투자까지도 초과이윤[이것이 차지농업가의 주머니에 들어가든 토지소유자의 주머니에 들어가든]을 낳을 수 있을 만큼 시장가격이 등귀해야만 한다. 이처럼 가격이 등귀하는 것이나 최종적인 추가투자가 이런 초과이윤을 낳게 되는 것은, 토지 A가 지대를 낳지 않고서는 경작될 수 없다는 사실의 결과일 것이다. 왜냐하면 만약 경작이 행해지기 위해서는 생산가격만으로 [즉 평균이윤을 얻는 것만으로] 충분하다면 가격은 그렇게 높게 등귀하지 않았을 것이기 때문이고, 새로운 토지들은 [단순히 이 생산가격을 낳기만 한다면] 곧 경쟁에 참가하였을 것이기 때문이다. 그리고 종래의 임차지에 대한 [지대를 낳지 않는] 추가투자는 토지 A에 대한 [역시 지대를 낳지 않는] 투자와 경쟁하게 되었을 것이다.

두 번째 경우는 종래의 임차지에 대한 최종투자는 지대를 낳지 않지만, 시장가격이 충분히 등귀함으로써 토지 A가 경작되어 지대를 낳을 수 있어야 한다. 이 경우 지대를 낳지 않는 추가투자가 가능하였던 것은 시장가격이 토지 A로 하여금 지대를 지불할 수 있게 할 때까지는 토지 A가 경작될 수 없었기 때문이다. 이런 조건이 없었더라면, 토지 A는 더 낮은 가격수준에서 이미 경작되었을 것이고, [지대를 포함하지 않는 정상적인 이윤을 낳기 위해서라도] 높은 시장가격을 필요로 하는 [종래의 임차지에서의] 나중의 추가투자들은 행해질 수 없었을 것이다. 이 나중의 추가투자들은 시장가격이 높더라도 평균이윤을 얻을 뿐인데, 토지 A의 경작과 함께 이것의 생산가격인 더 낮은 가격이 지배적 생산가격으로 되면, 이 추가투자들은 평균이윤을 얻을 수 없었을 것이고 따라서 이런 조건에서는 결코 행해지지 않았을 것이다. 이리하여 토지 A의 지대는 종래의 임차지에서의 [지대를 낳지 않는] 추가투자에 비교하면 차액지대를 형성할 것이다. 그러나 A종류의 토지가 이런 차액지대를 형성한다는 것은 다만 이 토지가 지대를 낳지 않으면 결코 경작될 수 없다는 사실[즉 이 지대의 필요성은 토지종류들 사이의 차이에 의해 결정되는 것이 아니며, 그리고 이 지대의 필요성이 종래의 임차지에서 추가자본의 있을 수 있는 투자를 제약한다는 사실]의 결과에 불과하다. 위의 두 경우에 토지 A의

지대는 곡물가격 등귀의 단순한 결과가 아니라 오히려 그 반대일 것이다. 최열등지도 경작이 허락되기 위해서는 지대를 낳아야만 한다는 사실은, 곡물가격이 이 조건을 충족시킬 수 있는 수준까지 등귀하게 되는 이유일 것이다.

차액지대의 특성은, 토지소유가 없다면 차지농업가가 차지할 초과이윤과, 일정한 조건에서는 차지기간 중에 차지농업가가 차지하는 초과이윤을 토지소유가 빼앗는다는 점이다. 이 경우 토지소유는 오직 상품가격의 일부, 즉 초과이윤을 이루는 부분—이것은 토지소유의 도움을 받아 생기는 것이 아니라 시장가격을 지배하는 생산가격이 경쟁에 의해 결정되기 때문에 생긴다—을 한 사람으로부터 다른 사람에게로, 즉 자본가로부터 토지소유자에게로 이전시킬 뿐이다. 이 경우 토지소유는 가격의 이 구성부분[또는 이 구성부분이 전제하는 가격등귀]을 창조하는 원인은 아니다. 그러나 최열등지 A가 생산가격을 낳을 수 있다 하더라도 생산가격을 넘는 초과분 즉 지대를 낳을 때까지는 경작될 수 없다고 한다면, 토지소유는 이 가격상승을 일으키는 원인이다. 토지소유 그것이 이 지대를 생산한 것이다. 이 사실은 다음과 같은 사정에서도—즉 위에서 본 두 번째의 경우처럼, 토지 A가 이제 지불하는 지대가 종래의 임차지에서 [생산가격만을 낳는] 추가투자에 비교하여 차액지대를 형성한다고 하더라도—변경되지 않는다. 왜냐하면 지배적 시장가격이 토지 A로 하여금 지대를 낳을 수 있을 만큼 등귀할 때가지 토지 A는 경작될 수 없다는 사실이, 여기에서는 시장가격이 다음과 같은 수준까지—즉 시장가격이 종래의 임차지의 최종투자에 대해서는 생산가격만을 지불하지만 토지 A에 대해서는 지대를 낳는 생산가격을 지불하는 점까지—상승하는 유일한 원인이기 때문이다. 토지 A가 어쨌든 지대를 지불해야 한다는 사실이 여기에서는 토지 A와 종래의 임차지의 최종투자 사이의 차액지대를 발생시키는 원인이다.

A종류의 토지가 [곡물가격이 생산가격에 의해 지배된다는 전제 아래에서] 지대를 지불하지 않는다고 말할 때, 우리는 지대를 하나의 특수한 범주로서 취급한다. 만약 차지농업가가 지불하는 차지료가 자기 노동자들의 정상적인 임금의 공제분이거나 자기 자신의 정상적인 평균이윤의 공제분이라면, 그가 지불하는 것은 지대—즉 그의 상품가격 중 임금·이윤과는 구별되는 독립적인 구성부분—가 아니다. 이렇게 지불하는 경우가 현실에서 끊임없이 생긴다는 것은 이미 지적한 바 있다. 한 나라의 농업노동자의 임금이 정상적인 평균수준 이하로 인하되어 임금의 공제분[즉 임금의 일부]이 규칙적으로 지대로 들어간다면, 최열등지의 차지농업가에게도 이것이 예외없이 발생한다. 최열등지의 경작을 가능하게 하는 생산가격 그것이 이미 이런 낮은 임금을 하나의 구성항목으로 내포하고 있으며, 따라서 생산물을 그 생산가격으로 판매하는 것에 의해서는 이 토지의 차지농업가는 지대를 지불할 수가 없다. 물론 만약 어떤 노동자가 생산물의 판매가격이 자기의 임금을 초과하는 것의 전부 또는 대부분을 지대의 형태로 토지소유자에게 지불하는 것을 감수한다면, 토지소유자는 그 노동자에게 토지를 임대할 수도 있다. 그러나 이 모든 경우들에서 차지료는 지불되고 있지만 진정한 지대는 지불되고 있지 않다. 그런데 자본주의적 생산양식에 알맞는 관계들이 있는 곳에서는 차지료와 지대가 일치한다. 우리가 여기에서 분석하고 있는 것도 바로 이 정상적인 관계다.

위에서 고찰한 경우들[즉 자본주의적 생산양식에서 지대를 낳지 않고 토지에 대한 투자가 행해질 수 있는 경우들]이 우리의 문제를 해결하는 데 아무런 도움을 주지 못한다면, 식민지의 상황을 언급하는 것은 더욱더 도움을 주지 못한다. 식민지를 식민지로 만드는 것[여기에서는 진정한 농업식민지에 관하여 언급할 뿐이다]은 단순히 대규모의 비옥한 토지가 자연상태로 존재한다는 것만이 아니다. 오히려 그것은 이 토지가 점유되지 않고 토지소유에 포섭되지 않고 있다는 상황이다. 바로 이것—즉 토지소유가 법률상으로 또는 사실상 존재하지 않는다는 것—이 [토지에 관한 한] 모국과 식민지 사이의 큰 차이인데, 이것은 웨이크필드35)가 올바르게 지적하고 있으며 그 훨씬 이전에 이미 중농주의자 V. R. 미라보와 기타의 경제학자들이 발견한 사실이다. 식민지 이주민들이 토지를 무조건 직접적으로 취득하는가, 또는 그들이 적법한 토지소유권 증서를 얻기 위해 토지가격이라는 명목 아래 약간의 세금을 국가에 지불하는가는 여기에서는 전혀 문제가 되지 않는다. 또한 이미 정착한 식민지 이주민들이 토지의 법률상 소유자라는 것도 전혀 문제가 되지 않는다. 이곳에서는 사실상 토지소유가 자본의 투하[또는 자본 없는 노동의 투하]에 대해 아무런 장애도 되지 않는다. 이미 정착한 이주민들이 토지의 일부를 점유하고 있더라도 그것은 새로운 이주민들이 새로운 토지를 자기들의 자본 또는 노동의 투하장소로 만드는 것을 방해하지 않는다. 그러므로 토지소유가 자본의 투하장소로서의 토지를 제한하고 있는 곳에서 토지소유가 어떻게 토지생산물의 가격과 지대에 영향을 미치는가를 연구하는 경우, 자유로운 부르주아적 식민지—여기에서는 농업에서 자본주의적 생산방식도 그리고 그것에 대응하는 토지소유형태도 존재하지 않으며 토지소유가 사실상 전혀 존재하지 않는다—를 참고한다는 것은 전적으로 불합리하다. 그런데 예컨대 리카도 『1991: 제2장』는 지대에 관한 장에서 그런 불합리한 짓을 하고 있다. 그는 서두에서 토지의 점유가 토지생산물의 가치에 미치는 영향을 연구하려 한다고 말하고, 그 뒤 곧 식민지를 예로 들면서 거기에서는 토지가 비교적 자연상태로 존재하며 토지의 이용이 토지소유의 독점에 의해 제한되지 않는다고 가정하고 있다.

토지의 법률상 소유 그 자체는 토지소유자에게 어떤 지대도 가져다 주

---

35) 웨이크필드, 1833. 또한 『자본론』 제1권, 제33장을 보라.

는 것이 아니다. 그러나 법률상의 소유는, 토지가 진정한 농업에 사용되든 건물 따위와 같은 기타의 생산적 목적에 사용되든 토지소유자에게 어떤 잉여를 가져다주는 경제적 상황이 올 때까지, 자기 토지를 이용할 수 없게 하는 힘을 토지소유자에게 부여한다. 토지소유자는 토지의 절대규모를 증감시킬 수는 없지만 시장에 나오는 토지의 규모를 증감시킬 수는 있다. 이 때문에, 푸리에가 이미 지적한 바와 같이, 모든 문명국에서는 항상 토지의 상당히 큰 부분이 경작되지 않은 채로 있다는 것이 하나의 특징적인 사실이다.

토지생산물에 대한 수요가 새로운 토지[예컨대 지금까지 경작된 것보다 비옥도가 낮은 토지]의 개간을 요구한다고 가정할 때, 이 토지의 소유자가 [그 생산물의 시장가격이 등귀하여 그 토지에 대한 투자가 차지농업가에게 생산가격을 보상하며 따라서 정상적인 이윤을 가져다준다는 사실 때문에] 과연 그 토지를 공짜로 임대할 것인가? 결코 그렇게 하지 않는다. 자본투자는 토지소유자에게 지대를 가져다주어야만 한다. 토지소유자는 차지료를 받을 수 있을 경우에만 임대한다. 그러므로 지대가 토지소유자에게 지불될 수 있도록 시장가격은 생산가격보다 높은 P+r로 등귀하여야만 한다. 우리의 가정에 따르면, 소유지는 임대되지 않으면 아무것도 가져오지 않고 경제적으로 쓸모없는 것이므로, 시장가격이 생산가격을 조금이라도 초과하면 최열등 종류의 새로운 토지가 시장에 등장하게 된다.

이제 최열등지가 비옥도의 차이에서 생길 수 없는 지대를 낳는다는 사실로부터 다음과 같은 문제가 제기된다. 토지생산물의 가격은 필연적으로 보통의 의미에서 독점가격인가, 또는 토지생산물의 가격에는 지대가 마치 조세와 마찬가지로—물론 이 경우에는 국가 대신 토지소유자가 부과하지만—들어가는가? 그런데 이 조세는 일정한 경제적 한계를 가진다는 것은 명백하다. 이 조세는 종래의 임차지의 추가투자에 의해, 외국농산물과의 경쟁[수입자유화를 가정하면]에 의해, 토지소유자 사이의 경쟁에 의해, 그리고 끝으로 소비자의 욕구와 지불능력에 의해 제한된다. 그러나 이런 것은 여기에서 문제가 아니다. 문제는 최열등지가 지불하는 지대가 그 생산물의 가격[이것이 우리의 전제에 의하면 일반적 시장가격을 지배한다]에 마치 조세가 상품의 가격에 들어가는 것과 동일한 방식으로—즉 상품의 가치와는 독립적인 요소로서— 들어가는가 아닌가 이다.

지대가 토지생산물의 가치와는 독립적인 요소라는 주장은 결코 옳은 것이 아니며, 상품의 가치와 생산가격 사이의 구별을 아직까지 이해하지 못하기 때문에 생긴 것이다. 이미 본 바와 같이, 상품들의 생산가격들은, 전체로서 고찰하면, 그들의 총가치에 의해서만 규제되며, 각종 상품들의 생산가격 운동은 기타의 사정들이 불변이라면 그들 상품종류의 가치운동에 의해서만 결정되지만, 한 상품의 생산가격은 결코 그것의 가치와 동일하지 않다. 이미 밝힌 바와 같이 한 상품의 생산가격은 그것의 가치보다 높을 수도 낮을 수도 있으며 예외적인 경우에만 일치한다. 그러나 농산물이 그것의 생산가격보다 높게 판매된다는 사실은 농산물이 그것의 가치보다 높게 판매된다는 것을 증명하는 것은 결코 아니다. 이것은 마치 공산품들이 평균적으로 그들의 생산가격으로 판매된다는 사실이 각각의 공산품들이 그들의 가치대로 판매된다는 것을 증명하는 것이 아님과 마찬가지다. 농산물은 그것의 생산가격보다는 높게 그러나 그것의 가치보다는 낮게 판매될 수 있다. 이것은 마치 다수의 공산품들이 그들의 가치보다 높게 판매되는 것에 의해서만 생산가격을 얻을 수 있는 것과 마찬가지다.

한 상품의 생산가격과 가치 사이의 관계는 오직 그 상품을 생산하는 자본의 가변부분과 불변부분 사이의 비율 — 즉 자본의 유기적 구성 — 에 의해 결정된다. 『제3권 제9장 참조』 한 생산분야의 자본구성『불변자본/

가변자본』이 사회적 평균자본의 자본구성보다 낮다면[즉 임금에 지출되는 가변부분이 물적 노동조건에 지출되는 불변부분에 대해 가지는 비율이 사회적 평균자본의 비율보다 크다면], 그 생산물의 가치는 그것의 생산가격보다 높을 수밖에 없다. 이 자본은 동일한 크기의 사회적 평균자본보다 더욱 많은 살아있는 노동을 고용하기 때문에 [노동착취도가 동일하다면] 더 많은 잉여가치 따라서 더 많은 이윤을 생산한다. 이리하여 이 생산물의 가치는 그것의 생산가격보다 높게 된다. 왜냐하면 생산가격은 자본의 보충과 평균이윤을 합한 것과 동등한데, 이 평균이윤은 이 상품 중에 생산되어 있는 이윤보다 적기 때문이다. 사회적 평균자본이 생산하는 잉여가치는 이 낮은 구성의 자본이 생산하는 잉여가치보다 적다. 특정한 생산분야에 투하된 자본의 구성이 사회적 평균자본의 구성보다 높은 경우에는 그 반대로 되어 그것이 생산하는 상품의 가치는 그것의 생산가격보다 낮게 되는데, 이것은 가장 발달한 산업의 생산물의 경우에는 일반적이다.

특정 생산분야의 자본이 사회적 평균자본보다 낮은 구성을 가진다면, 이것은 먼저 이 특정 생산분야의 사회적 노동의 생산성이 평균수준보다 낮다는 사실을 다르게 표현한 것에 불과하다. 왜냐하면 도달한 생산성의 수준은 가변자본부분에 비해 불변자본부분이 상대적으로 우세하다는 것, 또는 일정한 자본 중 임금에 지출되는 부분이 점차로 감소하고 있다는 것으로 표현되기 때문이다. 반대로 특정 생산분야의 자본이 더 높은 구성을 가진다면, 이것은 생산성의 발전수준이 평균보다 높다는 것을 가리킨다.

예술활동[이것은 문제의 성질상 우리의 주제가 아니다]을 제외한다면, 다양한 생산분야는 그 기술적 특성에 따라 불변자본과 가변자본의 서로 다른 비율을 필요로 한다는 것, 그리고 살아있는 노동이 어떤 분야에서는 더 큰 기능을 하고 다른 분야에서는 더 작은 기능을 한다는 것은 자명하다. 예컨대 채취산업[이것은 농업과는 엄격히 구별되어야 한다]에서는 불변자본의 한 요소로서의 원료는 전혀 없으며 보조원료까지도 중요한 기능을 거의 하지 않는다. 그러나 불변자본의 다른 부분인 고정자본은 광업에서 주요한 기능을 한다. 여기에서도 우리는 가변자본에 대한 불변자본의 상대적 증대에 의해 발전의 진전을 측량할 수 있다.

진정한 농업에서 자본구성이 사회적 평균보다 낮다면, 이것은 언뜻 보아도 명백한 것처럼 생산이 발달한 나라에서 농업이 제조업과 동일한 정도로 진보하지 않았다는 사실을 표현하는 것이다. 이 사실은 [결정적으로 중요한 모든 경제적 사정을 무시하면] 다음과 같은 것에 의해서도 설명된다. 즉 기계학과 특히 그것의 응용은 일찍 그리고 매우 급속하게 발달했는데, 화학 · 지질학 · 생리학과 그것의 특히 농업에의 응용은 나중에 발달하였거나 부분적으로는 매우 최근의 일이라는 점이다. 어쨌든 농업의 진보도 항상 가변자본에 대한 불변자본의 상대적 증대에 의해 표현된다는 것은 의심할 여지가 없는 오래 전부터 알려진 사실이다.[36)]자본주의적 생산이 행해지는 어느 나라[예컨대 영국]에서 농업자본의 구성이 사회적 평균보다 낮은가 그렇지 않는가는 통계조사에 의해서만 해결될 수 있는 문제이며, 이 문제를 깊이 다루는 것은 우리의 목적을 위해서는 불필요할 것이다. 그러나 어쨌든 이 전제 위에서만 농산물의 가치가 그것의 생산가격보다 높아질 수 있다는 것—즉 주어진 크기의 자본에 의해 농업에서 생산되는 잉여가치, 또는 마찬가지 이야기지만 그 자본이 운동시키고 지휘하는 잉여노동(그리고 사용하는 살아있는 노동의 총량)은 사회적 평균구성을 가진 동일한 크기의 자본에 의해 생산되는 잉여가치보다 더욱 크다는 것—은 여전히 이론적으로 타당하다.

그러므로 이 전제는 우리가 지금 검토하고 있는 지대형태 〚절대지대〛

---

36) 다음을 참조하라. 돔발(1824~1837); 존스(1831).

에 관한 한 충분하며, 그리고 이 지대의 발생을 설명하는 데 필요한 전제다. 이 전제가 성립되지 않는 곳에서는 이 전제에 알맞는 지대형태는 사라진다.

그러나 농산물의 가치가 그것의 생산가격보다 높다는 단순한 사실 그것만으로는 토지종류 사이의 비옥도 차이 또는 동일한 토지에 대한 순차적 투자들의 생산성 차이에서 발생하는 지대와는 무관한 지대—요컨대 차액지대와는 개념적으로 구별되는 지대로서 절대지대absolute rent라고 부를 수 있다—의 존재를 설명하는 데는 결코 충분하지 않을 것이다. 공산품 중에도 그 가치가 생산가격보다 높은 성질을 가진 것들이 매우 많지만, 그렇다고 하여 이 상품들이 평균이윤 이상의 초과분[즉 지대로 전환될 수 있는 초과이윤]을 가져오는 것은 아니다. 오히려 생산가격과 [이것이 내포하는] 일반적 이윤율이라는 것의 존재와 개념은 개별 상품들이 가치대로 판매되지 않는다는 사실에 의거하고 있다. 생산가격은 상품가치들의 조정에서 생겨나는데, 이 조정은 각각의 생산분야에서 소비된 각각의 자본가치를 보상한 뒤에, 총잉여가치를 각각의 생산분야에서 생산되어 그들의 생산물에 포함되어 있는 비율에 따라 분배하는 것이 아니라 투하자본의 크기에 따라 분배한다. 이렇게 하여 평균이윤 『이라는 존재와 개념』이 생겨나고 [이 평균이윤을 특징적 요소로 가지는] 생산가격이 생기는 것이다. 총자본이 생산하는 잉여가치의 분배를 경쟁에 의해 이처럼 균등화하며 이런 균등화에 대한 모든 장애를 극복하는 것은 자본들의 끊임없는 경향이다. 그러므로 상품의 가치와 생산가격 사이의 차이에서 생기는 것이 아니라 다만 시장지배적인 일반적 생산가격과 개별적 생산가격 사이의 차이에서 생기는 초과이윤—어떤 상황에서 발생하든—을 허용하는 것이 자본들의 경향이다. 따라서 이 초과이윤은 두 개의 상이한 생산분야들 사이에서 발생하는 것이 아니라 각각의 생산분야 안에서 발생하는 것이며, 그러므로 이 초과이윤은 다른 분야들의 일반적 생산가격

[즉 일반적 이윤율]에 영향을 미치는 것이 아니라 오히려 가치의 생산가격으로의 전환과 일반적 이윤율을 전제하고 있다. 그러나 이런 전제의 토대를 이루는 것은, 이미 설명한 바와 같이 사회적 총자본이 각종의 생산분야들 사이에 분배되는 비율이 끊임없이 변동한다는 것— 자본들의 끊임없는 유출과 유입, 한 분야로부터 다른 분야로의 이동성—인데, 이것은 요컨대 사회적 총자본의 독립적인 부분들이 각종의 생산분야들을 이용가능한 투자분야로 삼아 자유롭게 이동할 수 있다는 것이다. 또 여기에서 전제되고 있는 것은, 예컨대 상품의 가치가 생산가격보다 높은 생산분야이거나 생산된 잉여가치가 평균이윤보다 큰 생산분야에서는, 자본들의 경쟁이 가치를 생산가격으로 인하시키고 이리하여 이 생산분야의 초과잉여가치를 모든 투자분야들 사이에 비례적으로 분배하는 것을 방해하는 제한이 없거나 또는 있더라도 다만 우연한 일시적인 것에 불과하다는 것이다. 그러나 그 반대의 것이 일어난다면, 즉 자본이 외부의 힘[자본이 전혀 극복할 수 없거나 오직 부분적으로만 극복할 수 있는 외부의 힘]에 부닥쳐 이 외부의 힘이 특정생산분야에 대한 투자를 제한하며, 잉여가치의 평균이윤으로의 일반적 균등화를 전적으로 또는 부분적으로 배제하는 조건에서만 투자를 허용한다면, 이 생산분야에서는 상품의 생산가격을 넘는 가치의 초과분에 의해 초과이윤이 생기며 이 초과이윤은 지대로 전환되어 지대로서 이윤에 대해 자립할 수 있다는 것은 명백하다. 자본이 토지에 투하되는 경우, 이런 외부의 힘과 장애로서 토지소유는 자본에 대립하며 토지소유자는 자본가에 대립하게 된다.

여기에서 토지소유는 조세를 부과하지 않고서는 [즉 지대를 받지 않고서는] 이전에 경작되지 않은 또는 임대되지 않은 토지에 대한 새로운 투자를 허용하지 않는 장벽이다. 비록 새로 경작되는 토지가 차액지대를 낳지 않는 종류의 토지며, 따라서 토지소유가 없다면 시장가격의 조그마한 상승에 의해서도 [즉 지배적 시장가격이 이 최열등지의 경작자에게 생산가격만을 지불한다고 하더라도] 이미 경작되었을 경우라 하더라도, 토지소유라는 장벽 때문에, 시장가격은 이 토지가 생산가격을 넘는 초과분[즉 지대]을 지불할 수 있는 수준으로까지 상승하여야만 한다. 그런데 농업자본에 의해 생산되는 상품의 가치는 [우리의 전제에 따르면] 생산가격보다 높기 때문에, 이 지대는 [곧 검토하게 될 경우를 제외하면] 생산가격을 넘는 가치의 초과분 또는 이 초과분의 일부를 이룬다. 지대가 가치와 생산가격 사이의 차액 전체와 동등한가 아니면 그 일부와 동등한가는 전적으로 수요에 대한 공급의 상태와 새로 경작되는 토지면적에 달려 있다. 지대가 농산물의 생산가격을 넘는 가치의 초과분과 동등하지 않는 한, 이 초과분의 일부는 언제나 각종 개별자본들 사이에서 총잉여가치의 일반적 균등화와 비례적 분배에 참가한다. 지대가 생산가격을 넘는 가치의 초과분과 동등하다면, 평균이윤을 넘는 초과잉여가치의 전부가 균등화과정에서 빠져나올 것이다. 그러나 이 절대지대가 생산가격을 넘는 가치의 초과분 전체와 동등하든 또는 그 일부와 동등하든, 농산물은 항상 독점가격으로 판매될 것인데, 그 이유는 농산물의 가격이 가치보다 높기 때문이 아니라 가치와 동등하거나 또는 가치보다 낮지만 생산가격보다는 높기 때문이다. 농산물의 독점적 성격은 [생산물의 가치가 생산가격 수준으로 인하되는 여타 산업의 생산물의 경우와 달리] 농산물의 가치가 생산가격 수준으로 인하되지 않는다는 점에 있다. 가치 또는 생산가격의 일부는 사실상 주어진 상수 — 즉 생산과정에서 소비된 자본(k)인 비용가격 — 이기 때문에, 가치와 생산가격 사이의 차액은 변수인 잉여가치에 있다. 즉 이 잉여가치는 생산가격의 경우에는 총잉여가치를 사회적 총자본과 그 구성부분으로서 각 개별자본에 대해 계산한 이윤(p)과 같지만, 가치의 경우에는 각 개별자본이 생산한 현실의 잉여가치[이것은 상품가치의 일부를 구성한다]와 동등하다는 점이다. 상품의 가치가 생산가격보다 높다면, 생산가격은 k+p이고 가치는 k+p+d이며, p+d는 상품에 포함되어 있는 잉여가치다. 따라서, 가치와 생산가격 사이의 차액은 d인데, 이것은 이 자본이 생산한 잉여가치〖p+d〗가 일반적 이윤율에 의해 이 자본에게 할당된 잉여가치〖p〗를 초과하는 부분이다. 그러므로 농산물의 가격은 가치에 도달하지 않고서도 생산가격보다 높을 수 있다. 또한 농산물의 가격은 가치에 도달하기까지 계속 상승할 수 있다. 그리고 또한 농산물의 생산가격을 넘는 가치의 초과분이 농산물의 일반적 시장가격을 결정하는 하나의 계기가 될 수 있는 것은 토지소유의 독점 때문일 따름이라는 것도 알 수 있다. 마지막으로 이 경우에는 생산물의 가격 등귀가 지대의 원인이 아니라 지대가 가격 등귀의 원인이라는 것도 알 수 있다. 최열등지 단위면적의 생산물 가격이 P[생산가격]+r이라고 하면, 각각의 차액지대는 r의 적합한 배수만큼 증가할 것이다. 왜냐하면 우리의 전제에 따르면 P+r이 지배적 시장가격이기 때문이다.

비농업 사회자본의 평균구성이 85c+15v이고 잉여가치율이 100%이라면, 생산가격[=가치]은 115일 것이다. 농업자본의 구성이 75c+25v이라면 동일한 잉여가치율에서는 생산물의 가치와 지배적 시장가치는 125일 것이다. 만약 농산물과 비농산물이 평균가격으로 균등화된다면, (각 생산부문의 총자본이 동일하게 100이라고 가정하면) 총잉여가치는 40이고 따라서 자본 200에 대해 20%일 것이고 각 부문의 생산물은 120에 판매될 것이다. 따라서 생산가격으로 균등하게 된다면, 비농산물의 평균시장가격은 가치보다 높게 될 것이고 농산물의 그것은 가치보다 낮게 될 것이다. 만약 생산물이 가치대로 판매된다면, 균등화의 경우보다 농산물은 5만큼 높고 공산품은 5만큼 낮을 것이다. 그런데 만약 농산물이 완전한 가치대로[즉 생산가격을 넘는 초과분을 모두 받고] 판매되는 것이 시장조건에 의해 허락되지 않는다면, 그 결과는 위의 두 극단의 중간일 것이다. 공산품은 그 가치보다 약간 높게 판매될 것이고 농산물은 그 생산가격보다 약간 높게 판매될 것이다.

비록 토지소유가 농산물의 가격을 생산가격보다 높게 인상시킬 수 있다 하더라도, 시장가격이 어느 만큼 생산가격을 넘어 가치에 접근하는가, 그리고 주어진 평균이윤을 넘어 농업에서 생산된 잉여가치가 어느 정도 지대로 전환되는가, 또는 그 잉여가치가 평균이윤을 형성하는 잉여가치의 일반적 균등화에 어느 정도 참여하는가는 토지소유에 달려 있는 것이 아니라 일반적인 시장상황에 달려 있다. 어쨌든 생산가격을 넘는 가치의 초과분에서 생기는 이 절대지대는 단순히 농업상의 잉여가치의 일부이며 이 잉여가치가 지대로 전환되어 토지소유자가 수취하는 것인데, 이것은 마치 차액지대가 지배적인 일반적 생산가격에서 초과이윤이 지대로 전환되어 토지소유자가 수취하는 것에서 생기는 것과 마찬가지다. 이 두 형태의 지대는 유일하게 정상적인 형태다. 이 이외에 지대는 오직 진정한 독점가격에서 생길 수 있을 뿐인데, 이 독점가격은 상품의 생산가격이나 가치에 의해 결정되는 것이 아니라 구매자의 욕구와 지불능력에 의해 결정되며, 따라서 독점가격에 관한 고찰은 시장가격의 현실적 운동을 연구하는 경쟁이론에 속한다.

한 나라에서 농업에 사용될 수 있는 모든 토지가 임대되어 버린다면, (자본주의적 생산양식과 정상적인 조건들을 가정한다면) 지대를 낳지 않는 토지는 존재하지 않을 것이지만 지대를 낳지 않는 투자[또는 토지에 투하된 자본 중 지대를 낳지 않는 부분]는 존재할 수 있다. 왜냐하면 일단 토지가 임대되면 토지소유는 필요한 투자에 대한 절대적 장벽으로 기능할 수 없기 때문이다. 그렇지만 토지에 합쳐진 자본이 토지소유자에게 돌아가는 것 『차지기간이 끝나면 토지에 투하된 모든 것은 토지소유자의 것으로 된다』이 차지농업가의 투자를 매우 분명히 제한하는 한, 토지소유는 계속 상대적인 장벽으로 기능한다. 이 경우 모든 지대가 차액지대로 되어 버릴 것인데, 토지의 질 차이에 의해 결정되는 차액지대가 아니라, 일정한 토지에 대한 최종투자에서 생기는 초과이윤과 최열등지의 임차에 대해 지불하는 지대 사이의 차이에 의해 결정되는 차액지대다. 토지소유가 절대적 장벽으로 작용하는 것은, 토지소유자가 토지를 자본의 투하장소로 사용하는 것을 허락하면서 공물을 강요하는 한에서다. 일단 이 허락이 주어지면 토지소유자는 그 토지에 대한 투자의 양적 규모에 대해 어떤 절대적 제한을 가할 수가 없다. 가옥건축의 경우 대지를 제3자가 소유한다는 사실이 항상 제한을 가한다. 그러나 일단 그 대지가 가옥건축을 위해 임대되면 거기에 큰 집을 짓는가 작은 집을 짓는가는 오로지 임차인의 마음에 달려 있다.

만약 농업자본의 평균구성이 사회적 평균자본의 구성과 동등하든가 더 높다면, 위에서 전개된 의미의 절대지대 — 즉 차액지대와도 다르며 진정한 독점가격에 입각한 지대와도 다른 지대 — 는 사라지게 될 것이다. 왜냐하면 농산물의 가치는 생산가격보다 높지 않을 것이며, 농업자본은 비농업자본에 비해 더 많은 노동을 사용하지 않을 것이고, 따라서 더 많은 잉여노동을 실현하지도 않을 것이기 때문이다. 농업자본의 구성이 농업의 진보에 따라 사회적 평균자본의 구성과 동등하게 되는 경우에도 절대지대는 사라질 것이다.

한편에서는 농업자본의 구성이 상승하여 그 불변부분이 가변부분에 비해 증대한다고 가정하며, 다른 한편에서는 종전보다 열등한 새로운 토지가 지대를 지불할 만큼 농산물의 가격이 등귀한다고 가정하는 것[이 경우 지대는 오직 가치 · 생산가격을 넘는 시장가격의 초과분에서 즉 생산물의 독점가격으로부터만 생길 수 있을 것이다]은 언뜻 보면 모순인 것처럼 보인다.

그러나 여기에서는 다음의 것을 구별하여야 한다.

이윤율의 형성을 고찰할 때 본 바와 같이, 각각의 자본이 동일한 기술적 구성을 가진다 하더라도[즉 기계류와 원료에 대한 노동량의 비율이 동일하다 하더라도], 그 불변자본 구성분의 가치가 다르기 때문에 서로 다른 『가치』구성을 가질 수 있다. 『$\frac{c}{v} = \frac{Pc \cdot Qc}{Pv \cdot Qv}$』 왜냐하면 원료나 기계류가 A의 경우보다 B의 경우 더욱 고가일 수 있기 때문이다. 동일한 노동량을 사용하기 위해서는(우리의 가정에 따르면 동일한 원료량을 가공하기 위해서는 동일한 노동량이 필요하다), A의 경우보다 B의 경우에 더 큰 자본이 투하되어야만 한다. 왜냐하면 예컨대 100의 자본 중에서 원료의 구입에 지출되는 부분이 B의 경우에는 40이고 A의 경우에는 20이라면 A와 B는 100의 자본으로서 동일한 노동량을 사용할 수가 없기 때문이다. 그러나 이 자본들의 기술적 구성이 동일하다는 것은 비싼 원료의 가격이 싼 원료의 가격 수준으로 하락하는 경우 곧 알 수 있다. 이 경우 살아있는 노동량과 노동조건의 양 · 성질 사이의 기술적 비율에는 아무런 변동이 생기지 않지만 가변자본과 불변자본 사이의 가치비율은 서로 같게 될 것이다, 그런데 유기적 구성이 낮은 자본도 그 불변부분의 단순한 가치 증대에 의해 [가치구성의 관점에서 보면] 유기적 구성이 높은 자본과 동등하게 될 수 있다. 예컨대 어떤 자본은 살아있는 노동력에 비해 기계류와 원료를 많이 사용하기 때문에 60c+40v의 구성을 가지며, 다른 자본은 더 많은 살아있는 노동(60%), 적은 기계(예컨대 10%), 노동력에 비해 적고 값싼 원료(예컨대 30%)를 사용하기 때문에 40c+60v의 구성을 가진다고 하자. 그러면 후자의 원료와 보조원료의 가치가 30에서 80으로 단순히 증대하는 것에 의해 기술적 구성에는 아무런 변동도 없이 『가치』구성은 균등화될 수 있을 것이다. 왜냐하면 후자의 자본은 기계 10에 대해 이제 80의 원료와 60의 노동력을 필요로 하게 되어 90c+60v로 되며 이것을 퍼센트로 나타내면 60c+40v가 될 것이기 때문이다. 이처럼 유기적 구성이 동일한 자본들이 다른 가치구성을 가질 수 있으며, 가치구성이 동일한 자본들이 다른 수준의 유기적 구성을 가질 수 있고 따라서 사회적 노동생산성의 다른 발전수준을 표시할 수 있다. 그러므로 농업자본이 그 가치구성에서 비농업자본과 동일한 수준에 있다는 사실만으로는 농업의 사회적 노동생산성이 비농업의 그것과 동등하게 고도로 발달하였다는 것을 증명하지는 못할 것이다. 그 사실이 보여 줄 수 있는 것은, [농업의 생산조건의 일부를 이루는] 농업자본 자신의 생산물 〖예: 종자〗이 더 비싸진다는 것, 또는 종래에는 가까운 곳에서 얻었던 비료 따위의 보조재료가 이제는 먼 곳으로부터 운반되어 와야 한다는 것 따위일 것이다.

이런 점은 제외하더라도 아직도 고려해야 할 농업의 특수성이 있다.

노동절약적 기계 · 화학적인 보조수단 따위가 더 큰 비중을 차지하고, 따라서 불변자본이 가치의 면에서뿐 아니라 수량의 면에서도 노동력에 비해 증대한다고 가정하자. 그런데 농업에서는(광업에서와 마찬가지로) 노동의 사회적 생산성을 고려해야 할 뿐 아니라 노동이 수행되는 자연조건에 의존하는 자연발생적 생산성도 고려해야 한다. 농업의 사회적 생산성의 향상이 단순히 자연발생적 생산성의 저하를 보상하거나 또는 이것을 보상할 수 없는 경우도 있으며[그런데 이 보상은 일정한 기간에만 가능할 뿐이다], 그리하여 기술발전에도 불구하고 농산물이 싸게 되는 것이 아니라 단순히 더 이상 오르지 않게 된다. 또한 곡물가격이 오르는 상황에서 절대적 생산량은 감소하지만 상대적 초과생산물은 증가할 수도 있다. 즉 불변자본[이것은 대부분 기계나 가축으로 구성되어 있으며 그것의 마멸분만 보충되면 좋다]이 상대적으로 증가하고 그에 따라 가변자본[이것은 임금에 지출되는 것이며 언제나 생산물로부터 완전히 보충되어야만 한다]이 감소하는 경우에 위와 같은 일이 일어날 수 있다.

그러나 또 기술적 보조수단이 보다 낮은 수준에서 열등지가 개간되고 지대를 낳기 위해서는 시장가격의 현저한 상승이 필요하였다면, 농업의 진보에 따라 시장가격이 평균보다 조금만 등귀하더라도 열등지의 경작이 가능하게 될 것이다.

예컨대 축산업에서는 가축 그것으로서 존재하는 불변자본에 비해 노동력의 고용량이 대체로 매우 적다는 사실은, 농업자본이 백분율로 계산하면 사회적 평균구성의 비농업자본에 비해 더 많은 노동력을 운동시킨다는 명제를 부정하는 것으로 여겨질 수 있다. 그러나 여기에서 지적해야 할 것은, 지대를 설명할 때 우리는 농업자본 중 기본적인 식량[그리하여 모든 문명국민들의 주된 생활수단]을 생산하는 부분을 결정적인 것으로 여긴다는 점이다. 애덤 스미스가 이미 밝힌 바와 같이[이것은 그의 공적의 하나이다], 축산업에서는, 그리고 또 일반적으로 주된 식량(예컨대 밀)의 생산에 사용되지 않는 토지에 투하된 모든 자본의 평균에서는, 가격의 결정이 전혀 다른 방식으로 행해진다. 이 경우 가격은 다음과 같은 사실—즉 인공적 목초지로서 축산에 이용되지만 일정한 질의 경작지로도 전환될 수 있는 토지의 생산물 가격은 동등한 질의 경작지가 낳는 지대를 낳을 수 있을 만큼 등귀해야 한다는 사실—에 의해 결정된다. 결국 이 경우 밀경작지의 지대가 가축가격의 결정적인 요소다. 그렇기 때문에 람지(1836)가 가축의 가격은 지대에 의해 [토지소유의 경제적 표현에 의해, 결국 토지소유 그것에 의해] 인위적으로 등귀하게 된다고 지적한 것은 옳았다.

"경작이 확대됨으로써 황무지는 식용육에 대한 수요를 충족하기에 불충분하게 된다. 경작지의 상당 부분이 가축을 사육하고 살찌우는 데 사용되어야 하며, 따라서 가축 가격도 사육에 필요한 노동뿐 아니라 그런 토지가 곡물경작에 사용될 때 지주와 농업자가 그것에서 끌어낼 수 있을 지대와 이윤까지 지불하기에 충분해야 한다. 전혀 개발되지 않은 황야에서 기른 가축이라도 같은 시장에 내보내지면 중량 또는 품질에 비례해서 가장 개량된 토지에서 사육된 가축과 같은 가격으로 판매된다. 이런 황야의 소유자들은 여기에서 이윤을 얻으며 가축 가격에 비례해서 지대를 올린다."(스미스, 『국부론』 제1편 제11장 1절: 194)

그러므로 이 경우에도 곡물지대와는 달리 최열등지에서도 차액지대가 생기게 된다.

절대지대는 [언뜻 보면 지대가 마치 단순한 독점가격 때문에 생기는 것처럼 보이게 하는] 약간의 현상들을 설명하여 준다. 스미스의 예에 덧붙여, 노르웨이에서 인간의 도움 없이 존재하는—즉 조림의 결과가 아닌—삼림의 소유자를 예로 들어보자. 예컨대 그가 영국의 목재수요를 충족시키기 위해 벌목하는 자본가로부터 지대를 받든지, 또는 그 자신이 자본가로서 벌목한다면, 그는 투하자본에 대한 이윤 이외에 목재로서 다소간의 지대를 얻을 것이다. 이 지대는 이 순수한 자연적 생산물의 경우에는 단순한 독점적 추징금인 것처럼 보인다. 그러나 사실상 이 경우 자본은 노동에 지불되는 가변자본으로만 구성되어 있으며, 따라서 동일한 규모의 다른 자본보다 더욱 많은 잉여노동을 운동시킨다. 그러므로 목재의 가치는 구성이 더 높은 자본의 생산물에 포함되어 있는 불불노동[또는 잉여가치]보다 큰 초과분을 포함하고 있다. 그렇기 때문에 목재로부터 평균이윤이 지불될 수 있을 뿐 아니라 현저한 초과분이 지대의 형태로 삼림소유자에게 돌아간다. 반대로, 만약 벌목이 매우 쉽게 확장될 수 있으며 이리하여 목재의 생산이 급속히 증가할 수 있는 경우에는, 목재의 가격이 그 가치와 동등하게 되고 이리하여 또 불불노동의 초과분 전체(즉 평균이윤으로서 자본가에게 돌아가는 부분을 넘는 것 전체)가 지대의 형태로 삼림소유자에게 돌아가기 위해서는, 수요가 매우 급속히 증대해야 한다고 가정할 수 있다.

우리는 새로 경작되는 토지가 종전에 경작된 최열등지보다 더욱 열등하다고 가정하였다. 만약 새로 경작되는 토지가 더 낫다면 그 토지는 차액지대를 낳을 것이다. 그런데 우리는 여기에서 지대가 차액지대로 나타나지 않는 경우를 연구하고 있다. 그러므로 두 개의 경우만이 가능하다. 새로 경작되는 토지가 종전의 최열등지보다 더욱 나쁘든지 아니면 그것과 동등한 경우뿐이다. 우리는 이미 더 나쁜 경우를 연구하였으므로 이

제 남은 것은 동등한 경우를 연구하는 것이다.

이미 차액지대의 경우에서 밝힌 바와 같이, 경작의 진전에 따라 더 나쁜 토지뿐 아니라 동질의 토지 그리고 더 좋은 토지까지도 새로 경작될 수 있다.

왜냐하면 첫째로 차액지대의 경우에는 두 요소들 〖비옥도와 위치〗이 반대 방향으로 작용하여 때로는 서로서로를 상쇄하고 때로는 한편이 다른 편을 압도하기 때문이다(이것은 지대 일반의 경우에도 그렇다. 왜냐하면 비非차액지대의 경우에도 한편에서는 토지의 비옥도가, 다른 한편에서는 토지의 위치가 지배적 시장가격에서 이윤과 지대를 낳으면서 토지를 경작할 수 있게 하는가 않는가 하는 문제가 항상 제기되기 때문이다). 시장가격의 상승은—경작의 비용가격은 저하하지 않았다는 것, 즉 기술진보가 추가경작을 자극하지 않았다는 것을 전제하면—종전에는 그 위치 때문에 경쟁에서 배제되었던 더 비옥한 토지를 경작권 안에 끌어들일 수 있다. 또는 비옥도가 낮은 토지의 경우에는 시장가격의 상승이 위치상의 우위를 높여 낮은 비옥도를 상쇄시킬 수도 있다. 또는 시장가격이 상승하지 않는다 하더라도 위치는 교통수단의 개선을 통해 더 좋은 토지를 경쟁에 끌어들일 수 있는데, 이것은 북아메리카의 대평원 주들에서 대규모로 관찰된다. 오랜 문명국에서도 이것은 끊임없이 일어나고 있다. 비록 웨이크필드가 올바르게 지적한 바와 같이, 위치가 결정적으로 중요한 식민지에서처럼 대규모로 일어나는 것은 아니지만. 그리하여 첫째로 위치와 비옥도의 상반되는 작용들과 위치라는 요인—이 요인은 끊임없이 평준화되며 그리고 평준화경향을 가진 끊임없는 변화를 일으킨다—의 가변성은 번갈아 가면서 동질의 토지나 더 좋은 토지나 더 나쁜 토지를 종전의 경작지와 경쟁하게 만든다.

둘째, 자연과학과 농학의 발달에 따라 토지의 비옥도 그것이 변화한다. 왜냐하면 토양의 요소들을 즉시 이용할 수 있게 만드는 수단들이 발달하기 때문이다. 예컨대 종전에는 열등지로 여겨지던 가벼운 성질의 토양이 최근에는 프랑스나 영국의 동부지방에서는 제1급토지로 등장하였다[파씨(1854)를 참조하라]. 다른 한편에서는 그 화학적 구성 때문에 열등지로 여겨진 것이 아니라 공학적 · 물리적 장애물 때문에 경작되지 않았을 따름인 토지가 [이런 장애물을 제거하는 수단이 발견되자마자] 우등지로 전환되었다.

셋째, 오랜 문명국 모두에서는 낡은 역사적 · 전통적 관계가 국유지 · 공유지 따위의 형태로 광대한 토지를 전혀 멋대로 경작에서 배제하였는데, 이 토지가 조금씩 경작되기 시작하고 있다. 이 토지들이 경작되기 시작하는 순서는 토지의 질이나 위치에 따른 것이 아니라 전혀 외부적인 사정에 달려 있다. 영국 공유지의 역사—즉 공유지가 순차적으로 엔클로저법에 의해 사유지로 전환되어 개간된 역사—가 밝히는 바와 같이, 이 경작순서가 리비히와 같은 근대적 농화학자에 의해 고안되었다거나, 그 화학적 속성 때문에 어떤 토지는 경작에 적합하다고 판정되고 기타의 토지는 배제되었다거나 하는 환상적인 사고방식보다 더욱 웃기는 것은 없다. 여기에서 결정적인 것은 '도둑질을 하게 한 구실'—즉 횡령을 위해 대지주들이 찾아낸 다소간 그럴듯한 법률상의 구실—이었다.

넷째, 주어진 시기의 인구와 자본의 수준이 토지경작의 확장에 일정한 제한[비록 신축적인 제한이긴 하지만]을 가한다는 사실을 무시하면, 그리고 또한 시장가격에 일시적인 영향을 미치는 사건들[예: 일련의 불순한 계절과 양호한 계절]의 작용을 무시하면, 토지경작의 공간적 확장은 그 나라의 자본시장과 경기의 전반적 상태에 달려 있다. 불경기에 추가자본을 농업으로 돌리기 위해서는 미경작지가 차지농업가에게 평균이윤—그가 지대를 지불하든 지불하지 않든—을 가져다 줄 수 있다는 것만으로는 불충분할 것이다. 자본이 풍부한 기타의 시기에는 [정상적인 조건들이 충족되어 있는 한] 시장가격의 등귀가 없더라도 농업에 자본이 흘러들어 갈 것이다. 종전의 경작지보다 좋은 토지가 경쟁에서 배제되는 것은, 사실상 오직 위치라는 요인에 의하거나, [아직 타파되지 못한] 종전의 장애물에 의하거나, 또는 우연에 의해서일 뿐이다. 따라서 우리는 최종경작지와 질적으로 동등한 토지종류만을 취급해야 한다. 그러나 새로운 토지와 최종경작지 사이에는 언제나 개간비의 차이가 있으며, 개간의 실시여부는 시장가격의 수준과 신용상태에 달려 있다. 일단 이 새로운 토지가 경쟁에 들어오면 시장가격은 [기타의 사정들이 불변이라면] 다시 종전의 수준으로 하락하며, 이리하여 새로운 토지는 그와 동질의 종래의 토지와 동일한 지대를 낳을 것이다. 이 새로운 토지가 지대를 낳지 않는다는 전제는 그 지지자들이 증명해야 할 것— 즉 최종경작지가 지대를 낳지 않았다는 것—을 가정함으로써 증명되고 있다. 동일한 방식에 의하면, 최후로 건축된 가옥은 [비록 임대된다 하더라도] 진정한 가옥임대료 이외에는 아무런 지대도 낳지 않는다는 것을 증명할 수 있을 것이다. 그런데 사실은 그 가옥은 때때로 장기간 비어있기 때문에 가옥임대료를 낳기 전부터 이미 지대를 낳고 있는 것이다. 일정한 토지면적에 대한 순차적인 투자들이 비례적인 초과생산물을 낳을 수 있으며 따라서 제1차 투자와 동일한 지대를 낳을 수 있는 것과 마찬가지로, 최종경작지와 질이 같은 경작지는 동일한 비용으로 동일한 생산물을 생산할 수 있다. 그렇지 않다면 동질의 토지들이 어째서 한꺼번에 경작되지 않고 순차적으로 경작되는가를 이해할 수 없을 것이며, 또는 어째서 다른 모든 토지의 경쟁을 초래하지 않고 하나의 토지가 경작되는가를 이해할 수 없을 것이다. 토지소유자는 언제나 지대를 받아내려고[즉 무엇인가를 공짜로 받으려고] 버티고 있지만, 자본이 토지소유자의 희망을 충족시켜 주기 위해서는 일정한 조건들을 필요로 한다. 그러므로 토지들의 상호경쟁은 토지소유자가 그 토지들을 경쟁시키려고 하는 것에 달려 있는 것이 아니라, 새로운 경작지에서 종래의 자본들과 경쟁할 자본이 있는가에 달려 있다.

진정한 농업지대가 단순히 독점가격일 가능성은 작을 수밖에 없는데, 이것은 [생산가격을 넘는 가치의 초과분이 어느 정도이든] 절대지대가 정상적인 조건에서는 작을 수밖에 없는 것과 마찬가지다. 절대지대의 본질은 다음과 같은 것—즉 다른 생산분야에 있는 동등한 크기의 자본들이 동등한 잉여가치율 또는 동등한 노동착취도에서 각각의 평균구성의 차이에 따라 다른 잉여가치량을 생산한다는 것—에 있다. 공업에서는 이 다른 잉여가치량은 평균이윤으로 균등화되며, 총자본의 구성부분으로서 각각의 개별자본에게 균등하게 분배된다. 토지소유는 [농업을 위해서든 원료채취를 위해서든 생산이 토지를 필요로 하는 경우에는 언제나] 토지에 투하된 자본들에 대해 이 균등화를 방해하며, 잉여가치 중 [토지소유가 없다면] 균등화과정에 참가하여 일반적 이윤율을 성립시킬 일부를 탈취한다. 그러므로 지대는 상품가치의 일부[특히 잉여가치의 일부]를 이루는데, 이 부분은 [노동자로부터 그것을 착취한] 자본가계급에게 돌아가는 것이 아니라 [자본가로부터 그것을 탈취하는] 토지소유자에게 돌아간다. 이 경우 전제되고 있는 것은 농업자본은 동등한 크기의 비농업자본보다 더욱 많은 노동을 사용한다는 것이다. 이 편차의 크기나 이 편차의 존재여부는 공업에 대비한 농업의 상대적 발달에 달려 있다. 자본의 가변부분이 불변부분에 비해 감소하는 비율이 농업자본에서보다 공업자본에서 더욱 크지 않다면, 이 편차는 농업의 진보에 따라 당연히 감소할 수밖에 없다.

이 절대지대는 진정한 채취산업에서는 더욱 중요한 역할을 한다. 왜냐하면 거기에서는 불변자본의 한 요소인 원료가 완전히 사라지며 [기계나 기타의 고정자본이 매우 큰 비중을 차지하는 분야를 제외한다면] 최저의 자본구성이 항상 지배하고 있기 때문이다. 지대가 오로지 독점가격 때문인 듯이 보이는 바로 여기에서는, 상품이 그 가치대로 판매되기 위해서는 또는 지대가 생산가격을 넘는 가치 〚원문에는 '잉여가치'로 되어 있다〛의 초과분 전체와 동등하게 되기 위해서는, 매우 유리한 시장상황이 요구된다. 예컨대 어장 · 채석장 · 야생림 따위의 지대의 경우 그러하다.[37)]

37) 리카도(1991)는 이 점을 매우 피상적으로 설명하고 있다. 『원리』 제2장 서두에서 노르웨이의 삼림지대rent of forests에 대해 애덤 스미스를 비판하고 있는 단락을 보라.

제46장
건축지지대. 광산지대. 토지가격

지대가 있는 곳에서는 언제나 차액지대가 나타나며 농업분야의 차액지대와 동일한 법칙을 따른다. 자연력[예: 폭포 · 풍부한 광산 · 어장 · 위치가 좋은 건축지]이 독점될 수 있고 그것을 이용하는 산업가에게 초과이윤을 보증하는 곳에서는 어디에서나, 지구의 일부에 대한 자기의 권리에 의해 이 자연대상의 소유자라고 인정되는 사람은 이 초과이윤을 기능자본가로부터 지대의 형태로 빼앗는다. 건축지에 관해서는 이미 애덤 스미스가 그 지대의 근거는 모든 비농업용토지의 지대와 마찬가지로 진정한 농업지대에 의해 규제되고 있다는 것을 해명하였다(『국부론』, 제1편 제11장 2절과 3절). 이 건축지지대의 특징은 다음과 같다. 첫째로 위치가 차액지대에서 압도적인 영향을 미친다는 것[예컨대 포도재배지나 대도시의 건축지의 경우 특히 그러하다], 둘째로 소유자가 완전히 수동적이라는 것인데, 그가 하는 일이란 [특히 광산의 경우에서 보듯이] 사회적 발전[그는 산업자본가와는 달리 이것에 대해 아무런 기여도 하지 않고 아무런 위험도 부담하지 않는다]의 성과들을 단순히 착복한다는 것, 마지막으로 대부분의 경우 독점가격이 지배적이고 특히 빈곤을 가장 무자비하게 이용한다는 것(왜냐하면 빈곤은 가옥임대료의 풍부한 원천이기 때문인데 포토시Potosi의 〖은〗광산이 스페인에게 준 것보다 더욱 풍부하다),[38] 또한 토지소유가 동일인의 수중에서 산업자본과 결합할 때 토지소유는 거대한 권력을 행사할 수 있으며 임금투쟁에 종사하는 노동자들을 거주지로서의 토지 그것으로부터 실제로 밀어낼 수 있다는 것이다.[39] 이 경우 사회의 일부 사람들이 타인들에게 지구에 살아도 좋다는 것을 허락하면서 공물을 요구하는 것이다. 왜냐하면 토지소유 일반은 소유자에게 지구의 표면, 지구의 매장물, 공기, 따라서 생명의 유지와 발전을 자기의 이익에 맞게 이용하는 권리를 제공하기 때문이다. 건축지지대를 필연적으로 증가시키는 것은, 인구의 증가와 이에 따른 주택수요의 증가뿐 아니라 [토지에 합쳐지거나 토지 위에 세워진] 고정자본[예: 모든 산업용건물 · 철도 · 공장 · 부두]의 발달이다. 가옥임대료[이것은 가옥에 투하된 자본의 이자와 감가상각액이라고 볼 수 있다]와 순전한 토지지대를 혼동하는 것은 캐리식의 선의를 가지더라도 불가능하다. 특히 영국에서처럼 토지소유자와 투기적 건축업자가 전혀 다른 인물인 경우 그러하다. 이 경우 다음과 같은 두 가지가 고려대상이 된다. 즉 한편에서는 재생산 또는 채취를 목적으로 토지를 이용한다는 것이고, 다른 한편에서는 모든 생산활동과 인간활동의 한 요소로서 공간이 요구된다는 것이다. 어느 경우에나 토지소유는 공물을 요구한다. 건축지에 대한 수요는 공간과 토대로서의 토지의 가치를 인상시키며, 또한 건축자재로서 기능하는 토지구성요소들에 대한 수요도 증대시킨다.[40]

급속히 성장하고 있는 도시들에서는—특히 런던에서처럼 건물이 공

---

38) S. 랑(1844)과 F. W. 뉴먼(1851)을 참조하라.

39) 크라우링턴의 파업. 엥겔스, 『영국노동자계급의 상태』. 〖CW 4: 543~544〗

40) "런던의 도로포장이 스코틀랜드 해안에 있는 불모의 암석의 소유자들로 하여금 그 전에는 전혀 지대를 낳지 않았던 곳에서 지대를 얻을 수 있게 해주었다."(스미스, 『국부론』, 제1편 제11장 2절: 213)

장방식으로 세워지고 있는 곳에서는—투기적 건축업은 가옥에서 이익을 얻으려고 하는 것이 아니라 지대로부터 이익을 얻으려고 한다는 사실에 관한 예를 이미 든 바 있다. 즉 1857년의 은행법위원회 앞에서 행한 런던의 주요한 투기적 건축업자 캡스의 증언(제2권, 제12장: 287~288를 보라)이 그것이다. 그는 말한다.

"제5435호. 출세하려는 사람은 건실한 사업에 의해서는 거의 출세를 기대할 수 없다고 나는 생각한다…그는 그밖에도 투기적 건축을 행해야 하며 그것도 대규모로 행해야 한다…왜냐하면 건축업자는 건물 그것에서는 거의 이윤을 얻지 못하며 이윤의 주요 부분을 지대의 상승에서 얻기 때문이다. 예컨대 그가 어떤 토지를 [대개 99년을 기한으로] 빌리고 그것에 대해 매년 £300를 지불하기로 하였다고 하자. 만약 그가 그 토지의 환경을 주의깊게 설계하고 그 위에 적합한 건물을 세운다면, 그는 그 토지로부터 매년 £400 또는 £450를 받을 수 있을 것이다. 그의 이윤은 이와 같은 지대의 상승분—매년 £100 또는 £150—이며, 건물로부터 나오는 이윤에 대해서는…많은 경우 그는 거의 염두에 두지 않는다."

그러나 여기에서 잊어서는 안 될 것은, 임차기간[대개 99년이다]이 끝나면 토지는 그 위에 있는 모든 건물들과 함께 그리고 [그 사이에 대체로 2배 · 3배 또는 그 이상으로 상승한] 지대와 함께 투기적 건축업자 또는 그의 상속자로부터 다시 최초의 궁극적 토지소유자에게로 돌아간다는 점이다.

"생산물이 노동을 지불하고 또 사용된 자본을 보통이윤과 함께 보상하기에 겨우 충분한 정도의 탄광도 있다. 이런 탄광은 기업가에게는 다소나마 이윤을 제공하지만 지주에게는 전혀 지대를 제공하지 못한다. 자기 자신이 기업가로서 자기가 거기에 사용하는 자본의 보통이윤을 획득하는 지주가 아니고서는, 그런 탄광이 유리하게 운영될 수 없다. 스코틀랜드의 많은 탄광은 이런 방식으로 운영되고 있으며, 달리 운영될 수는 없다. 지주는 약간이나마 지대를 지불받지 않는 한, 누구에게도 그것의 운영을 허가하지 않을 것이고, 또한 지대를 조금이나마 지불할 수 있는 사람은 아무도 없을 것이기 때문이다."(스미스, 『국부론』, 제1편 제11장 2절: 216)

여기에서 구별해야 할 것은, 지대가 생산물 또는 토지 그것의 독립적인 독점가격에서 생기는가, 그렇지 않으면 지대가 존재하기 때문에 생산물이 독점가격으로 판매되는가이다. 우리가 독점가격이라고 부르는 것은 일반적으로 생산물의 가격이 생산가격이나 가치에 의해 결정되는 것이 아니라 구매자의 욕구와 지불능력에 의해 결정되는 것을 가리킨다. 아주 예외적인 품질이면서 비교적 소량만이 생산되는 포도주를 생산하는 포도밭은 독점가격을 낳는다. 이 독점가격[생산물의 가치를 넘는 그 초과분은 순전히 상류사회의 포도주 애호가의 부와 기호에 의해 결정된다]의 덕택으로 포도재배자는 거대한 초과이윤을 실현할 것이다. 이 초과이윤[이 경우에는 독점가격으로부터 생긴다]은 지대로 전환되어 토지소유자의 것으로 되는데, 이것은 땅 중에서 이런 특별한 속성을 지닌 부분에 대한 그의 소유권 때문이다. 이리하여 이 경우에는 독점가격이 지대를 창조한다. 이와는 반대로 지대가 독점가격을 창조할 수도 있는데, 이것은 토지소유가 미경작지에 대한 지대없는 투자를 제한함으로써 곡물이 그 생산가격보다 높게 판매될 뿐 아니라 그 가치보다 높게 판매되는 경우다. 한 무리의 사람들이 사회의 잉여노동의 일부를 공물로서 취득할 수 있으며 그리고 생산의 발달에 따라 점점 더 큰 비율을 취득할 수 있는 것은 오직 그들이 토지에 대한 소유권을 가지고 있기 때문이라는 사실은, 자본화된 지대[바로 그 공물을 자본의 산물로 환원시킨 것]가 토지가격으로 나타나며 토지가 온갖 다른 거래품과 마찬가지로 매매될 수 있다는 사정에 의해 은폐되고 있다. 토지의 구매자에게는 자기의 지대청구권은 공짜로 얻은 것[즉 노동, 위험부담, 자본의 기업가정신도 없이 얻은 것]으로 나타나지 않고 등가를 지불하고 얻은 것으로 나타난다. 이미 지적한 바와 같이, 그에게는 지대는 [그가 토지 그리고 이것과 함께 지대청구권을 구매하는 데 사용한] 자본의 이자로서만 나타난다. 이것은 마치 흑인노예를 구입한 노예소유자에게는 그의 흑인소유가 노예제도 그것에 의해 얻어진 것이 아니라 이 상품[노예]의 구매에 의해 얻어진 것으로 나타나는 것과 마찬가지다. 그러나 구매는 그 소유권[토지에 대한 소유권]을 창조하지 않으며 이전시킬 뿐이다. 그 소유권은 구매되기 이전에 존재해야만 하며, 한 번의 구매가 그 소유권을 창조하지 못하는 것과 마찬가지로 일련의 매매나 매매의 반복도 그 소유권을 창조할 수 없다. 그 소유권은 전적으로 생산관계에 의해 창조된 것이다. 생산관계가 그 외피를 벗어버리지 않을 수 없는 지점에 도달하면, 그 소유권의 물질적 기반[즉 인간의 사회적 생산과정에서 그 소유권을 경제적으로 역사적으로 정당화시킨 것]은 사라지며 이와 함께 그 소유권에 바탕을 둔 모든 거래도 사라진다. 더 높은 경제적 사회구성체의 관점에서 보면, 지구에 대한 개개인의 사적 소유는 인간에 대한 인간의 사적 소유와 마찬가지로 불합리한 것으로 나타날 것이다. 심지어 사회 전체 · 한 국민 · 동시에 존재하는 사회들의 전체도 지구의 소유자는 아니다. 그들은 오직 지구의 점유자 · 이용자일 따름이며 선량한 가장으로서 지구를 개량하여 다음 세대에게 물려주어야 한다.

* * *

토지가격에 관한 이하의 연구에서는 경쟁에 의한 일체의 가격변동, 일체의 토지투기 그리고 소토지소유[여기에서는 토지가 생산자의 주요한 생산수단을 이루어 어떤 가격에서라도 구매되어야만 한다]를 무시할 것이다.

Ⅰ. 토지가격은 지대가 증가하지 않아도 상승할 수 있다.

1) 단순히 이자율의 하락에 의해. 이자율의 하락은 지대로 하여금 더 높은 가격으로 판매되게 하며, 따라서 자본화된 지대인 토지가격은 상승한다. 『토지의 기준가격은 연간의 지대수입을 연간 이자율로 나눈 것과 같기 때문이다.』

2) 토지에 합쳐진 자본의 이자가 증대하기 때문에.

Ⅱ. 토지가격은 지대가 증가하기 때문에 상승할 수 있다.

지대는 토지생산물의 가격이 등귀하기 때문에 증가할 수 있다. 이 경우 최열등지의 지대가 높든 낮든 존재하지 않든 차액지대율은 항상 상승한다. 우리가 말하는 차액지대율은 잉여가치 중 지대로 전환되는 부분과 토지생산물의 생산에 투하된 자본 사이의 비율이다. 이 비율은 초과생산물과 총생산물 사이의 비율과는 다르다. 왜냐하면 총생산물은 총투하자본을 포함하지 않기 때문이다[즉 생산물과 나란히 존속하는 고정자본을 포함하지 않기 때문이다]. 그러나 이 후자의 비율은, 차액지대를 낳는 종류의 토지에서는 총생산물 중 점점 더 큰 부분이 초과생산물로 전환된다는 사실을 표현할 수 있다. 최열등지에서는 토지생산물의 가격상승이 비로소 지대를 창조하며 따라서 토지가격을 창조한다.

그러나 지대는 토지생산물의 가격이 등귀하지 않더라도 증대할 수 있다. 토지생산물의 가격이 불변이어도 좋고 심지어 하락하여도 좋다.

토지생산물의 가격이 불변이면서 지대가 증대할 수 있는 경우(독점가격은 무시한다)는 다음과 같은 두 가지가 있다. 하나의 경우는 종래의 토지에 대한 투하자본량은 불변이면서 더 좋은 질의 새로운 토지들이 경작되는 경우다. 새로운 토지들은 증대한 수요를 충족시키는 데 충분할 뿐이기 때문에 지배적 시장가격은 변하지 않는다. 이 경우 종래의 토지들의 가격은 상승하지 않지만 새로 경작되는 토지의 가격은 종래의 토지들의 가격보다 오른다.

다른 하나의 경우는 상대적 비옥도와 시장가격이 불변이면서 토지를 이용하는 자본량이 증가하는 경우다. 지대가 투하자본에 대한 비율에서는 불변이라 하더라도 투하자본 그것이 두 배로 되면 지대의 크기도 두 배로 될 것이다. 가격이 하락하지 않기 때문에, 제2차 투자도 제1차 투자와 마찬가지의 초과이윤을 낳으며 이 초과이윤은 임차기간의 만료 뒤에는 또한 지대로 전환한다. 이 경우 지대량이 증가하는 것은 지대를 낳는 자본량이 증가하기 때문이다. 동일한 토지에서 순차적인 투자들이 지대를 낳을 수 있는 것은 그들의 산출량이 불균등하여 차액지대가 발생하는 한에서만 가능하다는 주장은, 각각 1,000원인 두 자본이 동일한 비옥도를 가진 두 개의 경작지에 투하되는 경우 [이 두 개의 경작지가 모두 차액지대를 낳는 우등지라고 하더라도] 오직 한 개의 경작지만이 지대를 낳을 수 있다는 주장을 내포할 수도 있다. (한 나라의 지대총액은, 토지의 단위가격 · 지대율 · 단위면적당 지대량이 반드시 증가하지 않더라도, 투하자본량에 따라 증가한다. 이 경우 지대총액은 경작의 공간적 확장에 따라 증가한다. 그리고 지대총액의 증가는 개별경작지의 지대 감소와도 결부될 수 있다.) 그렇지 않다면, 그 주장은 두 개의 서로 다른 토지에 대한 병행적 투자는 동일한 토지에서의 순차적인 투자들과는 달리 다른 법칙에 따른다는 주장이 될 것이다. 그런데 우리는 동일한 토지와 서로 다른 토지 어느 경우나 동일한 법칙에 의해 차액지대를 도출하였으며 투자의 생산성이 향상되는 것에서 차액지대를 도출하였다. 보지 못하고 있는 유일한 차이점은, 순차적인 투자들이 서로 다른 위치에 있는 토지들에서 이루어지는 경우에는 그 투자들이 토지소유의 장벽에 부닥치지만 동일한 토지에서의 순차적인 투자들은 그렇지 않다는 점이다. 이 때문에 이들 다른 투자형태들은 실제로 서로서로를 제한하는 대립적 경향을 나타낸다. 물론 여기서 투하자본량에는 차이가 없다. 자본의 구성이 불변이고 잉여가치율이 불변이라면 이윤율은 변하지 않으며 따라서 자본이 두 배로 되면 이윤량도 두 배로 된다. 이런 조건에서는 지대율도 불변이다. 1,000원의 자본이

x의 지대를 낳는다면 여기에서 전제한 조건에서는 2,000원의 자본은 2x의 지대를 낳을 것이다. 그런데 우리의 가정에 따르면 동일한 경작지에서 두 배의 자본이 활동하기 때문에, 지대량의 증가로 말미암아 토지면적에 대한 지대의 수준도 증가하였다. 즉 종전에는 2원의 지대를 가져온 1에이커의 토지가 이제는 4원의 지대를 가져온다.41)

토지에 대한 [잉여가치의 일부인] 화폐지대의 비율—화폐는 가치의 독립적인 표현이다—은 그 자체가 무의미하고 불합리하다. 왜냐하면 여기에서 서로 비교되는 것—즉 한편에서는 특정한 사용가치인 몇 평방피트의 토지, 다른 한편에서는 가치 또는 잉여가치—은 같은 기준으로 측량될 수 없기 때문이다. 이 비율이 현실적으로 의미하는 것은, 주어진 조건에서는 일정한 평방피트의 토지에 대한 소유가 토지소유자로 하여금 불불노동[이것은 돼지가 감자를 뒤적거리듯이 자본이 토지를 뒤적거림으로써 실현한다]의 일부를 탈취하게 한다는 것이다. 그러나 언뜻 보아도 알 수 있듯이 이 표현은 마치 지구의 지름에 대한 10,000원짜리 지폐의 비율을 이야기하고자 하는 것과 같다. 그렇지만 이런 불합리한 형태들

41) 이 점을 전개한 것은 로트베르투스(1851)의 공적인데, 지대에 관한 그의 주요한 저작은 제4권 『잉여가치학설사』에서 다룰 것이다. 그러나 그가 범한 오류는 첫째로 자본에 관해 말한다면 이윤의 증대를 항상 자본의 증대를 표현하는 것으로 여겨 이윤량은 증대해도 이윤율은 불변이라고 생각한 것이다. 이것은 잘못이다. 왜냐하면 노동의 착취가 불변이라고 하더라도 자본구성의 변화[즉 자본의 가변부분에 비교한 불변부분의 가치비율의 저하]에 따라 이윤율은 상승할 수 있기 때문이다. 둘째로 그는 일정한 면적[예컨대 1에이커]의 토지에 대한 화폐지대를 마치 고전파 경제학이 지대의 증감을 연구할 때 일반적으로 상정하고 있었던 것처럼 취급하고 있다. 이것도 또한 옳지 않다. 고전파 경제학은 현물형태의 지대를 고찰할 때는 항상 지대율을 생산물에 관련시켜 취급하였으며 그리고 화폐형태의 지대를 고찰할 때도 항상 지대율을 투하자본에 관련시켜 취급하였다. 왜냐하면 그렇게 하는 것이 사실상 합리적 표현이기 때문이다.

[이들을 통해 일정한 경제관계들이 실제로 표현되고 파악되고 있다]은 일상적인 거래에서 이런 경제관계들을 실제로 담당하고 있는 사람들에게는 아무런 곤란도 주지 않는다. 왜냐하면 그들은 이런 형태들에 익숙하고 있어 조금도 의심하지 않기 때문이다. 그들에게는 완전히 모순되는 것이라도 전혀 이상하지가 않다. [내적 관련과는 동떨어진 그리고 그 자체만을 보면 불합리한] 현상형태들 속에서 그들은 마치 물속의 물고기처럼 편안함을 느낀다. 헤겔이 어떤 수학공식에 관해 말한 것—즉 상식으로는 합리적인 것이 실제로는 비합리적이고 상식으로는 비합리적인 것이 실제로는 합리적이다—이 이 경우에 적용된다.

토지면적 그것에 관련시켜 고찰하면, 지대량의 증대는 지대율의 상승과 동일하게 표현되며, 따라서 전자를 설명하는 조건들이 후자에는 없을 경우 당황하게 된다.

그러나 토지가격은 토지생산물의 가격이 하락하더라도 상승할 수 있다.

이것은 토지들의 비옥도 차이 『또는 투자들의 생산성 차이』가 확대됨으로써 차액지대가 증가하였고 이리하여 우등지의 가격이 상승한 것을 가리킬 수 있다. 또는 그렇지 않다면 노동생산성의 증대가 생산물의 가격을 하락시켰지만 그 하락을 생산량의 증대가 보상하고도 남은 것을 가리킬 수 있다. 1가마에 60원이 들었다고 가정하자. 만약 동일한 1에이커에서 동일한 자본으로 1가마가 아니라 2가마가 생산되고 1가마가 40원으로 하락한다면, 2가마는 80원을 가져오며 따라서 가마당 가격은 $\frac{1}{3}$만큼 하락하였지만 동일한 1에이커에서 동일한 자본의 생산물 가치는 $\frac{1}{3}$만큼 증가한 것이다. 이것이 [생산물이 그 생산가격이나 가치보다 높게 판매되지 않으면서도] 어떻게 가능한가는 이미 차액지대를 논할 때 설명되었다. 그것은 사실상 다음과 같은 두 가지 방식에 의해서만 가능하다. 하나의 방식은 열등지가 경쟁에서 배제되고 우등지의 가격이 차액지대의 증가에 따라 상승하게 되는 것처럼, 일반적인 개량이 다른 종류의 토지들에게 불균등한 영향을 미치는 것이다. 다른 하나의 방식은 노동생산성의 향상 때문에 최열등지에서 동일한 생산가격[절대지대가 지불되는 경우에는 동일한 가치]이 더 큰 생산량으로 표현되는 것이다. 총생산량은 이전과 동일한 가치를 대표하지만 그 하나하나의 가격은 하락하였고 그 수[또는 양]가 증가하였다. 동일한 자본이 사용되는 경우에는 이것은 불가능하다. 왜냐하면 동일한 자본은 동일한 생산량을 생산할 것이기 때문이다. 추가자본이 석고 · 구아노 비료 따위[즉 그 효과가 몇 년에 걸치는 개량들]를 위해 투자되는 경우에 그것이 가능하다. 결국, 조건은 가마당 가격이 하락하지만 가마수의 증가와 동일한 비율로는 하락하지 않는다는 것이다.

Ⅲ. 지대가 증대하는 각종 조건들, 그리하여 토지일반의 가격 또는 각종 토지의 가격이 상승하는 조건들은 부분적으로는 서로 경합하고 부분적으로는 서로 배제하여, 번갈아 작용할 수 있을 뿐이다. 그러나 위의 논의로부터 결론지을 수 있는 것은, 토지가격의 상승은 반드시 지대의 증대를 의미하는 것은 아니며, 지대의 증대[이것은 항상 토지가격의 상승을 가져온다]는 반드시 토지생산물의 증대와 결부되는 것은 아니라는 것이다.[42)]

* * *

토지소모의 진정한 자연적 원인들[이것들은 차액지대를 논한 모든 경제학자들에게는 그 당시의 농화학의 발전수준으로 말미암아 알려지지 않았다]을 추적하지 않고 사람들은 다음과 같은 피상적인 관념 — 즉 공간

42) 지대가 증가하면서 토지가격이 하락한 현실적인 경우에 대해서는 파씨(1854)를 보라.

적으로 한정된 경작지에 투하될 수 있는 자본량에는 한계가 있다 ― 에 매달렸다. 예를 들면 『에딘버러 리뷰』〚1831년 8~12월호〛가 리차드 존스를 반박하면서 소호 스퀘어〚런던 중서부 지역〛의 경작에 의해 영국 전체를 먹여 살릴 수는 없다고 말한 것이 그것이다. 만약 이것이 농업의 특수한 단점이라고 본다면 사실은 그 정반대다. 농업에서는 토지 그것이 생산도구〚분명하게는 노동대상〛로서 기능하기 때문에 순차적인 투자들이 행해져 결실을 낳을 수 있지만, 공장에서는 토지가 오직 작업의 토대·장소·공간으로서 기능하기 때문에 토지의 생산적 이용이 불가능하거나 매우 협소한 범위에서만 가능하다. 물론 분산된 수공업생산에 비교한다면 대규모 생산설비를 작은 공간에 집중시키는 것이 가능하며, 사실상 대공업이 그것을 수행하고 있다. 그러나 생산력의 발전수준이 주어져 있다면, 일정한 공간이 언제나 필요하며 고층건축에도 일정한 현실적인 한계가 있다. 이 한계를 넘어서 생산을 확대하려면 토지면적의 확장이 필요하다. 기계 따위에 투하된 고정자본은 사용에 의해 개선되지 않고 그 반대로 마멸된다. 물론 여기에서도 새로운 발명의 결과로 개별적인 개량이 가능하지만, 생산력의 발전을 주어진 것이라고 전제하면 기계는 오직 악화될 수 있을 뿐이다. 생산력이 급속히 발달하면 낡은 기계 전체는 더 유리한 기계에 의해 대체되어야 하며 따라서 폐기되어야 한다. 이와 반대로 토지는 올바르게 취급되는 한 계속 개량된다. 토지의 우월성[즉 순차적인 투자가 이전의 투자들을 무용지물로 만들지 않으면서 이익을 가져올 수 있다는 것]은 동시에 이런 순차적인 투자들 사이에 생산성의 차이가 생길 가능성을 내포하고 있다.

제47장
자본주의적 지대의 기원

제1절 서 론

자본주의적 생산양식의 이론적 표현인 근대경제학이 지대를 분석할 때 직면하는 곤란의 진정한 성격을 해명하는 것이 필요하다. 다수의 최근 저자들도 이 곤란을 이해하지 못하고 있는데, 그것은 지대를 '새롭게' 설명하려는 모든 시도에서 나타나고 있다. 그런데 신기하게도 거의 언제나 오래 전에 극복되어 버린 견해를 다시 주창하고 있다. 곤란은 농업자본이 생산하는 잉여생산물과 이에 대응하는 잉여가치 일반을 설명하는 데 있는 것이 아니다. 이 문제는 모든 생산자본이—투하되는 분야가 어디든—생산하는 잉여가치의 연구에 의해 해결되고 있다. 곤란은 다음과 같은 문제를 증명하는 데 있다. 즉 각종 자본들 사이에서 잉여가치가 평균이윤으로 균등화된 뒤에[다시 말해 모든 생산분야에서 사회적 자본이 생산한 총잉여가치를 각종 자본들이 그들의 상대적 크기에 비례하여 분배한 뒤에], 즉 분배될 수 있는 모든 잉여가치의 분배가 외관상으로 이미 끝나버린 이후에, 토지에 투하된 자본이 지대의 형태로 토지소유자에게 지불하는 부분[이 부분도 잉여가치의 일부라고 말하는데]은 어디로부터 나오는가 하는 문제다. 토지소유에 대항하는 산업자본의 대변인인 근대 경제학자로 하여금 이 문제를 연구하게 하였던 실천적 동기[이것에 관해서는 지대론의 역사에 관한 장 『『잉여가치학설사』 제2부 제9장; CW 31: 344~386 』에서 상세히 다룰 것이다]와는 전혀 별도로, 그 문제는 이론가로서의 그들로부터 결정적인 관심을 불러 일으켰다. 농업에 투하된 자본에 대한 지대라는 현상이 투자분야 자체의 특수한 작용—즉 땅 표면 자체에 속하는 속성들—에서 생긴다는 것을 인정하는 것은 가치개념 바로 그것을 포기하는 것[즉 이 영역에서 과학적 인식의 모든 가능성을 포기하는 것]을 의미할 것이다. 지대는 토지생산물의 가격에서 지불된다는 단순한 인식—이 인식은 차지농업가가 자기의 생산가격을 얻는다면 현물지대의 경우에도 옳다—에서까지도, 보통의 생산가격을 넘는 이 가격의 초과분[즉 토지생산물의 상대적으로 비싼 가격]을 농업의 자연발생적 생산성이 기타 산업의 생산성보다 높다는 사실로부터 설명하려는 불합리성이 나타났다. 그런데, 이와는 반대로 노동이 생산적이면 생산적일수록 그 생산물 각각은 더욱 더 값싸게 된다. 왜냐하면 동일한 노동량[즉 동일한 가치]이 대표하는 사용가치량이 그만큼 더 크기 때문이다.

그러므로 지대를 분석할 때 생기는 모든 곤란은 평균이윤을 넘는 농업이윤의 초과분을 설명하는 것, 잉여가치 그것이 아니라 이 생산분야에 특수한 초과잉여가치를 설명하는 것[즉 '순생산물net product'이 아니라 기타 산업분야의 순생산물을 넘는 순생산물의 초과분을 설명하는 것]에 있었다. 평균이윤 그것은 [매우 특수한 역사적인 생산관계 아래에서 진행되는] 사회적 생활과정에 의해 형성되는 산물이며 우리가 이미 본 바와 같이 매우 복잡한 매개고리들을 전제하는 산물이다. 평균이윤을 넘는 초과분에 대해 이야기할 수 있기 위해서는 이 평균이윤이 먼저 척도로서 그리고 생산의 일반적 규제자로서(자본주의적 생산양식에서는 그러하다) 확립되어야만 한다. 그러므로 모든 잉여노동을 강요하며 모든 잉여가치를 적어도 누구보다도 먼저 취득하는 기능을 수행하는 것이 아직 자본이 아닌 사회형태에서는—즉 자본이 아직 사회의 노동을 종속시키지 못하였거나 오직 산발적으로만 종속시킨 곳에서는—근대적 의미의 지대[평균이윤을 넘는 초과분으로서의 지대, 즉 총자본이 생산하는 총잉여가치로부터 각 개별자본이 그 크기에 비례하여 분할받은 몫을 넘는 초과분으로서의 지대]는 전혀 문제가 될 수도 없다. 파씨(1854)가 가장 원시적인 상태에서 지대를 벌써 이윤[잉여가치의 역사적으로 결정된 사회적인 형태]을 넘는 초과분이라고 말한 것은 그의 소박성을 드러내는 것인데(이하를 참조하라), 그에 따르면 잉여가치의 이런 사회적인 형태는 사회가 존재하지 않더라도 존재할 수 있을 것이다.

아직 발달하지 않은 자본주의적 생산양식을 분석하기 시작하였을 따름인 초기의 경제학자들에게는 지대의 분석은 전혀 곤란을 제기하지 않든지 아니면 매우 다른 종류의 곤란을 제기하였다. 페티(1667), 캉티용(1756) 등 봉건시대에 가깝던 저술가들은 지대를 잉여가치의 정상적인 형태라고 생각하고 있으며, 그들에게는 이윤은 임금과 무차별적으로 혼합되어 있거나 기껏해야 이 잉여가치 중 자본가가 토지소유자로부터 탈취한 부분으로서 나타난다. 그들이 근거하고 있는 사회상태는 첫째로 농업인구가 아직도 국민의 압도적인 대다수를 차지하고 있으며, 둘째로 토지소유자가 토지소유의 독점을 통해 직접적 생산자들의 잉여노동을 누구보다도 먼저 취득하고 따라서 토지가 아직도 가장 주요한 생산조건으로 나타나는 상태다. 그러므로 그들은 자본주의적 생산양식의 관점에서 어떻게 토지소유가 자본으로부터 잉여가치[이것은 자본이 생산한 것이며(즉 직접적 생산자로부터 착취한 것이며) 자본이 이미 누구보다도 먼저 취득한 것이다]의 일부를 탈취하는가를 연구하는 문제를 생각할 수 없었다.

중농주의자들의 곤란은 매우 다른 종류의 것이다. 자본에 관한 사실상 최초의 체계적인 해설자로서 그들은 잉여가치 일반의 성질을 분석하려고 노력하였다. 그들에게는 이 분석은 지대의 분석과 일치하였는데, 그 이유는 그들에게는 지대가 잉여가치의 유일한 존재형태이었기 때문이다. 그들에게는 지대낳는 자본 또는 농업자본이 잉여가치를 생산하는 유일한 자본이며, 이 자본에 의해 움직이는 농업노동이 잉여가치를 낳는 유일한 노동[즉 자본주의적 관점에서 보면 유일하게 진정으로 생산적인 노동]이다. 그들이 잉여가치의 생산을 결정적인 요소로 고려하는 것은 매우 정당하다. 제4권 『잉여가치학설사』에서 논의될 기타의 공헌들을 무시하더라도, 그들은 중상주의자들[이들은 조잡한 현실주의자로서 그 당시의 진정한 속류경제학자들이며 현실적인 자기이익을 위해 페티와 그의 후계자들에 의한 과학적 분석의 단서를 뒷전으로 밀어버렸다]에 대립하여, 유통영역에서만 활동하는 상업자본에서 생산자본 『산업자본』으로 관심을 돌렸다는 점에서 위대한 공적을 남겼다. 그런데 중농학파는 오로지 자본과 잉여가치에 관한 중상주의의 견해만을 비판하고 있다. 이미 지적한 바와 같이 『「정치경제학 비판을 위하여」. CW 29: 389~390』, 중금주의는 정당하게도 세계시장을 위한 생산 그리고 생산물의 상품으로의 [따라서 화폐로의] 전환이 자본주의적 생산의 전제와 조건이라고 선언한다. 그리고 중금주의를 계승한 중상주의에서 결정적인 것은 더이상 상품가치의 화폐로의 전환이 아니라 잉여가치의 생산인데, 그러나 유통영역이라는 불합리한 관점에서 이것을 고찰하며 동시에 이 잉여가치가 초과화폐로서 무역수지의 흑자로 나타난다고 생각한다. 그런데 중상주의는 그 당시의 이기적인 상인과 제조업자의 특성을 표현하고 있으며, 그들에 의해 대표되는 자본주의적 발전의 시기—봉건적 농업사회가 산업사회로 전환하여 가고, 이에 따라 세계시장에서 국민들 사이에 산업전이 전개되는 그 당시에는 자본의 급속한 발전을 이른바 자연발생적 방법에 의해서가 아니라 강제수단에 의해 달성해야 한다는 것이 중요하였다—에 적합한 것이다. 국민적 자본이 점차로 완만하게 산업자본으로 전환되는가, 아니면 [보호관세를 통해 주로 토지소유자 · 중소농민 · 수공업자에게 부과되는 조세에 의해, 독립적인 직접적 생산자에 대한 수탈의 촉진에 의해, 자본의 축적과 집중의 강제적인 촉진에 의해, 요컨대 자본주의적 생산양식의 조건들을 가속도로 형성하는 것에 의해] 위의 전환이 시간적으로 단축되는가는 매우 현저한 차이를 낳는다. 이것은 또한 국민의 자연적 생산력을 자본주의적으로 산업상에 이용하는 것에도 큰 차이를 낳는다. 그러므로 중상주의의 국민주의적 성격은 그 대변인이 입으로만 떠드는 단순한 슬로건만은 아니다. 중상주의자들은 국부와 국가재정에만 관심을 가진다는 구실 하에 실제로는 자본가계급의 이익과 치부 일반이 국가의 최종목적이라고 단언하고 낡은 교권국가 대신에 부르주아 사회를 선언하고 있다. 그러나 동시에 그들은 자본과 자본가계급의 이익 증대, 자본주의적 생산의 발전이 근대사회에서는 국민적 위력과 우위의 토대가 된다는 것을 의식하고 있다.

더욱이 중농학파가 잉여가치의 모든 생산 그리하여 또 자본의 모든 발전이 그 자연적 토대에서 보면 농업노동의 생산성에 의거한다고 생각한 것은 옳았다. 만약 인간이 하루의 노동일에 자기 자신의 재생산에 필요한 것보다 많은 생활수단[가장 좁은 의미에서는 농산물]을 생산할 수 없다면, 즉 만약 각 노동자가 자기의 모든 노동력을 매일 지출해도 자기 자신의 개인적인 필요를 충족시키는데 불가결한 생활수단만을 생산할 수밖에 없다면, 잉여생산물이나 잉여가치는 전혀 문제로도 되지 못할 것이다. 농업노동의 생산성이 노동자의 개인적 필요를 능가한다는 것은 모든 사회의 토대며 특히 자본주의적 생산의 토대다. 왜냐하면 자본주의적 생산은 사회의 점점 증대하는 부분의 사람들을 생활수단의 직접적 생산에서 해방시켜 그들을 제임스 스튜어트(1770)의 말대로 '자유로운 일꾼'으로 전환시켜 기타 분야에서 그들을 착취할 수 있게 해야 하기 때문이다.

그러면 데르(1846), 파씨 등과 같은 더 최근의 경제학 저술가들을 어떻게 평가해야 하는가? 그들은 고전파 경제학의 만년에[실제로는 임종의 시기에] 잉여노동 따라서 잉여가치 일반의 자연적 조건들에 관한 매우 원시적인 견해들을 반복하면서 [이미 지대가 잉여가치의 한 형태 · 특수한 부분이라는 것이 설명된 훨씬 이후에] 지대에 관해 무슨 새롭고 놀라운 것을 말한 것처럼 믿고 있었다. 이미 지나가버린 발전단계에서는 새롭고 독창적이고 심오하며 정당하였던 것을 [이제 그것이 평범하고 진부하며 옳지 않은 시대에] 반복하는 것이야말로 속류경제학의 특징이다. 그리하여 속류경제학은 고전파 경제학이 연구한 문제들이 무엇이었던가를 조금도 모르고 있다는 것을 고백하고 있다. 속류경제학은 위의 문제들을 부르주아 사회의 낮은 발전단계에서만 제기되는 문제들과 혼동하고 있다. 속류경제학이 자유무역에 관한 중농학파의 명제들을 끊임없이 뽐내면서 되씹고 있는 것도 마찬가지의 경우다. 그 명제들은 이러저러한 국가에서는 아직도 약간의 실천적 의미가 있을지 모르지만 이미 오래 전부터 이론적 의미를 완전히 상실했다.

진정한 자연경제 — 예컨대 고대 로마의 다수의 라티푼디움에서나 칼대제의 장원에서나 다소간 중세 전체를 통해 그러하였다[뱅사르의 『노동의 역사』를 보라]—에서는 농산물이 전혀 유통과정에 들어가지 않거나 오직 매우 작은 부분만이 들어갔으며, 생산물 중 토지소유자의 수입을 나타내는 부분에서도 비교적 얼마 안 되는 부분만이 유통과정에 들어갔는데, 이런 진정한 자연경제에서는 대소유지의 생산물과 잉여생산물은 결코 농산물만으로 구성된 것은 아니었다. 그것은 또한 공산품도 포함하였다. 토대를 이루는 농업의 부업으로서 가내수공업이 존재하는 것은 이 자연경제가 입각하고 있는 생산양식의 조건인데, 이것은 유럽의 고대와 중세에서도 그러하였고 [전통적인 조직이 아직 파괴되지 않은] 인도의 촌락공동체에서는 오늘날에도 그러하다. 자본주의적 생산양식은 이런 상호관련 『농업과 공업의 상호관련』을 완전히 타파해 버리는데, 이 과정은 특히 18세기의 마지막 $\frac{1}{3}$기에 영국에서 대규모로 일어났다. 다소 반半봉건적인 사회에서 성장한 사람들, 예컨대 헤렌슈반트는 18세기 말에도 농업과 제조업의 이런 분리를 무모한 사회적 모험, 이해할 수 없는 위험한 존재양식이라고 생각하였다. 그리고 고대의 농업경영 중 자본주의적 농업과 가장 유사한 카르타고와 로마의 농업경영에서도, 그 유사성은 자본주의적 착취방식에 진실로 알맞는 형태보다는 오히려 식민지농장과의 유사성이다.[42)a] 어떤 형태상의 유사성은 자본주의적 생산양식을 이해하자마자 곧 모든 본질적인 점에서 착각이라는 것이 판명되는데[물론 모든 화폐경제에서 자본주의적 생산양식을 발견하는 몸젠은 그렇지 않겠지만[43)]], 이런 형태상의 유사성도 고대에는 이탈리아 본토 어디에서도 찾아볼 수 없고 다만 시실리에서나 겨우 찾아볼 수 있을 것이다. 왜냐하면 시실리는 로마에 공물을 바치는 농업국으로 기능하였고 그곳의 농업은 주로 수출을 목적으로 하였기 때문이다. 그곳에서는 근대적 의미의 차지농업가를 발견할 수 있다.

지대의 성질에 관한 잘못된 견해는 현대에까지 전해 내려오고 있는데, 그 이유는 생산물지대〔또는 현물지대〕가 자본주의적 생산양식의 조건들과 전적으로 모순하면서도 중세로부터 지금까지 부분적으로는 교회의 십일조〔$\frac{1}{10}$세〕로서 그리고 부분적으로는 옛날의 계약에 의해 영구화된 골

---

42)[a] 애덤 스미스는 자기의 시대에는(그런데 열대 · 아열대 나라들의 식민지농장에 관한 한 우리의 시대에도 타당하다) 토지소유자가 동시에 자본가이기 때문에—예컨대 카토가 자기의 소유지에서 그러했던 것처럼—지대와 이윤이 아직 분리되지 않은 것을 강조하고 있다. 그런데 이 분리는 바로 자본주의적 생산양식의 전제이며, 또한 노예제라는 토대는 자본주의적 생산양식의 개념과 틀림없이 모순된다.

43) 몸젠은 『로마사』에서 '자본가'라는 용어를 근대경제학과 근대사회의 의미로 사용하지 않고, 통속적인 의미[영국이나 미국에서가 아니라 유럽대륙에서 과거의 조건들로부터 물려받은 전통적인 의미]로 사용하고 있다.

동품으로서 남아있기 때문이다. 이리하여 지대는 농산물의 가격에서 생기는 것이 아니라 농산물의 양에서 생긴다는 인상[즉 사회관계에서 생기는 것이 아니라 토지 자체에서 생긴다는 인상]이 주어진다. 이미 밝힌 바와 같이, 잉여가치가 잉여생산물로 표현된다 하더라도, 생산량의 단순한 증가라는 의미의 초과생산물은 잉여가치를 구성하지 않으며 잉여가치의 감소를 가리킬 수 있다 『왜냐하면 생산물의 가치가 변하기 때문이다』. 그렇지 않다면 면공업은 1840년에 비해 1860년에는 거대한 잉여가치를— 면사가격이 하락하였는데도—얻었을 것이다. 지대는 일련의 흉작 때문에 곡물가격이 등귀하면 크게 증가할 수 있지만, 이 잉여가치 『지대』는 더 비싼 밀의 더 적은 양으로 표현된다. 이와는 반대로 일련의 풍작은 곡물가격의 하락을 통해 지대의 감소를 일으킬 수 있지만 이 적은 지대는 더 값싼 밀의 더 많은 양으로 표현된다. 생산물지대에 대해 지적해야 할 것은, 첫째로 그것은 이미 지나가 버린 생산양식에서 전해 내려온 전통이며 과거의 잔재로서 살아남아 있을 뿐이라는 것이며, 그것이 자본주의적 생산양식과 모순된다는 것은 그것이 사적 계약에서 자동적으로 사라지고 있다는 점과, 영국의 십일조처럼 입법 『1836~1860년에 통과된 십일조 금납법 Tithe Commutation Acts』의 간섭이 가능하였던 곳에서는 그것이 부적당한 것으로서 강제로 폐지되었다는 점에서 알 수 있다. 둘째로 생산물지대가 자본주의적 생산양식에 입각하여 계속 존재한 경우에는, 그것은 중세의 탈을 쓴 화폐지대를 표현한 것에 불과하였고 불과할 수밖에 없었다. 예컨대 밀 1가마에 40원이라고 하자. 이 1가마 중 일부는 그것에 포함한 임금을 보충해야만 하며 그리고 임금을 다시 투하하기 위해서는 그 일부가 판매되어야만 한다. 다른 일부는 1가마당 조세를 지불하기 위해 판매되어야만 한다. 종자와 비료의 일부도 [자본주의적 생산양식과 이에 결부된 사회적 분업이 발달한 곳에서는 어디에서나] 상품으로서 재생산에 들어가며 따라서 그것의 보충분을 구매해야만 하는데, 이를 위한 화폐를 얻기 위해 1가마의 또 다른 일부가 판매되어야만 한다. 이런 것들이 상품으로 실제로 구매될 필요가 없고 생산물 그것에서 현물로 조달되어 생산조건으로 재생산에 들어가는 한 『예: 종자』[이런 일은 농업에서뿐 아니라 불변자본을 생산하는 다수의 생산분야들에서도 일어나고 있다], 그것들은 계산화폐로 장부에 기록되어 비용가격의 구성부분으로서 공제된다. 기계와 고정자본 일반의 마멸분은 화폐로 보충되어야 한다. 끝으로, 이윤이 있는데 이것은 현실의 화폐 또는 계산화폐로 표현되는 이 비용들의 총액에 대해 계산된다. 이 이윤은 총생산물의 일정한 부분[이 부분의 크기는 그것의 가격에 의해 결정된다]으로 표시된다. 그 뒤에 남는 부분이 지대를 형성한다. 계약상의 생산물지대가 가격에 의해 결정되는 이 잔여분보다 크다면, 그것은 지대를 형성하는 것이 아니라 이윤으로부터의 공제다. 이런 가능성이 있기 때문에, [생산물의 가격과는 무관하며 따라서 진정한 지대보다 클 수도 작을 수도 있으며 그리하여 이윤으로부터의 공제뿐 아니라 자본보충분으로부터의 공제를 내포하는] 생산물지대는 시대에 뒤떨어진 낡은 형태다. 사실상 이 생산물지대는 [그것이 명목상으로뿐 아니라 현실적으로도 지대인 한] 오로지 생산물의 가격 중 그 생산비『생산가격』를 넘는 초과분에 의해 결정된다. 생산물지대는 이 가변적인 크기『위의 초과분』를 불변적인 크기『예: 특정한 크기의 생산량』로 상정하고 있을 뿐이다. 그러나 생산량이 현물로 먼저 노동자들을 먹여 살리는 데 충분하고, 그 다음에 자본가적 차지농업가에게 그의 필요분 이상의 곡물을 남겨 두는 데 충분하며, 그리고 이런 모든 것을 넘는 초과분이 현물지대를 형성한다는 것—이것은 매우 소박한 견해다. 이것은 마치 직포업자가 20만 미터의 직포를 제조하는 경우와 같다. 이 20만 미터는 자기의 노동자들을 입히고 자기의 처자식과 자기 자신을 입히는 데 충분할 뿐 아니라 그 밖에도 판매할 직포를 남기며, 끝으로 막대한 지대를 직포로 지불하는 데 충분하다. 문제가 이렇게 간단하다는 말인가! 20만 미터의 직포에서 생산비〖생산가격〗를 공제하면 직포의 초과분이 지대로서 남아야만 한다. 그러나 직포의 판매가격을 모르면서 20만 미터의 직포에서 예컨대 1만 원의 생산비〖생산가격〗를 공제한다는 것, 직포에서 화폐를 공제하며 사용가치로부터 교환가치를 공제한다는 것, 그리고 직포 20만 미터에서 1만 원을 넘는 초과분을 결정한다는 것—이것은 매우 소박한 생각이다. 이것은 원을 정사각형으로 만드는 것보다 더욱 심하다. 왜냐하면 이것은 직선과 곡선의 구별이 없어지는 극한極限limit이라는 개념에 입각하고 있기 때문이다. 그런데 이것이 파씨(1854)의 처방이다. 직포가 논리적으로나 현실적으로 화폐로 전환되기 전에 직포에서 화폐를 공제하면 그 잔액이 지대라는 것인데, 더욱이 이 지대가 마술같은 '궤변'이 아니라 '현물'이라는 것이다[예컨대 아른트(1845)를 참조하라]. 현물지대라는 개념의 복원은 결국 위와 같은 바보같은 짓—몇 가마의 밀로부터 생산가격을 공제하며 부피단위로부터 화폐액을 뺀다는 것—에 돌아온다.

제2절 노동지대

노동지대라는 가장 단순한 형태의 지대—즉 직접적 생산자가 주의 며칠 동안은 사실상 또는 법률상으로 자기의 것인 도구(쟁기 · 역축 따위)를 가지고 사실상 자기의 것인 토지에서 일하며, 주의 나머지 며칠은 공짜로 영주의 토지에서 영주를 위해 일하는 형태의 지대—를 고찰하면, 사태는 매우 명백하며 지대와 잉여가치는 동일하다. 이윤이 아니라 지대가 여기에서는 불불잉여노동을 표현하는 형태다. 어느 정도까지 노동자['자급자족하는 농노']가 자기의 생활필수품—자본주의적 생산양식에서 임금이라고 부르는 것—을 넘는 초과분을 얻을 수 있는가는 [기타의 사정들이 불변이라면] 그의 노동시간이 자기 자신을 위한 노동시간과 영주를 위한 부역노동시간으로 분할되는 비율에 달려 있다. 필요생활수단을 넘는 이 초과분—자본주의적 생산양식에서 이윤으로 나타나는 것의 싹—은 전적으로 지대[여기에서 지대는 직접적으로 불불잉여노동일 뿐 아니라 그런 것으로서 나타난다]의 크기에 의해 결정된다. 이 불불잉여노동은 생산조건[이것은 여기에서는 토지 그것과 일치하며 또는 토지와 구별되는 한에서는 토지의 부속물로 여긴다]의 '소유자'를 위한 것이다. 농노의 생산물이 자기의 생활수단과 노동조건을 보충하는 데 충분해야 한다는 것은 어느 생산양식에서나 마찬가지다. 왜냐하면 그것은 생산양식의 특수한 형태의 결과가 아니라, 모든 연속적이고 재생산적인 노동 일반의 자연조건이고 모든 연속적인 생산[이것은 항상 재생산이며 따라서 또 자기 자신의 활동조건의 재생산이다]의 자연조건이기 때문이다. 또한 명백한 것은, 현실의 노동자가 자기 자신의 생활수단의 생산에 필요한 생산수단과 노동조건의 '점유자'이기도 한 모든 형태에서는 소유관계는 동시에 직접적인 지배·예속관계로 나타나며, 따라서 직접적 생산자는 자유롭지 않은 사람[이 부자유는 부역노동의 농노제에서 단순한 공납의무에 이르기까지 점점 약화될 수 있다]으로 나타난다는 점이다. 여기에서 직접적 생산자는 [우리의 전제에 따르면] 자기 자신의 생산수단을 점유하고 있으며 자기의 노동을 실현하고 자기의 생활수단을 생산하는 데 필요한 객체적인 노동조건을 점유하고 있다. 그는 자기의 농업과 [이것에 결부된] 농촌가내공업을 독립적으로 운영한다. 이 독립성은 예컨대 인도에서처럼 이 소농민들이 다소 자연발생적인 생산공동체를 형성하는 경우에도 해소되지 않는다. 왜냐하면 여기에서 문제로 되고 있는 독립성은 명목적인 영주에 대한 독립성이기 때문이다. 이런 조건에서는 명목적인 토지소유자를 위한 잉여노동은 경제외적 강제[그 형태가 어떻든]에 의해서만 강탈될 수 있다.44) 이것은 [노예가 자기 것이 아닌 생산조건을 가지고 노동하며 독립적으로 노동하지 않는] 노예경제나 식민지농장과 구별된다. 그러므로 노동자가 자기 자신의 생산수단을 점유하고 있는 곳에서는 인격적인 종속관계, 다시 말해 정도의 차이는 있지만 인격적인 부자유와 토지의 부속물로서 토지에 결박되는 것[진정한 의미에서의 예속]이 필요하다. 만약 직접적 생산자들에게 토지소유자임과 동시에 주권자로서 직접적으로 대립하는 것이, 사적 토지소유자가 아니라 [아시아에서 보는 바와 같이] 국가라면, 지대와 조세는 일치하거나 또는 이 지대형태와는 구별되는 조세는 존재하지 않는다. 이런 사정에서 종속관계는 [정치적으로나 경제적으로나] 국가에 대한 모든 백성의 관계에 공통적인 것 이상으로 가혹한 형태를 취할 필요가 없다. 국가는 여기에서는 최고의 영주이며, 주권은 전국적 규모로 집중된 토지소유에 있다. 바로 이런 이유 때문에, 토지의 사적이거나 공동적인 점유와 이용은 존재한다 하더라도 사적 토지소유는 존재하지 않는다.

불불잉여노동을 직접적 생산자로부터 강탈하는 특수한 경제적 형태가 지배 · 종속관계[이것은 생산 그것에서 직접적으로 생기면서 또 생산 그것에 대해 하나의 결정적 요소로 반작용한다]를 결정한다. 그런데 이 경제적 형태를 기초로 삼아, 생산관계 그것에서 생기는 경제적 공동체의 전체 구조, 그리고 또한 공동체의 특수한 정치적 형태가 세워진다. 직접적 생산자에 대한 생산조건 소유자의 직접적인 관계[이 관계의 특수한 형태는 당연히 노동방식, 그리고 따라서 사회적 노동생산력의 일정한 발전단계에 항상 맞춘다]에서 우리는 언제나 사회구조 전체의, 그리하여 또한 주권 · 종속관계의 정치적 형태[요컨대 그때그때의 특수한 국가형

---

44) 타국을 정복한 뒤 정복자가 맨 먼저 하는 일은 언제나 그 주민들을 자기의 사람으로 전환시키는 일이었다. 랭게(1767)를 참조하라. 또한 뫼제르(1780)를 보라.

태]의 가장 깊은 비밀, 은폐된 토대를 발견하게 된다. 그렇다고 하여 동일한 경제적 토대[주요한 조건에서 동일하다]가 수많은 다른 경험적 사정들[예: 자연조건 · 인종관계 · 외부의 역사적 영향]로 말미암아 그 현상형태에서는 무한한 편차를 나타낼 수 있다는 것을 부정하는 것은 아니며, 이런 편차는 경험적으로 주어진 이런 사정들의 분석에 의해서만 이해될 수 있다.

가장 단순한 시초의 지대형태인 노동지대에 관한 한 다음과 같은 것만은 분명하다. 즉 지대가 잉여가치의 시초형태이고 잉여가치와 일치한다는 것이다. 그리고 잉여가치가 타인의 불불노동과 일치한다는 것은 분석을 필요로 하지 않는다. 왜냐하면 이 일치는 눈에 보이는 분명한 형태로 나타나기 때문인데, 직접적 생산자가 자기 자신을 위해 행하는 노동은 그가 영주를 위해 행하는 노동과 시간적으로도 공간적으로도 분리되어 있고, 후자의 노동은 제3자를 위한 강제노동이라는 강인한 형태로 직접적으로 나타나기 때문이다. 마찬가지로, 토지가 가지고 있는, 지대를 낳는다는 '속성'도 이 경우에는 전혀 신비스러운 것이 아니다. 왜냐하면 지대를 낳는 자연 그것이 토지에 결박된 인간노동력을 내포하고 있으며, 또 노동력의 소유자로 하여금 자기 자신의 필수적인 욕구를 충족시키는 데 필요한 한도를 넘어서 자기의 노동력을 지출하게 하는 소유관계도 포함하고 있기 때문이다. 지대는 노동력의 이런 초과지출을 토지소유자가 직접적으로 취득하는 것에 지나지 않는다. 왜냐하면 이것 이외에는 직접적 생산자는 토지소유자에게 어떤 지대도 지불하지 않기 때문이다. 잉여가치와 지대가 동일할 뿐 아니라 잉여가치가 명백하게 잉여노동의 형태를 취하고 있는 이 경우에는 지대의 피할 수 없는 조건 · 한계도 매우 명백하다. 왜냐하면 그 조건 · 한계는 잉여노동 일반의 한계와 동일하기 때문이다. 직접적 생산자는 (1) 충분한 노동력을 가져야 하며 (2) 그의 노동의 자연조건[무엇보다도 먼저 경작되는 토지]이 충분히 비옥하여야 하는데[즉 그의 노동의 자연발생적 생산성이 충분히 커야 하는데], 이래야만 자기 자신의 필수적인 욕구를 충족시키는 데 필요한 노동을 넘는 잉여노동의 가능성이 생긴다. 그렇지만 지대를 창조하는 것은 이 가능성이 아니다. 오직 강제가 이 가능성을 현실성으로 전환시킨다. 그러나 그 가능성 자체는 주체적·객체적인 자연조건들과 결부되어 있는데, 이 점도 여기에서는 전혀 신비스러운 것이 없다. 만약 노동력이 부족하고 노동의 자연조건이 빈약하다면 잉여노동도 또한 작지만, 다른 한편에서는 생산자들의 욕구도 적고 잉여노동 착취자의 수도 상대적으로 적고 끝으로 [이 소수의 착취적 소유자를 위해 이 비교적 낮은 생산성의 잉여노동이 실현하는] 잉여생산물도 적다.

마지막으로 다음과 같은 사실은 노동지대의 경우에는 자명하다. 즉 직접적 생산자가 어느 정도까지 자기 자신의 상태를 개선하여 치부하고 자기 자신의 필수적인 생활수단을 넘는 초과분을 생산할 수 있는가—자본주의적 표현방식을 앞당겨 쓴다면 그가 어느 정도로 자기 자신을 위해 이윤[자기 자신이 생산하는 임금을 넘는 초과분]을 생산할 수 있는가—는 기타의 사정들이 불변이라면 전적으로 잉여노동 또는 부역노동의 상대적 크기에 달려 있다는 점이다. 여기에서는 지대가 정상적인 [말하자면 합법적인] 잉여노동 형태로서 모든 잉여노동을 흡수하며 결코 이윤을 넘는 초과분—또는 임금을 넘는 어떤 초과분을 또다시 넘는 초과분—이 아니다. 오히려 이런 이윤의 크기뿐 아니라 그 존재 자체도 [기타의 사정들이 불변이라면] 지대의 크기—즉 소유자를 위해 강제적으로 수행해야 하는 잉여노동의 크기—에 달려 있다.

직접적 생산자는 소유자가 아니라 점유자일 따름이며, 그의 모든 잉여노동은 사실상 법적으로 토지소유자에게 속하고 있는 상황에서, 부역의무자 또는 농노가 자기 자신의 독립적인 재산 또는 부를 얻을 수 있다는 사실에 약간의 역사가들은 놀라움을 표시하였다. 그러나 이런 사회적 생산관계와 이에 상응하는 생산방식이 입각하고 있는 자연발생적이고 미발달한 상태에서는, 전통이 지배적인 기능을 할 수밖에 없다는 것은 명백하다. 또한 현존하는 상태를 법률로서 신성시하고, 관습과 전통에 의해 주어진 제한들을 법률적인 제한들로서 고정시키는 것이 사회지배층의 이익으로 된다는 것도 어디에서나 마찬가지로 여기에서도 명백하다. [기타의 모든 이유들은 무시하더라도] 이런 일은, 현존하는 상태의 토대[또는 그 상태의 바탕을 이루는 관계]의 끊임없는 재생산이 세월의 흐름에 따라 규칙적이고 질서있는 형태를 취하게 되면, 자연히 생기게 된다. 그리고 이런 규제와 질서는 그 자체 모든 생산양식—그 생산양식이 사회적 안정성을 얻고 단순한 우연과 자의에서 독립하려면—의 필수불가결한 요소다. 이 규제와 질서는 한 생산양식이 사회적으로 확립되는 형태며, 따라서 그 생산양식이 단순한 우연과 자의로부터 상대적으로 해방되는 형태다. 어떤 생산양식도, 생산과정과 이것에 대응하는 사회관계가 정체하고 있는 상태에서는 단순히 자기 자신을 반복하여 재생산함으로써 이런 형태를 얻을 수 있다. 이런 과정이 일정한 기간 계속된다면, 이 형태는 관습과 전통으로 확립되고 나아가서 명문화된 법률로 신성시된다. 그런데 이 잉여노동 형태인 부역노동은 노동의 모든 사회적 생산력의 미발달 상태와 노동방식 그것의 조잡성에 입각하고 있기 때문에, 당연히 더 발달한 생산양식에 비해 특히 자본주의적 생산양식에 비해 직접적 생산자의 총노동 중 훨씬 적은 부분만을 강탈할 수 있을 뿐이다. 예컨대 영주를 위한 부역노동이 최초에는 한 주에 2일이었다고 가정하자. 이 주 2일의 부역노동은 이리하여 고정되어 관습법 또는 성문법에 의해 규제되는 불변의 크기가 된다. 그러나 직접적 생산자가 마음대로 사용하는 나머지 날들의 생산성은 가변적이며 그 생산성은 자기의 경험 축적에 따라 향상되지 않을 수 없는데, 그 이유는 자기가 알게 되는 새로운 욕구, 자기의 생산물에 대한 시장의 확대 그리고 자기 노동력의 이 부분을 마음대로 사용할 수 있다는 보증의 증대 등으로 말미암아 자기의 노동력의 지출을 더욱 증대시키기 때문이다. 이 경우 잊어서는 안 될 것은, 이 노동력의 사용이 결코 농업에만 국한되는 것이 아니라 농촌가내공업도 포함한다는 점이다. 이리하여 일정한 경제발전의 가능성—물론 유리한 조건들, 타고난 인종적 특성 따위에 의존하긴 하지만—이 주어진다.

제3절 생산물지대

노동지대가 생산물지대로 전환하는 것은 경제적으로 말하면 지대의 성질을 결코 변경시키지 않는다. 지대의 성질은 [우리가 여기에서 취급하고 있는 지대형태에서는] 지대가 잉여가치 또는 잉여노동의 유일하고 지배적 · 정상적 형태라는 사실에 있다. 이것은 다음과 같이 표현될 수도 있다. 즉 지대는 자기 자신의 재생산에 필요한 노동조건을 점유하고 있는 직접적 생산자가 토지[이것은 이 단계에서는 모든 것을 포괄하는 노동조건이다]의 소유자에게 제공해야만 하는 유일한 잉여노동 또는 잉여생산물이라는 것, 그리고 다른 한편에서는 오직 토지만이 직접적 생산자에 대해 타인의 소유, 자기로부터 독립하여 토지소유자로 인격화된 노동조건으로서 대립한다는 것이다. 그러나 생산물지대가 지대의 지배적이고 가장 발달한 형태인 경우에도 다소간 이전 형태[즉 직접적으로 노동에 의해 지불되는 지대인 부역노동]의 잔재를 함께 가지고 있으며, 이것은 영주가 사적 개인이든 국가이든 마찬가지라는 점이다. 생산물지대는 직접적 생산자의 더 높은 문화수준, 즉 그의 노동과 사회일반의 더 높은 발전단계를 전제한다. 생산물지대를 그것에 앞서는 형태와 구별짓는 것은, 잉여노동이 더 이상 그 적나라한 형태로 수행되지 않으며[다시 말해 영주나 그 대리인의 직접적 감독과 강제 아래 수행되지 않으며] 오히려 직접적 생산자는 [직접적 강제 대신 주위의 사정들에 의해 그리고 채찍 대신 법적 규정에 의해 강요당하여] 자기 자신의 책임으로 잉여노동을 수행한다는 점이다. 직접적 생산자의 필수적인 욕구를 넘는 생산이라는 의미의 잉여생산은 이전처럼 직접적 생산자의 경작지와 나란히 그리고 그것의 외부에 존재하는 영주의 경작지에서 수행되는 것이 아니라, 직접적 생산자에게 사실상 속하며 자기 스스로 이용하는 경작지에서 수행되는 것이 자명한 원칙으로 되었다. 이 관계에서는 직접적 생산자는 자기의 노동시간 전체를 다소 자유롭게 이용한다. 비록 이 노동시간의 일부 [또는 초기에는 잉여노동시간의 전부]가 여전히 공짜로 토지소유자에게 귀속하지만 토지소유자는 이 노동시간을 그 자연적 형태로 받는 것이 아니라 이 노동시간이 실현하는 생산물의 현물형태로 받는다. 생산물지대가 순수한 형태로 확립되는 경우에는, 부역노동의 특징—토지소유자를 위한 부역노동 때문에 자기 점유지에서의 작업이 다소 끊임없이 중단되는 것[제1권 제10장 2절 '공장주와 보야르'를 참조하라]—이 사라지거나, 또는 생산물지대와 나란히 일정한 부역의무가 존속하는 경우에도 그런 중단은 적어도 일년 중 얼마 안 되는 기간으로 단축된다. 생산자가 자기 자신을 위해 행하는 노동과 토지소유자를 위해 행하는 노동은 이제 더 이상 시간과 공간에서 분명히 분리되지 않는다. 순수한 형태의 생산물지대는 [비록 그것의 잔재가 더 발달한 생산방식과 생산관계에까지도 전해 내려올 수 있다고 하더라도] 여전히 자연경제—즉 경제의 조건들의 전부 또는 적어도 그 주요부분이 그 경제단위 자체에 의해 생산되며 총생산물에서 직접적으로 보충되고 재생산된다—를 전제한다. 생산물지대는 또한 농촌가내공업과 농업의 결합을 전제하며, 지대를 형성하는 잉여생산물은 이 결합된 농업·공업적 가족노동의 생산물인데, 이것은 생산물지대가 중세에서처럼 다소간의 공업생산품을 포함하든 아니면 진정한 농산물의 형태로만 지불되든 마찬가지다. 이 형태의 지대에서는 잉여노동을 표시하는 생산물지대는 결코 농촌가족의 잉여노동 전체를 흡수하는 것은 아니다. 생산자는 노동지대의 경우와 비교하면, [자기의 필수적인 욕구를 충족시키는 자기의 노동생산물과 마찬가지로 자기의 것이 되는] 생산물을 생산하기 위해 초과노동을 할 수 있는 여유를 더 크게 가지게 된다. 이 형태에서는 또한 개개의 직접적 생산자들의 경제상태에는 더 큰 차이가 생긴다. 또는 적어도 이런 차이가 생길 가능성이 있으며, 심지어 직접적 생산자가 타인의 노동을 착취할 수 있는 수단을 얻을 가능성도 있다. 그러나 이것은 생산물지대의 순수한 형태를 논의하는 우리에게는 상관이 없다. 왜냐하면 우리는 여기에서 각종의 지대형태들이 결합 · 혼합 · 융합될 수 있는 무한히 다양한 조합을 연구할 수 없기 때문이다. 생산물지대의 형태는 생산물과 생산 자체의 일정한 성격과 결부되고 있다는 것, 이 형태에서는 농업과 가내공업의 결합이 필수불가결하다는 것, 이에 따라 농민가족이 거의 완전한 자급자족을 유지하며, 시장으로부터 그리고 자기 이외의 사회부분의 생산 · 역사의 움직임으로부터 독립하여 있다는 것—요컨대 자연경제 일반의 성격으로 말미암아 생산물지대는 [예컨대 아시아에서 볼 수 있는 바와 같은] 정태적인 사회상태의 토대로서 매우 적합하다. 여기에서도 이전의 노동지대 형태와 마찬가지로 지대는 잉여가치 따라서 잉여노동의 정상적 형태다. 즉 직접적 생산자가 그의 가장 중요한 노동조건인 토지의 소유자를 위해 공짜로 따라서 사실상 강제적으로—이 강제는 더 이상 이전과 같은 잔인한 형태로 그와 대립하지는 않지만—행해야만 하는 초과노동 전체의 정상적 형태다. 만약 필요노동을 넘는 직접적 생산자의 초과노동 중 자기 스스로 취득하는 부분을 이윤이라고 부른다면—우리는 이 경우 이윤이라는 개념을 미리 앞당겨 부정확하게 사용하기는 하지만—이윤이 생산물지대를 거의 결정하지 않기 때문에, 오히려 이윤이 지대의 배후에서 성장하며 지대의 크기에 의해 그 피할 수 없는 한계에 부닥친다. 생산물지대의 크기는 노동조건의 재생산, 생산수단 그것의 재생산을 심각하게 위협할 수 있으며, 생산의 확대를 다소 불가능하게 하고, 직접적 생산자의 생활수단을 육체적 최저한도로까지 인하시킬 수 있다. 이렇게 되는 것은 특히 정복자인 상업국민이 피정복지에서 생산물지대의 형태를 발견하여 이용하는 경우[예컨대 인도에서 영국인의 경우]에 그러하다.

제4절 화폐지대

여기에서 말하는 화폐지대는 자본주의적 생산양식에 입각하고 있는 산업지대 또는 상업지대[이것은 평균이윤을 넘는 초과분에 불과하다]가 아니라 생산물지대의 단순한 형태전환에서 생기는 지대[마치 생산물지대가 노동지대의 전환된 형태인 것처럼]이다. 이제 직접적 생산자는 생산물 대신 그것의 가격을 토지소유자[국가이든 사적 개인이든]에게 지불해야만 한다. 현물형태의 생산물 초과분은 더 이상 적합하지 않고 이 초과분은 현물형태에서 화폐형태로 전환되어야 한다. 직접적 생산자가 적어도 자기의 생활수단의 더 큰 부분을 여전히 스스로 생산한다 하더라도, 그의 생산물의 일부는 이제 상품으로 전환되어야 하며 상품으로 생산되어야만 한다. 따라서 생산방식 전체의 성격은 다소 변화한다. 생산방식은 사회적 관련으로부터의 독립성이나 분리성을 상실한다. 이제 결정적인 의의를 가지는 것은, 생산비 중 다소간의 화폐지출이 필요한 비율이거나, 또는 총생산물 중 [한편으로는 재생산수단으로 다시 기능하거나 다른 한편으로는 직접적인 생활수단으로 기능하여야 하는 부분을 넘어] 화폐로 전환되어야 하는 초과분이다. 그러나 이 종류의 지대의 토대는

[비록 지금은 해체되고 있지만] 이 지대의 출발점인 생산물지대의 토대와 마찬가지다. 직접적 생산자는 여전히 상속 또는 전통에 의한 토지점유자이며, 그는 [이 가장 중요한 생산조건의 소유자인] 영주에게 강제적인 잉여노동[등가없이 제공하는 불불노동]을 잉여생산물이 전환된 화폐의 형태로 지불해야 한다. 토지와는 구별되는 노동조건[예: 농기구 · 기타 동산]의 소유는 이전의 지대형태에서 이미 직접적 생산자의 소유로 — 처음에는 사실상 그리고 나중에서 법률상으로 — 전환되는데, 이것은 화폐지대의 형태에서는 더욱더 전제되고 있다. [처음에는 산발적으로 그 다음에는 다소간 전국적 규모로 발생하는] 생산물지대의 화폐지대로의 전환은 상업 · 도시공업 · 상품생산 일반 · 화폐유통이 이미 더 현저하게 발달한 것을 전제하고 있다. 그것은 또한 생산물이 시장가격을 가지며 그것의 가치에 다소 가깝게 판매되는 것을 전제하고 있는데, 이것은 이전의 형태들에서는 결코 그렇게 될 필요가 없었다. 동유럽에서는 이런 이행이 오늘날에도 아직도 부분적으로 진행되고 있음을 볼 수 있다. 생산물지대의 화폐지대로의 전환은 노동의 사회적 생산력의 일정한 발전 없이는 달성될 수 없다는 사실은, 로마제국에서 이 전환의 여러가지 시도들이 실패한 것에 의해, 그리고 생산물지대 중 적어도 국세로 존재하는 부분이라도 화폐지대로 전환시키려고 시도하다가 다시 생산물지대로 되돌아간 것에 의해 증명되고 있다. 이와 같은 이행의 곤란성은 예컨대 혁명 전 프랑스에서 화폐지대가 이전의 형태들의 잔재들과 융합되어 불순화되었다는 사실에서도 보여진다.

그러나 [생산물지대의 전환된 형태이며 또 이것과 대립하는 형태인] 화폐지대는 우리가 지금까지 고찰한 지대종류 — 즉 잉여가치와 [생산조건의 소유자를 위해 수행되어야 할] 불불잉여노동의 정상적인 형태로서의 지대 — 의 최후의 형태며 동시에 해체되는 형태다. 순수한 형태에서 이 화폐지대는 노동지대와 생산물지대와 마찬가지로 이윤을 넘는 초과분을 나타내는 것이 아니다. 화폐지대의 개념 속에 이윤이 내포되어 있다. 이윤이 화폐지대와 나란히 잉여노동의 한 특수부분으로 생기는 한, 화폐지대는 [이전의 지대형태들과 마찬가지로] 여전히 이 맹아적인 이윤에 대한 정상적인 제한으로서 작용하며, 이 맹아적인 이윤은 화폐지대로 표현되는 잉여노동이 지불된 뒤 남은 노동—자기 자신의 초과노동이든 타인의 노동이든—을 이용할 가능성에 비례하여 비로소 발달할 수 있다. 이윤이 실제로 지대와 나란히 생긴다면, 이윤이 지대를 제한하는 것이 아니라 그 반대로 지대가 이윤을 제한한다. 그러나 이미 말한 바와 같이 화폐지대는 동시에 우리가 지금까지 취급해온 지대—언뜻 보아도 명확히 잉여가치 · 잉여노동과 일치하며 잉여가치의 정상적이고 지배적인 형태로서의 지대 —의 해체형태다.

화폐지대는 더욱 발전하면—소농민적 차지인과 같은 모든 중간형태를 무시하면—토지를 자유로운 농민적 소유로 전환시키든지, 아니면 자본주의적 생산양식의 지대형태[즉 자본주의적 차지농업가가 지불하는 지대]를 생기게 하지 않을 수 없다.

화폐지대와 더불어, 토지소유자와 그의 예속인[토지의 일부를 점유하여 경작한다] 사이의 전통적인 관습법적인 관계는 필연적으로 계약상의 관계[실정법의 확고한 규정에 의해 규제되는 순수한 화폐관계]로 전환된다. 그러므로 경작하는 토지점유자는 본질적으로 단순한 차지인으로 전환된다. 이 전환은 한편에서는 [기타의 일반적 생산관계가 적합한 곳에서는] 종전의 농민적 점유자를 점차로 축출하고 그 대신 자본주의적 차지농업가를 들여놓는 데 이용되고, 다른 한편에서는 종전의 점유자로 하여금 돈을 내고 자기의 지대지불 의무를 면제받아 자기의 경작토지에 대한 완전한 소유권을 가진 독립농민으로 될 수 있게 한다. 더욱이 생산물지대의 화폐지대로의 전환은 필연적으로 무산의 일용노동자계급[이들은 화폐를 받고 고용된다]의 형성을 함께 할 뿐 아니라, 이 계급의 형성이 위의 전환에 앞서기도 한다. 이 새로운 계급이 오직 산발적으로만 나타나는 그 발생기에는 더 부유한 지대지불농민들 사이에 농업임금노동자를 자기의 계산으로 착취하는 관습이 필연적으로 발전한다. 이것은 봉건시대에 부유한 예속농민이 이미 자기 자신의 예속농민을 보유하였던 것과 마찬가지다. 이리하여 부유한 지대지불농민은 일정한 부를 축적하여 장래의 자본가로 전환되는 것이 점차로 가능하게 된다. 스스로 노동하는 종래의 토지점유자들 사이에서 자본주의적 차지농업가의 양성소가 생기는데, 그들의 발달은 [농업에서뿐 아니라 사회 일반에서] 자본주의적 생산의 발달을 조건으로 하며, 16세기의 영국에서처럼 특히 유리한 조건들 [예컨대 그 당시 화폐의 누진적 가치감소가 전통적인 장기차지계약 아래에서 토지소유자를 희생시키면서 차지농업가를 부유하게 한 것] 『매년 1,000원을 지대로 지불하기로 하고 1에이커의 토지를 20년 동안 빌린 경우, 처음에는 1,000원이 밀 10가마의 가치와 동등하였지만 점차로 1,000원이 밀 7가마, 5가마, 1가마 등등의 가치를 대표하게 되면 총생산물의 가치 중에서 지대로 지불하는 부분은 점차로 적어져서 차지농업가의 이윤은 그만큼 더욱 커진다』 이 그들을 도와주는 경우에는 그들은 매우 급속히 발달한다.

더욱이 지대가 화폐형태를 취하고 지대지불농민과 토지소유자 사이의 관계가 계약관계로 되자마자[이런 전환은 세계시장 · 상업 · 제조업의 상대적으로 높은 발전수준에서만 가능하다], 토지는 필연적으로 [종전에는 농촌의 경계 밖에 있었던] 자본가들에게 임대되기 시작한다. 그리고 이 자본가들은 도시에서 얻은 자본과 거기에서 발달한 자본주의적 경영방식 [즉 생산물을 단순히 상품과 잉여가치 취득수단으로서 생산하는 것]을 농촌과 농업에 이전시킨다. 일반적으로 이런 형태는 오직 봉건적 생산양식에서 자본주의적 생산양식으로 이행하는 시기에 세계시장을 지배하던 나라들에서만 발생할 수 있다. 토지소유자와 현실적으로 노동하는 경작자 사이에 자본주의적 차지농업가가 개입함에 따라, 종래의 농촌생산방식에서 발생하였던 모든 관계들이 깨어진다. 차지농업가는 농업노동자의 실질적인 지휘자 그리고 그들의 잉여노동의 실질적인 착취자로 되며, 토지소유자는 이 자본주의적 차지농업가에 대해서만 직접적인 관계를 맺는데 그것도 단순한 화폐관계·계약관계뿐이다. 이리하여 지대의 성질도 [이미 이전의 지대형태들에서도 부분적으로 나타난 바와 같이] 사실상으로 그리고 우연적으로 그렇게 전환할 뿐 아니라 지대의 공인된 지배적 형태에서 정상적으로 그렇게 전환하게 된다. 지대는 잉여가치와 잉여노동의 정상적인 형태에서, 이 잉여노동 중 착취하는 자본가에 의해 이윤의 형태로 취득되는 부분을 넘는 초과분으로 강등한다. 또한 잉여노동 전체[이윤과 이윤을 넘는 초과분]는 이제 자본가에 의해 직접적으로 착취되며 총잉여생산물의 형태로 수취되어 화폐로 전환된다. 그가 지대로서 토지소유자에게 주는 것은 그가 자기의 자본으로 농업노동자를 직접적으로 착취하여 얻는 잉여가치의 일부에 불과하다. 그가 얼마만큼 많이 또는 얼마만큼 적게 토지소유자에게 주는가에 대한 하나의 한계는 대체로 자본이 비농업생산분야에서 올리는 평균이윤과, 평균이윤이 지배하는 비농업 생산가격에 의해 결정된다. 지대는 이제 잉여가치·잉여노동의 정상적인 형태로부터 잉여노동 중 자본이 당연히 그리고 정상적으로 취득하는 부분을 넘는 초과분—농업이라는 특수한 생산분야에 특유한 초과분—으로 전환된다. 잉여가치의 정상적인 형태는 이제 지대가 아니라 이윤이며, 지대는 이제 잉여가치 일반의 형태가 아니라 그것의 일정한 파생물인 초과이윤이 특수한 사정에서 독립하게 된 형태로 여겨진다. 이 전환이 생산양식 자체의 점차적인 전환과 어떻게 대응하는가에 관해 더 이상 자세히 연구할 필요는 없다. 이것은, 자본주의적 차지농업가는 농산물을 상품으로 생산하는 것이 정상적이라는 것, 그리고 이전에는 그의 생활수단을 넘는 초과분만이 상품으로 전환되었지만 이제는 이 상품 중 상대적으로 보잘것없는 부분만이 직접적으로 그 자신의 생활수단으로 전환된다는 것에서 이미 명백하다. 이제 토지가 아니라 자본이, 농업노동까지도 자기 자신 그리고 자기의 생산성 아래에 직접적으로 종속시킨다.

평균이윤과 이것에 의해 지배되는 생산가격은 농촌상황 밖의 상업과 제조업의 영역에서 형성된다. 지대지불 소농민의 이윤은 이 균등화과정에 참가하지 않는다. 왜냐하면 토지소유자에 대한 그의 관계는 자본주의적 관계가 아니기 때문이다. 그가 이윤을 얻는 한, 즉 그가 자기 자신의 노동에 의해서든 타인 노동의 착취에 의해서든 자기의 필요생활수단을 넘는 초과분을 실현하는 한, 이것은 정상적인 관계의 배후에서 일어나는 것이며, 기타의 사정들이 불변이라면 이 이윤의 크기가 지대를 결정하는 것이 아니라 그 반대로 이 이윤이 자기를 한계짓는 지대에 의해 결정된다. 중세에 이윤율이 높았던 것은 단순히 낮은 자본구성 [임금에 투하되는 가변부분이 지배적인 것] 때문만이 아니라, 농촌에 대한 사기 — 즉 토지소유자의 지대의 일부와 그의 예속민의 수입의 일부를 횡령하는 것 — 의 결과였다. 중세에는 봉건제도가 도시의 예외적인 발달[예: 이탈리아]에 의해 붕괴되지 않았던 곳에서는 어디에서나 농촌이 정치적으로 도시를 수탈하였다면, 도시는 어디에서나 예외 없이 독점가격 · 조세제도 · 길드『동업조합』 · 직접적인 상인적 사기 · 고리대를 통해 경제적으로 농촌을 수탈하였다.

사람들은 다음과 같이 생각할지도 모른다. 즉 자본주의적 차지농업가가 농업생산에 참가하는 것 자체가, 이미 농산물의 가격[이것은 태고적부터 항상 이러저러한 형태로 지대를 지불하였다]이 적어도 그 참가의 당시에는 제조품의 생산가격보다 높았다는 것—독점가격의 수준에 도달하든, 아니면 평균이윤에 의해 지배되는 생산가격보다 실제로 높은 농산물의 가치에까지 등귀하였든—을 증명하는 것이라고. 왜냐하면 그렇지 않다면 자본주의적 차지농업가는 농산물의 주어진 가격에서 먼저 평균이윤을 실현하고 그 다음으로 이 이윤을 넘는 초과분을 지대의 형태로 지불할 수 없을 것이기 때문이다. 또는 사람들은 다음과 같은 결론을 내릴 수도 있다. 즉 자본주의적 차지농업가가 토지소유자와 계약을 맺을 때 그의 지침인 일반적 이윤율은 지대를 고려하지 않고 계산된 것이고, 이 일반적 이윤율이 농업생산을 규제하게 되자마자 차지농업가가 어떤 초과분을 발견하여 토지소유자에게 지불한다고. 이런 전통적인 방식으로 예컨대 로트베르트투스(1851)는 문제를 설명하고 있다. 그러나

첫째, 자본이 독립적이고 주도적인 힘으로 농업에 참가하는 것은 한꺼번에 일반적으로 일어나는 것이 아니라 점차적으로 그리고 특정 생산부문에서 일어난다는 점이다. 자본이 먼저 장악하는 것은 진정한 농업이 아니라 목축 특히 목양과 같은 생산부문인데, 이 목양의 주요생산물인 양모는 공업의 생성기에 그것의 생산가격을 항상 넘는 시장가격의 초과분을 초기에는 제공하며 이 초과분은 나중에 가서야 균등화된다. 16세기의 영국에서 그러하였다.

둘째, 자본주의적 생산은 처음에는 다만 산발적으로 출현하기 때문에 여기에서의 가정—즉 자본주의적 생산이 먼저 장악하는 것은 특수한 비옥도나 특별히 유리한 위치 때문에 차액지대를 지불할 수 있는 토지들이라는 가정—에 대해 어떤 반대도 할 필요가 없다.

셋째, 자본주의적 생산방식이 농업에 등장할 때[이것은 사실상 도시 수요의 비중 증대를 전제한다], 농산물의 가격이 그 생산가격보다 높다는 것—이것은 분명히 17세기의 마지막 $\frac{1}{3}$기의 영국에서 그러하였다—을 가정한다 하더라도, 일단 이 생산방식이 농업을 단순히 자본의 지배 아래 포섭하는 것을 넘어 발달하자마자, 그리고 이런 발달과 필연적으로 결부된 농업상의 개량과 생산비의 감소가 일어나자마자, 농산물의 가격 하락이라는 반작용이 일어나게 된다[이것은 18세기 전반기의 영국에서 그러하였다].

따라서 평균이윤을 넘는 초과분으로서의 지대는 이런 전통적인 방식으로는 설명할 수 없다. 지대가 처음 발생하는 역사적 조건이 어떻든 지대가 일단 뿌리를 박게 되면 그것은 [이미 앞에서 전개한] 근대적 조건 아래에서만 생길 수 있다.

끝으로, 생산물지대의 화폐지대로의 전환과 관련하여 지적해야 할 것은, 이 전환과 함께 토지가격[즉 자본화된 지대] 그리고 따라서 토지의 양도가능성과 현실적인 양도가 본질적 요소로 등장한다는 것, 그리하여 종전의 지대지불 의무자가 독립적인 농민적 소유자로 전환될 수 있을 뿐 아니라 도시의 화폐소유자나 기타의 화폐소유자가 토지를 구매하고 이것을 농민에게나 자본가에게 임대해 지대를 그들의 투하자본에 대한 이자형태로 수취할 수 있다는 것, 그리고 이런 사정도 이전의 착취방식, 소유자와 현실적 경작자 사이의 관계, 그리고 지대 그것의 전환을 촉진한다는 것이다.

제5절 분익소작과 소농민적 분할지 소유

우리는 이제 우리의 지대 전개의 종점에 도달하였다.

이상의 모든 지대형태—노동지대 · 생산물지대 · 화폐지대[단순히 생산물지대가 전환된 형태로서의]—에서는 지대지불자는 언제나 토지의 현실적 경작자 · 점유자이며 그의 불불잉여노동은 직접적으로 토지소유자의 수중으로 들어간다고 전제되고 있다. 최후의 형태인 화폐지대에서도, 그것이 순수한 한, 즉 그것이 단순히 생산물지대의 전환된 형태인 한, 이 전제는 가능할 뿐 아니라 사실상 타당하다.

시초의 지대형태에서 자본주의적 지대로 이행하는 형태로서 분익소작

제system of share-cropping를 들 수 있는데, 이 경우 경영자(차지농업가)는 노동[자기 자신의 노동 또는 타인의 노동] 이외에 경영자본의 일부를 제공하며 토지소유자는 토지뿐 아니라 경영자본의 다른 일부(예: 가축)를 제공하고, 생산물은 차지인과 토지소유자 사이에 일정한 비율[이것은 나라에 따라 다르다]로 분할된다. 이 경우 차지인은 완전한 자본주의적 경영에 필요한 자본을 충분히 가지고 있지 않으며, 다른 한편으로 토지소유자가 얻는 분배몫은 순수한 지대형태가 아니다. 이 분배몫은 그의 투하자본에 대한 이자와 초과이윤적인 지대를 포함할 수도 있다. 또한 이 분배몫은 차지인의 잉여노동 전체를 흡수할 수도 있고 또는 차지인에게 이 잉여노동의 다소 일부를 남길 수도 있다. 그러나 본질적인 점은 이 경우 지대는 이미 잉여가치의 정상적인 형태로 나타나지 않는다는 것이다. 한편으로 차지인은 [자기 자신의 노동만을 사용하든 타인의 노동을 사용하든] 노동자로서의 자격에서가 아니라 일부 노동도구의 소유자로서의 자격[자본가로서의 자격]에서 생산물의 일부에 대한 청구권을 가진다. 다른 한편으로 토지소유자는 전적으로 토지소유에 입각하여 자기의 몫을 청구하는 것이 아니라 자본의 대부자로서도 그 몫을 청구한다.45)[a]

독립적인 농민경영으로 이행한 뒤에도 예컨대 폴란드와 루마니아에서는 옛날의 토지공유제도의 잔재가 유지되고 있었는데, 이 잔재는 더 낮은 지대형태로 역행하는 구실로 기능하였다. 토지의 일부는 개개의 농민들에게 속하며 그들에 의해 독립적으로 경작된다. 토지의 다른 일부는 공동으로 경작되어 잉여생산물을 형성하고, 이 잉여생산물의 일부는 공동경비를 충당하는 데 사용되고 또 일부는 흉작 등에 대한 예비로서 기능한다. 잉여생산물의 이 두 부분, 그리고 마침내는 잉여생산물 전체가

45)[a] 뷔레(1842), 토크빌(1856), 시스몽디(1827)를 참조하라.

[그것을 낳는 토지와 함께] 국가관료와 사적 개인에 의해 점차로 횡령되고, 그리하여 본래는 자유롭던 농민적 토지소유자[공유지의 공동경작에 참가할 의무는 지고 있었지만]가 부역의무자 또는 생산물지대의 지불자로 전환되고, 공유지의 횡령자는 횡령한 공유지뿐 아니라 농민소유지까지도 소유하는 토지소유자로 전환한다.

여기에서는 노예경영(이것도 주로 가사용의 가부장적 노예제에서 세계시장을 위해 일하는 식민지농장제에 이르기까지 일련의 단계를 통과한다)이나 지주경영Gutsherrschaft(여기에서는 토지소유자가 자기 자신의 계산으로 경작하고 모든 생산도구를 소유하며 현물급여 또는 현금급여에 의해 노동—자유롭든 자유롭지 않든—을 착취한다)에 관해서는 상세히 논의할 필요가 없다. 노예경영과 지주경영에서는 토지소유자는 생산도구의 소유자 그리고 노동자들[이들은 생산요소에 속한다]의 직접적 착취자와 일치한다. 그리고 지대와 이윤은 일치하며 잉여가치의 각종 형태들은 분리되지 않는다. 노동자의 잉여노동 전체[이것은 여기에서는 잉여생산물로 나타난다]는 모든 생산도구[이 중에는 토지도 있고 노예제의 최초의 형태에서는 직접적 생산자도 있다]의 소유자에 의해 직접적으로 착취된다. 아메리카의 식민지농장에서처럼 자본주의적 관념이 지배하는 곳에서는 이 잉여가치 전체는 이윤으로 간주되며, 자본주의적 생산양식 그것이 존재하지 않고 그것에 대응하는 관념도 자본주의 나라로부터 이식되지 않은 곳에서는 이 잉여가치 전체가 지대로 나타난다. 어느 경우든 이 형태는 어떤 곤란도 제기하지 않는다. 왜냐하면 이 경우 토지소유자의 수입[그가 취득하는 잉여생산물]은—어떤 명칭으로 불리든—불불잉여노동 전체를 직접적으로 취득하는 정상적이고 지배적인 형태이며, 토지소유는 이 취득의 토대를 이루기 때문이다.

소농민적 분할지 소유. 이 경우 농민은 그의 토지의 자유로운 소유자인데, 토지는 그의 주요한 생산도구로 나타나며 그의 노동과 자본의 불가결한 투하장소로 나타난다. 이 경우 어떤 차지료도 지불하지 않으며 따라서 잉여가치의 분화된 형태로서의 지대는 나타나지 않는다. 비록 기타의 생산분야에 자본주의적 생산양식이 발달한 나라에서는 기타의 생산분야와 비교한 초과이윤이 지대로 여겨지긴 하지만, 이 초과이윤은 [그의 노동생산물 전체와 마찬가지로] 농민에게 속한다.

토지소유의 이 형태는 이전의 낡은 형태들과 마찬가지로 다음의 것—즉 농촌인구가 도시인구에 비해 수적으로 훨씬 우세하다는 것, 따라서 자본주의적 생산양식이 지배한다 하더라도 그것의 발전은 상대적으로 미약하여 기타의 생산분야에서도 자본의 집적은 좁은 범위에 한정되어 있고 자본의 분열이 지배적이라는 것—을 전제한다. 당연한 일이지만 이 경우에는 농산물의 압도적인 부분이 그 생산자들[농민들]에 의해 직접적인 생활수단으로 소비될 수밖에 없으며, 이것을 넘는 초과분만이 상품으로서 도시와의 상업에 들어간다. 농산물의 평균시장가격이 어떻게 결정되든 우등지 또는 위치가 더 나은 토지에서는 차액지대[상품가격의 초과부분]가 자본주의적 생산양식에서처럼 생기는 것은 틀림없다. 이 차액지대는 일반적인 시장가격이 아직 형성되지 않은 사회상황에서도 존재하는데, 이 경우 차액지대는 초과적인 잉여생산물로 나타난다. 그런데 이 차액지대는 [더 유리한 자연조건에서 노동하는] 농민 자신의 주머니로 들어간다. 이 소농민적 분할지 소유 형태에서는 토지가격이 농민의 현실적 생산비의 한 요소를 이룬다. 왜냐하면 이 형태가 더욱 발전하는 과정에서 상속재산을 분할할 때 토지가 일정한 화폐가치로 평가되기 때문이며, 또는 소유지 전체나 그 구성부분들의 소유주가 끊임없이 변경될 때 농민 자신이 주로 저당으로 빌린 화폐로 토지를 구매하기 때문이다. 이 토지소유 형태에서는 [자본화된 지대에 불과한] 토지가격이 하나의 전제된 요소이고 따라서 지대는 토지의 비옥도와 위치의 차이와는 무관하게 존재하는 것처럼 보이지만, 바로 이 형태에서는 절대지대가 존재하지 않는다고[즉 최열등지는 어떤 지대도 지불하지 않는다고] 일반적으로 가정되어야 한다. 왜냐하면 절대지대는 생산물의 생산가격을 넘는 가치의 초과분이 실현되거나 생산물의 가치를 넘는 초과적인 독점가격을 전제하기 때문이다. 그런데 여기에서는 농촌경제가 주로 직접적인 생존을 위한 농업이고 토지는 대다수 인구의 노동과 자본의 불가결한 투하장소이기 때문에, 생산물의 지배적인 시장가격은 예외적인 상황에서만 그 가치수준에 도달한다. 그러나 이 가치는 살아있는 노동이라는 요소가 우세하기 때문에 원칙적으로 생산가격보다 높을 것이다. 비록 이 초과분은 소규모 토지소유농민〖이른바 소농小農〗이 지배적인 나라에서는 비농업자본의〖가치〗구성도 낮기 때문에 제한된다 하더라도. 소농으로 하여금 경작을 중단하도록 하는 한계는, 그를 소규모 자본가로 보는 한에서는 평균이윤이 아니며, 그를 토지소유자로 보는 한에서는 지대의 필요가 아니다. 소규모 자본가로서 그에게 절대적인 한계로 나타나는 것은 현실적인 비용을 뺀 뒤 자기 자신에게 지불하는 임금이 남아야 한다는 것이다. 생산물의 가격이 그에게 이 임금을 보상하는 한 그는 토지를 경작하며, 때때로 생산물의 가격이 육체적 최저수준의 임금만을 보상하는 경우에도 토지를 경작한다. 그리고 토지소유자로서 그에게는 토지소유가 부과하는 장벽은 없다. 왜냐하면 이 장벽은 토지소유와 분리된 자본(노동도 포함)이 토지에 투자하는 것을 막는다는 것을 가리키기 때문이다. 그러나 토지가격에 대한 이자는 하나의 장벽을 이룬다. 왜냐하면 이 이자는 일반적으로 제3자인 저당권자에게 지불되어야만 하기 때문이다. 그러나 이 이자는 잉여노동 중 자본주의적 조건에서는 이윤을 형성할 부분에서 지불될 수 있다. 그러므로 [토지가격이나 이것에 대해 지불되는 이자로 기대되는] 지대는 농민의 생존에 불가결한 노동을 넘는 잉여노동이 자본화된 것의 일부에 불과할 수밖에 없지만, 이 잉여노동은 [평균이윤 전체와 동등한] 상품가치부분으로 실현될 필요도 없으며, 또한 평균이윤으로 실현되는 잉여노동을 넘는 초과분[즉 초과이윤]으로 실현될 필요는 더더욱 없다. 지대는 평균이윤의 공제분일 수도 있고 또는 평균이윤 중 실현되는 유일한 부분일 수도 있다. 그러므로 소규모 토지소유농민이 자기의 토지를 경작하거나 경작할 토지를 구입하기 위해서는, [정상적인 자본주의적 생산양식에서처럼] 농산물의 시장가격이 그에게 평균이윤을 가져다 줄 수 있을 만큼 등귀할 필요도 없고, 이 평균이윤을 넘는 초과분[이것이 지대형태로 고정된다]을 가져다 줄 수 있을 만큼 등귀할 필요는 더더욱 없다. 즉 시장가격이 생산물의 가치까지 등귀하거나 그 생산가격까지 등귀할 필요가 없다. 이것은 소농이 지배적인 나라의 곡물가격이 자본주의적 생산양식이 지배적인 나라의 곡물가격보다 낮은 이유의 하나다. 가장 불리한 조건에서 일하는 농민들이 수행하는 잉여노동의 일부는 공짜로 사회에 증여되며 생산가격의 규제나 가치일반의 형성에도 참가하지 않는다. 따라서 이 같은 낮은 가격은 생산자들의 빈곤의 결과이고 결코 그들의 노동생산성의 결과는 아니다.

자영농민의 소규모 토지소유라는 이 형태가 지배적이고 정상적인 형태로 존재하는 것은, 고전적 고대의 최성기에서는 사회의 경제적 토대이며, 근대적 국민들 사이에서는 봉건적 토지소유의 해체에서 생기는 형태들 중의 하나다. 예컨대 영국의 요먼리yeomanry, 스웨덴의 소농계급, 프랑스와 서부독일의 농민이 그러하다. 우리는 여기에서 식민지에 관해 언급하지는 않는데, 그 이유는 거기에서 독립농민은 다른 조건에서 발달하기 때문이다.

자영농민의 자유로운 소유는 분명히 소규모 경영—이 생산방식에서는 토지의 점유가 노동자가 자기 자신의 노동의 생산물을 소유하기 위한 하나의 조건이며 경작자는 자유로운 소유자이든 예속농민이든 언제나 자기 자신의 생활수단을 고립된 노동자로서 가족과 함께 독립적으로 생산해야만 한다—을 위한 가장 정상적인 토지소유 형태다. 토지의 소유가

이 경영방식의 완전한 발달을 위해 필요한 것은, 마치 노동도구의 소유가 수공업경영의 자유로운 발달을 위해 필요한 것과 마찬가지다. 토지소유는 여기에서 인격적 자립성의 발달을 위한 토대를 이룬다. 이런 토지소유는 농업 자체의 발달에서 하나의 필연적인 통과점이다. 그러나 이 토지소유를 몰락시키는 원인들은 이 토지소유의 한계를 보여준다. 그 원인들은 다음과 같다. 대공업의 발달에 의해 농촌가내공업[이 토지소유의 정상적인 보완물]이 파괴되는 것, 이런 경작형태에 있는 토지들이 점차로 피폐하게 되는 것, 대규모 토지소유자가 공유지[이것은 항상 소규모 경영의 제2의 보완물이며 가축의 사육을 가능하게 하는 유일한 것이다]를 횡령하는 것, 대규모 경작[식민지농장의 형태든 자본주의적 형태든]으로부터의 경쟁 따위다. 또한 이 몰락에 기여하는 것은 농업상의 개량인데, 이 개량들은 농산물의 가격을 인하할 뿐 아니라 더 큰 투자와 더 풍부한 객체적인 생산조건을 요구하기 때문이다. 이것은 18세기 전반기의 영국에서 볼 수 있었다.

소규모 토지소유는 그 성질상 사회적 노동의 생산력의 발달, 노동의 사회적 형태들, 자본의 사회적인 집중, 대규모의 목축, 과학의 누진적인 적용 등을 배제한다.

고리대와 조세는 항상 소규모 토지소유를 빈곤하게 만든다. 토지가격에 자본을 지출하기 때문에 이 자본이 경작에서 빠진다. 생산수단의 끊임없는 분산, 생산자 자신의 끊임없는 고립화, 인간노동의 거대한 낭비, 생산조건의 누진적인 악화, 생산수단의 가격 등귀 등은 소규모 토지소유의 필연적인 법칙이다. 이 생산방식에서는 풍작도 불행으로 된다.[45)]

소규모 농업이 자유로운 토지소유와 결부되는 경우의 독특한 결함의 하나는 경작자가 토지구입에 자본을 지출한다는 것에서 생긴다. (이것은

45) 투크와 뉴마치, 『물가와 통화상태의 역사』, 제6권, 1857: 29~30에 있는 프랑스국왕의 연설문을 보라.

대규모 농장소유자가 처음에는 토지를 구입하기 위해 그리고 그 다음에는 자기 자신이 차지농업가로서 그 토지를 스스로 경영하기 위해 자본을 지출하는 과도적인 형태에도 타당하다.) 토지가 단순한 상품으로 유통함에 따라 소유의 변경이 증가하며,[46] 이에 따라 새로운 세대마다 그리고 유산분할이 있을 때마다 토지는 농민의 입장에서 보면 새로운 자본지출을 요구하며 농민에 의해 구입되어야 한다. 이리하여 토지가격이 개별생산자에 대해 생산물의 비용가격[또는 비생산적 비용]의 주요한 요소의 하나를 이룬다.

토지가격은 자본화된 지대, 따라서 선취한 지대에 지나지 않는다. 농업이 자본주의적으로 경영되어 토지소유자는 단순히 연간지대를 받으며 차지농업가는 이것 이외에는 토지에 대해 아무것도 지불하지 않는다면, 토지의 구입에 토지소유자 자신이 지출한 자본은 [그에게는 이자낳는 자본투자이지만] 농업 그것에 투하된 자본과는 아무런 관련도 없다는 것은 명백하다. 이 자본은 농업에서 기능하는 고정자본의 일부를 구성하는 것도 아니며 유동자본의 일부를 구성하는 것도 아니다.[47] 이 자본은 토지의 구매자에게 연간지대를 수취하는 권리를 줄 뿐이며 지대의 생산과는 전적으로 아무런 상관도 없다. 토지의 구매자는 단순히 자본을 토지의

---

46) 무니에(1846)와 뤼비숑(1837)을 보라.

47) 마론(1859)은 자기가 공격하고 있는 상대방의 그릇된 전제에서 출발하고 있다. 그는 토지의 구입에 지출된 자본을 '투하자본'이라고 가정하고, 투하자본과 경영자본(고정자본과 유동자본)의 개념규정에 관해 논쟁하고 있다. 자본 일반에 관한 완전히 무미건조한 그의 관념 — 독일 '국민경제학'의 일반상황에서 보면 비경제학자로서는 어찌할 수 없기는 하지만 — 때문에 이 자본이 투하자본도 아니고 경영자본도 아니라는 것을 알지 못하고있다. 이것은 어떤 사람이 증권거래소에서 주식이나 국채의 매입에 지출하는 자본은 결코 어떤 생산분야에 현실적으로 '투하'되는 것이 아닌 것과 마찬가지다[비록 그것이 구매자 개인의 입장에서 보면 투자로서 나타나지만].

판매자에게 주고 판매자는 자기의 토지소유를 포기한다. 따라서 이 자본은 이미 구매자의 자본으로서 존재하지 않고 구매자는 이제 그 자본을 가지고 있지 않으며, 그 자본은 결코 그가 토지 그것에 투하할 수 있는 자본의 일부는 아니다. 구매자가 토지를 비싸게 구입하였는가 싸게 구입하였는가 또는 공짜로 얻었는가는 차지농업가가 경영에 투하하는 자본에 대해 아무런 영향도 미치지 않으며 지대에 대해서도 아무런 영향도 미치지 않는다. 그것은 오직 이 지대가 토지구매자[토지소유자]에게 이자 정도는 될 것인가 아닌가 또는 높은 이자로 나타나는가 낮은 이자로 나타나는가에 영향을 미친다.

예컨대 노예경영의 경우를 보자. 노예의 대가로 지불되는 가격은 노예로부터 착취할 잉여가치 또는 이윤을 선취하여 자본화한 것에 지나지 않는다. 그러나 노예의 구입에 지불한 자본은 노예로부터 이윤[잉여가치]을 착취하는 데 필요한 자본에 속하지는 않는다. 오히려 그 반대다. 그 자본은 노예소유자가 주어버린 자본이며, 그가 현실적인 생산에서 마음대로 처분할 수 있는 자본에서 빠져나간 것이다. 그 자본은 그에게는 이미 존재하지 않는데, 이것은 마치 토지의 구입에 지출된 자본이 농업을 위해서는 이미 존재하지 않는 것과 마찬가지다. 이것을 가장 잘 증명하여 주는 것은, 노예소유자 또는 토지소유자가 노예나 토지를 다시 판매할 때만 그 자본이 다시 그들에게 존재하게 된다는 점이다. 그러나 이번에는 동일한 관계가 구매자에게 생긴다. 그가 노예를 구입하였다는 사실만으로는 아직 그로 하여금 노예를 착취할 수 있게 하는 것은 아니다. 그는 노예경영 그것에 별도의 자본을 투하해야만 노예를 착취할 수 있다.

동일한 자본이 이중으로[즉 토지판매자의 수중에도 토지구매자의 수중에도] 존재하는 것은 아니다. 그 자본은 구매자로부터 판매자에게로 이전되고 그것으로 일은 끝난다. 구매자는 이제 자본을 가지지 않으며 그 대신 토지를 가지고 있다. 이 토지에 대한 현실적인 투자로부터 나오는 지대를 이제 새로운 토지소유자가 [토지에 투하한 것이 아니라 토지의 획득을 위해 지출한] 자본의 이자로 여긴다는 사실은 토지라는 요인의 경제적 성질을 조금도 변경시키지 않는다. 이것은 마치 어떤 사람이 3% 이자율의 콘솔Consol 〚영구공채〛을 구입하기 위해 1,000원을 지불하였다는 사실이 국채의 이자를 지불하기 위한 세입을 낳는 자본과 아무런 상관도 없는 것과 마찬가지다.

사실상 토지의 구입에 지출되는 화폐는 [국채의 구입에 지출되는 화폐와 마찬가지로] 즉자적으로만 자본인데, 이것은 어떤 가치액도 자본주의적 생산양식의 토대 위에서는 즉자적 자본[잠재적 자본]인 것과 마찬가지다. 토지의 대가로 지불한 것은 [국채나 기타의 구입상품의 대가로 지불하는 것과 마찬가지로] 화폐액이다. 이것은 잠재적 자본이다. 왜냐하면 자본으로 전환될 수 있기 때문이다. 토지의 판매자가 받는 화폐가 현실적으로 자본으로 전환되는가 않는가는 그가 그 화폐를 어떻게 사용하는가에 달려 있다. 구매자로서는 그 화폐는 이미 자본으로서 기능할 수 없는데, 이것은 그가 명백히 소비해버린 다른 모든 화폐와 마찬가지다. 물론 그 화폐는 그의 계산에서는 이자낳는 자본으로서 기능한다. 왜냐하면 그는 자기의 수입—토지로부터의 지대나 정부로부터의 국채이자—을 [자기가 이 수입 청구권을 구입하는 데 지출한] 화폐의 이자로서 계산하기 때문이다. 그가 이 청구권을 자본으로 실현할 수 있기 위해서는 다시 그것을 판매하는 수밖에 없다. 그러면 다른 사람인 새로운 구매자는 이전의 구매자가 처하였던 것과 동일한 관계에 처하게 된다. 이렇게 지출된 화폐는 아무리 이 사람으로부터 저 사람에게로 전전하더라도 지출자를 위해 현실적인 자본으로 전환될 수는 없다.

소농민적 분할지 소유의 경우에는, 토지가 자기 자신의 가치를 가지며 따라서 [기계나 원료와 마찬가지로] 자본으로 생산물의 생산가격에 들어간다는 환상이 훨씬 더 강화된다. 그러나 우리가 이미 본 바와 같이, 지대 그리고 자본화된 지대인 토지가격이 농산물의 가격결정에 참가할 수 있는 것은 오직 두 가지 경우뿐이다. 첫째, 농업자본[이것은 토지구입에 지출된 자본과는 아무런 공통점도 가지고 있지 않다]의 구성 때문에 『유기적 구성이 낮기 때문에』 농산물의 가치가 그 생산가격보다 높고 시장상황이 토지소유자로 하여금 이 차액을 『절대지대로서』 실현할 수 있게 해주는 경우다. 둘째, 독점가격이 생기는 경우다. 그런데 이런 경우들은 소규모 토지소유와 소규모 경영 아래에서는 거의 발생하지 않는다. 왜냐하면 바로 여기에서 생산은 그 대부분이 생산자의 자기 욕구를 충족하기 위한 것이고 일반적 이윤율에 의해 규제되지 않은 채 진행되기 때문이다. 소규모 경영이 임차지에서 행해지는 경우에도 차지료는 [다른 어떤 관계에서보다 훨씬 더 높은 비율로] 이윤의 일부를 포함하며 심지어 임금의 공제분도 포함하고 있다. 그리하여 차지료는 오직 명목상으로만 지대며 임금과 이윤에 대해 독립적인 범주로서의 지대는 아니다.

따라서 토지의 구입을 위한 화폐자본의 지출은 농업자본의 투하가 아니다. 이 지출은 소농민이 현실적인 생산영역에서 마음대로 처분할 수 있는 자본을 그만큼 감소시킨다. 이 지출은 생산수단의 규모를 그만큼 감소시키며 따라서 재생산의 경제적 토대를 그만큼 축소시킨다. 이 지출은 소농민을 고리대에 종속시킨다. 왜냐하면 여기에서는 진정한 신용이 거의 없기 때문이다. 이 지출은 대규모 농장의 구입 때문이라고 하더라도 농업상의 장애요소다. 이런 사정은 사실상 자본주의적 생산양식과 모순되는데, 그 이유는 토지소유자의 채무[그가 토지를 상속받았든 구입하였든]는 자본주의적 생산양식과는 대체로 무관하기 때문이다. [자본주의적 생산양식에서는] 토지소유자가 지대를 스스로 차지하는가 아니면 그것을 저당권자에게 지불해야 하는가는 결코 임차지의 경영 그것에는 영향을 미치지 않기 때문이다.

이미 본 바와 같이, 지대가 주어진 경우에는 토지가격은 이자율에 의해 규제된다. 이자율이 낮으면 토지가격은 높고, 그 반대이면 그 반대로 된다. 그러므로 정상적인 상황에서는 높은 토지가격과 낮은 이자율은 병행한다. 따라서 이자율이 낮기 때문에 농민이 높은 토지가격을 지불해야만 한다면, 다른 한편에서는 이자율이 낮기 때문에 그는 경영자본을 유리한 신용조건으로 얻을 수 있을 것이다. 그러나 실제로는 소규모 토지소유가 지배적인 곳에서는 그렇지 않다. 첫째, 신용의 일반법칙은 생산자가 자본가인 것을 전제하고 있으므로 농민에게는 적용되지 않는다. 둘째, 소규모 토지소유가 지배하고 소규모 농민이 국민의 척추를 이루는 곳에서는(우리는 식민지에 대해서는 언급하지 않는다) 자본의 형성과 사회적 재생산은 상대적으로 약하고 [앞에서 전개한 의미에서의] 대부가능 화폐자본의 형성은 더욱 약하다. 왜냐하면 대부가능 화폐자본의 형성은 자본의 집적과 부유한 놀고 먹는 자본가들 계급의 존재를 전제하기 때문이다[매시(1750)]. 셋째, 토지소유가 여기에서처럼 대부분의 생산자들에 대해 생활조건을 이루며, 그들의 자본의 불가결한 투하장소를 이루고 있는 곳에서는 토지가격은 이자율과 무관하게 때로는 이자율에 정비례하여 〖원문에는 '반비례'로 되어 있다〗 상승한다. 왜냐하면 토지소유에 대한 수요가 그 공급을 초과하기 때문이다. 또한 토지는 분할지分割地parcelled lots로 판매되면 대규모 토지로 판매되는 경우보다 훨씬 높은 가격을 받는다. 왜냐하면 소규모 구매자의 수는 많고 대규모 구매자의 수는 적기 때문이다[암흑단*, 뤼비송, F. W. 뉴먼(1851)]. 이런 모든 이유 때문에 비교적 높은 이자율에서도 토지가격은 등귀한다. 토지의 구입에 투하된 자본으로부터 농민이 얻는 비교적 낮은 이자[무니에(1846)] 〖농업경영에서 비교적 낮은 수익을 얻는다는 의미〗는 그 자신이 저당권자에게 지불해야 하는 높은

---

* Bandes Noires(black gangs). 19세기 초 프랑스의 투기업자들인데, 그들은 특히 귀족과 교회로부터 몰수한 토지를 구매하고 그 토지를 분할매각하여 큰 이익을 올렸다.

고리대적 이자와 대비된다. 아일랜드의 제도도 동일한 것을 보여주는데 다만 그 형태가 다를 뿐이다.

그리하여 생산 그것과는 무관한 요소인 토지가격이 생산을 불가능하게 만드는 수준으로까지 등귀할 수 있다[돔발(1824~1837)].

토지가격이 이와 같은 기능을 한다는 것, 토지의 매매와 상품으로서의 토지의 유통이 이 정도까지 발달한다는 것은, 실제로는 자본주의적 생산양식—여기에서는 상품이 모든 생산물과 모든 생산도구의 일반적인 형태로 된다—의 발달의 결과다. 다른 한편으로, 이런 현상들은 자본주의적 생산양식이 제한적으로만 발전하여 그 모든 특성을 아직 전개하지 않고 있는 곳에서만 발생한다. 왜냐하면 이런 현상들은 농업이 더 이상—또는 아직—자본주의적 생산양식에 종속하지 않고 이미 몰락한 사회형태로부터 물려받은 생산방식에 종속하고 있는 상황에 근거하고 있기 때문이다. 여기에서는 자본주의적 생산양식의 불이익[즉 생산자가 자기 생산물의 화폐가격에 의존해야 하는 것]이 그 생산양식의 불완전한 발달로부터 생기는 불이익과 결합되어 있다. 농민은 자기의 생산물을 상품으로 생산할 수 있는 조건들을 가지지 않으면서 상인으로 되고 산업가로 된 것이다.

생산자에 대한 비용가격의 요소로서의 토지가격과, 생산물에 대한 생산가격의 비非요소로서의 토지가격(비록 지대가 농산물의 가격을 결정하는 결정적인 요소라고 하더라도, 20년 또는 그 이상 대부되는 자본화된 지대『토지가격』는 농산물의 가격결정에 결코 참여하지 않는다) 사이의 충돌은, 토지의 사적 소유와 합리적 농업[토지의 정상적인 사회적 이용] 사이의 모순을 표현하는 형태들 중의 하나에 불과하다. 그러나 토지의 사적 소유 그리고 직접적 생산자로부터의 토지수탈—한 쪽 사람들은 토지를 소유하고 다른 쪽 사람들은 토지를 소유하지 않는 것—은 자본주의적 생산양식의 토대다.

소규모 경작에서는 [토지의 사적 소유의 형태이고 결과인] 토지가격은 생산 그것에 대한 장애물로서 나타난다. 자본주의적 생산양식에 입각하고 있는 대규모 경작과 대규모 토지소유의 경우에도 소유는 장애물로서 나타난다. 왜냐하면 토지소유는 차지농업가에 의한 자본의 생산적 투자 [궁극적으로 차지농업가의 이익이 되는 것이 아니라 토지소유자의 이익이 되는 생산적 투자]를 제한하기 때문이다. 어느 형태에서도 토지를 항구적인 공동소유로서, 양도할 수 없는 인류대대손손의 생존 · 재생산조건으로서 의식적으로 합리적으로 취급하는 것이 아니라 지력의 착취와 탕진이 나타난다(이 착취를 사회의 발전이 도달한 수준에 의존시키지 않고 개별생산자들의 우연적이고 불균등한 사정에 의존시킨다는 사실을 무시하더라도). 소규모 소유의 경우에는 이것은 노동의 사회적 생산력을 사용하기 위한 수단과 과학이 부족하기 때문에 생기며, 대규모 소유의 경우에는 차지농업가와 토지소유자의 가장 급속한 치부를 위해 이 수단들을 사용하기 때문에 생긴다. 그리고 어느 경우에나 시장가격에 의존하기 때문에 생긴다.

소규모 토지소유에 대한 모든 비판은 결국 농업에 대한 장애물로서의 사적 소유에 대한 비판으로 돌아간다. 대규모 토지소유에 대한 모든 반대 비판도 그러하다. 여기에서는 부차적인 정치적 고려는 두 경우 모두에서 제외한다. 토지의 사적 소유가 농업생산과 토지 그것의 합리적인 취급 · 유지 · 개량에 대해 제기하는 이런 제한과 장애는 소규모 토지소유와 대규모 토지소유에서는 다른 형태로 전개될 뿐인데, 해악의 이런 특수형태들에 관해 논쟁하느라고 이 해악의 궁극적인 원인을 잊어버리고 있다.

소규모 토지소유는 인구의 압도적인 다수가 농촌인구이고 고립된 노동이 사회적 노동보다 지배적이라는 것을 전제한다. 이런 사정에서는 부와 재생산의 발전, 그것의 물질적 · 정신적 조건들의 발전은 배제되고 있으며 따라서 합리적인 경작을 위한 조건들도 배제되어 있다. 다른 한편 대규모 토지소유는 농업인구를 점점 감소시켜 최소한도로 축소시키고 점점 증대하는 공업인구를 대도시에 밀집시킨다. 이리하여 대규모 토지소유는 생명의 자연법칙이 명령하는 사회적 물질대사의 상호의존적 과정에 회복할 수 없는 균열이 생기도록 하여, 지력이 낭비되고, 이 낭비는 무역에 의해 한 나라의 국경을 넘어 타국에서도 생긴다.(리비히, 1862)

소규모 토지소유가 거의 사회 밖에 사는 미개인계급[원시적 사회형태의 온갖 야만성과 문명국의 온갖 고뇌 · 불행을 결합하고 있다]을 만들고 있는 반면에, 대규모 토지소유는 노동력을 [그 자연발생적인 에너지가 안식하며 그리고 이것을 국민의 생명력을 갱신하기 위한 준비자원으로 저장하여 두는 최후의 보루인] 농촌 그곳에서 파괴하고 있다. 대공업과 대규모 기계화한 농업은 공동으로 작용한다. 원래 이 둘을 구별한 것이, 전자는 주로 노동력 따라서 인간의 자연발생적인 힘을 낭비하고 파멸시키고, 후자는 주로 토지의 자연발생적인 힘을 낭비하고 파멸시키는 점에 있었다면, 그 뒤의 발전과정에서는 그 둘이 서로 결합해버렸다. 이리하여 농촌에서도 공업제도는 농촌노동자들의 활력을 빼앗아 버리며, 반면에 공업과 상업은 농업에 대해 토지를 피폐시키는 수단을 제공하고 있다.

제7편
수입들과 그들의 원천

제 48 장 삼위일체의 공식
제 49 장 생산과정의 분석을 위하여
제 50 장 경쟁이 창조하는 환상
제 51 장 분배관계와 생산관계
제 52 장 계급들

제48장
삼위일체의 공식

Ⅰ[48)]

자본—이윤(기업가이득+이자), 토지—지대, 노동—임금; 이것은 사회적 생산과정의 모든 비밀을 지니고 있는 삼위일체의 공식이다.

우리가 이미 본 바와 같이 〚제23장 '이자와 기업가이득'〛, 자본의 특징적인 독특한 산물로 나타나는 것은 이자이고 기업가이득은 자본과는 무관한 임금으로 나타나기 때문에, 위의 삼위일체 공식은 다음과 같은 형태로 환원될 수 있다. 즉, 자본—이자, 토지—지대, 노동—임금. 이 형태에서는 자본주의적 생산양식을 특징짓는 잉여가치 형태인 이윤이 다행히도 사라져 버린다.

이 경제적 삼위일체를 좀더 자세히 검토해 보면, 먼저 발견할 수 있는 것은 매년 처분가능한 부의 원천이라고 제시되고 있는 것들이 완전히 별개의 분야에 속하며 서로가 어떤 유사성도 가지고 있지 않다는 점이다. 그 원천들 〚자본, 토지, 노동〛의 상호관계는 마치 변호사의 수수료, 사탕무 뿌리, 음악 사이의 관계와 마찬가지다.

---

48) {엥겔스: 이하의 세 부분들[Ⅰ, Ⅱ, Ⅲ]은 제6편을 위한 원고 중에 있었다.}

자본 · 토지 · 노동! 그러나 자본은 사물이 아니라 일정한 역사적 사회구성에 관련되는 특정의 사회적 생산관계이며, 이 생산관계가 사물에 표현되어 이 사물에 하나의 특수한 사회적 성격을 부여하고 있을 뿐이다. 자본은 생산된 물질적인 생산수단의 총계가 아니다. 자본은 자본으로 전환된 생산수단인데, 생산수단 그 자체가 자본이 아닌 것은 금 · 은 자체가 화폐가 아닌 것과 마찬가지다. 자본은 사회구성원의 일정 분파가 독점하고 있는 생산수단, 즉 살아있는 노동력에서 자립하여 이 노동력과 대립하고 있는 노동력의 생산물이자 활동조건인데, 이것들이 이 대립을 통해 자본으로 인격화되고 있다. 자본은 노동자의 생산물이 독립적인 힘으로 전환된 것, 생산물이 자기의 생산자를 지배하고 구매하게 된 것일 뿐 아니라, {엥겔스: 읽을 수 없다} 노동의 사회적 힘과 이 관련형태가 노동생산물의 속성으로서 생산자와 대립하고 있다. 그러므로 여기에서는 역사적으로 형성된 사회적 생산과정의 요소들의 하나가 취하고 있는 언뜻 봐서는 매우 신비스러운 특정한 사회적 형태를 보게 된다.

또한 이제 위의 자본과 나란히 토지가, 무기적inorganic 자연 그것, 야생 그대로의 '조잡하고 잡다한 덩어리'가 있다. 가치는 노동이다. 그러므로 잉여가치는 토지일 수 없다. 토지의 절대적 비옥도는 일정한 노동량으로 하여금 일정한 생산물[이것은 토지의 자연적 비옥도에 의해 규제된다]을 낳게 할 따름이다. 토지의 비옥도 차이는 동일한 양의 노동과 자본—즉 동일한 가치—이 서로 다른 양의 토지생산물로 표현되게 하고, 따라서 그 생산물이 서로 다른 개별가치를 가지게끔 한다. 이 개별가치들이 시장가치로 균등화되는 것은 "비옥한 토지가 열악한 토지에 비하여 가지는 이점들이…경작자 또는 소비자로부터 지주에게 이전되는 것"(리카도, 『원리』: 141)을 의미한다.

끝으로 삼위일체 중 세 번째의 것으로서 단순한 허깨비와 같은 노동이 있는데, 이것은 하나의 추상에 불과하여 그 자체로서는 결코 존재할 수 없는 것이거나, 또는 {엥겔스: 읽을 수 없다} 여기에서 실제로 의미하고 있는 것을 감안해 말한다면 인간과 자연과의 물질대사를 매개하는 인간의 모든 생산활동을 가리키는 것이다. 그런데 이 생산활동은 어떤 사회적 형태와 특수한 성격을 가지고 있지 않을 뿐 아니라, 그 단순한 자연적인 존재에서조차 사회로부터 완전히 분리되어 [아직 사회적이 아닌 인간에 대해서나 이미 어떤 형태로든 사회적으로 규정된 인간에 대해서나 공통적인] 생명의 표현 · 확인으로 정의되고 있다.

Ⅱ

자본-이자; 토지소유, 지구의 사적 소유, 그리고 정말로 자본주의적 생산양식에 대응하는 근대적인 사적 소유-지대; 임금노동-노동의 임금. 이런 식으로 수입收入: revenue의 원천들 사이에 관련이 있다는 것이다. 그런데 자본과 마찬가지로 임금노동과 토지소유도 역사적으로 결정된 사회적 형태다. 임금노동은 노동의 특수한 사회적 형태이고 토지소유는 독점된 땅의 특수한 사회적 형태로서, 모두가 사실상 자본에 대응하는 형태들이며 동일한 경제적 사회구성에 속하는 형태들이다.

이 삼위일체 공식에서 첫째로 눈에 띄는 것은, 자본[일정한 생산양식과 사회적 생산과정의 일정한 역사적 형태에 속하는 하나의 생산요소인 자본, 하나의 일정한 사회적 형태와 결합되어 그 형태로 표시되고 있는 하나의 생산요소인 자본]과 나란히, 한편에서는 토지, 다른 한편에서는 노동이라는 현실적 노동과정의 두 요소[이들은 이 소재적 형태에서는 모든 생산양식에 공통이고 모든 생산과정의 소재적 요소이며 생산과정의 사회적 형태와는 아무런 관련이 없다]가 아무런 추가적 고려 없이 나열되고 있다는 점이다.

둘째로 자본-이자, 토지-지대, 노동-임금이라는 공식에서는 자본 ·

토지 · 노동이 각각 자기의 생산물 또는 과실인 이자(이윤이 아님) · 지대 · 임금의 원천으로서 나타난다. 전자는 근거이고 후자는 귀결이며, 전자는 원인이고 후자는 결과다. 더욱이 각각의 개별 원천과 그 생산물 사이의 관계는 후자가 전자로부터 떨어져 나오고 전자에 의해 생산된 것으로 나타난다. 이자(이윤이 아님) · 지대 · 임금이라는 세 가지 수입형태는 생산물 가치의 세 가지 구성부분이며, 일반적으로 말하면, 가치의 구성부분, 또는 화폐로 표현하면 일정한 화폐부분이자 가격부분이다. 자본-이자라는 공식은 확실히 자본의 가장 비합리적인 공식이기는 하지만 어쨌든 자본에 관한 하나의 공식이기는 하다. 그러나 토지는 어떻게 가치를 가질 수 있으며 그리고 토지는 어떻게 사회적으로 규정된 일정한 노동량[즉 자기 자신의 생산물의 가치 중 지대를 형성하는 부분]을 창조할 수 있겠는가? 토지는 사용가치 또는 물질적 생산물(예: 밀)을 생산할 때 생산요소로서 작용하지만 밀의 가치의 생산과는 아무런 관련도 없다. 가치가 밀로 표현되고 있는 한, 밀은 단순히 일정량의 대상화된 사회적 노동으로 여겨지고 있으며, 이 사회적 노동은 자기를 표현하는 특수한 소재(예: 밀) 또는 이 소재의 특수한 사용가치와는 아무런 관련도 없다. 이런 사실은 (1) 기타의 사정들이 불변이라면 밀 가격의 높고 낮음은 토지의 생산성에 의존한다는 것과 모순되지 않는다. 농업노동의 생산성은 자연조건들과 결부되어 있으며, 이 생산성에 따라 동일한 노동량이 더 많거나 더 적은 생산물 또는 사용가치로 표현된다. 한 가마가 표현하는 노동량의 크기는 동일한 노동량이 공급하는 가마의 수에 달려있다. 일정한 가치[즉 노동량]가 대표하는 생산량은 여기에서는 토지의 생산성에 달려 있지만 이 생산량의 크기와는 무관하게 가치는 주어져 있다. 가치는 사용가치로 표현되며 사용가치는 가치창조의 한 조건이다 〖사용가치가 없으면 가치는 창조된 것이 아니다〗. 그러나 한쪽에는 사용가치인 토지를 두고 다른 한쪽에는 가치—그것도 가치의 특정부분[지대]—를 두어 서로 대

치시키는 것은 바보같은 짓이다. (2) {엥겔스: 여기에서 원고는 중단되고 있다.}

Ⅲ

속류경제학은 부르주아적 생산관계에 사로잡혀 있는 생산담당자들의 관념을 교조적으로 해석하고 체계화하며 변호하는 일 말고는 아무것도 하지 않는다. 그러므로 속류경제학은 경제관계들의 현상형태[이것은 경제관계를 잘못 반영하고 있으며 여기에서는 경제관계들이 분명히 불합리하고 완전히 모순적인 것으로 나타난다]에 파묻혀 매우 편안하게 느낀다는 점, 그리고 경제관계와 현상형태 사이의 내부관련이 숨겨져 있으면 있을수록 [그리고 그 상호관련을 평범한 관념으로 이해하기 쉬우면 쉬울수록] 속류경제학에게는 그 상호관련이 그만큼 더 자명한 것으로 나타난다는 점은 결코 놀라운 일이 아니다. 만약 사물의 현상형태와 본질이 직접적으로 일치한다면 모든 과학은 불필요하게 될 것이다. 이리하여 속류경제학은 자기의 출발점인 삼위일체[즉 토지-지대, 자본-이자, 노동-임금 또는 노동의 가격]가 명백히 불가능한 세 가지의 조합이라는 것을 조금도 알지 못하고 있다. 먼저 삼위일체에서는 [가치를 가지지 않는] 토지라는 사용가치와 지대라는 교환가치가 있는데, 하나의 사회적 관계〖지대〗가 사물로 파악되어 자연과의 비율관계에 놓여 있다. 즉 서로 비교할 수 없는 두 개의 크기가 비율관계를 가지는 것으로 되어 있다. 다음으로 자본-이자이다. 만약 자본이 [화폐에 의해 독립적으로 표현될 수 있는] 일정한 가치액이라고 한다면, 어떤 가치가 자기의 값보다 큰 가치를 가진다는 것은 분명히 불합리하다. 자본-이자라는 형태에서는 일체의 매개항이 사라져 버리고 자본은 그것의 가장 일반적인 공식으로 환원되고 있는데, 이 때문에 이 형태는 그것 자체로서는 불합리하고 설명될 수 없다. 이런 이유 때문에 속류경제학은 자본–이윤이라는 공식보다는 [어떤 가치가 자기 자신과 동등하지 않다는 신비로운 속성을 가진] 자본–이자라는 공식을 더 좋아한다. 그런데 자본–이윤이라는 공식에서는 이미 현실의 자본관계에 더 접근하게 된다. 더욱이, 4는 5가 아니며 따라서 100원은 어떻게 하더라도 110원일 수 없다는 불안감 때문에, 속류경제학자는 가치로서의 자본에서 자본의 소재적 실체[즉 기계 · 원료와 같은 노동의 생산조건으로서 자본의 사용가치]로 도피한다. 그리하면 4=5라는 이해할 수 없는 최초의 관계 대신에 [토지소유의 경우에서처럼] 사용가치인 사물과 특수한 사회적 생산관계인 잉여가치 사이의 [전혀 비교할 수 없는] 관계를 이끌어 내는 것이 가능하게 된다. 이런 비교할 수 없는 관계를 일단 얻게 되면, 속류경제학자에게는 모든 것이 명백하게 되어 그는 더 이상 깊이 생각해 볼 필요를 느끼지 않는다. 왜냐하면 그는 부르주아 관념에 비추어 '합리적인' 것에는 분명히 도달하였기 때문이다. 끝으로, 노동–임금[즉 노동의 가격]이라는 표현은, 제1권 『제19장』에서 밝힌 바와 같이 명백히 가치의 개념과도 가격[이것은 일반적으로 가치의 독특한 표현에 불과하다]의 개념과도 모순되는 표현이며, '노동의 가격'이라는 말은 노란색의 대수對數logarithm라는 말만큼이나 불합리한 표현이다. 그렇지만 속류경제학자는 이것에 완전히 만족하고 있는데, 그 이유는 그가 이제 노동에 대해 화폐를 지불한다는 부르주아의 깊은 통찰력을 이해하게 되었고, 이 공식과 가치라는 개념 사이의 모순 덕분에 그에게는 가치개념을 이해해야 할 의무가 없어지기 때문이다.

* * *

우리가[49] 이미 본 바와 같이 자본주의적 생산과정은 사회적 생산과정 일반의 역사적으로 특수한 한 형태다. 이 사회적 생산과정 일반은 인간생활의 물질적 생존조건들의 생산과정임과 동시에, 특수한 경제적 · 역사적 생산관계 안에서 진행되는 과정이어서, 이 생산관계 그 자체, 따라서 이 생산과정의 담당자들, 그들의 물질적 생존조건들 그리고 그들의 상호관계를 생산하고 재생산하는 과정[즉 그들의 특수한 경제적 사회형태를 생산하고 재생산하는 과정]이기도 하다. 왜냐하면 생산의 담당자들이 자연에 대해 그리고 그들 상호간에 맺게 되는 이런 관계들—이 속에서 그들은 생산하고 있다—의 총체가 바로 경제적 구조의 관점에서 본 사회이기 때문이다. 자본주의적 생산과정은 그것에 앞서는 모든 생산과정과 마찬가지로 독특한 물질적 조건에서 진행하며, 이 물질적 조건은 동시에 [개개인이 자기들의 생활의 재생산과정에서 맺게 되는] 독특한 사회관계의 토대이기도 하다. 이런 물질적 조건은 사회관계와 마찬가지로 한편에서는 자본주의적 생산과정의 전제이고 다른 한편에서는 그것의 결과 · 산물이며, 따라서 자본주의적 생산과정에 의해 생산되고 재생산된다. 또한 우리가 본 바와 같이, 자본은—이때 자본가는 인격화된 자본에 불과하며 생산과정에서는 자본의 담당자로서만 기능한다—자기에 대응하는 사회적 생산과정에서 직접적 생산자 또는 노동자로부터 일정량의 잉여노동을 착취하는데, 이 잉여노동은 자본이 등가를 지불하지 않고 얻는 것이며 [그것이 아무리 자유로운 계약의 결과로 나타난다 하더라도] 그 본질에서는 언제나 강제노동이다. 이 잉여노동은 잉여가치로 현상하며 이 잉여가치는 잉여생산물로 존재한다. 잉여노동은 주어진 욕구의 크기를 넘는 노동이라는 의미에서는 언제나 어떤 형태로든 존재해야 한다. 다만 자본주의 제도에서는 노예제 따위와 마찬가지로 잉여노동은 적대적인 형태를 취하고 있으며, 사회의 일부는 전혀 무위도식하고 있다. 일정량의 잉여노동은 우연한 사고에 대한 보험으로서 필요하며, 그리고 욕구

---

49) {엥겔스: 원고에서는 제48장이 여기부터 시작한다.}

의 발전과 인구의 증대에 대응하는 재생산과정의 필연적인 점진적 확대—자본주의적 관점에서 말하는 축적—를 위해 필요하다. 자본의 문명향상적 측면의 하나는, 자본이 잉여노동을 착취하는 방식과 조건이 이전의 노예제나 농노제 따위에 비교해 생산력과 사회관계의 발전에 그리고 더 높은 새로운 사회구성을 위한 요소들의 창출에 더 유리하다는 점이다. 그리하여 자본은 한편에서는 사회의 나머지 부분을 희생시키는 일부에 의한 강제와, 사회발전(발전의 물질적 · 지적 이익을 포함)의 독점화가 사라지는 단계를 재촉하며, 다른 한편에서는 이 잉여노동이 더 높은 사회형태에서 물질적 노동 일반에 바쳐지는 시간을 크게 감축시킬 수 있는 관계들을 위한 물질적 수단과 토대를 창조한다. 왜냐하면 잉여노동은 노동생산성의 발전 여하에 따라서는 총노동일이 짧더라도 클 수가 있고 또 총노동일이 길더라도 상대적으로 작을 수도 있기 때문이다. 필요노동시간이 3시간이고 잉여노동이 3시간이라면 총노동일은 6시간이고 잉여노동의 비율은 100%일 것이다. 필요노동이 9시간이고 잉여노동이 3시간이라면 총노동일은 12시간이고 잉여노동의 비율 〖$\frac{\text{잉여노동}}{\text{필요노동}}$〗은 $33\frac{1}{3}$%에 불과할 것이다. 그리고 주어진 시간 그리고 주어진 잉여노동시간에 얼마만큼의 사용가치가 생산되는가는 노동생산성에 달려 있다. 사회의 현실적 부나 재생산과정의 끊임없는 확대의 가능성은 잉여노동의 길이에 달려 있는 것이 아니라, 잉여노동의 생산성에 그리고 잉여노동이 행해지는 생산조건이 풍부한가 빈약한가에 달려 있다. 자유의 영역realm of freedom은 궁핍과 외부적인 편의가 결정하는 노동이 끝장나는 곳에서 비로소 진정으로 시작되며, 따라서 그 본성상 현실적인 물질적 생산의 영역을 넘어서서 존재한다. 미개인이 자기의 욕구를 충족시키기 위해 그리고 자기의 생활을 유지하고 재생산하기 위해 자연과 투쟁해야만 하듯이, 문명인도 그렇게 해야만 하며 어떤 사회형태에서도 그리고 있을 수 있는 모든 생산양식에서도 그렇게 해야만 한다. 문명인의 발전에 따라 욕구들도 확대되기 때문에 이 자연적 필연의 영역이 확대된다. 그러나 동시에 이런 욕구를 충족시키는 생산력도 확대된다. 이 영역에서 자유는 오직, 사회적으로 된 인간, 연합한 생산자들이 자기들과 자연 사이의 물질대사를 합리적으로 규제함으로써 그 물질대사가 맹목적인 힘으로 그들을 지배하는 것이 아니라 그들이 그 물질대사를 집단적인 통제 아래에 두는 것, 그리하여 최소의 노력으로 그리고 인간성에 가장 알맞고 적합한 조건 아래에서 그 물질대사를 수행하는 것에 있다. 그러나 이것은 여전히 아직 필연의 영역realm of necessity이다. 이 영역을 넘어서야만 진정한 자유의 영역—즉 인간의 힘을 목적 그 자체로서 발전시키는 것—이 시작된다. 자유의 영역은 필연의 영역을 그 토대로 해야만 개화될 수 있다. 노동일의 단축은 그 기본적인 전제조건이다.

자본주의 사회에서는 이 잉여가치 또는 잉여생산물은 자본가들 사이에서 사회적 자본 중 각각의 자본가에게 속하는 지분에 비례하여 배당으로 분배된다(만약 우리가 분배의 우연적인 변동을 무시하고 분배를 규제하는 법칙 또는 한계만을 고려한다면). 이런 형태에서는 잉여가치는 자본에 돌아가는 평균이윤으로 나타나는데, 평균이윤은 또한 기업가이득과 이자로 나뉘어 이 두 개의 범주 아래 다른 종류의 자본가들에게 돌아갈 수 있다. 그러나 잉여가치 또는 잉여생산물을 자본이 이렇게 취득하고 분배하는 것은 토지소유에 의해 제한을 받는다. 기능자본가가 노동자로부터 잉여노동을 착취하며 이윤의 형태로 잉여가치와 잉여생산물을 빼내는 것과 마찬가지로, 토지소유자는 이 잉여가치 또는 잉여생산물의 일부를 자본가로부터 지대의 형태로 위에서 전개한 법칙에 따라 빼낸다.

그러므로 우리가 여기에서 잉여가치 중 자본에 돌아가는 몫으로서 이윤에 관해 말할 때, 그것은 총이윤에서 지대를 뺀 평균이윤(=기업가이득+이자)을 의미하며 지대의 공제는 전제되고 있다. 따라서 자본의 이윤(기업가이득+이자)과 지대는 잉여가치의 특수한 구성부분들에 불과하고, 이 잉여가치가 자본에 돌아가는가 토지소유에 돌아가는가에 따라 구별되는 범주에 불과하며, 결코 잉여가치의 본질을 변경시키지 않는 항목에 불과하다. 그들을 합하면 사회적 잉여가치의 총액이 된다. 자본은 노동자로부터 [잉여가치와 잉여생산물로 표시되는] 잉여노동을 직접적으로 빼내며 이 의미에서 잉여가치의 생산자로 여겨질 수 있다. 토지소유는 현실적 생산과정과는 아무런 관련도 없다. 토지소유의 기능은 생산된 잉여가치의 일부를 자본의 주머니에서 자기 자신의 주머니로 이전시키는 일에 한정되어 있다. 그렇지만 토지소유자는 자본주의적 생산과정에서 하나의 기능을 수행하고 있는데, 이것은 그가 자본에게 압박을 가한다는 것에 의해서뿐 아니라, 그리고 대토지소유는 노동자로부터 노동조건을 빼앗는 전제이자 조건이기 때문에 자본주의적 생산의 전제이자 조건이라는 사실에 의해서뿐 아니라, 특별히 그가 생산의 가장 필수적인 조건의 하나인 토지의 인격화로 나타나기 때문이다.

끝으로 노동자는 자기의 개인적인 노동력의 소유자 · 판매자로서 임금이라는 명목으로 생산물의 일부를 받는데, 이 부분에는 그의 노동 중 필요노동이라고 불리는 부분이 표현되고 있다. 필요노동은 노동력의 유지와 재생산에 필요한 노동—이 유지와 재생산의 조건이 풍부하든 빈약하든, 유리하든 불리하든—이다.

그러나 삼위일체의 공식에 있는 관계들이 아무리 본질적으로 다르게 보일지라도 다음과 같은 하나의 공통점을 가지고 있다. 즉 자본은 매년 자본가에게 이윤을 낳고, 토지는 토지소유자에게 지대를 낳으며, 노동력은—정상적인 조건 아래에서는 그리고 그 노동력이 활동할 수 있는 노동력인 한—노동자에게 임금을 낳는다는 점이다. 연간 생산되는 총가치의 이런 세 개의 구성부분들 그리고 연간 생산되는 총생산물의 위에 대응하는 부분들은—당분간 축적을 무시한다면—각각의 소유자가 그것들의 재생산의 원천을 고갈시키지 않고 매년 소비할 수 있다. 이 세 개의 부분들은 하나의 다년생 나무[또는 세 개의 나무]의 매년 소비할 수 있는 열매로 나타나서, 세 계급들[자본가 · 토지소유자 · 노동자]의 연간수입을 이루며 [잉여노동을 직접적으로 착취하며 노동 일반을 사용하는] 기능자본가에 의해 분배되는 수입들을 이룬다. 이리하여 자본가에 대해서는 그의 자본이, 토지소유자에 대해서는 그의 토지가, 그리고 노동자에 대해서는 그의 노동력 또는 오히려 그의 노동 그것이[왜냐하면 노동자가 노동력을 현실적으로 판매할 수 있는 것은 노동력이 외부로 발현될 때뿐이며, 노동력의 가격은 이미 밝힌 바와 같이 자본주의적 생산양식 아래에서는 필연적으로 노동의 가격으로서 표현되기 때문이다], 이윤 · 지대 · 임금이라는 그들 각각의 독자적인 수입의 세 개의 서로 다른 원천으로 나타난다. 그리고 다음과 같은 의미에서는 사실상 그러하다. 즉 자본가에게 자본은 잉여노동을 빨아내는 영구적인 기계이며, 토지소유자에게 토지는 [자본이 빨아낸] 잉여가치의 일부를 끌어당기는 영구적인 자석이고, 끝으로 노동자에게 노동은 자기가 생산한 가치의 일부 즉 사회적 생산물 중 이 가치[노동력 또는 노동의 가치]에 상당하는 부분[즉 그의 필요생활수단]을 임금이라는 항목으로 얻기 위해 끊임없이 갱신되는 조건과 수단이라는 의미에서다. 또한 자본은 연간노동의 가치[그리고 연간생산물]의 일부를 이윤의 형태로 고정시키며, 토지소유는 다른 부분을 지대의 형태로 고정시키고, 임금노동은 또 다른 부분을 임금의 형태로 고정시키며, 그리고 이런 고정에 의해 이 부분들이 자본가 · 토지소유자 · 노동자의 수입으로 전환된다—이런 각각의 범주들로 전환되는 실체 그 자체를 창조하지 않은 채—는 의미에서다. 물론 분배는 이 실체—이것은 대상화된 사회적 노동에 불과한 연간생산물의 총가치 『즉 연간의 총가치생산물』다—가 이미 존재하고 있다는 것을 전제하고 있다. 그러나 이 사실은 생산의 담당자[생산과정의 각각의 기능의 담당자]에게는 전도된 형태로 나타난다. 왜 이런 사태가 벌어지는가는 우리 연구의 진행과정에서 밝혀질 것이다. 생산 담당자들에게는 자본 · 토지소유 · 노동이 세 개의 다른 독립적인 원천으로 나타나며, 이 원천들로부터 연간 생산되는 가치(그리고 이 가치가 존재하는 연간생산물)의 세 개의 서로 다른 구성부분들이 생기는 것이고, 따라서 이 원천들로부터 이 가치의 서로 다른 형태들[즉 사회적 생산과정의 각각의 요소들에 돌아가는 수입들]이 생길 뿐 아니라 이 가치 그것[그리하여 이들 수입형태들의 실체]도 생기는 것으로서 나타난다.

{엥겔스: 여기에 이절판 원고 한 장이 공백으로 남아 있다.}

… 차액지대는 서로 다른 토지의 상대적 비옥도[즉 토지 그것에서 발생하는 속성]와 관련이 있다. 차액지대가 첫째로 다른 종류의 토지들의 생산물의 서로 다른 개별가치에 따라 결정되는 한, 차액지대는 위의 규정에 해당한다. 그러나 차액지대가 둘째로 [개별가치와는 다른] 지배적인 일반적 시장가격에 따라 결정되는 한, 차액지대는 경쟁에 의해 관철되는 사회적 법칙이며, 이 법칙은 토지 또는 토지 비옥도의 차이와 아무런 관련도 없다.

적어도 '노동-임금'이라는 공식에서는 합리적인 관계가 표현되고 있는 것처럼 보일지도 모른다. 그러나 이것도 '토지-지대'라는 공식처럼 전혀 그렇지가 않다. 노동이 가치를 형성하고 상품의 가치로 표현되는 한, 노동은 이 가치가 서로 다른 범주들로 분배되는 것과는 아무런 관련도 없다. 그리고 노동이 임금노동이라는 특수한 사회적 성격을 띠는 한, 이 노동은 가치를 형성한다는 의미의 노동은 아니다. 반복하여 밝힌 바와 같이, 임금 또는 노동의 가격이란 노동력의 가치[또는 가격]의 불합리한 표현에 불과하다. 그리고 이 노동력이 판매되는 특정의 사회적 조건들은 일반적인 생산요소로서의 노동과는 아무런 관련도 없다. 노동은 상품가치 중 노동력의 가격[즉 임금]을 이루는 부분으로도 대상화되는데, 노동이 이 부분을 창조하는 것은 생산물 중 다른 부분들을 창조하는 것과 마찬가지다. 따라서 노동이 상품가치 중 임금을 이루는 부분으로 대상화되는 것은, 지대나 이윤을 이루는 부분으로 대상화되는 것과 마찬가지다. 우리가 가치형성적value-forming 노동을 고려하는 경우, 우리는 노동을 생산조건으로서의 그 구체적인 형태 『구체적 유용노동』에서 파악하는 것이 아니라, [임금노동이라는 사회적 규정성과는 다른] 하나의 사회적 규정성 『추상적 인간노동』에서 파악하는 것이다.

'자본-이윤'이라는 표현조차 여기에서는 부정확하다. 만약 자본을 그것이 잉여가치를 생산한다는 관점에서만 파악한다면, 다시 말해 자본이 노동력[즉 임금노동자]에 강제를 가하여 잉여노동을 착취한다는 [노동에 대한] 관계에서 자본을 파악한다면, 이 잉여가치는 이윤(기업가이득+이자)뿐 아니라 지대까지도 포괄한다[즉 아직 분할되지 않은 잉여가치 전체를 포괄한다]. 그런데 '자본-이윤'이라는 표현에서는 자본은 수입의 원천으로서 오직 자본가에게 돌아가는 부분과 관련을 맺고 있을 뿐이다. 이것은 자본이 착취하는 잉여가치 전체가 아니라 자본이 자본가에게 제공하는 부분에 불과하다. '자본-이윤'이라는 공식이 '자본-이자'라는 공식으로 전환되면 모든 관련이 더욱 더 사라져 버린다.

우리는 한편으로는 세 개의 원천 사이의 차이점을 찾아내었고, 다른 한편으로는 세 개의 원천의 생산물[또는 열매]인 수입들이 모두 동일한 영역인 가치의 영역에 속한다는 것을 알게 되었다. 그러나 (비교할 수 없는 크기들 사이의 관계뿐 아니라 전혀 이질적이고 서로 아무런 관련도 없고 비교할 수도 없는 사물들 사이의 관계라는) 그 삼위일체 공식을 살리기 위해, 속류경제학은 자본을 토지나 노동과 마찬가지로 단순히 그 소재적 실체[즉 생산된 생산수단]로 고찰하게 되며, 그리하여 노동자에 대한 관계로서의 자본 그리고 가치로서의 자본이라는 관점은 사라져버린 것이다.

셋째, 이런 의미에서 자본-이자(이윤), 토지-지대, 노동-임금이라는 공식은 균일하고 대칭적인 불일치를 드러내고 있다. 사실상, 임금노동이 노동의 사회적으로 규정된 한 형태로 나타나는 것이 아니라 모든 노동이 본질적으로 임금노동으로 나타나기 때문에(자본주의적 생산관계에 사로잡힌 사람들에게는 그렇게 나타난다), 객체적인 노동조건들(생산된 생산수단과 토지)이 임금노동에 대립하여 취하는 특정한 사회형태들은 (그 노동조건들은 또한 임금노동을 전제한다고 보기 때문에) 그대로 직접적으로 이런 노동조건의 소재적 존재와 일치하든지, 또는 그 노동조건들이 [노동과정의 어떤 역사적으로 규정된 사회적 형태와 무관하게, 더욱이 노동과정의 모든 사회적 형태와도 무관하게] 현실의 노동과정에서 취하는 모습과 일치하게 된다. 노동으로부터 소외되어 노동에 대해 자립함으로써 전환된 노동조건의 형태, 다시 말해 자본으로 전환된 생산된 생산수단과, 독점된 토지[즉 토지소유]로 전환된 토지, 즉 특정의 역사적 시기에 속하는 이런 노동조건의 형태가 생산과정 일반에서 생산된 생산수단과 토지의 존재 · 기능과 일치한다고 보고 있다. 이런 생산수단이 그 자체로서 본질적으로 자본이며, 자본은 이런 생산수단의 단순한 '경제적 명칭'에 불과하다는 것이다. 마찬가지로 토지는 그 자체로서 본질적으로 일정한 수의 토지소유자에 의해 독점된 토지라는 것이다. 생산물이 자본과 자본가(그는 사실상 인격화된 자본에 불과하다)의 수중에서 생산자에 대립하는 자립적인 힘으로 되는 것과 마찬가지로, 토지는 토지소유자에게서 인격화되어 단호하게 자립적인 힘으로서 [자기의 도움으로 생산된 생산물 중] 자기의 몫을 요구한다. 그런데 토지가 생산물 중 자기의 생산성을 보충하고 제고하는 데 필요한 부분을 얻는 것이 아니라, 토지소유자가 생산물의 일부를 탕진하고 낭비하기 위해 얻고 있다. 자본이 임금노동으로서의 노동을 전제하는 것은 명백하다—그러나 다음의 것도 마찬가지로 명백하다. 즉 임금노동으로서의 노동에서 출발하고 그리하여 임금노동과 노동 일반과의 일치가 자명한 것으로 나타난다면, 자본과 독점된 토지도 또한 노동 일반에 대립하여 노동조건의 자연적인 형태로 나타날 수밖에 없다는 점이다. 자본이라는 것은 이제 노동수단의 자연적 형태로서—즉 노동 과정 일반에서 그것의 기능에서 생기는 순전히 물질적 속성으로서—나타난다. 이리하여 자본과 생산된 생산수단은 동일한 표현이 된다. 마찬가지로 토지와 사적 소유에 의해 독점된 토지도 동일한 표현이 된다. 그리하여 본질적으로 자본인 노동수단 그 자체가 이윤의 원천이 되고 또 토지 그 자체가 지대의 원천이 된다.

합목적적 생산활동으로 단순히 규정되는 노동 그것이 상대하는 생산수단은, 특정의 사회적 형태 아래에 있는 생산수단이 아니라 노동의 재료와 수단으로서 소재적 실체를 가진 생산수단인데, 이 생산수단은 사용가치로서 소재적으로만 상호 구별되며, 토지는 생산되지 않은 노동수단으로서 그리고 기타의 것은 생산된 노동수단으로서 구별된다. 따라서 노동과 임금노동이 일치한다면, 노동조건이 노동과 대립하고 있는 특수한 사회형태와 노동조건의 소재적 존재와도 일치하게 된다. 노동수단은 그 자체로서 자본이며 토지는 그 자체로서 토지소유다. 그리하여 노동에 대한 노동조건의 형태적 자립화, 노동조건이 임금노동에 대해 취하는 이 자립화의 독특한 형태는, 사물[즉 물질적인 생산조건]로서의 노동조건과 분리할 수 없는 속성으로 되며 생산요소로서의 노동조건에 필연적으로 속하는 내재적으로 생긴 성격으로 된다. 자본주의적 생산과정에서 특수한 역사적 시기에 의해 결정된 노동조건의 사회적 성격은, 생산과정의 요소로서 노동조건이 처음부터 그리고 영원히 보유하고 있는 고유한 물적 성격이 된다. 그리하여 [노동의 본래적인 작업장소이자 자연력의 왕국이고 모든 노동대상의 창고인] 토지와 생산된 생산수단(도구 · 원료 등)이 생산과정 일반에서 수행하는 기능이, 토지소유와 자본으로서의 그것들에게[또는 그것들의 사회적 대표자들에게] 지대와 이윤(이자)의 형태로 돌아가는 각각의 분배몫으로 표현되는 것처럼 보일 수밖에 없다. 마치 노동자에게는 생산과정에서 그의 노동의 기능에 대한 분배몫이 임금으로 나타나는 것처럼. 이리하여 지대 · 이윤 · 임금은 토지 · 생산된 생산수단 · 노동이 단순한 노동과정[즉 노동과정을 인간과 자연 사이에서 진행되는 것으로 보며 모든 역사적 규정성을 무시한다]에서 행하는 기능으로부터 생기는 것처럼 보인다. 다음과 같이 말하는 것은 위와 동일한 이야기를 다른 형태로 말하는 것이다. 즉 임금노동자의 노동이 수입으로서 표현하는 생산물은 오직 임금[즉 가치 중 임금을 대표하는 부분 또는 사회적 생산물 중 이 임금의 가치에 해당하는 부분]뿐이라는 것이다. 만약 임금노동과 노동 일반이 일치한다면, 임금은 노동의 생산물과 일치해야 하며 임금이 대표하는 가치부분은 노동 일반에 의해 창조된 가치와 일치해야 한다. 그러나 이렇게 된다면, 가치의 기타 부분인 이윤과 지대는 임금에 대해 독립적인 것으로 될 수밖에 없으며 [노동과는 전혀 다른 독립적인] 고유한 원천에서 생겨야만 한다. 이윤과 지대는 생산에 참가하는 요소들[이 요소들의 소유자에게 그 수입이 돌아간다]에서 생겨야만 한다. 즉 이윤은 자본의 소재적 요소인 생산수단에서, 그리고 지대는 토지소유자에 의해 대표되는 토지 또는 자연에서 생겨야만 한다.(로셔, 1858)

이리하여 토지소유 · 자본 · 임금노동은 수입의 원천[자본은 자기가 노동에서 끌어낸 잉여가치의 일부를 이윤의 형태로 자본가에게 주고, 토지의 독점은 다른 일부를 지대의 형태로 토지소유자에게 주며, 노동은 아직 남아 있는 마지막 가치부분을 임금의 형태로 노동자에게 준다는 의미에서 수입의 원천, 다시 말해 가치의 일부를 이윤의 형태로, 제2부분을 지대의 형태로, 제3부분을 임금의 형태로 전환시키는 원천]에서, 이 가치부분 그 자체와 생산물의 해당부분들[이 가치부분들이 그 속에 존재하거나 그것으로 전환될 수 있는 생산물의 해당부분들]을 발생시키는 현실적인 원천, 즉 생산물의 가치를 발생시키는 궁극의 원천으로 전환된다.[50)]

우리는 이미 자본주의적 생산양식과 상품생산 일반의 가장 단순한 범주들[즉 상품과 화폐]을 논의하는 곳에서, 사회적 관계[이 속에서 부의 소재적 요소들이 생산과정의 담당자로 역할한다]를 사물 그것의 속성으로 전환시켜 버리는 신비주의(상품의 경우)나, 더욱 뚜렷하게는 생산관계 그것을 사물로 전환시켜 버리는 신비주의(화폐의 경우)를 지적한 바 있다. 모든 사회형태는 상품생산과 화폐유통을 내포하는 한, 이런 왜곡을 면할 수 없다. 그러나 [자본이 지배적 범주이고 규정적 생산관계를 형성하는] 자본주의적 생산양식에서는 이 요술에 걸려 왜곡된 세계는 훨씬 더 전개된다. 우리가 자본을 먼저 직접적 생산과정에서 잉여노동을 착취하는 것으로서 고찰한다면, 이 관계는 매우 단순하여 진정한 관련이 이 과정의 담당자인 자본가 자신에게 감명을 주어 그들의 의식 속에 남아 있게 된다. 노동일의 한계를 둘러싼 격렬한 투쟁이 이것을 적절히 증명하고 있다. 그러나 이 직접적 영역[즉 노동과 자본 사이의 직접적 과정의 내부]에서조차 사태는 이처럼 단순한 단계에 머물러 있지 않는다. 진정한 자본주의적 생산양식에서 상대적 잉여가치의 발달—이것은 사회적 노동의 생산력 발달을 내포한다—에 따라, 직접적 노동과정에서 노동의 생산력과 사회적 상호관련이 노동에서 자본으로 이전되는 것으로 나타난다. 즉 사회적 노동의 모든 생산력이 노동 그것에 속하는 힘이 아니라 자본에 속하는 힘으로, 즉 자본 자신의 태내에서 생겨나는 힘으로 나타난다. 이리하여 자본은 이미 매우 신비스러운 것으로 된다. 그 다음으로 유통과정이 개입하는데, 이 과정의 소재전환과 형태전환에는 자본의 모든 부분들[농업자본까지도]이 진정한 자본주의적 생산양식이 발전하는 것과 동일한 정도로 참가한다. 이 유통영역에서는 최초의 가치생산의 조건들은 완전히 배후로 밀려난다. 이미 직접적인 생산과정에서도 자본가

50) "임금 · 이윤 · 지대 세 가지는 모든 수입과 모든 교환가치의 최초의 원천들이다."(스미스, 『국부론』(상): 67) "이리하여 물질적 생산의 원인들은 동시에 물질적 생산이 낳는 본원적 소득들의 원천이다."(슈토르히, 1815, 1: 259)

는 동시에 상품생산자로서 상품생산의 지휘자로 활동한다. 따라서 이 생산과정은 자본가에게는 결코 잉여가치의 단순한 생산과정으로 나타나지 않는다. 그리고 자본이 직접적 생산과정에서 착취하여 상품에 표현한 잉여가치가 어느 정도이든, 이들 상품에 포함되어 있는 가치와 잉여가치는 유통과정에서 실현되어야만 한다. 그런데 생산에 투하된 가치를 보충하는 가치나 특히 상품에 포함되어 있는 잉여가치는 유통과정에서 실현될 뿐 아니라 거기에서 생기는 것처럼 보인다. 이런 겉모습은 특히 다음과 같은 두 개의 사정 때문에 강화된다. 첫째는 사기 · 책략 · 전문지식 · 숙련 · 무수한 시장상황에 의해 결정되는 양도이윤〖상업이윤〗 때문이고, 둘째는 노동시간 이외에 유통시간도 결정적 요소로 개입하기 때문이다. 비록 유통시간은 가치와 잉여가치의 형성에 대해 소극적인 제한으로 기능할 뿐이지만〖제2권 제5장 참조〗, 이 유통시간은 마치 노동 그것과 마찬가지의 적극적 원인인 듯한 겉모습, 그리고 자본의 성질로부터 생기는 [노동과는 무관한] 규정성을 내포한 듯한 겉모습을 취하고 있다. 우리는 제2권에서 당연하게도 이 유통영역을 오직 [이 영역이 낳는] 형태규정과 관련하여 서술할 수밖에 없었고, 이 영역에서 일어나는 자본형태의 더 이상의 발전〖예: 고정자본과 유동자본〗을 증명하는 데 그칠 수밖에 없었다. 그러나 현실에서는 이 영역은 경쟁의 영역이며 개개의 경우를 보면 우연에 의해 지배되고 있다. 따라서 여기에서는 이 우연들 중에서 자기를 관철하고 이 우연들을 규제하는 내부법칙은 이 우연들이 대량으로 중첩되는 경우에만 볼 수 있게 되며, 개별적인 생산담당자 자신은 이 내부법칙을 볼 수도 없고 이해할 수도 없다. 더욱이 직접적 생산과정과 유통과정의 통일로서의 현실적인 생산과정은 새로운 형태들을 낳는데, 이 형태들 속에서는 내부관련의 실마리가 점점 더 희미해지며 생산관계들은 서로서로 자립화하여 가치의 구성부분들이 독립된 형태로 굳어진다.

잉여가치의 이윤으로의 전환은 [우리가 제3권 제1편에서 본 바와 같이] 생산과정에 의해 결정되는 것과 같은 정도로 유통과정에 의해서도 결정된다. 잉여가치는 이윤의 형태에서는 노동에 지출된 자본부분[여기로부터 잉여가치가 발생한다]과 관련을 맺는 것이 아니라 총자본과 관련을 맺는다. 이윤율은 그 자신의 법칙들에 의해 규제되는데, 이 법칙들은 잉여가치율이 불변이더라도 이윤율의 변동을 허용하고 심지어 이 변동을 일으키기조차 한다. 이런 모든 것은 잉여가치의 진정한 성질을 더욱 더 숨기며 따라서 자본의 진정한 메커니즘을 숨긴다. 이런 일은 이윤이 평균이윤으로 전환하고 가치가 생산가격[시장가격을 규제하는 평균]으로 전환하는 것과 함께 더욱 더 심하게 된다. 여기에서는 하나의 복잡한 사회적 과정인 자본들의 균등화과정이 개입하는데, 이 과정은 상품들의 상대적인 평균가격을 그들의 가치에서 분리시키며 각종 생산분야(특정 생산분야의 개별투자들은 무시한다)의 평균이윤을 각 분야의 자본에 의한 현실적인 노동착취에서 분리시킨다. 상품의 평균가격은 그 가치[즉 상품에 실현되어 있는 노동]와 다르게 보일 뿐 아니라 사실상 다르며, 개별자본의 평균이윤은 그 자본이 자기의 노동자로부터 끌어낸 잉여가치와 다르다. 상품의 가치가 직접적으로 등장하는 것은, 노동생산성의 변화가 생산가격의 등락에 미치는 영향—즉 생산가격의 최후의 한계에 미치는 영향이 아니라 생산가격의 변동에 미치는 영향—을 통해서일 뿐이다. 이윤은 이제 오직 부차적으로만 노동의 직접적 착취에 의해 결정되는 것처럼 보인다. 그러나 이것도 외관상 이 착취와 무관하게 보이는 시장가격에서, 이 착취가 자본가에게 평균이윤보다 높거나 낮은 이윤을 실현할 수 있게 해주는 경우에만 그렇다. 정상적인 평균이윤 그것은 착취와는 무관하게 자본에 내재하는 것처럼 되며, 극심한 착취나 예외적으로 유리한 조건에서의 평균적인 착취까지도 오직 평균이윤으로부터의 편차만을 결정하는 것처럼 보이고 이 평균이윤 그 자체를 결정하는 것처럼 보이지는 않는다. 이윤이 기업가이득과 이자로 분할하는 것은—유통영역에 근거를 두고 있으며 전적으로 유통영역에서 발생하고 생산과정 그것에서는 발생하지 않는 것처럼 보이는 상업이윤과 화폐거래이윤의 개입에 관해서는 이야기하지 않더라도—잉여가치의 형태상의 자립화, 즉 잉여가치의 실체나 본질에 대립하는 그 형태의 고정화를 완성한다. 이윤의 일부 『기업가이득』는 다른 부분에 대립하여 자본관계 그것과는 완전히 분리되고, 임금노동을 착취하는 기능에서 생기는 것이 아니라 자본가 자신의 임금노동에서 생기는 것으로 나타난다. 이와 반대로 이자는 노동자의 임금노동이나 자본가 자신의 노동과는 무관하며, 자기 자신의 독립적인 원천으로서 자본에서 생기는 것같이 되어버린다. 자본이 최초에 자본물신[즉 가치를 낳는 가치]으로 유통의 표면에 나타났다면, 자본은 이제 또다시 이자낳는 자본의 모습에서 자본의 가장 피상적이고 독특한 형태를 드러낸다. 그러므로 '자본-이자'라는 형태는 ['토지-지대'와 '노동-임금'에 대한 제3의 것으로서는] '자본-이윤'보다 훨씬 더 일관성이 있다. 왜냐하면 이윤은 아직도 그것의 기원에 대한 기억이라도 가지고 있지만, 이자에서는 그 기억조차 소멸될 뿐 아니라 그 기원과는 정반대의 형태로 재생되기 때문이다.

끝으로, 잉여가치의 독립적인 원천으로서 자본과 나란히 토지소유도 나타나는데, 이 토지소유는 평균이윤의 형성에 대한 하나의 장벽이며 잉여가치의 일부를 [스스로 노동하지도 않고 노동자를 직접적으로 착취하지도 않으며 그리고 이자낳는 자본의 경우처럼 자본의 대부에 따른 위험이나 희생과 같은 도덕적인 합리화도 제시할 수 없는] 계급에게 이전시킨다. 여기에서는 잉여가치의 일부가 사회적 관계와 결부되어 있는 것이 아니라 자연요소인 토지와 직접 결부되어 있기 때문에, 잉여가치의 각종 부분들의 상호간의 자립화와 고정화는 완성되고 내적 관련은 결정적으로 파괴되며, 그리하여 잉여가치의 원천은 [생산과정의 다른 소재적 요소들과 결부되어 있는] 각종 생산관계들의 상호간의 자립화에 의해 완전히 은폐되어 버린다.

자본–이윤(또는 더 적절하게는 자본–이자), 토지–지대, 노동–임금이라는 경제적 삼위일체[이것은 가치와 부 일반의 구성부분들과 그들의 원천 사이의 관련을 나타낸다]는 자본주의적 생산양식의 신비화, 사회적 관계의 사물화, 생산의 소재적 관련과 그 역사적·사회적 특수성과의 직접적 융합을 완성한다. 이것은 요술에 걸려 왜곡되고 전도된 세계이며, 그 속에서 자본 나리Monsieur le Capital와 토지 마님Madame la Terre이 사회적인 인물임과 동시에 단순한 사물로서 괴상한 춤을 추고 있다. 이런 그릇된 외관과 기만, 부의 서로 다른 사회적 요소들의 상호간의 자립화와 고정화, 사물의 인격화와 생산관계의 사물화, 그리고 이런 일상생활의 신앙을, 고전파 경제학이 다음과 같은 방식에 의해 해체시킨 것은 큰 공적이다. 즉 고전파 경제학은 이자를 이윤의 일부로 돌리고 지대를 평균이윤을 넘는 초과분으로 돌림으로써 이 둘이 잉여가치라는 점에서 일치하게 하였으며, 유통과정을 단순히 형태들의 변환으로서 서술하였고, 끝으로 직접적 생산과정에서 상품의 가치와 잉여가치를 노동에 돌린 것이다. 그러나 고전파 경제학의 최고의 대표자들조차 그들의 비판에 의해 해체된 환상의 세계에 다소간 사로잡혀 있었는데, 이것은 부르주아적 입장에서는 불가피하였다. 그리하여 그들은 모두 다소간 앞뒤 사이의 불일치, 풀리지 않는 모순, 반쪽자리 진실에 빠졌다. 다른 한편으로 현실의 생산담당자들이 자본–이자, 토지–지대, 노동–임금이라는 피상적이고 불합리한 형태에 매우 만족하는 것은 당연하다. 왜냐하면 그들은 바로 이런 겉모습 속에서 움직이고 있으며 이런 겉모습과 매일 부딪치기 때문이다. 그러므로 속류경제학—이것은 현실의 생산담당자의 일상적인 관념을 선생인 체하면서 다소 교조주의적으로 번역하여 이해할 수 있도록 정리한 것에 불과하다—이 모든 내적 관련이 소멸되어 있다는 바로 이 삼위일체의 공식에서 자기의 공허한 자만심의 자연적이고 의심할 수 없는 토대를 발견하는 것은 매우 당연하다. 이 공식은 또한 지배계급의 이익과도 일치한다. 왜냐하면 이 공식은 그들의 수입원천의 자연적 필연성과 영원한 정당성을 설교하며 하나의 교리로까지 격상시키고 있기 때문이다.

생산담당자들에게 생산관계가 사물로 전환되고 자립화하는 것을 서술하면서, 우리는 세계시장과 그것의 상황, 시장가격의 운동, 신용기간, 산업과 상업의 경기순환, 번영과 공황의 교체로 말미암아 생산관계들의 상호관련이 생산담당자들에게는 불가항력적인 자연법칙으로 나타나서 맹목적인 필연성으로서 그들을 지배하게 되는 방식에 대해서는 언급하지 않겠다. 왜냐하면 경쟁의 현실적 운동은 우리의 계획plan 밖에 있으며 우리는 오직 자본주의적 생산양식의 내부조직을 말하자면 그 이상적 평균ideal average에서 서술하면 되기 때문이다.

이전의 사회형태들에서는 이런 경제적 신비화가 주로 화폐와 이자낳는 자본과 관련하여 생긴다. 다음과 같은 경우에는 이런 신비화가 당연히 나타나지 않는다. 첫째는 사용가치를 위한 생산 또는 생산자의 자가소비를 위한 생산이 지배적인 경우이고, 둘째는 고대나 중세와 같이 노예제나 농노제가 사회적 생산의 광범한 토대를 이루고 있는 경우다. 후자의 경우에는 생산조건이 생산자를 지배한다는 것은 눈에 보이는 지배·종속관계에 의해 은폐되며 지배·종속관계가 생산과정의 직접적인 추진력으로서 나타난다. 자연발생적인 공산주의가 지배하는 원시공동체에서는 [그리고 고대의 도시공동체에서조차] 생산의 토대로 나타나는 것은 공동체 그 자체와 이것의 조건들이며, 이 공동체의 재생산이 생산의 최종목적으로서 나타난다. 중세의 길드제도에서조차 자본이나 노동은 구속받지 않는 것으로 나타나지 않으며, 자본과 노동의 관련들은 동업조합의 제도나 이 제도와 관련된 관계들이나 이 관계들에 대응하는 직업상의 의무, 장인의 자격 등 관념들에 의해 규정된다. 오직 자본주의적 생산양식에서만… 〚여기에서 원고가 중단되고 있다〛.

제49장
생산과정의 분석을 위하여

아래 분석에서는 가치와 생산가격 사이의 차이를 무시해도 좋다. 왜냐하면 노동의 연간 총생산물의 가치[즉 사회적 총자본의 생산물의 가치]를 고찰하는 경우에는 그 차이가 사라지기 때문이다.

이윤(기업가이득+이자)과 지대는 상품 중의 잉여가치의 개개의 부분들이 취하는 독특한 형태에 불과하다. 잉여가치의 크기는 잉여가치가 분할될 수 있는 부분들의 총계에 양적 한계를 준다. 그러므로 평균이윤과 지대의 합계는 잉여가치와 동등하다. 상품에 포함되어 있는 잉여노동[따라서 잉여가치]의 일부가 직접적으로는 평균이윤을 형성하는 균등화에 참가하지 않아, 상품가치의 일부가 전혀 상품가격에 표현되지 않는 일이 있을 수 있다. 그러나 첫째로 이것은 [가치보다 낮게 판매되는 상품이 불변자본의 요소를 형성하는 경우에는] 이윤율이 상승하는 것에 의해, 또는 [위의 상품이 개인적 소비 물품으로서 가치 중 수입으로 소비되는 부분에 들어가는 경우에는] 이윤과 지대가 더욱 큰 생산물로 표현되는 것에 의해 균형을 이루게 된다. 둘째로 그것은 평균운동 중에서 제거된다. 어쨌든 [상품의 가격으로 표현되지 않는] 잉여가치부분이 가격형성과정에서 제외되는 경우에라도 평균이윤과 지대의 총액이 그 정상적인 형태에서는 총잉여가치보다 작을 수는 있어도 그것보다 클 수는 없다. 이 정상적인 형태는 노동력의 가치에 알맞는 임금을 전제로 한다. 그러므로 독점지대조차도 [그것이 임금의 공제분이 아니고 따라서 특수한 범주를 이루는 것이 아닌 한] 언제나 간접적으로는 잉여가치의 일부일 수밖에 없다. 독점지대가 [자기를 하나의 구성부분으로 하는] 상품의 생산비 『개별생산가격』를 넘는 가격초과분의 일부[차액지대의 경우처럼]가 아니라 하더라도, 또는 독점지대가 [자기를 하나의 구성부분으로 하는] 상품의 잉여가치 중 평균이윤에 의해 측정되는 부분을 넘는 초과분[절대지대의 경우처럼]이 아니라 하더라도, 독점지대는 여전히 여타의 상품들[즉 독점가격을 가진 이 상품과 교환되는 상품들]의 잉여가치의 일부다. 평균이윤과 지대의 총액은, 이것들이 구성부분을 이루는 [분할 이전에 이미 주어진] 크기보다 클 수는 없다. 그러므로 지금 우리의 연구에서는 상품의 잉여가치총액[즉 상품에 내포되어 있는 잉여노동 전체]이 상품가격에 실현되는가 않는가는 중요하지 않다. 사실상 잉여노동은 완전히 실현되지는 않는다. 왜냐하면 어느 상품의 생산에 필요한 사회적 필요노동의 양은 노동생산성의 끊임없는 변화로 말미암아 끊임없이 변동하고 있으므로, 상품들의 일부는 항상 비정상적인 조건 아래에서 생산되며 따라서 그들의 개별가치 이하로 판매되어야만 하기 때문이다. 어쨌든 이윤과 지대의 합계는 실현된 잉여가치[잉여노동]의 전체와 동등하며, 우리의 지금의 연구를 위해서는 실현된 잉여가치는 총잉여가치와 동등하다고 하여도 좋다. 왜냐하면 이윤과 지대는 실현된 잉여가치이고, 상품의 가격에 들어가는 잉여가치이며, 따라서 현실적으로 보아 이 가격의 한 구성부분을 이루는 총잉여가치이기 때문이다.

다른 한편으로, 수입의 제3의 독특한 형태인 임금은 언제나 자본의 가변적 구성부분[즉 노동수단에 지출되지 않고 살아있는 노동력의 구입—노동자에 대한 지불—에 지출되는 부분]과 동등하다. (수입의 지출에 의해 구매되는 노동〖예: 하인의 노동〗은 임금이나 이윤이나 지대로부터 지불받는 것이므로 상품가치의 일부를 형성하지 않는다. 그러므로 이런 노동은 상품가치를 분석하거나 상품가치의 구성부분들을 분석할 때 고찰되지 않는다.) 임금은 노동자의 총노동일 중 가변자본의 가치, 따라서 노동의 가격이 재생산되는 부분이 대상화된 것이며, 상품가치 중 노동자가 자기 자신의 노동력의 가치 또는 자기의 노동의 가격을 재생산하는 부분이다. 노동자의 총노동일은 두 부분으로 나뉜다. 한 부분은 노동자가 자기 자신의 생활수단의 가치를 재생산하는 데 필요한 만큼의 노동을 행하는 부분이며 그의 총노동 중 대가를 지불받는 부분이고 그의 총노동 중 자기 자신의 유지와 재생산에 필요한 부분이다. 노동일의 나머지 부분 전체[즉 노동자가 임금의 가치로 실현되는 노동을 초과하여 행하는 초과노동량의 전체]는 잉여노동 · 불불노동이며, 이것은 그의 전체 상품생산의 잉여가치(따라서 초과상품량)로 나타나고, 이 잉여가치는 이번에는 다른 이름이 붙은 부분들—이윤(기업가이득+이자)과 지대—로 분할된다.

그러므로 상품가치 중 노동자가 하루 또는 일년 동안 추가하는 총노동이 실현되는 부분 전체[즉 연간생산물의 가치 중 이 노동이 창조하는 가치 전체]는 임금의 가치, 이윤 및 지대로 분할된다. 왜냐하면 이 총노동은 필요노동[이 노동에 의해 노동자는 생산물의 가치 중 자기 자신에게 지불되는 부분 즉 임금을 창조한다]과 불불잉여노동[이 노동에 의해 그는 생산물의 가치 중 잉여가치를 대표하며 나중에 이윤과 지대로 분할되는 부분을 창조한다]으로 분할되기 때문이다. 노동자는 이 총노동 밖에 다른 어떤 노동도 수행하지 않으며, 그리고 생산물의 가치 중 임금 · 이윤 · 지대의 형태를 취하는 부분 전체 외에 다른 어떤 가치도 창조하지 않는다. 연간생산물의 가치 중 일년 동안 새로 추가된 그의 노동을 대표하는 부분은 임금[또는 가변자본의 가치]+잉여가치[이것은 다시 이윤과 지대의 형태로 분할된다]와 동등하다.

이리하여 연간생산물의 가치 중 노동자가 일년 동안 창조하는 부분 전체는 세 개의 수입의 연간가치총액—임금의 가치, 이윤, 지대—으로 표현된다. 그러므로 자본의 불변부분의 가치는 연간 창조되는 생산물가치 『즉 연간의 가치생산물(v+s)』에서 재생산되지 않는 것은 분명하다. 왜냐하면 임금은 단순히 생산에 투하된 가변자본부분과 동등하고, 지대와 이윤은 잉여가치, 즉 투하자본의 총가치(불변자본의 가치+가변자본의 가치)를 넘어 생산된 가치초과분과 동등하기 때문이다.

[이윤과 지대의 형태로 전환된] 잉여가치의 일부가 수입으로서 소비되지 않고 축적에 봉사한다는 것은 여기에서 해결해야 할 문제와는 전혀 상관이 없다. 잉여가치 중 축적기금으로 저축되는 부분은 새로운 추가자본의 형성에는 봉사하지만 옛 자본[노동력에 지출된 것이든 노동수단에 지출된 것이든]의 보충에는 봉사하지 않는다. 따라서 문제를 단순하게 하기 위해 수입은 완전히 개인적 소비로 들어간다고 가정해도 좋다. 여기에서 다음과 같은 두 가지 문제가 제기된다. 한편에서는 이 수입들—임금 · 이윤 · 지대—이 소비되는 연간생산물의 가치에는 이 연간생산물에 들어간 불변자본의 가치와 동등한 가치부분이 포함되어 있다. 연간생산물의 가치는 임금으로 돌릴 수 있는 가치부분과 이윤 · 지대로 돌릴 수 있는 가치부분 이외에도 이 가치부분을 포함하고 있다. 그러므로 연간생산물의 가치는 임금+이윤+지대+c인데 c는 불변자본의 가치를 가리킨다. 그러면 연간 창조되는 가치[이것은 오직 임금+이윤+지대이다]가 어떻게 (임금+이윤+지대)+c의 가치를 가진 생산물을 구매할 수 있는가? 연간 창조되는 가치가 어떻게 자기 자신보다 큰 가치를 가진 생산물을 구매할 수 있는가?

다른 한편에서는, 만약 우리가 불변자본 중 생산물로 들어가지 않는 부분, 따라서 비록 그 가치는 감소하지만 연간의 상품생산 이후에도 남아있는 부분을 무시한다면, 그리하여 당분간 [사용되지만 소비되지 않는] 고정자본을 도외시한다면, 원료와 보조원료의 형태로 투하된 불변자본은 전부 새로운 생산물로 들어갔고, 노동수단은 일부는 완전히 소비되고 일부는 부분적으로만 소비되어 그 가치의 일부만이 생산에서 소비되었을 뿐이다. 불변자본 중 생산에서 완전히 소비되어 버린 부분은 현물로 보충되어야 한다. 기타의 모든 사정[특히 노동생산성]이 불변이라면, 이 부분의 보충에는 이전과 동일한 노동량이 필요하다. 즉 그 부분은 동등한 가치에 의해 보충되어야한다. 그렇다면 누가 이 노동을 수행하여야 하며 그리고 실제로 누가 이 노동을 수행하고 있는가?

첫 번째 문제—즉 생산물에 포함되어 있는 불변자본가치에 대해 누가 무엇으로 지불하는가?—에 관한 한, 생산에서 소비된 불변자본의 가치는 생산물가치의 구성부분으로 다시 나타난다고 가정되고 있다. 이것은 두 번째 문제의 전제와 모순하지 않는다. 왜냐하면 제1권 제7장('노동과정과 가치증식과정')에서 밝힌 바와 같이, 새로운 노동은 옛 가치를 재생산하는 것이 아니라 추가적 가치를 창조하여 옛 가치에 추가할 뿐이지만, 새로운 노동의 단순한 추가에 의해 동시에 옛 가치가 『생산물로 이전되어』 생산물 중에 보존되기 때문이다. 그러나 이것은 노동의 가치창조적 특성[즉 노동일반으로서의 특성]에 의한 것이 아니라 일정한 생산적 노동으로서 노동『구체적 유용노동』의 기능에 의한 것이다. 그러므로 불변자본의 가치부분을 수입[즉 연간에 창조된 총가치]이 지출되는 생산물 속에 유지하기 위해서는 추가노동이 결코 필요하지 않았다. 그러나 전년에 [가치와 사용가치의 면에서] 소비된 불변자본을 보충하기 위해서는 추가적 노동이 필요하다. 왜냐하면 이런 보충이 행해지지 않으면 재생산이 불가능하기 때문이다.

새로 추가된 노동 전체는 연간에 새로 창조되는 가치로 표현되며, 후자는 전부 세 개의 수입[즉 임금 · 이윤 · 지대]으로 들어간다. 그러므로 한편으로는, 소비된 불변자본의 보충[소비된 불변자본은 부분적으로는 현물과 가치의 면에서 재생산되어야 하고, 부분적으로는 (고정자본의 마멸의 경우) 단순히 가치의 면에서 재생산되어야 한다]을 위한 여분의 사회적 노동이 남아 있지 않다. 다른 한편으로는, 연간의 노동에 의해 창조되며 임금 · 이윤 · 지대의 세 형태로 분할되고 이 형태로 지출되는 가치는 불변자본부분[연간생산물은 수입들의 가치 이외에도 불변자본부분을 포함하고 있다]에 대해 지불하거나 그 부분을 구매하는 데 불충분한 것처럼 보인다.

우리가 알고 있듯이 여기에서 제기된 문제는 제2권 제3편에서 사회적 총자본의 재생산을 취급할 때 이미 해결되었다. 여기에서 이 문제를 다시 취급하는 것은, 첫째로 거기에서는 잉여가치가 아직 이윤(기업가이득+이자)과 지대라는 수입의 형태로 전개되지 않아 이런 형태로 취급할 수 없었기 때문이며, 둘째로 애덤 스미스 이래의 모든 경제학을 관통하고 있는 믿기 어려운 오류는 바로 임금 · 이윤 · 지대의 형태와 결부되어 있기 때문이다.

제2권에서 우리는 모든 자본을 두 개의 부문—즉 생산수단을 생산하는 제1부문과 개인적 소비수단을 생산하는 제2부문—으로 나누었다. 어떤 생산물(예: 말 · 곡물)은 개인적 소비로 쓰이기도 하고 생산수단 노릇도 한다는 사실이 이런 분할의 절대적 타당성을 결코 부정하지는 않는다. 이 분할은 결코 가설이 아니라 사실의 표현일 따름이다. 한 나라의 연간생산물을 살펴보자. 연간생산물의 일부는 [생산수단으로 기능할 수 있는 그것의 능력이 어떻든] 개인적 소비에 들어간다. 이 생산물에 대해 임금 · 이윤 · 지대가 지출된다. 이 생산물은 사회적 자본의 일정한 부문 『제2부문』의 생산물이다. 이 동일한 자본이 제1부문에 속하는 생산물도 생산할 수가 있다. 그러나 제2부문의 자본이 제1부문에 속하는 생산적으로 소비되는 생산물을 공급하는 한, 이 자본은 제2부문의 생산물—즉 현실적으로 개인적 소비에 들어가는 생산물—을 생산하는 자본은 결코 아니다. 개인적 소비에 들어가며 수입의 지출대상인 제2부문의 생산물 전체는 그것에 소비된 자본과 생산된 초과분의 합계의 존재형태다. 그러므로 그것은 오로지 소비수단의 생산에 투하된 자본의 생산물이다. 마찬가지로 연간생산물의 제1부류[재생산수단으로 기능하는 원료와 노동도구]는—그것이 아무리 소비수단으로서 기능할 능력을 가지고 있다 하더라도—오로지 생산수단의 생산에 투하된 자본의 생산물이다. 불변자본을 형성하는 생산물의 대부분은 소재적으로도 개인적 소비에 들어갈 수 없는 형태로 있다. 농민이 예컨대 종자용 곡물을 먹어 치우거나 일하는 소를 잡아먹는다면, 그 뒤의 경제적 곤란이 크기 때문에, 불변자본을 형성하는 생산물은 소비할 수 없는 형태로 만든 것처럼 보인다.

이미 말한 바와 같이 우리는 두 부문 모두에서 불변자본 중 [두 부문의 연간생산물과는 무관하게 현물과 가치의 면에서 존속하는] 고정자본부분을 생각하지 않고 있다.

제2부문의 생산물에는 임금 · 이윤 · 지대가 지출되는데[즉 수입이 소비되는데], 생산물 그것은 가치의 관점에서 보면 다음과 같은 세 개의 부분으로 구성되어 있다. 즉 제1부분은 생산에서 소비된 불변자본부분의 가치와 동등하고, 제2부분은 임금에 투하된 가변자본부분의 가치와 동등하며, 제3부분은 생산된 잉여가치[즉 이윤+지대]와 동등하다. 제2부문 생산물의 제1부분[즉 불변자본의 가치]은 제2부문의 자본가나 노동자에 의해서도 그리고 토지소유자에 의해서도 소비되어서는 안된다. 이 부분은 그들의 수입의 어떤 부분도 이루지 않고 현물로 보충되어야 하며, 그리고 이 보충이 이루어지기 위해서는 그 부분이 판매되어야만 한다. 이와는 반대로 제2부문 생산물의 나머지 두 부분은 이 부문에서 생산된 수입[즉 임금+이윤+지대]의 가치와 동등하다 〖'단순재생산 표식'을 기억하라〗.

제1부문에서도 생산물〖의 가치〗은 형태상으로는 위와 동일한 부분들로 구성되어 있다. 그러나 여기에서는 수입[임금+이윤+지대]을 구성하

는 부분—요컨대 가변자본+잉여가치—은 제1부문 생산물의 현물형태에 소비되지 않고 제2부문의 생산물에 소비된다. 그러므로 제1부문의 수입의 가치는 제2부문의 생산물 중 보충되어야할 제2부문의 불변자본을 이루는 부분에 소비되어야만 한다. 제2부문의 생산물 중 자기의 불변자본을 보충해야 할 부분은 제1부문의 노동자 · 자본가 · 토지소유자에 의해 그 현물형태로 소비된다. 이들은 자기의 수입을 이 제2부문 생산물의 구입에 지출한다. 다른 한편으로, 제1부문의 수입을 대표하는 제1부문 생산물은 [제1부문의 생산물로써 불변자본을 현물로 보충하는] 제2부문에 의해 현물형태로 생산적으로 소비된다. 끝으로, 제1부문에서 소비된 불변자본부분은 이 부문 자체의 생산물[이것은 바로 노동수단 · 원료 · 보조원료 따위로 구성되어 있다]에서 보충되는데, 이 보충은 부분적으로는 제1부문의 자본가들 상호간의 교환에 의해 행해지고 부분적으로는 이들 자본가의 일부가 자기 자신의 생산물을 직접적으로 다시 생산수단으로 사용하는 것에 의해 행해진다.

이전에 제시한 단순재생산 표식(제2권 제20장 2절)을 살펴보자.

$$\left.\begin{array}{l} \text{I. } 4{,}000c + 1{,}000v + 1{,}000s \\ \text{II. } 2{,}000c + \quad 500v + \quad 500s \end{array}\right\} = 9{,}000$$

이것에 따르면 제2부문에서는 생산자〚노동자 · 자본가〛와 토지소유자에 의해 500v+500s=1,000이 수입으로서 소비되고, 2,000c가 보충되기 위해 남는다. 이것은 제1부문의 노동자 · 자본가 · 지대취득자—이들의 수입은 1,000v+1,000s=2,000이다—에 의해 소비된다. 제2부문의 소비될 수 있는 생산물은 제1부문의 수입에 의해 소비되며, 소비될 수 없는 생산물로 표현되고 있는 제1부문의 수입부분은 제2부문의 불변자본으로 소비된다. 그런데 아직 제1부문의 4,000c를 설명해야 한다. 이것은 제1

부문 자체의 생산물인 6,000 또는 4,000(=6,000－2,000. 왜냐하면 2,000은 이미 제2부문의 불변자본으로 전환되었기 때문이다)에서 보충된다. 여기에서 지적해야 할 것은 이 숫자들은 순전히 마음대로 만든 것이며, 따라서 제1부문의 수입의 가치와 제2부문의 불변자본 사이의 일치도 마음대로 정한 것으로 보인다는 점이다. 그러나 재생산과정이 정상적으로 그리고 기타의 사정들이 불변인 조건에서 [즉 축적을 무시한 조건에서] 진행되는 한, 제1부문의 임금 · 이윤 · 지대의 총액은 제2부문의 불변자본부분의 가치와 동등해야 한다는 것은 명백하다. 그렇지 않다면 제2부문은 자기의 불변자본을 보충할 수 없으며, 또한 제1부문은 자기의 수입을 소비할 수 없는 형태〖생산수단〗로부터 소비할 수 있는 형태〖소비수단〗로 전환시킬 수가 없다.

연간 상품생산물의 가치는 개별투자의 상품생산물의 가치나 개별상품의 가치와 마찬가지로 두 부분—투하불변자본의 가치를 보충하는 부분 A와 임금 · 이윤 · 지대의 수입형태로 표현되는 부분 B—으로 분할될 수 있다. 부분 B와 부분 A의 차이점은 기타의 사정이 불변이라면, A는 (1) 결코 수입의 형태를 취하지 않으며 (2) 언제나 자본 특히 불변자본의 형태로 환류한다는 점이다. 그러나 부분 B는 또한 내부적인 구별을 포함하고 있다. 이윤과 지대가 임금에 대해 갖는 공통점은 세 개 모두가 수입의 형태라는 점이다. 그러나 이윤과 지대가 잉여가치[즉 불불노동]를 대표하며 임금이 지불노동을 대표한다는 사실에서 본질적으로 구별된다. 생산물의 가치 중 지불된 임금을 대표하며 따라서 임금을 보충하는 부분—재생산이 동일한 규모로 그리고 동일한 조건에서 진행된다는 우리의 전제에서는 임금으로 다시 전환하는 부분—은 먼저 가변자본으로[또는 재생산을 위해 또다시 투하되어야 할 자본의 한 부분으로] 환류한다. 이 부분은 이중의 기능을 가지고 있다. 이 부분은 먼저 자본의 형태로 존재하며 자본으로서 노동력과 교환되고, 다음으로 노동자의 수중에서 이 부분은 [노동자가 자기의 노동력을 팔아 얻는] 수입으로 전환되며 수입으로서 생활수단으로 전환되어 소비된다. 이 이중의 과정은 화폐유통에 의한 매개로 증명된다. 가변자본은 화폐로 투하되며 임금으로 지불된다. 이것은 자본으로서의 가변자본의 첫번째 기능이다. 가변자본은 노동력에 의해 대체되고 노동력의 발휘인 노동으로 전환된다. 이것은 자본가 측에서의 과정이다. 그러나 둘째로 이 화폐로 노동자는 자기의 상품생산물 중 이 화폐에 상당하는 부분을 구매하여 수입으로 소비한다. 만약 화폐유통이 없다고 생각한다면 노동자의 생산물의 일부는 이미 자본가의 수중에 자본의 형태로 존재한다. 자본가는 이 부분을 자본으로 투하하며 [즉 이 부분을 새로운 노동력의 대가로 노동자에게 주며] 노동자는 이것을 [직접적으로든 다른 상품과의 교환에 의해서든] 수입으로 소비한다. 따라서 생산물 가치 중 재생산과정에서 임금[즉 노동자의 수입]으로 전환되어야 할 부분은 먼저 자본의 형태로 [정확히 말하면 가변자본의 형태로] 자본가에게 환류한다. 이 부분이 이런 형태로 환류한다는 것은 노동이 임금노동으로서, 생산수단이 자본으로서 그리고 생산과정 그것이 자본주의적 생산과정으로서, 끊임없이 새로 재생산되기 위한 본질적인 조건의 하나이다.

불필요한 혼란에 빠지지 않기 위해 우리는 총gross생산물과 순net생산물을 총수입과 순수입에서 구별해야 한다.

총생산물은 재생산된 생산물 전체다. 고정자본 중 사용되지만 소비되지 않은 부분을 제외한다면 총생산물의 가치는 [생산에 투하되어 소비된] 자본의 가치[즉 불변자본과 가변자본]+잉여가치[이것은 이윤과 지대로 분할된다]와 동등하다. 또는 개별자본의 생산물이 아니라 사회적 총자본의 생산물을 고찰한다면, 총생산물은 불변자본과 가변자본을 구성하는 소재적 요소들+잉여생산물[이것에 이윤과 지대가 표현되어 있다]의 소재적 요소들과 동등하다.

총수입은 총생산물 중 생산에 투하되어 소비된 불변자본을 보충하는 가치부분[또는 이 가치부분에 상당하는 생산물 부분]을 빼고 남는 가치부분[또는 이 가치부분에 상당하는 생산물 부분]이다. 그러므로 총수입은 임금[또는 생산물 중 다시 노동자의 수입으로 되어야 할 부분]+이윤+지대와 동등하다. 반면에 순수입은 임금을 뺀 뒤 남는 잉여가치, 잉여생산물이며, 사실상 [자본이 실현하여 토지소유자와 분할해야 할] 잉여가치[또는 이것에 의해 측정되는 잉여생산물]를 표현한다.

우리가 본 바와 같이, 각 개별상품의 가치와 각 개별자본의 총상품생산물의 가치는 두 개의 부분으로 분할된다. 한 부분은 단순히 불변자본을 보충하며, 다른 부분은 그 일부가 가변자본으로서 즉 자본의 형태로 환류하기는 하지만 그 전체가 총수입으로 전환하여 임금 · 이윤 · 지대의 형태[이 세 개의 합계가 총수입을 이룬다]를 취하게 되어 있다. 또한 우리가 본 바와 같이 사회의 연간 총생산물의 가치도 위와 마찬가지다. 이리하여 개별자본가의 생산물과 사회의 생산물 사이의 유일한 차이는 개별자본가의 입장에서 보면 순수입이 총수입과 다르다는 점이다[왜냐하면 후자는 임금을 포함하지만 전자는 임금을 제외하기 때문이다]. 그러나 사회전체의 수입을 보면 국민소득national income은 임금+이윤+지대, 즉 총수입으로 구성된다. 그러나 이것도, 자본주의적 생산의 토대 위에서는 사회전체가 자본가적 입장에서 관찰되며 따라서 이윤과 지대로 분해되는 수입만을 순수입으로 간주한다는 점에서, 하나의 추상이다.

이와는 달리 총수입 전체, 총생산물 전체는 한 국민의 순수입으로 분해되거나, 순수입과 구별되지 않으며, 따라서 이 구별은 나라 전체의 입장에서 보면 성립하지 않는다는, 세Say와 같은 사람들이 가진 환상은 [애덤 스미스 이래 경제학을 관통해 온] 불합리한 교리[즉 상품의 가치는 결국 임금 · 이윤 · 지대로 분해될 수 있다]의 필연적이고 극단적인 표현에 지나지 않는다.[51]

개별자본가의 경우에는 그의 생산물의 일부가 [재생산의 확대, 즉 축적을 무시하더라도] 자본으로 재전환되어야 한다는 것, 그리고 더욱이 [또다시 노동자의 수입으로 되어야 할, 그리하여 수입형태로 되어야 할] 가변자본으로뿐 아니라 [수입으로 결코 전환될 수 없는] 불변자본으로도 재전환되어야 한다는 것을 이해하는 것은 매우 쉽다. 생산과정을 매우 간단히 관찰하더라도 이것은 명백하다. 그러나 생산과정을 크게 전체로서 고찰할 때 비로소 곤란이 생긴다. 생산물 중 수입[임금 · 이윤 · 지대의 형태]으로 소비되는 부분 전체(이것이 생산적으로 소비되든 개인적으로 소비되든 여기에서는 전혀 문제가 되지 않는다)의 가치는 분석이 보여주는 바와 같이 사실상 전적으로 임금+이윤+지대로 구성되는 가치총액—즉 세 개의 수입의 총가치—으로 되어버린다. 그러나 생산물의 이 부분의 가치도 [수입에 들어가지 않는 생산물부분의 가치와 마찬가지로] 생산물에 포함된 불변자본의 가치 c와 동등한 가치를 포함하고 있으며, 따라서 명백히 그 생산물부분의 가치도 결코 수입의 가치로 국한되지는 않는다. 따라서 한편에서는 현실적으로 부정할 수 없는 사실이 존재하고, 다른 한편에서는 마찬가지로 부정할 수 없는 이론적 모순이 존재한

---

51) 리카도는 멍청한 세에 대해 다음과 같이 매우 적절하게 비판하고 있다. "순생산물과 총생산물에 대해 세는 다음과 같이 말한다. '생산된 가치 전체는 총생산물이고 여기에서 생산비를 빼면 순생산물이 나온다.'(『정치경제학개론』, 1819: 491) 그렇다면 순생산물은 있을 수 없다. 왜냐하면 그에 따르면 생산비는 지대 · 임금 · 이윤으로 구성되기 때문이다. 508쪽에서 세는 말한다. '생산물의 가치, 생산적 서비스의 가치, 생산비의 가치는 [사물을 그 자연적 과정에 맡겨 둔다면] 모두 동일한 가치가 된다.' 전체로부터 전체를 빼면 아무것도 남지 않는다."(『원리』, 제32장, 주) 그러나 뒤에서 보는 바와 같이 리카도는 스미스의 잘못된 상품가격 분석[즉 이 가격이 수입의 가치총액으로 분해된다는 것]을 결코 반박한 적이 없다. 리카도는 스미스의 가격분석에 개의치 않고 자기의 분석에서는 상품가치의 불변자본 부분을 '무시'함으로써 스미스 분석의 정당함을 믿고 있다. 그리하여 리카도도 가끔 사물을 잘못 파악한다.

다. 이런 곤란을 회피하는 가장 쉬운 그러나 가장 그릇된 방법은, 상품가치가 수입형태로 존재하는 가치부분과는 구별되는 그 이상의 가치부분을 포함하고 있는 것처럼 보이는 것은 다만 개별자본가의 입장에서 관찰하기 때문이라고 주장하는 것이다. 한 사람에게 수입으로 나타나는 것은 다른 사람에게는 자본을 형성한다는 판에 박힌 문구에 의해 그 이상의 모든 고찰을 불필요하게 만들고 있다. 만약 생산물 전체의 가치가 수입의 형태로 소비될 수 있다면 어떻게 옛 자본이 보충될 수 있는가? 그리고 각 개별자본의 생산물 가치는 세 개의 수입의 가치총액+불변자본 c와 동등하면서, 모든 자본 전체의 생산물의 가치총액은 세 개의 수입의 가치총액+0와 동등할 수 있는가? 이 모든 것은 해결할 수 없는 수수께끼로 나타날 수밖에 없고, 이것을 설명하기 위해서는, 분석은 가격의 단순한 요소들을 찾아낼 수 없기 때문에 악순환과 악무한infinite regress에 만족해야 된다고 고백하지 않을 수 없다. 즉 불변자본으로 나타나는 것은 임금 · 이윤 · 지대로 분해될 수 있으나, 임금 · 이윤 · 지대로 표현되는 상품가치는 이번에는 다시 임금 · 이윤 · 지대에 의해 결정되며 그리하여 무한히 이것이 반복된다는 것이다.[52)]

---

52) "모든 사회에서 상품가격은 결국 이 세 부분 중 어느 한 부분 또는 전부로 분해되며··· 차지농업가의 자본을 보충하거나 역축과 기타 농기구의 마손을 보상하기 위해 제4의 부분이 필요하다고 생각될 수도 있다. 그러나 어떤 농기구의 가격, 예를 들면 역축의 가격 그 자체도 위와 같은 세 부분으로 구성되어 있다는 것을 고려해야 한다. 즉 그것을 사육하는 데 사용되는 토지의 지대, 그것을 사육하는 노동의 임금, 그리고 이 토지지대 · 노동임금을 투자하는 차지농업가의 이윤이 바로 그것이다. 그러므로 곡물가격이 역축의 유지비뿐 아니라 역축의 가격까지 지불한다 하더라도, 곡물의 가격 전체는 여전히 직접적으로 또는 궁극적으로 지대 · 노동[임금] · 이윤이라는 세 부분으로 분해된다." (애덤 스미스, 『국부론』, 제1편 제6장: 64~65) 뒤에서 밝히는 바와 같이 스미스 그 자신도 이런 회피방법의 모순과 불충분함을 느끼고 있다. 왜냐하면 그는 생산물의 가격이 '궁극적으로' 더 이상 반복되지 않고 순전히 이 세 개의 부분

상품의 가치는 결국 임금+이윤+지대로 분해될 수 있다는 기본적으로 틀린 교리는 다음과 같은 주장들—즉 소비자가 결국 총생산물의 총가치[불변자본을 포함하는]를 지불해야만 한다는 주장이나, 생산자와 소비자 사이의 화폐유통은 결국 생산자 자신들 사이의 화폐유통과 동등해야만 한다는 주장(투크)—로 표현되는데, 이런 주장들은 [그것들이 의거하고 있는] 기본명제와 마찬가지로 그릇된 것이다.

이런 그릇되고 명백히 불합리한 분석을 일으키는 어려운 문제들은 다음과 같이 요약될 수 있다.

(1) 불변자본과 가변자본의 근본관계, 잉여가치의 성질 그리고 자본주의적 생산양식의 전체 토대가 이해되고 있지 않다는 것. 자본의 각 부분생산물[즉 각 개별상품]의 가치는 불변자본가치의 일부, 가변자본가치(노동자의 임금으로 전환된다)의 일부, 그리고 잉여가치(나중에 이윤과 지대로 분할된다)의 일부를 포함하고 있다. 그러면 노동자는 자기의 임금으로, 자본가는 자기의 이윤으로, 그리고 토지소유자는 자기의 지대로 [이 구성부분들의 하나뿐 아니라 세 개 모두를 포함하고 있는] 상품을 구매하는 것이 어떻게 가능한가? 임금 · 이윤 · 지대[즉 세 개의 수입원천]의 가치총액이 [이들 수입 수취인의 총소비에 들어가는] 상품들—이것들은 이 세 개의 가치부분들 이외에도 불변자본이라는 추가적 가치부분을 포함하고 있다—을 구매하는 것은 어떻게 가능한가? 어떻게 그들은 세 부분의 가치로서 네 부분의 가치를 구매할 수 있는가?[53)]

들로 분해되는 현실적인 투자 예를 결코 제시하지 않으면서 우리를 이리저리 끌고다니기 때문이다.

53) 프루동은 이것을 이해할 능력이 자기에게 없다는 것을 다음과 같은 어리석은 공식으로 표현하고 있다. 즉 노동자는 자기 자신의 생산물을 되살 수 없는데, 그 이유는 그 생산물에는 원가에 이자가 첨가되어 있기 때문이라고. 그런데 포카드는 어떻게 프루동의 잘못을 고치고 있는가? "만약 프루동의 비판이 옳다면, 그 비판은 자본의 이윤에 영향을 미칠 뿐 아니라 산업의 존재 자체를 부정

이것에 대한 분석은 이미 제2권 제3편에서 행하였다.

(2) 노동이 새로운 가치를 추가하면서, 동시에 옛 가치를 새로 생산하지 않고 새로운 형태로 유지하는 방식을 이해하고 있지 않다는 것. 〖노동은 인간노동 일반과 구체적 유용노동이라는 이중성을 가지기 때문이다.〗

(3) 재생산과정의 상호관련이 개별자본의 입장에서가 아니라 총자본의

하게 될 것이다. 만약 노동자가 80밖에 받지 않은 물건에 대해 100을 지불해야 한다면, 만약 임금으로는 하나의 생산물 중 자기가 추가한 가치만을 되살 수 있다면, 노동자는 아무것도 되살 수 없고 임금으로는 아무것도 지불할 수 없다고 말하는 것이나 같다. 왜냐하면 원가에는 항상 노동자의 임금 이상의 것이 포함되어 있고 판매가격에는 항상 기업가의 이윤 이상의 것—예컨대 해외로 가끔 지불되는 원료의 가격—이 포함되어 있기 때문이다…프루동은 국민적 자본이 끊임없이 성장하는 것을 망각하였고, 또한 이 성장이 모든 근로자—기업가와 노동자—에게 혜택을 준다는 것도 망각하였다."(『르뷰 디 듀몽드』, 제24권, 1848: 998~999) 이것이야말로 부르주아적 멍청한 낙관주의가 그것에 가장 적합한 지혜의 형태로 표현된 것이다. 첫째로 포카드는 노동자가 자기가 생산하는 가치보다 큰 가치를 받지 못한다면 생활할 수 없다고 믿고 있는데, 이와는 반대로 만약 노동자가 자기가 생산하는 가치를 실제로 받는다면 자본주의적 생산양식은 불가능할 것이다. 둘째로 포카드는 프루동이 오직 제한된 관점에서 제기한 문제를 정확하게 일반화하고 있다. 상품의 가격은 임금을 넘을 뿐 아니라 이윤도 넘는 초과분, 즉 불변자본부분을 포함하고 있다. 따라서 프루동의 논리에 따른다면 자본가도 자기의 이윤으로서는 상품을 되살 수 없을 것이다. 그러면 포카드는 이 수수께끼를 어떻게 해결하고 있는가? 자본의 성장이라는 의미없는 문구에 의해서다. 자본의 끊임없는 성장은 무엇보다도 다음과 같은 의미—즉 자본이 100인 경우에는 경제학자는 상품가격을 분석할 수 없지만 자본이 10,000인 경우에는 상품가격의 분석이 불필요하다는 것—를 가지고 있다. 토지의 생산물이 토지 그것보다 더 많은 탄소를 포함하는 이유는 무엇인가라는 질문에 대해, 그것은 토지생산이 끊임없이 성장하기 때문이라고 대답하는 화학자가 있다면 우리는 그를 어떻게 평가할 것인가? 속류경제학에서는 부르주아세계가 있을 수 있는 모든 세계 중에서 최선의 것이라는 것을 증명하려는 친절한 선의 때문에 진리에 대한 사랑과 과학적 탐구욕이 전혀 불필요하게 된다. 〖참조. CW 30: 345~346〗

입장에서 볼 때 어떻게 나타나는가가 이해되고 있지 않다는 것. 임금과 잉여가치[즉 연중에 새로 추가된 총가치]가 실현되는 생산물이 어떻게 자기의 불변자본부분을 보상하면서도 수입들의 가치와 동등하게 되는가 하는 문제, 더욱이 새로 추가되는 노동의 총량은 오직 임금과 잉여가치로 실현되며 전적으로 이 두 개의 가치총액으로 표현되는데도 생산에서 소비된 불변자본이 어떻게 새로운 불변자본에 의해 소재와 가치의 면에서 보충될 수 있는가 하는 문제, 바로 여기에 재생산의 분석과 그것의 각종 구성부분들의 상호관계—그것들의 소재적 성격과 가치라는 측면에서 본 상호관계—에 대한 분석의 주요한 어려움이 있다. 〚제2권 제3편을 참조하라.〛

(4) 그러나 아직 또 하나의 문제가 있는데, 이 문제는 잉여가치의 서로 다른 구성부분들이 상호 독립적인 수입형태로 나타나자 더욱 어렵게 된다. 이 문제는 수입과 자본이라는 확고한 규정들이 서로 바뀌고 그 위치를 변경하기 때문에, 그 규정들은 개별자본가의 관점에 적합한 상대적인 규정에 불과하며 총생산과정을 고찰하는 경우에는 소멸해 버리는 것같이 보인다. 예를 들면 [불변자본을 생산하는] 제1부문의 노동자와 자본가의 수입은 [소비수단을 생산하는] 제2부문의 불변자본을 가치와 소재의 면에서 보충한다. 그러므로 한쪽에서 수입인 것은 다른 쪽에서는 자본이며, 따라서 이 규정들은 상품가치 구성부분들의 현실적인 구분과는 아무런 관련도 없다는 사고방식에 의해 이 문제는 회피될 수도 있다. 더욱이 궁극적으로 수입지출의 소재적 요소[즉 소비수단]를 이루게 될 상품들은 연중에 각종 단계[예: 털실 · 모직물]를 거친다. 어느 단계에서는 그 상품들은 불변자본의 일부를 이루고 다른 단계에서는 개인적으로 소비되어 전적으로 수입으로 들어간다. 그러므로 애덤 스미스처럼 불변자본은 상품가치의 외관상의 한 요소에 불과하며 전체의 관련에서는 사라져 버린다고 생각할 수도 있다. 더욱이 또 가변자본과 수입의 교환이 행해진다.

노동자는 자기의 임금으로 상품 중 자기의 수입을 이루는 부분을 구매한다. 이것에 의해 노동자는 동시에 자본가에게 가변자본의 화폐형태를 돌려준다. 끝으로, 불변자본을 형성하는 생산물의 일부는 불변자본생산자들 자신에 의해 현물로 또는 상호간의 교환에 의해 보충되는데, 이것은 소비자와는 아무런 관련도 없는 과정이다. 이것을 대충 보아 넘긴다면, 소비자의 수입이 전체 생산물을, 그리하여 불변가치부분도 보충한다는 환상이 생긴다. 〖제2권 제3편을 참조하라.〗

(5) 가치의 생산가격으로의 전형에 의해 일어난 혼란을 제외하더라도, 잉여가치가 [다른 생산요소들에 결부된] 각각의 상호독립된 형태들[즉 이윤과 지대]로 전환됨으로써 또 하나의 혼란이 생기고 있다. 상품의 가치가 가치의 각종 분할의 토대라는 것을 잊게 된다. 이 상품가치가 각종의 구성부분으로 분할되는 것, 이 가치구성부분들이 수입의 형태로 전개되는 것, 이 가치구성부분들이 서로 다른 생산요소의 소유자들과 그 각각의 가치구성부분 사이의 관계로 전환하여 일정한 범주와 자격에 따라 그 소유자들 사이에 분배된다는 것—이런 모든 것은 결코 가치의 결정과 그 법칙을 변경시키지 않는다는 것을 잊고 있다. 또 이윤의 균등화[즉 총잉여가치를 각종 자본들에게 분배하는 것인데, 토지소유는 절대지대를 통해 이 균등화를 부분적으로 방해한다]가 상품의 개별가치에서 벗어나는 상품의 지배적 평균가격[즉 생산가격]을 낳는다는 사실에 의해서도 가치법칙은 조금도 변경되지 않는다. 이 사실은 각종의 상품가격들에 대한 잉여가치의 추가에 영향을 미칠 뿐이며, 잉여가치 그것이나 각종 가격구성분들의 원천으로서 상품의 총가치를 폐기하는 것은 아니다.

이것은 우리가 다음 장에서 논의할 혼동인데, 이 혼동은 가치가 그 자신의 구성부분들에서 생긴다는 환상과 필연적으로 결부된다. 다시 말해 첫째로 상품의 각종 가치구성부분들이 수입으로서는 독립된 형태를 띠고 있으므로, 그 가치구성부분들을 자기들의 유일한 원천인 상품가치와 결부시키는 것이 아니라 수입의 원천인 각각의 소재적 생산요소와 결부시킨다는 것이다. 상품의 가치구성부분들은 사실상 소재적 생산요소들과 결부되어 있지만 가치의 원천으로서가 아니라 수입[노동자 · 자본가 · 토지소유자라는 특정 범주의 생산담당자에게 돌아가는 가치분]의 원천으로서 결부되어 있다. 그렇지만 이 가치구성부분들이 상품가치의 분해에서 생기는 것이 아니라, 거꾸로 그 가치구성부분들의 집계에 의해 상품가치가 형성된다고 잘못 생각할 수 있다. 이리하여 상품의 가치는 임금 · 이윤 · 지대의 가치 총액에서 발생하며, 그리고 임금 · 이윤 · 지대의 가치는 이번에는 다시 상품들〚노동 · 자본 · 토지〛의 가치에 의해 결정된다는 훌륭한 악순환이 나오게 된다.54)

---

54) "원료 · 보조원료 · 완성품에 투하하는 유동자본은 그 자체가 상품으로 구성되어 있고 이들 상품의 필요가격〚자연가격〛은 동일한 요소들로 형성된다. 따라서 한 나라의 상품 전체를 고찰하는 경우 유동자본의 이 부분을 필요가격의 구성부분으로 가산하는 것은 이중계산이 될 것이다."(슈토르히, 1815: 140) 슈토르히는 유동자본의 요소 중에 불변가치부분을 포함시키고 있다(고정자본은 형태를 바꾼 유동자본에 불과하다). "노동자의 임금도 기업가의 이윤 중 임금을 구성하는 부분도 [생활수단의 일부라는 의미에서] 시장가격으로 구매된 상품들로 이루어지며, 이 상품들은 그 자신 또한 임금 · 자본이자 · 지대 · 기업가 이득을 포함하고 있다는 것은 사실이다…이런 사실의 확인은 필요가격을 그것의 단순한 요소들로 분해하는 것이 불가능하다는 것을 증명하는 데 기여할 따름이다."(같은 곳, 주) 슈토르히는 『국민소득의 성질에 관한 고찰』(파리, 1824)에서 세Say를 반박하면서 [상품가격을 수입으로만 분해하는] 상품가격의 잘못된 분석에서 나오는 결론의 불합리성을 명백히 이해하고 이 결론의 터무니없음을 [개별자본가의 입장에서가 아니라 한 나라의 입장에서] 정확히 지적하고 있다. 그러나 필요가격의 분석에서는 그 자신 한 걸음도 전진하지 않고 있으며 [『강의』에서 설명한 바와 같이] 필요가격을 그릇된 악무한으로 분해하지 않고 그것의 현실적 요소들로 분해하는 것은 불가능하다고 한다. "연간생산물의 가치가 한편으로는 자본으로 다른 한편으로는 이윤으로 분할된다는 것, 그리고 이 가치부분들 각각은 국민이 자기의 자본을 유지하며 자기의 소비재고를 갱신하는 데 필요한 생산물을 규칙적으로 구매할 수 있다는 것은 명백하

재생산을 정상적인 상태에서 고찰하면, 새로 추가된 노동의 오직 일부만이 불변자본의 생산[따라서 그 보충]에 사용된다 〚 Ⅰ(v+s)와 Ⅱc 사이의 교환을 생각하라 〛. 즉 수입의 소재적 요소인 소비수단의 생산에 소비된 불변자본을 보충하는 부분이 바로 그것이다. 이것은 제2부문의 불변자본부분은 추가적 노동을 조금도 필요로 하지 않는다는 사실에 의해 상쇄된다. 그러나 (제1부문과 제2부문 사이의 상쇄를 포함하여 재생산과정 전체의 입장에서 본 경우) 새로 추가된 노동의 생산물이 아닌 불변자본[물론 이 불변자본이 없다면 생산물은 생산될 수 없지만]은 재생산과정에서 소재적인 면에서 사고와 위험에 직면하며 큰 손해를 입을 수도 있다. (또한 그 불변자본은 노동생산성이 변화한 결과로 그 가치가 감소할 수도 있다.) 그러므로 이윤 또는 잉여가치 또는 잉여생산물[새로 추가된 노동이 여기에 체현되어 있다]의 일부가 보험재원 노릇을 한다. 이 보험재원이 특수한 기업인 보험회사에 의해 관리되는가 어떤가는 문제의 성질을 조금도 변경시키지 않는다. 이 보험재원은 수입 중 수입으로서 소비되지도 않고 또 반드시 축적재원으로서 기능하지도 않는 유일한 부분이다. 보험재원이 실제로 축적재원으로 기능하는가 아니면 단순히 재생산의 결손을 메워주는가는 그때그때의 사정에 달려 있다. 이 보험재원은 또한 잉여가치 · 잉여생산물 · 잉여노동 중 [축적 즉 재생산과정의 확대에 봉

다."(『고찰』: 134~135). "그들"(자기를 위해 노동하는 농민가족)"은 자기들의 창고나 외양간에서 살면서 자기의 종자곡물과 가축사료를 먹으며 의복을 위해 자기의 역축을 도살하고 자기의 농기구로써 즐길 수 있는가? 세의 이론에 따르면 이 모든 질문에 대한 대답은 그렇게 할 수 있다는 것이다."(135~136) "한 나라의 수입이 그 나라의 총생산물과 동등하다는 것[즉 총생산물에서 자본을 공제할 필요가 없다는 것]을 인정한다면, 그 나라는 자기의 장래 수입에는 조금도 손실을 끼치지 않으면서 연간생산물의 가치 전체를 비생산적으로 소비할 수 있다는 것도 인정해야만 한다."(147) "한 나라의 자본을 구성하는 생산물은 소비될 수 없다."(150)

사하는 부분을 제외하면] 자본주의적 생산양식의 철폐 이후에도 존속해야 할 유일한 부분이다. 물론 자본주의적 생산양식이 철폐되면 직접적 생산자가 규칙적으로 소비하는 부분은 현재와 같은 최저수준으로 제한되지는 않을 것이다. 연령 때문에 생산에 참가할 수 없거나 또는 더 이상 생산에 참가할 수 없는 사람들을 위한 잉여노동을 제외한다면, 노동하지 않는 사람 『지배계급』을 부양하기 위한 노동은 완전히 사라질 것이다. 사회의 발생기를 회고하면, 거기에는 생산된 생산수단은 아직 존재하지 않고, 따라서 불변자본[이것의 가치가 생산물에 들어가며 재생산과정에서 생산물로부터 현물로 보충되어야 한다]도 존재하지 않는다. 그러나 이 경우 자연은 직접적으로 생활수단을 제공하며 생활수단을 먼저 생산해야 할 필요가 없다. 자연은 또 충족시켜야 할 욕구가 적은 미개인에게 시간을 주는데, 이 시간은 아직 존재하지 않는 생산수단을 새로운 생산에 이용하기 위한 시간이 아니라 자연에 있는 생활수단을 채취하는 시간 이외에 기타의 자연생산물을 생산수단[예: 활 · 돌칼 · 배]으로 전환시키는 데 필요한 시간이다. 미개인의 경우 이 과정은 소재적 측면에서만 보면 잉여노동을 새로운 자본으로 재전환시키는 것과 완전히 일치한다. 축적과정에서는 초과노동 『잉여노동』의 생산물이 자본으로 전환되는 일이 계속 일어난다. 새로운 자본 모두가 이윤 · 지대 · 기타의 수입형태—즉 잉여노동—에서 생긴다는 사실은 상품의 모든 가치가 수입에서 생긴다는 잘못된 관념을 낳는다. 그러나 이윤이 자본으로 전환하는 것은 자세히 분석해 보면 전혀 반대의 것—즉 추가노동[이것은 항상 수입의 형태를 취한다]은 옛 자본가치를 유지하거나 재생산하는 기능을 하는 것이 아니라 [추가노동이 수입으로서 소비되지 않는 한] 새로운 추가자본을 창조하는 기능을 한다는 것—을 보여준다.

전체의 곤란은 다음과 같은 점에서 생긴다. 즉 새로 추가되는 모든 노동은 [그것이 창조하는 가치가 임금으로 분해되지 않는 한] 이윤—여기에서는 잉여가치[자본가가 어떤 비용도 들이지 않은 가치]의 일반형태로 여겨진다—으로 나타나며, 따라서 그것은 투하된 어떤 것도 어떤 자본도 보충할 필요가 없다는 점이다. 그러므로 이 가치는 마음대로 처분할 수 있는 추가적인 부의 형태로 존재하며, 개별자본가의 입장에서 보면 그의 수입 형태로 존재한다. 그러나 이 새로 창조된 가치는 생산적으로도 개인적으로도—또는 자본으로도 수입으로도—소비될 수 있다. 이 가치의 현물형태는 그 가치가 부분적으로는 생산적으로 소비되어야 한다는 것을 이미 명령하고 있다. 그러므로 매년 추가되는 노동이 자본과 수입을 창조한다는 것은 명백하며, 이것은 축적과정에서도 그대로 나타난다. 그러나 노동력 중 새로운 자본의 창조에 사용되는 부분(즉 비유하면 노동일 중 미개인이 식량 채취에 지출하지 않고 식량을 채취할 도구의 제작에 지출하는 부분)은, 잉여노동의 생산물 전체가 먼저 이윤의 형태로 나타나기 때문에 눈에 보이지 않게 된다. 이 이윤이라는 규정은 사실상 잉여생산물 그것과는 아무런 관련도 없으며, 자본가와 그가 취득하는 잉여가치 사이의 개인적 관계에 뿌리를 두고 있을 뿐이다. 사실상 노동자가 창조하는 잉여가치는 수입과 자본으로 [즉 소비수단과 추가적인 생산수단으로] 분할된다. 그러나 지난 해로부터 물려받은 옛 불변자본은 그 가치의 면에서 보면 새로 추가되는 노동에 의해 재생산되는 것은 아니다(물론 여기에서는 손상되어 그만큼 소멸된 부분에 대해 언급하는 것은 아니며, 재생산될 필요가 없는 한에서의 불변자본에 대해 언급하는 것인데, 재생산과정의 위와 같은 교란은 보험의 문제에 속한다).

더욱이 우리는 새로 추가된 노동이 전적으로 수입[임금 · 이윤 · 지대]으로 분해될 수 있음에도, 그 노동의 일부는 항상 소비된 불변자본의 재생산과 보충에 흡수되고 있다는 것을 알고 있다. 그러나 이 경우 다음과 같은 것을 보지 못하고 있다. (1) 이 노동생산물의 가치 일부는 새로 추가된 노동에 의해 창조된 것이 아니라 [이미 존재하면서 소비된] 불변자본이라는 것. 따라서 이 가치부분을 대표하는 생산물부분은 수입으로 전환되지 않고 현물 그대로 [물론 교환과정을 통하긴 하지만] 이 불변자본의 생산수단을 보충한다는 것. (2) 이 새로 추가된 노동을 현실적으로 대표하는 가치부분 『 여기에서는 제1부문의 v와 s를 가리킨다 』 은 현물 그대로 수입으로 소비되는 것이 아니라 다른 부문 『 제2부문 』 의 불변자본을 보충하며, 이 다른 부문에서 그 가치 부분이 수입으로 소비될 수 있는 현물형태 [이것도 역시 전적으로 새로 추가된 노동의 생산물은 아니다]로 전환된다는 것.

재생산이 동일한 규모로 진행하는 한, 소비된 불변자본의 각각의 요소는 해당종류의 신품—수량과 형태에서는 동등하지 않더라도 적어도 능력 면에서는 동등해야 한다—으로 보충되어야 한다. 노동생산성이 불변이라면 이 현물보충은 [불변자본이 이전의 형태에서 가지고 있던 바와 동등한] 가치의 보충을 내포한다. 만약 노동생산성이 상승하여 동일한 소재적 요소들이 더 적은 노동으로 재생산될 수 있다면, 생산물가치의 더 작은 부분이 불변부분을 완전히 현물로 보충할 수 있을 것이다. 그러면 그 나머지 부분이 새로운 추가자본의 형성에 봉사할 수 있거나, 생산물의 더 큰 부분이 소비수단의 형태를 취할 수 있거나, 또는 잉여노동이 감축될 수 있다. 이와는 반대로 노동생산성이 저하하면, 생산물의 더 큰 부분이 옛 자본의 보충에 들어가야만 하며 잉여생산물은 감소된다.

이윤[또는 잉여가치의 어떤 형태]이 자본으로 재전환하는 것을 그 특수한 역사적 형태를 무시하고 단순히 새로운 생산수단의 형성으로서 고찰한다면, 그것은 노동자가 자기의 직접적인 생활수단을 얻기 위해 노동할 뿐 아니라 생산수단을 생산하기 위해 추가적 노동을 행한다는 것을 보여준다. 이윤이 자본으로 전환하는 것은 추가적 노동의 일부를 새로운 추가적 생산수단의 형성에 사용하는 것 이외의 아무것도 아니다. 이것이 이윤이 자본으로 전환하는 형태로 나타나는 것은 잉여노동을 마음대로 처분하는 사람이 노동자가 아니라 자본가라는 사실을 가리킬 뿐이다. 이 잉여노동이 먼저 [그것이 수입으로 나타나는] 한 단계를 통과해야만 한다는 것(그런데 미개인의 경우 잉여노동은 생산수단의 생산에 직접적으로 종사하는 노동으로 나타난다)은 이 노동 또는 그것의 생산물이 비노동자에 의해 취득된다는 것을 가리킬 따름이다. 현실적으로 자본으로 전환되는 것은 이윤 그것이 아니다. 잉여가치가 자본으로 전환하는 것은 잉여가치와 잉여생산물이 자본가에 의해 수입으로서 개인적으로 소비되지 않는다는 것을 의미할 뿐이다. 현실적으로 전환되는 것은 가치[즉 대상화된 노동] 또는 이 가치를 직접적으로 대표하고 있는 생산물 또는 이 가치가 먼저 화폐로 전환된 뒤 그 화폐와 교환되는 다른 생산물이다. 이윤이 자본으로 재전환되는 경우에도 잉여가치의 이 특수한 형태인 이윤이 새로운 자본의 원천을 이루는 것은 아니다. 재전환의 경우에는 잉여가치가 단순히 하나의 형태에서 다른 형태로 전환될 따름이다. 그러나 잉여가치를 자본으로 만드는 것은 이런 형태전환이 아니다. 지금 자본으로서 기능하는 것은 상품이며 그것의 가치다. 그런데 그 상품〖잉여생산물〗의 가치가 지불되지 않았다는 것—이래야만 그 가치는 잉여가치로 된다—은 노동의 대상화나 가치 그것에 대해서는 아무런 영향도 미치지 않는다.

오해는 각종 형태로 표현되고 있다. 예컨대 불변자본을 구성하는 상품들도 그 자체 임금 · 이윤 · 지대의 요소들을 포함하고 있다든가, 한 사람에 대해 수입인 것은 다른 사람에게는 자본이며 따라서 이것은 오로지 주관적인 관계일 뿐이다 따위. 방적업자의 면사는 자기의 이윤을 대표하는 가치부분을 포함하고 있다. 만약 직물업자가 면사를 구매한다면 그는 방적업자의 이윤을 실현시켜주는 것이지만, 그 자신에 관한 한 이 면사는 단순히 자기의 불변자본의 일부에 불과하다.

수입과 자본의 관계에 대해 이미 말한 것 이외에도 여기에서 다음과 같은 것을 지적하고 싶다. 가치의 면에서 볼 때 면사와 함께 직물업자의 자본의 구성부분으로 들어가는 것은 면사의 가치다. 면사의 가치가 방적업자에 대해 자본과 수입—또는 지불노동과 불불노동—으로 어떻게 분해되는가는 상품 그것『직물』의 가치결정과는 아무런 관련도 없다(물론 평균이윤에 의한 수정은 제외한다). 이윤 그리고 잉여가치 일반은 상품가치를 넘는 초과분이며 이 초과분은 가격인상, 상호간의 사기, 양도이윤에 의해서만 얻어진다는 관념이 항상 배후에 숨어 있다. 그러나 상품의 생산가격 또는 가치가 지불되면, 상품가치 중 판매자에게는 수입의 형태로 나타나는 구성부분들도 지불된다. 물론 독점가격은 여기에서 다루지 않는다.

둘째로 불변자본을 구성하는 상품요소들도 여타의 모든 상품가치와 마찬가지로 그들의 생산자『노동자』와 생산수단의 소유자에 대해 임금·이윤·지대로 분해될 수 있는 가치부분들로 환원될 수 있다는 것은 전적으로 옳다. 이것은 상품가치는 상품에 포함된 사회적으로 필요한 노동의 척도에 불과하다는 사실을 자본주의적으로 표현한 것에 지나지 않는다. 그러나 이미 제1권에서 밝힌 바와 같이, 이것은 자본의 상품생산물이 각각의 구성부분들로 분할되어, 하나는 전적으로 불변자본부분을 대표하며 다른 하나는 가변자본부분을 그리고 또 다른 하나는 잉여가치를 대표한다는 것을 결코 방해하지 않는다.

슈토르히가 다음과 같이 말할 때 그는 다수의 다른 사람들의 『잘못된』 견해도 반영하고 있다.

"국민소득을 이루는 판매 가능한 생산물은 경제학에서는 다음과 같은 두 개의 다른 방식으로 고찰되어야 한다. 즉 개인에 대해서는 가치로서, 그리고 나라에 대해서는 재화로서 고찰되어야 한다. 왜냐하면 국민소득은 개인의 소득처럼 그것의 가치에 의해 평가되는 것이 아니라 그것의 유용성 또는 그것이 충족시킬 수 있는 욕구에 의해 평가되기 때문이다."

(『고찰』: 19)

첫째로, 생산양식이 가치에 근거하며 더욱이 자본주의적으로 조직되어 있는 한 나라를 국민적 욕구를 위해서만 노동하는 하나의 통일체로 취급하는 것은 잘못된 추상이다.

둘째로, 자본주의적 생산양식이 철폐된 뒤에도 사회적 생산이 유지되는 한, 가치의 결정은 다음과 같은 의미—즉 노동시간의 규제, 각종 생산분야로 사회적 노동의 분배, 그리고 이것들에 관한 부기가 어느 때보다도 중요하게 된다는 의미—에서 여전히 지배적이다.

제50장

경쟁이 창조하는 환상

이미 밝힌 바와 같이 상품의 가치[또는 상품들의 총가치에 의해 규제되는 생산가격]는 다음과 같이 분해될 수 있다.

(1) 불변자본을 보충하는 가치부분, 즉 상품 생산에서 생산수단의 형태로 소비된 과거노동을 대표하는 가치부분. 바꾸어 말해 상품의 생산과정에 들어간 생산수단의 가치 또는 가격. 우리가 여기에서 말하는 것은 개별상품이 아니라 상품자본[즉 일정한 기간 — 예컨대 1년간 — 자본의 생산물이 취하는 형태]인데, 개별상품은 상품자본의 한 요소를 형성할 따름이며 이 요소의 가치도 또한 동일한 구성부분들로 분해된다.

(2) 노동자의 수입 크기를 표현하며 노동자를 위해 임금으로 전환되는 가변자본의 가치부분. 그러므로 노동자는 임금을 이 가변자본부분으로 재생산하였다. 요컨대 상품 생산에서 불변자본부분에 새로 추가된 노동의 지불부분을 대표하는 가치부분.

(3) 잉여가치, 즉 상품생산물의 가치 중 불불노동 또는 잉여노동이 표현되고 있는 부분. 이 가치부분은 다음과 같은 독립된 형태들을 취하는데, 이것들은 동시에 수입형태들이다. 즉 자본에 대한 이윤의 형태(자본으로서의 자본에 대한 이자와 기능자본으로서의 자본에 대한 기업가이

득) 그리고 지대[생산과정에 참가하는 토지의 소유자에게 돌아간다]가 그것이다. 구성부분 (2)와 (3)—즉 항상 임금(이것은 반드시 미리 가변자본의 형태를 통과한다) · 이윤 · 지대라는 수입형태를 취하는 가치부분—은 다음과 같은 사실에 의해 불변구성부분 (1)과 구별된다. 즉 전자는 불변자본부분[상품의 생산수단]에 새로 추가되는 노동이 대상화되는 가치 전체를 포함한다는 점이다. 만약 불변가치부분을 무시한다면, 다음과 같이 말하는 것은 올바르다. 즉 상품의 가치—이것이 새로 추가된 노동을 대표하는 한—는 세 개의 수입형태를 이루는 세 개의 부분[즉 임금 · 이윤 · 지대]으로 항상 분해될 수 있으며,[55] 이 세 개의 각각의 가치크기[즉 각각이 총가치 중에서 차지하는 해당부분]는 이미 전개된 바 있는 각각의 특수법칙에 의해 결정된다는 것이다. 그러나 거꾸로 임금의 가치, 이윤율 그리고 지대율이 가치의 독립적인 형성요인들이며, 불변가치부분을 제외한 상품가치는 이들의 합계로부터 생긴다고 말하는 것은 잘못이다. 즉 이들이 상품의 가치 또는 생산가격을 형성하는 구성부분이라고 말하는 것은 잘못이다.[56]

---

55) 불변자본부분에 추가된 가치가 임금 · 이윤 · 지대로 분할된다고 하면 이들이 가치의 구성부분인 것은 자명하다. 그리고 이들이 이 가치가 표현되는 직접적 생산물—즉 어떤 특수한 생산분야[예: 면방적업]에서 노동자와 자본가가 직접적으로 생산한 생산물[예: 면사]—속에 존재한다고 생각할 수도 있다. 그러나 이들이 이 생산물로 표현되는 것이나 동일한 가치의 다른 생산물[또는 다른 소재적 부]로 표현되는 것이나 전혀 차이가 없다. 사실상 임금은 화폐[즉 가치의 순수한 표현]로 지불되며 이자와 지대도 그러하다. 자본가에게는 그의 생산물이 순수한 가치표현으로 전환하는 것은 매우 중요하며, 분배 그것은 이미 이 전환을 전제하고 있다. 이 가치들이 [그것의 생산에서 이 가치들이 생긴] 바로 그 생산물 또는 상품으로 재전환되는가 않는가, 노동자가 자기가 직접적으로 생산한 생산물의 일부를 되사는가 아니면 타인의 노동[다른 형태의 노동]의 생산물을 구매하는가는 사태의 본질을 전혀 변경시키지 않는다. 그럼에도 로트베르투스는 이 문제에 전혀 불필요하게 열중하고 있다. 〚참조. CW 31: 376~386〛

차이는 곧 알 수가 있다.

자본 500에 의해 생산된 가치가 400c+100v+150s=650이며 150s는 다시 이윤 75+지대 75로 분할된다고 가정하자. 또한 불필요한 곤란을 피하기 위해, 이 자본은 평균적인 가치구성을 가진 자본이며 따라서 그것의 생산가격과 가치가 일치한다고 가정하자. 이런 일치는 이 개별자본의 생산물을 총자본 중 이 개별자본의 크기에 상당하는 부분의 생산물로 간주할 수 있는 경우에는 언제나 이뤄진다.

여기에서 가변자본에 의해 측정되는 임금은 투하자본의 20%이고 잉여가치는 총자본의 30%[이윤 15%, 지대 15%]이다. 상품가치 중 새로 추가된 노동이 대상화되어 있는 부분은 100v+150s=250이다. 이것의 총량은 그것이 임금 · 이윤 · 지대로 분할되는 것과는 무관하다. 이 구성부분들 사이의 비례관계를 보면, 100이라는 화폐[예: 100원]로 지불된 노동력은 250원이라는 화폐액으로 표현되는 노동량을 제공한 것을 알 수 있다. 즉 노동자는 자기 자신을 위한 노동의 $1\frac{1}{2}$배나 되는 잉여노동을 행한 것이다. 노동일이 10시간이라면 그는 자기 자신을 위해 4시간 노동하고 자본가를 위해 6시간 노동한다. 그러므로 100원을 지불받은 노동자의 노동이 250원의 화폐가치로 표현된다. 이 가치 250원 이외에는 노동자와 자본가, 또는 자본가와 토지소유자 사이에서 분배되어야 할 것은 아무것도 없다. 이것은 생산수단의 가치 400원에 새로 추가된 총가치다. 이와 같이 생산된 상품가치 250원[이것은 상품가치로 대상화되는 노동량에 의해 결정된다]은, 노동자 · 자본가 · 토지소유자가 상품가치로부터 임금 · 이윤 · 지대라는 수입의 형태로 끌어낼 수 있는 배당들의 한계를 이룬다.

---

56) "자연생산물과 제조된 상품의 가치를 규정하는 바로 그 일반원리가 금속들에도 적용될 수 있으며, 그것들의 가치는 이윤율에도, 임금률에도, 광산에 대해 지불하는 지대에도 의존하지 않고, 그 금속을 채취하여 시장에 가져가는데 필요한 노동총량에 의존한다."(리카도, 『원리』, 제3장: 154)

유기적 구성[즉 고용된 살아있는 노동력과 사용되는 불변자본 사이의 비율]이 위와 같은 자본이 400원의 불변자본을 운동시키는 동일한 노동력에 대해 100원이 아니라 150원을 지불해야만 한다고 가정하자. 또한 이윤과 지대가 잉여가치를 위와는 다른 비율로 분할한다고 가정하자. 이전에 100원의 가변자본이 운동시킨 것과 동일한 노동량을 150원의 가변자본이 운동시킨다고 가정하고 있으므로, 새로 생산된 가치는 여전히 250원이고 생산물의 총가치도 여전히 650원일 것이지만, 그 구성은 400c+150v+100s일 것이다. 그리고 100s는 이윤 45+지대 55로 분할될 것이다. 총가치생산물이 임금 · 이윤 · 지대로 분할되는 비율은 매우 다를 것이며, 총투하자본도 [비록 동일한 노동총량을 움직일 따름이지만] 매우 다를 것이다. 임금은 총투하자본의 $27\frac{3}{11}$%를 차지하며, 이윤과 지대는 총투하자본에 대해 각각 $8\frac{2}{11}$%와 10%이며, 따라서 총잉여가치는 총투하자본에 비해 18%를 약간 넘는다.

임금의 인상은 총노동 중 불불노동에 영향을 미치며 따라서 잉여가치가 변화한다. 노동자는 10시간 노동일 중 6시간을 자기 자신을 위해, 그리고 4시간을 자본가를 위해 노동하게 된다. 이윤과 지대의 비율도 달라지며, 이 감소된 잉여가치가 자본가와 토지소유자 사이에서 다른 비율로 분할된다. 끝으로, 불변자본의 가치가 불변이면서 투하가변자본의 가치가 증대하였으므로, 감소된 잉여가치는 더욱 저하한 총이윤율—여기에서는 총투하자본에 대한 총잉여가치의 비율을 의미한다—로 표현된다.

임금의 가치 · 이윤율 · 지대율의 이런 변화는 [이 부분들 사이의 관계를 규제하는 법칙의 작용이 어떻든] 새로 창조된 상품가치 250이 설정하는 한계 안에서만 일어날 수 있다. 지대가 독점가격에 근거하는 경우에만 예외가 생길 것이다. 이것은 법칙을 변경시키는 것이 아니라 다만 연구를 복잡하게 할 뿐이다. 왜냐하면 이 경우 생산물 그것만을 고찰하면 잉여가치의 분할만이 변화할 것이고, 다른 상품들에 대한 이 상품의 상대적 가치를 고찰하면 잉여가치의 일부가 다른 상품들로부터 이 상품으로 이전된다는 차이만이 있을 것이기 때문이다.

이상의 것을 요약하여 보자.

	생산물의 가치	새로운 가치	잉여가치율	총이윤율
첫째 경우	400c+100v+150s=650	250	150%	30%
둘째 경우	400c+150v+100s=650	250	$66\frac{2}{3}$%	$18\frac{2}{11}$%

첫째로 잉여가치가 150에서 100으로 이전의 크기의 $\frac{1}{3}$만큼 감소한다. 이윤율은 30%에서 $18\frac{2}{11}$%로 $\frac{1}{3}$ 이상 저하하는데, 그 이유는 감소된 잉여가치가 증가한 총투하자본과 대비되어야 하기 때문이다. 그러나 이윤율은 잉여가치율과 동일한 비율로 저하하지는 않는다. 이윤율은 30%에서 $18\frac{2}{11}$%로 저하할 뿐이지만, 잉여가치율은 150%에서 $66\frac{2}{3}$%로 저하한다. 따라서 이윤율의 저하비율은 잉여가치량의 감소비율보다는 크고 잉여가치율의 저하비율보다는 작다. 가변자본의 증대 때문에 투하자본이 증대하였는데도 이전과 동일한 노동량이 사용된다면, 생산된 가치와 생산량이 이전과 동등하다는 것은 분명하다. 이 투하자본의 증대는 새로운 사업을 개시하는 자본가에게는 매우 중대한 문제다. 그러나 재생산과정 전체를 고찰하면, 가변자본의 증대는 [새로 추가된 노동에 의해] 새로 창조된 가치의 더 큰 부분이 잉여가치와 잉여생산물로 전환되지 않고 임금으로, 그리하여 먼저 가변자본으로 전환된다는 것을 의미할 따름이다. 따라서 생산물의 가치는 이전과 같다. 왜냐하면 그것은 한편으로는 불변자본가치 400에 의해, 그리고 다른 한편으로는 새로 추가된 노동을 대표하는 250에 의해 결정되는데, 이 모두가 불변이기 때문이다. 만약 이 생산물 자체가 불변자본으로 다시 들어간다면, 이전과 동일한 가치액의 이 생산물은 이전과 동일한 사용가치량을 대표할 것이다. 즉 동일한 양의

불변자본요소들은 동일한 가치를 유지할 것이다. 그러나 임금의 인상이 노동자가 단순히 자기 자신의 노동의 더 큰 부분을 받아가기 때문에 생긴 것이 아니라, 노동생산성이 저하한 결과로 노동자가 자기 자신의 노동의 더 큰 부분을 받아가기 때문에 생긴 것이라면, 사정은 달라진다. 이 경우 동일한 노동[지불노동과 불불노동]이 표현되는 총가치는 동일하지만 이 노동량이 표현되는 생산량은 감소한다. 각각의 생산물은 더 많은 노동을 대표하기 때문에 각각의 생산물의 가격은 등귀한다. 인상된 임금 150은 이전에 100이 대표한 것보다 많은 생산물을 대표하지 않을 수도 있다. 감소된 잉여가치 100은 이전에 비해 $\frac{2}{3}$의 생산물[즉 이전에 100으로 표현되었던 사용가치량의 $66\frac{2}{3}$%]을 대표하게 될 것이다. 그리고 이 생산물이 불변자본으로 들어가는 경우에는 불변자본도 증대하게 될 것이다. 그런데 이 경우 상품가격의 등귀는 임금인상 때문이 아니다. 오히려 동일한 노동량의 생산성이 저하하여 상품가격이 등귀하였기 때문에 임금이 인상된 것이다. 임금인상이 생산물의 가격을 등귀시킨 듯한 환상이 생기지만, 이 경우 임금인상은 [노동생산성의 저하에 따라 생긴] 상품가치 변동의 원인이 아니라 결과다.

기타의 조건들이 동등한 경우[즉 동일한 노동량이 사용되고 250으로 표현되는 경우] 만약 사용되는 생산수단의 가치가 등락한다면 동일한 생산량의 가치도 그만큼 등락하게 된다. 동일한 생산량의 가치가 450c+100v+150s인 경우에는 종전처럼 650이 아니라 700이며, 350c+100v+150s인 경우에는 600이다. 동일한 노동량을 움직이는 투하자본이 증대 또는 감소하는 경우, 이 증감이 불변자본부분의 가치량 변화에서 생긴다면, 생산물의 가치는 [기타의 사정이 불변이라면] 등귀 또는 하락한다. 이와는 반대로, 투하자본의 증감이 노동생산성은 불변인 채 가변자본부분의 가치량 변화에서 생긴다면 생산물의 가치는 불변이다. 불변자본의 경우에는 그 가치의 증감은 어떤 반대운동에 의해서도 상쇄되지 않지만, 가변자본의 경우에는 그 가치의 증감은 [노동생산성이 불변이라고 전제하면] 잉여가치의 반대운동에 의해 상쇄되며, 따라서 가변자본+잉여가치—즉 노동에 의해 생산수단에 새로 추가되며 생산물에 표현되는 가치—는 불변이다.

가변자본 또는 임금의 증가와 감소가 상품들의 가격의 등귀와 하락의 결과[즉 이 투자부문에서 노동생산성의 저하와 상승의 결과]라면 생산물의 가치는 변동한다. 그러나 이 경우 임금의 상승과 하락은 원인이 아니라 결과일 뿐이다.

불변자본 400c는 불변이고 100v+150s로부터 150v+100s로의 변동[즉 가변자본의 증대]이 이 생산부문[예: 방적업]의 노동생산성 저하 때문이 아니라 [노동자의 생활수단을 제공하는] 농업의 노동생산성 저하 때문이라면, 다시 말해 이 변동이 생활수단의 가격등귀 때문이라면, 생산물의 가치는 불변이다. 650의 가치는 여전히 이전과 동일한 면사량으로 표현될 것이다.

이상의 논의로부터 다음과 같은 사실을 알 수 있다. 노동자의 소비에 들어가는 생산물을 생산하는 부문에서 절약 따위에 의해 불변자본의 지출이 감소한다면, 이것은 노동자의 생활수단을 저렴하게 하므로 [노동생산성의 직접적인 향상과 마찬가지로] 임금을 저하시키고 따라서 잉여가치를 증가시킨다. 이 경우 이윤율은 다음과 같은 두 가지 이유로 상승한다. 즉 한편으로는 불변자본의 가치가 감소하였기 때문이고 다른 한편으로는 잉여가치가 증가하였기 때문이다. 잉여가치가 이윤으로 전환되는 것을 고찰할 때, 우리는 임금은 저하하지 않고 불변이라고 가정하였다. 왜냐하면 거기에서는 이윤율의 변동을 잉여가치율의 변동과는 독립적으로 연구해야 했기 때문이다. 거기에서 전개된 법칙들은 일반적인 것이며, [노동자의 소비에 들어가지 않는 생산물을 생산하며 따라서 그 생산물의 가치변동이 임금에 영향을 미치지 않는] 투자들에도 적용된다.

* * *

새로운 노동에 의해 생산수단 또는 불변자본부분에 매년 새로 추가되는 가치는 임금 · 이윤 · 지대라는 서로 다른 수입형태로 분리 · 분해될 수 있지만, 이것은 결코 가치의 한계 그것[즉 이 상이한 범주들로 분할되는 가치총액]을 변경시키지는 않는다. 마찬가지로 이 개별부분들 상호간의 비율변동은 그들의 총액[즉 이 주어진 가치액]을 변경시킬 수 없다. 주어진 100이라는 수는, 그것이 50+50, 또는 20+70+10, 또는 40+30+30으로 분할되든 불변이다. 생산물 가치 중 이런 수입들로 분할되는 부분은 상품의 가치[즉 상품에 대상화된 노동량]에 의해 규정된다[자본의 불변부분도 그것을 구성하는 상품들의 가치에 의해 규정된다]. 그러므로 첫째로 상품가치 중 임금 · 이윤 · 지대로 분할될 가치량[즉 이 각각의 가치부분들의 총액에 대한 절대적 한계]은 주어져 있다. 둘째로 각각의 범주 그 자체에 대해 말하면 각각의 평균적이고 규제적인 한계도 미리 주어져 있다. 이런 한계설정에서 임금이 토대를 이룬다. 임금은 한편으로는 자연법칙에 의해 규제된다. 임금의 최저한도는 [노동자가 자기의 노동력을 유지하고 재생산하기 위해 얻어야만 하는] 육체적으로 필요한 최소한도의 생활수단[즉 일정한 양의 상품들]에 의해 주어진다. 이 상품들의 가치는 그것들의 재생산에 필요한 노동시간에 의해, 또는 생산수단에 새로 추가되는 노동[또는 노동일] 중 노동자가 이 필요생활수단의 가치와 동등한 가치를 생산 · 재생산하기 위해 필요로 하는 부분에 의해 결정된다. 그의 평균적인 생활수단이 가치로 보아 하루 6시간의 평균노동과 동등하다면, 그는 하루의 노동 중 평균 6시간을 자기 자신을 위해 노동하는 셈이다. 그의 노동력의 현실적 가치는 이 육체적으로 필요한 최저한도와는 다르다. 그것은 기후나 사회발전 정도에 따라 다르며, 육체적 욕구뿐 아니라 [제2의 천성으로 되는] 역사적으로 발전한 사회적 욕구에 의해서도 규정된다. 그러나 각국에서 이 지배적 평균임금은 일정한 시대에 일정한 크기를 가진다. 이리하여 기타의 모든 수입들의 가치는 한계를 가지게 된다. 이 한계는 총노동일(이것은 사회적 총자본이 움직이는 총노동량을 포괄하기 때문에 여기에서는 평균노동일과 일치한다)이 대상화된 가치에서 임금으로 대상화된 부분을 뺀 것과 항상 동등하다. 따라서 이 한계는 불불노동을 대표하는 가치의 한계[즉 불불노동량]에 의해 주어진다. 노동일 중 노동자가 자기 임금의 가치를 재생산하는 데 필요한 부분이 이 임금의 육체적 최저한도에서 그 최후의 한계를 가지고 있다면, 노동일 중 잉여노동이 표현되는 나머지 부분[즉 잉여가치를 표현하는 가치부분]은 노동일의 육체적 최대한도—즉 노동자가 자기의 노동력을 유지 · 재생산하면서 제공할 수 있는 하루의 노동시간의 총량—에서 그 최후의 한계를 가진다. 우리가 여기에서 취급하고 있는 것은 [매년 새로 추가되는 총노동이 표현되는] 가치의 분배이기 때문에, 여기에서는 노동일이 [이 육체적 최대한도에서 크게 또는 작게 떨어진다 하더라도] 불변의 크기로 여길 수 있으며 또 그렇게 전제되고 있다. 그러므로 [잉여가치를 이루며 이윤과 지대로 분할될 수 있는] 가치부분의 절대적 한계가 주어져 있으며, 이 가치부분은 노동일 중 지불부분을 넘는 불불부분[즉 총생산물가치 중 이 잉여노동이 실현되어 있는 가치부분]에 의해 결정된다. 이런 한계들에 의해 규정되고 있는 잉여가치를 총투하자본과의 관계에서 파악한 것이 이윤이라면[이미 제1편에서 말한 바 있다], 이윤은 그 절대량에서는 잉여가치와 동등하며 따라서 그것의 한계들은 잉여가치의 한계들과 마찬가지로 합법칙적으로 규정된다. 이윤율의 크기도 또한 [상품의 가치에 의해 규정되는] 일정한 한계 안에 묶여 있다. 이윤율은 총잉여가치와 생산에 투하된 사회적 총자본 사이의 비율이다. 이 자본이 500(단위는 백만이어도 좋다)이고 잉여가치가 100이라면 이윤율의 절대적 한계는 20%이다. 각종의 다른 생산분야들에 투하된 자본들 사이로 사회적 이윤이 이윤율에 따라 분배되면, 상품의 가치와는 다른 생산가격이 나타나는데, 이 생산가격은 시장가격을 규제하는 현실적 평균이다. 그러나 이와 같은 가치로부터의 편차는 가치에 의한 가격의 결정이나 이윤의 합법칙적 한계를 폐기하지 않는다. 상품의 가치가 그 상품에 소비된 자본+그 상품이 내포하고 있는 잉여가치와 같다면, 상품의 생산가격은 그 상품에 소비된 자본 k+그 상품의 생산을 위해 투하된 자본[소비되었든 단순히 사용되었든 관계없다]에 대해 일반적 이윤율[예: 20%]에 따라 분배된 잉여가치 중 그 상품에 할당되는 부분과 같다. 그러나 이 20%의 첨가는 그 자체 사회적 총자본에 의해 창조된 잉여가치와 자본가치에 대한 이 잉여가치의 비율에 의해 결정된다. 그렇기 때문에 그것은 10%나 100%가 아니라 20%인 것이다. 가치가 생산가격으로 전환되는 것은 이윤에 대한 한계를 철폐하는 것이 아니라, [사회적 총자본을 구성하는] 각종 개별자본 사이에 이윤의 분배를 변경시킬 뿐이다. 즉 이윤을 각각의 자본이 총자본에서 차지하는 비율에 따라 균등하게 각각의 자본에게 분배하는 것이다. 시장가격은 이 규제적인 생산가격보다 높을 수도 있고 낮을 수도 있지만, 이런 변동들은 서로 상쇄된다. 장기간에 걸친 가격표를 보면, 그리고 상품의 현실적 가치가 노동생산성의 변화 때문에 변동하는 경우와 생산과정이 자연적 또는 사회적 재해로 말미암아 교란되는 경우를 제외하면, 이런 차이들 [규제적 평균시장가격과 현실적 시장가격 사이의 편차들] 의 한계가 매우 좁다는 것과 그 차이들이 규칙적으로 상쇄된다는 것에 놀랄 것이다. 여기에서는 케틀레가 사회현상에 대해 지적한 것과 동일한, 규제적 평균의 지배가 발견된다. 상품가치가 생산가격으로 전환되는 것이 아무런 장애물에 부딪치지 않는다면, 지대는 차액지대로 귀착한다. 즉 지대는 규제적 생산가격이 일부의 자본가에게 주는 초과이윤을 제거하는 것으로 한정되며, 이 초과이윤은 이제 토지소유자에 의해 취득된다. 그러므로 이 경우 지대는 [일반적 이윤율이 생산가격을 규제할 때 생기는] 개별이윤율 사이의 편차에서 자기의 일정한 가치한계를 가지게 된다. 만약 토지소유가 상품가치가 생산가격으로 전환하는 것에 대한 장애물로 되어 절대지대를 취득한다면, 이 절대지대는 토지생산물의 가치가 그것의 생산가격을 넘는 초과분[즉 토지생산물에 포함되어 있는 잉여가치가 일반적 이윤율에 의해 자본의 몫으로 되는 이윤을 넘는 초과분]에 의해 제한된다. 이 경우 이 차액〖초과분〗이 절대지대의 한계를 이루며, 지대는 여전히 상품에 포함되어 있는 주어진 잉여가치의 일정한 부분일 따름이다.

끝으로, 각종 생산분야에서 잉여가치가 평균이윤으로 균등화되는 것이 인위적인 또는 자연적인 독점 그리고 특히 토지소유의 독점이라는 장애물에 부딪쳐, 이 독점의 영향을 받는 상품이 그것의 생산가격과 가치를 넘는 독점가격을 가지게 되더라도 상품가치에 의해 주어지는 한계가 철폐되지는 않는다. 어떤 상품의 독점가격은 다른 상품생산자의 이윤의 일부를 독점가격을 가진 상품으로 이전시킬 따름이다. 각종 생산분야들 사이의 잉여가치 분배에는 국부적인 교란이 간접적으로 발생하지만, 이것은 잉여가치의 한계 그것을 변경시키지는 않는다. 독점가격을 가진 상품이 노동자의 필요생활수단의 일부라면, [노동자가 자기 노동력의 가치를 계속 지불받는 한] 그 상품은 임금을 인상시킬 것이고 따라서 잉여가치를 감소시킬 것이다. 그 상품은 임금을 노동력의 가치보다 낮게 끌어내릴 수 있는데, 이것은 임금이 이전에 육체적 최저한도보다 높았을 경우에만 가능하다. 이 경우 독점가격은 실질임금(즉 노동자가 동일한 노동량에 대해 받는 사용가치의 양)과 다른 자본가들의 이윤으로부터의 공제에 의해 지불된다. 독점가격이 상품가격의 정상적인 규제를 교란시킬 수 있는 한계는 확정되어 있으며 그리고 정확히 계산될 수 있다.

[새로 추가된, 그리고 수입으로 완전히 분해될 수 있는] 상품가치의 분

할이 필요노동과 잉여노동 [또는 임금과 잉여가치] 사이의 비율에서 자기의 주어진 규제적 한계를 발견하듯이, 이 잉여가치 그것의 이윤과 지대로의 분할은 이윤율의 균등화를 지배하는 법칙들에서 자기의 한계를 발견한다. 이자와 기업가이득으로의 분할에서는 평균이윤 그것이 두 개의 합에 대한 한계를 이룬다. 평균이윤이 그들 상호간에 분할될 일정한 가치액을 제공하며, 이 평균이윤이 그들이 분할할 수 있는 전부다. 특정의 분할비율은 이 경우 우연적이다. 즉 전적으로 경쟁관계에 의해 결정된다. 기타의 경우들에서는 수요와 공급이 일치하면 시장가격은 [자기를 규제하는] 평균가격에서 멀어지는 것을 멈추고 경쟁의 영향은 사라지지만, 이 경우에는 경쟁이 유일한 결정인자이다. 왜 그런가? 그것은 동일한 생산요소인 자본이 자기에게 돌아오는 잉여가치부분을 이 동일한 생산요소의 두 소유자들 『화폐소유자와 기능자본가』 사이에 분배해야 하기 때문이다. 그러나 이 경우 평균이윤의 분할이 일정한 합법칙적 한계를 가지지 않는다는 사실이 상품가치의 일부로서의 평균이윤의 한계를 없애버리지는 못한다. 기업의 두 동업자가 어떤 외부사정으로 말미암아 그들의 이윤을 불균등하게 분할한다는 사실이 이 이윤의 한계에는 아무런 영향을 미치지 않는 것과 마찬가지다.

따라서 상품가치 중 생산수단의 가치에 새로 추가되는 노동을 대표하는 부분이 서로 다른 부분들로 분할되고 이 부분들이 상호독립적인 수입형태를 취한다 하더라도, 이것이 임금 · 이윤 · 지대가 이제 가치형성요소로 여겨져야 하며 상품의 규제적 가격(자연가격 또는 필요가격) 그 자체가 이들의 합계 또는 총계로부터 생기는 것으로 여겨져야 한다는 것을 의미하는 것은 결코 아니다. 다시 말해 불변가치부분을 뺀 뒤의 상품가치가 시초의 단일체로서 이 세 부분들로 분할된다고 보지 않고, 이 세 부분들 각각의 가격이 독립적으로 결정되며 상품의 가격은 이 세 개의 독립적인 크기의 합계에 의해 비로소 형성된다고 보아서는 안 된다. 사실상 상품의 가치는 전제된 크기며, 임금 · 이윤 · 지대의 상호간의 상대적 크기가 어떻든 이것들의 가치총액이다. 그러나 위의 잘못된 견해에서는 임금 · 이윤 · 지대가 세 개의 독립적인 가치액이며, 이것들의 총액이 상품가치액을 생산하고 제한하며 결정한다.

이처럼 임금 · 이윤 · 지대가 상품가격을 형성한다면, 이것은 상품가치 중 가변자본과 잉여가치가 표현되고 있는 부분에 대해서뿐 아니라 불변가치부분에 대해서도 당연히 적용되리라는 것은 처음부터 명백하다. 그런데 불변가치부분을 구성하는 상품들의 가치도 마찬가지로 임금 · 이윤 · 지대의 가치총액으로 분해될 것이기 때문에, 이 불변가치부분은 무시되는 것이다. 이미 지적한 바와 같이 이 견해는 불변가치부분의 존재를 부정한다.

이렇게 되면, 또한 가치가 모든 의미를 잃게 되는 것도 명백하다. 남는 것은 오직 노동력 · 자본 · 토지의 소유자에게 일정한 화폐액이 지불된다는 의미에서 가격이라는 관념뿐이다. 그런데 화폐란 무엇인가? 화폐는 사물이 아니라 가치의 일정한 형태이기 때문에 이미 가치를 전제하고 있다. 그러므로 일정한 양의 금 또는 은이 이런 생산요소에 대해 지불된다든가 이런 생산요소들이 일정한 양의 금 또는 은과 머릿속에서 등치된다고 생각해보자. 그런데 금과 은은 그 자체가 다른 상품들과 마찬가지로 상품이다(계몽된 경제학자들은 이렇게 인식한 것을 자랑으로 삼고 있다). 따라서 금과 은의 가격도 마찬가지로 임금 · 이윤 · 지대에 의해 결정된다는 것이다. 이리하여 우리는 임금 · 이윤 · 지대를, 이것들이 일정한 양의 금 · 은과 등치되고 있다는 것에 의해서는, 규정할 수가 없게 된다. 왜냐하면 그것들을 평가할 등가물인 금과 은의 가치가 바로 임금 · 이윤 · 지대에 의해, 금과 은과는 무관하게, 즉 위의 세 요소의 산물인 어떤 상품의 가치와도 무관하게, 먼저 결정되어야 하기 때문이다. 따라서 임금 · 이윤 · 지대의 가치가 일정한 양의 금 · 은과 동등하다고 말하는 것은 임금 · 이윤 · 지대는 일정한 양의 임금 · 이윤 · 지대와 동등하다고 말하는 것에 지나지 않게 된다.

먼저 임금을 살펴보자. 왜냐하면 이 『엉터리』 견해에서조차 노동에서 출발하는 것이 필요하기 때문이다. 임금을 규제하는 가격[즉 임금의 시장가격이 변동하는 중심으로 되는 가격]은 어떻게 결정되는가?

노동력의 수요와 공급에 의해서라고 말할 것이다. 그런데 노동력에 대한 어떤 수요를 이야기하는가? 자본으로부터의 수요다. 따라서 노동에 대한 수요는 자본의 공급과 동등하다. 자본의 공급에 대해 이야기하기 위해서는 우리는 무엇보다 먼저 자본이 무엇인가를 알아야 한다. 자본은 무엇으로 구성되어 있는가? 자본의 가장 단순한 현상을 보면 자본은 화폐와 상품으로 구성되어 있다. 그런데 화폐는 상품의 한 형태에 불과하므로 자본은 상품으로 구성된다. 그러나 상품의 가치는, 우리의 전제에 따르면, 제1차적으로 상품을 생산하는 노동의 가격 즉 임금에 의해 결정된다. 임금은 여기에서는 상품가격의 형성요소로 전제되어 있고 그렇게 취급되고 있다. 이리하여 임금의 가격은 자본에 대한 이용가능한 노동의 비율에 의해 결정되어야 한다. 자본 그것의 가격은 자본을 구성하고 있는 상품들의 가격과 동등하다. 노동에 대한 자본의 수요는 자본의 공급과 동등하다. 그리고 자본의 공급은 주어진 가격을 가진 상품량의 공급과 동등하며, 이 가격은 제1차적으로 노동의 가격에 의해 규제되는데, 노동의 가격은 이번에는 상품가격 중 [노동자의 노동과 교환으로 노동자에게 주는] 가변자본을 이루는 부분과 동등하다. 이 가변자본을 이루는 상품들의 가격은 또한 제1차적으로 노동의 가격에 의해 결정된다. 왜냐하면 그 상품들의 가격은 임금 · 이윤 · 지대라는 가격에 의해 결정되기 때문이다. 따라서 우리는 임금을 결정하기 위하여 자본을 전제할 수가 없다. 왜냐하면 자본 그것의 가치가 부분적으로 임금에 의해 결정되기 때문이다.

더욱이 경쟁을 도입하는 것도 아무 소용이 없다. 경쟁은 노동의 시장가격을 등락시킨다. 그런데 노동의 수요와 공급이 일치한다고 가정하자. 그러면 임금은 어떻게 결정되는가? 경쟁에 의해서? 그러나 우리는 경쟁이 결정적인 요소이기를 멈추고 있다는 것, 경쟁이 두 개의 반대방향으로 향하는 힘의 균형에 의해 그 작용이 중단되고 있는 것을 가정하고 있다. 따라서 우리는 바로 임금의 자연가격—경쟁에 의해 규제되는 것이 아니라 거꾸로 경쟁을 규제하는 노동의 가격—을 찾아내야 한다.

노동의 필요가격[자연가격]을 노동자의 필요생활수단에 의해 결정하는 것 이외에는 방법이 없다. 그러나 이 생활수단은 가격을 가진 상품들이다. 이리하여 노동의 가격은 필요생활수단의 가격에 의해 결정되고, 생활수단의 가격은 기타의 모든 상품들의 가격과 마찬가지로 제1차적으로 노동의 가격『임금』에 의해 규정된다. 따라서 생활수단의 가격에 의해 결정되는 노동의 가격은 노동의 가격에 의해 결정되는 것으로 된다. 바꾸어 말해 우리는 노동의 가격이 어떻게 결정되는가를 알지 못한다. 노동은 여기에서는 항상 가격을 가지고 있다. 왜냐하면 노동이 상품으로 여겨지기 때문이다. 노동의 가격에 대해 이야기하기 위해서는 가격 일반이 무엇인가를 알아야만 한다. 그러나 위와 같은 방법에 의해서는 가격 일반이 무엇인가를 알아낼 수가 없다.

그러나 노동의 필요가격『자연가격』이 어쨌든 위와 같은 방법에 의해 결정된다고 가정하자. 그러면 상품가격의 제2의 요소를 이루는 평균이윤[즉 정상적인 조건에서 각 자본이 얻는 이윤]은 어떠한가? 평균이윤은 평균이윤율에 의해 결정되어야만 하는데 평균이윤율은 어떻게 결정되는가? 자본가들 사이의 경쟁에 의해서? 그러나 이 경쟁은 이미 이윤의 존재를 전제하고 있다. 경쟁은 [동일한 생산분야 안에서든 서로 다른 생산분야 사이에서든] 서로 다른 이윤율 그리고 서로 다른 이윤을 전제하고 있다. 경쟁은 상품의 가격에 영향을 미침으로써만 이윤율에 작용한다.

경쟁이 달성할 수 있는 것은 동일한 생산분야의 생산자들이 그들의 상품을 동일한 가격으로 판매하는 것, 그리고 서로 다른 생산분야들에서는 생산자들이 그들의 상품을 그들에게 동일한 이윤 — 이미 부분적으로 임금에 의해 규정되고 있는 상품가격에 동일한 비율로 첨가한 것—을 주는 가격으로 판매하는 것뿐이다. 따라서 경쟁은 불균등한 이윤율을 균등화시킬 수 있을 뿐이다. 불균등한 이윤율을 균등화시키기 위해서는 이윤이 이미 상품가격의 한 요소로서 존재해야만 한다. 경쟁은 이윤을 창조하지 않는다. 경쟁은 균등화가 달성되었을 때 나타나는 이윤율의 수준을 높이거나 낮추기는 하지만 그 수준을 창조하지는 않는다. 그리고 우리가 필요이윤율〖자연이윤율〗에 대해 말할 때, 우리는 경쟁의 운동과는 무관한 이윤율을 알려고 하며 경쟁을 실제로 규제하는 이윤율을 알려고 한다. 평균이윤율은 경쟁하는 자본가들의 힘이 서로 균형을 이룰 때 나타난다. 경쟁은 이 균형을 만들어낼 수는 있지만 이 균형 위에서 나타나는 이윤율을 만들어 낼 수는 없다. 이 균형이 이룩되었을 때 일반적 이윤율은 왜 10% 또는 20% 또는 100%인가? 경쟁 때문인가? 오히려 경쟁은 10% 또는 20% 또는 100%로부터 편차를 일으키는 원인들을 없앤다. 경쟁은 [각각의 자본이 자기의 크기에 비례해 동일한 이윤을 얻게 되는] 상품가격을 출현시킨다. 그러나 이 동일한 이윤의 크기 그것은 경쟁과 무관하다. 경쟁은 다만 모든 편차들을 끊임없이 이 크기로 돌아가게 할 따름이다. 한 사람이 다른 사람과 경쟁한다면 경쟁은 그 사람으로 하여금 자기의 상품을 다른 사람과 동일한 가격으로 판매하도록 강제한다. 그러나 이 가격이 왜 10 또는 20 또는 100인가?

이리하여 이윤율 그리고 이윤 그 자체는 [임금에 의해 결정되는] 상품의 부분가격에 대한 하나의 첨가분—이 첨가분은 이해할 수 없는 방법으로 결정되지만—이라고 선언하는 수밖에 없게 된다. 경쟁이 우리에게 이야기하는 유일한 것은 이 이윤율은 주어진 크기임에 틀림없다는 것이다.

그런데 우리는 일반적 이윤율과 '필요가격'을 도입하였을 때 이미 이 사실을 알고 있었다.

위와 같은 불합리한 논의를 다시 지대에 대해서도 반복할 필요는 없다. 위와 같은 논의를 일관되게 진행시키면, 이윤과 지대는 임금에 의해 제1차적으로 규정되는 상품가격에 대한 [이해할 수 없는 법칙에 의해 결정되는] 단순한 첨가분으로 나타난다는 것은 이미 알고 있다. 요컨대 경제학자들이 경쟁을 설명해야 하는 것이 아니라 거꾸로 경쟁이 경제학자들의 모든 불합리성을 설명해야 하는 부담을 안고 있다.

이윤과 지대가 유통에 의해 창조된다는 [즉 판매로부터 생기는 가격구성분이라는] 환상적인 관념을 무시하면—그런데 유통영역은 이전에 거기로 투입되지 않았던 것을 결코 산출할 수는 없다—사태는 단순히 다음과 같이 되어 버린다.

임금에 의해 규정되는 상품가격이 100이고 이윤율은 임금지불액의 10% 그리고 지대는 임금지불액의 15%라고 가정하자. 그러면 임금 · 이윤 · 지대의 합계에 의해 결정되는 상품가격은 125이다. 첨가분 25는 상품의 판매로부터 발생할 수는 없다. 왜냐하면 상호간에 판매하는 사람들 모두가 100원짜리 상품을 125원에 판매한다면 이것은 그들이 모두 100원에 판매하는 것과 마찬가지이기 때문이다. 따라서 이 문제는 유통과정을 떠나서 고찰되어야만 한다.

125의 비용이 드는 상품 그 자체가 세 개의 요소들로 분할된다면—자본가가 먼저 125로 판매하고 그 뒤에 노동자에게 100을, 자기 자신에게 10을 그리고 토지소유자에게 15를 지불한다 하더라도 여기에서는 아무런 차이가 없다—노동자는 가치와 생산물의 $\frac{4}{5}$(=100)를 받고 자본가는 그것의 $\frac{2}{25}$(=10)를 그리고 토지소유자는 그것의 $\frac{3}{25}$(=15)을 받는다. 자본가는 100으로 판매하는 것이 아니라 125로 판매하기 때문에 그는 노동자에게 [노동자의 노동이 표현되고 있는] 생산물의 $\frac{4}{5}$만을 주는 셈이다. 따라서 자본가가 노동자에게 80을 주고 20을 보류하여 이 중 8을 자기가 가지고 12를 토지소유자에게 주더라도 마찬가지다. 그러나 이 경우 자본가는 상품을 그 가치대로 판매한 셈이다. 왜냐하면 사실상 가격첨가분〖이윤과 지대〗은 [위의 전제에서는 임금의 가치에 의해 규정되는] 상품가치와는 무관한 가격인상일 뿐이기 때문이다. 이와 같은 우회로를 거쳐 다음과 같은 것에 돌아오게 된다. 즉 이 사고방식에서는 '임금'(=100)이라는 용어는 생산물의 가치[즉 이 일정한 노동량을 표현하는 화폐액]와 동등하다는 것, 그러나 이 가치는 현실적인 임금과는 다르며 따라서 약간의 초과분을 남긴다는 것이다. 그런데 이 초과분이 여기에서는 가격에 대한 명목적인 첨가에 의해 생길 뿐이다. 따라서 임금이 100이 아니라 110이라면 [위의 첨가비율에 따라] 이윤은 11이고 지대는 $16\frac{1}{2}$일 것이며, 따라서 상품의 가격은 $137\frac{1}{2}$이 될 것이다. 이렇게 되어도 그 첨가비율은 전혀 변하지 않는다. 그러나 이 분할은 항상 임금에 대한 몇 %라는 식의 명목적인 첨가에 의해 실시되기 때문에 가격은 임금의 증감에 따라 등락한다. 처음에는 임금이 상품의 가치와 동등한 것으로 규정되고 그 다음에는 다시 상품의 가치와 떨어지게 된다. 그러나 이런 비합리적인 우회를 통해 사태는 다음과 같은 것으로 돌아온다. 즉 상품의 가치는 상품에 포함되어 있는 노동량에 의해 결정되며, 임금의 가치는 필요생활수단의 가격에 의해 결정되고, 임금을 넘는 가치초과분이 이윤과 지대를 형성한다는 것이다.

상품의 가치에서 그 상품의 생산에 소비된 생산수단의 가치를 뺀 뒤에 남는 것[즉 상품생산물에 대상화되어 있는 살아있는 노동량이 창조한 가치량]이 세 개의 구성부분들로 분해되어 그 각각이 임금·이윤·지대라는 자립적이고 상호 독립적인 수입형태를 취한다는 것. 그런데 이 분해는 자본주의적 생산의 눈에 보이는 표면에서는 그리고 또 그 표면에 사로잡혀 있는 당사자들의 관념에서는 전도되어 나타난다.

어떤 상품의 총가치가 300이고 이 중 200은 그 상품의 생산에 소비된 생산수단[또는 불변자본의 요소들]의 가치라고 가정하자. 그러면 100이 생산과정에서 이 상품에 추가된 새로운 가치의 총액으로 남는다. 이 새로운 가치 100이 세 형태의 수입으로 분할될 수 있는 것의 전부다. 우리가 임금을 x, 이윤을 y, 지대를 z라 부른다면, x+y+z의 총액은 이 경우에는 항상 100이다. 그러나 산업가 · 상인 · 금융업자 그리고 속류경제학자의 관념에서는 사태가 완전히 다르게 진행된다. 그들에게는 상품가치에서 그 상품의 생산에 소비된 생산수단의 가치를 뺀 뒤에 남는 것이 100이라는 주어진 가치라는 것, 그리고 이 100이 그 다음에 x · y · z로 분할된다는 것은 사실이 아니다. 이와는 반대로 상품의 가격은 단순히 임금 · 이윤 · 지대라는 세 개의 가치량[이것들은 상품가치와는 무관하게 그리고 상호 독립적으로 결정된다]으로 구성되며, x · y · z는 각각 독립적으로 결정되어 주어지고, 이것들의 총계—이것은 100보다 클 수도 있고 작을 수도 있다—로부터 상품 그것의 가치량이 비로소 나타난다. 즉 상품의 가치는 이런 형성요소들의 합계로부터 나온다. 이런 혼동은 다음과 같은 이유 때문에 필연적이다.

첫째로 상품의 가치구성부분들이 독립적인 수입들로서 서로 대립하고 있고, 그 수입들은 노동 · 자본 · 토지라는 세 개의 완전히 다른 생산요소와 관련을 맺고 있으며, 이에 따라 그것들로부터 생기는 것처럼 보이기 때문이다. 그러나 사실은 노동력 · 자본 · 토지의 소유는 상품의 서로 다른 가치구성부분들을 이 소유자들에게 돌아가게 하며 그리하여 그 구성부분들을 그들의 수입으로 전환시키는 원인이다. 가치는 수입으로의 전환에서 생기는 것이 아니라, 수입으로 전환되어 수입의 형태를 취하기 이전에 이미 존재해야만 한다. 이 세 부분들의 상대적 크기가 서로 다른 종류의 법칙들에 의해 결정된다는 점, 그리고 그 법칙들이 상품의 가치와 관련을 가지며 그것에 의해 제한되고 있다는 것은 결코 표면에는 나타나지 않는다는 점 때문에 위의 거꾸로 된 겉모습은 필연적으로 더욱 강화된다.

둘째로 우리가 이미 본 바와 같이 〖제3권 제11장〗 임금의 일반적 상승 또는 저하는 [기타의 사정들이 불변이라면] 일반적 이윤율을 그 반대의 방향으로 변동시키는 것에 의해 각종 상품의 생산가격을 변경시킨다[즉 해당 생산분야의 자본의 평균구성에 따라 어떤 상품의 생산가격을 인상하고 다른 상품의 생산가격을 인하한다]. 그러므로 약간의 생산분야에서는 임금이 상승하였기 때문에 상품의 평균가격이 등귀하고, 임금이 저하하였기 때문에 상품의 평균가격이 하락한다는 것을 경험이 보여주고 있다. 그러나 '경험'할 수 없는 것은 이런 변동이 임금과는 무관한 상품가치에 의해 배후에서 규제된다는 점이다. 이와는 반대로 임금의 상승이 국부적인 현상이고 특수한 생산분야에서 독특한 사정 때문에 일어나는 것에 불과하다면, 이것에 대응하여 이 상품가격의 명목적인 등귀가 일어날 수 있다. 이 경우 [임금이 불변인] 다른 종류의 상품에 비한 이 상품종류의 상대적 가치 증가는 각종 생산분야들로 잉여가치의 균등한 분배의 국부적인 교란에 대한 하나의 반작용에 불과하며, 특수한 이윤들을 일반적 이윤율로 균등화시키는 수단의 하나에 불과하다. '경험'은 여기에서도 임금에 의한 가격의 결정을 보여준다. 위의 두 경우에서 경험할 수 있는 것은, 임금이 상품가격을 결정한다는 것이다. 경험할 수 없는 것은 이 관계의 숨은 원인이다. 더욱이 노동의 평균가격[즉 노동력의 가치]은 필요생활수단의 생산가격에 의해 결정된다. 따라서 후자가 등락하면 전자도 등락한다. 여기에서 경험할 수 있는 것도 임금과 상품가격 사이의 관련의 존재인데, 그러나 여기에서는 원인이 결과로서 나타나고 결과가 원인으로서 나타난다. 이것은 시장가격의 운동에서도 그러하다. 즉 평균 이상으로 임금의 상승은 생산가격 이상으로 시장가격의 상승[이것은 번영기의 특성이다]에 대응하는 것이며, 그 뒤에 일어나는 평균 이하로 임금의 하락은 생산가격 이하로 시장가격의 하락에 대응하는 것이다. 생산가격이 상품가치에 의해 규제된다면—시장가격의 진동적인 운동을 무시한 경우—경험은 임금이 상승하면 이윤율이 저하하고 임금이 하락하면 이윤율이 상승한다는 것을 항상 확인해 주어야 한다는 것이다. 그러나 우리가 알고 있는 바와 같이, 이윤율은 임금운동과는 무관하게 불변자본의 가치변동에 의해 변동할 수도 있다. 따라서 임금과 이윤율은 반대방향으로 운동하지 않고 동일한 방향으로 증감할 수 있다. 잉여가치율과 이윤율이 직접적으로 일치한다면 이런 일은 불가능할 것이다. 임금이 생활수단의 가격상승 때문에 등귀한다 할지라도, 이윤율은 노동강도의 강화나 노동일의 연장의 결과로 불변이거나 심지어 상승할 수도 있다. 이런 모든 경험은 가치구성부분들의 독립적인 전도된 형태 때문에 일어나는 환상—즉 상품의 가치가 임금에 의해 또는 임금과 이윤의 합계에 의해 결정되는 듯한 환상—을 확증해 주고 있다. 노동의 가격과 노동이 창조하는 가치가 일치하는 것처럼 보인다면 이것은 명백히 이윤과 지대에도 적용된다. 이리하여 이윤과 지대의 가격[즉 그것들의 화폐표현]은 노동과 노동이 창조하는 가치와는 무관하게 규정될 수밖에 없다.

셋째로 상품의 가치[또는 이 가치와 외관상으로만 독립하고 있는 생산가격]가 시장가격의 끊임없는 변동들의 끊임없는 상쇄를 통해 규제적 평균가격으로 기능하는 것이 아니라, 현상의 수준에서 항상 직접적으로 시장가격과 일치한다고 가정하자. 그리고 재생산이 항상 동일한 조건에서 진행되며 따라서 노동생산성은 자본의 모든 요소에 대해 불변이라고 가정하자. 그리고 끝으로 상품생산물의 가치 중 생산수단의 가치에 새로운 노동량이 추가됨으로써 각각의 생산분야에서 형성되는 가치부분[즉 새로 창조되는 가치]은 항상 동일한 비율로 임금 · 이윤 · 지대로 분할되며, 따라서 현실적으로 지불되는 임금, 현실적으로 실현되는 이윤 그리고 현실적인 지대가 항상 직접적으로 노동력의 가치, 총잉여가치 중 평균이윤율에 의해 총자본의 각각의 독립적인 기능자본에 귀속하는 부분, 그리고 이런 토대 위에서 지대가 정상적으로 규제되고 있는 한계와 일치한다고 가정하자. 바꾸어 말해 사회적 가치생산물의 분배와 생산가격의 결정이 자본주의적 토대 위에서 그러나 경쟁이 배제된 채 진행된다고 가정하자.

이런 가정 아래에서는 상품의 가치는 불변일 것이고 또 불변으로 나타날 것이며, 상품생산물의 가치 중 수입으로 분해될 부분은 불변의 크기일 것이고 또 항상 불변의 크기로 나타날 것이며, 끝으로 이 주어진 불변의 크기의 가치부분은 항상 동일한 비율로 임금 · 이윤 · 지대로 분할될 것이다. 그러나 이런 가정 아래에서조차 진정한 운동은 필연적으로 거꾸로 나타난다. 즉 미리 주어진 가치량이 [상호 독립적인 수입형태를 취하는] 세 개의 부분으로 분해되는 것으로 나타나는 것이 아니라, 거꾸로 이 가치량이 임금 · 이윤 · 지대라는 각각 독립적으로 결정되는 구성요소들의 합계에 의해 형성되는 것으로 나타난다. 이런 외관이 필연적으로 생기는 이유는, 개별자본과 그것의 상품생산물의 현실의 운동에서는 상품의 가치가 그 자신의 분해의 전제로서 나타나는 것이 아니라, 이와 반대로 [그 가치가 분해되는] 구성부분들이 상품가치의 전제로서 기능하기 때문이다. 처음 우리가 본 것은, 상품의 비용가격은 각각의 자본가에게는 주어진 크기로서 나타나며 현실의 생산과정에서도 항상 주어진 크기로서 나타난다는 점이다. 그런데 비용가격은 불변자본[투하된 생산수단]의 가치+노동력의 가치[비록 이것은 생산당사자에게는 노동의 가격이라는 불합리한 형태로 나타나며 그리하여 임금은 동시에 노동자의 수입으로 나타나지만]와 동등하다. 노동의 평균가격은 하나의 주어진 크기다. 왜냐하면 노동력의 가치는 기타의 다른 상품의 가치와 마찬가지로 노동력의 재생산에 필요한 노동시간에 의해 결정되기 때문이다. 상품가치 중 임금으로 분해되는 부분에 대해 말한다면, 이 가치부분은 그것이 임금이라는 형태를 취한다는 사실[즉 자본가가 노동자에게 노동자 자신의 생산물 중 노동자의 몫을 임금이라는 현상형태로 투하한다는 사실]에서 생기는 것이 아니라, 노동자가 자기의 임금에 대응하는 등가를 생산한다는 사실[즉 노동자의 하루의 노동 또는 연간의 노동의 일부가 자기의 노동력의 가격에 포함되어 있는 가치를 생산한다는 사실]에서 생기는 것이다. 그러나 임금은 임금에 대응하는 등가가 생산되기 이전에 계약에 의해 확정된다. 이처럼 임금은 상품과 상품가치가 생산되기 이전에 그 크기가 주어지는 가격요소[또는 비용가격의 구성분]이기 때문에, 임금은 상품의 총가치로부터 독립적인 형태로 분리된 부분으로서 나타나지 않고 거꾸로 이 총가치를 미리 결정하는 주어진 크기[즉 가격 또는 가치를 형성하는 요소]로서 나타난다. 임금이 상품의 비용가격에서 행하는 것과 동일한 기능을 평균이윤이 생산가격에서 행한다. 왜냐하면 생산가격은 비용가격+투하자본에 대한 평균이윤과 같기 때문이다. 이 평균이윤은 자본가 자신의 관념과 계산에서 하나의 규제적 요소로서 현실적 의미를 가지고 있다. 즉 평균이윤은 한 투자분야로부터 다른 투자분야로 자본의 이전을 규정할 뿐 아니라 장기간에 걸치는 재생산과정에 포함되는 판매와 계약에도 고려의 대상이 된다. 그러나 평균이윤이 이런 현실적 의미를 가지고 있는 한, 평균이윤은 미리 확정된 크기인데, 평균이윤의 크기는 사실상 어느 특정의 생산분야에서 생산되는 가치와 잉여가치와는 무관하며, 그리고 또 어느 특정분야의 각각의 개별투자에 의해 생산되는 가치와 잉여가치와는 더더욱 무관하다. 그리하여 외관상의 현상에서 평균이윤은 가치의 분할의 결과로 나타나는 것이 아니라 이와는 반대로 상품생산물의 가치와는 무관한 크기, 상품의 생산과정에서는 미리 주어진 크기, 그리고 그 자체가 상품의 평균가격을 규정하는 크기로 나타난다. 즉 평균이윤은 가치의 형성요소의 하나로 나타난다. 더욱이 [그 각종 부분들이 서로 완전히 독립된 형태로 분리되어 버린] 잉여가치는 훨씬 더 구체적인 형태로 상품의 가치형성의 전제로 나타나게 된다. 평균이윤의 일부는 이자의 형태로 기능자본가와 대립하고 있는데, 이 경우 이자는 상품과 그 가치의 생산에 이미 전제된 요소로서 독립적인 지위를 가지고 있다. 이자의 크기가 아무리 변동하더라도 일정한 시점에는 그리고 개별자본가에 대해서는 주어진 크기며, 이 주어진 크기로 개별자본가가 생산하는 상품의 비용가격에 들어간다. 지대—농업자본가의 경우 계약에 의해 확정된 차지료의 형태, 그리고 기타의 기업가의 경우 영업장소에 대한 임대료의 형태—에 대해서도 위와 같은 이야기를 할 수 있다. 그러므로 잉여가치가 분해되어 생기게 될 이 부분들은 [개별자본가에 대해서는 비용가격의 요소로서 이미 주어져 있다는 이유 때문에] 오히려 잉여가치의 형성요소들로서 거꾸로 나타나며, 임금이 상품가격의 일부를 형성하는 것처럼 보이듯이 이 부분들은 상품가격의 다른 부분을 형성하는 것처럼 나타난다. 상품가치의 분해의 결과들이 끊임없이 가치형성 그것의 전제로 나타나게 되는 배후의 원인은, 자본주의적 생산양식은 [기타의 모든 생산양식과 마찬가지로] 끊임없이 물질적 생산물을 재생산할 뿐 아니라 그 생산물 형성의 사회경제적 관계들 · 경제적 형태들을 재생산하고 있기 때문이다. 이리하여 결과가 끊임없이 전제로 나타나고 전제가 끊임없이 결과로 나타난다. 동일한 관계의 이와 같은 끊임없는 재생산을 개별자본가는 자명하고 의심할 수 없는 사실로 받아들인다. 자본주의적 생산이 계속되는 한, 새로 추가되는 노동의 일부는 임금으로, 다른 일부는 이윤(이자와 기업가이득)으로, 그리고 또 다른 일부는 지대로 끊임없이 분해된다. 이런 분해는 다른 생산요소의 소유자들 사이의 계약에서 전제되어 있으며, 이 전제는 그것들의 상대적인 양적 비율이 아무리 변동한다 하더라도 올바르다. 가치구성분들이 각각 독특한 형태를 취해 대립한다는 것이 전제될 수 있는 것은 그 현상이 끊임없이 재생산되기 때문이며, 또 그것이 끊임없이 전제되기 때문에 그 현상이 끊임없이 재생산되는 것이다.

그러나 경험과 현상이 또한 보여주는 바에 따르면, 시장가격—이것의 영향을 통해서만 자본가는 가치의 결정을 실제로 알 수 있다—은 그 크기에 관한 한 위와 같은 『임금 · 이자 · 지대의 크기에 관한』 예상에 결코 의존하지 않는다. 다시 말해 시장가격은 미리 약정된 이자 또는 지대가 높은가 낮은가에 의해 결정되는 것이 아니다. 시장가격은 끊임없이 변동하고 있다. 장기간에 걸친 시장가격의 평균이 임금 · 이윤 · 지대의 각각의 평균을 낳으며, 이 평균치는 시장가격을 궁극적으로 규제하는 불변의 크기다.

다른 한편으로, 임금 · 이윤 · 지대가 [가치의 생산에서 전제로 나타나며, 개별자본가의 비용가격과 생산가격 중에 전제되고 있기 때문에] 가치의 형성요소라고 한다면, 불변자본부분—이것의 가치는 주어진 것으로 상품의 생산에 들어간다—도 또한 가치형성요소라고 생각하는 것은 당연하다. 그러나 불변자본부분은 상품들[그리고 상품가치들]의 합계에 지나지 않는다. 따라서 우리는 여기에서 상품가치가 상품가치를 형성하고 이끌어낸다는 불합리한 동어반복을 보게 된다.

자본가가 이 문제에 조금만 관심을 가진다면—그런데 자본가로서 그의 관심은 오로지 자기 자신의 사익과 이해타산적 동기에 의해 결정되고 있다—그는 경험에 의해 다음과 같은 것을 알 수 있다. 즉 자기 자신이 만드는 생산물은 다른 생산분야들에 불변자본부분으로서 들어가며, 이 다른 분야들의 생산물은 자기 자신의 생산물에 불변자본부분으로서 들어온다는 것이다. 자기 자신의 새로운 생산에서 추가적인 가치가 임금 · 이윤 · 지대의 크기에 의해 형성되는 것처럼 보이기 때문에, 이것은 [다른 자본가의 생산물로 구성되어 있는] 불변자본부분에도 적용되지 않을 수 없다. 이리하여 불변자본부분의 가격 그리고 상품의 총가치는 [각각 다른 법칙에 의해 규제되며 다른 원천으로부터 형성되는] 독립적인 가치요인들로서의 임금 · 이윤 · 지대의 합계로부터 얻어지는 가치총액으로 환원된다.

넷째로 상품이 그 가치대로 판매되느냐 않느냐—따라서 가치의 결정 그 자체—에 대해 개별자본가는 전혀 관심이 없다. 가치의 결정은 이미 처음부터 그의 배후에서 그와는 독립적인 관계들에 의해 진행되는 것이다. 왜냐하면 각각의 생산분야에서 규제적 평균가격을 이루는 것은 가치가 아니라 [가치와는 다른] 생산가격이기 때문이다. 가치의 결정 그 자체가 개별생산분야의 개별자본가와 자본의 관심을 끌고 그들을 규제하는 것은, 노동생산성의 상승 또는 저하에 따라 해당상품의 생산에 필요한 노동량이 감소 또는 증가하는 것이 앞의 경우에는 기존의 시장가격에서 초과이윤을 얻게 하며 뒤의 경우에는 상품가격의 인상을 강제하는—왜냐하면 각각의 단위생산물 또는 개별상품에 더 큰 임금 · 불변자본 · 이자가 할당되기 때문이다—한에서의 일이다. 가치의 결정이 개별자본가의 관심사로 되는 것은, 가치의 결정이 상품에 대한 자기 자신의 생산비를 인상 또는 저하시키는 한에서의 일이며, 따라서 가치의 결정이 그를 예외적인 위치에 놓는 한에서의 일이다.

이와는 반대로 임금 · 이자 · 지대는 개별자본가에게는 이윤 중 기능자본가로서의 자기 자신에게 귀속하는 부분(기업가이득)을 실현할 수 있는 가격에 대한 규제적 한계로 나타날 뿐 아니라 재생산을 계속하기 위해 그가 얻어야만 하는 상품판매가격에 대한 규제적 한계로 나타난다. 임금 · 이자 · 지대에 의해 그에게 개별적으로 주어진 비용가격을 넘는 보통[또는 보통 이상]의 기업가이득을 그가 가격에서 얻을 수 있는 한, 상품의 판매에 의해 그 상품에 포함되어 있는 가치와 잉여가치를 실현하느냐 못하느냐는 그에게는 전혀 문제가 되지 않는다. 그러므로 불변자본부분을 제외하면, 임금 · 이자 · 지대는 상품가격의 한계를 규정하는 요소, 그리고 따라서 상품가격을 창조하고 결정하는 요소로 나타난다. 만약 그가 예컨대 임금을 노동력의 가치[또는 정상적인 임금수준] 이하로 억압하거나 자본을 더 낮은 이자율로 얻거나 차지료를 정상적인 지대수준 이하에서 지불하는 것에 성공한다면, 그는 자기의 생산물을 그것의 가치 [또는 심지어 그것의 일반적 생산가격] 이하로 판매하는 것—즉 상품에 포함되어 있는 잉여노동의 일부를 무상으로 남에게 주는 것—에 대해 전혀 개의하지 않는다. 이것은 불변자본부분에도 그대로 적용된다. 만약 어떤 산업가가 원료를 그것의 생산가격 이하로 구매할 수 있다면, 그는 완성상품 중의 이 원료를 생산가격 이하로 판매하더라도 손실을 면할 수 있다. 상품가격 중 [등가에 의해 지불되어야 하고 보충되어야 하는] 요소들을 넘는 초과분이 불변이거나 증가하는 한, 그의 기업가이득은 불변이거나 증가할 수 있다. 주어진 크기의 가격으로 그의 상품생산에 들어오는 생산수단의 가치를 제외한다면, 가격을 제한하고 규제하는 요소로 이 생산에 들어오는 것은 바로 임금 · 이자 · 지대뿐이다. 그러므로 이것들이 그에게는 그의 상품의 가격을 결정하는 요소로 나타나게 된다. 이런 입장에서 보면, 기업가이득은 우연적인 경쟁관계에 의해 결정되는 시장가격이 위에서 말한 가격형성 요소들에 의해 결정되는 상품의 내재적인 가치를 넘는 초과분에 의해 결정되는 것으로 나타나거나, 또는 [기업가이득 그 자체가 시장가격 형성요소의 하나로 시장가격에 포함되고 있는 한] 기업가이득은 구매자와 판매자 사이의 경쟁에 의해 결정되는 것으로 나타난다.

개별자본가들 사이의 경쟁에서나 세계시장에서의 경쟁에서나 임금 · 이자 · 지대의 주어진 그리고 전제된 크기가 불변의 규제적인 크기로 고려된다. 불변이라는 말은 그것들이 변동하지 않는다는 의미가 아니라 그것들이 개개의 경우에는 주어져 있으며 끊임없이 변동하는 시장가격에 대한 불변의 한계를 이루고 있다는 의미다. 예컨대 세계시장에서의 경쟁에서 오로지 문제로 되는 것은 주어진 크기의 임금 · 이자 · 지대를 지불하면서 상품을 주어진 일반적 시장가격 그대로 또는 그 이하로 판매하여 이익을 얻을 수 있는가—즉 적당한 기업가이득을 실현할 수 있는가—이다. 어떤 나라에서는 [자본주의적 생산양식이 완전히 발달하지 않아] 임금과 토지가격이 낮은 데 반해 자본의 이자는 높고, 다른 나라에서는 임금과 토지가격은 명목상으로 높은 데 반해 자본의 이자는 낮다면, 전자의 자본가는 더 많은 토지와 노동을 사용할 것이고 후자의 자본가는 상대적으로 더 많은 자본을 사용할 것이다. 이 두 자본가 사이의 경쟁이 어떻게 될 것인가를 파악하는 데 이런 요소들 『임금 · 이자 · 지대』이 결정적으로 중요하다. 여기에서 경험이 이론적으로 보여주며 자본가의 이해타산이 실천적으로 보여주는 것은, 상품가격은 임금 · 이자 · 지대[즉 노동 · 자본 · 토지의 가격]에 의해 결정된다는 것, 그리고 이런 가격요소들이 사실상 가격형성의 규제적 요소들이라는 것이다.

물론 아직 하나의 요소가 남아 있다. 그것은 미리 전제되는 요소가 아니라 상품의 시장가격에서 생기는 요소인데, [임금 · 이자 · 지대의 합계에 의해 형성되는] 비용가격을 넘는 초과분이 그것이다. 이 제4의 요소는 개별적인 경우에는 경쟁에 의해 결정되는 것으로 나타나고, 평균적인 경우에는 평균이윤[이것도 또한 장기간에 걸친 동일한 경쟁에 의해 규제되고 있다]에 의해 결정되는 것으로 나타난다.

다섯째로 자본주의적 생산양식에서는 새로 추가되는 노동을 표현하는 가치가 임금 · 이윤 · 지대라는 수입형태로 분할되는 것이 너무나도 자명하기 때문에, 이런 수입형태의 존재조건이 없는 곳[우리가 이미 지대와 관련하여 이야기한 과거의 역사적 시대는 제외한다]에서도 이 분할방법을 이용하게 된다. 즉 모든 것이 미루어 추측하는 것에 의해 이 수입형태로 포섭되고 있다.

하나의 독립적인 노동자—소농민이라고 보면 좋다. 왜냐하면 이 경우 수입의 세 형태 모두가 적용될 수 있기 때문이다—가 자기 자신을 위해 노동하고 자기 자신의 생산물을 판매한다면, 그는 먼저 [자기 자신을 노동자로 고용하는] 고용주(자본가)로 여겨지고 [자기 자신을 차지농업가로서 상대하는] 토지소유자로 여겨진다. 그는 노동자로서의 자기 자신에게 임금을 지불하며 자본가로서의 자기 자신을 위해 이윤을 요구하고 토지소유자로서의 자기 자신에게 지대를 지불한다. 자본주의적 생산양식과 그것에 대응하는 관계들을 일반적인 사회적 토대로 전제한다면, 이런 포섭은 [그가 자기 자신의 잉여노동을 취득할 수 있는 것이 자기의 노동의 덕택이 아니라 생산수단 — 이것은 이 경우에는 항상 자본의 형태를 취한다 — 의 소유의 덕택인 한] 옳다. 더욱이 그가 생산물을 상품으로 생산하고 따라서 그것의 가격에 의존하는 한(그렇지 않는 경우에도 이 가격은 추산될 수 있다), 그가 가치로서 실현할 수 있는 잉여노동량은 그 자체의 크기에 의존하는 것이 아니라 일반적 이윤율에 의존한다. 그리고 일반적 이윤율에 의해 결정된 잉여가치 할당량을 넘는 초과분이 있다면, 이것도 또한 그가 행하는 노동량에 의해 결정되는 것이 아니며 그가 토지소유자라는 이유에 의해서만 그에 의해 취득될 수 있다. 자본주의적 생산양식에 대응하지 않는 생산형태라도 자본주의적 수입형태로 포섭될 수 있기 때문에(이것은 어느 정도까지는 근거 없는 일은 아니다), 자본주의적 관계들이 모든 생산양식의 자연적인 조건이라는 환상이 더욱 강화된다.

그러나 만약 임금을 그것의 일반적인 기초[즉 노동자 자신의 노동생산물 중 자기 자신의 개인적 소비에 들어가는 부분]로 환원한다면; 만약 이 몫을 그것의 자본주의적 한계로부터 해방하여 현존의 사회적 생산력(즉 현실적으로 사회적 노동인 자기 자신의 노동의 사회적 생산력)이 허용하며 그리고 개성의 최대한의 발달이 요구하는 소비범위로까지 확대한다면; 만약 한편으로는 보험재원과 준비재원을 형성하기 위해, 다른 한편으로는 재생산을 사회적 욕구에 따라 끊임없이 확대하기 위해, 사회의 주어진 생산조건에서 필요한 정도로 잉여노동과 잉여생산물을 축소한다면; 끝으로, 만약 아직 노동할 수 없거나 더 이상 노동할 수 없는 사회구성원들을 대신하여 노동할 수 있는 사람들이 항상 수행해야만 하는 노동량을 필요노동과 잉여노동 모두에 포함시키게 된다면; 결국 임금과 잉여가치로부터 그리고 필요노동과 잉여노동으로부터 특수하게 자본주의적인 성격을 모두 벗겨 버린다면, 이런 형태들〖예: 임금 · 이자 · 지대 · 기업가이득〗은 모두 사라지고, 이런 형태들의 토대들—모든 사회적 생산양식에 공통되는 것—만이 남을 것이다.

그런데 이런 종류의 포섭은 이전의 지배적 생산양식[예: 봉건적 생산양식]에서도 있었다. 봉건적 생산양식에 결코 대응하지 않으며 완전히 그것 밖에 있었던 생산관계들이 봉건적 관계 아래에 포섭된 것이다. 예컨대 영국의 '자유농민보유지'tenures in common socage[이것은 기사보유지tenures on knight's service와 다르다]가 그것인데, 이것은 화폐납부의무만을 내포하고 있었으며 오직 명목상으로만 봉건적이었다.*

* 기사보유지는 일정한 기간 병역의무를 수행하는 기사에게 준 토지이고, 기사보유지가 전환한 자유농민보유지에는 봉사의무가 없었다.

제51장

분배관계와 생산관계

새로 추가되는 노동에 의해 연간 새로 추가되는 가치 — 그리고 연간 생산물 중 이 가치가 표현되는 부분[이 부분은 총생산물로부터 분리될 수 있다] — 는 세 개의 서로 다른 수입형태를 취하는 세 부분들로 분할되는데, 이 형태들은 이 가치의 일부를 노동력의 소유자에게 속하며 그의 수중에 들어가는 것으로서, 그리고 이 가치의 다른 일부를 자본의 소유자에게, 그리고 이 가치의 또다른 일부를 토지소유자에게 속하며 그의 수중에 들어가는 것으로서 표현하고 있다. 그러므로 이런 것들은 분배관계 또는 분배형태다. 왜냐하면 그것들은 새로 생산된 총가치가 각종 생산요소들의 소유자들 사이에 분배되는 관계들을 표현하고 있기 때문이다.

보통 사람의 눈에는 위와 같은 분배관계가 자연적인 관계 — 즉 모든 사회적 생산의 본성에서 생기는 관계 또는 인간에 의한 생산 그 자체의 법칙에서 생기는 관계 — 인 것처럼 보인다. 자본주의 이전의 사회들이 다른 분배방식들을 보여 준다는 것을 부인하고 있지는 않지만, 그 분배방식들은 위의 자연적인 분배관계의 미발달한, 불완전하고 왜곡된, 그 가장 순수한 표현과 최고의 형태로 환원되지 않은, 그리고 색깔이 다른 형태들이라고 설명하고 있다.

이런 관념에서 유일하게 정당한 것은 다음과 같은 것이다. 즉 어떤 종류의 사회적 생산(예: 자연발생적 인도공동체, 다소 인위적으로 발전한 페루인의 공산주의)을 전제하든 노동은 항상 두 개의 부분으로 구별될 수 있다는 것인데, 한 부분은 생산자와 그의 가족이 직접적으로 개인적으로 소비하는 생산물을 생산하며, 다른 부분은—생산적 소비를 보충하는 부분을 제외하면—항상 잉여노동이고 그 생산물은 일반적인 사회적 욕구를 충족시키는데 봉사한다[이 잉여생산물이 어떻게 분배되든, 그리고 누가 이 사회적 욕구의 대표자로서 기능하든]. 그러므로 서로 다른 분배방식들이 동일하다고 말하는 것은 우리가 그 분배방식들의 차이와 독특한 형태들을 무시하고 그들 사이의 차이가 아니라 그들 사이의 일치성에만 집착할 때 가능하다.

더 교양 있고 비판적 의식을 가진 사람들은 이런 분배관계의 역사적으로 전개되는 성격을 인정하지만56)[a] 그 대신에 생산관계 그것의 변치 않는 성격[즉 인간의 본성에서 나오며 따라서 모든 역사적 발전과는 무관한 성격]을 그만큼 더 집요하게 주장한다.

그러나 자본주의적 생산양식의 과학적인 분석은 위와는 반대로 다음을 증명하고 있다. 즉 자본주의적 생산양식은 특수한 종류의 생산양식이며 특수한 역사적 규정성을 가진 생산양식이라는 것; 다른 모든 특수한 생산양식과 마찬가지로 자본주의적 생산양식은 사회적 생산력과 이것의 발전형태의 일정한 수준을 자기의 역사적 조건으로 전제하고 있는데, 이 조건 자체는 선행과정의 역사적 결과 · 산물이며 이 조건을 주어진 토대로 하여 새로운 생산양식이 출발한다는 것; 이 특수한 역사적으로 규정된 생산양식에 대응하는 생산관계—즉 사람들이 그들의 사회적 생활과정에서 또는 그들의 사회적 생활의 생산에서 맺게 되는 관계들—는 특

56)[a] 존 스튜어트 밀, 『정치경제학의 미해결 문제들』, 런던, 1844.

수하고 역사적이며 일시적인 성격을 가지고 있다는 것; 그리고 끝으로 분배관계는 본질적으로 이 생산관계와 동일하며[생산관계의 뒷면이며] 따라서 이 둘은 마찬가지로 역사적으로 일시적인 성격을 함께 가지고 있다는 것이다.

분배관계를 고찰할 때, 연간생산물이 이른바 임금 · 이윤 · 지대로 분할된다는 표면상의 사실에서 시작하는 것이 보통이다. 그러나 그런 방식으로 표현하는 것은 잘못이다. 생산물은 자본과 수입들로 분할되는 것이다. 이 수입들 중의 하나인 임금이 수입[노동자의 수입]의 형태를 취하는 것은 임금이 미리 자본의 형태로 동일한 노동자와 대립한 뒤에 비로소 가능하다. 생산된 노동조건과 노동생산물 일반이 자본으로 직접적 생산자와 대립한다는 것은, 처음부터 노동의 물질적 조건들이 노동자에 대해 특수한 사회적 성격을 가지고 있다는 점과, 노동자들이 생산 그 자체에서 이런 노동조건의 소유자에 대해 그리고 자기 자신들 상호간에 특수한 관계를 맺고 있다는 점을 가리킨다. 이런 노동조건이 자본으로 전환된다는 것은 또한 직접적 생산자로부터 토지를 빼앗는 것을 의미하며 따라서 특수한 형태의 토지소유를 내포하고 있다.

만약 생산물의 한 부분이 자본으로 전환되지 않는다면, 다른 부분은 임금 · 이윤 · 지대의 형태를 취하지 않을 것이다.

다른 한편으로, 자본주의적 생산양식이 생산조건들의 이런 특수한 사회적 형태를 전제하고 있다면, 전자는 또한 후자를 끊임없이 재생산한다. 이 생산양식은 물질적 생산물을 생산할 뿐 아니라 이 생산물들이 생산되고 있는 생산관계 그리고 또한 그것에 대응하는 분배관계를 끊임없이 재생산한다.

자본 (그리고 자본이 자기의 대립물로서 포함하고 있는 토지소유) 그것은 이미 일정한 분배를 전제하고 있다고 말할 수 있다. 즉 자본은 노동자로부터 노동조건을 빼앗는 것, 이 노동조건들이 소수 개인의 수중으로 집적되는 것, 그리고 다른 개인들이 토지를 배타적으로 소유하는 것— 즉 시초축적에 관한 편(제1권 제8편)에서 전개된 모든 관계들—을 전제하고 있다. 그런데 이런 분배는, 우리가 생산관계에 대립시켜 분배관계에 하나의 역사적 성격을 주려고 하는 경우의 분배와는 전혀 다른 것이다. 후자의 분배관계는 생산물 중 개인적 소비에 들어가는 부분에 대한 다른 권리들을 가리킨다. 이와는 반대로 전자의 분배관계는 생산관계 자체의 내부에서 직접적 생산자에 대립하는 특수한 생산담당자에게 특정의 사회적 기능을 할당하는 기초다. 이 분배관계는 현실적인 생산조건과 이것의 대표자에게 특수한 사회적 성격을 주며 생산의 전체 성격과 전체 운동을 결정한다.

다음과 같은 두 가지 특징이 처음부터 자본주의적 생산양식을 다른 생산양식과 구별한다.

첫째, 자본주의적 생산양식은 생산물을 상품으로서 생산한다. 상품을 생산한다는 사실이 이 생산양식을 다른 생산양식으로부터 구별하는 점은 아니지만, 그 생산물들의 지배적이고 규정적 성격이 상품이라는 것은 이 생산양식을 다른 생산양식으로부터 구별하는 점이다. 이것은 먼저 노동자 자신이 오직 상품의 판매자로— 그리하여 자유로운 임금노동자로— 나타나는 것, 즉 노동이 일반적으로 임금노동으로 나타나는 것을 가리키고 있다. 이미 위에서 논의하였으므로, 자본과 임금노동 사이의 관계가 어떻게 이 생산양식의 전체 성격을 규정하고 있는가를 다시 논증할 필요는 없다. 이 생산양식 그것의 주된 당사자인 자본가와 임금노동자는 오직 자본과 임금노동의 육체화 · 인격화에 불과하며, 사회적 생산과정이 낙인찍는 특수한 사회적 등장인물—즉 이 특수한 사회적 생산관계의 산물— 에 불과하다.

생산물이 1) 상품이라는 사실과 2) 상품이 자본의 생산물이라는 사실은 이미 모든 유통관계—즉 생산물이 통과해야만 하며 그리고 그 안에서 특수한 사회적 성격을 취하게 되는 독특한 사회과정—를 내포하고 있다. 또한 그 사실은 생산담당자들 사이의 특수한 관계를 가리키고 있으며, 이 관계에 의해 그들의 생산물의 가치증식과 이 생산물이 생활수단과 생산수단으로 재전환되는 것이 결정되고 있다. 그러나 이것과는 별도로, 위에서 말한 두 개의 성격—즉 상품으로서 생산물의 성격과 자본주의적으로 생산된 상품으로서 상품의 성격—에서 가치결정의 문제와 가치에 의한 총생산의 규제라는 문제가 제기된다. 이 가치라는 매우 독특한 형태에서는 노동은 한편에서는 오직 사회적 노동으로 인정될 뿐이다. 그러나 다른 한편에서는 이 사회적 노동의 배분, 그 사회적 노동의 생산물들의 상호보완과 물질대사 그리고 사회적 메커니즘에의 종속과 진입 따위는 오로지 개별 자본주의적 생산자들의 우연적인 서로 반대되는 동기들에 맡겨져 있다. 개별자본가들은 오직 상품소유자로서 서로 대립하며 각자는 자기의 상품을 될 수 있는 한 비싸게 판매하려고 노력하기 때문에(그리하여 생산의 규제에서조차 각자의 변덕이 지배적인 요소로 나타나기 때문에), 내적 법칙은 다만 그들의 경쟁 그리고 그들이 상호간에 가하는 압력에 의해서만 관철될 뿐이며, 이 경쟁과 압력에 의해 편차들이 서로 상쇄된다. 가치법칙은 여기에서는 오직 내적법칙으로서 또는 개개의 당사자에 대해서는 맹목적인 자연법칙으로서 작용할 뿐이며, 우연적인 변동들 가운데서 생산의 사회적 균형을 유지한다.

상품에는 그리고 더욱이 자본의 생산물로서의 상품에는 [자본주의적 생산양식 전체를 특징짓는] 생산의 사회적 규정들의 사물화와 생산의 물질적 기초들의 주체화가 이미 포함되어 있다.

자본주의적 생산양식을 특징짓는 두 번째 것은 잉여가치의 생산이 생산의 직접적 목적이고 결정적 동기라는 점이다. 본질적으로 자본이 자본을 생산하는데, 그것은 오직 자본이 잉여가치를 생산하는 한에서다. 상대적 잉여가치 그리고 잉여가치가 이윤으로 전환하는 것을 고찰할 때 이미 본 바와 같이, 위의 특징 그것에 자본주의 시대에 특유한 생산방식—노동의 사회적 생산력을 노동자로부터 자립한 자본의 힘으로, 노동자와 대항하고 그리하여 노동자 자신의 발전을 직접적으로 반대하는 형태로 발전시키는 것—이 근거하고 있다. 가치와 잉여가치를 위한 생산은 [우리가 밝힌 바와 같이] 상품의 생산에 필요한 노동시간[즉 상품의 가치]을 그때그때의 사회적 평균 이하로 끊임없이 감소시키려는 경향을 내포하고 있다. 비용가격을 최소한도로 감축시키려는 충동은 노동의 사회적 생산성을 상승시키는 가장 강력한 힘이다. 물론 노동생산성의 상승은 여기에서는 다만 자본생산성의 끊임없는 증대로서 나타날 뿐이지만.

자본가가 자본의 인격화로서 직접적 생산과정에서 얻는 권위, 또는 그가 생산의 관리자 · 지배자로서 수행하는 사회적 기능은 노예 · 농노 따위에 의한 생산에 근거한 권위와 본질적으로 다르다.

자본주의적 생산에서는 생산의 사회적 성격은 엄격히 통제하는 권위의 형태로 직접적 생산자 대중과 부닥치고 있고, 노동과정의 사회적 메커니즘은 완전히 위계적인 편성형태를 취하고 있다. 물론 이 권위의 담당자는 노동 그것에 대립하는 노동조건의 인격화로서만 그 권위를 얻는 것이고 이전의 생산형태에서처럼 정치적 · 신정적 지배자로서 권위를 얻는 것은 아니다. 그렇지만 이 권위의 담당자들인 자본가 자신들[이들은 다만 상품의 소유자로서 서로 대면할 뿐이다] 사이에서는 가장 완전한 무정부성이 지배하고 있으며, 이 무정부성 속에서 생산의 사회적 상호관련은 [개인의 자유의지를 압도하는] 자연법칙으로서 자기를 관철한다.

노동이 임금노동의 형태로 그리고 생산수단이 자본의 형태로 전제되어 있기 때문에(즉 이 두 개의 필수적인 생산요소가 이런 특수한 형태를 취하고 있기 때문에), 가치(생산물)의 일부가 잉여가치로 나타나게 되며, 이 잉여가치가 이윤(지대)으로서, 자본가의 이득으로서, 자본가가 마음대로 사용할 수 있는 추가적인 부로서 나타나게 된다. 그리고 잉여가치가 자본가의 이윤으로 나타나기 때문에, [재생산의 확장을 위해 예정되어 있으며 그리고 그의 이윤의 일부를 이루는] 추가적인 생산수단이 새로운 추가적인 자본으로서 나타나게 되며, 그리고 재생산과정의 확대 일반이 자본주의적 축적과정으로 나타나게 되는 것이다.

비록 임금노동으로서 노동의 형태가 과정 전체의 모습에 대해, 그리고 생산 그것의 독특한 방식에 대해 결정적인 의의를 가지기는 하지만, 가치를 결정하는 것은 임금노동이 아니다. 가치의 결정에서 문제로 되는 것은 사회적 노동시간 일반이며 사회가 마음대로 처분할 수 있는 총노동량—말하자면 서로 다른 생산물들에 의한 이 총노동량의 흡수가 생산물 각각의 사회적 비중을 결정한다—이다. 물론 사회적 노동시간이 상품가치의 결정에서 결정적인 기능을 하게 되는 것은 임금노동으로서 노동의 형태와 이것에 대응하는 자본으로서 생산수단의 형태에서다. 왜냐하면 이런 형태에서만 상품생산이 생산의 일반적 형태로 되기 때문이다.

더욱이 이른바 분배관계 그 자체를 생각해 보자. 임금은 임금노동을 전제하고 있고 이윤은 자본을 전제하고 있다. 따라서 이런 특수한 분배형태는 생산조건들의 특수한 사회적 성격과 생산담당자들의 특수한 관계를 전제하고 있다. 특수한 분배관계는 역사적으로 규정된 특수한 생산관계를 표현할 따름이다.

이제 이윤을 살펴보자. 이 특수한 형태의 잉여가치는 자본주의적 생산형태에서 새로운 생산수단을 형성하기 위한 전제며 따라서 재생산을 지배하는 하나의 관계다. 비록 개별자본가는 이윤 전체를 수입으로 소비할 수 있는 것처럼 볼 수도 있지만, 그는 이미 보험재원, 준비재원, 경쟁의 법칙 따위에서 그렇게 할 수 없는 제한들을 보게 되며, 따라서 그는 이윤이 결코 개인적 소비를 위한 생산물의 단순한 분배범주가 아니라는 것을 알게 된다. 더욱이 자본주의적 생산과정 전체는 생산물의 가격에 의해 규제된다. 그런데 생산물의 가격을 규제하는 가격[지배적 생산가격]은 다시 이윤율의 균등화와 [이것에 대응하는] 각종 사회적 생산분야로 자본의 배분에 의해 규제된다. 이 경우 이윤은 생산물 분배의 주된 요소로 나타나는 것이 아니라 생산물 생산 그것[즉 자본과 노동을 각종 생산분야들에 분배하는 것]의 주된 요소로 나타난다. 이윤이 기업가이득과 이자로 분할되는 것은 단순히 동일한 수입의 분배처럼 보인다. 그러나 이것은 먼저 자기 자신을 증식시키는 가치[즉 잉여가치를 생산하는 가치]로서 자본[생산과정을 지배하는 이 특수한 사회적 형태]의 발전에서 생기는 것이다. 또한 이 분할은 그 자체에 의해 신용과 신용기관을 그리고 그와 함께 생산의 전체 모습을 발달시킨다 『예: 주식회사』. 이자 따위의 이른바 분배형태들은 생산의 규정적인 요소로 가격에 들어간다.

토지소유 그 자체는 생산과정 그것에서 아무런 기능 또는 어떤 정상적인 기능도 하지 않기 때문에 지대는 순수한 분배형태라고 생각할지도 모른다. 그러나 (1) 지대가 평균이윤을 넘는 초과분으로 제한되고 있다는 사실과, (2) 토지소유자가 생산과정과 사회적 생활과정 전체의 지휘자 · 지배자에서 단순한 토지임대인, 토지고리대업자, 단순한 지대취득자로 전환되고 있다는 사실은 자본주의적 생산양식의 특수한 역사적 산물이다. 지구가 토지소유라는 형태를 얻어야만 된다는 것은 이 생산양식의 역사적 전제조건이다. 그리고 토지소유가 농업의 자본주의적 경영방식을 가능하게 하는 형태 『예: 토지의 임대』를 얻는 것은 이 생산양식의 특수성의 산물이다. 다른 사회형태에서도 토지소유자의 수입을 지대라고 부를 수 있지만 그것은 이 생산양식에서 나타나는 지대와는 본질적으로 다르다.

그러므로 이른바 분배관계는, 생산과정과 [사람들이 자기들의 인간생활을 재생산하는 과정에서 상호간에 맺게 되는] 관계들의 역사적으로 특수한 사회적 형태들에 대응하며 그리고 그 형태들에서 생기는 것이다. 이 분배관계의 역사적 성격은 생산관계의 역사적 성격이며, 후자의 한 측면을 표현하고 있을 뿐이다. 자본주의적 분배는 기타의 생산양식에서 생기는 분배형태와는 다르다. 각각의 분배형태는 [자기가 유래하고 있으며 자기가 그것에 대응하고 있는] 각각의 독특한 생산형태와 함께 사라진다.

오직 분배관계만을 역사적인 것으로 생각하며 생산관계를 그런 것으로 생각하지 않는 견해는, 부르주아 경제학에 대한 초기의 아직 소극적이고 제한적인 비판에 불과하다. 그 견해는 사회적 생산과정을 단순한 노동과정[비정상적으로 고립된 인간이 어떤 사회적 도움도 없이 수행해야 하는 노동과정]과 혼동 · 동일시하는 것에 근거하고 있다. 노동과정이 인간과 자연 사이의 단순한 과정인 한, 그것의 단순한 요소들은 노동과정의 모든 사회적 발전형태들에 공통된 것이다. 그러나 노동과정의 특수한 역사적 형태들은 각각 이 과정의 물질적 토대와 사회적 형태를 더욱 발전시킨다. 일정한 성숙단계에 도달하면 그 일정한 역사적 형태는 버리게 되고 더 높은 형태에 자리를 양보한다. 이와 같은 위기의 순간이 도래하였다는 징조는, 한편에서는 분배관계 그리고 그것에 대응하는 생산관계의 특수한 역사적 형태와, 다른 한편에서는 생산력 · 생산성 그리고 생산력 구성요소들의 발달 사이의 모순 · 대립이 확대되고 심화된다는 점이다. 그리하여 생산의 물질적 발전과 생산의 사회적 형태 사이에 충돌이 생긴다.[57)]

---

57) 『경쟁과 협력의 장점 비교에 관한 현상 논문』(1834)을 참조하라.

제52장 계급들

임금 · 이윤 · 지대를 각각의 수입으로 삼고 있는 단순한 노동력의 소유자, 자본의 소유자, 토지의 소유자, 즉 임금노동자 · 자본가 · 토지소유자는 자본주의적 생산양식에 근거하고 있는 근대사회의 3대 계급이다.

이 근대사회와 이것의 경제적 편성이 가장 넓게 그리고 가장 전형적으로 발전한 나라는 명백히 영국이다. 그러나 여기에서조차 이 계급구성은 순수한 형태로 나타나지 않는다. 중간적 · 과도적 계층들이 그 계급구분을 애매하게 만들고 있다(비록 농촌에서는 도시에서보다는 심하지 않지만). 이미 본 바와 같이, 생산수단을 점점 더 노동으로부터 분리하며, 분산된 생산수단을 점점 더 대규모로 집중시키는 것, 이리하여 노동을 임금노동으로 전환시키며 생산수단을 자본으로 전환시키는 것은 자본주의적 생산양식의 끊임없는 경향이며 발전법칙이다. 그리고 이 경향에 대응하여 자본과 노동으로부터 토지소유가 독립적으로 분리되며[58] 모든 토

58) 리스트는 정당하게도 다음과 같이 지적하고 있다. "대소유지의 자가경영이 우세한 것은 문명 · 교통수단 · 국내공업 · 부유한 도시가 없음을 증명하고 있을 뿐이다. 그렇기 때문에 그것은 러시아 · 폴란드 · 헝가리 · 메클렌부르크 전역에서 발견된다. 자가경영은 이전에는 영국에서도 지배적이었지만, 상업과

지소유가 자본주의적 생산양식에 대응하는 토지소유형태로 전환된다.

먼저 대답해야 할 문제는 "무엇이 계급을 형성하는가?"이다. 그런데 이것에 대한 대답은 "무엇이 임금노동자 · 자본가 · 토지소유자를 세 개의 큰 사회적 계급으로 만드는가?"는 질문에 대답함으로써 자연히 명백해진다.

먼저 눈에 띄는 것은 하나의 계급은 수입과 수입원천이 동일하다는 점이다. 여기에 세 개의 큰 사회집단들이 있는데 그들의 구성원[즉 개인들]은 각각 임금 · 이윤 · 지대에 의해 그리고 그들의 노동력 · 자본 · 토지소유의 가치실현에 의해 생활하고 있다.

그러나 이런 관점에서 보면 의사와 정부관리도 또한 두 개의 계급을 구성해야 할 것이다. 왜냐하면 그들은 두 개의 다른 사회집단에 속하고 각각의 구성원의 수입은 각각 동일한 원천으로부터 나오기 때문이다. 이런 사정은 사회적 분업에 의해 노동자뿐 아니라 자본가와 토지소유자가 각종의 이해관계와 지위로 무한히 세분되는 경우—예컨대 토지소유자는 포도밭소유자 · 경작지소유자 · 삼림소유자 · 광산소유자 · 어장소유자 따위으로 세분된다—에도 적용될 것이다.

{엥겔스: 여기에서 원고가 중단되고 있다.}

공업의 발달에 따라 대소유지들은 중간 크기의 농장들로 분할되어 임대되었다."(『농지제도 · 영세경영 · 국외이주』, 1842: 10)

엥겔스: 『자본론』 제3권에 대한 보충설명*

Ⅰ. 가치법칙과 이윤율
Ⅱ. 증권거래소

* 엥겔스는 1895년 5월 21일 카우츠키에게 보낸 편지(CW 50: 510~513)에서 『자본론』 제3권에 대한 보충설명으로서 두 개의 논문을 쓰겠다고 말했다. 첫 논문인 「가치법칙과 이윤율」은 완성되어 엥겔스가 죽은(1895년 8월 5일) 뒤에 곧 『노이에 차이트』 제14권(1895~1896년) 1호와 2호에 실렸고, 둘째 논문은 초안일 따름이다.

『자본론』 제3권은 발간된 이래 여러 가지로 해석되고 있다. 이것은 예상한 대로다. 편집할 때 내가 특히 주의한 것은, 될 수 있는 대로 마르크스의 본문을 그대로 재생한다는 것, 마르크스가 발견한 새로운 결과를 될 수 있는 대로 마르크스 자신의 말로 제시한다는 것, 그리고 절대로 불가피한 곳에서만 내가 개입하되 이 경우에도 누구의 말인가를 독자가 명확히 알 수 있도록 한다는 것이었다. 사람들은 이것을 비난하였는데, 그들에 따르면 내가 그 재료를 가지고 체계적으로 완성된 책을 만들어야 했다는 것이다. 다시 말해 내가 독자들의 편의를 위해 마르크스의 본문을 희생시켜야 했다는 것이다. 그러나 나는 나의 임무를 그런 것으로 생각하지 않았다. 그렇게 개작할 권한은 나에게는 전혀 없었다. 마르크스와 같은 인물은 자기 자신의 글을 읽게 할 권리, 자기의 과학적 발견을 완전히 진짜의 자기 자신의 서술에 의해 후세에게 전할 권리를 가지고 있다. 더욱이 이처럼 위대한 인물의 유고에 그런 방식으로 개입하고 싶지도 않았으며 그렇게 하는 것은 배신이라고 나에게는 생각되었다. 그리고 그렇게 하는 것은 전혀 무익하였을 것이다. 읽을 수 없거나 읽기를 원하지 않는 사람들, 제1권을 올바르게 이해하는 데 걸리는 것보다 더욱 많은 노력을 오해하는 데 이미 지불한 사람들—이런 사람들을 위해 무엇을 더욱 추가한다는 것은 쓸모없는 일이다. 그리고 진정으로 이해하려고 노력하는 사람들에게는 바로 원본 그것이 가장 중요하다. 이들에게는 나의 개작은 기껏해야 주석의 가치밖에 없으며, 그것도 미발간되어 입수할 수 없는 것에 대한 주석의 가치밖에 없을 것이다. 최초의 논쟁에서 이미 원문이 언급되지 않을 수 없었을 것이고, 그리고 두 번째, 세 번째 논쟁에서는 그 원문 전체의 발간이 불가피하였을 것이다.

그런데 많은 새로운 것을, 급하게 써서 군데군데 탈락이 있는 최초의 원고 형태로 제시하고 있는 저작의 경우에는 이런 논쟁이 일어나는 것은 당연하다. 그러므로 이해의 곤란을 제거하기 위해, 그리고 본문에서는 그 의의가 충분히 명확하게 나타나지 않는 중요한 관점들을 더욱 부각시키기 위해, 또한 1865년에 쓴 본문에 1895년의 사태에 적합하도록 약간의 중요한 보충을 추가하기 위해, 내가 개입하는 것이 유용할 수가 있다. 사실상 내가 보기에는 약간의 논의가 필요하다고 생각되는 점이 이미 두 개가 있다.

Ⅰ. 가치법칙과 이윤율

이 두 요소들 사이의 외관상 모순의 해결은 마르크스의 본문이 발행된 이후에도 [발행 이전과 마찬가지로] 논쟁을 일으킬 것은 뻔했다. 많은 사람들은 사실상 완전한 기적을 기대하고 있었는데, 기대한 요술 대신 단순하고 합리적이며 산문적이고 평범한 해결을 보고 실망하였다. 가장 기뻐하면서 실망한 사람은 말할것까지도 없이 우리가 『서문에서』 이미 본 바 있는 로리아였다. 그는 드디어 자기와 같은 난쟁이라도 마르크스의 견고하고 거대한 건축물을 공중에 추켜 올려 파괴할 수 있는 아르키메데스의 지렛목을 발견한 것이다. 그는 격분하여 다음과 같이 부르짖는다. 이것이 해결이란 말인가? 이것은 순전히 기만이다! 경제학자들이 가치에 대해 말할 때 그들은 교환에서 실제로 확인되는 가치를 의미하는 것이다.

"그런데 상품이 그것대로 판매되지 않을 뿐 아니라 판매될 수도 없는 가치를 연구한다는 것은, 조금이라도 분별있는 경제학자라면 아무도 하지 않았을 것이며 또 결코 할 수도 없을 것이다…상품이 결코 그것대로 판매되지 않는 가치가 그 상품에 포함되어 있는 노동에 비례해 결정된다고 마르크스가 주장할 때, 그는 정통파경제학의 명제—상품이 그것대로 판매되는 가치는 그 상품에 지출된 노동에 비례하지 않는다—를 거꾸로 반복하고 있는 것이 아닌가?…개별가격이 개별가치와 떨어지더라도 모든 상품들의 총가격은 그들의 총가치[즉 총상품량에 포함되어 있는 노동량]와 일치한다고 마르크스가 말해도 전혀 도움이 되지 않는다. 왜냐하면 가치는 한 상품이 다른 상품과 교환되는 비율에 불과하므로 총가치라는 관념 그 자체가 이미 불합리하고 무의미하며…하나의 형용모순이기 때문이다."

로리아에 따르면, 마르크스는 자기 저작의 바로 첫 부분에서, 교환이 두 상품을 등치시킬 수 있는 것은, 오직 그것들이 하나의 동등한 종류의 그리고 동등한 크기의 요소 즉 동등한 노동량을 내포하기 때문이라고 말하고 있다. 그런데 지금 그는 상품들이 그것들에 포함되어있는 노동량과는 전혀 다른 비율로 교환된다고 단언함으로써 자기 자신의 설명을 매우 엄숙하게 부정하고 있다.

"이와 같은 '불합리'로 완전한 귀착, 이보다 더 큰 이론적 파산이 있었던가? 이보다 더 화려하고 엄숙하게 학문적 자살을 한 적이 있었던가?" (『누오바 안톨로지아』, 1895년 2월 1일: 477~479)

보는 바와 같이 로리아는 크게 기뻐하고 있다. 마르크스를 자기 자신과 동등한 사람, 흔히 볼 수 있는 사기꾼으로 취급한 것이 정당하지 않았던가? 보다시피, 마르크스도 로리아와 마찬가지로 독자를 우롱하며 이 아주 보잘 것 없는 이탈리아의 경제학 교수처럼 기만을 일삼고 있다. 그런데 둘카마라〚사기꾼의 대명사로, 여기에서는 로리아를 가리킨다〛는 자기의 직업에 능란하므로 그렇게 할 수 있지만, 서투른 북쪽 사람인 마르크스는 걸음마다 난처한 처지에 빠져 무의미하고 불합리한 말을 이야기하다가 결국 장엄하게 자살할 수밖에 없었다는 것이다.

상품은 노동에 의해 결정된 가치대로 결코 판매되지 않으며 판매될 수도 없다는 주장은 나중에 취급하기로 하고, 여기에서는 다만 "가치는 한 상품이 다른 상품과 교환되는 비율에 불과하므로 총가치라는 관념 그 자체가 이미 불합리하고 무의미하다."는 로리아의 주장을 검토하여 보자.

이렇게 되면 두 상품이 서로 교환되는 비율 즉 그들의 가치는 전적으로 우연적인 것이고 외부로부터 날아와 상품에 앉는 것이며 매일매일 달라질 수 있다. 1톤의 밀이 1그램의 금과 교환되는가 또는 1킬로그램의 금과 교환되는가가 밀이나 금에 내재하는 조건들에는 조금도 의존하지 않고 이 둘과는 전혀 무관한 사정에 의존하게 된다. 왜냐하면 그렇지 않다면 이 내재적인 조건들이 교환에서도 힘을 발휘하여 전체로서 교환을 규제하고 교환을 떠나서라도 자립적인 존재를 가질 수 있으며 따라서 상품들의 총가치에 대해 이야기할 수 있을 것이기 때문이다. 이것은 무의미하다고 저명한 로리아는 말한다. 어떤 비율로 두 상품이 교환되든 그것이 그들의 가치이며 그리고 그것뿐이다. 이리하여 가치는 가격과 동일하며 각각의 상품은 자기가 가질 수 있는 가격만큼의 가치를 가지게 된다. 그리고 가격은 수요와 공급에 의해 결정되는 것이며, 이것 이상을 묻는 사람은 [만약 그가 대답을 기대한다면] 바보다.

그러나 여기에는 하나의 작은 결함이 있다. 정상적인 상태에서는 수요와 공급은 서로 일치한다. 세계의 모든 상품을 절반으로 나누어 수요그룹과 공급그룹이라고 하며, 각각의 그룹은 100만원의 가격을 대표한다고 하자. 그러면 합계 200만원의 가격 또는 가치로 된다. 그런데 로리아는 이것을 무의미하고 불합리하다고 말한다. 두 그룹을 합계하면 200만원의 가격을 대표할지는 모르지만 가치의 경우에는 전혀 다르다는 것이다. 가격의 경우에는 1+1=2이지만 가치의 경우에는 [적어도 상품 전체가 문제로 되는 한] 1+1=0이다. 왜냐하면 이 경우 한 그룹은 다른 그룹의 상품에 대해 100만원을 지불하려고 하고 또 지불할 수 있으므로 한 그룹의 상품은 오직 100만원에 불과하며, 우리가 두 그룹의 상품 전체를 제3자의 수중에 집결시킨다면 한 그룹의 상품도 그리고 다른 그룹의 상품도 [그들이 제3자의 수중에서 교환될 필요가 없기 때문에] 가치를 가질 수 없기 때문이다. 이리하여 제3자도 아무런 가치를 가질 수가 없다. 결국 어느 누구도 아무것도 가지지 못한다. 여기에서 우리는 다시 한번 남쪽 사람 로리아가 가치 개념을 아무런 흔적도 남기지 않고 부수어 버린 그 수완에 탄복할 뿐이다. 이것이 바로 속류경제학의 최고봉이다.[1)]

브라운이 편집하는 『사회입법기록』*Archiv für soziale Gesetzgebung* 제7권

제4호 〖베를린, 1894년〗에서 좀바르트(1894)는 마르크스체계를 개관하고

---

1) '그의 명성에 의해 알려진'[하이네의 말을 빌리면] 이 신사는 나중에 제3권에 있는 나의 서문에 대답해야 한다고 생각하였다. 이것은 이 서문이 『라세냐』 1895년 제1호에 이탈리아어로 번역된 뒤의 일이며, 그의 대답은 1895년 2월 25일자의 『리포르마 소치알레』에 게재되었다. 그는 먼저 나에게 [그가 늘 그렇게 하는 그리고 그렇기 때문에 이중으로 불쾌한] 찬사를 퍼부은 다음, 그는 결코 유물사관에 대한 마르크스의 공헌을 표절하려고 생각한 적이 없음을 단언하고 있다. 그는 이미 1885년에 어느 잡지 논문에서 마르크스의 공헌을 지나가는 말로 인정하였다는 것이다. 그런데 마르크스의 공헌이 당연히 언급되어야 할 곳—즉 유물사관에 관한 그의 책—에서는 그는 입을 꽉 다물고 있으며 129쪽까지에는 마르크스가 전혀 언급되지 않고 그러고 나서도 오직 프랑스의 소규모 토지소유와 관련해서만 언급되고 있을 뿐이다. 그리고 이제 그는 대담하게 다음과 같이 언명하고 있다. 즉 마르크스는 결코 유물사관의 창시자가 아니며, 아리스토텔레스가 이미 그것을 암시하지 않았다고 한다면 해링턴(1656)이 의심할 바 없이 1656년에 그것을 제시하였으며 유물사관은 마르크스보다 훨씬 이전에 다수의 역사학자 · 정치가 · 법학자 · 경제학자에 의해 전개되었다는 것이다. 이 모든 것은 로리아 저서의 프랑스어판에서 볼 수 있다. 요컨대 그는 완전한 표절자이다. 그가 마르크스로부터 표절하여 뽐내는 것을 내가 막아 버리자 그는 마르크스도 자기와 마찬가지로 타인의 깃털로 치장하였다고 주장하는 것이다.

그는 또 나의 다른 반박에 대답하면서 마르크스는 결코 『자본론』의 제3권은 물론 제2권도 쓸 의도를 가지지 않았다고 주장한다. "이제 엥겔스는 나에게 제2권과 제3권을 던지면서 나를 반박했다고 의기양양하다! 나는 이 두 권을 매우 반가워하며, 내가 그것들로부터 큰 지적 자극을 받고 있기 때문에 지금의 패배[이것이 진짜 패배라면]보다 더욱 큰 기쁨을 주는 승리가 어디 있을 수 있겠는가. 그런데 이것이 진짜 패배인가? 마르크스가 발간할 목적으로 이 무질서한 노트들[이것들을 엥겔스가 경건한 우정으로 수집하였다]을 쓴 것이 사실인가? 마르크스가…이들 페이지에 자기의 저작과 체계의 완성을 맡겼다고 가정할 수 있는가? 마르크스가 평균이윤율에 관한 이 장—여기에서는 몇 년 전부터 약속한 해결이 가장 절망적인 기만과 가장 세속적인 말장난으로 돌아가고 있다—을 과연 발간하려고 하였을까? 적어도 이 점은 의심스럽다…이런 것들로 미루어 볼 때 마르크스는 자기의 훌륭한 저작 〖제1권〗을 발간한 이후 그 속권을

있는데 이것은 매우 우수하다. 독일의 대학교수가 마르크스의 저작에서 마르크스가 실제로 무엇을 말하였는가를 대체로 파악할 수 있게 된 것, 그리고 마르크스체계에 대한 비판은 반박("이것은 정치적 야심을 가진 사람에게 맡길 수 있다")에 있는 것이 아니라 그 이상의 전개에 있다는 것을 언명한 것은 이번이 처음이다. 좀바르트도 역시 지금 우리가 다루고 있는 문제를 취급하고 있다. 그는 마르크스체계에서 가치의 의의를 논의하면서 다음과 같은 결론에 도달하고 있다. 즉 가치는 현상수준[즉 자본주의적으로 생산된 상품들의 교환관계]에 존재하지 않는다; 가치는 자본주의적 생산의 담당자들의 의식 속에 존재하지 않는다; 가치는 경험적 사실이 아니라 관념적 또는 논리적 사실이다; 마르크스에서는 물질적 규정성으로서 가치 개념은, 노동의 사회적 생산성이 경제생활의 기초라는 사실의 경제적 표현에 불과하다; 가치법칙은 자본주의적 경제질서에서 궁극적으로 경제과정을 규제하는 것이며, 이 가치법칙의 일반적 내용은 상품의 가치란 [모든 경제과정을 궁극적으로 규제하는] 노동생산성이 하나의 결정적 요소로서 자기를 관철하는 특수한 역사적 형태라는 점에

낼 생각을 가지지 않았으며 더욱이 이 거대한 저작의 완성을 자기의 후계자에게 자기 자신은 책임을 지지 않고 맡길 생각을 갖고 있지 않았다는 것은 틀림없다."

이것이 267쪽에 쓰여 있는 것이다. 하이네는 "저자는 결국 자기의 독자들을 이성적인 인간인 것처럼 생각하는 버릇이 있다"고 말함으로써 속물적인 독일 독자들을 최대로 경멸하였다. 우리의 저명한 로리아는 자기의 독자를 어떻게 생각하고 있는 것일까?

끝으로, 불행한 나에 대한 새로운 찬사가 쏟아지고 있다. 여기에서 우리의 로리아는 [저주하러 왔으나 그의 입술은 그의 의지와는 반대로 '축복과 사랑의 말'을 지껄이는] 발람과 비슷하다 〚구약성서의 민수기와 신명기를 참조하라〛. 그러나 진짜 발람의 특징은 자기보다 영리한 당나귀를 타고 다녔다는 점인데, 우리의 발람은 이번에는 분명히 당나귀를 집에 두고 온 것이다.

있다. 이것이 좀바르트가 한 이야기다. 생산의 자본주의적 형태에서 가치법칙의 의의를 이렇게 파악하는 것은 잘못된 것이라고 말할 수는 없다. 그러나 내가 보기에는 이런 파악은 너무나 일반적이어서 좀 더 치밀하고 정확한 정식화가 필요한 것 같다. 이런 파악으로는 가치법칙이 [이 법칙에 의해 규제되고 있는] 사회의 경제발전단계에 대해 가지고 있는 의의의 전부를 포섭할 수 없다.

브라운이 편집하는 『사회정책중앙신문』*Sozialpolitisches Zentralblatt* 제22호(1895년 2월 25일)에는 『자본론』 제3권에 관한 슈미트(1895)의 우수한 논문이 있다. 이 논문에서 특히 주목해야 할 것은, 마르크스가 잉여가치에서 평균이윤을 도출한 것이 평균이윤율이 어떻게 결정되며 왜 그것이 50%나 100%로 되지 않고 10%나 15%로 되는가 하는 문제—이전의 경제학자들은 제기조차 하지 않았던 문제—에 대해 처음으로 대답한 것임을 증명하고 있다는 점이다. 산업자본가에 의해 맨 먼저 취득되는 잉여가치가 이윤과 지대의 유일한 원천이라는 것을 우리가 알고 있으므로 이 문제는 자동적으로 해결된다. 슈미트 논문의 이 부분은 직접적으로 로리아와 같은 경제학자들을 위해 쓰여진 것이라 볼 수 있다[만약 보기를 원하지 않는 사람들의 눈을 뜨게 해주려는 노력이 시간낭비가 아니라면].

슈미트도 또한 가치법칙에 관해 형식적인 의문을 품고 있다. 그는 가치법칙을 현실적인 교환과정을 설명하기 위해 세운 과학적 가설이라고 부르고 이 가설은 [외관상으로는 이것과 완전히 모순되는] 경쟁 아래의 가격현상을 설명하는 데 필요불가결한 이론적 출발점인 것이 실증된다고 한다. 그의 견해에 따르면, 가치법칙이 없다면 자본주의적 현실의 경제적 메커니즘에 대한 어떤 이론적 통찰도 불가능하다. 그가 나에게 인용하는 것을 허락한 개인 편지에서 그는 생산의 자본주의적 형태에서 가치법칙은 하나의 허구—비록 이론적으로 필요한 허구이긴 하지만—라고 언명하고 있다〘1895년 3월 1일 엥겔스에게 보낸 슈미트의 편지인데, 이에 대해 엥겔스는 3월 12일 답장을 보낸다』. 그러나 나의 견해로는 이런 파악은 전혀 부당하다. 가치법칙은 자본주의적 생산에 대해 단순한 가설이나 필요한 허구가 가진 중요성보다 훨씬 더 크고 명확한 중요성을 가지고 있다.

좀바르트와 슈미트는—나는 저명한 로리아를 웃기는 속류경제학자로 여기에 끌어들인다—다음과 같은 사실에 충분한 주의를 기울이고 있지 않다. 즉 우리가 여기에서 다루고 있는 것은 순수하게 논리적 과정일 뿐 아니라, 역사적 과정과 이 과정의 설명이 사고에 반영되는 것, 그리고 이 과정의 내부관련들의 논리적 추적이라는 사실이다.

결정적인 단락은 제3권 제10장 217쪽에 있다.

"모든 문제는 다음과 같은 사실로부터 생긴다. 즉, 상품들이 단순히 상품으로서 교환되는 것이 아니라 자본의 생산물로서 교환되며, 자본은 잉여가치 총량에서 각각의 크기에 비례해 일정한 몫을—동일한 크기의 자본에게는 동일한 분배 몫을— 요구하고 있다는 점이다."

이 구별『단순한 상품과 자본의 생산물로서의 상품』을 설명하기 위해, 노동자들은 자기의 생산수단을 소유하고 있고 평균적으로 동일한 노동시간에 동일한 강도로 노동하며 상품들을 직접적으로 서로 교환한다고 가정하자. 두 노동자는 하룻동안 그들의 생산물에 동일한 새로운 가치를 추가하지만 각자의 생산물은 소비된 생산수단에 이미 대상화되어 있는 노동에 따라 그 가치가 달라진다. 이 후자의 가치부분은 자본주의 경제의 불변자본에 대응하고, 새로 추가된 가치 중 노동자의 생활수단에 해당하는 부분은 가변자본에 대응하며, 새로 추가된 가치의 나머지 부분은 잉여가치에 대응하는데, 이 마지막 부분은 이 경우에는 노동자 자신의 것으로 된다. 이 두 노동자는 [그들이 다만 투하하였을 뿐인] '불변'가치부분의 보충분을 뺀 이후에는 동등한 가치를 얻게 된다. 그러나 잉여가치부분과 생산수단의 가치 사이의 비율—자본주의의 이윤율에 대응하는 것—은 각각 다르다. 그러나 이것은 전혀 문제가 되지 않는다. 왜냐하면 그들은 모두 교환에서 자기의 생산수단의 가치를 회수하기 때문이다.

"따라서 상품들이 가치대로 또는 거의 가치대로 교환되는 것은, 상품들이 생산가격에 따라 교환되는 것[이를 위해서는 일정한 정도의 자본주의적 발전이 필요하다]보다 훨씬 낮은 발전단계에 해당한다…가치법칙이 어떻게 가격과 가격의 운동을 규제하는가는 무시하더라도, 상품의 가치가 이론적으로도 역사적으로도 상품의 생산가격보다 앞선다는 주장은 전적으로 정당하다. 이 주장은 생산수단이 노동자의 것인 경제형태에 적용되는데, 이런 경제형태는 고대세계와 현대세계에서 자기 자신을 위해 노동하는 소토지소유 농민과 수공업자에게서 볼 수 있다. 더욱이 이 주장은 우리가 이전에 표명한 견해—즉 생산물이 상품으로 발전하는 것은 서로 다른 공동체들 사이의 교환에서 생긴 것이지 동일한 공동체의 구성원들 사이의 교환에서 생긴 것은 아니다—와 일치한다. 이 주장은 원시적 상태에만 적용되는 것이 아니라 노예제와 농노제에 의거한 나중의 사회상태와 수공업생산의 길드조직에도 적용된다. 왜냐하면 각 생산분야에 투하된 생산수단이 한 분야에서 다른 분야로 쉽게 이전할 수 없으며, 따라서 서로 다른 생산분야들 사이의 관계가 일정한 정도까지는 다른 나라들 사이의 관계 또는 공산주의적 공동체들 사이의 관계와 비슷하기 때문이다."(제3권 제10장: 219~220)

마르크스가 제3권을 다시 한 번 검토하였더라면 그는 분명히 이 단락을 더 상세하게 논의하였을 것이다. 이 단락은 쓰여진 그대로는 문제점에 대해 말해야 할 것의 윤곽만을 보여주고 있을 뿐이다. 그러므로 이 문제에 대해 좀더 상세하게 논의해 보자.

우리 모두가 알고 있는 바와 같이, 초기의 사회에서는 생산물이 생산자 자신에 의해 소비되었고 생산자들은 다소 공산주의적으로 조직된 자연발생적 공동체에서 살고 있었으며 그들의 잉여생산물을 외부인과 교환하는 것—이것에 의해 생산물이 상품으로 전환된다—은 나중의 일이었다. 교환은 처음에는 서로 다른 종족공동체 사이에서 일어나고 나중에 가서 공동체 내부에서도 행해지며, 이리하여 공동체가 크고 작은 가족집단으로 분해되는 것에 결정적인 기여를 하게 된다. 그러나 이런 분해 이후에도 교환을 행하는 가장은 여전히 근로농민이고, 이들은 자기의 필수품 거의 모두를 자기의 농토에서 가족의 도움을 받아 생산하며, 자기의 필수품 중 매우 작은 부분만을 자기 자신의 잉여생산물과 교환하여 외부에서 얻는다. 가족은 농업과 축산에 종사할 뿐 아니라, 자기들의 생산물을 완성소비품으로 가공하며, 곳에 따라서는 맷돌로 곡분을 만들어 빵을 굽고, 아마와 양모를 방적 · 염색 · 직조하며, 가죽을 손질하고 나무집을 짓고 수리하며, 도구와 기구를 만들고, 철공일과 금속세공도 한다. 그러므로 가족 또는 가족집단은 기본적으로 자급자족하고 있다.

이런 가족이 교환에 의해 타인으로부터 얻거나 구매해야 하는 그 작은 부분은 19세기 초까지 독일에서는 주로 수공업생산의 대상물—즉 농민이 그 제조방법을 모르는 것은 아니지만 원료가 없어서 생산할 수 없거나 구매하는 물품이 훨씬 좋거나 훨씬 값싸기 때문에 농민 자신이 생산하지 않는 물건들—이었다. 그러므로 중세의 농민은 자기가 교환에서 얻는 물품의 제조에 필요한 노동시간을 매우 정확하게 알고 있었다. 촌락의 대장장이와 수레제조공은 농민의 눈앞에서 일하고 있었고, 재봉사와 구두제조공도 그러하였는데 이들은 나의 소년시대만 하여도 라인지방의 농가를 차례차례 방문하여 농가의 원료로 의류와 구두를 만들어 주었다. 농민이나 농민에게 판매하는 사람 모두도 자기 자신이 노동자였고 교환되는 물품들은 자기 자신의 생산물이었다. 그들은 이런 물품들의 생산에 무엇을 지출하였는가? 노동이며 노동뿐이다. 도구를 갱신하기 위해, 원료를 생산하고 가공하기 위해 자기 자신의 노동력 이외에는 아무것도 지출하지 않았다. 따라서 그들은 자기의 생산물과 다른 노동하는 생산자의 생산물을 교환할 때 생산물에 지출된 노동에 비례해 교환하는 수밖에 없었다. 이 생산물들에 지출된 노동시간은 교환될 크기들의 양적 결정을 위한 가장 적합한 척도였을 뿐 아니라 그 이외의 척도는 없었다. 농민과 수공업자가 10시간 노동의 생산물을 1시간 노동의 생산물과 교환할 정도로 어리석다고 생각할 수 있는가? 소농민적 자연경제의 시기 전체를 통해, 교환되는 상품량이 상품에 체현되어 있는 노동량에 의해 측정되는 경향의 교환 이외에는 있을 수 없다. 화폐가 이 경제형태에 침입하는 순간부터 가치법칙(마르크스에 의해 정식화된 가치법칙임을 주의하라!)에 적응하는 경향은 더욱 뚜렷해진다. 비록 이 경향은 고리대자본과 재정적 수탈의 간섭에 의해 손상을 입게 되어, 가격이 평균적으로 거의 가치에 근접해 가는 시간은 더 길어지게 되었지만.

농민의 생산물과 도시수공업자의 생산물 사이의 교환에 대해서도 같은 말을 할 수 있다. 초기에는 이 교환은 [농민이 팔고 사는] 도시의 장날에 상인의 매개 없이 직접적으로 행해진다. 이 경우에도 수공업자의 노동조건은 농민에게 알려져 있고 농민의 노동조건은 수공업자에게 알려져 있다. 수공업자 자신도 아직 어느 정도 농민이어서 채마밭과 과수원을 가지고 있을 뿐 아니라 때때로 약간의 경작지, 한두 마리의 암소·돼지·닭 따위를 가지고 있다. 그러므로 중세의 사람들은 서로서로 상대방의 생산비를 원료·보조원료·노동시간의 면에서 상당히 정확하게 계산할 수 있었다—적어도 매일 일반적으로 사용되는 물품에 관한 한.

그러나 노동량이 생산물교환의 척도로 역할할 때, 예컨대 곡물이나 가축과 같은 생산물[즉 상당히 장기에 걸쳐 노동이 행해지며 불규칙적인 노동중단이 있고 또 노동의 성과도 불확실한 생산물]에 대해 어떻게 노동량을 [비록 간접적이고 상대적이라고 하더라도] 계산할 수 있는가? 더욱이 계산할 줄 모르는 사람의 경우에는? 분명히 우왕좌왕 암중모색하는 긴 과정을 통해서만 가능할 것인데, 이 과정에서 사람들은 다른 경우에서와 마찬가지로 쓴 경험을 통해 지혜를 얻게 되었다. 그러나 각자가 자기 자신의 비용을 회수해야 할 필요성은 끊임없이 계산의 올바른 방향을 제시해 주었고, 교환되는 물품의 수가 적다는 것과 그것들의 생산방법이 때때로 몇 세기에 걸쳐 변하지 않는다는 것이 노동량에 따른 교환의 달성을 더 쉽게 하였다. 생산물들의 상대적 가치가 상당히 정확하게 확정되는 데 결코 그렇게 오랜 시간이 걸리지 않았다는 것은 다음과 같은 사실—즉 하나하나의 생산시간이 길기 때문에 위와 같은 확정이 매우 어렵게 보이는 상품[예: 가축]이 거의 일반적으로 승인된 최초의 화폐상품이었다는 사실—에 의해 증명된다. 가축이 화폐상품으로 되기 위해서는 가축의 가치[즉 가축과 기타의 온갖 상품들 사이의 교환비율]가 비교적 이례적으로 다수의 종족 사이에서 승인되고 확정되어 있었음에 틀림없다. 그리고 확실히 그 당시의 사람들—가축 사육자나 그 고객들—은 자기가 지출한 노동시간을 교환에서 등가를 받지 않고서는 내어주지 않을 만큼 영리하였다. 그런데 사람들이 상품생산의 초기상태에 있으면 있을수록—예컨대 러시아인과 동양인—그들은 자기가 생산물에 지출한 노동시간의 완전한 보상을 얻어내기 위해 오늘날까지도 길고 집요한 흥정에 더욱 더 많은 시간을 허비한다.

이런 노동시간에 의한 가치결정에서 출발하여 전체의 상품생산 그리고 가치법칙의 여러 측면들이 자기를 관철하는 다양한 관련들이 『자본론』 제1권 제1편에 서술된 것처럼 전개된다. 이리하여 특히 노동만이 가치형성적인 〖가치창조적인〗 조건들이 제시된다. 더욱이 이런 조건들은 당사자들이 의식하지 않더라도 자기를 관철시키며, 따라서 어려운 이론적 조사에 의해서만 비로소 일상적인 실천에서 추상할 수 있다. 그 조건들은 [마르크스가 밝힌 바와 같이 상품생산의 본성에서 필연적으로 나오는] 자연법칙처럼 작용한다. 가장 중요하고도 결정적인 진보는 금속화폐로 이행한 것이었는데, 그러나 이 이행의 결과로 노동시간에 의한 가치결정은 상품교환의 표면에서 이제는 더 이상 볼 수 없게 되었다. 화폐가 현실적으로 결정적 가치척도가 되었는데, 거래되는 상품이 다양할수록 그리고 먼 나라들에서 오는 상품들이 많아질수록, 그리하여 그것들의 생산에 필요한 노동시간을 조사하기가 어려워질수록, 그만큼 더 화폐는 결정적 가치척도가 되었다. 그런데 화폐 그것도 처음에는 대부분이 외국에서 왔다. 국내에서 귀금속이 채취되는 경우에도, 부분적으로는 농민과 수공업자는 그 채취에 지출된 노동을 비슷하게나마 계산할 수 없었으며, 부분적으로는 화폐로 계산하는 습관 때문에 노동의 가치척도적 속성에 대한 그들 자신의 의식도 상당히 희미하게 되었으므로, 일반인의 관념에서는 화폐가 절대적 가치를 대표하게 된 것이다.

요컨대 마르크스의 가치법칙은 단순상품생산의 시기 전체를 통해—즉 자본주의적 생산형태의 출현에 의해 단순상품생산이 변화할 때까지—[어떤 경제법칙이 타당한 만큼이나] 일반적으로 타당하다. 그때까지 가격은 마르크스의 법칙에 의해 결정되는 가치로 끌려가며 이 가치를 중심으로 움직인다. 따라서 단순상품생산이 완전히 발달할수록, 그만큼 더욱 평균가격은 외부로부터의 격렬한 교란에 의해 중단되지 않는 비교적 장기에 걸쳐 무시할 수 있는 편차를 가지면서 가치와 일치하게 된다. 그러므로 마르크스의 가치법칙은 생산물이 상품으로 전환되는 교환의 시초로부터 15세기에 이르는 기간까지 일반적인 경제적 타당성을 가지고 있다. 그런데 상품교환은 기록된 역사 이전부터 시작하며, 이집트에서는 적어도 기원전 3,500년까지 바빌론에서는 기원전 4,000년 또는 6,000년까지 소급하기 때문에, 가치법칙은 5,000~7,000년 동안 지배한 것이다. 이제 우리는 이 기간을 통해 일반적으로 직접적으로 타당하였던 가치에 대해, 상품들이 가치대로 판매된 적도 없고 판매될 수도 없다고 말하면서 조금이라도 건전한 상식을 가진 경제학자라면 누구도 가치를 문제삼지 않을 것이라고 주장하는 로리아의 심오한 사상에 감탄하게 된다!

이제까지 우리는 상인에 대해서는 언급하지 않았다. 우리는 단순상품생산에서 자본주의적 생산으로 전환할 때까지 상인의 개입을 고찰하지 않아도 되었다. 상인은 기타의 모든 것이 마치 세습에 의한 것처럼 안정적이었던 단순상품생산사회에서는 혁명적인 요소였다. 이 사회에서 농민은 자기의 경작지뿐 아니라, 자유로운 소유자, 자유로운 또는 예속적인 소작농 또는 농노라는 자기의 신분을, 그리고 도시수공업자는 자기의 업종과 길드특권을, 세습에 의해 거의 양도할 수 없는 것으로 계승하고 있었고, 또한 각자는 자기의 고객 · 자기의 판매시장 그리고 자기의 세습적인 직업을 위해 어릴 때부터 습득한 재능도 계승하고 있었다. 이런 사회에 이제 상인이 출현하여 이 사회를 변혁시키기 시작한다. 그러나 그는 의식적인 혁명가로서가 아니라 그 반대로 이 사회의 피와 살로서 〖뼛속까지 이 사회의 사람으로서〗 나타났다. 중세의 상인은 결코 개인주의자가 아니었고 그의 모든 동시대인과 마찬가지로 본질적으로 공동체구성원이었다. 농촌에서는 원시공산주의로부터 생긴 마르크공동체가 지배하고 있었다. 각각의 농민은 처음에는 동등한 질과 크기의 경작지 지분을 가지고 있었고, 마르크공유지에 대한 권리도 동등하게 가지고 있었다. 마르크공동체가 폐쇄적인 공동체로 되고 새로운 경작지 지분이 더 이상 분배되지 않게 되자 상속 따위에 의한 경작지 지분의 분할이 일어나고, 이에 따라 공유지에 대한 권리에도 분할이 생겼다. 그러나 완전한 경작지 지분이 여전히 단위로서 기능하였고 완전한 경작지 지분의 $\frac{1}{2}$, $\frac{1}{4}$ 또는 $\frac{1}{8}$은 공유지에 대한 권리의 $\frac{1}{2}$, $\frac{1}{4}$ 또는 $\frac{1}{8}$을 주었다. 이 이후의 모든 생산공동체는 마르크공동체를 모델로 삼고 있었다. 특히 도시의 길드가 그러하였는데, 길드의 조직은 마르크공동체의 조직원리를 제한된 토지영역에 대해서가 아니라 수공업적 특권에 대해 적용한 것에 불과하였다. 조직전체의 핵심은, 조직전체가 확보하고 있는 특권들과 용익권들에 구성원 각자가 균등하게 참가하는 것이었으며, 이것은 1527년의 엘베르펠트와 바르멘의 '면사조합'의 특허장에 명백히 표명되고 있다.(튠, 1879:

164 이하) 이것은 광업조합에 대해서도 마찬가지였는데, 각각의 광산지분은 동등한 몫을 가지며 그것의 권리와 의무는 마르크공동체의 경작지 지분과 동일한 방식으로 분할될 수 있었다. 이것은 해외무역을 일으킨 상인조합에 대해서도 마찬가지였다. 알렉산드리아나 콘스탄티노플의 항구에 있던 베네치아인들과 제노바인들—자기 자신의 '폰다코fondaco'[주택 · 여관 · 창고 · 전시장 · 판매장이면서 중앙사무소]를 가졌던 각 '국민'—은 경쟁자들과 고객에게는 폐쇄된 완전한 상인조합을 형성하였는데, 이 조합은 그들 사이에서 협약한 가격으로 판매하며 그들의 상품은 공적 검사에 의해 보증 · 검인된 일정한 품질을 가지고 있었으며 그들은 현지인의 생산물 따위에 대해 지불해야 할 가격을 공동으로 결정하였다. 노르웨이의 베르겐의 독일 '다리'에 있었던 한자동맹상인들도 그러하였고 그들의 경쟁상대였던 네덜란드인과 영국인도 그러하였다. 협정한 가격보다 낮게 판매하거나 높게 구매하는 사람은 화를 입었다. 그가 당한 보이코트는 조합이 그에게 부과하는 직접적 처벌을 제외하더라도 무조건의 파멸을 의미하였다. 그러나 특정한 목적을 가진 더 긴밀한 조합도 형성되었다. 예컨대 14세기와 15세기 제노바의 마오나[이 조합은 소아시아의 포캐아와 키오스섬의 명반석광산을 오랫동안 지배하였다], 14세기 말부터 이탈리아와 스페인에서 영업을 하였고 거기에 거류지를 건설한 거대한 라벤스베르크상사, 그리고 66,000두카트의 자본과 세 척의 배를 가지고 1505~1506년의 포르투갈의 인도원정에 참가해 150% 또는 175%의 순이익을 올린 아우크스부르크의 푸가 · 벨자 · 페린 · 회히슈텟터 따위와 뉴렘베르크의 히르쉬포겔 따위의 독일회사(하이트, 『중세의 근동무역사』, 1879: 524), 그리고 루터를 그렇게 격분시킨 일련의 '독점'회사들이 그것이다.

여기에서 우리는 처음으로 이윤과 이윤율에 부닥친다. 그리고 상인들의 노력은 의도적 · 의식적으로 이윤율을 모든 참가자들에게 균등하게 하는 데로 향해진다. 근동의 베네치아상인들 그리고 북방의 한자동맹상인들은 누구나 자기의 구입상품에 대해 자기의 이웃이 지불하는 바로 그 가격을 지불했으며 상품의 수송비는 누구에게나 동등하였고 누구나 자기의 상품에 대해 자기 '국민'의 다른 상인과 동일한 가격을 받았으며, 또 돌아올 때 싣고 오는 짐도 동일한 가격으로 구매하였다. 그러므로 이윤율은 모든 사람에게 동일하였다. 거대한 상사의 경우 이윤이 불입된 자본지분에 비례해 분배되는 것은 마치 마르크공유지의 권리에 대한 참가가 공인된 경작지 지분에 비례하고 광산이윤에 대한 참가가 광산지분에 비례하는 것과 마찬가지로 자명한 것이다. 이리하여 여기에서는 평균이윤율—이것은 그것의 가장 발달된 형태에서는 자본주의적 생산의 최종결과의 하나이지만—은 그것의 가장 단순한 형태에서는 자본의 역사적 출발점의 하나로서 나타나며, 더욱이 [원시공산주의의 직접적 산물인] 마르크공동체의 직접적 산물로서 나타난다.

이 최초의 이윤율은 필연적으로 매우 높았다. 사업은 매우 위험하였는데 그 이유는 횡행하는 해적행위 때문이었을 뿐 아니라 경쟁하는 국민들도 기회가 있을 때마다 온갖 종류의 폭행을 서슴지 않았기 때문이기도 했다. 끝으로 판매시장과 판매조건은 외국 통치자의 특허에 근거하고 있었는데 이 특허는 자주 파기되고 취소되었다. 그러므로 이윤 중에는 높은 보험료가 포함되지 않을 수 없었다. 그밖에 회전은 완만하였고 거래의 체결은 까다로웠으며 가장 좋은 시기—물론 오래 계속되는 일은 드물었지만—에는 상업은 독점이윤을 수반하는 독점사업이었다. 이윤율이 평균적으로 매우 높았다는 것은 당시 일반적이었던 매우 높은 이자율—물론 언제나 대체로 상업이윤의 보통수준보다는 낮을 수밖에 없었지만—에 의해 증명된다.

그러나 조합적 협력에 의해 획득되는 이 [높지만 모든 참가자에 대해 균등한] 이윤율은 조합 안에서만—이 경우에는 '국민' 안에서만—해당되는 일이었다. 베네치아인 · 제노바인 · 한자동맹상인 · 네덜란드인 따위는 각 국민별로 그리고 처음에는 각 판매시장별로 특수한 이윤율을 가지고 있었다. 이런 각종 조합별 이윤율의 균등화는 경쟁에 의해 달성되었다. 처음에는 하나의 동일한 국민에 대해 다른 시장에서의 이윤율이 균등화되었다. 알렉산드리아가 사이프러스〚키프로스〛 · 콘스탄티노플 · 트레비존드보다 높은 이윤율을 베네치아의 상품에 대해 준다면, 베네치아인들은 알렉산드리아에 더 큰 자본을 투하하고 기타 시장과의 상업에서 자본을 철수시킬 것이다. 그 다음에는 동일한 시장에 동일한 상품 또는 비슷한 상품을 수출하는 각 국민들 사이에서 이윤율이 점차로 균등화되었는데, 이 경우 이들 국민 중 약간은 몰락하여 무대에서 사라지는 일도 매우 많았다. 이런 과정은 정치적 사건에 의해 끊임없이 중단되었다. 예컨대 레반트무역〚근동무역〛 전체는 몽골인과 터키인의 침략 때문에 쇠퇴하기 시작하였으며 1492년 이래의 지리상 · 상업상의 대발견은 이 쇠퇴를 촉진하고 항구적인 것으로 만들었다.

이것에 뒤따라 일어난 판매영역의 갑작스러운 확장과 이와 관련된 무역로의 변혁은 처음에는 상업경영방식에 본질적인 변화를 일으키지는 않았다. 인도 · 아메리카와의 무역은 이전과 마찬가지로 주로 조합에 의해 수행되었다. 그러나 이제 이들 조합의 배후에는 더 큰 나라들이 서 있었다. 근동무역의 카탈로니아인과는 달리, 아메리카무역에서는 거대한 통일된 스페인 전체가 나타났고, 그 다음으로 영국과 프랑스가 있었으며, 가장 작은 나라인 네덜란드와 포르투갈까지도 이전 시대의 가장 크고 가장 강력한 상업국이었던 베네치아와 적어도 동등한 정도로 크고 강력하였다. 이것은 16세기와 17세기의 '모험상인'에게 하나의 방패를 주었으며, 이 때문에 무장력에 의해 조합원을 보호하고 있었던 조합은 점점 더 불필요하게 되었고 조합의 비용은 큰 부담이 되었다. 그리고 이제 개인의 수중에 있는 부가 매우 급속하게 증대하였고 이리하여 개개의 상인들이 이전에는 조합 전체가 출자하였던 자금을 출자할 수 있었다. 조합은—그것이 여전히 존속한 경우에는—대체로 무장한 상사로 전환하여 모국의 보호와 주권 아래 새로 발견된 나라 전체를 정복해 독점적으로 수탈하였다. 그러나 새로운 지역들에서 식민지가 주로 국가에 의해 설립되면 될수록, 조합무역은 그만큼 더욱 개별상인의 배후로 물러서게 되었으며, 이리하여 이윤율의 균등화는 점점 더 오직 경쟁의 결과로 되었다.

이제까지 우리는 오직 상업자본의 이윤율만 언급하였다. 왜냐하면 이제까지는 오직 상업자본과 고리대자본만이 있었고 산업자본은 이제부터 발전해야 하였기 때문이다. 생산은 여전히 주로 자기 자신의 생산수단을 소유하고 있는 노동자들의 수중에 있었고, 따라서 그들의 노동은 자본을 위해 잉여가치를 낳는 것은 아니었다. 만약 그들이 자기 생산물의 일부를 제3자에게 공짜로 주어야만 하였다면 그것은 봉건영주에 대한 공납형태였을 것이다. 그러므로 상인자본은 자기의 이윤을 적어도 처음에는 국내생산물의 해외구매자나 외국생산물의 국내구매자로부터만 얻을 수 있었다. 이 시기의 말경에—즉 이탈리아에서는 근동무역의 쇠퇴와 함께—비로소 외국의 경쟁과 판매의 곤란 때문에 수출상품을 생산하는 수공업적 생산자가 자기의 상품을 수출상인에게 그것의 가치이하로 팔지 않으면 안 되었다.

그리하여 여기에서 우리는 개별생산자들 사이의 국내 소매거래에서는 상품들은 평균적으로 그 가치대로 판매되지만, 국제무역에서는 위에 말한 이유 때문에 대체로 그 가치대로 판매되지 않는다는 현상을 보게 된다. 이것은 오늘날의 사정—즉 국제무역과 도매거래에서는 생산가격이 지배하지만 도시의 소매거래에서는 전혀 다른 이윤율이 가격형성을 지배하고 있다—과 정반대다. 예컨대 오늘날에는 쇠고기의 경우 런던의 도매상에서 런던의 고객에 이르기까지의 가격인상이, 시카고의 도매상에서 런던의 도매상에 이르기까지의 가격인상(운임포함)보다 더욱 크다.

가격형성에서 이런 변혁을 점차적으로 일으킨 것은 산업자본이었다. 중세에 이미 산업자본의 싹이 해운업 · 광업 · 섬유공업에서 나타났다. 이탈리아와 한자동맹의 해양국이 운영하고 있었던 규모의 해운업은 선원 즉 임금노동자(그의 임금관계는 이윤에 대한 참여를 수반하는 조합형태 때문에 은폐될 수도 있다) 없이는 불가능하였으며, 그 당시의 갤리선도 노를 젓는 임금노동자나 노예 없이는 불가능하였다. 처음에는 노동자들의 조합이었던 광산회사는 이제는 거의 대부분 임금노동이 채광하는 주식회사로 전환되었다. 그리고 섬유공업에서는 상인은 소규모 직물장인들에게 실을 공급하고 고정된 임금을 지불해 상인 자신의 계산으로 직물로 가공시키는 것—즉 단순한 상인이 아니라 이른바 '선대상인putter-out'으로 되는 것—에 의해 그들을 직접적으로 자기에게 봉사하도록 만들기 시작하였다.

여기에서 우리는 자본주의적 잉여가치 형성의 단서를 보게 된다. 광산회사는 폐쇄적인 독점단체의 성격을 가지고 있으므로 무시해도 좋다. 해운업의 경우에는 이윤은 적어도 육상운송의 보통의 이윤에 선박의 보험 · 마멸 따위를 추가한 것과 동등해야 된다는 것은 자명하다. 그러면 섬유 선대상인—그는 자본가의 계산으로 직접적으로 생산된 상품[그리고 수공업자의 계산으로 생산된 동종의 상품과 경쟁하게 된 상품]을 시장에 내놓은 첫 번째 사람이었다—의 경우에는 사정은 어떠하였는가?

상업자본의 이윤율은 이미 주어진 사실로서 존재하고 있었다. 또한 그것은 적어도 각각의 지방에서는 어떤 비슷한 평균치로 이미 균등화되어 있었다. 그러면 무엇 때문에 상인은 선대업자의 기능까지 담당하였는가? 그것은 오직 하나의 이유—즉 판매가격은 다른 상인들과 동등하면서도 더 큰 이윤을 얻을 수 있다는 전망—때문이었다. 그는 사실상 이런 전망을 가지고 있었다. 그는 소규모 장인을 자기에게 봉사하게 함으로써 생산에 대한 전통적인 제한[즉 생산자는 단순히 자기 자신의 완성생산물을 판매할 뿐이며 그 이외의 것은 아무것도 판매하지 못한다는 제한]을 타파하였다. 상인은 노동력을 구매한 것인데, 이 노동력은 아직 당분간은 자기의 생산도구를 소유하고 있었지만 이미 원료는 소유하고 있지 않았다. 상인은 이리하여 직조공에게 규칙적인 취업을 보장하였지만, 다른 한편에서는 그의 임금을 인하함으로써 수행된 노동시간의 일부를 지불하지 않을 수 있었다—그리하여 선대상인은 자기의 이전의 상업이윤 이외에 잉여가치를 얻게 되었다. 그러나 이것을 위해 그는 실 따위를 구매하여 직물이 완성될 때까지 직조공의 수중에 맡겨두어야 하기 때문에 추가자본을 투하해야 한다. 이전에는 상인은 이 직물을 구입할 때 비로소 그 가격 전체를 지불하면 되었던 것이다. 그러나 첫째로 선대상인은 그 이전에 이미 추가자본을 직조공에게 지출한 경우가 대부분이다. 왜냐하면 직조공은 채무노예상태에서 비로소 새로운 생산조건에 굴복하는 것이 통례이기 때문이다. 둘째로 위의 것을 무시하더라도 계산은 다음과 같은 형태를 취한다.

우리의 상인은 30,000의 자본으로 자기의 수출업을 경영하고 있다고 가정하자. 그리고 이 중 10,000은 국내상품의 구매에 사용되고 20,000은 해외판매시장에서 사용된다고 가정하자. 만약 이 자본이 2년에 한번 회전한다면 연간 회전액은 15,000이다. 이제 우리의 상인은 자기 부담으로 직조하는 선대상인이 되려 한다고 하자. 그러면 그는 얼마만큼의 자본을 추가해야 하는가? 그가 판매하는 종류의 직물 1필의 생산시간이 평균 2개월[물론 이것은 너무 긴 시간이지만]이라고 가정하며, 또한 그는 모든 것에 대해 현금으로 지불해야 한다고 가정하자. 그러면 그는 자기의 직조공에게 2개월분의 실을 공급하는 데 충분한 자본을 추가해야 한다. 그의 연간 회전액이 15,000이므로 그는 2개월마다 2,500의 직물을 구매하는 셈이다. 이 중 2,000은 실의 가치이고 500은 직조공의 임금이라면 우리의 상인은 2,000의 추가자본을 필요로 한다. 그가 이런 새로운 방법에 의해 직조공으로부터 착취하는 잉여가치가 직물가치의 5%에 불과하다고 가정하면, 잉여가치율은 25%가 되어 매우 낮은 편이다(2,000c+500v+125s; s=$\frac{125}{500}$=25%; p=$\frac{125}{2,500}$=5%). 이 경우 우리의 상인은 자기의 연간 회전액 15,000에 대해 750의 특별이윤〖=125×$\frac{15,000}{2,500}$〗을 얻게 되며 따라서 그의 추가자본을 $2\frac{2}{3}$년〖$\frac{2,000}{750}$〗에 다시 회수하게 된다.

그러나 그는 자기의 판매·회전을 촉진하기 위해, 그리하여 동일한 자본으로 동일한 이윤을 더 짧은 시간에 얻기 위해, 또는 이전과 동일한 시간에 더 큰 이윤을 얻기 위해, 그의 잉여가치의 작은 부분을 구매자에게 증여하여 자기의 경쟁자들보다 싸게 판매하려고 할 것이다. 이 경쟁자들도 점차로 선대상인으로 전환할 것이며, 그 경우 모든 사람들의 특별이윤〖초과이윤〗은 그들의 증가한 자본에 대한 평균이윤 또는 심지어 더 낮은 이윤으로 귀착하게 된다. 이리하여 이윤율의 균등은 다시 회복되지만, 이 이윤율은 국내에서 얻은 잉여가치의 일부를 해외구매자에게 증여한 결과이기 때문에 아마도 다른 수준일 것이다.

자본이 산업을 포섭하여 가는 과정에서 다음 단계는 매뉴팩처〖공장제 수공업〗의 도입이었다. 이것에 의해, 매뉴팩처 주인—그는 17세기와 18세기에는 일반적으로 아직 자기 상품의 수출상인이기도 하였는데, 이것은 독일에서는 1850년까지 거의 어디서나 그러하였고 곳에 따라서는 지금도 그러하다—은 자기의 경쟁자인 구식의 수공업자보다 싸게 생산할 수 있었다. 그리하여 위와 동일한 과정이 반복된다. 즉 매뉴팩처 자본가가 취득하는 잉여가치는, 그 또는 [그와 함께 잉여가치를 분배하는] 수출상인으로 하여금 자기의 경쟁자들보다 싸게 판매할 수 있게 해주는데, 이것은 새로운 생산방식인 매뉴팩처가 일반화되어 또다시 균등화가 나타날 때까지 계속된다. 이미 지배적 상업이윤율은 [비록 국지적으로는 균등화되어 있다고 할지라도] 여전히 프로크루스테스의 침대여서, 이 침대 위에서 산업의 초과잉여가치는 무자비하게 잘려진다.

매뉴팩처가 생산물의 저렴화에 의해 번영하였다면 대공업은 훨씬 더 그러하였는데, 대공업은 생산의 끊임없는 혁명에 의해 상품의 생산비를 점점 더 감축시키며 이전의 모든 생산방식을 무자비하게 파멸시킨다. 대공업 그것은 자본을 위해 국내시장을 최종적으로 정복했으며, 자급자족적인 농민가족의 소상품생산과 현물경제를 종식시켰고, 소상품생산자들 사이의 직접적 교환을 제거하고, 국민전체를 자본에 봉사하게 만들었다. 대공업은 또한 상업과 공업의 각종 분야들의 이윤율을 하나의 일반적 이윤율로 균등화하고, 이 균등화에 의해 공업에게 그것에 합당한 지배적 지위를 보증한다. 왜냐하면 대공업은 지금까지 한 분야에서 다른 분야로 자본이동을 방해하였던 장애물의 대부분을 제거하였기 때문이다. 이리하여 교환전체에 걸쳐 가치의 생산가격으로의 전환이 거의 완성된다. 이런 전환은 당사자들의 의식이나 의도와는 관계없이 객관적 법칙에 따라 진행된다. 경쟁이 일반적인 수준을 넘는 이윤을 일반적인 수준으로 끌어내리며, 그리하여 평균 이상의 잉여가치를 그 최초의 취득자인 산업가로부터 제거한다는 것은 전혀 이론상의 곤란을 제기하지 않는다. 그러나 그것은 현실적인 곤란을 크게 제기한다. 왜냐하면 초과잉여가치를 낳는 생산분야들—즉 가변자본이 크고 불변자본이 작은 자본구성이 낮은 분야들—은 그 성질상 자본주의적 경영에 가장 늦게 그리고 가장 불완전하게 포섭되는 분야들[특히 농업]이기 때문이다. 이와는 반대로 생산가격을 상품가치보다 높게 인상하는 것—이 인상은 자본구성이 높은 분야들의 생산물에 포함되어 있는 불충분한 잉여가치를 평균이윤율의 수준으로 끌어올리는 데 필요하다—은 이론상 매우 곤란하게 보이지만, [우리가 본 바와 같이] 현실적으로는 매우 쉽고 매우 빠르게 진행한다. 왜냐하면 이런 범주의 상품들은 [가장 먼저 자본주의적으로 생산되어 자본주의적 상업에 들어오게 되면] 동종의 다른 상품들과 경쟁하게 되는데, 후자는 자본주의 이전의 방식으로 제조되며 따라서 더 비싸기 때문이다. 그러므로 자본주의적 생산자는 〚초과〛잉여가치의 일부를 포기하더라도 그 지방의 일반적 이윤율—이 이윤율은 처음에는 잉여가치와 아무런 직접적인 관련을 갖고 있지 않았다. 왜냐하면 그 이윤율은 [자본주의적 생산이 행해지기 훨씬 이전부터 그리고 산업이윤율이 형성되기 훨씬 이전부터] 이미 상업자본에서 발생하였기 때문이다—을 여전히 얻을 수 있다.

Ⅱ. 증권거래소

(1) 제3권 제5편〚특히 제27장〛에서 자본주의적 생산일반에서 증권거래소가 차지하는 지위를 알 수 있다. 그러나 〚마르크스가〛 이 책을 쓴 1865년 이래 하나의 변화가 생겼는데, 이 변화는 오늘날의 증권거래소에게 매우 중대한 기능 그리고 더욱이 끊임없이 증대하는 기능을 하게 하고 있다. 이 변화가 더욱 발전하면 공업·농업을 포함한 생산전체 그리고 교통통신수단·교환기능을 포함한 상업전체를 증권거래업자의 수중으로 집중시키는 경향을 가지며, 따라서 증권거래소는 자본주의적 생산 그것의 가장 유력한 대표자로 되는 것이다.

(2) 1865년에는 아직도 증권거래소는 자본주의체제의 부차적인 요소였다. 국채가 증권거래의 대부분을 차지했지만 금액은 비교적 적었다. 그리고 [유럽대륙과 아메리카에서는 이미 우세하였던] 주식은행은 영국에서는 이제 겨우 귀족적인 개인은행을 흡수하기 시작하였을 따름이었다. 수적으로 주식은행은 여전히 상대적으로 중요하지 않았다. 철도주까지도 지금의 상태와 비교하면 미약하게 보급되어 있었다. 직접적으로 생산에 종사하는 주식회사 형태의 기업들은 드물었으며[그 당시에도 아직 '주인의 눈'〚주인의 감독〛이 하나의 극복되지 못한 미신이었다], 은행의

경우와 마찬가지로 그 대부분이 더 가난한 나라인 독일 · 오스트리아 · 아메리카 따위에서 활동하고 있었다.

그러므로 그 당시 증권거래소는 다음과 같은 장소에 불과하였다. 즉 자본가들이 자기들의 축적된 자본을 상호간에 탈취하는 장소였으며, 노동자들에게는 증권거래소는 자본주의경제의 일반적인 퇴폐효과의 하나의 새로운 증거로서, 그리고 칼빈파의 교리 — 즉 신의 선택[즉 우연]은 이 세상에서 복과 저주를 그리고 부(향락과 권력)와 빈곤(결핍과 예속)을 결정한다 — 를 확증하는 것으로서만 관심이 있었다.

(3) 지금은 사정이 다르다. 1866년의 공황 이래 축적은 점점 더 빠른 속도로 진행되었으며, 더욱이 공업국 특히 영국에서는 생산의 확대가 축적의 증대에 보조를 맞출 수 없으며 그리고 개별자본가의 축적이 자기 자신의 사업 확장에 완전히 이용될 수 없다. 이미 1845년의 영국 면공업에서 그리고 철도투기에서도 이것이 나타났다. 이런 축적과 함께 금리생활자 — 사업의 일상적인 긴장에 싫증이 난 사람, 그리고 향락만을 바라든가 회사의 중역으로서 가벼운 일만을 하려는 사람 — 의 수도 증가하였다. 그리고 셋째로 이와 같이 떠돌아다니는 대량의 화폐자본의 투자를 쉽게 하기 위해, 유한책임회사라는 새로운 법적 형태가 이제까지 존재하지 않았던 곳에서는 어디에서나 생겨났는데, 주주의 책임은 이전에는 무한책임이었지만 이제는 다소 경감되었다. (1890년의 독일의 주식회사들. 주식응모의 40%!)

(4) 이에 따라 산업이 점차로 주식회사기업으로 전환되며 산업분야들이 하나하나씩 이런 운명을 겪는다. 맨 먼저 거대한 투자가 필요하게 된 철공업(그리고 그 이전에 이미 주식형태로 조직되지 않았던 광산). 다음으로 화학공업, 기계제작공업. 유럽대륙에서는 섬유공업, 그러나 영국에서는 랭커셔의 몇몇 지방에서만(방적업은 올담, 직물업은 번리 따위. 재봉업조합은 다만 예비단계인데 이 다음의 공황에서는 다시 개개의 '주인'

의 수중으로 돌아간다). 양조공업(몇 년 전에 아메리카의 양조공장들이 영국자본가들—기네스 · 바스 · 올소프—에게 팔렸다). 그 다음으로 공동경영부서를 가진 거대기업을 설립한 트러스트(예: 유나이티드 알칼리). 점점 더 보통의 개인기업은 사업을 '주식회사의 설립'에 필요한 규모로까지 끌어올리는 예비단계에 불과하다.

상업에서도 마찬가지다. 리프스 · 파슨즈 · 몰리스 · 모리슨 · 딜런 따위의 상사들은 모두 주식회사로 되었다. 지금은 이미 소매업에서도 그러한데, '연쇄상점'이라는 조합형태에서만 그런 것은 아니다.

은행과 기타의 신용기관에서도 마찬가지인데, 심지어 영국에서도 그러하다. 무수한 새로운 기관들이 모두 유한책임의 주식회사형태다. 글린과 같은 오래된 은행까지도 7명의 개인주주를 가진 유한책임회사로 전환하였다.

(5) 농업의 영역에서도 마찬가지다. 은행업무의 거대한 확장으로 말미암아 특히 독일에서는 (각종 관료주의적 명칭 아래) 은행이 점점 더 저당권의 보유자로 되고 이들 은행의 주식과 함께 토지의 궁극적 소유권이 증권거래소로 이전되는데, 이것은 토지가 채권자의 수중으로 떨어지면 더욱 그러하다. 여기에서는 평원경작prairie cultivation의 농업혁명이 거대한 영향을 미치고 있다. 이렇게 계속된다면 영국과 프랑스의 토지도 증권거래소의 수중으로 떨어지는 시기가 곧 올 것이다.

(6) 그리고 또 해외투자도 모두 주식형태로 행해지고 있다. 영국의 경우를 보더라도 남북아메리카의 철도들(주식상장표를 보라) · 금광 따위가 그러하다.

(7) 다음으로 식민지획득. 오늘날 식민지는 오로지 증권거래소의 부속물이다. 증권거래소의 이익을 위해 유럽열강은 몇 년 전 아프리카를 분할하였고 프랑스는 튀니지와 통킹을 정복하였다. 아프리카는 회사들에게 직접적으로 임대되었으며(니제르 · 남아프리카 · 독일령 서남아프리

카 · 동아프리카), 마쇼너랜드와 나탈은 증권거래소를 위해 세실 로즈가 소유하게 된 것이다.

옮긴이 약력

김 수 행 (1942~2015)

서울대학교 경제학 학사 · 석사
런던대학교 경제학 석사 · 박사
서울대학교 교수 · 명예교수
성공회대학교 석좌교수

『자본론』 I, II, III 완역 출판. 비봉출판사
『국부론』(상 · 하). 비봉출판사
『청소년을 위한 국부론』. 두리미디어
『청소년을 위한 자본론』. 두리미디어
『알기 쉬운 정치경제학』. 서울대학교출판문화원
『『자본론』의 현대적 해석』. 서울대학교출판문화원
『세계대공황: 자본주의의 종말과 새로운 사회의 사이』. 돌베개
『마르크스가 예측한 미래사회: 자유로운 개인들의 연합』. 한울
『자본론 공부』. 돌베개

자 본 론 제Ⅲ권 자본주의적 생산의 총과정 (하)

1990년 11월 20일 초판 발행
2004년 7월 7일 제1개역판 발행
2024년 9월 15일 2015년 개역판 6쇄 발행

옮긴이 | 김수행
펴낸이 | 박기봉
펴낸곳 | 비봉출판사

주 소 | 서울 금천구 가산디지털2로 98, 2-808(가산동, IT캐슬)
전 화 | (02)2082-7444
팩 스 | (02)2082-7449
E-mail | bbongbooks@hanmail.net

등록번호 | 2007−43 (1980년 5월 23일)
ISBN | 978-89-376-0436-2 94320
978-89-376-0431-7 (전6권)

값 25,000원